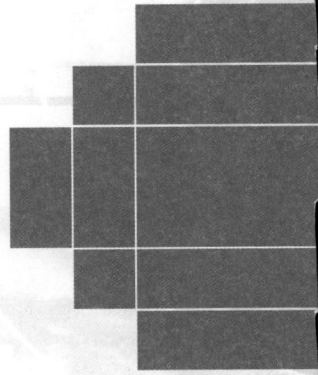

图书在版编目（CIP）数据

浙江大学年鉴. 2022 / 浙江大学党委办公室，校长
办公室编. —杭州：浙江大学出版社，2023.11
ISBN 978-7-308-24264-6

Ⅰ.①浙… Ⅱ.①浙… ②校… Ⅲ.①浙江大学—
2022—年鉴 Ⅳ.①G649. 285. 51-54

中国国家版本馆 CIP 数据核字（2023）第 187312 号

浙江大学年鉴 2022

浙江大学党委办公室、浙江大学校长办公室　编

责任编辑	杨　茜
责任校对	许艺涛
封面设计	刘依群
出版发行	浙江大学出版社
	（杭州市天目山路 148 号　邮政编码 310007）
	（网址：http://www.zjupress.com）
排　　版	浙江大千时代文化传媒有限公司
印　　刷	杭州宏雅印刷有限公司
开　　本	710mm×1000mm　1/16
印　　张	32.75
插　　页	4
字　　数	747 千
版 印 次	2023 年 11 月第 1 版　2023 年 11 月第 1 次印刷
书　　号	ISBN 978-7-308-24264-6
定　　价	108.00 元

2022

年鉴

Yearbook

浙江大学党委办公室、浙江大学校长办公室 编

浙江大学

Seeking Truth Pursuing Innovation

ZHEJIANG UNIVERSITY PRESS
浙江大学出版社

3月15日，浙江大学召开党史学习教育动员大会，校党委书记任少波出席会议并讲话，校长吴朝晖主持会议。

3月16日，中国民主同盟中央委员会与浙江大学战略合作签约仪式暨"新时代科教创新"论坛在京举行。

3月19日下午，由浙江大学女教授联谊会、浙江大学工会联合主办的"科学世界中的女性"访谈活动在校友楼紫金港厅举行。

3月21日上午，中央宣讲团成员、中国社科院党组成员、当代中国研究所所长姜辉一行来到浙江大学，开展党史学习教育宣讲，并与党员干部、师生代表开展座谈交流。浙江大学党委书记任少波主持座谈会。

3月22日，浙江大学召开党委理论学习中心组学习（扩大）会议，深入学习《习近平在浙江》，校党委书记任少波出席会议并讲话，校长吴朝晖出席会议。

3月24日，由浙江大学主办的全球大学校长线上论坛以视频连线方式举行。

3月26日上午，浙江大学第八届教职工代表大会、第二十二届工会会员代表大会第四次会议在紫金港校区剧场开幕。

1月6日至7日，浙江大学开展中层干部学习贯彻党的十九届五中全会精神集中轮训，校党委书记任少波、校长吴朝晖分别做了题为"贯彻落实党的十九届五中全会精神，加快建设中国特色世界一流大学"和"坚持创新核心地位 强化战略科技力量 在贯彻落实党的十九届五中全会精神中加快建设创新型大学"的辅导报告。

1月9日，首届亚洲文明交流与互鉴高端论坛暨浙江大学亚洲文明研究院成立仪式在求是大讲堂举行。

1月12日，校党委书记任少波率队到建德梅城考察，重走西迁办学路，缅怀求是先贤，感悟浙大精神，深化校地合作。

2月2日，浙江大学校长吴朝晖院士在紫金港校区，与中国商用飞机有限责任公司董事长贺东风一行举行座谈，共同推动校企全面战略合作。

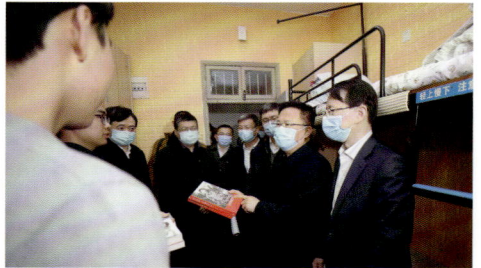

2月9日下午，省长郑栅洁来到紫金港校区，检查留校学生住宿、用餐和超市供应等保障情况。

3月5日，浙江大学召开2021年度工作会议，校党委书记任少波、校长吴朝晖出席会议并讲话。

3 月 27 日，浙江大学 2021 年新时代人才培养战略伙伴中学研讨会在紫金港校区举行，来自全国各地的中学校长代表齐聚求是园，就基础学科拔尖创新人才培养问题开展深入交流与紧密合作。

3 月 30 日，校党委书记任少波在紫金港校区会见黔东南州人大常委会副主任、台江县委书记吴世胜一行。

4 月 2 日下午，浙江大学党委书记任少波赴义乌调研，围绕市校合作开展座谈交流。

4 月 6 日，浙江大学与绍兴市柯桥区合作签约仪式在柯桥举行。

4 月 14 日下午，浙江大学与金华市签署全面战略合作协议和共建浙江大学金华研究院合作协议，建立新时代全面战略合作关系。

4月16日，浙江大学国内合作大会在紫金港校区求是大讲堂召开。

4月20日，华为技术有限公司与浙江大学战略合作协议签约仪式在紫金港校区举行，共同开启校企合作新篇章。

5月19日，省委常委、政法委书记王昌荣来到之江校区，围绕"一体推进平安浙江、法治浙江建设"开展调研。校党委书记任少波参加调研并座谈。

5月30日上午，浙江大学伊利诺伊大学厄巴纳－香槟校区联合学院（ZJUI）2021届学生伊利诺伊大学厄巴纳—香槟校区（UIUC）学位授予仪式在浙江大学国际联合学院（海宁国际校区）学术大讲堂举行。

6月2日，浙江大学与中国石油化工集团有限公司战略合作协议签约仪式在京举行，双方共同推动名校名企合作迈上新台阶。

6月4日上午，浙江大学首场"光荣在党50年"纪念章颁发仪式在紫金港校区校史馆举行。任少波向荣获表彰的4位老师表示衷心的祝贺和崇高的敬意。

6月9日，由30余位外国驻华使节组成的"让世界关注这扇窗——驻华使节浙江行"活动走进浙江大学，嘉宾们相聚启真湖畔，共叙中外情谊。

6月10日，"追寻红色印记 重温光辉历程"庆祝中国共产党建党百年百份报纸展在紫金港校区开展，回望百年党史，汲取奋进力量。

6月17日，教育部党组成员、副部长翁铁慧来到紫金港校区，调研"一站式"学生社区综合管理模式建设试点改革情况。校党委书记任少波、校长吴朝晖陪同调研。

6月17日，浙江大学党政领导班子赴党的诞生地嘉兴南湖学习考察，并在海宁国际校区举行党委理论学习中心组党史学习教育专题学习会，进一步追根溯源，回顾建党历史，重温初心使命，坚定继承革命传统、开好奋进新局的责任感和使命感。

6月18日，浙江大学举办党史学习教育专题党课，校长吴朝晖做了题为"道路坚守与理论自信：改革开放以来的中国特色社会主义高等教育发展"的报告。

6月25日，浙江大学举行2021届毕业生党员教育大会，校党委书记任少波为即将踏出校园、迈上新征程的毕业生党员做专题报告。

7月1日上午，浙江大学在紫金港校区设收看主会场，并第一时间组织座谈学习习近平总书记重要讲话精神。各校区集中设点组织师生收看实况转播，并开放食堂、学生活动室作为直播观看点。

7月2日，浙江大学庆祝中国共产党成立100周年暨表彰先进大会在紫金港校区隆重召开。

7月11日至13日，校党委书记任少波率团访问澳门，拜访澳门特别行政区行政长官贺一诚和中央人民政府驻澳门特别行政区联络办公室主任傅自应，为浙江大学与澳门大学联合研究中心揭牌，并看望了长期关心和支持浙江大学发展的校友和相关人士。

7月31日上午，第20届中国大学生田径锦标赛开幕。本届比赛以"逐梦新时代，青春绽芳华"为口号，于即日起至8月5日在紫金港校区进行，是学校时隔28年第二次承办该项赛事。

9月4日，中央第二巡视组向浙江大学党委反馈了巡视情况。组长王新哲分别向浙江大学党委书记任少波和浙江大学党委领导班子反馈了巡视情况。任少波主持向领导班子反馈会议并就做好巡视整改工作发表讲话。

9月8日上午，第23期"校长有约"活动在紫金港校区南华园举行，校长吴朝晖院士与新教工、优秀教师代表共话学校改革发展。

9月10日下午，学校召开中层领导班子换届工作动员大会，党委书记任少波做动员讲话，校长吴朝晖主持。党委副书记傅强就中层领导班子换届工作进行部署。

9月22日，浙江大学与中国航天科工集团有限公司全面战略合作协议签约仪式在紫金港校区举行，名校名企合作迈上新台阶。

10月13日至14日，浙江大学党委书记任少波一行赴贵州省台江县考察调研，进一步深化帮扶对接，助力台江全面推进乡村振兴提质发展。

10月19日，浙江大学第十六期"书记有约"活动在紫金港校区举行。校党委书记任少波与不同学科领域的专家教授们座谈交流，共同探讨学校全球开放发展工作。

10月27日下午，奥运会、全运会冠军走进浙江大学暨新青年论坛在紫金港校区举行。4位体育冠军与浙大学子面对面进行趣味体育互动，讲述奋斗故事、畅谈成长之路。

11月2日，"盛世修典——'中国历代绘画大系'阶段性成果展（浙大站）"在浙江大学艺术与考古博物馆开展。

11月5日，浙江大学工程师学院首期"工程师雏鹰训练营"总结交流暨结业仪式在工程师学院产教融合培养基地、NGICS大平台产业基地——杭州优稳自动化系统有限公司举行。

11 月 18 日，中国科学院、中国工程院分别公布 2021 年新增院士名单。浙江大学数学高等研究院教授阮勇斌（右上）、建筑工程学院教授徐世烺（右下）当选中国科学院院士；能源工程学院教授郑津洋（左中）、高翔（左下），农业与生物技术学院教授喻景权（左上）当选中国工程院院士。

11 月 20 日，为庆祝诺贝尔物理学奖得主、浙江大学校友、浙江近代物理中心主任李政道先生九十五岁华诞，共同探讨浙大物理学的创新发展之路，浙江近代物理中心成立三十周年暨李政道先生九十五岁华诞学术报告会在紫金港校区举行。

12 月 31 日，浙江大学举行 2020—2021 学年优秀学生表彰大会，嘉奖一年来在各方面表现突出的浙大学子。

编 辑 说 明

　　《浙江大学年鉴2022》全面系统地反映了浙江大学2021年事业发展及重大活动的基本情况，包括人才培养、科学研究、社会服务、党的建设等方面的内容，为教职工提供学校的基本文献、基本数据、科研成果和最新工作经验，是兄弟院校和社会各界了解浙江大学的窗口。《浙江大学年鉴》每年一本。

　　一、《浙江大学年鉴2022》客观地记述了学校各领域、各方面的建设发展情况。

　　二、年鉴分特载、浙江大学概况、党建与思想政治工作、人才培养、科学研究与社会服务、规划与重点建设、学科与师资队伍建设、对外交流与合作、院系基本情况、财务与资产管理、校园文化建设、办学支撑体系建设、后勤服务与管理、校友与浙江大学教育基金会、附属医院、机构与干部、表彰与奖励、人物、大事记等栏目。

　　年鉴的内容表述有专文、条目、图片、附录等几种形式，以条目为主。

　　全书主体内容按分类排列，分类目、分目和条目。

　　三、选题基本范围为2021年1月1日至12月31日间的重大事件、重要活动及各个领域的新进展、新成果、新信息，依实际情况，部分内容时间上可有前后延伸。

　　四、《浙江大学年鉴2022》所刊内容由各单位确定专人撰稿，并经本单位负责人审定。本年鉴以分目为单位撰稿，撰稿人及审稿人在文后署名，但也存在少数以条目署名的情况。

《浙江大学年鉴》编委会

CONTENTS
目　录

特载 /1

浙江大学 2021 年工作要点/1
浙江大学 2021 年工作总结/9

浙江大学概况 /19

浙江大学简介/19
附录
　　附录 1　浙江大学 2021 年教职工基本情况/21
　　附录 2　浙江大学 2021 年各类学生数/21
机构简介/21
学术机构/21
学院(系)/21
学校职能部门/22
学校直属单位/22
学校医学院附属医院/22
学校有关企业/22

党建与思想政治工作 /23

思想建设/23

概况/23

扎实开展党史学习教育/24

开展庆祝中国共产党成立 100 周年主题活动/24

高质量开展新发展阶段使命愿景大讨论/24

组织建设/24

概况/24

庆祝建党百年系列活动取得圆满成功/26

深入开展党支部建设质量提升月活动/26

中层领导班子换届顺利完成/26

作风建设/27

概况/27

承办第三届全国高校党委教师工作部部长工作研讨会/29

浙江大学"五聚焦五强化"做深做实师德专题教育/29

统战工作/30

概况/30

推动提升统一战线工作影响力/31

统一战线深入开展党史学习教育/31

组织开展统一战线"使命愿景大家谈"活动/31

附录

　　　附录1　2021 年浙江大学民主党派组织情况/32

　　　附录2　2021 年浙江大学各民主党派和统战团体负责人/32

安全稳定/33

概况/33

新冠疫情校园管控工作/34

编制学校"十四五"安全发展体系专题规划/34

教代会与工会/34

概况/34

召开第八届教职工代表大会暨第二十二届工会会员代表大会第四次会议/35

唱响主旋律,精心开展庆祝建党 100 周年主题系列活动/36

学生思政/36

概况/36

"传承红色基因 涵养家国情怀"专项行动/39

出台《关于进一步加强学生评价工作的指导意见》/39

实施研究生党建"提质创优"计划/39

全方位启动研究生评价改革/39

团学工作/40

概况/40

时任省委书记袁家军出席"跟着总书记在浙江的足迹学党史"青春汇报会/40

推出"我的学科有故事"浙江大学学科发展史系列视频/41

打造全新学生活动空间/41

人才培养 /42

本科生教育/42

概况/42

推进一流专业建设/43

打造一流课程体系/43

加强精品教材建设/43

建立四级教学激励机制/43

推进拔尖计划 2.0 建设/43

持续开展一流学习型社区建设/43

牵头搭建"入学一件事"平台/43

附录

　　附录 1　浙江大学 2021 年本科专业/43

　　附录 2　浙江大学国家级一流本科专业建设点情况/48

　　附录 3　浙江大学国家教学基地/51

　　附录 4　浙江大学国家实验教学(含虚拟仿真)示范中心/51

　　附录 5　浙江大学全国大学生校外实践教育基地/52

　　附录 6　国家级一流本科课程/53

　　附录 7　浙江大学国家级精品视频公开课/56

　　附录 8　浙江大学国家级精品资源共享课/56

　　附录 9　国家级课程思政示范课程/58

　　附录 10　浙江大学 2021 年本科学生信息统计/58

　　附录 11　浙江大学 2021 年本科学生数分学科门类统计/59

　　附录 12　浙江大学 2021 年本科学生数分学院(系)统计/59

　　附录 13　人文学院拆分明细/61

　　附录 14　浙江大学 2021 年本科生参加国际大学生学科竞赛获奖情况/61

附录 15　浙江大学本科生参加全国大学生学科竞赛获奖情况/62

附录 16　2020—2021 学年本科生对外交流情况/63

附录 17　浙江大学 2021 届参加就业本科毕业生按单位性质流向统计/63

附录 18　浙江大学 2021 届参加就业本科毕业生就业流向按地区统计/64

附录 19　浙江大学 2021 届本科毕业生就业流向按省级行政区统计/64

研究生教育/66

概况/66

稳步推进专业学位研究生教育改革/67

完善创新成果标准及激励机制/67

大力推进招生工作信息化/67

启动新一轮培养方案修订工作/67

组织遴选 2021 年浙江大学教学成果奖/68

附录

附录 1　浙江大学 2021 年博士、硕士学位授权学科/68

附录 2　浙江大学 2021 年博士、硕士专业学位授权点/70

附录 3　2021 年浙江大学在岗博士生指导教师/72

附录 4　2021 年浙江大学分学位类型研究生数/85

附录 5　2021 年浙江大学分学科门类研究生数/85

附录 6　2021 年浙江大学分专业学位类别研究生数/86

附录 7　2021 年浙江大学分学院研究生数/87

附录 8　浙江大学 2021 届参加就业研究生毕业生按单位性质流向统计/89

附录 9　浙江大学 2021 届参加就业研究生毕业生就业流向按地区统计/90

继续教育/90

概况/90

深挖浙江省红色现场教学资源,服务建党百年系列培训/90

配合做好中央巡视组和教育部专项整治工作/90

优化队伍结构,提升专业化水平/91

附录

附录 1　2021 年浙江大学教育培训情况/91

附录 2　2021 年浙江大学远程教育学生情况/91

附录 3　2021 年浙江大学自学考试主考专业/91

国际学生教育/92

概况/92

召开浙江大学 2021 年国际学生工作推进会/92

国际教育学院课题获 2021 年度校级本科教学研究重点项目/93

浙江大学国际学生在第五届来华留学生征文暨短视频大赛中喜获佳绩/93

附录

 附录1 浙江大学 2021 年国际学生数/93

 附录2 浙江大学 2021 年分学科门类国际学生数/93

 附录3 浙江大学 2021 年分院系国际学生数/94

 附录4 浙江大学 2021 年分经费来源国际学生数/96

 附录5 浙江大学 2021 年主要国家国际学生数/96

 附录6 浙江大学 2021 年分大洲国际学生数/96

 附录7 浙江大学 2021 年毕业国际学生数/96

科学研究与社会服务 /97

科学技术研究/97

概况/97

启动"十四五"科研重点发展计划/99

国家工程研究中心纳入新序列管理/99

医学院附属第一医院/转化医学研究院吕志民教授团队获批基础科学中心项目/99

在 CNS 三大期刊主刊发文/99

附录

 附录1 2021 年浙江大学科研机构(研究所)/101

 附录2 2021 年浙江大学科研机构(校设研究院)/107

 附录3 2021 年浙江大学共建科研机构(校地科技合作平台)/108

 附录4 2021 年浙江大学国家、省部科创基地/110

 附录5 2021 年浙江大学新增国家级科技计划项目情况/124

 附录6 2021 年浙江大学各学院(系)、研究机构新增国家自然科学基金项目情况/124

 附录7 2021 年浙江大学各学院(系)新增国际合作项目情况/126

 附录8 2021 年各学院(系)科研经费到款情况/127

 附录9 2021 年浙江大学各学院(系)获国家、省部级科技奖励情况/127

 附录10 2021 年科技成果获奖项目/129

人文社会科学研究/133

概况/133

立法研究院新增为浙江省新型重点专业智库/135

成立习近平法治思想研究中心/135

新增两家教育部高校国别和区域研究备案中心/136

成立数字法治研究院/136

修订《浙江大学人文社会科学研究奖励办法》/136

成立共享与发展研究院/136

我校首篇《计量经济学》(*Econometrica*)论文发表/136

获批全国首批"退役军人事务研究基地"/136

入选国家智能社会治理实验基地/136

成立文学院(筹)、历史学院(筹)、哲学学院(筹)/137

入选首批教育部哲学社会科学实验室/137

首批省新型智库建设中期评估结果优秀/137

与省委宣传部共建浙江省共同富裕文化创新研究中心/137

浙大文科院系首次牵头承担国家重点研发计划项目/137

中国科教战略研究院积极推进专项研究和智库建设工作/137

附录

    附录1 浙江大学2021年人文社科承担国家社科基金立项项目/138

    附录2 浙江大学2021年人文社科承担省部级项目/142

    附录3 浙江大学2021年人文社科经费到款情况/152

    附录4 浙江大学2021年人文社科获省部级奖项/152

    附录5 2021年浙江大学人文社科研究所/156

    附录6 2021年浙江大学人文社科校设研究院/研究中心/159

    附录7 浙江大学人文社会科学重点研究基地/智库/168

    附录8 2021年浙江大学省部级以上智库/170

社会服务/171

概况/171

浙江大学召开首次国内合作大会/173

举行浙江大学校外平台建设暨巡视整改工作推进会/173

持续推动优质医疗资源下沉、提质升级/173

聚力支撑一流涉农学科发展和高质量服务乡村振兴/174

杭州国际科创中心积极探索建设新模式/174

北京研究院主动对接国家战略需求/174

上海高等研究院大力推进建设进程/175

宁波科创中心积极服务区域发展/175

创新创业研究院各项工作稳步推进/175

建筑设计研究院积极服务亚运场馆建设/176

规划与重点建设/177

学校发展规划/177

制定并组织实施浙江大学"十四五"发展规划/177

推进学校综合改革/178

"双一流"建设/178

编制新一轮"双一流"建设方案/178

"双一流"建设项目管理与经费安排/179

重点建设专项/179

推进实施面向 2030 的学科会聚研究计划(创新 2030 计划)/179

学科与师资队伍建设/181

学科建设/181

概况/181

组织编写"十四五"一流学科体系发展规划/181

附录

    2021 年浙江大学各类重点学科分布情况/182

师资队伍建设/184

概况/184

5 位教师当选为院士/187

完善求是专项系列岗位设置/189

逐步完善长聘教职制度体系/189

推进落实代表性成果评价/189

深化卫生技术人员分类评价试点改革/189

结束博士后管理工作改革试点/189

附录

    附录 1 2021 年浙江大学博士后流动站/189

    附录 2 浙江大学 2021 年评聘正高级专业技术人员/191

    附录 3 浙江大学 2021 年评聘长聘教职人员/194

对外交流与合作/196

国际合作与交流/196

概况/196

附录

    附录 1 2021 年浙江大学各学院(系)对外合作交流情况/197

    附录 2 2021 年浙江大学接待国外主要来访人员/198

港澳台工作/199

概况/199

成立浙大—中大合作指导委员会/199

校党委书记率团访问澳门/200

完善港澳台学生国情教育体系/200

附录

　　浙江大学 2021 年香港地区主要来访团组(人员)/200

合作办学/200

国际联合学院(海宁国际校区)/200

浙江大学爱丁堡大学联合学院(ZJE)办学进展/202

浙江大学伊利诺伊大学厄巴纳-香槟校区联合学院(ZJUI)办学进展/202

浙江大学国际联合商学院(ZIBS)办学进展/202

院系基本情况 /203

文学院(筹)/203

概况/203

教改立项和课程建设成果突出/205

人才引育工作成效显著/205

历史学院(筹)/205

概况/205

浙江大学正式筹建历史学院/207

承办第三届全国史学高层论坛暨第十五届历史学前沿论坛/207

在培育重大项目、产出重要成果上取得佳绩/207

哲学学院(筹)/207

概况/207

浙江大学哲学学院(筹)正式成立/208

哲学学科首个交叉研究实验室挂牌成立/208

2 项成果获浙江省第二十一届哲学社会科学优秀成果奖一等奖/208

哲学本科专业建设成绩显著/209

外国语言文化与国际交流学院/210

概况/210

成功举办新时代全国一流翻译专业建设研讨会/210

荣获庆祝中国共产党成立 100 周年师生合唱比赛决赛一等奖/212

在首届全国教材建设奖评选中喜获佳绩/212

传媒与国际文化学院/212

概况/212

成功举办第二届中国数字城市品牌杭州高峰论坛/214

2项课题入选2021年度国家社科基金重大项目立项/214

艺术与考古学院/215

概况/215

举行山西牛首蟠螭纹铜壶入藏浙江大学接收仪式暨山西省文物局重点科研基
  地(浙江大学)揭牌仪式/215

荣获第七届中国国际"互联网＋"大学生创新创业大赛全国总决赛金奖/217

举行石窟寺文物数字化保护国家文物局重点科研基地(浙江大学)龙门石窟研
  究院工作站揭牌暨古阳洞数字化考古报告启动仪式/217

经济学院/217

概况/217

教材建设和教学研究项目取得重大突破/218

教学成果取得重要突破/218

国际顶级期刊论文发表获得突破性进展/218

成功举办大型校友学术论坛活动/220

光华法学院/220

概况/220

成立浙江大学数字法治研究院/222

省委常委、政法委书记王昌荣莅临调研/222

召开中层领导班子换届宣布会议/222

学院举行庆祝建党100周年大会暨表彰大会/222

学院在新昌、诸暨成立两个院级党建基地/222

教育学院/223

概况/223

教育学、运动训练专业入选国家级一流本科专业建设点/224

学院获浙江大学第六届引才育才组织突出贡献奖/224

完成新一届中层领导班子换届/224

管理学院/226

概况/226

完成中层领导班子换届/227

学院党委入选浙江省第二批高校党建工作标杆院系培育创建单位/227

设立国内首个"数智创新与管理"二级交叉学科/229

公共管理学院/229

概况/229

马克思主义学院/231

概况/231

思政课教学引领带动作用充分发挥/232

思政课教学奖励取得新突破/232

发展联络工作开启新征程/232

数学科学学院/234

概况/234

物理学系/236

概况/236

学术研究重大突破/237

化学系/239

概况/239

方文军教授负责的"普通化学 H"获首批国家级课程思政示范课程/240

化学系鸿商科技基金:捐赠 5000 万元设立子半导体研究中心/240

以通讯单位在《自然》和《科学》发表 4 篇论文,其中第一作者单位 2 篇/242

地球科学学院/242

概况/242

心理与行为科学系/244

概况/244

举办浙江大学"双脑与心理学"全国博士生学术论坛/244

陈辉教授获 2021 年美国实验心理学会青年科学家奖/246

机械工程学院/246

概况/246

材料科学与工程学院/249

概况/249

教材建设取得重大突破/250

科学研究取得重大进展/252

召开纪念王启东先生诞辰 100 周年暨学术报告会/252

能源工程学院/252

概况/252

人才队伍建设成效显著/253

学科建设取得新突破/255

学院党委入选浙江省高校党建工作标杆院系创建单位/255

电气工程学院/255

概况/255

建筑工程学院/257

概况/257

徐世烺当选中国科学院院士/258

董石麟院士获纪念中国民主同盟成立 80 周年"杰出盟员"表彰/260

2 本教材荣获全国优秀教材二等奖/260

化学工程与生物工程学院/260

概况/260

获首批"全国优秀教材(高等教育类)"二等奖/262

iBioFoundry 和 iChemFoundry 等先进生工、化工装置在浙大杭州国际科创中心
基本建成/262

化工学子首次参加国际基因工程机械大赛(iGEM)竞赛并获金奖/262

海洋学院/263

概况/263

举办第五届全国海洋技术大会/265

"水下直升机"完成海试验收/265

浙大学者首次抵达万米深渊科考/265

航空航天学院/265

概况/265

"'力学 3.0'导向的工程科学前沿拔尖创新人才培养体系构建与实践"获 2021
年浙江省教学成果奖特等奖/266

李铁风教授团队研究成果在《自然》发表并入选 2021 年度"中国科学十大进展"/266

"空天探索会聚研究计划"获批立项/266

高分子科学与工程学系/268

概况/268

推进高质量专业建设,"高分子材料与工程"获批国家级一流本科专业建设点/270

有机光伏器件产业化关键技术研究获批基金委国家重大科研仪器研制项目/270

实现氧化石墨烯基纤维的可逆融合与分裂,成果登上《科学》杂志/270

光电科学与工程学院/270

概况/270

C/N/S 正刊论文取得突破/271

获浙江省自然科学奖一等奖/273

刘旭入选第四届"最美浙江人·最美科技人"/273

信息与电子工程学院/273

概况/273

获教育部自然科学奖一等奖/275

获浙江大学第六届引才育才组织突出贡献奖/275

党建工作成效显著/275

控制科学与工程学院/275

概况/275

入选教育部首批课程思政示范课程/276

获首批浙江省省级标准国际化示范单位/277

获首届全国教材建设奖/277

获国家科学技术进步奖二等奖/277

石虎山机器人创新基地正式成立开园/279

国家工程研究中心纳入新序列管理名单/279

计算机科学与技术学院/279

概况/279

持续推进新一代人工智能发展/280

真实感图形实时计算研究成果获国家自然科学奖二等奖/282

连续两年获得 CTF 全球总决赛总冠军/282

软件学院/282

概况/282

与中电集团第五十二研究所、南湖研究院签署党支部共建协议/282

与宁波舟山港集团技术与信息管理部党支部签署党支部共建协议/283

获批首批特色化示范性软件学院/283

生物医学工程与仪器科学学院/283

概况/283

生命科学学院/285

概况/285

学科实力稳步提升/287

社会服务成效显著/287

荣获全国大学生百强暑期实践团队/287

生物系统工程与食品科学学院/287

概况/287

获浙江省教学成果奖特等奖 1 项/290

获浙江省科学技术进步奖一等奖 1 项/290

在《美国科学院院报》发表研究论文 1 篇/290

获国际大学生机器人设计竞赛 5 大奖项/290

环境与资源学院/291

概况/291

浙江大学安庆未来产业技术研究中心成立/293

2 种教材获全国首届"优秀教材奖"二等奖/293

入选全省高校党建工作标杆院系培育创建单位/293

农业与生物技术学院/293

概况/293

喻景权当选中国工程院院士/295

园艺专业入选国家级一流本科专业建设点/295

获浙江省教学成果一等奖/297

动物科学学院/297

概况/297

动物医学专业获批国家级一流本科专业建设点/298

荣获国家科技进步奖二等奖/298

获批绿色饲料与健康养殖国家工程研究中心/298

医学院/300

概况/300

新增3个国家级一流本科专业建设点/303

入选教育部课程思政示范课程/303

获批全国首个微创医学领域国家工程研究中心/303

获批国家自然科学基金基础科学中心项目/303

胡海岚教授获世界杰出女科学家奖/303

药学院/304

概况/304

引育并举揽人才/306

科研创新平台建设取得突破性进展/306

工程师学院/307

概况/307

成立浙江大学工程师学院工会委员会/308

时任浙江省副省长刘小涛到工程师学院调研/308

举行浙江大学第一届工程师科技创新创业大赛决赛暨2021年"创客中国"浙江
　　赛区创客组专题赛/308

浙大衢州"两院"新院区及中试实验实训基地落成启用/308

微纳电子学院/308

概况/308

获批集成电路科学与工程一级学科博士学位授权点/309

集成电路创新平台成功获批省技术创新中心/309

SoC芯片项目荣获中国电子学会科技进步奖一等奖/309

财务与资产管理/312

财务工作/312

概况/312

强化财务内控建设和全过程管理织密风险隐患防护网/314

构建财务智能化立体服务网络打造"五心"品质服务/314

审计工作/315

概况/315

国有资产管理/316

概况/316

资产评估备案工作/317

全面完成校企改革任务/317

附录

    附录 1　浙江大学 2021 年国有资产总额构成情况/317

    附录 2　浙江大学 2021 年净资产构成情况/318

    附录 3　浙江大学 2021 年校办企业财务状况/319

校园文化建设/320

校园文化/320

概况/320

浙大学子全面参与杭州亚运会筹备活动/321

浙大青年亮相央视五四文艺汇演/321

浙江大学第二届作息表征集活动举行/322

浙江大学举办"中国历代绘画大系"阶段性成果展/322

体育活动/322

概况/322

获第十四届全国学生运动会 2 金 9 银 11 铜/323

承办第 20 届中国大学生田径锦标赛/323

获全国青少年校园足球联赛季军/323

获全国大学生阳光游泳比赛"三冠王"/323

获浙江省大学生足球联赛冠军/323

附录

    2021 浙江大学运动队竞赛成绩/324

学生社团活动/326

概况/326

紫金港西区尧坤楼学生社团活动空间启用/327

举行浙江大学学生社团建设管理评议委员会会议暨使命愿景大讨论/327

举行"青春向党,社团领学"红色文化集市暨学生社团体验日活动/327

青年志愿者活动/327

概况/327

2 个项目获第十三届中国青年志愿者优秀项目奖/328

研究生支教团精准帮扶景东县项目入选第六届教育部直属高校精准帮扶典型
    项目/328

志愿者助力学校打赢疫情防控遭遇战/328

社会实践活动/328

概况/328

开展浙江大学"不忘初心使命,传承百年辉煌"寒假大学生社会实践活动/329

开展浙江大学"百年奋斗薪火传·青春向党逐梦行"大学生暑期社会实践活动/329

推进"凌云"研究生赴重点单位社会实践行动计划/330

创新创业教育与活动/330

概况/330

浙江大学在第七届中国国际"互联网＋"大学生创新创业大赛中再创佳绩/331

获"中信银行杯"第三届中国研究生人工智能创新大赛"优秀组织奖"/331

组织参加中国研究生创新实践系列大赛/331

办学支撑体系建设/332

图书情报工作/332

概况/332

浙江大学图书馆古籍馆正式开馆/334

"牢记嘱托　科教报国"浙江大学党员教育培训基地建成/334

第二届全国高校图书馆古籍保护工作研讨会暨"册府千华:中国与亚洲"展览开幕/334

附录

    附录 1　浙江大学 2021 年图书经费情况/334

    附录 2　浙江大学 2021 年图书馆藏及流通情况/335

实验室建设与设备管理/335

概况/335

附录

    2021 年浙江大学教学科研仪器设备情况/336

校园信息化建设/339

概况/339

做好信息化"十四五"规划/340

实施"四个一"工程/340

成立阿里巴巴—浙江大学智云联合研究中心/340

出版工作/340

概况/340

浙江大学出版社获第五届中国出版政府奖多项正式奖及提名奖/341

档案工作/342

概况/342

开展"风雨兼程 百年筑梦——浙江大学党史档案文献展"/343

开通"部门查档直通车"/343

附录

    附录 1 浙江大学 2021 年档案进馆情况/343

    附录 2 浙江大学 2021 年馆藏档案情况/343

采购工作/344

概况/344

附录

    2021 年浙江大学采购情况/345

后勤服务与管理/346

基本建设/346

概况/346

超重力离心模拟与实验装置国家重大科技基础设施建设进展/346

附录

    浙江大学 2021 年在建工程进展情况/347

房地产管理/348

概况/348

"惟学"育人空间项目改造完成/349

附录

    附录 1 2021 年浙江大学土地资源情况/349

附录 2　2021 年浙江大学校舍情况/349

学生宿舍建设与管理/351

概况/351

后勤管理/352

概况/352

打好校园疫情防控遭遇战/354

医疗保健工作/354

概况/354

附录

2021 年浙江大学校医院概况/355

校友与浙江大学教育基金会/356

校友工作/356

概况/356

召开浙江大学校友总会 2021 年常务理事会会议/357

召开中国高等教育学会校友工作研究分会第五次会员大会暨全国高校校友工作第二十八次研讨会/357

附录

2021 年浙江大学校友工作重要活动/357

浙江大学教育基金会/358

概况/358

当选中国高等教育学会教育基金工作研究分会理事长单位/359

复评中国社会组织评估等级 5A 等级/359

设立"浙江大学上海高等研究院繁星科学基金"/359

获得优秀校友隐名捐赠人民币 2.5 亿元/359

浙江大学校董/359

附属医院/361

概况/361

附属第一医院/362

概况/362

时任省委书记袁家军考察医院总部/363

医院多项排行榜再创新高/363

国家级平台建设成效显著/363

推进大器官移植全球诊疗中心建设/364

附属第二医院/365

概况/365

王建安、王伟林荣获"2020年度浙江省科学技术进步奖一等奖"/366

连续两年"国考"成绩优异/366

国家自然科学基金项目数位居全国第二,连续11年领跑浙江/366

浙江省医疗系统首获国家质量管理领域最高荣誉/366

浙大二院与柯桥区人民政府合作共建未来医学中心柯桥板块/366

省卫生健康委、浙大二院与龙泉市等7地人民政府共同签订"山海"提升工程合
   作框架协议/367

成功实施全国首例双肺、肝脏同期联合移植术/368

成立"医学遗传学科"/368

附属邵逸夫医院/368

概况/368

平疫结合实践推广全国/369

在全国首创医疗文书与科研数据区块链应用/369

获批全国首个微创医学领域国家工程研究中心/370

搭建高能级科研平台/370

推动区域医疗服务能力提升/370

打造未来社区健康场景样板/371

荣获多项高级别荣誉/372

附属妇产科医院/372

概况/372

牵头成立妇幼数字化医疗创新联盟/374

成立浙江省妇科重大疾病精准诊治研究重点实验室/375

附属儿童医院/375

概况/375

医院推动《浙江省儿童医疗服务发展行动计划(2021—2025)》落地实施/376

医院获批国家重点研发计划项目立项/377

医院领导班子完成换届调整/377

附属口腔医院/377

概况/377

浙江大学医学院附属口腔医院华家池院区(浙江大学口腔医学中心)投入使用/378

成立浙江省口腔医学教育协进网/379

"浙大口腔林"思政教育基地正式落成/379

附属第四医院/379

概况/379

创新探索医院办医学院新范式/381

高质量完成浙江省第四周期"三甲"评审/381

移动数字医院建设荣获多个奖项/381

机构与干部/382

学校党政领导班子/382

中共浙江大学委员会委员/382

中共浙江大学常务委员会委员/382

中共浙江大学纪律检查委员会委员/383

总会计师/383

党委办公室、校长办公室负责人/383

党委部门负责人/384

行政部门负责人/385

学术机构负责人/388

学院(系)负责人/389

医学院附属医院负责人/396

校区党工委、管委会负责人/398

群众团体负责人/398

产业与后勤系统负责人/402

表彰与奖励/404

2021年部分获奖(表彰)集体/404

2021年部分获奖(表彰)个人/405

浙江大学2021年度校级先进工作者/406

浙江大学2020—2021学年优秀班主任/409

2021年浙江大学优秀辅导员/411

浙江大学2020—2021学年优秀研究生德育导师/411

浙江大学2021年竺可桢奖学金获得者/413

2021年浙江大学第十二届"十佳大学生"获得者/413

2021 年浙江大学本科生国家奖学金获得者/414

2020—2021 学年浙江大学本科生奖学金获得者/417

浙江大学 2020—2021 学年本科生外设奖学金获奖情况/443

浙江大学 2021 届浙江省优秀本科毕业生/444

浙江大学 2020—2021 学年研究生国家奖学金获得者/446

浙江大学 2020—2021 学年研究生奖学金获得者/451

浙江大学 2020—2021 学年研究生专项奖学金获奖情况/457

浙江大学 2021 届浙江省优秀毕业研究生/458

人物 /462

在校两院院士/462

浙江大学文科资深教授/463

教育部"长江学者"入选者/463

国家自然科学基金创新研究群体/470

国家"百千万人才工程"入选者/471

浙江省特级专家入选者/475

2021 年新增浙江大学光彪讲座教授/477

2021 年新增浙江大学求是特聘教授/478

浙江大学 2021 年在职正高职人员名单/479

浙江大学 2021 年新增兼职教授名录/491

大事记 /494

特　载

浙江大学 2021 年工作要点

（2021 年 3 月 14 日）

　　2021 年是中国共产党成立 100 周年，是开启全面建设社会主义现代化国家新征程的关键之年，也是学校"十四五"规划实施和新一轮"双一流"建设的开局之年。学校工作的总体要求是：以习近平新时代中国特色社会主义思想为指导，深入贯彻落实党的十九大和十九届二中、三中、四中、五中全会精神，立足新发展阶段、贯彻新发展理念、构建新发展格局，按照"更高质量、更加卓越、更受尊敬、更有梦想"的战略导向，统筹推进"五大体系""五大布局""五大战略"，扎根铸魂，勇攀高峰，攻坚善治，加快实现动能跃迁和战略迭代，为走向世界一流大学前列奠定坚实基础。

一、加强党的全面领导，庆祝中国共产党成立 100 周年

　　1. 切实加强党的政治建设。建立健全"不忘初心、牢记使命"主题教育长效机制，定期研究推进主题教育常态化工作。学习贯彻中央新修订的《中国共产党普通高等学校基层组织工作条例》，认真落实党建责任制。坚持和完善党委领导下的校长负责制，落实好新修订的院系党委会会议、党政联席会议议事规则，引导各级党组织在改革发展、立德树人、党管干部、党管人才等方面发挥更大作用。落实关于进一步加强政治监督的实施意见（试行），在推动"两个维护"制度化具体化上取得新进展。

　　2. 深入开展党史学习教育。认真贯彻落实中央决策部署，加强对党史学习教育的组织领导，制定实施专项方案。一体抓好党史、新中国史、改革开放史、社会主义发展史宣传教育工作,全面展示中国共产党百年伟大成就和宝贵经验,掀起党史学习教育热潮。积极挖掘和弘扬求是红色文脉,提升学习教育的特色性、针对性和实效性。把学习党史同总结经验、观照现实、推动工作相结合,引导师生开展新发展阶段使命愿景责任的大讨论,开展"我为群众办实事"实践活动,提振广大师生奋进"十四五"、建功新时代的精气神,在学党史、悟思想、办实事、开新局上取得更大实效。

3.坚持用党的创新理论武装师生。健全校院两级领导班子集中学习研讨机制,及时跟进学习习近平总书记最新重要讲话精神,深入贯彻《习近平总书记教育重要论述讲义》及对浙江大学系列重要指示精神,引导党员干部不断提高政治判断力、政治领悟力、政治执行力。开展贯彻落实十九届五中全会精神专题培训,全面提升全校上下与中央对标对表的意识和能力。

4.开展庆祝建党100周年各项活动。贯彻落实中央、教育部党组和浙江省委部署要求,制定并实施《关于开展中国共产党成立100周年庆祝活动方案》。实施学习提质工程、宣讲走心工程和理论溯源工程,开展庆祝建党100周年宣传教育,组织开展"七一"表彰等各类活动,引导广大师生传承红色基因、坚定理想信念。聚焦建党百年推出优秀党员人物专题报道,大力宣传奋战在教育教学、科研攻关和社会服务一线的优秀党员代表。

二、抓好战略谋划和实施,推动各项事业开好局、起好步

5.系统推进"十四五"规划实施和新一轮"双一流"建设。对标国家教育事业发展"十四五"规划,落实教育高质量发展体系等文件精神,完成学校"十四五"发展规划编制工作。做好学校规划与专项专题规划、学科板块规划、院系规划的协调对接,提升规划的战略性和指导性。组织实施学校"十四五"发展规划,推进各项重点任务分解落实。谋划编制新一轮"双一流"建设方案和实施方案,做好首轮"双一流"建设校内总结和衔接工作。贯彻落实国家"双一流"建设成效评价办法有关精神,强化"双一流"建设过程管理,探索构建学校"双一流"建设动态监测体系。

6.统筹抓好疫情防控和学校改革发展。学校新型冠状病毒肺炎疫情防控工作领导小组及各专项工作组继续从严从实抓好校园疫情防控工作,完善学校防控体系和应急预案,确保疫情不输入不扩散。主动适应常态化疫情防控要求,稳妥有序做好教育教学、科研创新、社会服务和国际合作交流等工作。充分发挥疫情防控专业担当,积极参与医疗救治、药物研发、教育培训和公共卫生政策制定等工作。

三、聚焦立德树人,打造以学生成长为中心的卓越教育

7.建设高质量的思想政治工作体系。充分发挥学校地处"三个地"的优势,深化"新思想在浙江的萌发与实践"系列教材的编撰出版工作。推进思想政治理论课教学改革工程、质量提升工程、部门联动工程,形成思政课品牌。出台关于进一步推进课程思政的实施方案,通过建立质量规范、打造示范课程、加强教师培训等方式,在课程思政建设上取得更大成效。推动德育具体化生活化,构建具有示范意义的德育共同体。创新学科专业思政教育方式,发挥科研创新和党建引领"双带头"作用,推进学生党建和思政工作品牌建设。高质量深化社区综合管理模式试点工作。

8.深入实施一流本科教育行动。围绕学生成长成才需要,聚焦"专业—培养方案—课程(教材)"建设主线,打造更高质量的本科教育体系。出台全面推进一流本科专业建设的指导意见,深入开展专业综合改革,以"强基计划"推动交叉复合专业建设,形成具有浙大特色的"六卓越一拔尖""四新"方案。构建国家级—省级—校级一流课程体系,着力建设五类"金课"。围绕优势专业或专业群推进系列优秀教材建设,在引导高层次人才出版高水平教材上取得新突破。制定关于全面推进线上教学的指导意见,大力推进线上线下教学改革并逐步实现课程线上线下融合式教学全覆盖。严格落实教授为本科生上课制度,推动落实教师教学工作的过程性管理。完善跨学科、跨领域育人模式,探索建立面向全校的优质交叉共享专业课程平台。优化竺可桢学院荣誉制度体系,推动创建世界一流的荣誉学院。

9.系统推进卓越研究生教育改革发展。认真贯彻落实全国研究生教育会议精神,巩固和扩大全校研究生教育大讨论成果,启动新一轮培养方案修订工作。完善"学生—学者"双定位的卓越研究生培养模式,加强关键环节质量管理,推进硕博贯通培养,健全基础研究人才培养机制,强化系统性科研训练,以大团队、大平台、大项目等推进研究生的高质量培养。依据《研究生核心课程指南(试行)》,重点加强研究生核心课程及其教材建设。完善导师育人质量表征指数,构建"五好"导学关系,落实导师是研究生培养第一责任人的要求。持续深化专业学位研究生教育改革,高质量建设工程师学院,探索完善"专业+行业"双导师制度,大力推进研究生联合培养基地建设,形成产学研协同育人新局面。

10.持续提升招生就业质量。实施本科生生源创优工程,推进新时代人才培养战略伙伴中学建设,加快打造"1+7+N"招生方案,逐步优化强基计划、"三位一体"招生计划,推动生源质量实现更大提升。健全与经济社会发展相适应的研究生招生计划动态调整机制,鼓励招生指标向重大科研平台、重大工程项目、关键学科领域及"双一流"建设学科倾斜。继续推进全日制学术学位研究生统筹招生贯通培养改革,优化专业学位研究生教育结构布局。健全博士研究生"申请—考核"招生选拔机制。加快落实就业"一把手"工程,精准推进分学科就业工作规划,分层分类强化就业指导。完善毕业生就业布局,优化重点区域人才输送机制,稳步提升重点单位就业比例。

11."五育"并举促进学生全面发展。完善爱国主义教育体系,抓实抓细社会主义核心价值观教育。健全全链条双创育人体系,持续推进"校企行"就业创业专项行动,高质量做好国家双创示范基地等平台验收工作。推动本科阶段体育必修课程全覆盖,加强研究生体育课程建设。积极构建艺术教育教学新模式,探索设立美育专项必修学分和研究生美育类课程。建设各类型实践教学平台,探索特色劳动教育模式。

12.持续打造高质量有特色的继续教育。深挖"学科""地缘"双优势资源,完善特色化、专业化、差异化教育培训机制,积极开展继续教育高端项目,增强继续教育品牌效应和竞争力。探索线上培训模式,打造精品在线课程资源库。完善教育培训质量监控机制,强化项目训中训后监管,推动继续教育规模和质量稳步提升。

四、推进内涵建设，营造卓越的学科和人才发展生态

13. 全面提高学科建设水平。坚持以评促建，认真总结第五轮学科评估和专业学位水平评估相关经验，做好评估后续工作，强优势补短板，明确学科未来发展方向。全面落实医科、文科、涉农、工信、理科等学科发展大会精神，统筹实施各类学科计划。推动学科专业布局调整和汇聚造峰，更好地响应国家战略和产业需求。运用学位授权点动态调整自主权，合理优化学位授权点布局。深入实施"创新2030"计划，适时开展阶段性总结评估工作，加强会聚型学科领域的组织研讨和内涵建设，谋划启动新的交叉学科建设专项计划。

14. 引育并举打造人才高地。压实院系人才工作主体责任，做好与国家和区域人才计划对接工作，对院系人才工作进行定期督查。健全以创新能力、质量、实效和贡献为导向的人才分类评价，完善求是专项系列岗位设置，构建有利于整合创新资源的人才工作体系，在引育高层次人才和"四青"人才上实现新突破。研究出台新一轮人才队伍建设规划，深入实施"学术大师汇聚计划"，做好新一轮院士增选相关工作，利用海外学术大师联合工作室载体，加快汇聚海外一流人才。深入实施"高层次人才培育支持计划（第二期）"，做好具有高影响力和卓越创新力高层次人才的引进、培养与使用工作。持续实施"新百人计划"，围绕国家发展的关键领域、国际科学前沿的主流方向及学科发展的重点方向精准引育人才，进一步提高青年人才队伍的整体水平和成才率。

15. 构建一流的人才发展环境。完善一级学科长聘教职任职条件，推进长聘教职聘后管理工作，出台长聘教职岗位管理试行办法。注重教育教学实绩，鼓励教师潜心做好基础研究，推进卓越教学岗计划和基础研究长周期考核机制。完善党政管理人员、实验技术人员等晋升发展机制，推进附属医院卫生技术人员分类评价，激发各支队伍的内生发展动力。完善师德师风建设长效机制，规范师德核查、师德失范案件调查等制度，切实将师德师风作为评价教师队伍素质的第一标准。营造优良的校风学风，弘扬科学家精神，加强对学术机会主义的惩戒，引导师生保持学术纯粹性。优化人才服务机制，开展人才生态最优院系创建活动，进一步提高教职工的认同感与归属感。

五、落实"四个面向"要求，努力在引领性创新上取得更大突破

16. 培育重大标志性成果。面向世界科技前沿，凝练基础领域和交叉前沿领域的重点创新方向，启动实施"启真计划"，加快实现更多的原始创新突破。面向经济主战场，启动实施"登峰计划"，加快培育赋能经济高质量发展的重大成果。面向国家重大需求，积极对接"揭榜挂帅"制度，启动实施"紫金计划"，研究部署科研攻关"撒手锏"任务。面向人民生命健康，聚力提升生命健康和现代农业领域创新能力，积极组织并争取国家临床医学研究中心。加快完善重大成果培育机制，力争在荣获国家重大科技奖励上再创佳绩。

17. 参与构建国家战略科技力量。全面对接国家"十四五"科技创新规划和基础研究十年行动方案，不断提升创新策源能力，推动科研规模和品质稳步提升。主动对接并参与国家实验室建设，探索国家重点实验室优化重组的浙大方案，积极筹建新的国家重点实验室，布

局和培育教育部重点实验室,面向重点方向谋划新建浙江省实验室。持续推进超重力离心模拟国家重大科技基础设施、集成攻关大平台、前沿科学中心等重大科技平台建设,力争在承担高精尖项目和创建高能级平台上取得新突破。深入推进有组织的科研创新,聚焦重点方向培育组建跨学科、跨领域的混编攻关团队。以创新特区试验示范区建设为引领,在攻克国家重大急需项目上彰显浙大贡献。

18. 繁荣发展哲学社会科学。全面对接《国家"十四五"时期哲学社会科学发展规划》,实施新时代马工程,面向党的二十大、"新时代中国特色社会主义思想的理论与实践"等开展重大理论问题研究。聚焦乡村振兴、共同富裕等重大主题,凝练标志性成果,力争在国家社科基金等重大项目培育上取得更大突破。推进亚洲文明学科会聚计划组织实施,做好社会治理会聚研究项目培育工作,谋划推出若干交叉类重大项目和重大文化工程。推动社会科学研究基础平台转型升级,培育一批以人文社科类为主导的交叉实验室。深化哲学社会科学评价改革,修订人文社科奖励办法。高质量建设全国重点马克思主义学院,建好艺术与考古博物馆等各类新型机构。出台关于进一步加强国家高端智库建设的若干意见,集中力量提升区域协调发展研究中心建设水平,支持北京研究院等平台发展,加大高层次智库人才引育力度,完善智库人才评价体系及发展通道。

19. 助推科研成果转移转化。完善成果培育与转化体系,推动"国家知识产权示范高校"等建设,促进成果转化全流程和分级分类管理,力争成果转化规模和效益实现更大提升。优化国家大学科技园产学研合作体系,持续推进紫金科创小镇建设,打造毗邻校区的科技创新和成果转化高地。结合学校学科发展需要和地方产业优势,进一步优化工业技术转化研究院工作机制和派出布局。

六、坚持开放合作,构建服务新发展格局的办学体系

20. 提高社会服务层次和水平。加强社会服务顶层设计和战略研究,建立国内合作可持续发展模式。服务京津冀协同发展、粤港澳大湾区建设、海南自贸港建设、长江经济带发展、黄河流域生态保护和高质量发展等区域重大战略,持续优化国内合作布局。深度融入长三角一体化发展,深化与江苏、安徽、上海等省市合作,支持上海高等研究院等高能级平台建设。推进与重点省份建立新时代战略合作伙伴关系,有序推进与重点企业的合作对接。完善校外独立法人研究机构管理,优化各类平台的设立、运行和退出机制,全面提升社会服务效益和声誉。主动对接"三农"需求,进一步扩大服务乡村振兴战略的示范效应。持续抓好援藏援疆工作,深化定点扶贫、对口支援和部省合建等工作。

21. 全面服务"重要窗口"建设。制定实施服务浙江争创社会主义现代化先行省专题规划,服务浙江三大科创高地建设和全面推进数字化改革。全力支持之江实验室建设,加快重大装置平台等共建步伐。服务新一轮杭州城西科创大走廊和云城发展,加快推进医学中心建设。支持杭州国际科创中心、宁波科创中心等实现更高质量发展。进一步推动长三角智慧绿洲、绍兴研究院、金华研究院等省内重大平台落地,推进青山商学高等研究院建设。继续支持转公后的浙大城市学院、浙大宁波理工学院加快建设高水平应用型大学。

22. 构建一流医疗服务模式。打造高水平现代医疗卫生体系,推动直属附属医院内涵式发展,探索非直属附属医院管理和发展模式。加强医教研协同、医药联动、基础和临床融通、深化医工信结合。以国家临床医学研究中心、国家医学中心、国家区域医疗中心等重大平台建设为契机,统筹各附属医院优势力量,加强跨医院、跨学科、跨领域的协同创新和医疗合作。建设高水平的公共卫生学院,以大健康学院筹建为契机,打造高水平、国际化的大健康人才培养高地和创新平台。深化与卫健系统、医保系统、疾病预防控制系统的战略合作。

23. 优化全球合作布局。持续实施全球开放发展行动计划,探索完善教育对外开放新模式,增强抵御国际合作风险和达成目标的能力。组织开展双边或多边国际交流活动。稳定对美合作基本面,深化与英、法、德等欧洲重点国家和日本、新加坡等周边国家的合作,推动"一带一路"教育交流与合作,强化与若干重要国际组织的合作,提升与我国港澳台地区的合作交流成效。持续推进"世界顶尖大学合作计划"并适当扩大支持范围,推出"海外一流学科伙伴增强计划"。制订并实施浙江大学可持续发展行动计划,举办系列论坛、讲座等活动,塑造具有全球担当的浙大形象。举办 2021 年全球学习线上交流展,加快拓展一批优质学生交流项目。加强海外社媒建设及与有关国家媒体机构的合作,建好各级海外传播队伍,形成具有国际影响的海外传播矩阵。

24. 打造一流国际教育品牌。推进"本土国际化",优化海宁国际校区整体办学布局,稳步推进国际联合学院、长三角国际研究生院(筹)、国际联合创新中心、"一带一路"国际医学院(筹)等建设,加快打造更具示范意义的国际合作教育样板区。完善融合东西方优势的国际化培养模式,做大做强"留学浙大"品牌,进一步提升国际学生生源质量,优化国际学生结构。深化国际学生教育管理体制改革,完善校院两级协同工作机制。加强国际学生思想教育和文化引领,推进国际学位生公共课教学改革,加强汉语言与文化线上课程库建设,进一步提高国际教育质量和声誉。

七、强化改革创新,加快实现动能激发和战略迭代

25. 完善现代大学治理。适时修订学校章程,进一步在大学治理中落实政治、法治、德治要求。持续加强各级领导班子建设,优化党政协同机制,提升科学决策能力。出台关于进一步加强法治工作的意见,建立健全依法治校体制机制。健全学术委员会运行及协同机制,发挥各学部的作用,形成更加完善的学术治理体系。拓宽民主参与渠道,完善校院两级教职工代表大会制度,优化学生社团发展与管理模式,充分释放办学活力。

26. 抓实教育评价改革。认真对照《深化新时代教育评价改革总体方案》,加强对全校教育评价改革的宣传引导和组织实施,在校院两级抓好评价改革的贯彻落实。深化学生学业评价机制改革,创新评价办法。深化教师评价机制改革,规范教师岗位聘用和评聘条件设置,突出质量贡献与工作实绩。探索完善各类评价的实施细则,构建更加科学的评价流程和机制,力争在"破五唯"上贡献浙大经验。

27. 全面深化综合改革。围绕动能激发和战略迭代,启动实施一批重点改革任务。深化"一院一策"治理改革,落实院系人事管理、财务管理、资源配置等管理权限,在推动管理重心下移上迈出更大步伐。深化用人模式改革,积极探索核心层、紧密层、合作层协同联动的人力资源体系,研究二级单位通过多元化编外用人方式弥补事业编制不足的相关政策,进一步理顺教师服务专员和其他紧密层人员的发展通道。深化基层学术组织改革,推动问题导向与自由探索相结合,积极推进任务强所,充分激发基层学术组织活力。

28.推进数字治理改革。树牢数字化思维,积极对接浙江省数字化改革,推进学校体制机制、方式流程、手段工具等方面的数字化重塑,加快构建"数据采集+需求分析+决策实施+评价反馈"的闭环数字治理体系。实施"一网通办"工程,推动业务线上线下互动和跨部门融合。深化校务治理改革,打造以"网上浙大2.0"为代表的新型办学空间,推进"一事一表一库一平台"建设工程,打造"智慧总务",全面提升学校数智治理能力。

29.优化支撑保障条件。加强各校区规划管理和功能布局,促进紫金港校区东西区一体化协调发展,提升舟山校区、海宁国际校区等异地校区的治理能力,建立可持续运行的服务保障新机制。强化预算执行的主体责任和绩效管理,建立健全预算执行与下年预算安排挂钩机制,深化院系预算管理改革。加强审计制度建设,做好重点领域专项审计工作。加强实验室与设备规范管理,提升大型仪器开放共享水平。探索完善公用房配置论证与使用绩效评估机制,持续做好"1250安居工程"后续配套服务。稳步推进各类项目的报建、拨付、验收等工作,加强基建工程的质量管理与安全管理。深化发展联络工作体制机制改革,启动"梦想浙大"全校性筹资计划,推动项目签约、捐赠到款、争取中央财政配比资金等持续增长,推进基金会资产规模稳步提升。办好师生满意的图书馆,全面启用新数字档案管理系统,强化校史馆及专题展览的育人功能。探索与省国资委合作新模式,支持浙江大学控股集团实现新发展。实施出版精品化战略,不断增强出版社竞争力。深化建筑设计研究院改革,提升承接重大项目能力。推进一流后勤服务体系建设,构建服务品质提升的长效机制。

30.落实师生为本理念。不断加强机关作风建设,持续推进"服务院系、服务基层、服务师生"活动,深化"最多跑一次""最多找一人"改革,抓实机关部门负责人基层联系点工作,进一步提升管理效能和服务水平。深入推进"暖心爱心工程",出台教职工健康促进计划,做好教职工子女入园入学等协调工作。深化校医院体制机制改革,探索完善精干高效、强特色、可持续发展的新机制,进一步提升师生医疗健康保障水平。继续实施"乐龄"计划,发挥好离退休老同志立德树人的独特优势。分层分类指导各级校友组织健康发展,推动发展共同体建设取得新进展。

31.维护校园安全稳定。健全网络安全责任体系,加强网信队伍建设,提高风险防范能力和应对处置效率。加强心理健康教育与咨询中心条件建设,提高师生心理健康教育水平。全面排查风险隐患,扎实做好安全稳定、公共卫生、实验室管理等工作,打造平安校园。贯彻落实总体国家安全观,压实各部门、各单位保密工作责任,积极开展保密宣传教育培训工作,进一步筑牢保密防线。

八、加强党的建设,为学校事业发展提供坚强政治保证

32.提高宣传思想工作水平。加强学校宣传思想文化阵地建设,大力弘扬伟大民族精神和时代精神,弘扬以求是创新为内核的浙大精神文化。落实党委意识形态工作责任制实施细则,层层压实意识形态工作责任。加强校园文化景观设计和精品资源挖掘,积极打造文化空间和品牌。完善新闻宣传工作机制,强化重大选题策划和主题报道,推动全媒体融合发展,生动讲好新时代浙大故事。

33. 选优建强中层领导班子和干部队伍。树牢重实干、重实绩、重基层、重担当的用人导向,完善干部选育管用全链条机制,平稳有序推进中层领导班子换届工作。完善干部人才统筹机制,做好首批"双专计划"青年学术骨干的管理和培养工作,及时启动第二批"双专计划",动态更新优秀年轻干部人才名单。进一步解放选人用人思想,坚持淡化身份界限、集聚优秀干部人才的改革方向,探索推进部分岗位面向紧密层开放选聘,加强独立法人机构干部配置,创新党政管理人员的专业化和职业化发展机制。启动实施地方干部培养输送五年计划,形成干部人才队伍能进能出、良性循环的机制。

34. 推动基层党建提质增效。全面提升"全国党建工作示范高校"建设成效,扎实做好全国、全省党建工作标杆院系、样板支部培育创建工作。制定贯彻落实新时代党的组织路线若干意见,深入实施关于加强和改进院系党组织建设的意见,优化院级党组织书记抓基层党建工作机制,强化院级党组织政治核心和保证监督作用发挥。深入实施"对标争先"建设计划、基层党支部建设质量提升月等活动,提高党支部标准化规范化建设水平。坚持把政治标准放在首位,加大力度发展大学生党员和高知党员,更好地发挥党员先锋模范作用。

35. 高质量做好统战工作。学习宣传贯彻新修订的《中国共产党统一战线工作条例》,加强党对统一战线工作的集中统一领导,推动构建大统战工作格局。加强党外代表人士队伍建设,深入实施学校民主党派代表人士队伍建设十年规划。推动党外人士建言献策工作提质增效,加强"统一战线智库"建设,优化"政协委员会客厅"平台。指导有关民主党派有序开展基层组织换届及届中调整等工作,做好无党派人士、侨留联和港澳台统战工作。充分发挥学校民族宗教事务管理工作小组统筹协调作用,深入实施"石榴籽工程"。推动社会主义学院高质量发展,强化统一战线人才教育培养主阵地作用。引导统一战线成员积极开展庆祝建党百年相关活动。

36. 认真接受中央巡视并抓好整改落实。切实提高政治站位,聚焦"四个落实",认真抓好上一轮中央巡视反馈意见的再梳理再排查,以高度的政治自觉做细做实巡视准备工作。强化对巡视整改工作的组织领导,研究制定巡视整改总体方案及专项方案,建立健全整改落实长效机制,推动深化整改与事业发展相互促进。以巡视整改为引领,推动完善巡视巡察上下联动工作格局,探索建立常规巡察与专项巡察的协同贯通机制,营造风清气正的政治生态。

37. 推进全面从严治党向纵深发展。学习贯彻十九届中央纪委五次全会精神,推进学校纪检监察工作理念、制度、实践创新。完善学校党委、纪委听取二级单位履行主体责任和监督责任情况汇报机制,加强廉政风险薄弱环节和问题隐患的分析研判。持续深化纪检体制改革,更好地发挥二级单位纪委作用,建立健全校内二级单位纪委的双重领导体制和工作机制。锲而不舍地落实中央八项规定及实施细则精神,驰而不息纠"四风"、树新风。依规依纪严肃监督执纪问责,进一步完善科学运用第一、二种形态的工作机制,探索实践"四种形态"相互转化机制。构建校院协同的廉洁宣教机制,加强案件警示教育,提升"清廉浙大"建设水平。

浙江大学 2021 年工作总结

（2022 年 3 月 4 日）

2021 年是中国共产党建党 100 周年、"两个一百年"奋斗目标历史性交汇之年,是学校高质量实施"十四五"规划、扎实推进新一轮"双一流"建设的开局之年。在党中央、国务院和教育部、浙江省委省政府的正确领导下,浙江大学坚持以习近平新时代中国特色社会主义思想为指导,深入贯彻落实党的十九大和十九届中央历次全会精神,认真学习贯彻习近平总书记关于教育的重要论述和对浙江大学系列重要指示精神,坚持"更高质量、更加卓越、更受尊敬、更有梦想"的战略导向,统筹推进"五大体系""五大布局""五大战略""五大坚持",各项主要办学指标创学校历史新高,多项指标位居全国高校首位,心更齐、气更顺、劲更足的文化氛围、齐心协力团结进取的政治局面进一步巩固,为走向世界一流大学前列奠定了坚实基础。

一、加强政治建设,抓好举旗定向,忠实践行习近平新时代中国特色社会主义思想

1.确立习近平新时代中国特色社会主义思想的指导地位。高举习近平新时代中国特色社会主义思想伟大旗帜,深刻领悟"两个确立"、增强"四个意识"、坚定"四个自信"、做到"两个维护"。将学习习近平总书记重要讲话和重要指示批示精神作为学校党委常委会会议第一议题,组织全校上下认真学习领会了习近平总书记在庆祝中国共产党成立 100 周年大会、党的十九届六中全会等重大场合的重要讲话精神,结合学校实际,研究制定全面贯彻落实的具体举措,确保"总书记有号令、中央有部署、浙大见行动",全年通过党委常委会和理论学习中心组等形式专题学习研讨 41 次。深入贯彻落实习近平总书记对学校的重要指示精神,系统开展习近平总书记关于中国特色世界一流大学建设重要论述溯源与实践研究,成立由党委书记、校长担任组长的课题组,积极向教育部报告并被列为哲学社会科学研究重大委托课题。

2.认真接受中央巡视并抓好整改落实。在中央第二巡视组对浙江大学党委开展常规巡视期间,按照中央巡视组的要求,做好配合中央巡视的各项工作。深入贯彻落实习近平总书记听取十九届中央第七轮巡视情况汇报时的重要讲话和十九届中央第七轮巡视集中反馈会议精神，主动认领中央巡视反馈意见，科学制定整改落实方案，针对77个问题提出了281项整改措施，开展由党委书记、校长牵头的"十大重点整改专项"任务，将整改融入新一轮"双一流"建设、"十四五"规划实施和管党治校全过程，一体化推进整改。经过3个月的集中整改，已完成265项整改项目，其中应于3个月内完成的整改任务均已完成，剩余16个中长期项目均按计划积极推进中。

3. 党的政治建设进一步强化。成立由学校主要领导牵头的《浙江大学章程》修订工作领导小组，组织修订学校章程，将党对高校的全面领导充分体现到章程中，已提交章程修订工作领导小组审议通过。认真贯彻《中国共产党普通高等学校基层组织工作条例》，坚持和完善党委领导下的校长负责制，建立了党委全委会听取校长工作报告制度。修订党委常委会贯彻落实"三重一大"决策制度实施办法，修订党委全委会、常委会和校务会议议事规则，制定学校党委常委会重要议题清单，加强议题前瞻性谋划和重要决策会前酝酿。修订进一步加强学校领导班子自身建设的意见，提升领导班子现代化建设能力。落实加强高校党的政治建设的若干措施，完善学院（系）党委会会议和党政联席会议议事规则，进一步发挥各级党组织的政治功能。

二、赓续红色血脉，大力弘扬伟大建党精神，在党的百年奋斗历程中汲取奋进力量

4. 党史学习教育扎实开展。成立党史学习教育领导小组及办公室，研究制定实施方案，专题学习《习近平在浙江》采访实录，面向不同群体开展专题培训和特色宣讲，在基层开展宣讲200余场。强化家国情怀教育，实施"传承红色基因 涵养家国情怀"专项行动，印发进一步加强家国情怀教育的意见，建设"浙大红色基因库"，深挖王淦昌、程开甲、林俊德等浙大功勋人物事迹，开展"中国共产党精神谱系中的浙大人"专题宣传，推动全国道德模范、时代楷模等先进人物进校园。回应师生重大关切、解决急难愁盼问题，开展"我为师生办实事、我为院系解难题、我为基层减负担"专题实践活动，形成420件办实事清单。

5. 庆祝建党百年系列活动有序举办。全面贯彻落实党中央、教育部党组和浙江省委部署要求，制定并实施关于开展中国共产党成立100周年庆祝活动方案，围绕"理想信念铸魂""铭史鉴往知来""忠诚担当致敬""弘文化人共情""勇立潮头奋楫"等主题开展了系列庆祝活动。组织开展党建先锋奖、先进基层党组织、优秀共产党员、优秀党务工作者评选表彰，开展党的创新理论千场宣讲进基层及"红色荣光 浙大印记"系列专题宣讲活动。

6. 在深入开展使命愿景大讨论中提高站位。围绕一流大学的战略地位和历史使命，在全校上下深入研讨浙江大学在新发展阶段的使命愿景，以大讨论聚焦问题、拓展思路、凝聚共识、广谋良策，组织两院院士、专家学者、干部师生等开展各级各类研讨活动3300余场次，引导师生以大历史观和广阔的战略视野认清大学的政治责任和发展方向，进一步将思想和行动统一到党中央对高等教育事业的前瞻部署和总体规划上来。

7. 面向未来的战略谋划进一步明晰。通过学校领导班子寒假战略研讨会、暑期工作会议等，专题研讨学校发展的战略思路、重点任务、指标体系等，修改完善了"十四五"发展规划文本,优化了"1＋5＋8＋39＋X"规划体系。总结首轮"双一流"建设取得的成效,围绕质量、特色、贡献、声誉等四个维度明确改革发展目标,高质量编制新一轮"双一流"建设方案,聚焦"5(重点建设任务)＋5(重点改革任务)＋1(一流学科建设)"工作领域,凝练提出了相关重点工作举措。

三、坚持 KAQ 2.0 教育理念,落实立德树人根本任务,着力打造以学生成长为中心的卓越教育体系

8.思想政治工作突出价值引领。研究落实思政课改革创新专项任务,制定推进习近平新时代中国特色社会主义思想进课程教材的实施方案,开设"习近平新时代中国特色社会主义思想概论""四史"等课程,编写出版"新思想在浙江的萌发与实践"系列教材,我校教师作为首席专家编写的《习近平法治思想概论》入选中宣部马工程重点教材。开展"思政名师堂"28 次,建成 3 门国家级、39 门省级课程思政示范课程,学校入选浙江省课程思政示范校。突出价值引领,实施学生党建"双引双提"工程,打造一流学习型社区,标准化建设"一站式"育人服务中心等。发挥大思政课育人作用,开展学生思政教育培养方案试点,夯实党建与思政现场教学基地建设,新建"两弹一星"精神等 12 个党员教育培训基地,1 位辅导员获评 2021年度全国"最美高校辅导员"。强化理想信念教育,开展全国道德模范事迹宣讲会、"时代楷模"专题报告会、将军报告会等宣讲活动,覆盖师生 1.8 万余人次。

9.一流本科教育扎实推进。出台一流本科专业建设指导意见,启动专业综合改革,完善专业设置、评估、退出的动态调整机制,累计有 67 个专业入选国家级一流本科专业建设点,入选数居全国高校第二。强化包括高层次人才在内的各类教师育人职责,制定加强本科教学教师队伍建设方案,完善教授为本科生授课制度,应为本科生授课的教授全部承担课堂教学任务。发挥教材"重要载体"作用,召开学校教材工作领导小组会议,制定了学校教材建设"十四五"规划,修订教材管理办法,13 种教材入选首届全国优秀教材奖,2 位教师获"全国教材建设先进个人"荣誉。

10.卓越研究生教育实现新突破。统筹布局博士生教育综合改革"十大行动计划",实现学科发展、队伍建设与人才培养的有机统一。以招生学制改革为抓手,重点在物理学等若干基础学科试点统筹招生贯通培养改革,建立健全学校、学院(学科)和博士生导师三位一体的多元投入机制。深入推进多学科交叉人才培养计划,建设"医药＋X"等 7 个"多学科交叉人才培养卓越中心"。获批全国首批特色化示范性软件学院,入选集成电路、生物育种、考古学、关键软件国家急需高层次人才培养专项。坚持以高质量的产教融合深化专业学位研究生教育综合改革,已建立健全学校、学部、学科三级专业学位评定委员会体系,成立第五届专业学位研究生教育指导委员会。率先打造工程师学院产教融合"特区",工程师学院建设经验得到国家和浙江省的肯定。

11.学生综合素质的培养成效显著提升。出台关于全面加强新时代大学生劳动教育的实施方案,制定研究生综合素质评价实施办法,启动新一轮研究生培养方案制(修)订工作,修订研究生荣誉称号和奖学金评定管理办法等,构建德智体美劳"五育并举"的高水平育人体系。发挥学科专业建设的育人作用,推进人才培养结构与经济社会需求对接,面向产业需求培养"大国工匠",打造基于创新的创业教育品牌,挖掘激发研究生的创新实践活力。学生共获国内外学科类竞赛特等奖 10 项、一等奖 71 项,获"互联网+"大赛金奖 10 项、"挑战杯"红色专项特等奖 2 项、"揭榜挂帅"专项特等奖 1 项,在获奖数量、质量方面均刷新了纪录。

12.招生与就业工作再上新台阶。完善本科招生工作体系,健全"院系领导负责,招生组长牵头,骨干教师担纲,优秀学生参与"的协同工作模式。推动生源特质与学科专业培养要求相匹配,强化了培养入口质量与育人出口质量的联动提升。我校本科生综合录取排名取得历史性突破,理科本一批综合录取分数位列全国高校前四,进入全国招生第二梯队,其中有 5 个省份排名第三。"强基计划"入围分数线位列全国高校第一梯队。出台《关于进一步促进毕业生高质量就业的实施意见》,持续优化重点板块、重点区域就业结构。加强国防领域人才输送、持续推进选调生专项工作,引导更多毕业生响应国家号召,到祖国最需要的地方建功立业。2021 届毕业生选调生录取、赴国防领域(含部队)就业分别较 2020 届增长48.19%、35.32%。

四、构建一流创新生态系统,服务重大战略需求,为打造国家战略科技力量做出积极贡献

13.学术创新质与量俱获佳绩。持续深化有组织创新,学校作为第一完成单位获 2020 年度国家科学技术奖励 11 项,居全国高校第一,总数创学校历史新高。在《细胞》(*Cell*)、《自然》(*Nature*)、《科学》(*Science*)主刊发表高水平论文 26 篇,其中以第一单位和通讯作者发表 12 篇,1 项研究成果入选 2021 年度中国科技十大突破,1 项研究成果入选 2021 年度中国科学十大进展,学校教师破解了困扰国际数学界 20 余年的"有限测度猜想",推进现代空间结构体系创新并广泛应用于地标性建筑,研制的自供电软机器人成功挑战马里亚纳海沟,发明的新型化学显微镜技术实现超高时空分辨成像。2021 年科研总经费达到 70.12 亿元,同比增长 16.9%。推进工业技术转化研究院体制机制改革,做好紫金科创小镇运营管理。提升科技成果转化效率,修订学校科技成果转化审批细则,出台学院级校企联合研发机构建设方案,入选首批高校专业化国家技术转移机构建设试点单位。2021 年度授权发明专利数 3024 件,居全国高校第一,科技成果转化成交金额 9685 万元。作为唯一专利权人首次获得第二十二届中国专利金奖 1 项。根据 2021 年 12 月发布的《2021 年中国科技论文统计报告》,学校国际论文被引用篇数、高水平国际期刊论文数、科教协同融合指数排名第一,卓越科技论文数、产学共创排名第二。

14.服务国家科技自立自强的能力系统增强。启动"启真计划""紫金计划""领航计划",在空天海高端制造工艺装备、高端射频芯片和微系统、区块链与信息安全、碳达峰碳中和、高温合金、粮棉油主要作物设计育种、海洋风电与氢能等领域凝练了一批服务国家战略的重大方向和"撒手锏"项目,组织申报国家重点研发计划、人工智能产业创新、特种机器人产业链、人工智能医疗器械创新任务等"揭榜挂帅"项目 22 项。推动现有 7 家牵头的国家重点实验室优化重组;牵头建设良渚实验室;发挥核心作用,推动之江实验室进入国家实验室体系;联合省内优势力量,牵头推动东海实验室和白马湖实验室筹建工作;推进临港国家实验室浙江基地、合肥和鹏城国家实验室浙江网点建设。上海高等研究院围绕"计算＋"构建"1＋3＋X"的全链条创新生态系统。

15. 哲学社会科学显现强劲发展势头。高水平建设全国重点马克思主义学院,中国特色社会主义研究中心获批浙江省习近平新时代中国特色社会主义思想研究中心首批研究基地。在原人文学院基础上,筹建文学院、历史学院、哲学学院,文科结构发生重大变化。深入实施"亚洲文明学科会聚研究计划",成立亚洲文明研究院并入选教育部高校国别与区域研究备案中心。持续推动文化传承创新,"中国历代绘画大系"被列为"浙江文化研究工程"项目,出版五大全集共计 67 卷 240 余册,阶段性成果已开始全国巡展。2021 年立项文科基金类重大项目 24 项,创历史新高,其中国家社科基金重大项目(含专项)20 项,教育部重大项目 4 项,获第六届全国教育科学研究优秀成果奖 10 项。获批首批教育部哲学社会科学实验室(培育)、国家智能社会治理实验基地等 6 个省级以上重点研究平台,成立习近平法治思想研究中心、共享与发展研究院、数字法治研究院、青山商学高等研究院、国际发展与治理研究中心等若干重要研究平台。制订"十四五"高端智库建设专题规划,区域协调发展研究中心等分别牵头建立浙江省共同富裕研究、数字化改革研究和社会治理研究等智库联盟,北京研究院扎实开展"启真智库"建设等工作,学校服务党和国家科学决策的能力不断增强。承担国家高端智库重点研究课题 54 项,智库成果获党和国家领导人批示 31 篇。

五、坚定系统内涵式发展道路,打造一流的学科人才生态,学校核心竞争力显著提升

16. 学科生态体系进一步完善。坚持以"一流牵引、主干强身、交叉驱动、生态优化"为导向,围绕国家建设一流学科的要求和学校一流学科发展布局,组织启动一流学科培优行动,分类推进高峰学科等各类学科建设支持计划。积极实施"创新 2030"计划,启动"空天探索会聚研究计划""数字社会科学会聚研究计划"等,推动国家制度与社会治理会聚型研究领域谋划工作。精心组织 40 个学科开展新一轮"双一流"学科建设方案编制和论证工作。组织 57 个参评学科全力做好第五轮学科评估工作。编制一流学科体系发展规划,勾勒面向 2025 年的学科系统内涵式发展的路线图。优化学位授权点生态体系,2021 年获批审核增列集成电路科学与工程一级学科博士、硕士学位授权点。大力发展海洋学科,在交叉学科门类下牵头组织设置海洋技术与工程一级学科。加强中药、茶学等学科建设。谋划航天医学学科建设,成立航天医学研究中心。一流建设学科增加至 21 个,居全国高校第三。根据 2021 年 11 月 ESI 统计数据,学校进入前千分之一的学科数有 10 个,居全国高校第一;进入世界前 50 位的学科数有 6 个,居全国高校第三。

17. 人才工作取得历史性突破。深入实施学术大师汇聚计划、第二期高层次人才培育支持计划、"新百人计划"等,对接浙江省"鲲鹏计划"。切实加大顶尖人才和战略科学家的引育,加强青年人才培养,探索有组织、体系化的人才培育路径。增选两院院士 5 人,居全国高校第一,创我校单次增选人数历年新高,另有 2 名求是讲座教授当选为外籍院士;全职引进两院院士 1 人、文科资深教授 1 人、讲席教授 10 人,求是特聘学者 14 人、"百人计划"研究员 82 人;入选浙江省"鲲鹏计划"11 人。新增教育部"长江学者"(含特设岗及青年项目)26 人,居全国高校第二;新增国家杰青 20 人,同比增长 100%;新增国家优青 20 人,居全国高校第二;入选长江讲席学者 20 人,居全国高校第一;入选国家"四青"人才 145 人,居全国高校第一;评选求是特聘学者 13 人。

18.一流人才生态和发展环境加快形成。完善长聘教职制度体系,出台预聘制教师申请长聘教职评聘办法,2021 年组织校级长聘教职评聘会议 9 场,评聘长聘教授 17 人、长聘副教授 27 人。完善专项系列岗位设置,优化求是技术创新岗和求是工程岗等,新设求是教学岗和求是实验岗,高质量完成 636 名教职工职称晋升工作、100 名教职工四至八级职员职级晋升工作、274 名教职工专业技术岗位等级晋升工作、4 名工人技术等级晋升工作。深化用人模式改革,加强多元人力资源体系制度设计,启动制订加强紧密层队伍建设有关文件,推动核心层、紧密层、合作层三个圈层的人力资源多元化开发。完善非事业编教师事务服务专员岗位设置,进一步优化了非学校事业编制人员遴选、培养、激励等机制,有效提升了管理服务效能。加强师德师风建设,实施师德导师制,强化教师政治引领、德性塑造和发展生态营造,大力弘扬"尊德性、道问学",建设师生共同成长的德育共同体。

六、扎根中国大地,坚持开放合作,与新发展格局相适应的办学体系不断完善

19.立足浙江服务"重要窗口"建设的成效进一步显现。组织编制了《浙江大学服务浙江争创社会主义现代化先行省规划(2021—2025 年)》,深度服务浙江建设共同富裕示范区。深化与省内各地市战略合作,与金华市、建德市等签署战略合作协议,共建金华研究院、绍兴研究院等高能级合作平台。杭州国际科创中心获批省技术创新中心、省重点实验室、省优秀博士后科研工作站等。宁波科创中心等重大平台能级提升。长三角智慧绿洲等省内平台加快落地。衢州研究院、工程师学院衢州分院常山港区及中试实验实训基地正式落成启用。

20.面向全国助力高质量发展的赋能效应进一步扩大。贯彻落实中央关于巩固拓展脱贫攻坚成果同乡村振兴有效衔接的重大决策部署,扎实推进定点帮扶和乡村振兴工作,"云景天芝"获第一批教育部直属高校服务乡村振兴创新试验培育项目。做好对口支援工作,支持附属第二医院继续帮扶台江人民医院,新增对口支援新疆农业大学。完善国内合作与服务体系,重点围绕长三角一体化发展和区域重大战略,深化拓展省外合作工作,与安徽省、黑龙江省签署战略合作协议,与中国石化、中国航天科工集团、华为公司等龙头企业签署全面战略合作协议,共建南疆创新研究院。加强校外平台整顿优化,成立校设事业单位建设发展领导小组,按照"聚焦主业、严控规模、分类管理、优化提升"原则,制定规范校设事业单位建设和管理的若干意见,促进校外平台高质量可持续发展,其中已停业重组 1 家、注销 1 家、退出学校主办序列 2 家;推动 9 家技术转移分中心整合优化。建筑设计研究院积极承接医疗建筑、体育场馆、未来社区等重大项目,全年勘察设计合同额 14.52 亿元,总净产值 11.37 亿元。

21.对外交流合作工作应对挑战提升实效。深入实施全球开放发展战略,对接联合国可持续发展目标,制订《可持续发展行动计划》,发起可持续发展全球倡议、中国青年气候行动倡议。克服跨境交流阻碍,保持线上交流的温度和力度,举办全球大学校长论坛、世界顶尖科学家大学校长论坛、亚太医学教育大会、中德可持续发展论坛等。深化重点伙伴关系，推动与多伦多大学、海德堡大学、慕尼黑大学、根特大学等世界一流高校新建 7 个学术交流和联合培养项目。加快打造国际合作教育样板区，推进海宁国际校区建设，提升高水平合作办学水平。积极推进"一带一路"国际医学院（筹）建设，加快打造具有国际化、高水平、研究型特色的高等医学教育机构。深入贯彻中央对港澳、对台工作方针政策，着力拓展与港澳台地区的合作交流，加强对港澳台师生的关心关爱。学校在世界主流大学排行榜上跻身百强并不断靠近 50 强，累计与 6 大洲 40 余个国家和地区的 200 余家高校、学术机构和国际组织结为合作伙伴。

22.附属医院高质量发展取得新突破。服务保障疫情常态化防控，2021 年度先后组建 48 个外派应急医疗队，累计外派 2193 名医护人员奔赴河北、河南、江苏、重庆、云南、辽宁、黑龙江、内蒙古等兄弟省份及省内"战场"参与新冠采样、检测和医疗救治工作。附属医院高质量发展取得显著成效，总体稳居国家队"第一方阵"。在 2021 年全国三级公立医院"国考"中，附属第一医院、第二医院、邵逸夫医院等 3 家综合医院获评 A++，分列全国第 6、7、11 位；附属第四医院跃居全国前 10%，成为全国最年轻的 A+等级医院之一；附属妇产科医院、儿童医院获评专科医院最高等级 A，在相应专科医院序列中分列全国第 3、4 位。附属第一医院获批国家医学中心"辅导类"创建单位和国家传染病医学中心，附属第二医院谋划建设经血管重大植入器械研发国家重点实验室，附属邵逸夫医院牵头组建微创器械创新及应用国家工程研究中心，附属儿童医院建设国家儿童健康与疾病临床医学研究中心并发挥其辐射引领作用，附属妇产科医院建设国家妇产疾病临床医学研究中心分中心。附属第四医院成为三级甲等医院。"一带一路"国际医学院（筹）、国际健康医学研究院和附属第四医院"三位一体"建设格局初步形成。

七、全面深化改革，强化战略迭代，学校治理体系和治理能力现代化水平稳步提升

23.教育评价改革持续深化。制定学校"十四五"深化新时代教育评价改革规划，健全高质量发展、教育教学评价、科研评价、学生评价、选人用人等 5 个方面的评价体系。修订教师高级职务任职基本条件、各类专业技术职务任职基本条件，健全符合学科特点、体现岗位差异的人才考核评价标准。在职称评审中推行代表性成果评价，突出评价成果质量、原创价值和对社会发展的实际贡献，出台在教师职称评审中进一步深化代表性成果评价的意见并落实相关要求。

24.内部治理体系加快完善。进一步优化机构设置和编制职数管理，出台学校机构编制管理暂行办法，完善机构编制管理委员会运行机制。深化"一院一策"治理改革，组织形成高分子科学与工程学系、药学院深化改革方案，开展深化改革"回头看"工作。完善校院两级议事决策制度，健全学术委员会运行及协同机制，发挥各学部的作用，形成更加完善的学术治理体系。健全依法治校体制机制，出台进一步加强法治工作的意见，制定加强学院（系）及其内设机构印章管理和合同管理的若干规定，加强重点部门、重点领域法律风险防控体系建设。

25.管理服务质量稳步提升。深入推动"一线规则"落实,出台了完善深入基层、服务师生长效机制的若干意见,推进校领导联系服务师生,通过"书记有约""校长有约"征集意见建议32项,开展"校领导接待日"8期。优化了机关部门主要负责人基层联系点制度,规范校院机关支部结对工作,主动听取基层师生意见、解读学校文件和政策,通过40位机关部门主要负责人对接62个基层点,收集问题249条,通过支部结对和作风调研收集问题269条,其中80%的问题得到了有效解决。积极推进新型校医院建设,做好疫苗接种、核酸检测、普及急救等校园公共卫生服务,逐步实现附属第二医院总部与浙大院区同质化管理。坚持和完善老干部工作制度,深入实施"乐龄"计划,落实"暖心爱心"工程,健全向离退休老同志通报学校工作情况制度,加强关工委工作,发挥好离退休老同志的独特优势和作用。办师生满意的图书馆,提供战略咨询、科研情报等一流图书资源服务,古籍馆正式开放。发挥档案"存凭、留史、资政、育人"功能,实施求是文脉传承创新工程,推进数字档案馆建设。对接学校打造学术文化高地、构建教育教学品牌的需求,加快出版高水平学术著作、教材,期刊声誉和质量进一步提升。完善"百事通"检索平台和统一咨询服务热线建设,"百事通"检索服务平台运行以来已提供检索147万余次;优化统一咨询服务热线建设,目前热线接转系统和工单平台已覆盖全校院(系)和部处单位102个,面向10万余人提供服务。发挥考核指挥棒作用,改进机关部门考核工作和机关干部年度考核工作,开展优秀部门评选,加强考核结果的运用,完善机关干部奖惩激励机制。

26.支撑保障体系进一步优化。深入推进预算管理改革,夯实院系发展财力基础,落实中央"过紧日子"的要求,强化预算绩效管理,深化科研"放管服",扩大经费自主权,完善科研经费的预算编制与间接经费使用管理,制定能源使用与经费管理办法。深入推进美丽校园建设,做好公用房、房产资源、后勤服务等管理,完成各类公用房调整分配累计建筑面积71714.92平方米。制定公共数据标准,打造数智门户,构建个性化"浙大服务"平台,实现校务服务"一站式"办理。启动"网上浙大2.0"建设,以数字赋能推进整体智治。积极推动大型仪器开放共享,探索大型仪器开放共享新范式,学校在国家重大科研基础设施和大型科研仪器开放共享评价考核成绩位列全国高校第一。扎实推进紫金港校区建设,体育馆(亚运会篮球比赛馆)提升改造工程、游泳池附房(亚运会篮球比赛热身馆)改建工程、农业科技创新试验中心等5个项目顺利竣工,全年完成基建投资额7.71亿元。校友企业总部经济园一期正式启用。深化校属企业体制改革,浙大控股80%股权划转省国资委。深化学校后勤社会化改革,建立学校后勤保障经费与资源使用收入挂钩机制,提高资源配置效率。深化发展联络内部管理机制改革,启动"梦想浙大"发展基金倍增计划(2021—2025),年度捐赠到款12.28亿元,同比增长8.58%;基金会资产规模达52.29亿元,同比增长23.30%。学校全年实现总收入155.97亿元,其中继续教育收入7.25亿元,同比增长26.1%。

27.校园安全稳定防线进一步筑牢。贯彻落实总体国家安全观,建立了全方位多领域的校园安全稳定防控机制和突发事件应急预案,加强师生心理健康教育,强化校园综合治理,构建以政治安全为统领,消防安全、实验室安全、生产安全、食品安全、生物安全、网络安全等齐抓共管的大安全工作体系,网格化管理格局初步形成。修订保密工作系列文件,完善适应新时代的高校大保密工作体系,顺利通过国家保密局委托省局的现场检查。面对紫金港校区发生外地疫情关联病例的突发情况,学校第一时间启动应急预案,迅速召开全校干部视频大会,封闭紫金港校区,做好重点人员排查管控、校园生活各项保障等工作,确保了总体平稳有序,打赢了疫情防控遭遇战。

八、加强党的建设,推进全面从严治党向纵深发展,为加快走向世界一流大学前列提供坚强政治保证

28.党建工作示范高校通过验收。贯彻新时代党的组织路线,进一步落实党建工作责任制,出台基层党支部建设标准,制定基层党支部工作考核评价办法,开展基层党支部建设质量提升月活动,推动党建与业务深度融合,健全上下贯通、执行有力的组织体系。2021年,1个院级党组织通过首批"全国党建工作标杆院系"建设验收,3个党支部通过首批"全国党建工作样板支部"建设验收。3个党组织获"全省先进基层党组织"等省部级荣誉,13名党员获"全国优秀党务工作者"、浙江省"十大强基先锋"等省部级以上荣誉,共有1160余名党员获颁"光荣在党50年"纪念章,5660余名师生光荣加入了中国共产党。高质量完成《浙江大学党校2021年教育培训计划》,全年共开设62个培训班举办130期培训,累计培训党员干部教师学生骨干24091人次。

29.宣传思想和意识形态工作取得新成效。落实全国宣传思想工作会议精神,组建宣讲团,做好中央决策部署和工作精神的宣传解读,"马兰精神"宣讲团荣获浙江省青年理论宣讲暨微型党课大赛情境式宣讲决赛特等奖。加快推进融媒体中心建设,加强重大选题策划,多角度做好先进典型和"抗疫"主题宣传,巩固壮大主流思想舆论,一年来学校各项工作受《人民日报》《光明日报》、中央广播电视总台等主流媒体报道280余篇次。浙江大学官方微信公众号入选中宣部、中央网信办、教育部、团中央公布的"首批高校思政类公众号重点建设名单",官方微博获评"2021年度最具影响力校园官微",浙江大学人民号影响力居全国高校首位。落实意识形态工作责任制,制定学校领导班子年度考核工作方案,开展意识形态专项督查。出台接受境外资金资产管理办法、与境外非政府组织开展交流合作活动管理办法;加强阵地管理,出台讲座论坛活动管理办法、新媒体管理办法,加强教材编写、选用审核管理,建立线上巡课督导机制,专门研究经济、法学、新闻等学科意识形态工作,完善网络舆情引导应对工作体系和工作机制。积极抵御和防范宗教向校园渗透,开展铸牢中华民族共同体意识主题宣讲。

30.中层领导班子换届有序完成。重塑队伍建设的标准和内涵,制定关于加快建设政治过硬、具有领导世界一流大学建设能力的高素质干部队伍的实施办法,修订中层领导干部选拔任用工作办法,开展全校中层领导班子换届工作,配齐建强新一届中层领导班子。落实新时代好干部标准,突出实绩导向,强化实干担当,选人用人导向更加鲜明,新提任专职管理干部中来自基层的占47%,新提任干部中有23人通过竞争上岗产生;换届后中层干部中35周岁以下占3.1%,40周岁以下占17.8%,45周岁以下占42.5%,百分比均比换届前有大幅提升。加强干部人才统筹,实施"双专计划",用好"双专计划"锻炼工作中表现突出的优秀青年学术骨干人才,在换届中提拔使用 31 名"双专计划"人才。换届后中层干部队伍中院士、文科资深教授等人才 12 人,其中新提任 3 人;国家高层次人才 95 人,其中新提任 33 人;"四青"人才 38 人,其中新提任 23 人。加强中层干部监督管理,从严做好干部考核工作,完善考核结果反馈机制,强化考核结果运用。

31. 统一战线和群团工作开创新局面。加强党对统一战线工作的集中统一领导,修订贯彻落实《中国共产党统一战线工作条例》实施意见,推动构建大统战工作格局。深入实施学校民主党派代表人士队伍建设十年规划。各民主党派组织加强自身建设并发挥作用,配合做好党派省委会换届工作。召开第八届教职工代表大会、第二十二届工会会员代表大会第四次会议,针对师生关心的问题开展提案征集,高质量推进提案办理,及时回应师生关切的问题。指导工会和团委围绕中心服务大局,竭诚为师生提供精细化服务。加强对学生会、研究生会、博士生会和学生社团的政治领导,引导青年团员向党组织靠拢。研究生支教团工作得到团中央肯定。

32. 全面从严治党主体责任进一步压实。完善落实全面从严治党主体责任清单,发挥党的建设和全面从严治党工作领导小组的作用,完善党委听取纪委工作汇报制度,学校领导班子全年研究党风廉政建设 38 次。建立党委巡视办公室,修订学校巡视工作实施办法,完善加强巡视成果运用的实施办法,制定巡视组工作规则和校内巡视工作方案,对 17 家单位分别开展专项巡视和校内巡视"回头看"。出台加强廉洁教育和廉政文化建设的意见,建立校外廉政警示教育基地,组织新一届中层领导干部赴基地开展警示教育活动。持之以恒落实中央八项规定及实施细则精神,严防形式主义、官僚主义。完善政治监督长效机制,提高日常监督能力,加强重点领域警示教育,召开全校警示教育大会,召开科研经费管理、附属医院等分线警示教育活动 1280 余场次、覆盖教职工 5.1 万余人次。严肃执纪问责,深化运用监督执纪"四种形态",坚决查处重点领域和关键环节发生的腐败问题,构建一体推进不敢腐、不能腐、不想腐体制机制,营造了风清气正的办学环境。

浙江大学概况

浙江大学简介

浙江大学是一所历史悠久的国家重点高校,是首批进入国家"211 工程"和"985 工程"建设的若干所重点大学之一,于 2017 年入选国家首轮"双一流"建设高校。建校一个多世纪以来,浙江大学以民族振兴、国家强盛为己任,不断创新发展,已成为一所基础坚实、实力雄厚、特色鲜明,居于国内一流水平,在国际上有较大影响力的综合型、研究型、创新型大学。浙江大学以"求是创新"为校训,时任校长是中国科学院院士吴朝晖教授。

浙江大学位于中国历史文化名城、世界著名的风景游览胜地——浙江省杭州市,现有紫金港、玉泉、西溪、华家池、之江、舟山、海宁等 7 个校区,占地面积 8040809 平方米。全校馆藏图书达 797.1 万余册,数字化图书资源的数量与支撑技术处于国际领先水平。学校校园环境幽雅,花木繁茂,碧草如茵,景色宜人,是读书治学、修身养德的理想园地。

浙江大学的前身是建于 1897 年的求是书院,为中国人自己创办的最早的新式高等学府之一。1928 年,学校正式定名为国立浙江大学,是中国最早的国立大学之一。1936 年,著名科学家竺可桢出任国立浙江大学校长,广延名师,实行民主办学、教授治校,使国立浙江大学声誉鹊起,逐渐崛起成为一所文、理、工、农、医和师范学科齐全、享誉海内外的著名大学。其间由于抗日战争全面爆发,浙江大学举校西迁,流亡办学历时九年,足迹遍及浙、赣、湘、桂、闽、粤、黔七省,谱写了"文军长征"的辉煌篇章。在遵义、湄潭等地艰苦办学的 7 年间,浙江大学弦歌不绝,以杰出的成就赢得了"东方剑桥"的美誉。20 世纪 50 年代初期,在全国高等院校调整时,浙江大学曾被分为多所单科性学校,其中在杭的 4 所学校,即原浙江大学、杭州大学、浙江农业大学、浙江医科大学于 1998 年 9 月合并组建新的浙江大学,重新成为学科门类齐全的综合性全国重点大学。

在浙江大学的办学历史上,群星璀璨,

俊彦云集。马一浮、丰子恺、许寿裳、梅光迪、郭斌和、夏鼐、钱穆、吴定良、张其昀、张荫麟、马叙伦、马寅初、夏承焘、姜亮夫、李浩培、沙孟海等学术大师和著名学者曾经在这里任教。新文化运动的先驱、中国共产党的创办人之一陈独秀，北京大学校长何燮侯和蒋梦麟，著名教育家邵裴子和郑晓沧，我国新闻界的先驱邵飘萍，新文化运动和电影事业的先驱夏衍，"敦煌保护神"、著名画家常书鸿等著名历史文化名人，也在浙江大学留下了他们求学的身影。此外，陈建功、苏步青、谷超豪、胡刚复、束星北、何增禄、王淦昌、卢鹤绂、吴健雄、李政道、程开甲、钱三强、卢嘉锡、贝时璋、谈家桢、罗宗洛、谭其骧、陈立、竺可桢、叶笃正、赵九章、蔡邦华、王季午、钱令希、梁守槃等一大批著名科学家都曾在浙江大学求学或任教过。据统计，曾在浙江大学求学或任教过的中国科学院院士和中国工程院院士共有 210 余名，其中曾经在浙江大学求学的有百余名；此外，还有 5 位国家最高科技奖得主、4 位"两弹一星"功勋奖得主和 1 位诺贝尔奖获得者、1位"八一勋章"获得者、1 位全军挂像英模。

今天的浙江大学，学科门类齐全，涵盖了哲学、经济学、法学、教育学、文学、历史学、艺术学、理学、工学、农学、医学、管理学、交叉学科等 13 个门类，综合实力居全国高校前列。学校设有 7 个学部、39 个专业学院（系）、1 个工程师学院、2 个中外合作办学机构、7 家直属附属医院。学校现有 127 个本科专业，62 个一级学科硕士学位授权点，62 个一级学科博士学位授权点，61 个博士后流动站，另有博士专业学位授权类别 11 种，硕士专业学位授权类别 35 种；有一级学科国家重点学科 14 个，二级学科国家重点学科 21 个；有国家重点实验室 10 个，国家（地方联合）工程研究中心（实验室）11 个，国家工程技术研究中心 4 个，普通高等学校人文社会科学重点研究基地 3 个。

浙江大学师资力量雄厚，现有教职工9778 人，其中专任教师 4383 人，专任教师中有正高职人员 1964 人，副高职人员 1303人。教师中有中国科学院院士（含双聘）30人，中国工程院院士（含双聘）31 人，文科资深教授 15 人，浙江省特级专家 66 人，教育部"长江学者"特聘教授 108 人，国家杰出青年科学基金获得者 179 人，国家"万人计划"领军人才 98 人。

浙江大学坚持"以人为本、整合培养、求是创新、追求卓越"的教育理念，不断培养具有国际视野的未来领导者和大批杰出创新人才。学校现有全日制在校本科生 26647人，硕士研究生 25304 人，博士研究生 15362人，远程教育生 4274 人。在校国际学生数（含非学历国际学生）为 5609 人，其中攻读学位的国际学生数为 4925 人。

"国有成均，在浙之滨"。浙江大学将坚定不移以习近平新时代中国特色社会主义思想为指导，坚持"更高质量、更加卓越、更受尊敬、更有梦想"的战略导向，统筹推进"五大体系""五大布局""五大战略"，致力于传播与创造知识，弘扬与引领文化，服务与奉献社会，努力加快走向世界一流大学前列，为实现中华民族伟大复兴、促进人类文明进步做出卓越贡献。

【附录】

单位:人

职称级别	总计	专任教师	行政人员	教学科研支撑人员	科研机构人员	其他人员
总计	9778	4383	1522	890	1947	1036
正高级	2134	1964	27	39	69	35
副高级	2264	1303	280	207	253	221
中级及以下	5380	1116	1215	644	1625	780

附录 2　浙江大学 2021 年各类学生数　　　　单位:人

学生类别	毕业生数	招生数	在校学生数	毕业班学生数
本科生	6029 (本部 5841; 海宁 188)	6341	26647 (本部 25449; 海宁 1198)	7726 (本部 7480, 其中,2018 级四年制 6231, 2017 级五年制 509, 延毕 740; 海宁 246)
研究生 其中:硕士研究生 　　博士研究生	8078 6045 2033	12528 8543 3945	40666 25304 15362	8078 6045 2033
国际学生 其中:攻读学位国际学生	488 488	1287 790	5609 4925	——
远程教育	3036	0	4274	4274

注:国际学生在校学生数指 2021 年全年的国际学生数。

机构简介

【学术机构】　校学术委员会秘书处/人文学部/社会科学学部/理学部/工学部/信息学部/农业生命环境学部/医药学部

【学院(系)】　文学院(筹)/历史学院(筹)/哲学学院(筹)/外国语言文化与国际交流学院/传媒与国际文化学院/艺术与考古学院/经济学院/光华法学院/教育学院/管理学院/公共管理学院/马克思主义学院数学科学学院/物理学系/化学系/地球科学学院/心理与行为科学系/机械工程学院/材料科学与工程学院/能源工程学院/电气工程学院/建筑工程学院/化学工程与生物工程学院/海洋学院/航空航天学院/高分子科学与工程学系/光电科学与工程学院/信息与电子工程学院/控制科学与工程学院/计算机

科学与技术学院/软件学院/生物医学工程与仪器科学学院/生命科学学院/生物系统工程与食品科学学院/环境与资源学院/农业与生物技术学院/动物科学学院/医学院/药学院

【学校职能部门】 党委办公室(含保密办公室、信访办公室)/纪律检查委员会办公室、党委巡视办公室(合署)/党委组织部/党委宣传部(含网络信息办公室)/党委统战部/党委教师工作部(与人力资源处合署)/党委学生工作部、党委人民武装部(合署)/党委研究生工作部/党委安全保卫部(与安全保卫处合署)/机关党委/工会/团委/校长办公室(含法律事务办公室)(与党委办公室合署)/政策研究室(归口党委办公室、校长办公室管理)/国内合作办公室(归口党委办公室、校长办公室管理)发展规划处/学术委员会秘书处/人力资源处/人才工作办公室(与人事处合署)/国际合作与交流处、港澳台事务办公室(合署)/本科生院/研究生院/科学技术研究院/社会科学研究院/继续教育管理处/医院管理办公室/计划财务处/国有资产管理办公室(归口计划财务处管理)/采购管理办公室(归口计划财务处管理)/审计处/监察处(与纪律检查委员会办公室合署)/实验室与设备管理处/总务处(含"1250安居工程"办公室)/基本建设处/安全保卫处/离退休工作处/新闻办公室(与党委宣传部合署)/紫金港校区管理委员会/玉泉校区管理委员会/西溪校区管理委员会/华家池校区管理委员会/之江校区管理委员会

【学校直属单位】 发展联络办公室(含发展委员会办公室、校友总会秘书处、教育基金会秘书处)/就业指导与服务中心/图书馆/信息技术中心/档案馆/艺术与考古博物馆(挂靠艺术与考古学院)/校医院(加挂校园卫生健康办公室牌子)/采购中心(归口计划财务处管理)/公共体育与艺术部/竺可桢学院/求是学院(归口本科生院管理)/国际联合学院(海宁国际校区)/工程师学院/国际教育学院/"一带一路"国际医学院(筹)/继续教育学院/全国干部教育培训浙江大学基地(办事机构与继续教育学院合署)/中国科教战略研究院(办事机构与政策研究室合署)/工业技术转化研究院/先进技术研究院/新农村发展研究院(含农业技术推广中心)、农业试验站(合署)/医学中心(挂靠医学院)/杭州国际科创中心/北京研究院/上海高等研究院/宁波科创中心/杭州超重力场国家重大科技基础设施建设指挥部办公室(挂靠基本建设处)

【学校医学院附属医院】 医学院附属第一医院/医学院附属第二医院/医学院附属邵逸夫医院/医学院附属妇产科医院/医学院附属儿童医院/医学院附属口腔医院/医学院附属第四医院

【学校有关企业】 浙江大学出版社有限责任公司/浙江大学建筑设计研究院有限公司/杭州浙大同力后勤集团有限公司/浙江大学创新创业研究院有限公司

浙江大学年鉴

党建与思想政治工作

思想建设

【概况】 2021年，浙江大学高举习近平新时代中国特色社会主义思想伟大旗帜，紧紧围绕立德树人的根本任务，对标举旗帜、聚民心、育新人、兴文化、展形象的使命任务，努力为学校高质量推进"十四五"规划和新一轮"双一流"建设提供思想基础、精神动力和文化支撑。

深化理论学习和思想武装，把握学习贯彻习近平新时代中国特色社会主义思想主题主线。扎实有序推进党史学习教育，深入学习贯彻党的十九届六中全会精神和习近平总书记在庆祝建党100周年大会上的重要讲话精神及考察清华大学重要讲话精神。开设"四史"类选择性必修课、"习近平法治思想概论"课等，系统推进新思想"三进"。深化新思想研究阐释，推进"新思想在浙江的萌发与实践"系列教材编写出版工作。举办庆祝中国共产党成立100周年主题活动，

制定进一步加强家国情怀教育的意见，引导师生将爱党爱国情怀转化为许党报国的实际行动。打造"行读党史"品牌活动，30余个院系近5000名师生共上"有风景的党史大课"。高质量开展新发展阶段使命愿景大讨论，各单位结合学科特色和岗位职责深入研讨3300余次，进一步凝聚全校上下思想共识，为扎根中国大地办大学、加快走向世界一流大学前列提振精神动力。

紧扣中心工作，全面聚焦一流，讲好新时代的浙大故事。《人民日报》《光明日报》等平面媒体报道学校新闻280余篇，中央广播电视总台等广电媒体报道180余条。结合党史学习教育、建党百年等重大主题，深度策划"中国共产党精神谱系中的浙大人""服务'国之大者'""科技报国的浙大人""使命愿景大家谈"等专题宣传，弘扬主旋律，传播正能量。打好学校疫情防控正面宣传主动仗，加强舆论引导，汇聚全校师生的向心力和凝聚力。

建强官方平台，推动媒体融合纵深发展。加快融媒体中心建设，浙江大学官方微信公众号入选中宣部、中央网信办、教育部、

团中央公布的"首批高校思政类公众号重点建设名单";官方微博获评"2021年度最具影响力校园官微";浙江大学人民号影响力居全国高校首位。制定新媒体管理办法、加强网络舆情安全工作的实施意见、网络舆情引导处置工作方案,完善网络舆情预警及应急处置的工作机制。

深化校园文化建设,打造校园文化活动品牌。推进紫金港校区西区文化建设,完成西区楼宇命名工作,推进学生文化长廊二期和"惟学长廊"文化建设。举办"中国历代绘画大系"阶段性成果展,组建大系工作专班和学生宣讲队,联合新华社等推出报道近20篇。扎实做好中华版本资源征集、成果移交共1.2万余件。

【扎实开展党史学习教育】 浙江大学将开展党史学习教育作为贯穿全年的重要政治任务,将学党史和悟思想贯通起来,在学习百年党史和党的创新理论中感悟思想伟力,深刻领悟"两个确立"、增强"四个意识"、坚定"四个自信"、做到"两个维护"。守好浙江"红色根脉"和学校"红色文脉",用党的百年奋斗历史经验铸魂育人,大力弘扬伟大建党精神,加强师生党员理想信念和爱国主义教育。强化宗旨意识,将党史学习教育同总结经验、观照现实、推动工作结合起来,深入开展"我为师生办实事、我为院系解难题、我为基层减负担"专题实践活动,让师生群众在党史学习教育带来的新变化、新气象中,不断凝聚共识、开创新局,夯实心怀"国之大者"、奋力"走在前列"的思想基础。

【开展庆祝中国共产党成立100周年主题活动】 2021年是中国共产党成立100周年。浙江大学将庆祝建党百年与党史学习教育、学习贯彻习近平新时代中国特色社会主义思想结合起来,围绕"理想信念铸魂""铭史鉴往知来""忠诚担当致敬""弘文化人共情""勇立潮头奋楫"等主题开展了系列庆祝活动,集中报道中国共产党精神谱系中的浙大人、科技报国的浙大人等先进典型和红色故事,营造庆祝建党百年浓厚氛围,引导广大师生从党的百年奋斗历史中汲取力量,心怀"国之大者",奋力"走在前列"。

【高质量开展新发展阶段使命愿景大讨论】 浙江大学从百年党史中汲取智慧和力量,面向全面建成社会主义现代化强国的第二个百年奋斗目标,开展新发展阶段使命愿景大讨论活动,以大讨论聚焦问题、拓展思路、凝聚共识。全校通过党委理论学习中心组学习、专家学者研讨会、党支部"三会一课"、主题党日等形式开展讨论3300余次。打造"使命愿景大家谈""使命愿景青年说"等宣传专栏,进一步引导党员干部和师生员工提高政治站位,把服务国家作为最高追求。聚焦人才培养、科学研究、社会服务、文化传承创新专题,组织编写使命愿景白皮书,引导干部师生将思想和行动统一到党中央重大决策部署和建设中国特色世界一流大学的殷切期待上来,强化心怀"国之大者"、奋力"走在前列"的使命担当。

（樊　畅撰稿　叶桂方审稿）

组织建设

【概况】 至2021年底,全校共有院级党委58个;党总支70个;党支部1712个,其中在职教职工党支部743个、离退休党支部174个、学生党支部795个。全校共有中共党员44942人(2021年发展党员5668名),其中学生党员19956人,占在校学生总数的

30.11%（其中研究生党员 16035 人，占研究生总数的 40.38%；本科生党员 3921 人，占本科生总数的 14.76%）；在职教职工党员 19330 人，占教职工总数的 46.16%（其中专任教师党员 2462 人，占专任教师总数的 59.47%）；离退休党员 4204 人；因出国（境）等保留组织关系党员 1452 人。

全校共有中层干部 572 人，其中，正职 209 人、副职 363 人；女干部 166 人，占 29%；党外干部 70 人，占中层行政干部总数的 20.3%。中层干部平均年龄为 47.3 岁，其中正职平均年龄为 51.5 岁、副职平均年龄为 44.8 岁；45 岁以下中层干部 243 人，占 42.5%。中层干部中具有硕士、博士学位的 532 人（其中博士学位 293 人），占 93%；具有高级职称的 426 人（其中正高职称 272 人），占 74.5%。

"全国党建工作示范高校"建设顺利通过验收，1 个院级党组织、3 个党支部通过首批全国党建工作标杆院系和样板支部建设验收；4 个院级党组织、7 个党支部入选第二批全省党建工作标杆院系和样板支部培育创建单位；5 个院级党组织、145 个党支部入选第二批全校党建工作标杆院系和样板支部培育创建单位；103 个次党组织和 268 人次党员获得国家级、省部级和校级表彰。制定《浙江大学学院（系）党委会会议议事规则》《浙江大学学院（系）党政联席会议议事规则》《浙江大学校部机关、直属单位领导班子会议议事规则（试行）》，贯彻落实民主集中制，提高中层班子议事决策水平。制定《浙江大学基层党支部建设标准（试行）》《浙江大学基层党支部工作考核评价办法（试行）》，推进党支部标准化规范化建设。以"党建业务深度融合，基层党建提质增效"为主题，深入开展基层党支部建设质量提升月活动。制定基层党组织建设系列工作规程，不断优化党员结构、完善党建工作规范，实现党员发展数量和质量"双提升"。制定《浙江大学院级党组织加强引进人才政治引领和政治把关工作规程（试行）》，建立引进人才"三必谈"机制和"三级政治把关"机制。高质量组织浙江大学庆祝中国共产党成立 100 周年暨表彰先进大会。

顺利完成中层领导班子换届工作。全部 102 个中层领导班子换届到位，配备中层干部 572 人，其中新提任（聘任）166 人。完善中层领导班子考核指标体系，制定新一届中层领导班子任期目标任务书，突出战略性目标任务和举措。研究出台《浙江大学机构编制管理暂行办法》，系统分析学校办学实际，对编制和中层干部职数进行重新核定。加强干部人才一体化培养使用，推进实施"双专计划"，完成首批 89 名青年学术骨干的中期考核和总结鉴定工作，3 名双专干部被聘任为中层正职，28 名被提任或聘任为中层副职。加强青年干部人才培养，选拔一批青年干部人才担任院长（系主任）助理，调整科职干部 144 人，其中提任正科 43 人、副科 44 人，推荐 21 名优秀党政管理干部报考博士研究生。外派干部人才 77 人，年底在岗总数 86 人。实施地方干部培养输送计划，向其他高校和企事业单位输送厅级干部 7 人、处级干部 20 人，选拔一批干部人才赴杭州市、绍兴市挂职任职。完成 284 名领导干部个人有关事项的年度集中录入和汇总综合，查核 135 名领导干部个人有关事项，查核一致率 97.8%。集中开展干部人事档案专项审核，完成初审 4664 人（卷），完成问题分析、处理与认定 1019 人（卷），补充档案材料 5945 份。

完成学校党委贯彻落实《2019—2023

年全国党员教育培训工作规划》情况中期评估工作，制定并印发《浙江大学党校 2021 年教育培训计划》，全年举办培训班 130 期，累计培训党员干部教师学生骨干 24000 余人次，其中"育人强师"培训班 22 期，累计培训干部教师 6819 人次；入党积极分子、发展对象、预备党员等培训班 10 期，培训师生发展对象 5690 人、学生预备党员 4842 人。完成"浙大党校·智慧党建"二期升级项目，实现党员信息管理、学时统计等个人学习电子档案和定制网络培训班、课程管理等功能，已上线视频课程 376 个，2021 年共开设网络培训班 50 余个，累计培训 12000 余人次。开展"学党史·强党建"在线答题测评活动，累计 7 万余人次参与。建立 12 个党员教育培训基地，累计接待师生 3300 余批次共6.8 万余人次。服务组织 1513 人次参加省级以上各类调训。

贯彻落实中央巡视工作部署和要求，完成学校基层党建工作、选人用人工作专题汇报。针对中央第二巡视组反馈意见提出了47 条整改举措，针对选人用人检查组反馈意见提出了 43 条整改举措，全部整改到位。以接受中央巡视为契机，优化组织和干部工作制度体系，出台《关于进一步贯彻落实新时代党的组织路线的若干意见》《关于加快建设政治过硬、具有领导世界一流大学建设能力的高素质干部队伍的实施办法》等制度文件 22 个。

【庆祝建党百年系列活动取得圆满成功】
组织开展全国全省先进表彰评选推荐和全校先进表彰评选工作，13 名党员获"全国优秀党务工作者"、浙江省"十大强基先锋"等省级以上荣誉，3 个党组织获"全省先进基层党组织"等省部级荣誉。评选浙江大学"党建先锋奖"5 名、优秀共产党员 200 名、优秀党务工作者 50 名、先进基层党组织 100 个。开展"七一"前夕走访慰问工作，颁发"光荣在党 50 年"纪念章 1169 枚，发放困难党员、老党员等慰问补助共 184.8 万元。7 月 2 日，召开庆祝中国共产党成立 100 周年暨表彰先进大会，为老党员代表颁授"光荣在党 50 年"纪念章，表彰一批浙江大学先进基层党组织、优秀共产党员、优秀党务工作者、"党建先锋奖"获得者。会议隆重热烈、振奋精神，得到了党史学习教育指导组的高度评价。

【深入开展党支部建设质量提升月活动】
探索制定党支部党建和业务在"功能、机制、力量、载体"四方面融合发展的 10 个指标，督导 1712 个党支部开展质量提升月活动。指导 212 个教师党支部选优配强支部书记，实现教师党支部书记在"双带头人"全覆盖基础上，正高比例由 51% 提高到 75%；学生党支部"支委 1＋1"全覆盖，教师任书记的党支部配备 1 名学生副书记，学生任书记的党支部配备 1 名指导教师；校部机关与医学院附属医院内设部门党支部书记全部由本部门主要党员负责人担任；院系党委机关党支部书记全部由中层领导班子成员担任。指导院级党组织总结凝练 90 个党建业务互融互促优秀党支部案例，印发第一辑工作案例集。

【中层领导班子换届顺利完成】 2021 年 9月开始，在前期大量调研和听取各方面意见建议的基础上，研究制定学校中层领导班子换届工作方案，组建 38 个考察组，完成 105个班子和 528 名干部的届末考核及新一届班子的民主推荐工作，累计 8700 余人次干部群众参与民主推荐测评，5300 余人次干部群众参加个别谈话。严格按照干部工作程序，坚持德才兼备、以德为先、任人唯贤，在充分酝酿的基础上提交党委常委会研究讨论有关干部工作事项 13 批次，102 个班子顺利换届到位，配备中层干部 572 人，其中新提任（聘任）166 人。选人用人导向更加鲜明，新提任中层干部中来自基层的占 78％，其中新提任专职管理干部中来自基层的占 47％；视野更加开阔，新提任干部中有 16 人通过竞争上岗产生，有 31 人通过"双专计划"培养历练；结构更加优化，换届后 35 周岁以下干部占 3％（换届前占 1％），40 周岁以下干部占 18％（换届前占 9％），45 周岁以下干部占 43％（换届前占 27％），百分比均比换届前有大幅提升；换届后中层干部队伍中院士、文科资深教授等顶尖人才 12 人，其中新聘任 3 人；国家高层次人才 95 人，其中新提任 33 人；获国家级优秀青年人才计划项目资助的人才 38 人，其中新提任 23 人；曾在海外高水平大学获得博士学位或教职 85 人，其中新提任 46 人。

（汤甜甜撰稿　马春波审稿）

作风建设

【概况】 2021 年，浙江大学纪委坚持以习近平新时代中国特色社会主义思想为指导，深刻领悟"两个确立"、增强"四个意识"、坚定"四个自信"、做到"两个维护"，坚持稳中求进、守正创新，聚焦主责主业，不断压实"两个责任"，用好监督执纪"四种形态"，扎实推动纪检监察工作高质量发展，一体推进不敢腐、不能腐、不想腐战略目标，坚持不懈把全面从严治党向纵深推进。浙江大学纪委在中央纪委国家监委 2021 年考核中获"优秀"等级。

坚决履行政治监督首要职责，加强对落实习近平总书记对浙江大学重要指示精神情况的监督，推动党中央重大决策部署落地见效。全力做好接受中央巡视工作，认真抓好整改落实。深入开展党史学习教育巡回指导和监督工作，组建 8 个巡回指导组，对全校各中层领导班子从严督促指导。加强对常态化疫情防控工作的监督检查，针对学校疫情突发情况，第一时间组织专项监督，严肃问责防控失职单位。强化师德师风、科研经费管理、新时代教育评价改革等重点领域日常监督。召开附属医院全面从严治党工作会议，开展医疗采购领域自查和腐败问题专项整治，切实推进附属医院党的领导和党的建设。加强全面换届选人用人和各类评比评审把关，严肃出具廉政意见 8603 人次。

压实全面从严治党主体责任体系，召开浙江大学 2021 年全面从严治党工作会议，印发《关于加强对"一把手"和领导班子监督"五张责任清单"》，进一步深化"四责协同"机制。健全学校党委听取学校纪委工作汇报制度、学校纪委听取二级单位党委履行主体责任情况汇报制度。加强二级单位纪委建设，新选任纪委书记 24 人，推动附属医院纪委书记交流任职，学校纪委书记与新任二级单位纪委书记"一对一"谈话全覆盖。强化政治巡视，不断完善巡视工作体制机制，着力提高巡视工作质量。加强学校纪委自身建设，坚决退出 4 个与纪委履职无关的议事协调机构。

2021 年，共受理信访举报件 274 件；处置问题线索 90 件；对违纪违规问题立案查处 21 件；处理 163 人次，其中运用第一种形态批评教育、提醒谈话 136 人次，运用第二种形态纪律轻处分、组织调整 20 人次，运用第三种形态党纪重处分、重大职务调整 6 人次，运用第四种形态移送司法机关 1 人次，共收缴追缴、挽回经济损失 1001.34 万元；对 15 人次、4 家单位进行问责。扎实做好中央巡视移交问题线索的查办工作，做到件件有着落、事事有回音。大力推进作风建设，严肃调查处理有关中央八项规定精神的违规违纪问题 4 件。修订校院两级问题线索处置规程，开展处分决定执行情况监督检查，实施纪检建议书整改落实反馈报告机制，实现闭环管理。

加强廉洁文化建设，出台《关于进一步加强廉洁教育和廉政文化建设的意见》，组织开展以"坚守百年初心、弘扬廉洁文化"为主题的廉洁教育季活动，举办第四届"清心·正道"廉政书画展，进一步凝练"一院一品"廉洁文化品牌。强化警示教育，召开全校警示教育大会，实行校内违纪违规典型案例实名通报，开展师德师风、医德医风、科研经费等专题警示教育活动，建立校外廉政警示教育基地，分层分类开展警示教育 1280 余场。

（沈梁燕撰稿　叶晓萍审稿）

2021 年，学校坚持以习近平新时代中国特色社会主义思想为指导，深刻领悟"两个确立"、不断增强"四个意识"、坚定"四个自信"、做到"两个维护"，在学校党委的领导下，围绕立德树人根本任务，以党建引领师德师风建设工作，不断完善制度、加强宣传教育、凝聚精神共识，推进师德师风常态化、长效化建设。同时，扎实做好教育部师德师风建设基地各项工作。

以党建引领教师思想政治和师德师风建设工作。制定、落实《中共浙江大学委员会关于以立德树人为根本推进教师党建高质量发展的意见》，不断压实院系在教师思想政治和师德师风建设中的主体责任，把教师思想政治和师德师风建设成效纳入校内巡视和院级党组织书记抓基层党建工作述职评议考核的重要内容。制定、落实学校《关于深入开展师德专题教育工作方案》，结合建党 100 周年和党史、"四史"学习教育活动及师德师风重点专项整改工作，系统组织、多级联动，全力推进师德专题教育做深做实。在各校区开展"争做新时代的'大先生'"师德师风专题教育巡展、"我心中的求是大先生"征文活动、"手绘心中的大先生"主题手绘作品征集活动、优秀教师表彰和事迹宣讲活动等，做好"全国教书育人楷模""全国高校黄大年式教师团队"等的推选工作，宣传学校历史上心怀"国之大者"、把服务国家作为最高追求的榜样典型。继续在"育人强师"培训、"追寻浙大西迁足迹"培训、师德师风应知应会线上测试培训等线下线上培训中，强化师德教育，完成 23 个培训班次，培训教师 2500 人次。

以"严"的氛围营造加强警示教育。强化教师底线意识，坚持"黄线教育"与"红线意识"教育相结合，在"严"的警示教育氛围营造中，持续引导教师形成做"大先生"、研究真问题的导向和风气。重点做好《新时代高校教师职业行为十项准则》（简称"十项准则"）、教育部公开曝光的典型案例等的宣传和警示教育工作，要求院系主要负责人带头宣讲《十项准则》，实现《十项准则》展板院系上墙全覆盖。定期完善、编印师德师风建设文件汇编、师德师风建设学习参考、师德警示教育等材料，通过线上线下发放，做到学习教育全员全覆盖。在师德师风重点专项整改工作中，强化警示教育，召开校党委书记做警示教育报告的全校警示教育大会，开展科研经费管理、导学关系建设等分线警示

浙江大学年鉴

教育大会，要求院系在本单位至少召开一场次警示教育大会，要求教师党支部结合警示教育至少开展一次师德师风主题党日活动，做到警示教育全员全覆盖。强化师德监督，做好在评奖评优、人才推荐、升等升职等教师职业发展全周期中的师德把关工作，完成师德核查 197 批次共 8831 人次，直接接到师德师风相关举报材料 34 件次（含附属医院，下同），正式受理 25 件次，8 人次受处分，14 人次受处理。

以研究调研扎实推进教育部师德师风建设基地工作。制定、实施中共浙江大学委员会《教育部师德师风建设基地（浙江大学）管理办法》，完成教育部高校师德师风情况分析调研任务，向教师工作司提交了《高校师德师风情况调研分析报告》。承办了共 98 所高校（含教育部直属高校 75 所和部省合作共建高校 14 所）参与的第三届全国高校党委教师工作部部长工作研讨会。开展师德师风建设的理论研究工作，完成学校首批师德师风专项党建课题（共 20 项）的开展、验收和结题工作。

（蔡　娥撰稿　徐　洁审稿）

2021 年，机关进一步强化宗旨意识，践行一线规则，以"服务院系服务基层服务师生"活动为抓手，为师生办实事，不断提升机关管理服务水平和服务效能，推进学校治理体系和治理能力现代化。

坚持党建引领，狠抓机关作风建设和服务意识，发挥机关党支部"学习走在前，服务作表率，作风争一流"的战斗堡垒作用，带领机关党支部在迎接中央巡视、疫情防控、党史学习教育、校内巡察等重点工作中率先垂范。坚持制度先行，优化机关部门主要负责人基层联系点制度，规范校院机关支部结对工作，主动听取基层师生意见、解读学校文

件和政策，通过 40 位机关部门主要负责人对接 62 个基层点，收集问题 249 条，通过支部结对和作风调研收集问题 269 条，其中 80% 的问题得到有效解决。持续改进机关部门考核工作和机关干部年度考核工作，开展优秀部门评选，加强考核结果的运用，完善机关干部奖惩激励机制，发挥考核的指挥棒作用。坚持优化载体，完善"百事通"检索平台和统一咨询服务热线建设。"百事通"检索服务平台先后采集数据 45 万余条，配置内外网 800 个，运行以来已提供检索 147 万余次；统一咨询服务热线已覆盖全校院（系）和部处单位 102 个，面向 10 万余人提供服务。

（陈　卫撰稿　刘艳辉审稿）

【承办第三届全国高校党委教师工作部部长工作研讨会】 12 月 30 日，第三届全国高校党委教师工作部部长工作研讨会在浙江大学举行，教育部领导、98 所高校党委教师工作部部长"云端"参会，浙江大学师德建设工作委员会成员单位主要负责人、各学院（系）主要负责人和各附属医院负责人在浙江大学紫金港校区求是大讲堂主会场参会。会议主题为"新时代高校教师思想政治工作和师德师风建设实践与展望"，浙江大学副校长何莲珍主持会议，浙江大学党委书记任少波致辞，教育部教师工作司司长任友群、思想政治工作司司长魏士强分别做专题报告，清华大学、北京航空航天大学、电子科技大学、郑州大学、浙江大学发言。会议由教育部教师工作司、思想政治工作司指导，浙江大学承办。

（蔡　娥撰稿　徐　洁审稿）

【浙江大学"五聚焦五强化"做深做实师德专题教育】 为贯彻落实教育部关于在教育系统开展师德专题教育的通知精神，校党委书

记任少波审定《关于深入开展师德专题教育工作方案》,成立学校主要领导任双组长的师德专题教育工作领导小组,系统组织、多级联动,5 月到 11 月间,在全校各部门、各学院(系)开展了形式多样、内容丰富的师德专题教育活动。此次师德专题教育活动重点为"五聚焦五强化",即聚焦政治建设强化党建引领,聚焦价值引领强化精神凝聚,聚焦宣传教育强化氛围营造,聚焦警示教育强化底线意识,聚焦立德树人强化评价改革,进一步推动了师德师风建设工作制度化、规范化、常态化、长效化发展。

(蔡　娥撰稿　徐　洁审稿)

统战工作

【概况】　2021 年,浙江大学共有民主党派成员 2466 人,无党派人士 174 人。党外人士中,有两院院士 9 人,教育部"长江学者"特聘教授 29 人;担任全国人大常委会委员1 人,全国政协委员 6 人;担任浙江省人大代表 3 人(其中常委会副主任 1 人、常委 2人);担任浙江省政协委员 32 人(其中副主席 1 人、常委 11 人)。民主党派中,在职人员中具有高级职称的成员占比 89%,具有博士学位的成员占比 51%;担任党派中央委员 11 人(其中常委 3 人);担任民主党派省委会委员 68 人(其中主委 3 人、副主委 9人、常委 16 人)。

2021 年,学校坚持以习近平新时代中国特色社会主义思想为指导,深入学习贯彻习近平总书记关于加强和改进新时代党的统一战线工作的重要思想,强化思想政治引领、深化组织建设、夯实队伍建设、防范风险挑战、取得较好工作成效,开创了统战工作新局面,学校党委统战部首次荣获全省统战系统先进集体。

强化思想政治引领,凝聚大团结大联合思想共识。深入学习贯彻习近平总书记关于加强和改进新时代党的统一战线工作的重要思想,以深入学习贯彻《中国共产党统一战线工作条例》为重点,通过统一战线工作领导小组会等形式举办专题学习研讨活动 13 场,总结梳理统战工作经验,修订完善贯彻条例的实施意见。深入开展党史学习教育,组织开展"同心跟党走 迈向新征程"庆祝中国共产党成立 100 周年系列活动,开展统一战线国庆座谈会、党史经典学习诵读等活动 30 余场。广泛组织新发展阶段使命愿景大讨论,组织动员党外代表人士开展"使命愿景大家谈"活动,形成讨论成果报告 9 篇、党外代表人士专题访谈视频 8 个。

深化组织建设,助力民主党派和统战团体发展。全面加强党的领导,积极履行统一战线工作领导小组职责,落实情况通报制度和意见征求制度,协调党员校领导调研走访所联系的校级民主党派、统战团体。以统一战线工作领导小组会、年度工作交流研讨会、秘书长"午间悦谈会"为载体,形成研究部署统一战线工作的常态化工作机制。助力构建"三高三有三强"格局,打造具有界别特色的工作品牌,协助民主党派开展组织发展工作,全年共发展民主党派成员 23 人,协助民革浙江大学委员会、民盟浙江大学委员会、致公党浙江大学委员会、台盟浙江大学支部等 40 余个党派基层组织完成换届工作。

夯实队伍建设,开创党外知识分子统战工作新局面。切实做好党外人士思想引导,强化统一战线人才教育培养主阵地作用,先后举办重点培训班 3 期,培训学员 220 余人次。扎实推进党外代表人士队伍建设,落实落细学校民主党派代表人士队伍建设十年规划,加强党外代表人士培养锻炼,70 人担任学校中层领导职务,24 人参加青年学术骨干实践锻炼。支撑保障党外知识分子作用的发挥,推动建立与民盟中央战略合作的启真智库、全国高校首个新的社会阶层人士智库研究基地;9 项智库成果获得省部级以上单位采纳,政协委员会客厅建成全省首批五星级会客厅,相关活动被《人民日报》、中央电视台等报道。

防范风险挑战,扎实推进民族宗教工作。完善民族宗教工作机制,深入贯彻落实中央民族工作会议和全国宗教工作会议精神,抓好中央巡视整改落实工作;发挥民族宗教事务管理工作小组作用,进一步完善各部门防范宗教渗透的协同机制。提升民族宗教工作水平,开展师生信教情况排查统计,做好信教师生的常态化关怀。加强师生思想引领和教育引导,开展《防范和抵御高校宗教渗透》专题辅导报告,修订完善《高校宗教工作实务》等宣传资料,提高干部队伍开展民族宗教工作的能力;组织开展"铸牢中华民族共同体意识"专题宣讲计划,提高师生防范和抵御宗教渗透的意识。

加强部门建设,提升统战工作能力水平。完善统战工作体系,"五心四体六抓实"经验做法被省委统战部主管的《情系中华》杂志刊发推介,在中国高教学会统战分会年会上作经验交流,在全国高校形成示范效应。深入开展工作研究,承担中国高等教育学会统战工作专项课题、教育部人文社会科学研究专项任务项目、浙江省统战理论研究课题多项,完成《统一战线思想引领和实践教育的实体阵地——高校社会主义学院建设研究》《新时期高校无党派代表人士队伍建设探析与实践》等研究报告,"浙江大学坚持'一线两面三平台'推动党外人士建言献策工作提质增效"项目获评全省统战工作实践创新优秀案例。

【推动提升统一战线工作影响力】 编写印发《灿若星辰 同心筑梦——浙江大学统一战线工作概览》,通过文字和图片的形式,回顾和总结党的十九大以来学校在加强党对统一战线工作的集中统一领导、党外知识分子思想政治引领、党外代表人士队伍建设、党外知识分子作用发挥、民族团结进步教育等方面的探索和实践,全面展示学校统战工作多年来形成的机制性、经验性、创新性的亮点和特色,以及学校广大统一战线成员的求是风采和精神风貌。

【统一战线深入开展党史学习教育】 组织开展"同心跟党走 迈向新征程"庆祝中国共产党成立 100 周年系列活动,制定实施方案,开展统一战线国庆座谈会、党史经典学习诵读、统一战线"同心·彩虹"西迁办学地考察服务等活动 30 余场;开设"学史明志""读史忆人""知史励行"微信专栏,全面回顾中国共产党同各民主党派长期共存、互相监督、肝胆相照、荣辱与共的光辉历程,覆盖2000 余人次;以党史学习教育为契机,深入学习宣传贯彻习近平总书记"七一"重要讲话精神和党的十九届六中全会精神,专题发布党外代表人士热议 3 期,组织各党派、统战团体开展专题学习会 10 余场。

【组织开展统一战线"使命愿景大家谈"活动】 结合学校新发展阶段使命愿景大讨论,组织动员党外代表人士立足"两个大局",胸怀"国之大者",面向全面建成社会主义现代化强国的第二个百年奋斗目标开展

"使命愿景大家谈"活动,聚焦新发展阶段学校改革发展及统一战线工作,积极建言献策,形成讨论成果报告9篇、党外代表人士专题访谈视频8个,并在微信宣传平台开设"统一战线使命愿景大家谈"专栏,阅读量累计达2000余人次,《浙江大学报》及浙江大学视频号等宣传平台均报道了相关成果。

(黄昊辰撰稿 楼成礼审稿)

【附录】

附录1　2021年浙江大学民主党派组织情况

党派名称	委员会/个	总支/个	支部/个	成员数/人
中国国民党革命委员会	1		9	226
中国民主同盟	1	5	17	596
中国民主建国会	1		4	74
中国民主促进会	1		14	471
中国农工民主党	1		9	357
中国致公党	1		4	135
九三学社	1		17	598
台湾民主自治同盟			1	9
合计	7	5	75	2466

附录2　2021年浙江大学各民主党派和统战团体负责人

名称	姓名	职称	职务	所在单位
中国国民党革命委员会	段会龙(第四届) (2014年12月—2021年1月)	教授	主委	生物医学工程与仪器科学学院
	章献民(第五届) (2021年1月—)	教授	主委	信息与电子工程学院
中国民主同盟	唐睿康(第五届) (2016年6月—2021年11月)	教授	主委	化学系
	唐睿康(第六届) (2021年11月—)	教授	主委	化学系
中国民主建国会	华中生	教授	主委	管理学院
中国民主促进会	喻景权	教授	主委	农业与生物技术学院
中国农工民主党	欧阳宏伟	教授	主委	医学院、国际联合学院

浙江大学年鉴

名称	姓名	职称	职务	所在单位
中国致公党	裘云庆（第五届） （2016 年 2 月—2021 年 4 月）	主任医师	主委	医学院附属第一医院
	裘云庆（第六届） （2021 年 4 月—　）	主任医师	主委	医学院附属第一医院
九三学社	方向明	教授	主委	医学院
台湾民主 自治同盟	陈艳虹（第四届） （2016 年 9 月—2021 年 5 月）	副主任医师	主委	医学院附属第一医院
	陈艳虹（第五届） （2021 年 5 月—　）	副主任医师	主委	医学院附属第一医院
归国华侨联合会、 留学人员和 家属联谊会	唐睿康	教授	主席、 会长	化学系
党外知识 分子联谊会	杨华勇	中国工程院 院士	会长	机械工程学院

安全稳定

【概况】　2021 年，安全保卫工作坚持安全发展底线意识，以深化等级平安校园建设为主线，以提升师生安全感和满意度为出发点，聚焦重点任务，强化风险防控，加快校园安全治理体系和治理能力现代化，筑牢校园安全屏障。

压实校园安全责任体系，与校内 106 家二级单位签订校园安全稳定工作责任书。牵头编制浙江大学"十四五"安全发展体系专题规划，修订完善《浙江大学消防安全管理规定》，制定《浙江大学校园安全风险警示实施办法》，发放校园安全风险警示函 3 份。

维护政治安全，加强重要时间节点和敏感时期校园巡查和防范力度，协助公安、安全部门完成专项工作 130 余次。

维护治安秩序，抓获偷盗嫌疑人 56 人，追回涉案财物 432 件；处理交通事故 89 起，清理无主自行车 1200 余辆，完成各类校园活动安保任务 440 场。

深化风险隐患排查整治，突出宿舍、实验室等人员密集重点区域以及天然气、电气线路、电动自行车充电等易发事故重点领域排查整改，开展消防安全检查 392 次，督促整改隐患 2078 处。

优化校园通行新秩序，启用紫金港校区美川路校门、蓝田门，精准便利师生出行，缓解周边交通压力。紫金港校区藕舫路试点机动车非机动车分离通行，消除上下课行人与机动车交织安全隐患。拓展机动车停车位 228 个，新建非机动车停车区域千余平方米。协同相关单位，为在杭五校区设置 3 处外卖柜，规范外卖配送秩序，提升周边通行效率。

提升安全服务质量，推进零趋跑改革，开通迁户和智能交通业务线上受理通道。接待报警求助 17788 次，处理师生来信来访 155 次，受理提案 25 件，办理户口类业务 13060 件、交通类业务 10465 件、政审类业务 600 件、审批动用明火 116 次、计划外修缮工程 228 份。

分层分类精准教育，开展安全教育活动 150 余场，累计参与师生 49000 余人次。开展防范电信网络诈骗专项活动，通过校内短信服务平台、结合新生录取报到工作发放防诈告知书 15000 余份。完善浙江大学国家安全教育网上展馆，更新安全慕课视频，开放 VR 安全体验屋、模拟烟雾逃生馆，37000 余名师生参与学习体验。

推进校园智慧治理。升级人员进出校园管理系统，提升人行闸机通过顺畅度，实现离退休人员无障碍入校。升级智能交通平台，增加预约人员与健康码匹配功能，提高浙大通行码和健康码匹配频次。改造校园监控中心整体机房，建成校园态势数据感知大屏，新增监控设备 107 台。改造紫金港校区主要路段测速报警立柱，提醒播报超速信息。完善智慧消防平台架构，建成紫金港校区消防水泵启停信号集中监测系统。

【新冠疫情校园管控工作】 优化常态化疫情防控下的校门管控措施。全年查验进校车辆超 416.45 万车次，查验进校人员超 1803.23 万人次。推行校外人员网上预约进校管理，并推广至 43 个院系等二级单位加以应用，实现校外人员进出校园留痕管理，方便二级单位使用，共 18.78 万人次、3.44 万车次通过网上预约进校。快速响应平战转换，11 月 25 日紫金港校区发现外地疫情关联病例后，快速封闭校门，协同公安、疾控等部门执行封闭管理，协助做好流调排查和隔离点转运工作，全力做好师生困难帮办，稳妥有序做好滞留师生离校查验工作，严格落实校园疫情管控措施，保障校园安全稳定。

【编制学校"十四五"安全发展体系专题规划】 牵头组织 20 余家单位高质量完成学校首次单独编制的安全发展规划，制定校园政治安全"固本工程"、校园安全稳定"筑基工程"、平安校园"护航工程"、实验室安全一体化"聚合工程"、食品安全"放心工程"、智安校园 2.0"赋能工程"六大工程 21 项任务。12 月 10 日，浙江大学"十四五"安全发展体系专题规划专家论证会在紫金港校区召开，校党委副书记邬小撑主持会议，会同专家围绕规划的系统性、完整性、衔接性、合法性，从目标定位、任务举措、组织保障等方面展开系统论证，与会专家一致认可规划总体内容。学校"十四五"安全发展体系专题规划编制完成，为学校建设更高水平的平安校园提供指导意义和支撑作用。

（徐　煜撰稿　徐国斌审稿）

教代会与工会

【概况】 2021 年，浙江大学教代会、工会工作坚持以习近平新时代中国特色社会主义思想为指导，在学校党委正确领导和行政大力支持下，深入学习贯彻党的十九大和十九届历次全会精神，认真贯彻落实习近平总书记关于工人阶级和工会工作的重要论述，全面落实学校"更高质量、更加卓越、更受尊敬、更有梦想"的战略导向，紧紧围绕发展大局，切实增强政治性、先进性、群众性，不断推进教代会、工会工作创新发展，较好地完成年度各项工作目标。

切实落实教代会职权，进一步推动学校民主管理、科学发展。成功召开第八届教代会、第二十二届工代会第四次会议，会议全面总结"十三五"取得的办学成就，科学谋划"十四五"发展规划，高质量推进"双一流"建设。不断创新提案工作机制，提高提案办理成效。将"十三五"期间的优秀提案汇编成册，强化舆论宣传，充分发挥优秀提案的示范引领作用。举行教代会代表校情通报会，校党委书记任少波通报学校发展情况和未来改革方向，并听取有关意见和建议。聚焦广大教职工关注度高的后勤集团饮食问题，组织教代会代表巡视食堂食品安全，畅通师生交流反馈渠道。

加强师德师风建设，坚持树典型、立标杆，多人获"全国三八红旗手""全国巾帼建功标兵""全国五一巾帼标兵"荣誉，多个集体获评"全国五一巾帼奖""全国巾帼文明岗""全国维护妇女儿童权益先进集体"荣誉。刘斌劳模创新工作室获评"浙江省劳模创新工作室"。精心承办省第十二届青教赛和校青教赛，首次创新采用线上竞赛方式，通过云端技术、直播展示，成功举办青教赛决赛。我校10位参赛教师发挥出色，斩获7个特等奖，取得历史最好成绩。青年教授联谊会持续开展"校长学术沙龙"活动，成功举办15期，时任校长吴朝晖院士与近300位专家和青年学者，围绕前沿学术话题开展交流，助推学科交叉。女教授联谊会开展"见未来"学术午餐会系列活动，走进材料学院、教育学院、之江实验室和药学院等学院，促进学科交叉交流。

强化服务和维权，切实增强教职员工幸福感、安全感、获得感。浙江大学爱心基金教职工专项基金2021年共收到捐款60.8

万元，47位教职工得到补助80.45万元。2.52万名教职工参加了省级产业工会职工大病医疗互助保障，补助161人共计101.55万元。2021年慰问困难教职工138人次，发放补助48余万元。在浙大西迁地建立教职工疗休养基地，组织2000余名教职工参加疗休养。做好全校18500余名工会会员春节、端午节和中秋节慰问品及教职工生日蛋糕的遴选发放工作。全力做好教职工子女入学入园协调工作，与西湖区教育局签署《关于加强基础教育领域合作的协议》，推动优质教育资源共建、共享。大力做好用工方式多元化背景下的非事业编制职工入会工作，吸纳8000余名非事编职工入会（后勤集团今年新增3000多名），入会率达95%以上，走在全国高校工会前列。

【召开第八届教职工代表大会暨第二十二届工会会员代表大会第四次会议】 该会议于3月26日在紫金港校区剧场召开，共有500余名"双代会"代表参会。校党委书记任少波致开幕词，时任校长吴朝晖院士做《奋进"十四五" 逐梦新征程 为迈向世界一流大学前列开好局起好步》学校工作报告。会议审议了学校"十四五"发展规划，充分肯定了学校"十三五"时期改革发展取得的显著成效；一致认为"十四五"是开启新征程的关键战略机遇期，也是实现高质量转型迈向更高台阶的重要窗口期；提出了面向2035年的高质量发展战略目标；深入分析了学校"十四五"时期改革发展的一系列重大问题。大会还听取和审议了学校财务收支执行情况报告，教代会、工会工作报告，教代会提案工作报告；审议了工会财务工作报告、工会经费审查工作报告。

大会共收到代表以提案形式递交的有效意见、建议127件，正式立案76件，转为意见、建议的有 50 件，立案率为 59.84%。全体校领导领办教职工关注度高、影响面大的 13 项重点提案。代表聚焦新发展阶段，围绕人才培养、队伍建设、学科科研、校园文化、支撑保障等方面提出了许多意见和建议。

【唱响主旋律，精心开展庆祝建党 100 周年主题系列活动】 组织"建党百年梦 唱响新时代"师生大合唱比赛、"初心如磐"教职工朗诵比赛、青年教授联谊会"行读党史"活动、"中国梦·劳动美——我心向党"系列摄影大赛及编撰献礼建党 100 周年画册《求是诗语》等多样活动，弘扬时代精神。师生大合唱吸引了来自全校 51 支参赛队伍的 4000 余名师生参赛，他们以歌言志，用最炽热的感情表达了永远跟党走的决心和对党百年华诞的美好祝福。朗诵比赛收到 56 家院级单位视频、音频作品 70 余份，台前幕后的参与人员共计 3000 余人次，比赛进一步唱响主旋律、传播正能量。

（许诺晗撰稿　李　民审稿）

学生思政

【概况】 2021 年是全国高校思想政治工作会议召开五周年，也是中国共产党成立 100 周年，是学党史、悟思想、办实事、开新局之年。浙江大学坚持以习近平新时代中国特色社会主义思想为指导，深入学习贯彻党的十九大和十九届历次全会精神，全面落实人格、素质、能力、知识融合一体的 KAQ 2.0 教育理念。扎实推进中央巡视整改任务落实，教育引导师生心怀"国之大者"、奋力"走在前列"，夯实以学生成长为中心的德育共同体建设，构建高质量的学生思想政治工作体系。

深化学生理想信念教育，推进党的创新理论入脑入心。开展党史学习教育。发布《关于做好学生党史学习教育的通知》，开展"明理增信"专题学习行动、"凝心聚力"基层组织建设行动、"赓续传承"理论宣讲行动、"崇德力行"党性实践行动、"奋斗有我"建党百年献礼行动；做好党史校史校情教育，2021 级新生参观校史馆全覆盖；推出"百人百课"红色微党课宣讲活动。推动理想信念教育常态化，2021 年度立项思想政治教育特色示范基地 11 个，"一院一品"项目 33 个，做好 16 个"在鲜红的党旗下"党建教育平台建设，制定《关于学科思政建设的实施意见（试行）》，支持 20 个特色创新项目和 20 个示范性研学空间建设。夯实学生党建"双引双提"工程。依托 10 个学生宣讲团组建学生党史学习教育宣讲团，发布 6 期"跟着王明华学党史"慕课；推进"支委 1+1"计划，84% 以上的研究生党支部实现依托学科专业、研究所、课题组等纵向设置；举办本科生党员党务知识技能大赛、研究生党支部书记素质能力大赛；实施"廉洁教育 1+1"计划、"支部 1+1"计划、"党建思政 1+1"计划、"党员 1+1"计划，深化党建"双创"和"双百"培育，强化本科生、研究生党建的相互促进和融合发展。2021 年度，获评全国第二批"百个研究生样板党支部"1 个、"百名研究生党员标兵"1 人，浙江省首批"研究生样板党支部"3 个，浙江大学先进基层党组织 32 个。提高学生党员数量和质量，年度培训入党积极分子 5712 人、发展对象 5330 人、预备党员 4832 人，党建骨干 4000 余人，本科生递交入党申请书的比例超过 75%，本科生党员比例达到 18%。开展"国之大者"培育工程。实施"传承红色基因涵养家国情怀"专项行动,编印"浙大红色基因库"等红色人物故事;组建"两弹一星"党员教育培训基地学生宣讲队,开展宣讲200余场。开创国防教育崭新局面,成立国防教育宣讲团,开展国防教育宣讲9次,覆盖师生1500余人次,38名学生应征入伍;圆满完成12000余名学生的军训工作,177名师生组成浙江大学军训师理想信念宣讲团,走进全师60个连队,开展了178次宣讲。

以学生成长为中心,推进立德树人工作走深走实。用好课堂育人主渠道,创新思政工作载体。完善"形势与政策"教育,2021—2022学年开设77个教学班,《百年党史》影视课、"人类命运共同体"等专题受到《人民日报》、新华社、全国形势政策网等媒体报道;建设好网络思政主阵地,微信公众号"浙大微学工""浙大研究生"推出"浙大红色基因库""百年党史知识答题""党史上的这周""党史学习教育特色做法在基层""红色微故事网络接力""优秀德育导师""示范性'研学空间'"等专栏,常态化推送优秀典型选树和日常思政教育内容1000余篇,全年阅读量超350万人次。坚持"五育并举",助力学生全面发展。建成17个大学生综合素质训练平台,开展415项训练项目,支持经费91.2万元,出版《创新固本 格物致知——浙江省高校科研育人理论与实践》等著作;学生获"互联网+"大赛金奖10项、"挑战杯"红色专项特等奖2项、"揭榜挂帅"专项特等奖1项。推进双创示范基地建设,挂牌12家院级双创教育中心,支持18家校院联合共建双创实验室,举办活动300余场。创新实践育人,首次开设"认知与实践——乡村振兴"课程,开展"党史青年行""凌云"研究生赴重点单位社会实践行动计划。强化心理

健康教育,全年开设心理健康教育通识课5门,设置16个教学班,共计开课488学时、覆盖学生802人次;开展"心晴四季"心理健康宣教活动216项,主持团体咨询51场,覆盖1267人次;心理咨询师全覆盖对接院系,构成有效校院联动机制,成功干预重点关注学生187人。与杭州市第七人民医院签订协议,开通学生就医绿色通道。精准开展奖助育人工作。推进学生评价改革,出台《关于进一步加强本科学生评价工作的指导意见》,制定研究生综合素质评价实施办法,修订新一轮研究生培养方案、研究生荣誉称号和奖学金评定管理办法等。2021—2022学年评选出竺可桢奖学金获得者24人,国家奖学金获得者863人;2021年评选出浙江省优秀毕业生625人,浙江大学优秀毕业生2887人。全年共计发放研究生国家助学贷款1446.69万元,发放基层就业学费补偿和国家助学贷款代偿资助76.97万元;发放岗位助学金41044人次,共计12.14亿元;发放优博岗助津贴1415人次,共计1415万元;发放扶植基金2286人次,共计517.01万元;发放学业奖学金51191人次,共计2.28亿元;发放校级助管津贴484人次,共计97.47万元;发放助教津贴1262人次,共计250.60万元;发放临时困难补助2431人次,共计287.20万元;发放校内无息贷款18人,共计17.60万元;评选校级外设助学金10项,向451人发放337.60万元。发放本科生国家助学贷款863.3万元,发放基层就业学费补偿和国家助学贷款代偿资助35.97万元;发放应征入伍学生资助94.67万元、退役士兵国家助学金31.21万元;发放学生国家励志奖学金414.5万元、国家助学金1016.79万元。412名本科新生通过"绿色通道"办理入学,发放生活费补助

浙江大学年鉴

34.6万元、路费补助3.4万元；发放本科生临时困难补助34.63万元、学费减免273.4万元、军训补助13.08万元、年末专项补助230.55万元、除夕慰问12.02万元、校内无息借款40万元、爱心基金4.69万元；发放家访补助33.54万元、勤工助学金额1110.83万元。设立校级外设助学金37项，发放助学金共计573.05万元。新设立发展型资助"浙·时"梦想基金和"金色年华助学基金"。

强化体制机制建设，推进学生思政工作高质高效。深化"大思政"工作格局。选取第一批8家试点单位开展院级思政教育培养方案建设试点工作，将思政教育融入人才培养全过程。善用"大思政课"，开展"将军报告会"4场，举办27期县委书记讲堂、35期问政讲堂。完善疫情防控责任体系，打赢校园疫情"遭遇战"，组织学生接种疫苗率超90%，实现"应接尽接"。推进数智化思政建设。深化"三全育人"平台（ETA平台）建设，梳理和再造学生事务工作流程；实现全校本科生数据融通和联动共享，对接"学在浙大"，根据过程性学业状况数据，前置学业帮扶。开发运营学生安全预警平台，根据主要潜在风险类型，建立活动异常预警、夜出异常预警、夜归异常预警等多项预警功能。开展学生思政全覆盖专项调研，以时政认知、社会认知、媒体使用、思政卷入等维度为测量指标，对学生的政治态度、思想认识及行为模式做大数据聚类分析，综合评估本科学生思政状况。推进"一站式"学生社区建设。完成教育部首批"一站式"学生社区综合管理模式建设试点工作，升级学生活动空间5000余平方米。依托ETA平台构建线上线下相结合的学生成长成才数字化评价体系，加快建设数字化学习型社区。构建"四化四区"社区建设体系，打造学生党建前沿阵地、"三全育人"实践园地、平安校园样板高地。教育部刊发简报宣传我校社区育人工作经验。

抓实队伍建设，推动思政骨干队伍建优建强。发挥专业教师思想引领和德育价值。修订发布《浙江大学本科生班主任工作规定》，组织43位班主任参加浙江大学"育人强师"学习培训班，举办班主任沙龙3期，组织开展第三届本科生班主任主题班课展示大赛；组织"育人强师"研究生德育导师培训班，编写《研究生德育导师工作手册》，分学部开展"德导沙龙"6次。评定97名优秀班主任；评选134名优秀研究生德育导师；评定优秀新生之友78名，开展新生之友2.0试点工作，设置"office hours"，引导新生主动联系老师开展专业认知、生涯规划等方面的咨询；举办院士报告会，建立汇聚名师大家进入学生一线工作机制，引导专业教师做学生的"大先生"。加强辅导员专业化职业化建设。2021年度选聘专职辅导员37人，选聘兼职辅导员584人；修订辅导员考核实施细则，按照"择优留用"的原则加强对辅导员的续聘考核，加强考核结果的运用，建立健全激励保障和调整退出机制。组织40名辅导员参加"育人强师"培训；举办辅导员论坛10场、辅导员沙龙14场、研究生辅导员Seminar 3场；组织辅导员参加全国高校思想政治工作队伍系列网络培训，选派24名优秀辅导员参加全国高校思想政治工作骨干示范培训班。开展优秀论文、优秀工作案例评选；2人获评副高级职称；申报立项省教育厅大学生思想政治教育专项课题4项、中国高等教育学会"高校辅导员队伍建设与发展研究"专项课题1项、教育部人文社会科学研究专项任务项目（高校辅导员研究）1

项。1人获"最美高校辅导员"称号,1人获浙江省高校辅导员年度人物,1人获浙江省高校辅导员年度人物提名;2人获浙江省高校辅导员工作案例大赛一等奖,2人获二等奖,1人获三等奖。2人获浙江省高校网络教育优秀作品大赛一等奖,3人获二等奖,1人获三等奖。推动学生骨干队伍建设。完成第二期共22名优秀研究生岗位锻炼,启动第三期选拔,在服务社会、服务学校发展大局中推动高质量骨干培养。建强校院两级学生"习近平新时代中国特色社会主义思想"研究会、青年马克思主义者培养工程、启真人才学院、学生理论宣讲团、研干讲习所、博士生报告团等学生骨干队伍建设。深化启真人才学院建设,2019期学员中2人直博深造,6人保研推免,9人成为"2+2"模式辅导员;新选录30位新成员。加强研究生理论宣讲团、博士生报告团等朋辈宣讲队伍建设,实施党员骨干"一人一课"计划,参与党的十九届六中全会精神"六讲六做"大宣讲,研究生理论宣讲团被评为浙江省基层理论宣讲成绩突出集体。举办研究生骨干讲习所第十七期培训班,录制微党课16门。

(陈翠苹　卢　俏撰稿
金芳芳　张晓洁审稿)

【"传承红色基因 涵养家国情怀"专项行动】 2021年5月,开展"传承红色基因,涵养家国情怀"专项行动,建设"浙大红色基因库",举行"红色微故事"网络接力、毕业"快闪"、党史知识竞赛等活动,启动建设王淦昌事迹陈列室等浸润式教育文化空间,联动档案馆启动修订《图说浙大》,编写《胸怀国之大者 弘扬求是精神》宣传册;组建学生党史学习教育宣讲团,推进老同志和青年党员协同宣讲育人,出版图书《把心中的歌献给党》,发布"跟着王明华学党史"慕课。

(陈翠苹撰稿　金芳芳审稿)

【出台《关于进一步加强学生评价工作的指导意见》】 贯彻落实新时代教育评价改革要求,结合学校人才培养目标与工作实际,出台《关于进一步加强学生评价工作的指导意见》(浙大本发〔2021〕19号),进一步树立以德为先的理念,增加德育负面清单,加强对学生日常道德行为表现的评价考察,形成德育评价长效机制;增设"劳动实践标兵"荣誉称号,建立劳动清单,鼓励引导学生尊重劳动、崇尚劳动、实践劳动。完成各院系、学园学生评价实施细则的修订工作。

(陈翠苹撰稿　金芳芳审稿)

【实施研究生党建"提质创优"计划】 组织全校600余个研究生党支部、16000余名研究生党员,高质量开展"百人百课""行走的党史教育课堂""使命愿景大讨论"。推出党建与思政现场教学精品路线4条,开展校级专题培训5场、现场教学100余场,打造"百人百课百案例",完成100门课程建设,25门示范课程登录"学习强国"、浙大网校等学习平台,"百人百课""行走的党史学习教育课堂"等被《人民日报》报道。以全国研究生党建"双百"创建为牵引,强化党建业务互融互促。

(卢　俏撰稿　张晓洁审稿)

【全方位启动研究生评价改革】 细化研究生招生入学思政考察方案,制定《浙江大学研究生综合素质评价实施办法(试行)》、修订《浙江大学研究生荣誉称号和奖学金评定管理办法》,建立德育评价突出表现和负面行为清单,调研提出资助优化方案,一体化推进研究生评价和激励保障体系。

(卢　俏撰稿　张晓洁审稿)

团学工作

【概况】 2021年，共青团浙江大学委员会坚持立德树人根本任务，以学校新一轮"双一流"建设和"十四五"发展规划为指引，带领全团围绕党和学校的中心大局，扎实履职尽责，不断保持和增强政治性、先进性和群众性，彰显团的组织力、战斗力和服务力，不断提升学校共青团的大局贡献度。至2021年底，浙江大学共有基层团委59个，其中院系（学园）团组织44个，青工系统团组织15个；学生团支部1936个，学生团员52050人，青工团支部233个，团员7223人；共有专兼职团干部580人，其中校级专职团干部10人，兼职团干部7人，院系（学园）专职团干部130人，青工系统团干部192人，学生兼职团干部241人。

固本强基，有效激发基层团组织活力。规范和加强共青团推优入党工作，全年推荐5400余名团员成为入党积极分子，累计培训入党积极分子5330人，发展对象5452人。持续推进基层团组织规范化建设，修订完善基层团组织考核条例，明确基层团组织建设重点。开展学习"新发展阶段使命愿景大讨论"主题团日活动、基层团组织建设月，覆盖全校2300余个团支部。全年验收通过校级"五四红旗团支部"116个。严抓团学骨干队伍建设，开展暑期团干培训班、"育人强师"共青团和青年工作专题培训班等覆盖全体专职团干部的培训课程。切实提高"青马工程"生源质量，开展"青马论坛"、名师讲堂、经典品读会等25期，受益6000余人次。

铸魂育人，思想引领成效稳步提升。以中国共产党成立100周年为重要契机，面向青年学生大力开展"四史"教育。开展"青春向党·奋斗强国"主题学习教育1000余场，扎实开展"青年大学习"行动，全年10万余人次参与学习。依托"不忘初心、牢记使命"主题教育思政微课大赛，打磨35门精品思政微课，并在"学习强国"等平台推送。选拔推荐优秀师生参加浙江省思政微课大赛，获得5个特等奖，获奖数居全省第一。组织开展杭州亚运会短视频大赛，征集到51个参赛视频，学校获优秀组织奖。邀请全国道德模范竺士杰、章成、崔译文走进浙江大学进行事迹宣讲，近20000人集体收看线上直播。夯实共青团和青年工作理论基础，重点课题"基于大学生素能画像的培养体系构建"的研究成果已用于指导学校第二课堂相关工作开展。

巩固学生组织改革成果，进一步加强对学生会、研究生会、博士生会的指导。召开浙江大学第三十四次学生代表大会，选举产生第三十四届学生会主席团成员黄璐瑶（女）、盛侃、万婧（女）、楼诚、唐奕滢（女）。召开浙江大学第三十四次研究生代表大会，选举产生第三十四届研究生会主席团成员王博、李梦萱（女）、刘雨欣（女）、何昊天、舒姝（女）。召开浙江大学第二十次博士生代表大会，选举产生第二十届博士生会主席团成员苏凌峰、张龙威、陈楠（女）、徐晨期、韩啸（女）。

【时任省委书记袁家军出席"跟着总书记在浙江的足迹学党史"青春汇报会】 4月29日，袁家军在浙江大学出席"跟着总书记在浙江的足迹学党史"青春汇报会——浙江省青少年庆祝建党100周年主题团日活动。袁家军对汇报会给予充分肯定，并指出，党史是青少年健康成长最生动的教科书，要抓好青少年学习教育，让红色基因、革命薪火代代传承；要用青年人喜欢的方式，讲好党史故事；要把学习党史同青少年成长成才结合起来，服务青年成长、引领青年建功，让全省青年在忠实践行"八八战略"、奋力打造"重要窗口"，争创社会主义现代化先行省的新征程中奉献青春、砥砺成长。

【推出"我的学科有故事"浙江大学学科发展史系列视频】 深挖浙大学科文化和专业精神中的德育资源和思政元素，从历史传承、文化涵育、奋斗创新等角度进行诠释，推出8集"我的学科有故事"浙江大学学科发展史系列视频，讲述了浙大昆虫标本馆、植物园、学科交叉创新等学科发展中的"小"故事，以求从小切口切入促进学科思政模式创新，引导青年学生认识学科、走进学科、热爱学科、投身学科。项目得到中科协学风建设计划资助，视频在中科协学风建设网站首页推荐。坚持以学生为主体继续举办作息表征集活动、最美学习笔记大赛，得到《人民日报》《中国青年报》等媒体报道，并登上微博热搜，充分展示了浙大学生良好的学习态度和卓越的学习能力。

【打造全新学生活动空间】 为更好地服务广大团员青年，改造西区尧坤楼 3—5 楼为学生活动中心，总面积为 1700 平方米，设置学生活动室、团员之家、排练厅、报告厅、会议室等公共空间，面向全校师生开放，可满足学生交流讨论、风采展示、集体训练等活动需求。目前已建成团学工作一站式服务中心，设立多个服务窗口，涉及志愿者小时数咨询、团员证补办、二课项目认证等主要团学事务办理。首期选拔了 36 家学生社团入驻社团空间，坚持"自主打造、自主管理"的理念，由学生组织、学生社团自主进行空间文化设计与装饰，展现青春多元的学生文化色彩。

（刘旻雯撰稿 柏 浩审稿）

人才培养

本科生教育

【概况】 浙江大学设有本科生专业 127 个（招生专业 96 个，不含中外合作办学专业），涵盖哲学、经济学、法学、教育学、文学、历史学、理学、工学、农学、医学、管理学、艺术学等 12 大学科门类。其中，哲学类专业 1 个、经济学类专业 4 个、法学类专业 4 个、教育学类专业 4 个、文学类专业 16 个、历史学类专业 2 个、理学类专业 17 个、工学类专业 45 个、农学类专业 9 个、医学类专业 7 个、管理学类专业 11 个、艺术学类专业 7 个。建有 20 个国家教学基地，包括 12 个国家基础学科拔尖学生培养计划 2.0 基地、4 个国家工科基础课程教学基地和 4 个国家战略产业人才培养基地，共有 14 个国家级实验教学（含虚拟仿真）示范中心和 23 个全国大学生校外实践教育基地。共有 60 门国家级、334 门省级一流本科课程，2 门国家级、39 门省级课程思政示范课程。

2021 年，浙江大学本科生实际招收 6341 人。截至 2021 年 12 月 31 日，2021 届毕业生 6029 人（本部 5841 人、海宁 188 人），授予学位 6017 人（本部 5830 人、海宁 187 人），获微辅修证书 8 人、辅修证书 145 人，获第二专业证书 1 人，获辅修学士学位 129 人，结业生换发毕业证书 109 人。

截至 2021 年 12 月 31 日，2021 届参加就业本科毕业生（含结业生）为 6108 人，其中就业人数为 5543 人（含国内升学 2837 人，海外升学 843 人，签订协议和合同就业 1655 人，其他形式就业 208 人），另有 565 人待就业，初次就业率达到 90.75%。

2020—2021 学年，本科对外交流率达 92.77%（其中线上交流率为 92.30%），参加 TOP 20 和 TOP 50 高校交流项目的人次数分别占交流总人次数的 34.6% 和 57.4%，均创历史新高。

2021 年，在常态化疫情防控下，浙江大学通过线上线下相结合的方式开展和参加各级各类学科竞赛活动，取得优异成绩。共获国际特等奖 5 项、一等奖 33 项、二等奖 27 项；国家特等奖 4 项、一等奖 55 项、二等奖 42 项、三等奖 17 项；在中国高教学会中国高校创新人才培养暨学科竞赛评估排行榜

2012—2020 五轮总榜中,我校位居全国高校第二。

【推进一流专业建设】 出台《浙江大学关于全面推进一流本科专业建设的指导意见》《浙江大学本科专业管理办法(试行)》,明确专业设置、评估、退出的动态调整机制。共67个专业入选国家级一流本科专业建设点,居全国第二。

【打造一流课程体系】 发布课程思政质量规范和7个学部课程思政建设指南,成立中英文写作教学研究中心,系统开展教与学课程改革,新增2门国家级、39门省级课程思政示范课程和234门省级一流课程,建成9门"专创融合"特色示范课程、32门高水平国际化课程。

【加强精品教材建设】 出台《浙江大学教材"十四五"规划》《浙江大学教材管理办法》,成立4个校级教材建设研究基地。13种教材获首届全国优秀教材奖,获奖数量居全国第四,2名教师被评为全国教材建设先进个人,2个团队入选首批中国经济学教材编写团队。

【建立四级教学激励机制】 建立"求是特聘教学岗—求是教学岗—优秀教学岗—优秀教学津贴"四级激励机制,出台《浙江大学教育教学荣誉奖励办法》,引导教师潜心教书育人。我校在浙江省第十二届青教赛上获特等奖7项、一等奖2项、二等奖1项,取得历史性突破。

【推进拔尖计划2.0建设】 探索"三制三化"拔尖人才培养模式,优化荣誉课程体系,推进学园2.0工作,发布教育部拔尖计划2.0内刊,构建以全面发展为内核的通识教育体系并建立以交叉复合为特色的学术研讨综合体。共3项基础学科拔尖计划课题通过教育部验收,其中1项验收结果为"优秀"。

【持续开展一流学习型社区建设】 累计完成近5000平方米的室内空间改造和2500平方米室外空间改造,极大提升了紫金港东区学生生活社区的空间品质,学生生活园区的学习交流氛围日益浓厚。

【牵头搭建"入学一件事"平台】 优化新生报到入学事宜,链接统一身份认证、浙大钉、财务缴费、宿舍管理、现场报到、招生、教务等系统,实现新生只进一个系统、只填一张表,促进跨系统、跨部门、跨业务的协同管理服务。

(王 璇撰稿 张光新审稿)

【附录】

附录1 浙江大学2021年本科专业

学部	学院(系)	序号	专业代码	专业名称	授予学位
人文学部	文学院	1	050101	汉语言文学	文学
		2	050105	古典文献学	文学
		3	050305	编辑出版学	文学
	历史学院	4	060101	历史学	历史学
	哲学学院	5	010101	哲学	哲学

学部	学院（系）	序号	专业代码	专业名称	授予学位
人文学部	外国语言文化与国际交流学院	6	050201	英语	文学
		7	050202	俄语	文学
		8	050203	德语	文学
		9	050204	法语	文学
		10	050205	西班牙语	文学
		11	050207	日语	文学
		12	050261	翻译	文学
	传媒与国际文化学院	13	050103	汉语国际教育	文学
		14	050301	新闻学	文学
		15	050302	广播电视学	文学
		16	050303	广告学	文学
		17	050304	传播学	文学
	艺术与考古学院	18	060104	文物与博物馆学	历史学
		19	130401	美术学	艺术学
		20	130405T	书法学	艺术学
		21	130406T	中国画	艺术学
		22	130502	视觉传达设计	艺术学
		23	130503	环境设计	艺术学
		24	130509T	艺术与科技	艺术学
社会科学学部	经济学院	25	020101	经济学	经济学
		26	020201K	财政学	经济学
		27	020301K	金融学	经济学
		28	020401	国际经济与贸易	经济学
	光华法学院	29	030101K	法学	法学
	教育学院	30	040101	教育学	教育学
		31	040201	体育教育	教育学
		32	040202K	运动训练	教育学
		33	040204K	武术与民族传统体育	教育学
		34	120401	公共事业管理	管理学

学部	学院(系)	序号	专业代码	专业名称	授予学位
社会科学学部	管理学院	35	120102	信息管理与信息系统	管理学
		36	120201K	工商管理	管理学
		37	120203K	会计学	管理学
		38	120204	财务管理	管理学
	公共管理学院	39	030201	政治学与行政学	法学
		40	030202	国际政治	法学
		41	030301	社会学	法学
		42	120301	农林经济管理	管理学
		43	120402	行政管理	管理学
		44	120403	劳动与社会保障	管理学
		45	120404	土地资源管理	管理学
		46	120503	信息资源管理	管理学
理学部	数学科学学院	47	070101	数学与应用数学	理学
		48	070102	信息与计算科学	理学
		49	071201	统计学	理学
	物理学系	50	070201	物理学	理学
	化学系	51	070301	化学	理学
	地球科学学院	52	070503	人文地理与城乡规划	理学
		53	070504	地理信息科学	理学
		54	070601	大气科学	理学
		55	070901	地质学	理学
		56	070903T	地球信息科学与技术	理学
	心理与行为科学系	57	071101	心理学	理学
		58	071102	应用心理学	理学
工学部	机械工程学院	59	080201	机械工程	工学
		60	080204	机械电子工程	工学
		61	120701	工业工程	工学
	材料科学与工程学院	62	080401	材料科学与工程	工学

学部	学院(系)	序号	专业代码	专业名称	授予学位
工学部	能源工程学院	63	080202	机械设计制造及其自动化	工学
		64	080206	过程装备与控制工程	工学
		65	080207	车辆工程	工学
		66	080502T	能源与环境系统工程	工学
		67	080503T	新能源科学与工程	工学
	电气工程学院	68	080601	电气工程及其自动化	工学
		69	080701	电子信息工程	工学
		70	080801	自动化	工学
	建筑工程学院	71	081001	土木工程	工学
		72	081010T	土木、水利与交通工程	工学
		73	081101	水利水电工程	工学
		74	081802	交通工程	工学
		75	082801	建筑学	建筑学
		76	082802	城乡规划	工学
	化学工程与生物工程学院	77	081301	化学工程与工艺	工学
		78	081302	制药工程	工学
		79	083001	生物工程	工学
	海洋学院	80	070701	海洋科学	理学
		81	081902T	海洋工程与技术	工学
		82	081103	港口航道与海岸工程	工学
		83	081901	船舶与海洋工程	工学
	航空航天学院	84	080102	工程力学	工学
		85	082002	飞行器设计与工程	工学
	高分子科学与工程学系	86	080407	高分子材料与工程	工学
信息学部	光电科学与工程学院	87	080705	光电信息科学与工程	工学
	信息与电子工程学院	88	080702	电子科学与技术	工学
		89	080704	微电子科学与工程	工学
		90	080706	信息工程	工学

浙江大学年鉴

学部	学院（系）	序号	专业代码	专业名称	授予学位
信息学部	控制科学与工程学院	90	080801	自动化	工学
		91	080803T	机器人工程	工学
	计算机科学与技术学院	92	080205	工业设计	工学
		93	080717T	人工智能	工学
		94	080901	计算机科学与技术	工学
		95	080904K	信息安全	工学
		96	080906	数字媒体技术	工学
		97	130504	产品设计	艺术学
	软件学院	98	080902	软件工程	工学
	生物医学工程与仪器科学学院	99	080301	测控技术与仪器	工学
		100	082601	生物医学工程	工学
农业生命环境学部	生命科学学院	101	071001	生物科学	理学
		102	071002	生物技术	理学
		103	071003	生物信息学	理学
		104	071004	生态学	理学
	生物系统工程与食品科学学院	105	082301	农业工程	工学
		106	082701	食品科学与工程	工学
	环境与资源学院	107	082502	环境工程	工学
		108	082503	环境科学	理学
		109	082506T	资源环境科学	理学
		110	090201	农业资源与环境	农学
	农业与生物技术学院	111	090101	农学	农学
		112	090102	园艺	农学
		113	090103	植物保护	农学
		114	090107T	茶学	农学
		115	090109T	应用生物科学	农学
		116	090502	园林	农学
	动物科学学院	117	090301	动物科学	农学
		118	090401	动物医学	农学

学部	学院（系）	序号	专业代码	专业名称	授予学位
医药学部	医学院	119	100101K	基础医学	医学
		120	100102TK	生物医学	理学
		121	100201K	临床医学	医学
		122	100301K	口腔医学	医学
		123	100401K	预防医学	医学
	药学院	124	100701	药学	理学
		125	100702	药物制剂	理学
	国际教育学院	126	050102	汉语言	文学
	国际联合学院（海宁国际校区）	127	080909T	电子与计算机工程	工学

注：T指特设专业，K指国家控制布点专业。

附录 2　浙江大学国家级一流本科专业建设点情况

序号	专业名称	专业代码	专业类	入选年度
1	国际经济与贸易	020401	经济与贸易类	2019
2	法学	030101K	法学类	2019
3	汉语言文学	050101	中国语言文学类	2019
4	英语	050201	外国语言文学类	2019
5	新闻学	050301	新闻传播学类	2019
6	数学与应用数学	070101	数学类	2019
7	物理学	070201	物理学类	2019
8	化学	070301	化学类	2019
9	生物科学	071001	生物科学类	2019
10	心理学	071101	心理学类	2019
11	工程力学	080102	力学类	2019
12	机械工程	080201	机械类	2019
13	材料科学与工程	080401	材料类	2019
14	能源与环境系统工程	080502T	能源动力类	2019
15	电气工程及其自动化	080601	电气类	2019

序号	专业名称	专业代码	专业类	入选年度
16	电子科学与技术	080702	电子信息类	2019
17	光电信息科学与工程	080705	电子信息类	2019
18	自动化	080801	自动化类	2019
19	计算机科学与技术	080901	计算机类	2019
20	软件工程	080902	计算机类	2019
21	土木工程	081001	土木类	2019
22	化学工程与工艺	081301	化工与制药类	2019
23	海洋工程与技术	081902T	海洋工程类	2019
24	农业工程	082301	农业工程类	2019
25	环境科学	082503	环境科学与工程类	2019
26	生物医学工程	082601	生物医学工程类	2019
27	建筑学	082801	建筑类	2019
28	农学	090101	植物生产类	2019
29	植物保护	090103	植物生产类	2019
30	农业资源与环境	090201	自然保护与环境生态类	2019
31	动物科学	090301	动物生产类	2019
32	生物医学（中外合作办学）	100102TKH	基础医学类	2019
33	临床医学	100201K	临床医学类	2019
34	药学	100701	药学类	2019
35	工商管理	120201K	工商管理类	2019
36	农林经济管理	120301	农业经济管理类	2019
37	哲学	010101	哲学类	2020
38	经济学	020101	经济学类	2020
39	金融学	020301K	金融学类	2020
40	社会学	030301	社会学类	2020
41	教育学	040101	教育学类	2020
42	运动训练	040202K	体育学类	2020
43	古典文献学	050105	中国语言文学类	2020

浙江大学年鉴

续表

序号	专业名称	专业代码	专业类	入选年度
44	德语	050203	外国语言文学类	2020
45	翻译	050261	外国语言文学类	2020
46	传播学	050304	新闻传播学类	2020
47	历史学	060101	历史学类	2020
48	信息与计算科学	070102	数学类	2020
49	地理信息科学	070504	地理科学类	2020
50	地质学	070901	地质学类	2020
51	工业设计	080205	机械类	2020
52	过程装备与控制工程	080206	机械类	2020
53	高分子材料与工程	080407	材料类	2020
54	信息工程	080706	电子信息类	2020
55	信息安全	080904K	计算机类	2020
56	飞行器设计与工程	082002	航空航天类	2020
57	环境工程	082502	环境科学与工程类	2020
58	食品科学与工程	082701	食品科学与工程类	2020
59	园艺	090102	植物生产类	2020
60	动物医学	090401	动物医学类	2020
61	基础医学	100101K	基础医学类	2020
62	口腔医学	100301K	口腔医学类	2020
63	预防医学	100401K	公共卫生与预防医学类	2020
64	信息管理与信息系统	120102	管理科学与工程类	2020
65	会计学	120203K	工商管理类	2020
66	行政管理	120402	公共管理类	2020
67	劳动与社会保障	120403	公共管理类	2020

附录 3　浙江大学国家教学基地

基地类别	基地名称	所在学院/系
国家基础学科拔尖学生培养计划 2.0 基地	数学与应用数学拔尖学生培养基地	数学科学学院
	物理学拔尖学生培养基地	物理学系
	化学拔尖学生培养基地	化学系
	生物科学拔尖学生培养基地	生命科学学院
	计算机科学与技术拔尖学生培养基地	计算机科学与技术学院
	汉语言文学拔尖学生培养基地	文学院
	力学拔尖学生培养基地	航空航天学院
	经济学拔尖学生培养基地	经济学院
	基础医学拔尖学生培养基地	基础医学院
	哲学拔尖学生培养基地	哲学学院
	历史学拔尖学生培养基地	历史学院
	药学拔尖学生培养基地	药学院
国家工科基础课程教学基地	化学	化学系
	力学	航空航天学院 建筑工程学院
	工程图学	机械工程学院
	物理	物理学系
国家战略产业人才培养基地	生命科学与技术	生命科学学院
	软件学院	软件学院
	大规模集成电路	电气工程学院 信息与电子工程学院
	动画	计算机科学与技术学院 人文学院(原) 传媒与国际文化学院

附录 4　浙江大学国家实验教学(含虚拟仿真)示范中心

序号	中心名称	所在学院/系
1	化学国家级实验教学示范中心	化学系
2	力学国家级实验教学示范中心	航空航天学院、建筑工程学院
3	生物国家级实验教学示范中心	生命科学学院

序号	中心名称	所在学院/系
4	电工电子国家级实验教学示范中心	电气工程学院
5	机械工程国家级实验教学示范中心	机械工程学院
6	工程训练国家级实验教学示范中心	机械工程学院、信息与电子工程学院
7	农业生物学国家级实验教学示范中心	农业与生物技术学院
8	能源与动力国家级实验教学示范中心	能源工程学院
9	机电类专业国家级实验教学示范中心	电气工程学院、机械工程学院
10	计算机技术与工程国家级实验教学示范中心	计算机科学与技术学院
11	环境与资源国家级实验教学示范中心	环境与资源学院
12	化工类国家级虚拟仿真实验中心	化学工程与生物工程学院、化学系
13	医学国家级虚拟仿真实验教学中心	医学院
14	土建类国家级虚拟仿真实验教学中心	建筑工程学院

附录5 浙江大学全国大学生校外实践教育基地

序号	基地名称	所在学院/系
1	浙江大学—浙广集团新闻传播学类文科实践教育基地	传媒与国际文化学院
2	杭州矽力杰半导体技术有限公司	电气工程学院
3	杭州中粮包装有限公司	电气工程学院
4	台达能源技术(上海)有限公司	电气工程学院
5	亚德诺半导体技术(上海)有限公司	电气工程学院
6	浙江省电力公司工程实践教育中心	电气工程学院
7	浙江大学—杭州大观山种猪育种有限公司农科教合作人才培养基地	动物科学学院
8	浙江网新恒天软件有限公司	计算机科学与技术学院
9	广厦建设集团有限责任公司工程实践教育中心	建筑工程学院
10	浙江大学建筑设计研究院	建筑工程学院
11	中控科技集团有限公司工程实践教育中心	控制科学与工程学院
12	东方锅炉(集团)股份有限公司	能源工程学院
13	上海锅炉厂有限公司实践教育中心	能源工程学院

序号	基地名称	所在学院/系
14	潍柴动力股份有限公司	能源工程学院
15	浙江盾安机电科技有限公司	能源工程学院
16	浙江银轮机械股份有限公司	能源工程学院
17	浙江大学农科教合作人才培养基地	农业与生物技术学院
18	浙江大学—金华市农业科学院金华水稻农科教合作人才培养基地	农业与生物技术学院
19	浙江大学—华东地区天目山—千岛湖—朱家尖生物学野外实践教育基地	生命科学学院
20	浙江大学—中国科学院上海药物研究所药学实践教育基地	药学院
21	浙江大学临床技能综合培训中心	医学院
22	浙江大学附属口腔医院口腔医学技能培训中心	医学院
23	浙江大学—浙江省第二医院临床技能综合实践基地	医学院

附录6　国家级一流本科课程

序号	课程名称	课程负责人	课程类型
1	博弈论基础	蒋文华	线上一流课程
2	中国近现代史纲要	段治文	线上一流课程
3	课堂问答的智慧与艺术	刘 徽	线上一流课程
4	唐诗经典	胡可先	线上一流课程
5	新媒体概论	韦 路	线上一流课程
6	概率论与数理统计	张帼奋	线上一流课程
7	程序设计入门——C语言	翁 恺	线上一流课程
8	数据结构	陈 越、何钦铭	线上一流课程
9	管理概论	邢以群	线上一流课程
10	创新管理	郑 刚	线上一流课程
11	走向深度的合作学习	刘 徽	线上一流课程
12	零基础学Java语言	翁 恺	线上一流课程

续表

序号	课程名称	课程负责人	课程类型
13	食品安全	郑晓冬、楼程富	线上一流课程
14	先秦诸子思想	何善蒙	线上一流课程
15	宋词经典	陶 然	线上一流课程
16	微积分	苏德矿	线上一流课程
17	天气学	舒守娟	线上一流课程
18	人工智能：模型与算法	吴 飞	线上一流课程
19	中国蚕丝绸文化	杨明英、楼程富	线上一流课程
20	系统解剖学（全英文）	张晓明	线上一流课程
21	设计思维与创新设计	张克俊	线上一流课程
22	行政法	郑春燕	线下一流课程
23	当代文学前沿问题研究	吴秀明	线下一流课程
24	英语口译	梁君英	线下一流课程
25	大学英语Ⅳ	方富民	线下一流课程
26	马克思主义新闻观	吴 飞	线下一流课程
27	实验设计与心理统计	沈模卫	线下一流课程
28	力学导论	赵 沛	线下一流课程
29	工程图学	陆国栋	线下一流课程
30	用户体验与产品创新设计	罗仕鉴	线下一流课程
31	过程设备设计	郑津洋	线下一流课程
32	高分子物理	李寒莹	线下一流课程
33	工程热力学（甲）	孙志坚	线下一流课程
34	信号分析与处理	齐冬莲	线下一流课程
35	传感与检测	张宏建	线下一流课程
36	微机原理与接口技术	王晓萍	线下一流课程
37	程序设计基础	何钦铭	线下一流课程
38	计算机游戏程序设计	耿卫东	线下一流课程
39	大跨空间结构	罗尧治	线下一流课程
40	精细农业	何 勇	线下一流课程

序号	课程名称	课程负责人	课程类型
41	环境化学（甲）	朱利中	线下一流课程
42	茶文化与茶健康	王岳飞	线下一流课程
43	传染病学	阮冰	线下一流课程
44	公共管理学	谭荣	线下一流课程
45	教学理论与设计	刘徽	线上线下混合式一流课程
46	电路与模拟电子技术	姚缨英	线上线下混合式一流课程
47	食品安全	郑晓冬	线上线下混合式一流课程
48	管理学	邢以群	线上线下混合式一流课程
49	创新管理	郑刚	线上线下混合式一流课程
50	博弈论基础	蒋文华	线上线下混合式一流课程
51	超低排放火力发电站虚拟仿真实验教学项目	周昊	虚拟仿真实验教学一流课程
52	定量蛋白质组学研究虚拟仿真实验	赵鲁杭	虚拟仿真实验教学一流课程
53	产房分娩及新生儿处理虚拟仿真实验教学	张丹	虚拟仿真实验教学一流课程
54	血管急重症的临床思维虚拟仿真教学系统	王建安	虚拟仿真实验教学一流课程
55	盾构推进液压系统虚拟仿真实验	刘振宇	虚拟仿真实验教学一流课程
56	重大时政新闻智能生产虚拟仿真实验	韦路	虚拟仿真实验教学一流课程
57	水溶液的介观结构与形成机理虚拟仿真实验	刘迎春	虚拟仿真实验教学一流课程
58	超重力离心模拟虚拟仿真实验	朱斌	虚拟仿真实验教学一流课程
59	模式植物拟南芥 CRISPR/Cas9 基因编辑虚拟仿真实验	吴敏	虚拟仿真实验教学一流课程
60	基于稳定性同位素技术的生态系统氮素运转虚拟仿真实验	陈欣	虚拟仿真实验教学一流课程

序号	所在学院/系	课程名称	主讲教师
1	哲学院	王阳明心学	董　平
2	农业与生物技术学院	茶文化与茶健康	王岳飞、龚淑英等
3	医学院	肝移植的过去、现在和未来	郑树森
4	生物系统工程与食品科学学院	食品安全与营养	李　铎、冯凤琴
5	公共管理学院	当代中国社会建设	郁建兴
6	材料科学与工程学院	新材料与社会进步	叶志镇、赵新兵
7	艺术与考古研究中心	西方视角的中国传统艺术	孟絜予
8	高分子科学与工程学系	绚丽多彩的高分子	郑　强
9	农业与生物技术学院	转基因技术：安全、应用与管理	叶恭银
10	艺术与考古学院	江南文人士大夫文化与西泠印社	陈振濂
11	文学院	析词解句话古诗	王云路
12	数学科学学院	数学传奇	蔡天新
13	哲学院	孔子与儒学传统	何善蒙
14	传媒与国际文化学院	数字化生存	韦　路
15	哲学院	哲学与治疗：希腊哲学的实践智慧	章雪富
16	化学工程与生物工程学院	生物工程导论（专业导论类）	吴坚平等

附录 8　浙江大学国家级精品资源共享课

序号	所在学系/系	课程名称	负责人
1	马克思主义学院	思想道德修养与法律基础	马建青
2	教育学院	教学理论与设计	盛群力
3	生命科学学院	植物生理学	蒋德安
4	机械工程学院	工程训练（金工）	傅建中
5	化学工程与生物工程学院	高分子化学	李伯耿
6	化学工程与生物工程学院	化工设计	吴　嘉
7	能源工程学院	热工实验	俞自涛
8	能源工程学院	工程热力学	孙志坚
9	生物系统工程与食品科学学院	3S 技术与精细农业	何　勇

序号	所在学系/系	课程名称	负责人
10	动物科学学院	动物营养学	刘建新
11	农业与生物技术学院	植物保护学	叶恭银
12	农业与生物技术学院	遗传学	石春海
13	医学院	外科学	郑树森
14	计算机科学与技术学院	C 程序设计基础及实验	何钦铭
15	计算机科学与技术学院	计算机游戏程序设计	耿卫东
16	电气工程学院	电力电子技术	潘再平
17	光电科学与工程学院	微机原理与接口技术	王晓萍
18	外国语言文化与国际交流学院	大学英语	何莲珍
19	哲学学院	当代科技哲学	盛晓明
20	电气工程学院	电子技术基础	陈隆道
21	医学院	妇产科学	谢 幸
22	高分子科学与工程学系	高分子物理	徐君庭
23	机械工程学院	工程图学	陆国栋
24	机械工程学院	机械制图及 CAD 基础	费少梅
25	光华法学院	行政法学	章剑生
26	光华法学院	宪法学	余 军
27	农业与生物技术学院	环境生物学	陈学新
28	农业与生物技术学院	生物入侵与生物安全	叶恭银
29	环境与资源学院	环境微生物学	郑 平
30	环境与资源学院	环境化学	朱利中
31	计算机科学与技术学院	嵌入式系统	陈文智
32	计算机科学与技术学院	软件工程	陈 越
33	计算机科学与技术学院	操作系统	李善平
34	计算机科学与技术学院	用户体验与产品创新设计	罗仕鉴
35	生命科学学院	生命科学导论	吴 敏
36	生命科学学院	植物学	傅承新
37	生物系统工程与食品科学学院	生物生产机器人	应义斌

序号	所在学系/系	课程名称	负责人
38	数学科学学院	数学建模	谈之奕
39	经济学院	微观经济学	史晋川
40	物理学系	物理学与人类文明	盛正卯、叶高翔
41	电气工程学院	信号分析与处理	齐冬莲
42	药学院	药物分析	曾　苏
43	光电科学与工程学院	应用光学	岑兆丰
44	医学院	传染病学	李兰娟
45	医学院	生理科学实验	陆　源
46	公共管理学院	公共经济学	戴文标
47	电气工程学院	电力电子技术	潘再平
48	药学院	药物分析	姚彤炜
49	管理学院	网络营销	卓　骏
50	医学院	生理学	夏　强

附录 9　国家级课程思政示范课程

序号	所在学院	课程名称	课程负责人
1	化学系	普通化学(H)	方文军
2	医学院	系统解剖学	张晓明

附录 10　浙江大学 2021 年本科学生信息统计

统计项目	内容	人数/人	比例/%	统计项目	内容	人数/人	比例/%
性别	男	15792	59.3	政治面貌	中共党员	593	2.3
	女	10855	40.7		中共预备党员	1099	4.1
民族	汉族	24676	92.6		团员	23297	87.4
	少数民族	1971	7.4		其他	1658	6.2

学科门类	毕业生数	在校生数	2021级	2020级	2019级	2018级	2017级及以上	延毕
法　　学	193	861	197	234	206	208	0	16
工　　学	2800	12452	2930	2935	2976	3059	106	446
管 理 学	288	1502	364	343	372	381	27	15
教 育 学	93	492	125	132	117	105	0	13
经 济 学	255	984	214	253	230	283	0	4
理　　学	967	3395	857	813	783	837	0	105
历 史 学	40	278	84	72	51	64	0	7
农　　学	408	1490	365	347	363	367	0	48
文　　学	495	2109	545	502	523	509	0	30
医　　学	408	2690	559	576	568	551	376	60
艺 术 学	59	265	49	66	66	70	0	14
哲　　学	23	129	42	37	25	25	0	0
总　 计	6029	26647	6331	6310	6280	6459	509	758

注：不包含外国留学生。

附录 12　浙江大学 2021 年本科学生数分学院（系）统计　　　　　单位：人

学院（系）名称	毕业生数	在校生数	2021级	2020级	2019级	2018级	2017级及以上	延毕
材料科学与工程学院	90	339	112	56	83	74	0	14
传媒与国际文化学院	161	647	160	157	163	157	0	10
地球科学学院	69	306	74	76	71	85	0	0
电气工程学院	376	1217	254	279	315	326	0	43
动物科学学院	109	398	99	94	99	87	0	19
法学院	139	628	144	177	142	150	0	15
高分子科学与工程学系	75	272	68	58	63	70	0	13
公共管理学院	188	881	254	194	227	195	0	11
公共体育与艺术部	0	131	0	35	34	35	27	0

续表

学院（系）名称	毕业生数	在校生数	2021 级	2020 级	2019 级	2018 级	2017 级及以上	延毕
管理学院	140	647	139	171	174	160	0	2
光电科学与工程学院	108	443	84	107	117	119	0	16
海洋学院	164	779	190	185	172	188	0	44
航空航天学院	66	342	89	91	76	69	0	17
化学工程与生物工程学院	102	539	146	107	136	134	0	16
化学系	97	397	93	104	90	101	0	9
环境与资源学院	121	487	124	117	112	121	0	13
机械工程学院	159	793	182	171	186	228	0	26
计算机科学与技术学院	438	1979	338	561	478	497	0	105
建筑工程学院	212	1173	267	236	259	257	106	48
教育学院	107	514	125	132	117	126	0	14
经济学院	255	984	214	253	230	283	0	4
控制科学与工程学院	189	615	107	167	160	181	0	0
能源工程学院	201	908	231	203	229	231	0	14
农业与生物技术学院	248	879	212	203	208	234	0	22
人文学院（原）	181	864	202	239	200	223	0	0
生命科学学院	112	493	76	140	133	134	0	10
生物系统工程与食品科学学院	114	432	94	110	104	115	0	9
生物医学工程与仪器科学学院	116	465	111	103	108	122	0	21
数学科学学院	253	766	133	182	205	220	0	26
外国语言文化与国际交流学院	195	819	208	186	211	194	0	20
物理学系	105	377	53	97	90	101	0	36
心理与行为科学系	67	259	51	63	60	74	0	11
信息与电子工程学院	280	1203	238	280	310	317	0	58
药学院	132	499	125	113	112	136	0	13

人才培养

续表

学院(系)名称	毕业生数	在校生数	2021 级	2020 级	2019 级	2018 级	2017 级及以上	延毕
医学院	409	2160	404	462	456	415	376	47
艺术与考古学院	63	314	80	80	68	72	0	14
竺可桢学院	0	500	500	0	0	0	0	0
国际联合学院(海宁国际校区)	188	1198	350	321	281	228	0	18
总计	6029	26647	6331	6310	6280	6459	509	758

注:不包含外国留学生。

附录 13　人文学院拆分明细　　　　单位:人

学院(系)名称	毕业生数	在校生数	2021 级	2020 级	2019 级	2018 级	2017 级及以上	延毕
历史学院	17	142	33	43	26	40	0	0
文学院	141	613	147	159	149	158	0	0
哲学学院	23	109	22	37	25	25	0	0
合计	181	864	202	239	200	223	0	0

附录 14　浙江大学 2021 年本科生参加国际大学生学科竞赛获奖情况　　　　单位:项

序号	竞赛名称	特等奖	一等奖	二等奖	三等奖
1	ASC 世界大学生超级计算机竞赛		1	2	3
2	2021 年国际大学生机器人设计大赛		2		2
3	2021 年红点国际设计大赛	1			1
4	2021 年国际遗传工程机器大赛		1		1
5	2021 年 SensUs 国际大学生生物传感器设计竞赛		1		1
6	2021 年美国大学生数学建模竞赛		19	25	44
7	2021 年 ACM—ICPC 亚洲区域赛		4		4
8	2021 ASABE 国际大学生农业机器人设计竞赛	2	3		5
9	2021 年 ROBOCUP 中国公开赛	2			2
10	2021 年 ROBOCON 机器人创新设计大赛		2		2
合计		5	33	27	65

人才培养

附录 15　浙江大学本科生参加全国大学生学科竞赛获奖情况　　单位:项

序号	竞赛名称	特等奖	一等奖	二等奖	三等奖
1	第十二届全国大学生化学实验邀请赛		2		
2	第二届全国大学生化学实验创新设计竞赛			1	
3	第十三届全国周培源大学生力学竞赛		2	3	
4	第九届全国大学生光电设计竞赛		3	2	
5	2021 年全国大学生数学建模竞赛		2	1	
6	2021 年 ACM—ICPC 亚洲区域赛		12	3	
7	2021 年 CCPC 中国大学生程序设计竞赛		7		
8	第四届中国高校智能机器人创意大赛	1	1		
9	第十一届全国大学生数学竞赛决赛		5	13	9
10	2021 年第九届全国大学生光电设计竞赛		3		
11	第二届全国大学生水下机器人竞赛		2	2	2
12	第十三届"全国大学生广告艺术大赛"			2	
13	第四届全国大学生化工实验大赛		1		
14	第十六届全国大学生智能车竞赛线上赛		2		
15	第十五届全国大学生化工设计竞赛	1		1	2
16	第 23 届"外研社·国才杯"全国大学生英语辩论赛全国总决赛		1		
17	"力诺瑞特杯"第十四届全国大学生节能减排社会实践与科技竞赛	1	5	6	3
18	第十二届中国大学生物理学术竞赛	1			
19	第七届全国大学生物理实验竞赛(教学赛)		2	1	
20	第十四届全国大学生信息安全竞赛作品赛			2	1
21	2021 中国农业机器人大赛		1	2	
22	2021 年 ASCE 中太平洋赛区土木工程竞赛		2		
23	第十届全国大学生 GIS 应用技能大赛	1			
24	2021 年全国大学生电子设计竞赛		2	1	
	合计	5	55	42	17

人才培养

序号	学院/系	参加交流人次数	序号	学院/系	参加交流人次数
1	材料科学与工程学院	110	19	教育学院	217
2	传媒与国际文化学院	203	20	经济学院	181
3	地球科学学院	83	21	控制科学与工程学院	108
4	电气工程学院	363	22	能源工程学院	170
5	动物科学学院	50	23	农业与生物技术学院	110
6	法学院	91	24	人文学院(原)	183
7	高分子科学与工程学系	81	25	生命科学学院	176
8	公共管理学院	216	26	生物系统工程与食品科学学院	90
9	管理学院	169	27	生物医学工程与仪器科学学院	122
10	光电科学与工程学院	164	28	数学科学学院	124
11	海洋学院	209	29	外国语言文化与国际交流学院	155
12	航空航天学院	31	30	物理学系	43
13	化学工程与生物工程学院	140	31	心理与行为科学系	54
14	化学系	103	32	信息与电子工程学院	303
15	环境与资源学院	147	33	药学院	227
16	机械工程学院	402	34	医学院	39
17	计算机科学与技术学院	832	35	艺术与考古学院	89
18	建筑工程学院	120	36	公共体育与艺术部	39

注:竺可桢学院的交流人次数已分配至专业所在院系。

附录 17　浙江大学 2021 届参加就业本科毕业生按单位性质流向统计

单位性质		流向比例/%
企业单位	国有企业	20.71
	三资企业	7.82
	其他企业	50.76
	小　计	79.29

续表

单位性质		流向比例/%
事业单位	高等教育单位	3.94
	医疗卫生单位	0.86
	科研设计单位	1.56
	中初教育单位	3.13
	其他事业单位	3.56
	小　计	13.05
党政机关		7.17
部　队		0.49

附录18　浙江大学2021届参加就业本科毕业生就业流向按地区统计

地区	华东地区	华南地区	华北地区	西南地区	华中地区	西北地区	东北地区	境外
比例	78.43%	7.82%	4.85%	3.94%	2.48%	1.51%	0.65%	0.32%

附录19　浙江大学2021届本科毕业生就业流向按省级行政区统计

省级行政区	本科毕业生	
	人数/人	比例/%
浙江省	1212	65.37
上海市	126	6.80
广东省	133	7.17
北京市	66	3.56
江苏省	49	2.64
四川省	23	1.24
湖北省	13	0.70
山东省	19	1.02
福建省	26	1.40
安徽省	14	0.76
陕西省	10	0.54

省级行政区	本科毕业生	
	人数/人	比例/%
河南省	11	0.59
湖南省	22	1.19
重庆市	13	0.70
江西省	8	0.43
河北省	10	0.54
贵州省	10	0.54
辽宁省	7	0.38
广西壮族自治区	11	0.59
西藏自治区	21	1.13
山西省	8	0.43
天津市	2	0.11
云南省	6	0.32
黑龙江省	3	0.16
新疆维吾尔自治区	10	0.54
内蒙古自治区	4	0.22
海南省	1	0.06
香港特别行政区	0	0.00
宁夏回族自治区	2	0.11
青海省	5	0.27
吉林省	2	0.11
甘肃省	1	0.06
台湾地区	5	0.27
澳门特别行政区	0	0.00
其他(国外)	1	0.05

研究生教育

【概况】 截至 2021 年 12 月 31 日,浙江大学拥有博士学位授权一级学科 62 个,硕士学位授权一级学科 62 个,博士专业学位类别 11 种,硕士专业学位类别 33 种。全校拥有 18 个一流建设学科(居全国高校第三),14 个一级学科国家重点学科、21 个二级学科国家重点学科和 10 个国家重点(培育)学科,7 个农业农村部重点学科,50 个浙江省一流学科。截至 2021 年 12 月 31 日,各学科申请并获得研究生招生资格的教师共 5161 人,其中获博士生招生资格的教师有 3370 人;申请并获得专业学位硕士生招生资格的教师共 3505 人,其中获专业学位博士生招生资格的教师有 1358 人;获得博士生招生资格的副教授有 637 人。

2021 年,浙江大学共计招收研究生 12528 人,其中全日制博士生 3771 人(含八年制医学本博连读生 46 人,多学科交叉培养博士生 157 人,西湖大学联培生 216 人,港澳台硕士生 2 人,留学博士生 149 人);非全日制博士生 174 人;全日制硕士生 6799 人(含医学 5+3 一体化培养硕士生 218 人,港澳台硕士生 41 人,硕士留学生 375 人);非全日制硕士生 1784 人。在校研究生总数 40666 人,其中博士研究生 15362 人(其中非全日制博士研究生 519 人)、硕士研究生 25304 人(其中非全日制硕士研究生 6297 人)。博士研究生教育参加中期考核人数为 2897 人,其中不合格的(含分流或退学)为 61 人;未参加考核的 329 人。

2021 年,毕业研究生 8078 人,其中博士毕业生 2033 人、硕士毕业生 6045 人;结业研究生 470 人,其中博士研究生结业 163 人、硕士研究生结业 307 人。其中,授予博士学位 2179 人(含以同等学力申请博士学位 108 人),授予硕士学位 6908 人(含以同等学力申请硕士学位 484 人,在职攻读硕士专业学位 375 人)。

2021 届参加就业硕士毕业生为 6237 人,其中就业人数为 6080 人(含协议和合同就业 5221 人,升学 542 人,灵活就业 251 人,创业 66 人),另有 157 人待就业,毕业去向落实率达到 97.48%。2021 届参加就业博士毕业生为 2015 人,其中就业人数为 1911 人(含协议和合同就业 1865 人;灵活就业 41 人;创业 5 人),另有 104 人待就业,毕业去向落实率达到 94.84%。

2021 年共 4525 人次研究生通过多种渠道参加国际合作与交流,以参加线上国际学术会议、线上研究生暑期学校和研究生国际工作坊、线上课程学习等为主要形式。积极组织学生申报国家公派研究生项目,2021 年共 238 人获得国家留学基金管理委员会"国家建设高水平大学公派研究生项目"资助。后疫情时期,学校探索建立与疫情防控相适应的研究生国际合作交流新模式,着力推进在地国际化,研究生赴境外短期学术交流项目调整为线上模式,鼓励院系或直属单位牵头申办线上线下相结合的"研究生国际暑期学校"和"研究生国际工作坊"项目。推进与国际高水平大学或科研机构建立双向交流机制,推动签署 26 个研究生国际联合培养协议。"浙江大学国际组织精英人才培养计划"项目执行期满继续申报,再次获得国家留学基金管理委员会"国际组织后备人才培养项目"立项资助。

2021 年继续加强研究生教材建设,4 种教材获全国首届优秀研究生教材奖,立项建设 48 个校级教材项目 60 种教材,推进马工程重点教材建设,组织完成马克思、恩格斯、列宁关于哲学社会科学及各学科重要论述摘编的法学、教育学、经济学和文学艺术 4 个分论申报。全面推进"课程思政"建设,印发《浙江大学关于进一步推进课程思政建设的实施方案》(浙大发〔2021〕9 号),向教育部推荐的"自动化前沿"课程项目获评国家级课程思政示范课程、教学名师和团队,分两批次评选校级研究生"课程思政"示范课程 16 门。完成首批浙江大学研究生素养与能力培养型课程项目验收,共 88 个项目通过终期验收。建立研究生课程质量全过程监控与评价机制,继续实施研究生院各职能部门负责人和各学院(系)党政班子成员听课制度,按照"以评促教、重在提高"的原则,对课程教学质量进行评价。以教师自评为主、教学督导和研究生评教为辅,建立任课教师、教学管理人员、学生等多元参与,课程进行中和课程结束后全程覆盖,听课、评课、反馈与跟踪闭合循环的课程监控与评价机制。

【稳步推进专业学位研究生教育改革】 主动服务国家重要战略需求,以评促建,快速响应教育部学位与研究生教育发展中心有关水平评估工作的要求,举全校育人之力,协助各院系高质量完成专业学位水平评估各项工作。面向未来产业,积极推进专业学位研究生教育综合改革,全面启动 2022 级专业学位硕士项目制招生培养改革,实现项目制全覆盖。组织完成浙江大学教指委换届工作,发布了《浙江大学关于成立浙江大学第五届专业学位研究生教育指导委员会的通知》(浙大发研〔2021〕18 号)、《浙江大学专业学位研究生教育指导委员会工作规程(试行)》(浙大研院发〔2021〕12 号),进一步强化教指委工作职责。根据国务院学位委员会、全国工程教指委文件精神,组织完成电子信息等 8 个工程专业学位类别,设置新一代电子信息技术等 31 个专业领域。

【完善创新成果标准及激励机制】 为保证博士、硕士学位授予质量,落实落细《浙江大学研究生学位申请实施办法(试行)》(浙大发研〔2020〕45 号),2021 年建立"学校—学院—学科"三级学位评定委员会制度,各学部、学科学位评定委员会结合所属学科特点和实际,制定相应的研究生申请学位要求、创新成果具体标准及相关认定程序,每个学科的具体规定结合研究生培养目标要求,体现原创性、前沿性和应用性,并对学术学位研究生和专业学位研究生的创新成果具体标准予以区别,做到出口有标准、有要求,评价多维度。

【大力推进招生工作信息化】 为实现教育部关于评卷和统分安全管理的目标,确保评卷质量,全面推进了硕士研究生初试自命题科目网上评卷工作,从命题、制卷、组考各环节重新规定工作流程,首次实现了硕士研究生初试自命题试卷统分零差错。改革港澳台研究生招考模式,利用线上考试系统,首次成功组织了港澳台硕士研究生的线上英语考试。综合考虑疫情防控因素,全日制各专业研究生复试录取全部采用网络远程复试方式,40 个学院(系)7000 余名考生参加复试,复试工作顺利进行。通过新开发的博士研究生招生管理系统,实现了系统开放时间、导师选择等报考相关功能各学院自主设置,提高了学院的招生自主性及规范性。

【启动新一轮培养方案修订工作】 以习近平新时代中国特色社会主义思想为指导,全面贯彻党的教育方针,落实全国研究生教育会议精神,启动新一轮培养方案修订工作,形成《浙江大学关于修订研究生培养方案的指导意见(讨论稿)》和学术学位硕士/博士,专业学位硕士/博士等四种类型的研究生培养方案制定办法。

【组织遴选 2021 年浙江大学教学成果奖】
根据《浙江省教育厅办公室关于组织开展2021 年省级教学成果奖评选工作的通知》精神,学校共评选出 2021 年浙江大学教学成果奖研究生模块 40 项,其中特等奖 8 项、一等奖 20 项、二等奖 12 项。获 2021 年浙江省教学成果奖研究生模块特等奖 4 项、一等奖 8 项、二等奖 3 项。

(吴　可撰稿　夏群科审稿)

【附录】

附录 1　浙江大学 2021 年博士、硕士学位授权学科

学科门类	学科名称	授权级别
哲学	哲学	博士学位授权一级学科
经济学	理论经济学	博士学位授权一级学科
	应用经济学	博士学位授权一级学科
法学	法学	博士学位授权一级学科
	社会学	博士学位授权一级学科
	马克思主义理论	博士学位授权一级学科
教育学	教育学	博士学位授权一级学科
	心理学	博士学位授权一级学科
	体育学	博士学位授权一级学科
文学	中国语言文学	博士学位授权一级学科
	外国语言文学	博士学位授权一级学科
	新闻传播学	博士学位授权一级学科
历史学	考古学	博士学位授权一级学科
	中国史	博士学位授权一级学科
	世界史	博士学位授权一级学科
理学	数学	博士学位授权一级学科
	物理学	博士学位授权一级学科
	化学	博士学位授权一级学科
	地质学	博士学位授权一级学科
	生物学	博士学位授权一级学科
	生态学	博士学位授权一级学科

浙江大学年鉴

学科门类	学科名称	授权级别
工学	力学	博士学位授权一级学科
	机械工程	博士学位授权一级学科
	光学工程	博士学位授权一级学科
	材料科学与工程	博士学位授权一级学科
	动力工程及工程热物理	博士学位授权一级学科
	电气工程	博士学位授权一级学科
	电子科学与技术	博士学位授权一级学科
	信息与通信工程	博士学位授权一级学科
	控制科学与工程	博士学位授权一级学科
	计算机科学与技术	博士学位授权一级学科
	建筑学	博士学位授权一级学科
	土木工程	博士学位授权一级学科
	化学工程与技术	博士学位授权一级学科
	航空宇航科学与技术	博士学位授权一级学科
	农业工程	博士学位授权一级学科
	环境科学与工程	博士学位授权一级学科
	生物医学工程	博士学位授权一级学科
	食品科学与工程	博士学位授权一级学科
	软件工程	博士学位授权一级学科
	网络空间安全	博士学位授权一级学科
	人工智能	博士学位授权交叉学科
	海洋技术与工程	博士学位授权交叉学科
农学	作物学	博士学位授权一级学科
	园艺学	博士学位授权一级学科
	农业资源与环境	博士学位授权一级学科
	植物保护	博士学位授权一级学科
	畜牧学	博士学位授权一级学科
	兽医学	博士学位授权一级学科

续表

学科门类	学科名称	授权级别
医学	基础医学	博士学位授权一级学科
	临床医学	博士学位授权一级学科
	口腔医学	博士学位授权一级学科
	公共卫生与预防医学	博士学位授权一级学科
	药学	博士学位授权一级学科
	护理学	博士学位授权一级学科
管理学	管理科学与工程	博士学位授权一级学科
	工商管理	博士学位授权一级学科
	农林经济管理	博士学位授权一级学科
	公共管理	博士学位授权一级学科
艺术学	艺术学理论	博士学位授权一级学科
	设计学	博士学位授权一级学科
交叉学科	集成电路科学与工程	博士学位授权一级学科
	人工智能	博士学位授权交叉学科
	海洋技术与工程	博士学位授权交叉学科

附录2 浙江大学2021年博士、硕士专业学位授权点

序号	代码	专业学位类别名称	授权级别
1	0451	教育	博士
2	0854	电子信息	博士
3	0855	机械	博士
4	0856	材料与化工	博士
5	0857	资源与环境	博士
6	0858	能源动力	博士
7	0859	土木水利	博士
8	0860	生物与医药	博士
9	0861	交通运输	博士
10	1051	临床医学	博士

浙江大学年鉴

序号	代码	专业学位类别名称	授权级别
11	1052	口腔医学	博士
12	0251	金融	硕士
13	0253	税务	硕士
14	0254	国际商务	硕士
15	0351	法律	硕士
16	0352	社会工作	硕士
17	0451	教育	硕士
18	0453	汉语国际教育	硕士
19	0454	应用心理	硕士
20	0552	新闻与传播	硕士
21	0651	文物与博物馆	硕士
22	0851	建筑学	硕士
23	0853	城市规划	硕士
24	0854	电子信息	硕士
25	0855	机械	硕士
26	0856	材料与化工	硕士
27	0857	资源与环境	硕士
28	0858	能源动力	硕士
29	0859	土木水利	硕士
30	0860	生物与医药	硕士
31	0861	交通运输	硕士
32	0951	农业	硕士
33	0952	兽医	硕士
34	0953	风景园林	硕士
35	1051	临床医学	硕士
36	1052	口腔医学	硕士

续表

序号	代码	专业学位类别名称	授权级别
37	1053	公共卫生	硕士
38	1054	护理	硕士
39	1055	药学	硕士
40	1251	工商管理	硕士
41	1252	公共管理	硕士
42	1253	会计	硕士
43	1256	工程管理	硕士
44	1351	艺术	硕士

附录3　2021年浙江大学在岗博士生指导教师

一级学科	导师姓名						
哲　学	白惠仁 高　洁 李哲罕 倪梁康 王志成 章雪富	陈勃杭* 何欢欢 李忠伟 彭国翔 肖　剑 Davide Fassio	陈　强 何善蒙 廖备水 苏振华 徐慈华	陈亚军 胡志毅 林志猛 孙周兴* 徐　岱 Kristjan Laasik	陈越骅 黄华新 刘　东 王建刚 徐向东	丛杭青 金　立 刘慧梅 王　杰 杨大春	董　平 孔令宏 楼　巍 王　婧 曾劭恺	范　昀 李恒威 马迎辉 王　俊 张国清
理论经济学	曹正汉 黄先海 沈满洪* 杨高举 朱希伟	陈　凌 金雪军 史晋川 叶　兵 朱燕建	陈叶烽 柯荣住 汪　炜 叶建亮	陈勇民 陆　菁 王汝渠* 叶建亮	董雪兵 罗德明 王维安 张俊森	杜立民 罗卫东 王义中 张文章	方红生 马述忠 王志坚 张自斌	顾国达 潘士远 徐蕙兰 郑备军
应用经济学	巴曙松* 葛　赢 金雪军 罗德明 汪　炜 杨柳勇 张海峰 朱希伟	陈菲琼 龚　勋 李建琴 骆兴国 王维安 姚先国 张俊森 朱燕建	陈勇民 顾国达 李金珊 马述忠 王义中 易艳萍 张小茜 Lee Tae-woo	董雪兵 郭继强 李　培 钱　滔 王　宇 余林徽 张自斌	杜立民 洪　鑫 李　实 任　远 王志凯 俞　彬 周　戈	方红生 黄先海 李文健 石敏俊 熊艳艳 袁　哲 周　康	方　岳 黄　英 刘晓彬 史晋川 许　奇 曾　涛 周默涵	高淑琴 蒋岳祥 陆　菁 宋华盛 杨　华* 张川川 朱柏铭
法　学	毕　莹 胡建淼* 梁治平* 王贵国 章剑生	曹士兵 胡敏洁 罗国强 王敏远 赵　骏	陈国权 胡　铭 钱弘道 魏　斌 郑春燕	程　乐 黄　韬 钱　旭 翁晓斌 郑　磊	范良聪 霍海红 苏永钦 叶良芳 周　翠	葛洪义 贾　宇 汪世荣 余　军 周江洪	何怀文 焦宝乾 王　超 张　谷 朱新力	何香柏 金伟峰 王冠玺 张文显

一级学科	导师姓名							
社会学	曹正汉	陈宗仕	戴良灏	范晓光	贺巧玲	菅志翔	姜　山	郎友兴
	李昂然	李林倬	郦　菁	梁永佳	刘朝晖	刘　珍	刘志军	罗梦莎
	马　戎*	毛丹	钱力成	孙艳菲	吴桐雨	尤怡文	赵鼎新*	周陆洋
	周沐君	朱天飚	Kurtulus Gemici		Philipp Demgenski			
马克思主义理论	包大为	陈宝胜	成　龙	程早霞	代玉启	丁堡骏	段治文	冯　刚*
	黄　铭	刘同舫	刘召峰	马建青	潘恩荣	庞　虎	任少波	王永昌*
	张　彦							
教育学	陈娟娟	陈丽翠	翟雪松	耿凤基	顾建民	韩双森	黄亚婷	阚　阅
	李木洲	李　艳	刘　超	刘海峰	刘正伟	陆彬蔚	梅伟惠	欧阳璠
	商丽浩	眭依凡	孙元涛	汪　靖	王莉华	王树涛	魏贤超	吴寒天
	吴雪萍	肖龙海	徐小洲	叶映华	张应强	赵　康		
	Lorraine Pe Symaco							
心理学	蔡永春	操礼遇	陈　杭	陈　辉	陈树林	陈小丽	戴俊毅	段树民
	方　霞	高晓卿	高在峰	龚梦园	郭秀艳	何贵兵	何　洁	胡玉正
	孔祥祯	李　纾*	李　涛	李　峥	林　铮	刘　鹏	卢舍那	吕　韵
	麻生明*	马剑虹	毛　明*	聂爱情	潘亚峰	钱秀莹	钱秀莹	沈模卫
	王腾飞	王　伟	王英英	王治国	王重鸣	卫　薇	徐　杰	张　萌
	张　宁	张　琼	张智君	钟建安	周吉帆	周　宵		
体育学	高　莹	胡　亮	黄　聪	林小美	彭玉鑫	邱亚君	司　琦	王　健
	温　煦	谢　潇	于　洁	张　辉	郑　芳	周丽君	邹　昱	
中国语言文学	陈　洁	陈玉洁	池昌海	董　平	冯国栋	傅　杰	关长龙	胡可先
	黄华新	黄　擎	贾海生	金　进	李乃琦	李旭平	李咏吟	梁　慧
	龙瑜宬	楼含松	罗天华	盘　剑	彭利贞	史文磊	苏宏斌	陶　然
	汪超红	汪维辉	王德华	王　勇	王云路	咸晓婷	徐永明	许建平
	许志强	姚晓雷	叶　晔	于　文	余　欣	张广海	张涌泉	真大成
	周明初	周启超	朱首献	庄初升	邹广胜	祖　慧		
外国语言文学	陈新宇	程　工	程　乐	董燕萍	方　凡	高　奋	郝田虎	何莲珍
	胡　洁	胡文海	蒋景阳	乐　明	李雅旬	李　媛	梁君英	刘海涛
	马博森	闵尚超	邵　斌	宋晨晨	隋红升	孙培健	孙艳萍	滕　琳
	汪运起	许　钧	杨革新	杨　静	于梦洋	张慧玉	张　烁	赵　佳
	庄　玮	David Machin		Esther Pascual		Gwen Bouvier		
	Matthew Reeve		Timothy John Osborne			Will Greenshields		
新闻传播学	陈宏亮	丁方舟	杜骏飞*	范志忠	方兴东	高芳芳	洪　宇	胡晓云
	黄　旦	黄广生	黄　清	纪盈如	金行征	李东晓	李红涛	李　杰
	李思悦	林　玮	刘于思	陆建平	罗　婷	苏振华	王　婧	王可欣
	韦　路	吴　飞	吴　赟	徐群晖	张　婵	张　勇	章　宏	赵　瑜
	赵瑜佩	周睿鸣						

一级学科	导师姓名						
考古学	安　婷	白谦慎	陈　虹	单霁翔*	刁常宇	傅　翼	郭　怡	胡瑜兰
	林留根	刘　斌	吴小平	项隆元	张　晖	张颖岚	郑　霞	
中国史	陈红民	杜正贞	冯培红	韩　琦	梁敬明	刘进宝	陆敏珍	罗　帅
	桑　兵	孙竞昊	孙英刚	吴艳红	吴铮强	肖如平	杨雨蕾	尤淑君
	张　凯	赵晓红						
世界史	陈　新	乐启良	李　娜	刘国柱	刘　寅	汤晓燕	王海燕	吴　彦
	张　弛	张　杨						
数　学	包　刚	蔡天新	陈　豪*	陈　明*	程晓良	董　浙	冯　涛	高　帆
	邰传厚	郭正初	胡贤良	黄正达	江文帅	蒋杭进	孔德兴	赖　俊
	李　冲	李　方	李奇睿	李　松	励建书	林俊宏	林　智	蔺宏伟
	刘东文	刘　刚	刘康生	刘克峰	刘伟华	刘一峰	鲁汪涛	罗　锋*
	骆　威	庞天晓	齐　治	丘成栋	丘成桐*	阮火军	阮勇斌	邵启满*
	盛为民	苏中根	孙斌勇	谈之奕	王成波	王　枫	王　梦	王　伟
	王伟(理)	王晓光	吴庆标	吴志祥	武俊德	席亚昆	徐　浩	
	徐　翔	许洪伟	杨海涛	叶和溪	尹永成	张国川	张立新	张　朋
	张庆海	张荣茂	张　挺	张　奕	赵永强*	郑方阳	仲杏慧	
	Andre Python							
物理学	曹光旱	曹新伍	陈飞燕	陈庆虎	仇志勇	渡边元太郎		方明虎
	冯　波	傅国勇	黄凯凯	金洪英	景　俊	康　熙	李宏年	李　杰
	李敬源	李　邈	李有泉	刘倍贝	刘　翔	刘　洋	刘　钊	鲁定辉
	陆赟豪	路　欣	罗孟波	吕丽花	马志为	宁凡龙	潘佰良	阮智超
	盛正卯	石　锐	宋　斌	宋　超	宋　宇	谭明秋	汤衍浩	万　歆
	汪　玲	王大伟	王浩华	王　凯	王立刚	王　森	王晓光	王业伍
	王逸璞	王兆英	王宗利	吴惠桢	吴建澜	武慧春	肖　朦	肖维文
	肖　湧	谢燕武	许祝安	颜　波	杨李林	杨兆举	叶高翔*	尹　艺
	应　磊	游建强	袁辉球	袁　野	张德龙	张　宏	张俊香	张少泓
	张　威	章林溪	赵道木	赵思瀚	赵学安	郑　波	郑大昉	郑　毅
	周如鸿	朱华星	朱诗尧	Lim Lih King		Michael Smidman		
	Norimi Yokozaki		Penkov Oleksiy		Stefan Kirchner			
化　学	曹　亮	陈红征	陈洪亮	陈万芝	陈卫祥	单　冰	丁寒锋	杜滨阳
	范　杰	方　群	方文军	冯建东	傅春玲	傅智盛	高　超	高微微
	高长有	郭庆辉	郭永胜	洪　鑫	侯昭胤	胡吉明	黄飞鹤	黄飞鹤
	黄建国	黄　晶*	黄小军	计　剑	季鹏飞	金一政	孔学谦	雷　鸣
	李昌治	李寒莹	李　昊	李浩然	李　伟	李　扬	林旭锋	凌　君
	刘建钊	刘　明	刘昭明	刘志常	陆　展	吕久安*	吕　萍	麻生明*
	马　成	孟祥举	倪旭峰	潘慧霖	潘远江	彭笑刚	邱利焱	任广禹*
	邵海波	施敏敏	史炳锋	苏　彬	孙景志	汤谷平	唐睿康	万灵书
	王从敏	王建辉	王建明	王林军	王　敏	王　鹏	王　齐	王　琦
	王彦广	王　勇	王宇平	邬建敏	吴传德	吴　刚	吴　健	吴　起
	伍广朋	西蒙杜特怀勒		徐君庭	徐利文*	徐旭荣	徐志康	许宜铭
	许　震	张其胜	张　涛	张兴宏	张玉红	张　昭	郑　剑	郑　强
	周仁贤	朱宝库	朱海明	朱利平	朱龙观	朱蔚璞	朱　岩	邹建卫*
	Fraser Stoddart*		Kenji Mochizuki		Shao Fangwei			

浙江大学年鉴

一级学科	导师姓名							
地质学	鲍学伟	毕磊	曹龙	陈汉林	陈宁华	陈生昌	陈阳康	陈云枫*
	程晓敢	初凤友*	邓洪旦	翟明国	丁巍伟*	杜震洪	龚俊峰	韩喜球*
	何丁	贾承造	贾晓静	金平斌	李家彪*	李卫军	李正祥	励音骐
	林秀斌	林舟	刘丹彤	刘佳	刘仁义	龙江平	楼章华	毛志华*
	潘德炉*	饶灿	阮爱国	沈晓华	石许华	孙永革	陶春辉	王琛
	吴磊	吴仁广	夏江海	夏群科	徐义贤	杨经绥	杨蓉	杨树锋
	杨文采	杨小平	杨燕	张宝华	张德国	张丰	张宏福	张舟
	章凤奇	章孝灿	邹乐君					
生物学	白戈	白瑞良	包爱民	包劲松	曹劲	常杰	陈宝惠	陈报恩
	陈才勇	陈岗	陈家东	陈景华	陈静海	陈军	陈铭	陈薇
	陈伟	陈祥军	陈晓冬	陈欣	陈新	陈学群	陈烨	程磊
	崔一卉	丁平	丁忠杰	杜艺岭	段树民	樊龙江	范衡宇	方东
	方马荣	方盛国	方卫国	方兆元	冯明光	冯新华	冯晔	冯友军
	冯宇雄	冯钰	甘霖*	高海春	高利霞	高洋	高志华	戈万忠
	龚亮	龚薇	龚哲峰	古莹	谷岩	管敏鑫	管文军	方智
	郭江涛	郭伟	郭行	韩凝	韩佩东	何向伟	洪丽兰	郭洪
	侯利华*	胡海岚	胡薇薇	华跃进	黄德力	黄海	黄金艳	黄俊
	黄力全	姬峻芳	纪俊峰	江辉	黄超	蒋明	蒋萍萍	金建平
	金勇丰	靳津	康利军	柯越海	蒋蕙茵	赖欣怡	李爱玲*	金飞
	李浩洪	李慧艳*	李磊	李明定	李涛*	李相尧	李香花	李晓明
	李笑雨	李新建	李学坤	李永泉	李月舟	李正和	梁洪青	林爱福
	林盛达	林世贤	刘冲	刘坚	刘建祥	刘鹏渊	刘婷	刘琬璐
	刘伟	刘一丹	卢建平	鲁林荣	陆华松	陆林宇	陆新江	陆燕
	罗驰	罗建红	吕镇梅	吕志民	马欢	马骏	马为锐	马志国
	马志鹏	毛传澡	毛旭明	莫肖蓉	牟颖	牛田野	潘冬立	裴真明
	彭金荣	钱俊斌	钱鹏旭	邱猛生*	邱爽	邱英雄	任艾明	茹衡
	邵建忠	沈承勇	沈立	沈宁	沈啸海	沈逸	沈颖	盛欣
	史鹏	寿惠霞	舒强	舒小丽	宋海	宋海卫	宋瑞生	宋雪梅
	苏文静	孙秉贵	孙德强	孙杰	孙洁	孙启明	孙毅	唐修文
	田兵	佟伟	万伟	汪方炜	汪海燕	汪浩	汪洌	王本良
	王超尘	王福俤	王国珍	王恒樑	王建莉	王朗	王立铭	王良
	王青青	王书崎	王伟	王晓东	王晓健	王绪化	王勇	王宇浩
	王志萍	王智烨	吴殿星	吴梦瑞	吴息凤	吴忠长	夏宏光	夏鹏
	项春生	肖睦	谢安勇	徐飞	徐海明	许均瑜	徐娟	徐俊杰
	徐良	徐鹏飞	徐平龙	徐贞仲	许大千	许隽聪	许正平	许志宏
	严庆丰	杨兵	杨帆	杨鸿斌	杨建立	杨易	杨万喜	杨巍
	杨卫军	杨小杭	杨月红	叶存奇	叶升	杨易聪	杨文	尹亚飞
	应盛华	于明坚	于长明	余超	余路阳	余雄杰	余奕	俞晓敏
	虞燕琴	张丹丹	张进	张亮生	张龙	张普民	张倩婷	张强
	张汕	张孝通	张兴	张学敏*	张岩	章京	章晓波	赵斌
	赵晓波	赵烨	赵永超	赵云鹏	郑莉灵	郑绍建	钟贞	周继勇
	周杰	周龙	周明	周琦	周青	周泉	周如鸿	周涛
	周天华	周雪平	周艳	周以侹	周煜东	朱依敏	朱永群	祝赛勇
	卓巍	邹炜	Anna wang Roe		Chan Kuan Yoow		Chew Ting Gang	
			Daniel Henry Scharf		Dante Neculai		Hisashi Tanigawa	
			James Whelan*		Mikael Bjorklund		Sebastian Leptihn	
			Stijn van der Veen		Toru Takahata	Xin Xie		

续表

一级学科	导师姓名							
生态学	常杰	陈才勇	陈军	陈铭	陈伟乐	陈欣	程磊	丁平
	方盛国	冯明光	高海春	葛滢	江昆	金勇丰	梁爽	吕镇梅
	毛传澡	邱英雄	杨建立	杨卫军	应盛华	于明坚	章晓波	赵云鹏
	周琦							
力学	边鑫	陈彬	陈伟芳	陈伟球	崔佳欢	崔涛	邓见	邓茂林
	干湧	高琪	高扬	郭宇	胡国庆	宦荣华	黄永刚*	黄志龙
	季葆华	贾铮	金晗辉	金肖玲	库晓珂	李德昌	李铁风	李学进
	林建忠*	罗佳奇	毛星原	孟华	潘定一	钱劲	曲绍兴	邵雪明
	宋吉舟	陶伟明	王高峰	王宏涛	王惠明	王杰	王泉*	王永
	吴禹	夏振华	肖锐	谢芳芳	熊红兵	修鹏	徐彦	杨卫沛
	叶青青	尹冰轮	应祖光	余钊圣	张春利	张凌新	张帅	赵沛
	周昊飞	朱林利	朱书泽	庄国志				
机械工程	曹衍龙	曹彦鹏	陈剑	陈文华*	陈远流	陈章位	陈哲	程锦
	董辉跃	方强	冯毅雄	傅建中	傅新	甘春标	龚国芳	韩冬
	何闻	贺永	胡亮	胡伟飞	纪杨建	蒋君侠	金波	居冰峰
	柯映林	雷勇	黎鑫	李德骏	李基拓	李江雄	林勇刚	刘宏伟
	刘涛	刘振宇	刘震涛	陆国栋	梅德庆	欧阳小平		阮晓东
	宋小文	谭建荣	唐建中	唐任仲	陶国良	陶凯	童水光	童哲铭
	汪久根	汪延成	王柏村	王峰	王林翔	王青	王庆丰	王宣银
	王义强*	魏建华	魏燕定	邬义杰	吴世军	谢海波	谢金	徐兵
	徐敬华	徐凯臣	杨灿军	杨赓	杨华勇	杨将新	杨克己	杨量景
	杨世锡	姚斌	尹俊	余忠华	张军辉	张树有	赵朋	周华
	朱世强	朱伟东	朱吴乐	邹俊	Kok-Meng Lee*	Penkov Oleksiy		
光学工程	白剑	车双良	陈杏藩	戴道锌	狄大卫	丁志华	方伟	冯华君
	高士明	郭欣	郝翔	何建军	何赛灵	胡慧珠	胡骏	黄腾超
	金毅	匡翠方	李海峰	李欢	李林军	李鹏	李强	李晓彤
	林斌	林毓	刘承	刘崇	刘东	刘华锋	刘柳	刘旭
	刘雪明	刘智毅	马耀光	马云贵	钱骏	邱建荣	佘小健	沈建其
	沈伟东	沈永行	时尧成	舒晓武	斯科	唐龙华	童利民	汪凯巍
	王立强	王攀	吴波	吴兰	吴仍茂	谢意维	徐海松	徐之海
	许贝贝	杨柳	杨青	杨旸	叶辉	余飞鸿	俞泽杰	张磊
	章海军	赵保丹	郑臻荣					
材料科学与工程	暴宁钟*	曹庆平	陈红征	陈立新	陈湘明	陈长安*	陈宗平	程继鹏
	程逵	崔元靖	邓人仁	丁青青	杜滨阳	杜森	杜宁	樊先平
	范修林	方彦俊	方征平*	付晨光	高超	高明霞	高长有	谷长栋
	郭兴忠	韩高荣	韩伟强	何海平	洪樟连	洪子健	黄靖云	黄宁
	计剑	姜银珠	蒋建中	蒋利军*	金传洪	金佳莹	金桥	李斌
	李昌治	李东升	李寒莹	李吉学	李雷	李翔	凌国平	凌君
	刘宾虹	刘嘉斌	刘建钊	刘小峰	刘小强	刘毅	刘永锋	刘涌

浙江大学年鉴

一级学科	导师姓名						
材料科学与工程	罗文华*	罗仲宽*	吕建国	马 列	马向阳	毛星原	毛峥伟	潘洪革
	潘新花	彭华新	彭 懋	彭新生	皮孝东	钱国栋	乔旭升	秦发祥
	任科峰	任召辉	上官勇刚	申乾宏	施敏敏	宋义虎	孙景志
	孙 威	孙文平	唐本忠*	田 鹤	仝维鋆	涂江平	万灵书	王慧明
	王江伟	王文新*	王小祥	王晓东	王新华	王秀丽	王 勇	王幽香
	王征科	王智宇	王宗荣	韦 华	魏 晓	吴 琛	吴 刚	吴浩斌
	吴进明	吴勇军	吴子良	伍广朋	夏新辉	肖学章	谢 健	徐 刚
	徐君庭	徐志康	薛晶晶	严 密	杨德仁	杨杭生	杨 辉	杨士宽
	杨 雨	叶志镇	余 倩	余学功	袁文涛	张 辉	张 鹏	张启龙
	张溪文	张兴宏	张跃飞	张 泽	赵高凌	赵新宝	赵 毅	郑 强
	支明佳	朱宝库	朱丽萍	朱利平	朱铁军	朱蔚璞	朱晓莉	朱 旸
	左立见	左 敏	Bei Hongbin		Kemal Celebi		Penkov Oleksiy	
	Terence John Dennis							
动力工程及工程热物理	薄 拯	陈 东	陈玲红	陈 彤	陈志平	成少安	程 军	程乐鸣
	池 涌	樊建人	范利武	方梦祥	甘智华	高 翔	顾大钊*	韩晓红
	何 勇	洪伟荣	黄群星	黄钰期	江 龙	蒋旭光	金 涛	金 滔
	金志江	李 蔚	李文英	李晓东	林青阳	刘宝庆	刘洪来*	刘建忠
	刘金龙	刘 科	刘震涛	陆胜勇	罗 坤	骆仲泱	马增益	欧阳晓平*
	邱利民	施建峰	史绍平	孙大明	王 飞	王海阔	王海鸥	王 凯
	王凯歌	王 勤	王勤辉	王树荣	王 涛	王伟烈	王秀瑜	王智化
	吴大转	吴 锋	吴学成	吴迎春	肖 刚	肖天存	徐象国	许世森*
	许忠斌	宣海军	严建华	杨 健	杨卫娟	姚栋伟	姚 强	叶笃毅
	余春江	俞自涛	张凌新	张 霄	张小斌	张学军	张彦威	张玉卓
	赵 阳	赵永志	郑成航	郑传祥	郑津洋	郑梦莲	郑 旭	植晓琴
	周 昊	周劲松	周俊虎	周志军	朱祖超*	Yi Qiu		
电气工程	陈国柱	陈恒林	陈 敏	陈维江*	陈向荣	陈艳姣	邓 焰	丁 一
	董树锋	方攸同	福义涛	甘德强	耿光超	郭创新	郭吉丰	何湘宁
	胡斯登	黄晓艳	冀晓宇	江全元	鞠 平*	兰东辰	李超勇	李楚杉
	李武华	李知艺	厉小润	林振智	刘妹琴	卢琴芬	罗皓泽	马 皓
	马吉恩	年 珩	彭勇刚	齐冬莲	邵 帅	沈建新	盛 况	石健将
	史婷娜	宋永华	孙 丹	万 灿	汪 涛	汪 震	王慧芳	王秋良
	王云冲	韦 巍	文福拴	吴立建	吴新科	夏长亮	向 鑫	项 基
	辛焕海	徐德鸿	徐 政	许 力	阎 彦	杨 欢	杨家强	杨 强
	杨仕友	杨 树	杨永恒	于 淼	张军明	张森林	张孝通	张 欣
	郑荣濠	郑太英	钟文兴	周 浩	祝长生	Philip T. Krein		
电子科学与技术	曹 臻	车录锋	陈 冰	陈红胜	陈文超	程 然	程志渊	储 涛
	丁 勇	董树荣	杜 阳	高 飞	高 翔	何乐年	何赛灵	胡 欢
	皇甫江涛		黄 凯	黄科杰	回晓楠	吉 晨	金潮渊	金 浩
	金建铭*	金 韬	金小军	金晓峰	金仲和	李尔平	李军伟	李 凯
	李兰娟	李 鹰	李宇波	林宏焘	林时胜	林 晓	刘 峰	罗宇轩
	骆季奎							

续表

一级学科	导师姓名
电子科学与技术	马慧莲　蒙　涛　潘　赟　钱　超　钱浩亮　屈万园　冉立新　沙　威 沈会良　沈继忠　史治国　宋　爽　谭年熊　谭述润　谭志超　汪　涛 汪小知　王爱丽　王浩刚　王华萍　王慧泉　王作佳　魏兴昌　魏　准 吴昌聚　吴汉明　吴锡东　徐　建　徐明生　徐　杨　杨冬晓　杨建义 杨怡豪　杨宗银　虞小鹏　郁发新　尹文言　尹勋钊　应迪清　余　辉 余显斌　俞　滨　虞小鹏　赵　亮　詹启伟　张　鹿　张培勇　张　睿 张韶岷　章献民　赵　博　赵　亮　赵梦恋　赵　毅　赵昱达　郑　斌 郑史烈　周成伟　朱晓雷　卓　成　Lee Choonghyun（李忠贤）
信息与通信工程	蔡云龙　陈惠芳　陈晓明　程　磊　单杭冠　龚小谨　胡　冰　胡浩基 黄崇文　黄科杰　李春光　李建龙　李　旻　李荣鹏　李英明　刘　安 刘而云　刘　鹏　刘亚波　刘　英　刘佐珠　潘　翔　沈海斌　王高昂 王　匡　王　玮　项志宇　徐　文　徐元欣　杨　浩　杨建华　杨倩倩 于慧敏　余官定　虞　露　张朝阳　张宏纲　张　婷　赵航芳　赵民建 钟财军　钟　杰　Mark David Butala　　　　Pavel Loskot
控制科学与工程	曹云琦　陈积明　陈　剑　陈　曦　陈艳姣　陈　征　程　鹏　戴连奎 邓瑞龙　冯冬芹　高　飞　葛志强　贺诗波　侯迪波　胡瑞芬　黄平捷 黄志尧　冀晓宇　李超勇　李　光　厉小润　梁　军　刘妹琴　刘兴高 刘　勇　刘之涛　卢建刚　陆豪健　毛维杰　孟文超　牟　颖　倪　东 潘　宇　彭勇刚　齐冬莲　任沁源　邵之江　沈学民*　宋春跃　宋开臣 宋执环　苏宏业　孙铭阳　王保良　王竟亦　王　雷　王　酉　王　越 王　智　韦　巍　吴均峰　吴　俊　吴维敏　吴争光　许　超　许　力　谢　磊 熊　蓉　徐金明　徐文渊　徐正国　徐祖华　许　超　于　森　张光新　张宏建 杨春节　杨建华　杨　强　杨秦敏　叶　琦　郑荣濠　周建光　朱豫才 张森林　张　涛　张　宇　张育林　赵春晖 Biao Huang*　　　King Yeung Yau*
计算机科学与技术	巴钟杰　鲍虎军　卜佳俊　卜佳俊　蔡　登　蔡　亮　蔡　铭　柴春雷 常　瑞　陈　纯　陈华钧　陈建军　陈　岭　陈柳青　陈　璐　陈　为 陈文智　陈彦光*　陈　焰　陈左宁　崔兆鹏　邓水光　董　玮　冯结青 高曙明　高　艺　高云君　耿卫东　韩劲松　何钦铭　何水兵　何　田* 何晓飞　侯启明　黄　非　黄　劲　黄正行　纪守领　贾扬清*　江大伟 金小刚　况　琨　李飞飞　李纪为　李　明　李善平　李石坚　李　玺 廖备水　廖子承　林　峰　林　海　林兰芬　林　芃　刘海风　刘　健 刘金飞　刘新国　刘玉生　刘佐珠　鲁东明　陆　全*　陆哲明　罗仕鉴 苗晓哗　潘　纲　潘云鹤　潘之杰　蒲　宇*　钱　徽　钱沄涛　秦　湛 任　奎　任　重　邵天甲　申文博　沈春华　寿黎但　宋广华　宋明黎 孙建伶　孙凌云　孙守迁　孙贤和　谭　平*　汤斯亮　汤永川　唐华锦 唐　敏　童若锋　王　灿　王高昂　王宏伟　王　锐　王新宇　王跃明 王跃宣　王则可　王志波　王志宇　文　武　邬江兴　巫英才　吴　超 吴朝晖　吴春明　吴　飞　吴鸿智　吴　健　伍　赛　项　阳*　肖　俊 谢　潇　徐仁军　许端清　许海涛　许威威　严锡峰　杨建华　杨双华 杨　洋　杨　易　杨子祺　姚　林　尹建伟　应放天　应　晶　俞益洲 郁发新　张秉晟　张东亮　张东祥　张　帆　张国川　张克俊　张　磊* 张三元　张　寅　张　岳*　章国锋　章　敏　赵俊博　赵永望　赵　洲 郑扣根　郑能干　郑小林　郑友怡　周　昆　周晓巍　周亚金　朱建科 庄越挺

一级学科	导师姓名						
建筑学	陈淑琴	樊一帆	葛 坚	韩昊英	贺 勇	华 晨	李咏华	裘 知
	沈国强	沈 杰	王 晖	王 洁	王 竹	吴 越	杨建军	
	Genovese Paolo Vincenzo			Huang Harrison(王浩任)				
土木工程	安 妮	巴 特	白 勇	包 胜	边学成	蔡袁强*	曹志刚	陈 驹
	陈仁朋	陈水福	陈喜群	陈 勇	陈云敏	陈云敏	陈祖煜*	程伟平
	邓 华	段元锋	付浩然	高博青	弓扶元	龚顺风	龚晓南	郭 宁
	国 振	韩晓红	洪 义	胡安峰	黄 博	黄铭枫	江衍铭	姜 涛
	蒋建群	金 盛	金伟良	金贤玉	柯 瀚	孔德琼	李宾宾	李庆华
	李育超	梁 腾	凌道盛	刘福深	刘国华	刘海江	刘 炜	柳景青
	楼文娟	罗 雪	罗尧治	吕朝锋	吕 庆	潘文豪	钱晓倩	冉启华
	尚岳全	邵 煜	舒江鹏	孙红月	唐晓武	童根树	童精中	万华平
	万五一	汪劲丰	汪玉冰	王殿海	王冠楠	王海龙	王 浩*	王奎华
	王立忠	王乃玉	王 勤	王亦兵	王振宇	夏唐代	肖 岩	谢海建
	谢新宇	谢 旭	徐海巍	徐日庆	徐荣桥	徐世烺	徐长节	许 贤
	许月萍	闫东明	杨仲轩	姚忠达*	叶 俊	叶苗苗	叶 盛	叶肖伟
	俞亭超	袁行飞	曾 强	詹良通	占海飞	张大伟	张 鹤	张可佳
	张 磊	张 帅	张土乔	张学军	张 燕	张仪萍	张永强	张裕卿
	赵唯坚	赵 阳	赵 宇	赵羽习	郑飞飞	郑 俊	郑延丰	周佳锦
	周 建	周燕国	朱 斌	朱廷举	Chung Bang Yun(尹桢邦)			
	Cristoforo Demartino			Giorgio Monti		Jung-JuneRoger Cheng		
	Simon Juan Hu(胡 隽)			Yasutaka Narazaki				
化学工程与技术	柏 浩	包永忠	鲍泽华	鲍宗必	曹 堃	陈丰秋	陈建峰*	陈圣福
	陈英奇	陈志荣	成有为	程党国	崔希利	戴立言	单国荣	范 宏
	冯连芳	傅 杰	高 翔	关怡新	何潮洪	何 奕	和庆钢	侯立安
	侯 阳	黄 磊	蒋斌波	介素云	雷乐成	李素静	李 伟	李中坚
	李洲鹏	连佳长	梁成都	廖祖维	林东强	林建平	凌 敏	刘平伟
	刘 振	陆盈盈	罗英武	吕秀阳	梅乐和	孟 琴	莫一鸣	欧阳平凯*
	潘鹏举	钱 超	任其龙	邵世群	申屠宝卿		申有青	施 耀
	孙婧元	孙 琦	唐建斌	王嘉骏	王靖岱	王 立	王 亮	王 玮
	王文俊	王正宝	吴坚平	吴可君	吴林波	吴素芳	肖成梁	肖丰收
	谢鹏飞	谢 涛	邢华斌	徐志南	严玉山*	阳永荣	杨 彬	杨立荣
	杨启炜	杨双华	杨 轩	杨 遥	杨亦文	姚思宇	姚 臻	叶丽丹
	尹 红	于浩然	于洪巍	俞豪杰	詹晓力	张安运	张才亮	张 林
	张其磊	张庆华	张兴旺	张治国	赵俊杰	赵 骞	周少东	周珠贤
	Nigel K H Slater*			Steven J. Severtson*				
航空宇航科学与技术	陈鸿初	陈建军	陈伟芳	陈 征	崔 涛	金小军	金仲和	库晓珂
	黎 军	李铁风	刘尧龙	陆哲明	罗佳奇	马慧莲	蒙 涛	孟 华
	曲绍兴	邵雪明	宋广华	宋开臣	王高峰	王慧泉	王志宇	吴昌聚
	夏振华	谢芳芳	徐 彦	杨 卫	幺周石	应迪清	郁发新	张 帅
	朱林利	庄国志	邹建锋					

一级学科	导师姓名						
农业工程	岑海燕	成 芳	崔 笛	傅迎春	韩志英	何 勇	蒋焕煜	李晓丽
	林宏建	林 涛	刘德钊	刘 飞	刘湘江	刘 鹰	泮进明	平建峰
	裘正军	饶秀勤	王 俊	王一娴	王永维	韦真博	吴斌鑫	吴 坚
	谢丽娟	徐惠荣	叶章颖	应义斌	于 勇	张玺铭	周鸣川	周振江
	朱松明							
环境科学与工程	陈宝梁	陈 红	成少安	褚驰恒	翟国庆	方雪坤	官宝红	胡宝兰
	江桂斌*	雷乐成	李 伟	梁新强	林道辉	刘 璟	刘 越	楼莉萍
	逯慧杰	骆仲泱	梅清清	沈超峰	施积炎	施 耀	史惠祥	童裳伦
	王海强	王金南*	王 娟	王 玮	王志彬	文岳中	翁小乐	吴伟祥
	吴忠标	徐 江	徐新华	闫克平	严建华	杨方星	杨 坤	杨 武
	俞萍锋	张志剑	赵和平	赵伟荣	周文军	朱利中	朱 亮	朱小莹
	庄树林							
生物医学工程	白瑞良	陈 岗	陈 杭	陈梦晓	陈卫东	陈祥献	陈晓冬	陈 星
	陈耀武	邓 宁	丁 鼐	段会龙	高利霞	高长有	何宏建	黄正行
	江海腾	赖欣怡	李劲松	刘华锋	刘济全	刘清君	吕旭东	宁钢民
	牛田野	欧阳宏伟	祁 玉	斯 科	宋开臣	宋雪梅	孙 煜	田景奎
	田良飞	田 梅	王宏伟	王 旻	王 平	王书崎	王永成	王跃明
	吴 丹	夏 灵	许科帝	许迎科	叶凌云	叶学松	余 锋	余雄杰
	张芬妮	张 宏	张 磊	张韶岷	张孝通	张 祎	章淑芳	赵 立
	周 凡	周 泓	Anna Wang Roe		Hisashi Tanigawa		Hyeon Jeong Lee	
	Toru Takahata							
食品科学与工程	陈健初	陈启和	陈士国	陈 卫	丁 甜	冯凤琴	冯 杰	郭鸣鸣
	胡福良	李 莉	李培武	林星宇	刘东红	刘松柏	陆柏益	罗自生
	任大喜	孙宝国*	汪以真	王敏奇	王 奕	鲜于运雷		肖 航
	叶兴乾	余 挺	张 辉	张兴林	章 宇	朱蓓薇*		
软件工程	卜佳俊	蔡 亮	常 瑞	陈 纯	陈华钧	陈 岭	陈 璐	陈文智
	陈彦光*	崔兆鹏	邓水光	董 玮	冯结青	高曙明	高 艺	高云君
	何钦铭	何 田*	黄 非*	黄正行	贾扬清	江大伟	况 琨	李 明
	李善平	李石坚	林 海	林兰芬	宋明黎	孙建伶	潘 纲	潘云鹤
	钱 徽	钱沄涛	寿黎但	谭 平*	王 锐	王新宇	吴春明	唐 敏
	童若锋	王 灿	王高昂	王宏伟	杨 洋	杨子祺	尹建伟	许端清
	许海涛	许威威	严锡峰*	章国锋	赵俊博	赵永望	应 晶	俞益洲
	张 帆	张 微	张 寅	周 昆	周晓巍	庄越挺	赵 洲	郑扣根
	郑能干	郑小林	郑友怡				Wu Wen	
网络空间安全	巴钟杰	卜 凯	蔡 亮	常 瑞	陈积明	陈文智	陈 焰*	程 鹏
	邓瑞龙	冯冬芹	韩劲松	何钦铭	贺诗波	黄 劲	纪守领	江大伟
	林 峰	林 海	刘 健	刘金飞	刘兴高	刘 勇	刘之涛	卢 立
	孟文超	潘 纲	秦 湛	任 奎	申文博	史治国	宋执环	孙铭阳
	孙贤和	王东霞	王竟亦	王 锐	王文海	王志波	邬江兴*	吴春明
	项 阳*	徐金明	徐文渊	许海涛	杨子祺	张秉晟	张 帆	赵成成
	赵春晖	赵民建	赵永望	周海峰	周亚金			

一级学科	导师姓名						
作物学	包劲松	陈进红	董 杰	都 浩	樊龙江	方 磊	关雪莹	关亚静
	胡培松*	胡 艳	蒋立希	金晓丽	毛传澡	潘荣辉	钱 前*	秦正睿
	舒庆尧	宋士勇	万建民*	王汉中	王一州	邬飞波	吴德志	吴殿星
	武 亮	徐海明	徐建红	张国平	张天真	周伟军	朱 杨	祝水金
	Imran Haider Shamsi							
园艺学	白松龄	陈昆松	陈利萍	陈文博	范鹏祥	方智远	郭得平	黄 鹂
	李 鲜	刘仲华*	卢 钢	陆建良	师 恺	孙崇德	滕元文	汪俏梅
	王岳飞	吴 迪	夏晓剑	徐昌杰	杨景华	殷学仁	余小林	喻景权
	张 波	张亮生	张明方	郑新强	周 杰		Donald Grierson	
	Harry Klee		Michael F. Thomashow			Mondher Bouzayen		
农业资源与环境	常锦峰	陈丁江	邓劲松	冯 英	谷保静	何 艳	胡凌飞	金崇伟
	李保海	李廷强	梁永超	林咸永	刘建祥	刘杏梅	卢玲丽	罗忠奎
	马 斌	马奇英	倪吾钟	史 舟	唐先进	田生科	汪海珍	王宏全
	王 珂	吴良欢	徐建明	杨肖娥	曾令藻	张佳宝*	张奇春	郑绍建
	朱永官*							
植物保护	鲍艳原	蔡新忠	陈剑平*	陈学新	陈 云	方 华	桂文君	郭逸蓉
	黄 佳	黄健华	蒋明星	焦 晨	李 斌	李 飞	李 冉	李正和
	梁 岩	林福呈	刘树生	刘小红	娄永根	马忠华	沈星星	沈志成
	宋凤鸣	陶 增	王蒙岑	王晓伟	吴建祥	吴孔明	谢 艳	徐海君
	叶恭银	尹燕妮	章初龙	赵金浩	周文武	周雪平	祝增荣	
畜牧学	单体中	杜华华	冯 杰	韩新燕	胡彩虹	胡福良	黄凌霞	靳明亮
	李卫芬	刘广绪	刘红云	刘建新	潘玉春	彭金荣	邵勇奇	孙会增
	汪海峰	汪以真	王迪铭	王华兵	王佳堃	王敏奇	王起山	王新霞
	王 振	王争光	吴小锋	杨明英	姚 斌*	占秀安	张才乔	张 坤
	郑火青	邹晓庭						
兽医学	杜爱芳	顾金燕	何 放	胡伯里	黄耀伟	金宁一	乐 敏	李 艳
	马光旭	米玉玲	施 回	孙红祥	张才乔	郑肖娟	周继勇	朱 书
	庄乐南							
基础医学	蔡志坚	曹雪涛*	陈 迪	陈静海	陈 薇*	陈 伟	陈 晓	陈莹莹
	程洪强	刁宏燕	董辰方	冯 晔	冯友军	傅旭东	高 福	谷 岩
	郭国骥	韩 曙	韩晓平	侯利华*	胡 虎	胡 虎	黄 河	黄雯雯
	纪俊峰	金洪传	柯越海	来茂德	李爱玲*	李慧艳	李 涛	梁 平
	刘 冲	刘 楠	刘云华	柳 华	鲁林荣	满孝勇	孟卓贤	闵军霞
	欧阳宏伟		潘冬立	钱鹏旭	邵吉民	生万强	隋梅花	汪 洌
	王 迪	王恒樑*	王建莉	王 良	王 良	王琳琳	王青青	王晓健
	王绪化	吴晶晶	夏大静	夏 梦	肖 刚	徐恩萍	徐芳英	徐俊杰
	徐素宏	姚雨石	茵 梓	于长明*	余 红	曾 浔	张丹丹	张红河
	张 进	张晓明	张学敏*	张 雪	章 京	章淑芳	赵经纬	郑小凤
	钟 贞	周 俊	周 全	周 涛	周天华	朱海红	邹晓晖	
	Aaron Trent Irving		Dante Neculai		James Qun Wang			
	Stijn van der Veen		Susan Welburn					

一级学科	导师姓名						
临床医学	白晓霞	白雪莉	蔡国龙	蔡建庭	蔡秀军	蔡哲钧	蔡　真	曹红翠
	曹利平	曹　倩	陈丹青	陈　峰	陈　钢	陈　高	陈功祥	陈鸿霖*
	陈　健	陈江华	陈丽英	陈　明*	陈齐兴	陈其昕	陈　盛	陈维善
	陈祥军	陈　晓	陈晓冬	陈新忠	陈旭娇	陈　衍	陈　烨	陈益定
	陈　瑜	陈志刚	陈志华	陈志敏	程　浩	陈　京*	程晓东	崔儒涛
	代志军	戴　宁	戴雪松	单鹏飞	刁宏燕	丁　健*	丁克峰	丁　宁
	丁忠祥	董旻岳	杜立中	杜雨梦	范顺武	方　红	方维佳	方向明
	方向前	冯建华	冯利锋	冯宇雄	付　勇	傅君芬	高　峰	戈万忠
	龚方戚	龚渭华	古　莹	郭晓纲	韩春茂	韩　飞	韩海杰	韩　伟
	何荣新	何正富	洪德飞	洪　远	胡红杰	胡　坚	胡少华	胡晓彤
	胡新央	胡兴越	胡　汛	胡永仙	胡振华	胡志军	胡子昂	华孝挺
	黄　河	黄荷凤	黄华琼	黄　建	黄进宇	黄满丽	黄　曼	黄沛钰
	黄品同	黄晓丹	黄季峰	贾长库	江克文	江米足	江佩芳	姜　敏
	蒋晨阳	蒋　峻	蒋天安	贾百冶	金　帆	金洪传	金科涛	金　娟
	金　希	金晓东	李方财	李恭会	金　红	金洪传	李　君	李兰娟
	李　涛	李　雯	李　晓	李月舟	梁朝霞	李江涛	李　平	梁廷波
	梁　霄	廖艳辉	林　辉	林伟强	林小娜	梁成振	刘　犇	刘　剑
	刘先宝	刘小孙	刘震杰	刘志红	柳　华	凌琪敏	楼敏	卢美萍
	陆林宇	陆远强	罗本燕	罗　巍	罗　依	卢宠茂*	吕卫国	吕志民
	吕中法	马　宏	马建军	马　量	马胜林	罗永章*	毛根祥	毛建华
	毛姗姗	闵军霞	倪　超	欧阳宏伟		满孝勇	潘志军	彭国平
	钱建华	钱俊斌	钱申贤	钱文斌	乔建军	潘宏铭	裘云庆	曲　凡
	瞿婷婷	饶跃峰	任菁菁	任探琛	阮　冰	邱福铭	尚　敏	尚世强
	邵吉民	邵一鸣*	申屠形超		沈承勇	阮　健	沈炜亮	沈　晔
	沈　哲	盛吉芳	施继敏	施培华	施　勇	沈华浩	史燕军	舒　强
	姒健敏	宋朋红	宋秀祖	孙立峰	孙崇然	史鹏	孙继红	孙建良
	孙　杰	孙　洁	孙军辉	孙晓南	孙晓南	孙　斐	谈伟强	汤灵玲
	唐劲松	唐兰芳	唐　喆	陶惠民	滕理送	孙　田	佟红艳	童璐莎
	万　钧*	万　曙	汪　辉	王保红	王　本	王观宇	王杭祥	王建安
	王建伟	王　凯	王凯军	王良静	王　林	王林波	王苹莉	王书崎
	王　爽	王伟林	王　娴	王新宇	王兴祥	王秀君	王一帆	王义斌*
	王宇浩	王　跃	王　卫	魏启春	文甲明	吴国生	吴华香	吴　健
	吴李鸣	吴立东	吴　强	吴南屏	吴瑞瑾	吴育连	吴志英	伍峻松
	夏淑东	夏　旸	吴　明	项美香	肖浩文	肖永红	谢安勇	谢俊然
	谢立平	谢小洁	项春生	谢　幸	谢臻蔚	熊秀芳	徐承富	徐　峰
	徐福洁	徐建斌	谢鑫友	徐　键	谢靖宏	徐凯进	徐清波	徐荣臻
	徐三中	徐　骁	徐建国*	徐雪峰	徐　旸	许大千	许国强	许轶洲
	许　毅	薛德挺	徐晓俊	严　静	严　敏	严　强	严森祥	严　盛
	严伟琪	颜伏归	薛　定*	杨蓓蓓	姚峰平	杨仕贵	杨小锋	杨晓明
	杨旭燕	杨益大	燕　翔	姚航平	姚玉峰	叶英辉	叶云松	叶招明
	茵　梓	杨应颂	于晓方	于　红	余日胜	俞建军	俞云松	虞朝辉
	虞　洪	喻成波	袁国勇	袁坚列	袁　瑛	曾　浔	詹仁雅	张宝荣
	张　诚	张　丹	张根生	张　宏	张洪海	张鸿坤	张建民	张　钧
	张　力	张林琦*	张　茂	张普民	张嵘琦	张松英	张文斌	张信美
	张　颖	张园园	张召才	章　京	章　超	章锐锋	赵凤朝	赵凤东
	赵　鹏	赵　兴	赵妍敏	赵永超	郑　华	郑芬萍	郑良荣	郑　敏
	郑树森	郑祥毅（义）		周东辉	周　江	周嘉强	周坚红	周建仓
	周建娅	周　民	朱　彪	朱海红	朱　江	朱锦辉	朱君明	朱小明
	朱依敏	朱永坚	朱永良	主鸿鹄	祝胜美	祝哲诚	邹朝春	邹晓晖
	Babak javid*		Sebastian Leptihn			YANG XU（徐　洋）		

一级学科	导师姓名						
口腔医学	陈谦明	陈 卓	丁佩惠	傅柏平	顾新华	何福明	李晓东	林 军
	王慧明	吴梦婕	谢志坚	轩东英	杨国利	俞梦飞	朱慧勇	
公共卫生与预防医学	陈光弟	陈 坤	丁克峰	董恒进	高向伟	何 威	焦晶晶	金明娟
	金永堂	李兰娟	李 鲁[*]	李文渊	李 雪	刘足云	罗 驰	
	那仁满都拉		倪 艳	盛静浩	宋培歌	孙文均	唐梦龄	王福佽
	王红妹	王建炳	王林波	吴 健	吴息凤	夏大静	徐小林	徐 欣
	许正平	许志宏	杨 杰	余沛霖	余运贤	袁长征	周 春	周 舟
	朱善宽	朱益民	Therese Hesketh					
药 学	曹 戟	陈建忠	陈枢青	陈文腾	陈志华	陈 忠	崔儒涛	崔孙良
	戴海斌	丁 健[*]	丁 玲	董晓武	杜永忠	段树民	范骁辉	高建青
	龚行楚	龚哲峰	顾 臻	韩 旻	何俏军	侯廷军	胡富强	胡薇薇
	蒋华良	蒋惠娣	蒋 晞	康 玉	来利华	李 丹	李方园	李洪军
	李洪林[*]	李 慧	李 璐	李 雯	李 新	廖佳宇	林能明	凌代舜
	刘龙孝	刘 滔	刘祥瑞	楼 燕	卢韵碧	陆晓燕	罗沛华	钱玲慧
	那仁满都拉		潘利强	彭丽华	平 渊	戚建华	钱 景	钱玲慧
	邱利焱	裘云庆	瞿海斌	申屠建中	沈华浩	沈 逸	盛 荣	孙秉贵
	孙翠荣	孙莲莉	汤慧芳	滕 鹏	汪 仪	王佳佳	王金强	王秀君
	王 毅	翁勤洁	吴希美	徐 晗	徐易尘	徐宇虹[*]	许均瑜	杨 波
	杨 帆	杨 巍	杨晓春	杨振中	应美丹	应颂敏	游 剑	余露山
	俞永平	袁 弘	曾 苏	张海涛	张世红	张纬萍	张翔南	张宇琪
	赵 璐	郑彩虹	周 慧	周 民	周煜东	周 展	朱成梁	朱丹雁
	朱 峰	朱 虹	邹宏斌					
护理学	封秀琴	冯素文	韩春茂	金静芬	潘红英	邵 静	王 薇	徐红贞
	徐鑫芬	杨丽黎	叶志弘	余晓燕	庄一渝			
管理科学与工程	鲍丽娜	曹仔科	陈发动	陈 熹	杜 健	高照省	郭 斌	胡祥培
	华中生	黄 灿	黄鹂强	霍宝锋	金 珺	金庆伟	孔祥维	刘 渊
	马 弘	毛义华	彭希羡	瞿文光	寿涌毅	苏 星	童 昱	汪 蕾
	王明征	王求真	卫 军[*]	温海珍	吴 东	吴晓波	徐仁军	杨 翼
	袁 泉	张 宏	张 政	章 魏	郑 刚	周伟华		
工商管理	贲圣林	蔡 宁	陈 俊	陈 凌	董 望	窦军生	杜 健	郭 斌
	韩洪灵	华中生	黄 灿	黄 英	霍宝锋	贾生华	雷李楠	林珊珊
	刘起贵	刘 涛	刘 洋	吕佳颖	马世罕	莫申江	沈 睿	盛 峰
	施俊琦	寿涌毅	孙怡夏	王端旭	王丽丽	王 亮	王 颂	王文明
	王小毅	王重鸣	魏 江	邬爱其	吴 东	吴茂英	吴晓波	肖炜麟
	谢小云	徐维东	徐晓燕	严 进	颜士梅	杨 俊	杨浙帅	应天煜
	张 钢	张起元	张惜丽	周 帆	周宏庚	周伟华	周欣悦	邹腾剑

续表

一级学科	导师姓名						
农林经济管理	陈 帅　龚斌磊　郭红东		韩洪云	洪名勇*	黄祖辉	金少胜	金松青
	梁 巧　林 雯　陆文聪		茅 锐	钱文荣	阮建青	史新杰	田传浩
	汪笑溪　卫龙宝　鄢 贞		叶春辉	张晓波*	张跃华	周洁红	
	H. Holly Wang（王 红）　Zhigang Chen（陈志钢）						
公共管理	巴德年*　蔡 宁　曹 宇		陈国权	陈丽君*	仇保兴*	董恒进	范柏乃
	方 恺　高 翔　耿 曙		顾 昕	郭苏建	韩昊英	何文炯	胡税根
	胡小君　黄 飚　黄 萃		蒋卓人	靳相木	李 鲁*	李 实	李晓明
	李 艳　李莹珠　林成华		林 卡	刘国柱	刘 涛	刘 渊	罗建红
	米 红　苗 青　任少波		邵 立	沈永东	石敏俊	宋培歌	谭 荣
	谭永忠　田传浩　汪 晖		王红妹	王诗宗	魏 江	吴 超	吴佳雨
	吴结兵　吴金群　吴 伟		吴宇哲	肖 武	谢贵平	谢倩雯	徐 林
	徐 欣　徐元朔　杨 超		杨 芊	姚 威	姚先国	叶 民	叶艳妹
	余 露　余逊达　俞晗之		郁建兴	岳文泽	张 宁	张 炜	张蔚文
	张衔春　张永平　张跃华		赵志荣*	郑 盛	周旭东	朱 凌	朱善宽
	邹永华　Peter Ho		SongHa Joo		Therese Hesketh		
艺术学理论	白谦慎　陈谷香　陈振濂		池长庆	金晓明	缪 哲	王瑞雷	谢继胜
	薛龙春　余 辉*　张 晴*		He Huafan（何华帆）				
设计学	柴春雷　陈柳青　陈晓皎		胡小军	罗仕鉴	潘恩荣	潘云鹤	孙凌云
	孙守迁　汤永川　王冠云		王 健	王小松	吴佳雨	姚 玎	应放天
	张东亮　张克俊　张三元						
人工智能	卜佳俊　蔡 亮　蔡 铭		陈 纯	陈 岭	陈 为	陈文智	陈左宁*
	崔兆鹏　董 玮　高 艺		高云君	耿卫东	韩劲松	何钦铭	黄正行
	纪守领　金小刚　况 琨		李石坚	李 玺	廖备水	林 峰	刘 勇
	潘 纲　潘云鹤　钱 徽		钱沄涛	秦 湛	任 奎	寿黎但	宋明黎
	孙凌云　孙守迁　汤斯亮		汤永川	唐华锦	童若锋	王 灿	王 锐
	王新宇　王跃明　王志波		巫英才	吴朝晖	吴 飞	吴 健	肖 俊
	杨小虎　杨 洋　杨 易		张东祥	张 帆	张国川	张克俊	张 寅
	章国锋　章 敏　赵俊博		赵 洲	郑能干	郑友怡	周晓巍	周亚金
	朱建科　庄越挺						
海洋技术与工程	白 雁*　白晔斐　柴 扉*		陈大可*	陈家旺	陈建芳*	陈建裕*	陈雪刚
	陈 鹰　陈 正　程年生*		崔祥斌*	樊 炜	傅维奇	高金耀*	高洋洋
	管卫兵*　韩喜球*　何 方		何剑锋*	何贤强*	贺治国	洪 义	胡富强
	胡 鹏　黄 滨　黄大吉*		黄豪彩	冀大雄	焦 磊	焦鹏程*	金海燕*
	乐成峰*　雷瑞波*　冷建兴		李春峰	李家彪*	李培良	李 爽	厉子龙
	梁楚进*　梁 旭　刘鹏飞		刘兴国*	楼章华	罗 敏	马东方	马忠俊
	毛志华*　潘德炉*　潘依雯		钱 鹏	瞿逢重	阮爱国*	宋春毅	宋 宏
	宋金宝　苏纪兰*　孙红月		唐 勇	唐佑民*	陶春辉*	佟蒙蒙	王德麟
	王立忠　王品美　王晓萍		王 岩	吴 斌	吴嘉平	吴 敏	吴 涛
	吴自银*　夏小明*　肖 溪		谢晓辉*	徐金钟	徐 敬	徐 文	徐志伟
	许学伟*　杨劲松*　杨续超		叶观琼	曾江宁*	张朝晖	张大海	张 帆
	张华国*　张继才　张治针		章春芳	赵西增	郑道琼	郑 豪	周 锋
	朱嵘华　朱世强　朱小华		Thomas Pahtz				

注：按一级学科代码升序排列，导师姓名按拼音顺序排列，姓名后加"＊"者为兼职导师。

专业名称	毕业生数	授予学位数	在校学生数	一年级	二年级	三年级及以上	预计毕业生数
学术型学位博士生	1863	1913	13400	3244	3077	7079	2375
学术型学位硕士生	2390	2829	8574	2897	2905	2772	2746
专业学位博士生	170	266	1962	656	587	719	396
专业学位硕士生	3655	4079	16730	5918	5534	5278	4178
总计	8078	9087	40666	12715	12103	15848	9695

附录5 2021年浙江大学分学科门类研究生数　　　单位：人

学科门类	研究生	毕业生数	授予学位数	在校学生数	一年级	二年级	三年级及以上	预计毕业生数
哲学	博士生	17	29	147	32	25	90	27
哲学	硕士生	27	16	99	37	35	27	21
经济学	博士生	32	33	236	38	41	157	45
经济学	硕士生	257	105	626	293	283	50	283
法学	博士生	44	47	366	97	83	186	76
法学	硕士生	263	129	824	325	288	211	290
教育学	博士生	35	28	358	95	74	189	52
教育学	硕士生	152	89	582	186	202	194	166
文学	博士生	54	63	419	77	85	257	75
文学	硕士生	197	163	674	252	242	180	223
历史学	博士生	10	16	136	33	29	74	18
历史学	硕士生	51	30	201	72	66	63	60
理学	博士生	368	369	2448	699	600	1149	410
理学	硕士生	379	391	1303	325	421	557	488
工学	博士生	781	788	6872	1734	1639	3499	1164
工学	硕士生	2831	1139	11094	3795	3739	3560	2926
农学	博士生	151	161	905	228	208	469	188
农学	硕士生	352	137	1332	480	478	374	339

续表

学科门类	研究生	毕业生数	授予学位数	在校学生数	一年级	二年级	三年级及以上	预计毕业生数
医学	博士生	448	302	2178	574	603	1001	509
	硕士生	591	426	2750	1158	920	672	623
管理学	博士生	84	89	871	159	157	555	137
	硕士生	899	191	5480	1756	1631	2093	1446
艺术学	博士生	2	1	92	26	28	38	5
	硕士生	44	0	286	136	91	59	52
总计	博士生	2033	1913	15362	3900	3664	7798	2771
	硕士生	6045	2829	25304	8815	8439	8050	6924

附录6   2021年浙江大学分专业学位类别研究生数   单位:人

专业学位类别	研究生	毕业生数	授予学位数	在校学生数	一年级	二年级	三年级及以上	预计毕业生数
金融	硕士	162	162	357	166	176	15	176
税务	硕士	13	13	40	26	14	0	14
国际商务	硕士	35	35	101	39	35	27	35
法律	硕士	156	172	487	164	148	175	148
社会工作	硕士	22	22	61	34	26	1	27
教育	博士	8	8	101	25	25	51	15
	硕士	30	93	156	27	56	73	47
体育	硕士	9	33	18	0	16	2	11
汉语国际教育	硕士	22	22	61	25	20	16	20
应用心理	硕士	16	16	83	47	24	12	12
翻译	硕士	16	15	21	0	16	5	16
新闻与传播	硕士	27	27	69	34	34	1	34
文物与博物馆	硕士	24	24	97	32	32	33	32

浙江大学年鉴

专业学位类别	研究生	毕业生数	授予学位数	在校学生数	一年级	二年级	三年级及以上	预计毕业生数
建筑学	硕士	60	59	148	45	48	55	35
工程	博士	6	6	1073	395	322	356	163
	硕士	1634	1837	7029	2479	2402	2148	1650
城市规划	硕士	15	15	78	25	31	22	20
农业	硕士	158	180	624	233	232	159	150
兽医	硕士	20	22	75	31	28	16	16
风景园林	硕士	34	42	76	25	26	25	20
临床医学	博士	154	244	763	224	232	307	213
	硕士	303	351	1253	490	436	327	299
口腔医学	博士	2	8	25	12	8	5	5
	硕士	59	63	183	67	65	51	45
公共卫生	硕士	5	5	174	88	63	23	23
护理	硕士	0	0	87	64	23	0	0
药学	硕士	43	43	180	75	59	46	45
工商管理	硕士	444	473	2319	747	710	862	664
公共管理	硕士	213	220	1371	455	374	542	298
会计	硕士	24	24	91	32	31	28	27
工程管理	硕士	82	82	1294	365	349	580	284
艺术	硕士	29	29	197	103	60	34	30
总计	博士	170	266	1962	656	587	719	1962
	硕士	3655	4079	16730	5918	5534	5278	16730

附录 7　2021 年浙江大学分学院研究生数　　　　　　　　　　　　　单位：人

学院(系)名称	博士生数	硕士生数	总计
人文学院	360	327	687
外国语言文化与国际交流学院	117	257	374
传媒与国际文化学院	119	239	358

学院(系)名称	博士生数	硕士生数	总计
艺术与考古学院	77	198	275
经济学院	221	476	697
光华法学院	161	577	738
教育学院	238	314	552
管理学院	321	2266	2587
公共管理学院	499	1737	2236
马克思主义学院	112	92	204
数学科学学院	170	268	438
物理学系	289	88	377
化学系	286	257	543
地球科学学院	166	149	315
心理与行为科学系	101	172	273
机械工程学院	542	651	1193
材料科学与工程学院	388	364	752
能源工程学院	531	521	1052
电气工程学院	402	559	961
建筑工程学院	595	901	1496
化学工程与生物工程学院	351	553	904
海洋学院	344	655	999
航空航天学院	315	255	570
高分子科学与工程学系	218	175	393
光电科学与工程学院	312	390	702
信息与电子工程学院	407	623	1030
微纳电子学院	45	120	165
控制科学与工程学院	328	426	754
计算机科学与技术学院	759	988	1747
软件学院	15	929	944
生物医学工程与仪器科学学院	245	262	507
生命科学学院	539	220	759

人才培养

学院(系)名称	博士生数	硕士生数	总计
生物系统工程与食品科学学院	249	262	511
环境与资源学院	361	517	878
农业与生物技术学院	490	759	1249
动物科学学院	173	348	521
医学院	2333	2470	4803
药学院	226	360	586
国际教育学院	775	683	1458
工程师学院	521	3472	3993
浙江大学—西湖大学联培项目	602	0	602
国际联合学院(海宁国际校区)	59	424	483
总计	15362	25304	40666

附录8　浙江大学2021届参加就业研究生毕业生按单位性质流向统计

单位性质	单位性质流向	硕士比例/%	博士比例/%
企业单位	国有企业	18.03	8.45
	三资企业	14.67	4.06
	其他企业	38.10	17.39
	小计	70.80	29.94
事业单位	高等教育单位	1.92	33.55
	医疗卫生单位	7.11	19.82
	科研设计单位	2.20	8.72
	中初教育单位	2.98	0.32
	其他事业单位	2.79	4.15
	小计	17.00	66.56
党政机关		12.14	3.34
部队		0.06	0.16

附录 9　浙江大学 2021 届参加就业研究生毕业生就业流向按地区统计

单位地区	硕士/%	博士/%
华东地区	75.25	78.62
华南地区	9.96	5.65
华北地区	7.88	5.33
西南地区	2.89	2.26
华中地区	2.44	3.45
西北地区	0.95	1.24
东北地区	0.56	0.65
境外	0.06	2.80

继续教育

【概况】　2021 年继续教育按照学校"双一流"建设的总体部署,紧紧围绕继续教育"两高三化"发展目标,取得了统筹疫情防控和继续教育高质量发展的较好成绩。

2021 年,全校继续教育办学总收入为 7.25 亿元,整体上交学校管理费 1.85 亿元。其中教育培训收入 7.24 亿元、远程教育收入 69 万元,远程教育和自学考试处于平稳收尾阶段。

全年培训人数 17.90 万余人次,比上年增长 24.71%,其中党政管理人员占 51.92%、企业经管人员占 25.35%、专业技术人员占 18.92%、其他人员占 3.81%。培训项目 2822 项;发放培训证书 16.23 万余份,其中高级研修班证书 2012 份、继续教育结业证书约 16.03 万份。

远程学历教育学习中心数 59 个,在籍学生数 4274 人,比上年减少 5307 人,减少 55.39%,其中本科 3491 人(含专科起点本科 3107 人、本科及以上层次修读本科 384 人)、高中起点专科 783 人。毕业生 3036 人,其中本科 2845 人;授予学士学位 952 人,学位授予率约为 33.5%。

自学考试主考专业 12 个,其中专科起点本科 10 个、专科 2 个。主考专业毕业生 522 人,授予学士学位 94 人。

【深挖浙江省红色现场教学资源,服务建党百年系列培训】　结合规范继续教育现场教学活动,深挖浙江省地缘优势,提高现场教学质量。制定出台《浙江大学继续教育现场教学实施细则(试行)》,开展现场教学试点工作。浙江省作为中国革命红船起航地、改革开放先行地、习近平新时代中国特色社会主义思想重要萌发地,拥有深厚的革命历史、丰富的红色资源。在继续教育教学过程中,深挖红色资源、构筑红色课堂,开发了嘉兴南湖红色教育基地、浙江革命烈士纪念馆、新四军苏浙军区纪念馆、浙东四明山抗日根据地旧址群、五四宪法历史资料陈列馆、长兴新四军苏浙军区旧址等红色现场教学点,让红色资源转化为激励广大学员团结奋进的系列培训教育资源。

【配合做好中央巡视组和教育部专项整治工作】　认真配合做好中央巡视和教育部非学历教育领域腐败风险专项检查等工作。对于教育部核查反馈的问题,坚持问题导向,专题研究各项整改任务并层层推进,认真制定整改落实方案,细化分解任务,责任到人,做到"班子带动、支部推动、党员行动"。按照整改要求,绘制整改路线图,确定整改时间表,加强监督检查,逐条逐项建台账、抓跟踪、促落实。除个别需要长期坚持的措施外,已全部按期整改完成。

【优化队伍结构,提升专业化水平】 不断优化和调整师资队伍结构,完善教学师资的管理规范。对师资分类进行逐步梳理与完善,借助大数据手段,掌握师资队伍的组成与结构分布,进行新增师资的选用与调节,本年度继续教育师资队伍结构进一步优化,政企类专家学者比例同比上升7%,社会师资持续下降,同期对比下降3%;同时根据教育培训的新形势,修订完善了《浙江大学继续教育师资准入基本原则》。进一步调整从业人员队伍结构,目前从业人员队伍中本科及以上学历占比为88.3%,逐年提升;专科比例逐年下降,同期降低3.5%。

(胡平洲撰稿　卜杭斌审稿)

【附录】

附录1　2021年浙江大学教育培训情况

招生对象	班次	人次
党政管理人员	1510	92958
企业管理人员	835	45377
专业技术人员	366	33881
其他人员	111	6817
总　计	2822	179033

附录2　2021年浙江大学远程教育学生情况　　　　　　　单位:人

毕业生数				招生数		在籍学生数		
合计	本科	专科	授予学士学位数	招生数	注册数	合计	本科	专科
3036	2845	191	952	0	0	4274	3491	783

附录3　2021年浙江大学自学考试主考专业

层　次	专业名称	
专升本	金融	国际贸易
	经济学	法律
	心理健康教育	汉语言文学
	新闻学	电力系统及其自动化
	英语语言文学	建筑工程
专科	房屋建筑工程	护理学

国际学生教育

【概况】 制订实施"十四五"国际学生教育发展规划。2021年学位生总数达4925人，研究生同比增长2.5%，结构层次进一步优化。生源国别157个，比上年增加8个，国别覆盖更广。新增"中国经济""能源动力"等英文授课研究生项目，国际学生培养能力进一步提升。学校入选教育部中外语言交流合作中心"新汉学计划"博士培养项目、国际儒学联合会"国际儒联学者计划"硕士培养项目，进一步拓展了高端国际人才培养。

严格境内学生疫情防控常态化管理，强化境外学生教育教学支撑保障。面向境内外3800余名国际学生，实施网格化管理，有效完成学生信息"每日一报"。会同本科生院制定《关于因疫情防控不能返校的境外国际学生实践教学工作指导意见》，有效缓解境外学生实践、实验类课程教学瓶颈问题。通过线上线下相结合方式举行开学典礼、始业教育、毕业典礼等活动，确保境外同学共同参与。

完善招生工作体系，确保疫情下国际学生招生规模和质量。协同学院（系）组织国际学生招生宣传讲师团成员等举行线上招生说明会24场，评选17名国际学生担任2021年招生宣传大使。改革浙江省政府奖学金工作体系，重点支持特色、成建制硕士项目，吸引优质硕士生源。以信息化建设为抓手，加强招生管理系统建设，优化工作流程，实现国际学生招生学院（系）联审全覆盖。

汉语言（留学生）本科专业建设、"两课"及语言文化教学取得新进展。对标一流本科专业建设，优化培养方案和课程体系，系统修订教学大纲，推进教学改革和课程思政建设，《以"二协同三创新"为核心，构建知华友华"一带一路"国际商务人才培养模式》获浙江大学教学成果一等奖。"中国概况"团队获第三届全国高校混合式教学设计创新大赛二等奖。顺利完成教育部中外语言交流合作中心"汉语桥"项目、意大利英苏布里亚大学暑期项目等线上短期项目教学。

依托校院两级学生素质发展平台，积极开展创新创业、社会实践、文化交流等活动，营造浓厚国际化校园氛围。2021年组织新年文化体验、亚运会宣传片拍摄、抗击疫情宣讲会、普通话大赛、征文和短视频大赛等各类活动40余项。国际学生获省级、校级荣誉42人次。国际教育学院中外学生暑期实践团队获"浙江大学2021年暑期社会实践活动十佳团队"，俄罗斯学生代雅获先进个人，国际教育学院获优秀组织奖。

积极发挥中方院校办学主体作用，确保海外孔子学院稳定运营。做好中方院长及志愿者选拔储备工作，针对汉语教师和志愿者因疫情不能按期外派问题，配合两所孔院在当地招聘本土志愿者和本土教师，组织在校硕士生为西澳大学孔院教学点提供远程助教服务。

【召开浙江大学2021年国际学生工作推进会】 4月9日，浙江大学2021年国际学生工作推进会在紫金港校区举行。这是第一次全校范围国际学生工作专题会议，邀请教育部国际司留学处安延处长作来华留学专题报告，何莲珍副校长出席会议并讲话。学校国际学生管理工作委员会全体成员单位、

浙江大学年鉴

相关职能部门负责人、学院(系)负责人和教学管理人员等120余人参会。国际教育学院作国际学生工作报告,国际合作与交流处、研究生院、经济学院等七个部门单位作交流发言。会议系统回顾"十三五"国际学生工作成效,面向"十四五"进行谋篇布局,进一步凝聚各部门共识、形成工作合力。

【国际教育学院课题获 2021 年度校级本科教学研究重点项目】 响应学校深化教育教学改革的要求,针对目前国际学生普遍存在的汉语言能力不均衡、汉语课堂表现懈怠、缺乏必要的专业学习能力等问题,为优化和提升全校国际学位生必修的"两课"之一"公共汉语课程",国际教育学院教学中心成立专项课题组,提出教改方案——"国际学生'通用学术汉语'慕课及其新形态教材一体化建设与研究",革新公共汉语教学理念,设计编写慕课—多媒体系列教材,构建线上—线下教学形式,方案成功申报浙江大学2021年度校级本科教学研究重点项目。

【浙江大学国际学生在第五届来华留学生征文暨短视频大赛中喜获佳绩】 12 月 21 日,教育部国际合作与交流司主办的第五届"我与中国的美丽邂逅"来华留学生征文暨短视频大赛颁奖典礼以线上直播形式成功举办。浙大在此次大赛中荣获优秀组织奖,马来西亚籍本科生王蔚昱(Wong Wei Yee)荣获征文大赛优秀奖,哥斯达黎加籍本科生冯赛(Fonseca Conejo Jose Luis)荣获短视频大赛三等奖。颁奖典礼展播了浙大马来西亚籍硕士生曾智勇(Chan Zhiyong)、印度尼西亚籍本科生吴思恬(Stasia)参与的"云"合唱作品《不忘初心》。王蔚昱在其获奖征文《亦近亦远的距离——我与中国的云学习》中讲述了自己虽身未至中国,人已在云端沉浸大学校园生活、感受中国独特魅力。冯赛的获奖视频《中国公共交通》,以第一人称的视角带领大家体验了"智慧之都"——杭州城的地铁、公交、船舶、自行车等公共交通,展示了数智科技为人们日常出行带来的便利。

(徐梦娇撰稿 唐晓武审稿)

【附录】

附录1 浙江大学 2021 年国际学生数 单位:人

博士研究生	硕士研究生	本科生	高级进修生	普通进修生	语言生	短期团组	合计
904	845	3176	11	49	356	268	5609

附录2 浙江大学 2021 年分学科门类国际学生数 单位:人

序号	学科	博士研究生	硕士研究生	本科生	高级进修生	普通进修生	语言生	短期团组	合计
1	文学	54	276	977	1	3	356	209	1876
2	工学	360	127	491	1	39	0	34	1052
3	医学	69	62	703	1	2	0	0	837
4	经济学	16	107	570	1	3	0	0	697

浙江大学年鉴

序号	学科	博士研究生	硕士研究生	本科生	高级进修生	普通进修生	语言生	短期团组	合计
5	管理学	84	159	204	0	2	0	25	474
6	理学	105	31	94	2	0	0	0	232
7	农学	142	23	28	3	0	0	0	196
8	法学	36	35	63	1	0	0	0	135
9	历史学	8	8	14	1	0	0	0	31
10	教育学	16	12	8	0	0	0	0	36
11	哲学	9	2	9	0	0	0	0	20
12	艺术学	5	3	15	0	0	0	0	23
	共计	904	845	3176	11	49	356	268	5609

附录 3　浙江大学 2021 年分院系国际学生数　　　　　　单位:人

学院/系	博士研究生	硕士研究生	本科生	高级进修生	普通进修生	语言生	短期团组	合计
人文学院	54	41	101	1	1	0	27	225
外国语言文化与国际交流学院	4	7	212	0	0	0	0	223
传媒与国际文化学院	18	62	436	0	1	0	0	517
艺术与考古学院	0	2	14	1	0	0	0	17
经济学院	14	85	514	1	3	0	0	617
光华法学院	24	21	20	0	0	0	0	65
教育学院	16	9	11	0	0	0	0	36
管理学院	50	72	235	0	0	0	25	382
公共管理学院	48	96	73	1	2	0	0	220
数学科学学院	7	2	44	0	0	0	0	53
物理学系	9	0	4	0	0	0	0	13
化学系	9	1	8	0	0	0	0	18
地球科学学院	7	1	3	0	0	0	0	11

学院/系	博士研究生	硕士研究生	本科生	高级进修生	普通进修生	语言生	短期团组	合计
心理与行为科学系	10	12	27	1	0	0	0	50
机械工程学院	13	17	60	0	0	0	0	90
材料科学与工程学院	30	2	8	0	0	0	0	40
能源工程学院	16	6	11	0	0	0	0	33
电气工程学院	42	4	45	0	2	0	0	93
建筑工程学院	50	14	84	0	0	0	0	148
化学工程与生物工程学院	25	4	38	1	37	0	0	105
海洋学院	41	29	4	0	0	0	0	74
航空航天学院	17	0	2	0	0	0	0	19
高分子科学与工程学系	5	0	2	0	0	0	0	7
光电科学与工程学院	18	1	0	0	0	0	0	19
信息与电子工程学院	33	7	32	0	0	0	0	72
控制科学与工程学院	15	5	26	0	0	0	0	46
计算机科学与技术学院	20	15	61	0	0	0	34	130
软件学院	0	38	0	0	0	0	0	38
生物医学工程与仪器科学学院	8	2	9	0	0	0	0	19
生命科学学院	16	2	24	0	0	0	0	42
生物系统工程与食品科学学院	58	1	27	0	0	0	0	86
环境与资源学院	23	1	8	0	0	0	0	32
农业与生物技术学院	109	20	11	1	0	0	0	141
动物科学学院	11	3	15	3	0	0	0	32
医学院	63	57	681	1	2	0	0	804
药学院	15	2	9	0	0	0	0	26
国际联合学院（海宁国际校区）	6	204	88	0	1	0	0	299
国际教育学院	0	0	229	0	0	356	182	767
合计	904	845	3176	11	49	356	268	5609

附录 4　浙江大学 2021 年分经费来源国际学生数　　单位：人

中国政府奖学金	浙江省政府奖学金	学位奖学金	企业奖学金	外国政府奖学金	自费	合计
1371	200	416	17	1	3604	5609

附录 5　浙江大学 2021 年主要国家国际学生数　　单位：人

韩国	马来西亚	巴基斯坦	印度尼西亚	泰国	伊朗	日本	意大利	印度	斯里兰卡
1382	757	424	239	221	141	137	135	110	105

附录 6　浙江大学 2021 年分大洲国际学生数　　单位：人

亚洲	欧洲	非洲	美洲	大洋洲	合计
4275	511	436	359	28	5609

附录 7　浙江大学 2021 年毕业国际学生数　　单位：人

博士研究生	硕士研究生	本科生	合计
73	118	297	488

浙江大学年鉴

科学研究与社会服务

科学技术研究

【概况】 2021年，浙江大学科研工作者认真学习深入贯彻党的十九大和十九届历次全会精神，落实习近平总书记关于高等教育发展和科技创新的重要论述，围绕"四个面向"战略方向，增强践行"国之大者"的使命自觉，秉承"学科—人才—科研"一体化发展理念，直面新冠疫情带来的严峻挑战，强化顶层设计，凝聚各方优势力量，着力增强有组织科研能力，全面提升科研管理服务水平，勇担使命、迎难而上，顺利完成各项科研任务，持续推动学校科研事业稳步发展。

科研规模大幅增长。2021年到款科研经费突破70亿元大关，达到70.12亿元，比2020年增长9.44亿元，其中纵向经费47.03亿元（占67.07%），横向科研经费23.09亿元（占32.93%）。

重大项目承载力稳定增强。全年新增三重项目225项。新增牵头承担科技创新2030——重大项目4项，课题12项，总经费6.16亿元；新增牵头承担国家重点研发计划项目24项，其中千万级项目17项，承担课题75项，国拨总经费7.91亿元；新增立项国家基金重大项目2项、重点项目19项、国家重大科研仪器研制项目5项、重点国际（地区）合作研究项目3项、联合基金36项。

科研人才项目稳健发展。全年共有19人获得国家杰出青年科学基金项目资助；20人获得优秀青年科学基金项目资助。截至2021年底，浙江大学共获批国家杰出青年科学基金项目165项、国家优秀青年科学基金项目190项、国家自然科学基金创新研究群体15个、科技部创新人才推进计划重点领域创新团队12个、科技创新团队（先进技术）3个、农业科研杰出人才培养计划入选人员5人。

科研基地布局不断优化。紧紧围绕国家重大战略需求，组织学校优势力量融入国家实验室建设，加快推进国家重点实验室重组优化和培育筹建，支撑打造国家战略科技力量。顺利推进超重力离心模拟与实验装置国家重大科技基础设施项目建设工作；积极推进"十四五"国家重大科技基础设施培育工作；依托教育部"脑与脑机融合"前沿科学中心、集成攻关大平台等，探索建设"科研特区"。获批"科创中国""一带一路"国际农业科技创新院3家。持续推进能源、海洋等领域浙江省实验室筹建工作，获批认定浙江省重点实验室9家（民口）、浙江省工程研究中心3家、浙江省临床医学研究中心6家、浙江省国际科技合作基地4家、浙江省军民融合创新平台1个。截至2021年底，浙江大学已建有国家科创基地45家、省部级科创基地324家，其中国家重点实验室10家、国家工程技术研究中心4家、国家（地方联合）工程研究中心（实验室）12家、国家临床医学研究中心2家、国家科技资源共享服务平台1家、国家重大科技基础设施1家；自主设立校设研究院13个、研究中心51个、研究所183个，另有校地科技合作平台51个、校企创新联合体169个，为科研发展提供了强大的平台支撑。

标志性成果奖励表现突出。以第一单位在CNS主刊发表文章、综述两类论文12篇、子刊164篇，其中《自然》4篇、《科学》7篇、《细胞》1篇，《自然》子刊63篇、《科学》子刊22篇、《细胞》子刊79篇。根据中信所2021年12月发布的数据，2020年度浙江大学被科学引文索引扩展版（SCI-E）收录论文9546篇，2011—2020年，10年中论文被引用1113370次，作为第一作者国际合著论文（据SCI统计）收录论文2267篇。以第一单位获浙江省科学技术一等奖22项（占全省50%），获浙江省科技大奖1项（全省唯一）。获社会力量设立的奖项中一等奖及以上（含特等奖）12项。

先进技术创新发展取得重要突破。不断深化校地校企合作，扎实推进产业基地建设，与余杭区未来科技城管委会共建浙江大学先进技术研究院先进技术产业基地；浙江大学（海南）先进技术与产业创新平台先后获批通过可行性研究方案、平台初步设计及概算，总投资9.01亿元。

全球开放发展战略深化落实。坚持全球视野，持续推进以实质性合作项目和平台为牵引的国际科技合作。培育并获批省级"一带一路"联合实验室4家；在电力电子技术、生殖健康等领域布局浙江省国际科技合作基地4个。获批国家重点研发计划政府间国际科技创新合作重点专项项目6项，与澳门合作研究项目2项；获批各类国家自然科学基金国际合作与交流项目24项。参加国际热核聚变反应堆计划（ITER）和大型强子对撞机（LHC）的建设。

科研管理政策体系不断完善。相继出台《浙江大学前沿科学中心管理办法（试行）》（浙大发科〔2021〕1号）、《浙江大学横向科技项目经费预算制管理办法》（浙大发科〔2021〕3号）、《浙江大学赋予科研人员职务科技成果所有权或长期使用权试点工作实施方案》（浙大发科〔2021〕4号）、《浙江大学关键核心技术集成攻关大平台管理办法（试行）》（浙大发科〔2021〕5号）；组织编印《2021年科研政策汇编》等文件，进一步探索科研管理创新，推进科研评价体系改革。

科研服务效能持续提升。重视标志性成果全链条培育工作，组织院士、相关行业或领域专家等为项目开展"多对一"指导和咨询；加强科研信息化建设，优化提升科研服务系统，充分利用校务服务网、科研院网站、"浙大科研"公众号等平台，促进科研项目、基地、成果等的全过程管理，便捷科研服务；协同推进"研在浙大"一站式科研管理服务平台建设，推动后疫情时代科研活动各环节的线上办理；组织开展包括国家重点研发计划申报、国家基金申报、科研经费管理培训等在内的系列培训活动,为科研人员提供政策指导和精准服务;积极发挥浙大科协作用,组织举办西湖学术论坛14期,推进浙江大学科普基地建设,组织校内9家场馆联合申报全国科普教育基地;完成科技创新馆主体装修,展示学校科技成果,促进交流合作。

【启动"十四五"科研重点发展计划】 坚持"四个面向"战略方向,精准对接国家和区域重大战略需求,把握学校优势领域,强化系统导向、需求导向、问题导向和重点导向,部署实施面向前沿基础研究的"启真计划"、面向关键核心技术攻关的"紫金计划"、面向重大平台建设的"领航计划"、面向重大团队培育的"科技创新团队2.0计划",力争在优势领域抢占科技战略制高点,切实提升学校服务国家战略科技能力。

【国家工程研究中心纳入新序列管理】 围绕国家重大战略任务和重点工程建设需求,我校4家国家工程研究中心强化关键共性技术和产业化技术研究,支撑解决行业瓶颈技术问题,持续提升平台创新能力,顺利通过国家发改委组织的优化整合评价,全部纳入国家工程研究中心新序列管理。中心将坚持以国家和行业战略需求为出发点,深化产学研合作,加快建设推动创新链产业链深度融合的国家战略科技力量。

【医学院附属第一医院/转化医学研究院吕志民教授团队获批基础科学中心项目】 该中心是浙江省医学领域首个基础科学中心。该项目围绕我国癌症防治的重大需求,瞄准肿瘤学前沿,聚焦肿瘤代谢重塑,从介尺度的全新视角,多层次、系统化、全链条地深度挖掘肿瘤物质和能量动态的分子基础,预期揭示肿瘤发生发展的全景图谱,在肿瘤学基础与转化研究领域获得重大突破,有望为我国肿瘤预防和诊治提供突破性的手段和方法。

【在CNS三大期刊主刊发文】 2021年,浙江大学以第一单位在《细胞》《自然》《科学》三大期刊主刊上发表文章12篇。

（王凤仪撰稿　杨　波审稿）

表　2021年浙江大学以第一完成单位在《自然》《科学》《细胞》三大刊物主刊发文情况

序号	期刊名称及期次	论文名称	作者	所在单位
1	*Science*，2021 (371)：517-521	In situ manipulation of the active Au-TiO$_2$ interface with atomic precision during CO oxidation	袁文涛(一作),方珂(一作),王勇(通讯)等	材料科学与工程学院
2	*Nature*，2021 (591)：66-71	Self-powered soft robot in the Mariana Trench	陈祥平(一作),周方浩(一作),李铁风(通讯)等	航空航天学院
3	*Nature*，2021 (592)：469-473	Structural insights into the lipid and ligand regulation of serotonin receptors	徐沛雨(一作),张会冰(一作),毛春友(一作),张岩(通讯)等	医学院附属邵逸夫医院

序号	期刊名称及期次	论文名称	作者	所在单位
4	*Science*，2021（372）：76-80	Isolated boron in zeolite for oxidative dehydrogenation of propane	周航（一作），王亮（通讯），孟祥举（通讯），肖丰收（通讯）等	化学工程与生物工程学院
5	*Cell*，2021（184）：2665-2679	Structural basis of assembly and torque transmission of the bacterial flagellar motor	谭加兴（一作），王小飞（一作），徐彩煌（一作），张兴（一作和通讯），朱永群（通讯）等	医学院附属邵逸夫医院、生命科学研究院
6	*Nature*，2021（593）：56-60	Rashba valleys and quantum Hall states in few-layer black arsenic	盛峰（一作），华陈强（一作），程满（一作），郑毅（通讯），许祝安（通讯），郑毅（通讯）等	物理学系
7	*Science*，2021（372）：614-617	Reversible fusion and fission of graphene oxide-based fibers	畅丹（一作），李拯（通讯），高超（通讯）等	高分子科学与工程学系
8	*Science*，2021（372）：721-724	Electric field control of superconductivity at the LaAlO$_3$/KTaO$_3$（111）interface	陈峥（一作），刘源（一作），谢燕武（通讯）等	物理学系
9	*Science*，2021（372）：1466-1470	Pressure-driven fusion of amorphous particles into integrated monoliths	慕昭（一作），孔康任（一作），刘昭明（通讯），唐睿康（通讯）等	化学系
10	*Science*，2021（373）：187-192	Elastic ice microfibers	许培臻（一作），崔博文（一作），郭欣（通讯），童利民（通讯）等	光电科学与工程学院
11	*Nature*，2021（596）：244-249	Direct imaging of single-molecule electrochemical reactions in solution	董金润（一作），卢禹先（一作），冯建东（通讯）等	化学系
12	*Science*，2021（374）：758-762	Abating ammonia is more cost-effective than nitrogen oxides for mitigating PM2.5 air pollution	谷保静（一作和通讯）等	环境与资源学院

（王凤仪撰稿　杨　波审稿）

附录1　2021年浙江大学科研机构(研究所)

所属院系	序号	研究所	负责人
数学科学学院	1	高等数学研究所	李　方
	2	信息数学研究所	阮火军
	3	科学与工程计算研究所	吴庆标
	4	统计研究所	张荣茂
	5	应用数学研究所	孔德兴
	6	运筹与控制科学研究所	谈之奕
物理学系	7	光学与量子信息研究所	游建强
	8	凝聚态物理研究所	许祝安
	9	光电物理研究所	赵道木
	10	浙江近代物理中心	李政道
化学系	11	物理化学研究所	王从敏
	12	分析化学研究所	苏　彬
	13	高新材料化学研究所	吴传德
	14	有机与药物化学研究所	陆　展
	15	催化研究所	王　勇
地球科学学院	16	天气气候与环境气象研究所	曹　龙
	17	地质研究所	程晓敢
	18	地球物理研究所	徐义贤
	19	地理与空间信息研究所	杜震洪
心理与行为科学系	20	应用心理学研究所	马剑虹
	21	认知与发展心理学研究所	张智君
机械工程学院	22	制造技术及装备自动化研究所	傅建中
	23	设计工程研究所	张树有
	24	航空制造工程研究所	董辉跃
	25	工业工程研究所	唐任仲
	26	机械设计研究所	童水光
	27	机械电子控制工程研究所	李德骏
	28	微纳技术与精密工程研究所	刘　涛

续表

所属院系	序号	研究所	负责人
材料科学与工程学院	29	半导体材料研究所	杨德仁
	30	金属材料研究所	吴进明
	31	无机非金属材料研究所	钱国栋
	32	材料物理研究所	吴勇军
	33	功能复合材料与结构研究所	彭华新
	34	高温合金研究所	贝红斌
能源工程学院	35	热能工程研究所	岑可法
	36	动力机械与车辆工程研究所	刘震涛
	37	制冷与低温研究所	张学军
	38	热工与动力系统研究所	盛德仁
	39	化工机械研究所	洪伟荣
电气工程学院	40	电机及其控制研究所	年珩
	41	电力系统自动化研究所	陈向荣
	42	航天电气与微特电机研究所	卢琴芬
	43	电力能源互联网及其智能化研究所	汪震
	44	电气自动化研究所	刘妹琴
	45	系统科学与控制研究所	厉小润
	46	电力电子技术研究所	徐德鸿
	47	电工电子新技术研究所	杨仕友
建筑工程学院	48	结构工程研究所	赵羽习
	49	岩土工程研究所	陈云敏
	50	交通工程研究所	徐荣桥
	51	智能交通研究所	王殿海
	52	土木工程管理研究所	张宏
	53	市政工程研究所	张土乔
	54	防灾工程研究所	尚岳全
	55	空间结构研究中心	罗尧治
	56	建筑材料研究所	闫东明

所属院系	序号	研究所	负责人
建筑工程学院	57	高性能建筑结构与材料研究所	徐世烺
	58	滨海和城市岩土工程研究中心	龚晓南
	59	建筑设计及其理论研究所	贺 勇
	60	建筑技术研究所	葛 坚
	61	城市规划与设计研究所	华 晨
	62	城乡规划理论与技术研究所	韩昊英
	63	水科学与工程研究所	许月萍
化学工程与生物工程学院	64	聚合与聚合物工程研究所	罗英武
	65	化学工程研究所	戴立言
	66	联合化学反应工程研究所	陈志荣
	67	生物工程研究所	吴坚平
	68	制药工程研究所	张治国
	69	工业生态与环境研究所	张兴旺
海洋学院	70	海洋地质与资源研究所	厉子龙
	71	物理海洋与遥感研究所	李培良
	72	海洋生物与药物研究所	马忠俊
	73	海洋化学与环境研究所	潘依雯
	74	港口海岸与近海工程研究所	贺治国
	75	海洋工程与技术研究所	陈家旺
	76	海洋传感与网络研究所	瞿逢重
	77	海洋结构与船舶工程研究所	冷建兴
	78	海洋电子与智能系统研究所	徐志伟
航空航天学院	79	应用力学研究所	钱 劲
	80	流体工程研究所	余钊圣
	81	飞行器设计与推进技术研究所	孟 华
	82	无人机系统与控制研究所	黎 军
	83	空天信息技术研究所	宋广华
	84	航天电子工程研究所	郁发新
	85	微小卫星研究中心	金仲和

所属院系	序号	研究所	负责人
高分子科学与工程系	86	高分子科学研究所	高　超
	87	高分子复合材料研究所	陈红征
	88	生物医用大分子研究所	计　剑
光电科学与工程学院	89	光学成像与检测技术研究所	徐之海
	90	光学工程研究所	白　剑
	91	光及电磁波研究中心	何赛灵
	92	光学惯性技术工程中心	黄腾超
	93	微纳光子学研究所	邱建荣
	94	激光生物医学研究所	丁志华
	95	光电工程研究所	匡翠方
信息与电子工程学院（含微纳电子学院）	96	信息与通信网络工程研究所	虞　露
	97	智能通信网络与安全研究所	赵民建
	98	信号空间和信息系统研究所	徐　文
	99	微电子集成系统研究所	储　涛
	100	超大规模集成电路设计研究所	黄　凯
控制科学与工程学院	101	工业控制研究所	陈积明
	102	智能感知与检测研究所	黄志尧
	103	智能系统与控制研究所	苏宏业
计算机科学与技术学院	104	人工智能研究所	吴　飞
	105	系统结构与网络安全研究所	潘　纲
	106	计算机软件研究所	陈　刚
	107	现代工业设计研究所	孙凌云
生物医学工程与仪器科学学院	108	生物医学工程研究所	夏　灵
	109	数字技术及仪器研究所	陈耀武
	110	医疗健康信息工程技术研究所	叶学松
生命科学学院	111	植物生物学研究所	郑绍建
	112	微生物研究所	高海春
	113	生态研究所	邱英雄

浙江大学年鉴

所属院系	序号	研究所	负责人
生命科学学院	114	细胞与发育生物学研究所	陈 军
	115	生物化学研究所	易 文
	116	遗传与再生生物学研究所	严庆丰
	117	生物物理研究所	田 兵
生物系统工程与食品科学学院	118	农业生物环境工程研究所	泮进明
	119	智能农业装备研究所	王 俊
	120	农业信息技术研究所	裴正军
	121	食品生物科学技术研究所	陈 卫
	122	食品加工工程研究所	刘东红
环境与资源学院	123	环境健康研究所	刘 璟
	124	环境过程研究所	林道辉
	125	农业化学研究所	林咸永
	126	农业遥感与信息技术应用研究所	黄敬峰
	127	土水资源与环境研究所	何 艳
	128	环境污染防治研究所	吴伟祥
	129	环境技术研究所	吴忠标
	130	环境生态研究所	郑 平
农业与生物技术学院	131	生物技术研究所	蔡新忠
	132	原子核农业科学研究所	叶庆富
	133	作物科学研究所	舒庆尧
	134	蔬菜研究所	卢 钢
	135	果树科学研究所	李 鲜
	136	园林研究所	夏宜平
	137	昆虫科学研究所	李 飞
	138	农药与环境毒理研究所	虞云龙
	139	茶叶研究所	王岳飞
动物科学学院	140	饲料科学研究所	余东游
	141	动物预防医学研究所	周继勇

所属院系	序号	研究所	负责人
动物科学学院	142	奶业科学研究所	王佳堃
	143	蚕蜂研究所	胡福良
	144	动物养殖与环境工程研究所	邵庆均
	145	应用生物资源研究所	时连根
	146	动物遗传繁育研究所	彭金荣
医学院	147	传染病研究所	李兰娟
	148	血液学研究所	黄 河
	149	肿瘤研究所	于晓方
	150	儿科研究所	杜立中
	151	外科研究所	王伟林
	152	心血管病研究所	王建安
	153	脑医学研究所	张建民
	154	急救医学研究所	张 茂
	155	骨科研究所	叶招明
	156	妇产科计划生育研究所	吕卫国
	157	邵逸夫临床医学研究所	俞云松
	158	眼科研究所	姚 克
	159	呼吸疾病研究所	沈华浩
	160	免疫学研究所	曹雪涛
	161	细胞生物学研究所	张咸宁
	162	病理学与法医学研究所	周 韧
	163	社会医学与全科医学研究所	李 鲁
	164	环境医学研究所	孙文均
	165	营养与食品安全研究所	王福俤
	166	神经科学研究所	段树民
	167	微创外科研究所	蔡秀军
	168	核医学与分子影像研究所	张 宏
	169	胃肠病研究所	姒健敏

浙江大学年鉴

所属院系	序号	研究所	负责人
医学院	170	系统神经与认知科学研究所	王 菁
	171	器官移植研究所	郑树森
	172	口腔医学研究所	王慧明
	173	肾脏病研究所	陈江华
	174	检验医学研究所	陈 瑜
	175	遗传学研究所	管敏鑫
	176	药物生物技术研究所	李永泉
	177	运动医学研究所	欧阳宏伟
药学院	178	药物发现与设计研究所	崔孙良
	179	药物制剂研究所	高建青
	180	药物信息学研究所	瞿海斌
	181	现代中药研究所	吴永江
	182	药理毒理研究所	应美丹
	183	药物代谢和药物分析研究所	曾 苏

附录 2　2021 年浙江大学科研机构（校设研究院）

序号	校设研究院名称	批准时间	负责人
1	浙江加州国际纳米技术研究院	2005 年 12 月	杨 辉
2	浙江大学求是高等研究院	2006 年 10 月	徐立之
3	浙江大学生命科学研究院	2009 年 10 月	冯新华
4	浙江大学水环境研究院	2009 年 12 月	徐向阳
5	浙江大学可持续能源研究院	2010 年 1 月	倪明江 骆仲泱
6	浙江大学集成电路与基础软件研究院	2010 年 4 月	严晓浪
7	浙江大学国际设计研究院	2010 年 9 月	孙凌云
8	浙江大学转化医学研究院	2012 年 3 月	吕志民
9	浙江大学海洋研究院	2014 年 5 月	张海生
10	浙江大学健康医疗大数据国家研究院	2018 年 6 月	吴息凤
11	浙江大学数学高等研究院	2019 年 12 月	励建书
12	浙江大学癌症研究院	2020 年 1 月	周天华
13	浙江大学生态文明研究院	2021 年 10 月	朱利中

序号	校地科技合作平台	时间	负责人	平台性质
1	浙江大学台州研究院	2007年	颜文俊	事业法人
2	浙江大学舟山海洋研究中心	2009年	王瑞飞	事业法人
3	浙江大学—宁波江北工研院公共创新平台	2011年	杨　捷	企业法人
4	浙江大学苏州工业技术研究院	2011年	叶继术	事业法人
5	浙江大学昆山创新中心	2012年	叶继术	事业法人
6	浙江大学常州工业技术研究院	2013年	吕红兵	事业法人
7	浙江大学自贡创新中心	2014年	童水光	事业法人
8	浙江大学滨海产业技术研究院	2014年	柳景青	事业法人
9	浙江大学包头工业技术研究院	2014年	吕福在	事业法人
10	浙江大学华南工业技术研究院	2014年	朱嵘华	事业法人
11	浙江大学山东工业技术研究院	2017年	曹衍龙	事业法人
12	浙江大学温州研究院	2019年	叶志镇	事业法人
13	浙江大学深圳研究院	2003年	陈　钢	事业法人
14	浙江大学衢州研究院	2018年	任其龙	事业法人
15	浙江大学德清先进技术与产业研究院	2018年	尹建伟	事业法人
16	浙江大学涡轮机械与推进系统研究院(德清)	2018年	郑　耀	事业法人
17	浙江大学计算机创新技术研究院	2019年	陈　刚	事业法人
18	浙江大学中原研究院	2019年	叶兴乾	事业法人
19	浙江大学山东(临沂)现代农业研究院	2019年	王　珂	事业法人
20	浙江大学智能创新药物研究院	2020年	丁　健	事业法人
21	浙江大学海南研究院	2020年	王立忠	事业法人
22	浙江大学国际健康医学研究院	2020年	应颂敏	事业法人
23	浙江大学先进电气装备创新中心	2020年	夏长亮	事业法人
24	浙江大学青山湖能源研究基地	2020年	方梦祥	事业法人
25	浙江大学滨江研究院	2020年	王立忠	事业法人
26	浙江大学高端装备研究院	2020年	杨华勇	事业法人
27	浙江大学湖州研究院	2020年	许　超	事业法人

浙江大学年鉴

序号	校地科技合作平台	时间	负责人	平台性质
28	浙江大学嘉兴研究院	2021 年	高 翔	事业法人
29	浙江大学金华研究院	2021 年	杨建义	事业法人
30	浙江大学(杭州)创新医药研究院	2016 年	杨 波	非法人
31	浙江大学机器人研究院	2017 年	陆国栋	非法人
32	浙江大学宁波研究院	2018 年	章献民	非法人
33	浙江大学(宁波)气动产业技术研究中心	2018 年	陶国良	非法人
34	浙江大学三门 OLED 产业研究中心	2019 年	张其胜	非法人
35	浙江大学龙泉创新中心	2019 年	熊树生	非法人
36	浙江大学—洞头建筑与城乡发展联合研究中心	2019 年	吴 越	非法人
37	浙江大学(余杭)基础医学创新研究院	2019 年	罗建红	非法人
38	浙江大学—重庆市住房公积金管理中心创新应用联合实验室	2020 年	尹可挺	非法人
39	浙大—榆林智能自动化和智慧能源联合研发中心	2020 年	施一明	非法人
40	浙江大学—湖州智能驱动产业研究中心	2020 年	赵荣祥	非法人
41	浙江大学—广西东盟创新研究中心	2020 年	杨 辉	非法人
42	浙江大学海宁生物电子国际研究中心	2020 年	骆季奎	非法人
43	浙江大学—萍乡市湘东工业园光电技术联合研究中心	2020 年	沈伟东	非法人
44	浙江大学百山祖国家公园联合研究中心	2020 年	于明坚	非法人
45	浙江大学安庆未来产业技术研究中心	2021 年	赵和平	非法人
46	浙江大学—钱塘智慧城光电联合研究中心	2021 年	林 斌	非法人
47	浙江大学宁海生物质材料与碳中和城市研究中心	2021 年	肖 岩	非法人
48	浙江大学—海宁再生医学材料联合研究中心	2021 年	欧阳宏伟	非法人
49	浙江大学泰和乌鸡产业技术联合研究中心	2021 年	汪以真	非法人
50	国家光学仪器工程技术研究中心余杭基地	2021 年	何赛灵	非法人
51	浙江大学(常山)现代农业发展研究中心	2021 年	吴 迪	非法人

注:非法人单位为签约时间,法人单位为注册成立时间;负责人:院长或中心主任。

附录 4　2021 年浙江大学国家、省部科创基地

序号	基地名称	批准日期	负责人	学院(系)
国家重点实验室				
1	硅材料国家重点实验室	1985 年 8 月	钱国栋	材料学院
2	计算机辅助设计与图形学国家重点实验室	1989 年 2 月	周　昆	计算机学院
3	流体动力与机电系统国家重点实验室	1989 年 6 月	徐　兵	机械学院
4	工业控制技术国家重点实验室	1989 年 6 月	苏宏业	控制学院
5	现代光学仪器国家重点实验室	1989 年 6 月	刘　旭	光电学院
6	能源清洁利用国家重点实验室	2005 年 3 月	严建华	能源学院
7	传染病诊治国家重点实验室	2007 年 10 月	李兰娟	医学院附属第一医院
8	化学工程联合国家重点实验室(联合)	1987 年 6 月	李伯耿	化工学院
9	植物生理学与生物化学国家重点实验室(参加)	2002 年 1 月	郑绍建	生科学院
10	水稻生物学国家重点实验室(参加)	2003 年 12 月	叶恭银	农学院
国家重大科技基础设施				
1	超重力离心模拟与实验装置国家重大科技基础设施	2019 年 1 月	陈云敏	建工学院
国家工程技术研究中心				
1	国家光学仪器工程技术研究中心	1994 年 3 月	何赛灵	光电学院
2	国家电液控制工程技术研究中心	2000 年 6 月	谢海波	机械学院
3	国家列车智能化工程技术研究中心	2011 年 6 月	陈　刚	计算机学院
4	国家水煤浆工程技术研究中心(参加)	1992 年 4 月	周俊虎	能源学院
国家工程研究中心(实验室)				
1	工业自动化国家工程研究中心	1992 年 9 月	孙优贤	控制学院
2	电力电子应用技术国家工程研究中心	1996 年 10 月	赵荣祥	电气学院
3	绿色饲料与健康养殖国家工程研究中心	2008 年 7 月	刘建新	动科学院
4	工业控制系统安全技术国家工程实验室	2013 年 11 月	孙优贤	控制学院
5	固体废物能源化清洁利用技术与装备国家工程研究中心	2016 年 10 月	严建华	能源学院
6	微创器械创新及应用国家工程研究中心	2021 年 10 月	蔡秀军	医学院附属邵逸夫医院

浙江大学年鉴

序号	基地名称	批准日期	负责人	学院（系）
国家临床医学研究中心				

序号	基地名称	批准日期	负责人	学院（系）
国家临床医学研究中心				
1	国家感染性疾病临床医学研究中心	2019 年 5 月	李兰娟	医学院附属第一医院
2	国家儿童健康与疾病临床医学研究中心	2019 年 5 月	舒　强	医学院附属儿童医院
国家科技资源共享服务平台				
1	国家健康和疾病人脑组织资源库	2019 年 6 月	章　京	医学院脑科学与脑医学系
科技部国际科技合作基地				
1	浙江国际纳米技术研发中心	2007 年 12 月	杨　辉	纳米研究院
2	先进能源国际联合研究中心	2012 年 9 月	骆仲泱	能源学院
3	中葡先进材料联合创新中心	2013 年 2 月	计　剑	高分子系
4	园艺作物品质调控与应用国际联合研究中心	2015 年 10 月	陈昆松	农学院
5	海洋土木工程国际联合研究中心	2016 年 11 月	王立忠	建工学院
6	流程生产质量优化与控制国际联合研究中心	2016 年 11 月	邵之江	控制学院
7	光电技术国际联合研究中心	2016 年 11 月	邱建荣	光电学院
8	肝病和肝移植研究国际科技合作基地	2016 年 11 月	郑树森	医学院附属第一医院
9	出生缺陷诊治国际科技合作基地	2018 年 02 月	舒　强	医学院附属儿童医院
科技部"一带一路"联合实验室				
1	中国—葡萄牙先进材料"一带一路"联合实验室	2020 年 9 月	计　剑	高分子系
2	中国—新加坡传染病防治与药物研发"一带一路"联合实验室	2020 年 9 月	李兰娟	医学院附属第一医院
国家地方联合工程研究中心				
1	海洋工程装备国家地方联合工程研究中心（浙江）	2012 年 10 月	朱世强	海洋学院
2	工业生物催化国家地方联合工程研究中心（浙江）	2013 年 10 月	杨立荣	化工学院
3	园艺产品冷链物流工艺与装备国家地方联合工程研究中心（浙江）	2015 年 3 月	孙崇德	农学院

续表

序号	基地名称	批准日期	负责人	学院(系)
4	药物制剂技术国家地方联合工程研究中心(浙江)	2015 年 12 月	胡富强	药学院
5	智能食品加工技术与装备国家地方联合工程研究中心(浙江)	2016 年 10 月	刘东红	生工食品学院
6	先进结构设计与建造技术国家地方联合工程研究中心(浙江)	2017 年 12 月	罗尧治	建工学院
国家 2011 协同创新中心				
1	煤炭分级转化清洁发电协同创新中心	2014 年 10 月	骆仲泱	能源学院
2	感染性疾病诊治协同创新中心	2014 年 10 月	李兰娟	医学院附属第一医院
教育部前沿科学中心				
1	脑与脑机融合前沿科学中心	2018 年 9 月	段树民	医学院
教育部重点实验室				
1	生物医学工程教育部重点实验室	2000 年 8 月	王　平	生仪学院
2	生命系统稳态与保护教育部重点实验室	2000 年 8 月	冯新华	生科学院
3	动物分子营养学教育部重点实验室	2000 年 8 月	汪以真	动科学院
4	污染环境修复与生态健康教育部重点实验室	2003 年 11 月	梁永超	环资学院
5	高分子合成与功能构造教育部重点实验室	2005 年 12 月	李寒莹	高分子系
6	软弱土与环境土工教育部重点实验室	2007 年 2 月	詹良通	建工学院
7	恶性肿瘤预警与干预教育部重点实验室	2007 年 12 月	胡　汛	医学院附属第二医院
8	生殖遗传教育部重点实验室	2010 年 11 月	黄荷凤	医学院附属妇产科医院
9	生物质化工教育部重点实验室	2011 年 12 月	任其龙	化工学院
10	视觉感知教育部—微软重点实验室	2005 年 2 月	杨　易	计算机学院
教育部工程研究中心				
1	膜与水处理技术教育部工程研究中心	2001 年 1 月	侯立安	高分子系
2	嵌入式系统教育部工程研究中心	2006 年 6 月	陈耀武	生仪学院
3	计算机辅助产品创新设计教育部工程研究中心	2006 年 6 月	应放天	计算机学院

序号	基地名称	批准日期	负责人	学院(系)
4	表面与结构改性无机功能材料教育部工程研究中心	2007 年 7 月	韩高荣	材料学院
5	数字图书馆教育部工程研究中心	2009 年 1 月	庄越挺	计算机学院
6	高压过程装备与安全教育部工程研究中心	2009 年 12 月	郑津洋	能源学院
7	电子病历与智能专家系统教育部工程研究中心	2013 年 11 月	李兰娟	医学院附属第一医院
8	海洋感知技术与装备教育部工程研究中心	2019 年 10 月	王立忠	海洋学院
教育部省部共建协同创新中心				
1	人工智能省部共建协同创新中心	2018 年 12 月	庄越挺	计算机学院
2	先进技术协同创新中心	2018 年 12 月		
3	工业信息物理融合系统省部共建协同创新中心	2019 年 9 月	贺诗波	控制学院
教育部国际合作联合实验室				
1	光子学与技术国际合作联合实验室	2015 年 12 月	戴道锌	光电学院
教育部野外科学观测研究站				
1	浙江长兴作物有害生物教育部野外科学观测研究站	2019 年 10 月	林福呈	农学院
2	浙江舟山群岛海洋生态系统教育部野外科学观测研究站	2019 年 10 月	李春峰	海洋学院
农业农村部重点实验室				
1	农业农村部核农学重点实验室	2016 年 12 月	吴殿星	农学院
2	农业农村部华东动物营养与饲料重点实验室	2016 年 12 月	汪以真	动科学院
3	农业农村部设施农业装备与信息化重点实验室	2016 年 12 月	朱松明	生工食品学院
4	农业农村部园艺作物生长发育重点实验室	2016 年 12 月	喻景权	农学院
5	农业农村部动物病毒学重点实验室	2016 年 12 月	周继勇	动科学院
6	农业农村部作物病虫分子生物学重点实验室	2016 年 12 月	陈学新	农学院
7	农业农村部农产品产后处理重点实验室	2016 年 12 月	罗自生	生工食品学院
8	农业农村部农产品产地处理装备重点实验室	2016 年 12 月	应义斌	生工食品学院
9	农业农村部光谱检测重点实验室	2016 年 12 月	何　勇	生工食品学院

续表

序号	基地名称	批准日期	负责人	学院 (系)
卫健委重点实验室				
1	卫健委传染病重点实验室	1996 年 2 月	李兰娟	医学院附属第一医院
2	卫健委多器官联合移植研究重点实验室	2000 年 12 月	郑树森	医学院附属第一医院
3	卫健委医学神经生物学重点实验室	2007 年 4 月	罗建红	医学院脑科学与脑医学系
各部委研究中心				
1	智能科学与技术网上合作研究中心 (教育部)	1999 年 12 月	潘云鹤	计算机学院
2	国家濒危野生动植物种质基因保护中心 (教育部、国家林业和草原局)	2001 年 10 月	方盛国	生科学院
3	教育部含油气盆地构造研究中心	2006 年 8 月	陈汉林	地科学院
4	磁约束核聚变教育部研究中心 (联合)	2008 年 2 月	盛正卯	物理学系
5	国家环境保护燃煤大气污染控制工程技术中心 (生态环境部)	2010 年 11 月	高 翔	能源学院
6	浙江国际纳米技术研发中心 (教育部、国家外专局)	2007 年 12 月	杨 辉	纳米研究院
7	新型飞行器联合研究中心 (教育部)	2009 年 11 月	郑 耀	航空航天学院
浙江省实验室				
1	良渚实验室	2020 年 7 月	刘志红	医学院
浙江应用数学中心				
1	浙江应用数学中心	2020 年 3 月	包 刚	数学科学学院
浙江省重点实验室				
1	浙江省医学分子生物学重点实验室	1991 年 12 月	丁克峰	医学院附属第二医院
2	浙江省应用化学重点实验室	1992 年 3 月	肖丰收	化学系
3	浙江省饲料与动物营养重点实验室	1992 年 5 月	汪以真	动科学院
4	浙江省资源与环境信息系统重点研究实验室	1993 年 11 月	杜震洪	地科学院
5	浙江省农业遥感与信息技术重点实验室	1993 年 11 月	史 舟	环资学院
6	浙江省细胞与基因工程重点实验室	1995 年 9 月	严庆丰	生科学院

浙江大学年鉴

序号	基地名称	批准日期	负责人	学院（系）
7	浙江省核农学重点实验室	1995 年 10 月	吴殿星	农学院
8	浙江省信息处理与通信网络重点实验室	1997 年 10 月	张朝阳	信电学院
9	浙江省农业资源与环境重点实验室	1997 年 10 月	刘杏梅	环资学院
10	浙江省心脑血管检测技术与药效评价重点实验室	1997 年 10 月	陈　杭	生仪学院
11	浙江省电磁及复合暴露健康危害重点实验室	1997 年 10 月	周　舟	公共卫生系
12	浙江省先进制造技术重点实验室	1999 年 7 月	梅德庆	机械学院
13	浙江省器官移植重点实验室	2000 年 4 月	郑树森	医学院附属第一医院
14	浙江省动物预防医学重点实验室	2004 年 8 月	杜爱芳	动科学院
15	浙江省女性生殖健康研究重点实验室	2005 年 12 月	吕卫国	医学院附属妇产科医院
16	浙江省传染病重点实验室	2006 年 9 月	李兰娟	医学院附属第一医院
17	浙江省医学分子影像重点实验室	2006 年 10 月	田　梅	医学院附属第二医院
18	浙江省生物治疗重点实验室	2007 年 1 月	金洪传	医学院附属邵逸夫医院
19	浙江省水体污染控制与环境安全技术重点实验室	2007 年 12 月	徐向阳	环资学院
20	浙江省新生儿疾病（诊治）重点实验室	2008 年 12 月	舒　强	医学院附属儿童医院
21	浙江省血液肿瘤（诊治）重点实验室	2008 年 12 月	金　洁	医学院附属第一医院
22	浙江省服务机器人重点实验室	2008 年 12 月	卜佳俊	计算机学院
23	浙江省微生物生化与代谢工程重点实验室	2009 年 12 月	李永泉	基础医学系
24	浙江省心血管诊治重点实验室	2009 年 12 月	王建安	医学院附属第二医院
25	浙江省疾病蛋白质组学重点实验室	2009 年 12 月	邵吉民	基础医学系
26	浙江省有机污染过程与控制重点实验室	2009 年 12 月	林道辉	环资学院
27	浙江省医学神经生物学重点实验室	2010 年 9 月	吴志英	基础医学系

序号	基地名称	批准日期	负责人	学院（系）
28	浙江省空间结构重点实验室	2010 年 9 月	罗尧治	建工学院
29	浙江省腔镜技术研究重点实验室	2010 年 9 月	蔡秀军	医学院附属邵逸夫医院
30	浙江省光电磁传感技术研究重点实验室	2010 年 9 月	何赛灵	光电学院
31	浙江省重要致盲眼病防治技术研究重点实验室	2011 年 11 月	姚 克	医学院附属第二医院
32	浙江省肾脏疾病防治技术研究重点实验室	2011 年 11 月	陈江华	医学院附属第一医院
33	浙江省网络多媒体技术研究重点实验室	2011 年 11 月	陈耀武	生仪学院
34	浙江省组织工程与再生医学技术重点实验室	2011 年 11 月	欧阳宏伟	基础医学系
35	浙江省作物种质资源重点实验室	2011 年 11 月	舒庆尧	农学院
36	浙江省电池新材料与应用技术研究重点实验室	2012 年 9 月	涂江平	材料学院
37	浙江省海洋可再生能源电气装备与系统技术研究重点实验室	2012 年 9 月	韦 巍	电气学院
38	浙江省农产品加工技术研究重点实验室	2012 年 9 月	叶兴乾	生工食品学院
39	浙江省抗肿瘤药物临床前研究重点实验室	2013 年 7 月	何俏军	药学院
40	浙江省饮用水安全与输配技术研究重点实验室	2013 年 7 月	张土乔	建工学院
41	浙江省三维打印工艺与装备重点实验室	2014 年 8 月	傅建中	机械学院
42	浙江省精神障碍诊疗和防治技术重点实验室	2014 年 8 月	许 毅	医学院附属第一医院
43	浙江省园艺植物整合生物学研究与应用重点实验室	2015 年 3 月	陈昆松	农学院
44	浙江省大数据智能计算重点实验室	2015 年 3 月	陈 刚	计算机学院
45	浙江省制冷与低温技术重点实验室	2015 年 3 月	陈光明	能源学院
46	浙江省新型吸附分离材料与应用技术重点实验室	2015 年 11 月	徐志康	高分子系
47	浙江省软体机器人与智能器件研究重点实验室	2015 年 11 月	曲绍兴	航空航天学院
48	浙江省临床体外诊断技术研究重点实验室	2015 年 11 月	陈 瑜	医学院附属第一医院

浙江大学年鉴

序号	基地名称	批准日期	负责人	学院（系）
49	浙江省海洋岩土工程与材料重点实验室	2015 年 11 月	王立忠	海洋学院
50	浙江省化工高效制造技术重点实验室	2016 年 9 月	王靖岱	化工学院
51	浙江省先进微纳电子器件智能系统及应用重点实验室	2016 年 9 月	李尔平	信电学院
52	浙江省肝胆胰肿瘤精准诊治研究重点实验室	2016 年 9 月	王伟林	医学院附属第一医院
53	浙江省胰腺病研究重点实验室	2016 年 9 月	梁廷波	医学院附属第二医院
54	浙江省口腔生物医学研究重点实验室	2016 年 9 月	王慧明	医学院附属口腔医院
55	浙江省海洋观测—成像试验区重点实验室	2016 年 9 月	徐　文	海洋学院
56	浙江省呼吸疾病诊治及研究重点实验室	2017 年 9 月	沈华浩	基础医学系
57	浙江省生殖障碍诊治研究重点实验室	2017 年 9 月	张松英	医学院附属邵逸夫医院
58	浙江省作物病虫生物学重点实验室	2018 年 10 月	陈学新	农学院
59	浙江省量子技术与器件重点实验室	2018 年 10 月	许祝安	物理学系
60	浙江省设计智能与数字创意研究重点实验室	2018 年 10 月	孙守迁	计算机学院
61	浙江省电机系统智能控制与变流技术重点实验室	2018 年 10 月	沈建新	电气学院
62	浙江省骨骼肌肉退变与再生修复转化研究重点实验室	2018 年 10 月	范顺武	医学院附属邵逸夫医院
63	浙江省药物临床研究与评价技术重点实验室	2018 年 10 月	裴云庆	医学院附属第一医院
64	浙江省肿瘤微环境与免疫治疗重点实验室	2018 年 10 月	黄　建	医学院附属第二医院
65	浙江省地学大数据与地球深部资源重点实验室	2019 年 11 月	夏群科	地科学院
66	浙江省微纳卫星研究重点实验室	2019 年 11 月	金仲和	先研院
67	浙江省免疫与炎症疾病重点实验室	2019 年 11 月	王青青	基础医学系
68	浙江省智能预防医学重点实验室	2019 年 11 月	吴息凤	公共卫生系
69	浙江省运动系统疾病研究与精准诊治重点实验室	2019 年 11 月	叶招明	医学院附属第二医院

续表

序号	基地名称	批准日期	负责人	学院（系）
70	浙江省增龄与理化损伤性疾病诊治研究重点实验室	2019 年 11 月	陆远强	医学院附属第一医院
71	浙江省心血管介入与再生修复研究重点实验室	2019 年 11 月	傅国胜	医学院附属邵逸夫医院
72	浙江省蚕蜂资源利用与创新研究重点实验室	2019 年 11 月	杨明英	动科学院
73	浙江省区块链与网络空间治理重点实验室	2020 年 11 月	任　奎	计算机学院
74	浙江省激发态材料合成与应用重点实验室	2020 年 11 月	彭笑刚	化学系
75	浙江省癌症分子细胞生物学重点实验室	2020 年 11 月	冯新华	生命学院
76	浙江省遗传缺陷与发育障碍研究重点实验室	2020 年 11 月	管敏鑫	医学院
77	浙江省医疗器械临床评价技术研究重点实验室	2020 年 11 月	冯靖祎	医学院附属第一医院
78	浙江省角膜病研究重点实验室	2020 年 11 月	姚玉峰	医学院附属邵逸夫医院
79	浙江省智能生物材料重点实验室	2021 年 3 月	申有青	化工学院
80	浙江省严重创伤与烧伤诊治重点实验室	2021 年 3 月	张　茂	医学院附属第二医院
81	浙江省农业智能装备与机器人重点实验室	2021 年 12 月	蒋焕煜	生工食品学院
82	浙江省清洁能源与碳中和重点实验室	2021 年 12 月	高　翔	能源学院
83	浙江省先进递药系统重点实验室	2021 年 12 月	顾　臻	药学院
84	浙江省协同感知与自主无人系统重点实验室	2021 年 12 月	包　刚	工程师学院
85	浙江省医学精准检验与监测研究重点实验室	2021 年 12 月	张　钧	医学院附属邵逸夫医院
86	浙江省神经外科疾病精准诊治及临床转化重点实验室	2021 年 12 月	陈　高	医学院附属第二医院
87	浙江省妇科重大疾病精准诊治研究重点实验室	2021 年 12 月	汪　辉	医学院附属妇产科医院
88	浙江省新型信息材料技术研究重点实验室（参加）	2011 年 11 月	严　密	材料学院
89	浙江省微量有毒化学物健康风险评估技术研究重点实验室（参加）	2013 年 7 月	朱　岩	化学系
90	浙江省微生物技术与生物信息研究重点实验室（参加）	2016 年 9 月	俞云松	医学院附属邵逸夫医院

序号	基地名称	批准日期	负责人	学院（系）
91	浙江省微波毫米波射频技术重点实验室（参加）	2018 年 10 月	郁发新	航空航天学院
92	浙江省无人机技术重点实验室（参加）	2019 年 11 月	郑 耀	航空航天学院
93	浙江省脉冲电场技术医学转化重点实验室（参加）	2020 年 11 月	蒋天安	医学院附属第一医院
94	浙江省宽禁带功率半导体材料与器件重点实验室（参加）	2021 年 12 月	盛 况	电气学院
95	浙江省智能运维机器人重点实验室（参加）	2021 年 12 月	杨克己	机械学院
96	浙江省汽车智能热管理科学与技术重点实验室（参加）	2021 年 12 月	俞小莉	能源学院
浙江省工程技术研究中心				
1	浙江省现代服务业电子服务工程技术研究中心	2012 年 12 月	吴朝晖	计算机学院
2	浙江省认知医疗工程技术研究中心	2016 年 9 月	曹利平	医学院附属邵逸夫医院
3	浙江省城市地下空间开发工程技术研究中心	2017 年 9 月	徐日庆	建工学院
4	浙江省网络媒体云处理与分析工程技术研究中心（参加）	2011 年 11 月	张仲非	信电学院
浙江省临床医学研究中心				
1	浙江省心脑血管疾病临床医学研究中心	2017 年 12 月	王建安	医学院附属第二医院
2	浙江省肝胆胰疾病临床医学研究中心	2017 年 12 月	梁廷波 王伟林	医学院附属第一医院
3	浙江省腹腔脏器微创诊治临床医学研究中心	2017 年 12 月	蔡秀军	医学院附属邵逸夫医院
4	浙江省感染性疾病临床医学研究中心	2019 年 5 月	李兰娟	医学院附属第一医院
5	浙江省儿童健康与疾病临床医学研究中心	2019 年 5 月	舒 强	医学院附属儿童医院
6	浙江省肾脏与泌尿系统疾病临床医学研究中心	2020 年 12 月	陈江华	医学院附属第一医院

序号	基地名称	批准日期	负责人	学院（系）
7	浙江省血液病临床医学研究中心	2020 年 12 月	金　洁	医学院附属第一医院
8	浙江省运动系统疾病临床医学研究中心	2020 年 12 月	叶招明	医学院附属第二医院
9	浙江省急危重症临床医学研究中心	2020 年 12 月	张　茂	医学院附属第二医院
10	浙江省神经系统疾病临床医学研究中心	2020 年 12 月	张建民	医学院附属第二医院
11	浙江省眼部疾病临床医学研究中心	2020 年 12 月	叶　娟	医学院附属第二医院
12	浙江省口腔疾病临床医学研究中心	2020 年 12 月	陈谦明	医学院附属口腔医院
13	浙江省妇产疾病临床医学研究中心	2021 年 12 月	吕卫国	医学院附属妇产科医院
14	浙江省妇产疾病临床医学研究中心	2021 年 12 月	张松英	医学院附属邵逸夫医院
15	浙江省儿科疾病临床医学研究中心	2021 年 12 月	张　丹	医学院附属妇产科医院
16	浙江省呼吸系统疾病临床医学研究中心	2021 年 12 月	周建娅	医学院附属第一医院
17	浙江省恶性肿瘤临床医学研究中心	2021 年 12 月	丁克峰	医学院附属第二医院
18	浙江省消化系统疾病临床医学研究中心	2021 年 12 月	虞朝辉	医学院附属第一医院
浙江省协同创新中心				
1	工业信息物理融合系统协同创新中心	2013 年 11 月	贺诗波	控制学院
2	煤炭资源化利用发电技术协同创新中心	2013 年 11 月	骆仲泱	能源学院
3	感染性疾病诊治协同创新中心	2013 年 11 月	李兰娟	医学院附属第一医院
4	作物品质与产品安全协同创新中心	2016 年 4 月	张国平	农学院
5	智慧东海协同创新中心	2016 年 4 月	陈　鹰	海洋学院

浙江大学年鉴

序号	基地名称	批准日期	负责人	学院（系）
6	新型飞行器关键基础与重大应用协同创新中心	2016 年 4 月	郑　耀	航空航天学院
7	"一带一路"合作与发展协同创新中心	2016 年 4 月	罗卫东 周谷平	西部发展研究院
8	大数据＋立法研究协同创新中心	2018 年 5 月	郑春燕	法学院
9	社会组织与社会治理协同创新中心	2018 年 5 月	郁建兴	公共管理学院
10	智能无人机系统协同创新中心	2019 年 10 月	邵雪明	航空航天学院
11	乡村振兴协同创新中心	2019 年 10 月	王　珂	新农村研究院
12	人工智能协同创新中心	2019 年 10 月	庄越挺	计算机学院
13	微小卫星与星群协同创新中心	2019 年 10 月	金仲和	航空航天学院
浙江省国际科技合作基地				
1	肝病和肝移植研究浙江国际科技合作基地	2013 年 7 月	郑树森	医学院附属第一医院
2	园艺产品品质调控技术研创与应用浙江国际科技合作基地	2015 年 1 月	陈昆松	农学院
3	海洋土木工程浙江国际科技合作基地	2015 年 1 月	王立忠	建工学院
4	食品药品安全浙江省国际科技合作基地	2016 年 2 月	何俏军	药学院
5	出生缺陷诊治浙江省国际科技合作基地	2016 年 2 月	舒　强	医学院附属儿童医院
6	消化道肿瘤研究浙江国际科技合作基地	2016 年 12 月	王伟林	医学院附属第一医院
7	微创医学国际科技合作基地	2018 年 7 月	蔡秀军	医学院附属邵逸夫医院
8	先进材料微结构与性能调控国际科技合作基地	2018 年 7 月	韩高荣	材料学院
9	心血管疾病研究国际科技合作基地	2018 年 7 月	王建安	医学院附属第二医院
10	健康食品制造与品质控制国际合作基地	2019 年 12 月	刘东红	生工食品学院
11	种质创新与分子设计育种国际科技合作基地	2019 年 12 月	张国平	农学院
12	农业智能装备与机器人国际科技合作基地	2019 年 12 月	应义斌	生工食品学院

续表

序号	基地名称	批准日期	负责人	学院(系)
13	生物饲料研发与安全浙江省国际科技合作基地	2019 年 12 月	刘建新	动科院
14	环境污染与生态健康国际科技合作基地	2019 年 12 月	陈宝梁	环资学院
15	化工智能制造国际科技合作基地	2019 年 12 月	张 林	化工学院
16	肿瘤免疫诊断与治疗新技术创新基地	2019 年 12 月	黄 建	医学院附属第二医院
17	高分子健康材料与应用技术国际科技合作基地	2019 年 12 月	高长有	高分子系
18	电力电子技术国际科技合作基地	2020 年 11 月	李武华	电气学院
19	生殖健康国际科技合作基地	2020 年 11 月	张 丹	医学院附属妇产科医院
20	工程生物学国际科技合作基地	2020 年 11 月	寿惠霞	生科院
21	微纳设计与制造国际科技合作基地	2020 年 11 月	王靖岱	国际科创中心
22	作物病虫害绿色防控技术国际科技合作基地	2020 年 11 月	陈学新	农学院
23	情绪和情感研究国际科技合作基地	2020 年 11 月	斯 科	医学院
24	生物医学与工程转化国际科技合作基地	2020 年 11 月	鲁林荣	爱丁堡大学联合学院
25	软机器与柔性电子国际科技合作基地	2020 年 11 月	曲绍兴	航空航天学院
26	医学影像国际科技合作基地	2020 年 11 月	胡红杰	医学院附属邵逸夫医院
27	绿色建筑与低碳城市国际科技合作基地	2021 年 12 月	葛 坚	建工学院
28	肝胆胰肿瘤精准诊治国际科技合作基地	2021 年 12 月	王伟林	医学院/附属第二医院
29	恶性血液疾病研究国际科技合作基地	2021 年 12 月	金 洁	医学院/附属第一医院
30	肿瘤微环境国际科技合作基地	2021 年 12 月	冯新华	生研院
浙江省工程研究中心				
1	海洋装备试验浙江省工程研究中心	2010 年 12 月	冷建兴	海洋学院
2	工业生物催化浙江省工程研究中心	2011 年 9 月	杨立荣	化工学院
3	园艺产品冷链物流工艺与装备浙江省工程研究中心	2011 年 12 月	李 鲜	农学院

浙江大学年鉴

序号	基地名称	批准日期	负责人	学院（系）
4	海洋工程材料浙江省工程研究中心	2012 年 6 月	詹树林	纳米研究院
5	药物制剂浙江省工程研究中心	2012 年 6 月	胡富强	药学院
6	食品加工技术与装备浙江省工程研究中心	2013 年 11 月	叶兴乾	生工食品学院
7	微生物制药浙江省工程研究中心	2013 年 11 月	李永泉	药学院
8	低碳烃制备技术工程研究中心	2014 年 12 月	阳永荣	化工学院
9	移动终端安全技术工程研究中心	2014 年 12 月	何钦铭	计算机学院
10	先进结构设计与建造工程研究中心	2014 年 12 月	罗尧治	建工学院
11	医学人工智能浙江省工程研究中心	2017 年 10 月	梁廷波	医学院附属第一医院
12	干细胞与细胞免疫治疗浙江省工程研究中心	2017 年 10 月	黄 河	医学院附属第一医院
13	水污染控制浙江省工程研究中心	2017 年 10 月	徐向阳	环资学院
14	磁性材料浙江省工程研究中心	2017 年 10 月	严 密	材料学院
15	微波毫米波射频集成电路浙江省工程研究中心	2018 年 7 月	郁发新	航空航天学院
16	高可靠高安全软件工程浙江省工程研究中心	2018 年 7 月	杨建华	先研院
17	心血管疾病浙江省工程研究中心	2018 年 7 月	王建安	医学院附属第二医院
18	微创技术与装备研发浙江省工程研究中心	2018 年 7 月	蔡秀军	医学院附属邵逸夫医院
19	土壤污染协同防治浙江省工程研究中心	2019 年 10 月	陈宝梁	环资学院
20	数字创意智能技术与装备浙江省工程研究中心	2019 年 10 月	孙守迁	计算机学院
21	数理心理健康浙江省工程研究中心	2019 年 10 月	许 毅	医学院附属第一医院
22	设计工程及数字孪生浙江省工程研究中心	2020 年 12 月	谭建荣	机械学院
23	智慧交通浙江省工程研究中心	2020 年 12 月	王殿海	建工学院
24	先进无人机技术浙江省工程研究中心	2021 年 11 月	邵雪明	航空航天学院
25	口腔生物材料与器械浙江省工程研究中心	2021 年 11 月	傅柏平	医学院附属口腔医院

浙江大学年鉴

续表

序号	基地名称	批准日期	负责人	学院(系)
26	作物精准设计育种浙江省工程研究中心	2021 年 11 月	张天真	农学院
浙江省科技创新服务平台				
1	浙江省汽车及零部件产业科技创新服务平台	2008 年 1 月	俞小莉	能源学院
2	浙江省工业自动化公共科技创新服务平台	2008 年 4 月	孙优贤	控制学院
3	浙江省饲料产业科技创新服务平台	2008 年 8 月	刘建新	动科学院

附录 5　2021 年浙江大学新增国家级科技计划项目情况

项目类型	类别	项目数/项	经费合计
科技创新 2030——重大项目	项目	4	6.16 亿元
	课题	12	
国家重点研发计划	项目	24	7.91 亿元
	课题	75	
国家自然科学基金	面上项目	464	26386.40 万元
	青年科学基金项目	473	14080 万元
	重点重大项目*	72	20449.10 万元
	国家重大科研仪器研制项目（自由申请）	5	4072.66 万元
	国家杰出青年科学基金	19	7360 万元
	优秀青年科学基金项目	20	4000 万元

　　注：* 含重点项目、重大项目课题、重大研究计划重点支持和集成项目、联合基金重点支持项目、重点国际(地区)合作研究项目；除国家杰出青年科学基金、优秀青年科学基金项目、青年科学基金项目外,国家自然科学基金其他类别项目经费均为直接经费数。

附录 6　2021 年浙江大学各学院(系)、研究机构新增国家自然科学基金项目情况

单位	批准项数/项	直接经费/万元	批准率/%
经济学院	7	640	24.14
教育学院	4	134	40
管理学院	12	982	34.29
公共管理学院	13	932	27.66

单位	批准项数/项	直接经费/万元	批准率/%
数学科学学院	17	1364	50.00
物理学系	15	1109	28.85
化学系	25	4107.06	46.30
地球科学学院	6	296	15.38
心理与行为科学系	7	266	43.75
机械工程学院	29	1836.3	33.33
材料科学与工程学院	26	2978	37.14
能源工程学院	15	1473	21.74
电气工程学院	25	2734.6	33.78
建筑工程学院	43	3339	27.92
化学工程与生物工程学院	31	3360	28.18
海洋学院	20	1015	22.99
航空航天学院	27	3261	49.09
高分子科学与工程学系	20	3189	40.82
光电科学与工程学院	27	3514.9	33.33
信息与电子工程学院	25	1855	35.21
控制科学与工程学院	29	1979	43.28
计算机科学与技术学院	26	1965	34.67
生物医学工程与仪器科学学院	12	944	23.53
生命科学学院	22	1357	34.38
生物系统工程与食品科学学院	13	577	17.11
环境与资源学院	42	3377	40.78
农业与生物技术学院	52	3828	31.14
动物科学学院	26	2158.6	35.14
医学院	460	33327.16	14.53
药学院	19	1103	25.33
国际联合学院	7	420	25.93
生命科学研究院	8	1123	18.60
数学中心	1	51	100.00

续表

单位	批准项数/项	直接经费/万元	批准率/%
心理科学研究中心	1	442.5	50.00
平衡建筑研究中心	1	58	16.67
关联物质中心	2	124	100.00
新农村发展研究院	2	89	20.00
微纳电子学院	4	187	28.57
脑与脑机融合前沿科学中心	1	58	33.33
总计数	1122	91554.12	21.19

注:经费为国家杰出青年科学基金、优秀青年科学基金项目、青年科学基金项目总经费与其他类别项目直接经费的加和。

附录7 2021年浙江大学各学院(系)新增国际合作项目情况

学院(系)	项目数/项	学院(系)	项目数/项
化学系	1	控制学院	1
机械学院	2	生仪学院	1
材料学院	1	生科学院	1
能源学院	1	生工食品学院	0
电气学院	0	环资学院	1
建工学院	1	农学院	2
化工学院	0	动科学院	1
计算机学院	0	医学院	4
高分子系	1	药学院	0
光电学院	2	公共管理学院	1
信电学院	1	生命科学研究院	0
海洋学院	0	航空航天学院	0
地球科学学院	2	浙江加州纳米研究院	0
求是高等研究院	0	心理系	0

注:数据来源为浙大科研管理系统登记的新增国际合作项目,不包括国家基金国际合作类项目(以批准时间为准)。

学院(系)	到款经费	学院(系)	到款经费
数学科学学院	2087	高分子系	7668
物理学系	5577	光电学院	22937
化学系	8732	信电学院	24439
地科学院	4663	控制学院	28346
心理系	506	计算机学院	45709
机械学院	48883	生仪学院	13633
材料学院	19450	生科学院	4901
能源学院	35656	生工食品学院	8912
电气学院	38755	环资学院	19359
建工学院	25478	农学院	13570
化工学院	22627	动科学院	7051
海洋学院	18519	医学院	93114
航空航天学院	22894	药学院	16734

注:数据来源为2022年5月13日科研管理系统导出的2021年到款数据。

附录9　2021年浙江大学各学院(系)获国家、省部级科技奖励情况

学院(系)	国家自然科学奖二等奖	国家技术发明奖二等奖	国家科技进步奖			高等学校科技奖		青年科学家奖	浙江省科技大学	浙江省科技奖			总计
			特等	一等	二等	一等	二等			一等	二等	三等	
数学科学学院												1	1
物理学系										(1)			(1)
化学系										1(1)		(1)	1(2)
地科学院													
机械学院										5	(2)	(4)	5(6)
材料学院										1	1		2
能源学院												(1)	(1)
电气学院										1(1)	1(2)	(3)	2(6)
建工学院										1	3	(2)	4(2)

续表

学院(系)	国家自然科学奖二等奖	国家技术发明奖二等奖	国家科技进步奖			高等学校科技奖		青年科学家奖	浙江省科技大学	浙江省科技奖			总计
			特等	一等	二等	一等	二等			一等	二等	三等	
化工学院										(1)		1	1(1)
海洋学院										(1)	(1)		(2)
航空航天学院										1			1
高分子系													
光电学院										1		(1)	1(1)
信电学院											1(1)		1(1)
控制学院										1	1	(1)	2(1)
计算机学院									1	2(1)			3(1)
生仪学院										(1)		(1)	(2)
生科学院													
生工食品学院													
环资学院										1(1)	(2)		1(3)
农学院										(1)	2	1	3(1)
动科学院										1	(2)		1(2)
医学院										7	12(2)	8(5)	27(7)
艺术与考古学院													
管理学院											1		1
公共管理学院													
加州国际纳米研究院											1		1
生研院													
总计									1	22(8)	24(11)	11(21)	58(40)

注:括号内奖励数为浙江大学作为非第一单位所获的奖励数。

（**2021 年度国家科技奖和 2021 年度高等学校科技奖未启动**）

2020 年度浙江科技大奖（1 项）

1. 潘云鹤

　　计算机科学与技术学院——人工智能研究所

　　潘云鹤

2020 年度浙江省自然科学奖（18 项）

　　一等奖（7 项）

1. 基于主客体识别构筑超分子聚合物研究

　　化学系——高新材料化学研究所

　　黄飞鹤　汪　峰　颜徐州　吉晓帆　董盛谊

2. 基于流形学习的多媒体数据表达与理解

　　计算机科学与技术学院——计算机辅助设计与图形学国家重点实验室

　　何晓飞　赵　伟　蔡　登　管子玉

3. 基于量化的网络化系统事件触发控制

　　控制科学与工程学院——智能系统与控制研究所

　　苏宏业　刘之涛　吴争光　林　鸿

4. T 细胞发育分化及在疾病过程中的效应机制研究

　　医学院——基础医学系

　　鲁林荣　柯越海　汪　洌　王　迪　郑明珠

5. 硅基特异结构光波导模场调控及功能器件研究

　　光电科学与工程学院——光及电磁波研究中心

　　戴道锌　SAILING HE　刘　柳　时尧成

6. 金华猪优良肉质性状关键功能基因挖掘及营养调控机制

　　动物科学学院——饲料科学研究所

　　汪以真　单体中　王新霞　冯　杰　王凤芹

7. 动力系统中流动传热与化学反应高效高精度数值计算的理论与方法

　　航空航天学院——飞行器设计与推进技术研究所

　　郑　耀　孟　华　陈建军　魏贵义　邹建锋

　　二等奖（8 项）

1. 肿瘤相关 ncRNA 的调控及其作用机制

　　医学院——附属邵逸夫医院

　　金洪传　王　娴　冯利锋　王超群　孙　杰

2. 应激条件下细胞 RNA 代谢及调控机制

　　医学院——公共卫生系

许正平　高向伟　盛静浩　白荣盘　翁春华

3. 番茄重要营养品质和食用安全性状的代谢网络及其分子调控机制

　　农业与生物技术学院——蔬菜研究所

　　汪俏梅　刘丽红　张丽平　邵志勇　刘浩然

4. 子宫内膜异位症疼痛新机制及调控策略

　　医学院——附属妇产科医院

　　张信美　黄秀峰　丁少杰　朱丽波　胡富强

5. 基于原位微观 XCT 实验和细观随机模拟的混凝土损伤断裂机理研究

　　建筑工程学院——水工结构与水环境研究所

　　杨贞军　刘国华　黄宇劼　任非凡

6. 电动汽车广泛随机接入的电力系统规划与运行研究

　　电气工程学院——电力经济与信息化研究所

　　文福拴　赵俊华　林振智　王贵斌　薛禹胜

7. 面向流程工业性能监测的鲁棒数据建模方法研究

　　控制科学与工程学院——工业控制研究所

　　葛志强　宋执环　王培良　朱金林

8. 杨梅果实 C3G 降血糖作用机理及其合成积累功能基因研究

　　农业与生物技术学院——果树科学研究所

　　孙崇德　李　鲜　张　波　叶兴乾　徐昌杰

三等奖(3 项,略)

2020 年度浙江省技术发明奖(5 项)

一等奖(4 项)

1. 虚拟环境的高效高保真建模和视觉呈现技术

　　计算机科学与技术学院——计算机辅助设计与图形学国家重点实验室

　　鲍虎军　王　锐　黄　劲　章国锋　华　炜　唐　敏

2. 大型复杂构件全域微缺陷无损检测技术及其装备

　　机械工程学院——微纳技术与精密工程研究所

　　居冰峰　陈　剑　陈远流　孙安玉　吕福在　王　文

3. 超声辅助高性能微细成形制造关键技术及其工业应用

　　机械工程学院——制造技术及装备自动化研究所

　　梅德庆　姚喆赫　汪延成　杨克己　周浩楠　陈子辰

4. 高安全性大容量锂离子电池设计、制备及应用

　　材料科学与工程学院——金属材料研究所

　　涂江平　王秀丽　闻人红雁　闻人红权　毛松科

二等奖（1 项）

1. 低摩擦自润滑碳化硅密封材料制备关键技术开发及应用
   材料科学与工程学院——无机非金属材料研究所
   郭兴忠　郑　浦　李志强　郑志荣

2020 年度浙江省科学技术进步奖（34 项）
一等奖（11 项）

1. 高效节能环保锅炉设计制造技术及应用
   机械工程学院——机械设计研究所
   童水光　钟　崴　赵剑云　毛军华　夏良伟　杨　文　林正春　唐　宁　吴燕玲
   何伟校　张晓东　陈　伟　魏国华

2. 大型高效水力发电机组关键技术及工程应用
   机械工程学院——机械设计研究所
   童哲铭　赵荣祥　陈　强　汪久根　马建峰　张联升　王寅华　周　叶　沈钊根
   寿光辉　卫书满　余永清　高兴松

3. 新型飞机机翼跨代装配技术及工程应用
   机械工程学院——航空制造工程研究所
   柯映林　赵安安　王　青　曲巍崴　杜坤鹏　俞慈君　罗　群　郭英杰　李欢庆
   柯臻铮　汪海晋　郑守国　黄奇伟；

4. 非正规垃圾填埋场治理关键技术及工程应用
   建筑工程学院——岩土工程研究所
   詹良通　陈云敏　兰吉武　李育超　徐文杰　柯　瀚　叶　剑　林伟岸

5. 网源友好型智能光储系统关键技术及产业化
   电气工程学院——电力电子技术研究所
   陈　敏　李新富　范海东　辛焕海　耿　华　郭华为　祝东敏　江　峰　赵　坤
   高明智　施鑫淼　汪小青　张雨舟

6. 嵌合抗原受体 T 细胞治疗恶性血液病关键技术的建立及其临床应用
   医学院——附属第一医院
   黄　河　胡永仙　魏国庆　吴文俊　谢　珏　赵　葵　金爱云　张鸿声　任江涛
   肖　磊　罗　依　施继敏　李　侠

7. 提高辅助生殖治疗效率、改善出生结局的系列技术研究和应用
   医学院——附属邵逸夫医院
   张松英　林小娜　戴永东　黄　东　金晓莹　刘　柳　陈建敏　尉敏龄　周　枫
   童晓嵋　竺海燕　李　超　潘熠斌

8. 新型冠状病毒病防治策略重大创新和技术突破
   医学院——附属第一医院

李兰娟　姚航平　徐小微　李　赛　杨益大　徐凯进　裘云庆　盛吉芳　汤灵玲
郝绍瑞　顾思岚　石　鼎　方　毅

9.经导管心脏瓣膜病治疗新技术的创新及推广

医学院——附属第二医院

王建安　刘先宝　林浩昇　訾振军　蒲朝霞　何　伟　董爱强　孔敏坚　程继芳
周琦晶　胡颖红　樊友启　蒋　峻

10.肝胆胰肿瘤精准诊治关键技术创新和应用

医学院——附属第二医院

王伟林　丁　元　毛峥伟　严　盛　孙忠权　史燕军　孙　强　周东锴　吴应盛
叶　松　张启逸　李国刚　周　波

11.肝癌肝移植精准治疗关键技术创新与应用

医学院——医学院其他

徐　骁　郑树森　王杭祥　谢海洋　魏绪勇　王建国　鲁　迪　刘治坤　凌孙彬
卫　强　陈　峻　郭海军　汪　恺

二等奖(15 项)

1.铝合金表面防腐一体化环保涂层材料研发及应用

浙江加州国际纳米技术研究院

杨　辉　申乾宏　阙永生　刘　杰　吴春春　毛国荣　李　跃　王　真　徐惠寒

2.移动智慧传感采集与诊断预警研究

信息与电子工程学院——信息与电子工程学院其他

金心宇　孙　斌　徐新民　许承刚　徐剑虹　马洪庆　张　昱　李培弘　史笑兴

3.眼科光学相干断层扫描核心技术研发和应用

医学院——附属第一医院

杜持新　李　鹏　孙　雯　黄　珠　郭东煜　丁志华　张俊娜　倪　秧　柳孟云

4.One health 细菌耐药防控技术体系研究与应用

医学院——附属第一医院

肖永红　郑焙文　罗琦霞　沈　萍　陈云波　稽金如　迟小惠　徐　浩　肖婷婷

5.建立国人定量胎儿超声心动图计算机辅助筛查诊断系统的研究

医学院——附属邵逸夫医院

赵博文　潘　美　彭晓慧　毛彦恺　楼海亚　王　蓓　杨　园　吕江红　袁　华

6.新冠病毒暴露人群精准心理干预体系的创建和应用

医学院——附属第一医院

胡少华　魏　宁　胡健波　陆邵佳　来建波　刘忠纯　周和统　吕海龙　王丹丹

7.肺部疾病微创关键技术创新及规范化诊疗应用推广

医学院——附属第一医院

胡　坚　夏大静　徐金明　陈求名　冯靖祎　曹金林　汪路明　金成华　吕　望

8. 产科麻醉与分娩镇痛精准化技术的开发应用

　　医学院——附属妇产科医院

　　陈新忠　肖　飞　徐丽丽　王立中　孙丽洪　钱小伟　傅　峰　徐　琪　封　英

9. 基于全生命周期评价的绿色建筑节能减排关键技术与应用

　　建筑工程学院——建筑技术研究所

　　葛　坚　崔新明　赵　康　罗晓予　朱鸿寅　施一明　屈利娟　陈淑琴　李鸿亮

10. 星陆双基汛情监测与防减灾辅助分析系统研究与应用

　　环境与资源学院——农业遥感与信息技术应用研究所

　　史　舟　邱　超　黄　康　马自强　陈　奇　吴宏海　金辉明　许金涛　张子健

11. 急危重症超声快速评估技术的建立与应用

　　医学院——附属第二医院

　　张　茂　吴春双　高玉芝　徐善祥　周光居　张仁富　丁　武　卢　骁　杨俭新

12. 桥梁缆索全寿命周期安全评估及性能提升关键技术

　　建筑工程学院——交通工程研究所

　　谢　旭　张　鹤　张治成　张春利　赵　军　郑祥隆　陈润军　孙良凤　金　平

13. 解脲脲原体 MVLST 分型方法和分型数据库的建立及临床应用

　　医学院——附属邵逸夫医院

　　谢鑫友　张　钧　孔莹莹　黄　珺　于海涛　黄旭程　叶光勇　齐　超　王燕忠

14. 跨越技术生命周期的企业创新体系构建及应用

　　管理学院——管理科学与信息系统研究所

　　吴晓波　陈宗年　吴　东　杜　健　黄　灿　郭　斌

15. 乳腺癌靶向诊疗新技术研究

　　医学院——附属邵逸夫医院

　　孙继红　王林波　杨晓明　周　飞　韩国灿　凌　君　沈建国　骆靖峰　陈永霞

三等奖(8 项,略)

人文社会科学研究

【概况】　2021 年,全校人文社科实到科研经费 3 亿元,其中纵向经费 7611.1 万元,横向经费 22355.6 万元。

全校人文社科研项目新立项 886 项,其中纵向项目 463 项,横向项目 423 项。文科承担国家重大科研项目的能力显著提升,重大项目立项总数达 24 项。在新立项的纵向项目中,国家社科基金各类项目共 76 项,其中重大项目 20 项(含研究阐释党的十九届五中全会精神重大项目 5 项、重大招标项目 9 项、中国历史研究院重大研究专项 1 项、新时代海洋强国重大专项 1 项、马工程重大项目 1 项、铸牢中华民族共同体意识研究专项 2 项、重要国家和区域研究专项 1 项)、重点项目 8 项、一般项目 15 项、青年项目 16 项、教育学项目 5 项(重点课题 1 项、一般课题 2 项、青年基金课题 2 项)、后期资助项目 7 项、中华学术外译项目 2 项、冷门绝学专项 1 项、高校思政课专项 1 项、特别委托项目 1 项;教育部人文社会科学研究各类项目 15 项,其中重大课题攻关项目 4 项、规划基金项目 4 项、青年基金项目 5 项、高校辅导员研究专项 1 项、后期资助项目 1 项;浙江省哲学社会科学规划各类项目 113 项;浙江省科技厅软科学项目 11 项;国家高端智库重点研究课题 54 项;浙江省新型智库课题 31 项。

学校获第六届全国教育科学研究优秀成果奖 10 项,其中二等奖 3 项,三等奖 7 项。获浙江省第二十一届哲学社会科学优秀成果奖 81 项(占全省获奖总数的 27%),其中一等奖 22 项(占全省获奖数的 37.3%)、二等奖 47 项、青年成果奖 12 项。

出版各类专著 100 部、编著或教材 74 本、古籍整理著作 11 本、译著 60 本。发表论文 1506 篇,其中 SSCI 收录论文 1390 篇,比上年增长 18%,A&HCI 收录论文 98 篇。

截至 2021 年底,全校人文社会科学教学和科研机构主要包括 13 个学院(系)、212 家校设研究机构(含 71 个研究所,24 个研究院,110 个研究中心,7 个联合共建研究机构),其中包含 1 个国家高端智库建设试点单位、1 个国家智能社会治理实验基地、3 家教育部人文社科重点研究基地、5 个教育部国别与区域研究中心(备案)、1 个教育部哲学社会科学实验室(培育)、7 家浙江省重点研究基地、7 个浙江省新型重点专业智库、9 个浙江省新型高校智库(详见附录)。2021 年,浙江大学成立数字法治研究院、共享与发展研究院等 7 个研究机构。

2021 年,浙江大学新进文科教师 75 人,包括 1 位文科资深教授、3 位讲席教授、5 位文科领军人才及 18 位"百人计划"研究员等。新获聘 1 位教育部"长江学者"特聘教授、1 位国家杰出青年科学基金获得者、2 位浙江省特级专家、3 位国家"万人计划"哲学社会科学领军人才、3 位求是特聘学者、1 位国家"万人计划"青年拔尖人才、6 位教育部"长江学者"青年学者。

"双一流"专项"中华优秀文化传承与创新计划"成果传播推广成效显著。"中国历代绘画大系"已出版五大全集 67 卷 240 余册,编撰出版工作进入收官阶段,阶段性成果已开始全国巡展。本年度中华译学馆出版专(编)著、译著 20 部。21 个项目入选浙江文化研究工程第三期,其中重大项目 4 个、重点项目 17 个,立项总经费 615 万元。《中华礼藏》新增编纂完成 7 册书稿,出版《中华礼藏·礼经卷·仪礼之属·仪礼集编》上、下册。敦煌与丝路文明项目在《中国社会科学》发表论文 2 篇。积极参与宋韵文化传世工程,承办浙江省"宋学大讲堂",出版《浙江宋代进士录》等重要成果。同时,在"十三五"建设基础上谋划推进新一轮文化传承创新专项建设。

"亚洲文明学科会聚研究计划"取得重要进展,亚洲文明研究院正式成立并入选教育部国别与区域研究备案中心。受中宣部委托,承担马克思主义理论研究和建设工程重大项目、国家社科基金重大课题"亚洲文明特质以及人类文明多样性研究"。"数字社会科学会聚研究计划"正式启动,实施方案成功列入学校"双一流"建设计划。社会治理会聚研究(培育)项目培育成效显著,开展 7 项学科会聚预研项目,获党和国家主要领导人批示 6 篇、省部级以上领导批示 92 篇次,完成 8 部专著、100 余篇论文与"三报一刊"文章。

持续推进科教协同育人。截至 2021 年底,"文科＋X"多学科交叉人才培养卓越中心有5个年级40名交叉方向在读博士生,2021年毕业1人。完成第七届学生人文社会科学研究优秀成果奖评选工作,共评出30项优秀成果奖,其中特等奖4项、一等奖12项、二等奖14项。

聚焦质量内涵,扎实推进国家高端智库建设。北京研究院新增国务院办公厅信息直报点(我校国办直报点已增至3个)。区域协调发展研究中心等4家首批浙江省新型智库在中期评估中均认定为优秀(全省仅6家),其中原为重点培育智库的金融研究院因评估优秀正式列入省新型重点专业智库。立法研究院新增为浙江省新型重点专业智库。共有360余项成果获省部级以上采纳批示,3篇报告获国家社科基金《成果要报》刊登,1篇报告获《国家高端智库报告》刊登。在《人民日报》《光明日报》《求是》("两报一刊")重要媒体发表智库相关文章40余篇。学校致力于进一步打造"求是智库"品牌,支持举办"求是智库"高端论坛、系列讲座30余场,支持出版"求是智库"系列丛书(皮书)15项,"国家区域发展战略论坛""中国国家制度研究高峰论坛""中国转型发展论坛""雄安发展论坛"等高端论坛产生重大学术及政策影响。

持续支持国际学术交流与合作。人文社会科学领域共审批国际会议27场,设立9个国际合作项目,发表国际合作论文150余篇,与卢森堡大学合作共建浙江大学—卢森堡大学高等智能系统与推理联合实验室。继续实施"学术精品走出去"外译计划和英文学术著作出版资助及奖励计划,共遴选5本外译书籍和2本英文著作。

深化新时代教育评价改革,培育重大标志性成果。重新修订并印发《浙江大学人文

社会科学研究奖励办法》(浙大发社科〔2021〕2号),取消依据期刊直接奖励论文,导向激励取得重大理论创新成果和在经济社会事业发展中做出重大贡献的成果。完成第二届浙江大学哲学社会科学研究优秀著作奖评选工作,共评出16项获奖成果,其中专(编)著奖一等奖3项、专(编)著奖二等奖9项、青年成果奖2项、普及读物奖1项、译著奖1项。持续推进浙江大学文科高水平学术著作出版,出版浙江学者丝路敦煌学术书系2部。

打造学术交流平台,营造浓厚的学术氛围。"浙大东方论坛"共举办学术讲座15场,其中主论坛讲座3场,"文明之光"系列讲座7场,新增"亚洲文明"系列讲座5场。清源学社完成第六届换届工作,2021年重点策划"走进"及"数字社科"系列学术活动7场,举办1次"使命愿景大讨论"座谈会暨2021年度工作会议、1次"送法下基层"活动、1次"名家讲坛"活动,联合举办2次智库论坛。智库青年联谊会组织了10余场座谈交流会和改稿会,营造全校共同参与智库研究、共商智库发展的良好氛围。

【立法研究院新增为浙江省新型重点专业智库】 2月24日,浙江省哲学社会科学工作领导小组正式发文,浙江立法研究院暨浙江大学立法研究院新增为浙江省新型重点专业智库。

【成立习近平法治思想研究中心】 3月5日,学校发文成立习近平法治思想研究中心,行政挂靠国家制度研究院(北京研究院)。7月15日,浙江大学习近平法治思想研究中心成立仪式暨首届习近平法治思想研讨会在北京举行。中心旨在深化对习近平法治思想理论体系、学科体系、教材体系的研究,不断推出高质量研究成果,推动中

国特色社会主义法治理论创新发展，充分展现习近平法治思想鲜明的中国特色、实践特色、时代特色，打造具有国际影响力的习近平法治思想学术中心、智库平台和传播阵地，推动将科学理论转化为做好全面依法治国各项工作的强大动力，更好服务党和国家工作大局。

【新增两家教育部高校国别和区域研究备案中心】 3月8日，教育部国际合作与交流司正式发文，浙江大学联合国教科文组织研究中心、浙江大学亚洲文明研究院增补为高校国别和区域研究备案中心。

【成立数字法治研究院】 3月21日，学校发文成立数字法治研究院，行政挂靠光华法学院。3月27日，浙江大学数字法治研究院成立仪式在紫金港校区举行。研究院由浙江省高级人民法院、浙江省人民检察院、浙江大学合作共建，是全国首家专门以数字法治为研究对象的智库机构。研究院将汇聚各方优势，开展数字法治领域的合作研究，夯实数字法学的理论基础，推进数字法院、数字检察的迭代升级，积极助力信息时代的中国司法体制改革，打造数字法治示范区，为全球的数字法治建设提供"中国方案"。

【修订《浙江大学人文社会科学研究奖励办法》】 为进一步深化新时代教育评价改革，经深入研究讨论及广泛征求意见，学校对2018年修订的人文社会科学研究奖励办法进行了重新修订，于2021年3月29日印发《浙江大学人文社会科学研究奖励办法》（浙大发社科〔2021〕2号），取消依据期刊直接奖励论文，导向激励取得重大理论创新成果和在经济社会事业发展中做出重大贡献的成果。

【成立共享与发展研究院】 5月23日，学校发文成立共享与发展研究院，行政挂靠公共管理学院。6月6日，浙江大学共享与发展研究院成立仪式暨共同富裕研究高峰论坛在浙江大学求是大讲堂举行。研究院致力于打造基础理论研究的重要基地和高端智库，阐释中国特色社会主义共同富裕理论，密切关注全国和浙江的共同富裕进程，通过高水平研究成果为实现共同富裕目标贡献智慧和力量。

【我校首篇《计量经济学》(Econometrica)论文发表】 9月2日，浙江大学经济学院邬介然副教授、美国波士顿大学苗建军教授、美国弗吉尼亚大学 Eric Young 教授的合作论文《多元理性疏忽》("Multivariate Rational Inattention")在经济学顶级期刊《计量经济学》在线发表。这是浙江大学全职教师首次在《计量经济学》发表论文。

【获批全国首批"退役军人事务研究基地"】 9月28日，全国退役军人工作理论研讨会在北京召开，时任退役军人事务部党组书记、部长孙绍骋出席会议。会上举行了全国首批"退役军人事务研究基地"授牌仪式。浙江大学副校长黄先海出席仪式并代表学校接受基地授牌。

【入选国家智能社会治理实验基地】 9月29日，中央网信办、国家发展改革委、教育部、民政部、生态环境部、国家卫生健康委、市场监管总局、国家体育总局八部门联合发文，公布了国家智能社会治理实验基地入选名单，浙江大学以所在领域专家评审第一的成绩成功入选。浙江大学国家智能社会治理实验基地将以优势教育资源及人工智能教育领域应用基础为依托，布局智能社会教育治理实验领域，形成研究主体、应用主体和技术主体相互支撑的跨学科汇聚平台。基地围绕基于社会实验的智能教育治理研究，致力于为引领教育数字化改革、促进教育资源均等化、推动国家教育治理体系和治理能力现代化提供经验理论、政策标准与治理决策咨询。

【成立文学院(筹)、历史学院(筹)、哲学学院(筹)】　10月8日,学校发文成立文学院(筹)、历史学院(筹)和哲学学院(筹)。11月24日,浙江大学人文学院教师干部会议在紫金港校区召开,会上宣读了有关任命文件。

【入选首批教育部哲学社会科学实验室】　11月26日,首批教育部哲学社会科学实验室名单公布,浙江大学艺术与考古图像数据实验室入选首批教育部哲学社会科学实验室(培育)。

【首批省新型智库建设中期评估结果优秀】　11月24日,浙江省哲学社会科学工作办公室发文公布了首批省新型智库建设中期评估结果。浙江大学区域协调发展研究中心、中国农村发展研究院、公共政策研究院、金融研究院4家智库建设中期评估结果认定均为"优秀"。其中,原为省重点培育智库的金融研究院因在培育期内建设成效显著,被纳入浙江省新型重点专业智库序列。

【与省委宣传部共建浙江省共同富裕文化创新研究中心】　12月22日,浙江大学与省委宣传部共建浙江省共同富裕文化创新研究中心,围绕共同富裕文化创新开展相关理论研究,为推进共同富裕示范区文化建设提供智库支持。

【浙大文科院系首次牵头承担国家重点研发计划项目】　12月24日,国家重点研发计划"社会治理与智慧社会科技支撑"重点专项2021年度项目立项的通知正式下达,由浙江大学作为牵头承担单位,光华法学院胡铭教授担任项目负责人的"基层社会网格治理数字化关键技术研究与应用示范"项目获得立项。该项目为学校文科院系首次牵头承担的国家重点研发计划项目。

(邵文韵撰稿　程　丽审稿)

【中国科教战略研究院积极推进专项研究和智库建设工作】　2021年中国科教战略研究院承担国家级项目6项、省部级项目27项;发表中文论文33篇,其中一级期刊11篇;出版专著4本,学术辑刊1本,并初步完成了4本专著/译著的组稿工作;编发《高教信息动态》19期、编发《高教信息动态专报》9期;组织启真智库论坛4场;创办《科教发展研究》学术期刊;出版《科教发展评论》(第八辑);编印《国际工程教育前沿与进展》4季及合辑、《浙江大学教育研究》等内部学术刊物。

围绕学校改革发展开展专项研究。参与校领导多项年度调研课题,围绕人事制度改革、中层领导班子任期考核体系、附属第一医院岗位分类评价试点工作、未来医学发展战略、国家实验室体系建设等学校改革发展中的重点难点问题开展专项研究近30项,起草了浙江大学交叉学部建设方案、浙大参与建设"共同富裕示范区"方案、临港国家实验室浙江基地建设方案、关于贯彻中央人才工作会议精神的意见等重要方案和文件。

高水平智库建设成绩斐然。聚焦工程教育、科教创新、院校研究三大领域,高水平智库研究成果丰硕。全年共获得省部级及以上单位智库成果采纳及批示60余篇。在学校第四次智库成果认定中,获得A+成果2项,A类成果8项,在全校智库单位中名列前茅。

(王颖霞撰稿　陈　婵审稿)

附录1　浙江大学 2021 年人文社科承担国家社科基金立项项目

序号	项目名称	负责人	所属单位	项目类别
1	构建激发人才创新活力的生态系统研究	陈丽君	公共管理学院	研究阐述党的十九届五中全会精神重大专项
2	构建高质量发展的国土空间布局和支撑体系研究	岳文泽	公共管理学院	研究阐述党的十九届五中全会精神重大专项
3	推进以县城为重要载体的城镇化建设研究	张蔚文	公共管理学院	研究阐述党的十九届五中全会精神重大专项
4	发展多层次、多支柱养老保险体系研究	米　红	公共管理学院	研究阐述党的十九届五中全会精神重大专项
5	坚持和发展新时代"枫桥经验"推进法治社会建设研究	钱弘道	光华法学院	研究阐述党的十九届五中全会精神重大专项
6	我国数字经济安全的动态预警、治理机制和法律保障研究	范柏乃	公共管理学院	重大招标项目
7	特色农业赋能增收长效机制构建研究	郭红东	公共管理学院	重大招标项目
8	构建面向高质量发展的农业科技进步贡献率体系研究	龚斌磊	公共管理学院	重大招标项目
9	发挥第三次分配作用促进慈善事业健康发展研究	苗　青	公共管理学院	重大招标项目
10	东汉至唐朝出土文献汉语用字研究	汪维辉	文学院（筹）	重大招标项目
11	法兰西第三共和国殖民扩张史料整理与研究	吕一民	历史学院（筹）	重大招标项目
12	互联网环境下新闻理论范式创新研究	吴　飞	传媒与国际文化学院	重大招标项目
13	网络化开放创新范式下企业知识产权市场化保护与价值转化法律机制研究	李永明	光华法学院	重大招标项目
14	聚焦关键核心技术突破的国家创新体系研究	吴晓波	管理学院	重大招标项目
15	丝绸之路与中原帝国兴衰	刘迎胜	人文高等研究院	中国历史研究院重大研究专项

序号	项目名称	负责人	所属单位	项目类别
16	项目名称略*	师小芹	公共管理学院	新时代海洋强国重大专项
17	项目名称略*	何莲珍 黄华新	外国语言文化与 国际交流学院	马工程重大项目
18	项目名称略*	菅志翔	社会学系	铸牢中华民族共同体意识研究专项
19	项目名称略*	赵鼎新	社会学系	铸牢中华民族共同体意识研究专项
20	项目名称略*	方兴东	传媒与国际文化学院	重要国家和区域研究专项
21	聚焦关键核心技术突破的企业技术创新能力提升研究	黄　灿	管理学院	研究阐述党的十九届五中全会精神重点专项
22	城乡融合发展视角下的宅基地所有权、资格权、使用权分置实现形式研究	吴宇哲	公共管理学院	研究阐述党的十九届五中全会精神重点专项
23	新时代文化产业数字化战略实施路径研究	罗仕鉴	计算机科学与技术学院	研究阐述党的十九届五中全会精神重点专项
24	阳明诗赋编年笺证	束景南	文学院（筹）	重点项目
25	法国在第三共和国时期的海外殖民扩张研究	吕一民	历史学院（筹）	重点项目
26	文学伦理学批评跨学科话语体系建构研究	聂珍钊	外国语言文化与 国际交流学院	重点项目
27	推动数字产业化与产业数字化机制研究	陈明亮	管理学院	重点项目
28	数字化背景下国有企业风险管理创新研究	陈　俊	管理学院	重点项目
29	敦煌写卷与唐代乐诗诗学研究	咸晓婷	文学院（筹）	一般项目
30	汉语分析性词汇语法特征的历时演变研究	史文磊	文学院（筹）	一般项目
31	敦煌写本避讳字汇考	窦怀永	文学院（筹）	一般项目
32	乔叟在中国的阐释与重构研究	张　炼	外国语言文化与 国际交流学院	一般项目
33	中国二语学生阅读素养多维评价数据库建设与研究	胡　洁	外国语言文化与 国际交流学院	一般项目

序号	项目名称	负责人	所属单位	项目类别
34	译者的认知地图、空间想象与中国古典文学世界的再创造研究	周 闽	外国语言文化与国际交流学院	一般项目
35	当代英美保守主义美学及其批判研究	范 昀	传媒与国际文化学院	一般项目
36	网络主播传播行为的社会影响及其伦理规范研究	丁方舟	传媒与国际文化学院	一般项目
37	同位素食物网视角下浙江8000—6000 BP 水稻利用水平研究	郭 怡	艺术与考古学院	一般项目
38	新时代中国参与全球能源治理体系变革研究	周云亨	公共管理学院	一般项目
39	基于政企农协同的农产品质量提升机制和实现途径研究	梁 巧	公共管理学院	一般项目
40	基于机器学习的债务风险传染及其政府纾困路径研究	张小茜	经济学院	一般项目
41	面板数据中的变点分析研究	庞天晓	数学科学学院	一般项目
42	基于景观兼容性的乡村居住空间规划理论与方法研究	丁 旭	建筑工程学院	一般项目
43	韧性视域下"未来社区"更新决策技术支撑体系研究	董文丽	建筑工程学院	一般项目
44	《吏部条法》与南宋官制研究	束保成	文学院(筹)	青年项目
45	近代中国中央卫生行政制度研究(1905—1949)	姬凌辉	历史学院(筹)	青年项目
46	查理曼改革文献考释与实践机制研究	刘 寅	历史学院(筹)	青年项目
47	法国习惯法编纂与地方治理体系构建研究(1454—1539)	董子云	历史学院(筹)	青年项目
48	信度的实践敏感性研究	高 洁	哲学学院(筹)	青年项目
49	日本现代文学与绘画跨艺术诗学研究	李雅旬	外国语言文化与国际交流学院	青年项目
50	汉语排他性表达多义性的统一分析与系统研究	刘 莹	外国语言文化与国际交流学院	青年项目

序号	项目名称	负责人	所属单位	项目类别
51	社会支持视角下新媒体使用对老年人主观幸福感的影响研究	李思悦	传媒与国际文化学院	青年项目
52	智慧司法中法律推理与法律解析的融合路径研究	魏　斌	光华法学院	青年项目
53	智慧司法背景下犯罪嫌疑人社会风险的大数据评估方法研究	周　翔	光华法学院	青年项目
54	《资本论》及其手稿中的社会哲学思想研究	付文军	马克思主义学院	青年项目
55	人类命运共同体的文明认同问题研究	赵　坤	马克思主义学院	青年项目
56	大中小学国家安全教育实践评估研究	金一翔	马克思主义学院	青年项目
57	中国共产党对马克思主义正义观的探索历程与独创性贡献研究	杜利娜	马克思主义学院	青年项目
58	非人灵长类神经系统基因编辑的生命伦理学研究	王赵琛	医学院	青年项目
59	乡村振兴背景下返乡流动儿童心理健康及其影响机制研究	赵冠岚	医学院	青年项目
60	自贸港（自贸区）建设背景下的教育对外开放研究	阚　阅	教育学院	教育学重点课题
61	学前儿童自然联结的形成机制与干预路径研究	翟俊卿	教育学院	教育学一般课题
62	新时期以学为中心教学范式话语体系的重构:基于中西方师生行为差异的探讨	程宏宇	教育学院	教育学一般课题
63	"互联网＋"背景下学生自主学习及家校指导策略研究	汪　靖	教育学院	教育学青年基金课题
64	国际化视域下长三角城市"高等教育枢纽"属性研究	吴寒天	教育学院	教育学青年基金课题
65	《正义论》评注	张国清	哲学学院（筹）	后期资助重点项目
66	马克思主义悲剧理论研究	何信玉	传媒与国际文化学院	后期资助一般项目

序号	项目名称	负责人	所属单位	项目类别
67	复合文化空间的建构:实体书店融合发展研究	吴赟	传媒与国际文化学院	后期资助一般项目
68	商法中的信赖责任	石一峰	光华法学院	后期资助一般项目
69	体育工程发展动力机制	彭玉鑫	教育学院	后期资助一般项目
70	当代青年精神现象透视与引领研究	代玉启	马克思主义学院	后期资助一般项目
71	习近平同志在浙江工作期间关于党的建设重要论述研究	段治文	马克思主义学院	后期资助一般项目
72	汉语语法演化史	张芳	外国语言文化与国际交流学院	中华学术外译项目
73	敦煌学论稿	袁森叙	外国语言文化与国际交流学院	中华学术外译项目
74	欧洲学者对中国历史纪年和古代天象记录的研究及其影响	韩琦	历史学院(筹)	冷门绝学专项项目
75	新时代大学生知识教育与信仰培育的关系研究	张婵	传媒与国际文化学院	高校思政课专项
76	"经典三问"研究	赵鼎新	社会学系	特别委托项目

注:加 * 的项目名称不宜公开,此处略去。

附录2 浙江大学2021年人文社科承担省部级项目

序号	项目名称	负责人	所属单位	项目类别
浙江大学2021年人文社科承担教育部人文社科研究项目				
1	新发展格局下数字产业链发展战略研究	黄先海	经济学院	重大课题攻关项目
2	坚持统筹推进国内法治和涉外法治重大问题研究	赵骏	光华法学院	重大课题攻关项目
3	新时代全面贯彻党的教育方针重大理论与实践研究	张应强	教育学院	重大课题攻关项目
4	新时代高校思政课建设综合考核理论与实践研究	张彦	马克思主义学院	重大课题攻关项目(高校思政课教师研究专项)
5	教育强国进程中高校党务工作队伍专业化建设研究	楼艳	继续教育管理处	青年基金项目

浙江大学年鉴

序号	项目名称	负责人	所属单位	项目类别
6	知觉经验：超越主流意向性进路研究	Laasik Kristjan	哲学学院（筹）	规划基金项目
7	基于机器学习的对标《量表》写作自动评估模型建构研究	马 鸿	外国语言文化与国际交流学院	青年基金项目
8	基于机器学习的上市公司互动式信息披露质量评价与经济后果研究	刘起贵	管理学院	规划基金项目
9	6至10岁儿童工作记忆与数学能力的关系：追踪研究和干预研究	张 琼	心理与行为科学系	规划基金项目
10	人际合作和竞争对情绪信息情景记忆的促进和抑制研究：行为和神经机制证据	聂爱情	心理与行为科学系	规划基金项目
11	工作记忆训练的可迁移性研究：影响因素及干预方法	蔡 瑛	心理与行为科学系	青年基金项目
12	传染病在公共交通网络系统中的传播建模、风险评估及防控研究	祁宏生	建筑工程学院	青年基金项目
13	基于图像识别的居民行为测度与精准治堵机制研究	余 立	公共管理学院	青年基金项目
14	有关网络现象的生成逻辑及治理策略研究	李济沅	电气工程学院	高校辅导员研究专项
15	长江下游地区史前经济与社会文明化进程研究	林留根	艺术与考古学院	后期资助项目
浙江大学2021年人文社科承担浙江省哲学社会科学规划课题				
1	健康中国建设中的医疗保障重要机制研究	张川川	经济学院	"研究阐释党的十九届五中全会精神"专项课题
2	促进数字金融平台健康发展法治保障研究	李有星	光华法学院	"研究阐释党的十九届五中全会精神"专项课题
3	基于整体性与法治化的党和国家监督体系研究	陈国权	公共管理学院	"研究阐释党的十九届五中全会精神"专项课题

序号	项目名称	负责人	所属单位	项目类别
4	优化市场化法治化国际化营商环境研究	胡税根	公共管理学院	"研究阐释党的十九届五中全会精神"专项课题
5	健全党组织领导的自治、法治、德治相结合的城乡基层治理体系研究	夏立安	光华法学院	"研究阐释党的十九届五中全会精神"专项课题
6	法治国家、法治政府、法治社会一体建设之宪法整合研究	余 军	光华法学院	"研究阐释党的十九届五中全会精神"专项课题
7	法治视角下我国营商环境的优化对策	金彭年	光华法学院	"研究阐释党的十九届五中全会精神"专项课题
8	面向高质量创新的科技生态结构与治理体系优化研究	张 炜	公共管理学院	"研究阐释党的十九届五中全会精神"专项课题
9	藏粮于地、藏粮于技理念下耕地地力保育战略的微观机制研究	谭永忠	公共管理学院	"研究阐释党的十九届五中全会精神"专项课题
10	大运河国家文化公园建设的理论体系与实践原则	刘朝晖	社会学系	"研究阐释党的十九届五中全会精神"专项课题
11	强化绿色发展的金融法律和政策保障研究	黄 韬	光华法学院	"研究阐释党的十九届五中全会精神"专项课题
12	弥合数字鸿沟推动数字经济发展	马述忠	经济学院	"马克思主义理论研究和建设工程"理论宣传专项课题
13	马克思主义经典著作百年研究历程与经验启示	刘同舫	马克思主义学院	"马克思主义理论研究和建设工程"理论宣传专项课题
14	在抗击疫情上展现中国精神	王永昌	马克思主义学院	"马克思主义理论研究和建设工程"理论宣传专项课题
15	推进生态文明建设绘就现代化绿色图景	楼俊超	马克思主义学院	"习近平总书记在浙考察重要讲话精神"研究课题
16	大中小学国家安全教育一体化实践评估的案例研究	金一翔	马克思主义学院	"高校思想政治工作研究"专项

浙江大学年鉴

序号	项目名称	负责人	所属单位	项目类别
17	"二次元"文化影响下高校意识形态工作的挑战与对策研究	董扣艳	马克思主义学院	"高校思想政治工作研究"专项
18	新情势下生命健康教育融入高校思政课的路径研究	余根雄	马克思主义学院	"高校思想政治工作研究"专项
19	"思政课程"与"课程思政"的协同育人机制研究	付文军	马克思主义学院	"高校思想政治工作研究"专项
20	大学生参与网络集群行为的心理机制及引导对策研究	尹金荣	心理与行为科学系	"高校思想政治工作研究"专项
21	以基层治理的法治化实践破解校园教育冷暴力对策研究	王 晖	光华法学院	对策研究类课题（部门合作专项）
22	人民代表大会制度坚持党的领导人民当家作主依法治国三者有机统一研究	郎友兴	公共管理学院	对策研究类课题（部门合作专项）
23	浙江省哲学社会科学促进条例重要问题研究	胡 铭	光华法学院	对策研究类课题（部门合作专项）
24	浙江省公共数据立法相关问题研究	范良聪	光华法学院	对策研究类课题（部门合作专项）
25	加强专门协商机构建设,率先构建政协协商民主体系研究	余逊达	公共管理学院	对策研究类课题（部门合作专项）
26	构建政协协商民主体系的路径选择研究	池步云	马克思主义学院	对策研究类课题（部门合作专项）
27	率先构建推进共同富裕的体制机制研究	黄祖辉	公共管理学院	对策研究类课题（社科要报专项等）
28	以数字化改革撬动各领域各方面改革研究	刘 渊	管理学院	对策研究类课题（社科要报专项等）
29	创新山海协作机制的对策研究	董雪兵	中国西部发展研究院	对策研究类课题（社科要报专项等）
30	衢州建设四省边际中心城市研究	陈 健	中国西部发展研究院	对策研究类课题（社科要报专项等）
31	加快打造全球数字贸易中心研究	柴宇曦	经济学院	对策研究类课题（社科要报专项等）
32	城乡融合推进共同富裕体制机制研究	卢志朋	公共管理学院	对策研究类课题（社科要报专项等）

序号	项目名称	负责人	所属单位	项目类别
33	发展场景式公共服务助推数字时代老年友好型省份建设	何文炯	公共管理学院	对策研究类课题(社科要报专项等)
34	处理反垄断问题应有全球视野	高艳东	光华法学院	"数字化改革"专项课题
35	强化金融数据治理,深化我省金融领域数字化改革的建议	章 华	经济学院	"数字化改革"专项课题
36	马克思主义哲学中国化的历史进程及基本经验研究	成 龙	马克思主义学院	庆祝建党 100 周年专项课题
37	"儒化共产党"批判:基于建党以来"儒化"思潮的意识形态审思	庞 虎	马克思主义学院	庆祝建党 100 周年专项课题
38	砥砺前行的兴党之魂	张 彦	马克思主义学院	理论宣传专项课题
39	百年中国共产党党内宣传策略与实践研究	庞 毅	马克思主义学院	理论宣传专项课题
40	百年党史学习的策略及路径	张立程	马克思主义学院	理论宣传专项课题
41	媒体融合时代的青年理论传播模式与效果研究	赵 瑜	传媒与国际文化学院	理论宣传专项课题
42	两个大局下数字中国国际话语权建构路径研究	洪 宇	传媒与国际文化学院	领军人才培育课题(引进人才支持)
43	新形势下我国平台型媒体全球化经验评估与典型案例研究	丁方舟	传媒与国际文化学院	领军人才培育课题(引进人才支持)
44	核心地缘地带治网利益、认知、行动调研与对策建议	张 婵	传媒与国际文化学院	领军人才培育课题(引进人才支持)
45	构建数字中国的战略传播理论与实践模型—以数字浙江为例	孙 宇	传媒与国际文化学院	领军人才培育课题(引进人才支持)
46	中国参与全球教育治理的路径与战略研究	阚 阅	教育学院	领军人才培育课题(青年英才培育)
47	柏拉图伦理作品研究、翻译和注疏	林志猛	哲学学院(筹)	领军人才培育课题(青年英才培育)
48	解码高增长背后的法律制度支撑:基于司法裁判文书的分析	柯荣住	经济学院	领军人才培育课题(青年英才培育)
49	重大金融风险防范导向的审计治理与内部控制研究	陈 俊	管理学院	领军人才培育课题(青年英才培育)

序号	项目名称	负责人	所属单位	项目类别
50	国家治理体系的历史唯物主义阐释研究	包大为	马克思主义学院	领军人才培育课题（青年英才培育）
51	"四书"对日本古代文学的影响研究	任　洁	外国语言文化与国际交流学院	年度课题
52	浙江省图书馆藏《文澜阁钦定四库全书》琴书五种校勘整理与价值研究	任梦一	文学院（筹）	年度课题
53	恩格斯晚年对唯物史观的发展研究	张　娥	马克思主义学院	年度课题
54	DRGs 医保支付方式潜在道德风险的机制设计和实验检验	陈叶烽	经济学院	年度课题
55	基于过程可视化的协作问题解决模型设计与认知机制研究	陈娟娟	教育学院	年度课题
56	基于 COM-B 模型的学龄前期发育性运动协调障碍儿童运动干预策略研究	于　洁	教育学院	年度课题
57	马克思政治经济学批判语境中的"历史科学"构建研究	方　瑞	马克思主义学院	年度课题
58	公共传播视域下浙江省智能数据平台建设与环境治理研究	孙　宇	传媒与国际文化学院	年度课题
59	当代英国小说中老龄化问题书写研究	苏　忱	外国语言文化与国际交流学院	年度课题
60	面向高科技产业急需的我国工程专业学位教育模式创新研究	李拓宇	公共管理学院	年度课题
61	马克思主义辩证自然观及其绿色发展理念研究	吴旭平	马克思主义学院	年度课题
62	数字文旅消费监测评估体系研究	林珊珊	管理学院	年度课题
63	脑认知视角下青少年体教融合发展研究	胡　亮	教育学院	年度课题
64	海德格尔艺术理论的建构策略研究	宋聪聪	文学院（筹）	年度课题
65	基于信息不对称的线上评价系统促进跨境电商出口研究	张洪胜	经济学院	年度课题

序号	项目名称	负责人	所属单位	项目类别
66	国外马克思主义符号学的总体状况研究	陈文斌	传媒与国际文化学院	年度课题
67	马克思主义美学史的理论研究	王 杰	传媒与国际文化学院	优势特色学科重点在支持课题
68	基于领导力模型的县市区干部管理数字化改革研究	何贵兵	心理与行为科学系	交叉学科重点支持课题
69	复杂网络可视化表征机理研究	陈晓皎	艺术与考古学院	交叉学科重点支持课题
70	习近平关于共同富裕的重要论述在浙江的探索与实践·区域统筹篇	黄先海	经济学院	"习近平关于共同富裕的重要论述在浙江的探索与实践"理论宣传专项预立项课题
71	习近平关于共同富裕的重要论述在浙江的探索与实践·民生福祉篇	何文炯	公共管理学院	"习近平关于共同富裕的重要论述在浙江的探索与实践"理论宣传专项预立项课题
72	数字社会与技术治理:基于韦伯《经济与社会》的视角	高 翔	公共管理学院	之江青年理论与调研专项课题
73	中国文化走出去策略建议	刘 涛	管理学院	之江青年理论与调研专项课题
74	刑事追诉中的公共利益:以法与政治的关系为视角	牟绿叶	光华法学院	之江青年理论与调研专项课题
75	民法典一般条款理论的历史演变与中国实践	石一峰	光华法学院	之江青年理论与调研专项课题
76	俄罗斯"全人类性"话语的再思考:以陀思妥耶夫斯基笔下的俄、英、法三角对话为中心	龙瑜宬	文学院(筹)	之江青年理论与调研专项课题
77	语法标注的理论与方法——基于"行间语素标注规则"	罗天华	文学院(筹)	之江青年理论与调研专项课题
78	国际自我调节学习理论对现代外语教育的启示:认知、心理和社会视角	滕 琳	外国语言文化与国际交流学院	之江青年理论与调研专项课题

序号	项目名称	负责人	所属单位	项目类别
79	语言生态学的界定与研究边界探讨：从豪根到巴尔道夫	张慧玉	外国语言文化与国际交流学院	之江青年理论与调研专项课题
80	发生学视野下的中世纪哲学经典宇宙论研究	陈越骅	哲学学院（筹）	之江青年理论与调研专项课题
81	论社会—经济因素及方法在哲学中的引入——从苏格兰启蒙运动到马克思	李哲罕	哲学学院（筹）	之江青年理论与调研专项课题
82	客观性意识的生成——来自经典现象学和认知科学的启示	李忠伟	哲学学院（筹）	之江青年理论与调研专项课题
83	中国国际传播战略研究——来自约瑟夫奈的研究启示	赵瑜佩	传媒与国际文化学院	之江青年理论与调研专项课题
84	智能制造与我国制造业企业对外直接投资：来自约翰·邓宁《跨国公司与全球经济》的启示	张洪胜	经济学院	之江青年理论与调研专项课题
85	麦布里奇影像测量学对现代人体运动测量技术发展的启示	彭玉鑫	教育学院	之江青年理论与调研专项课题
86	汉藏佛教交融语境下的十六罗汉研究——基于《噶当教法史》等藏文经典的解读与启发	王瑞雷	艺术与考古学院	之江青年理论与调研专项课题
87	语言测评标准设定模式的再审视：从安戈夫法到书签法	闵尚超	外国语言文化与国际交流学院	之江青年理论与调研专项课题
88	侵犯公民个人信息罪司法裁判现状的实证研究	冯洋	光华法学院	之江青年理论与调研专项课题
89	教育促进共同富裕的理论与实践研究	王树涛	教育学院	之江青年理论与调研专项课题
90	聚焦"搬、稳、富"，山区生态县推动共同富裕研究	黄飚	公共管理学院	之江青年理论与调研专项课题
91	农村养老服务高质量发展研究	刘晓婷	公共管理学院	之江青年理论与调研专项课题
92	创新数字生活：浙江省数字社会综合应用典型案例	寿涌毅	管理学院	浙江文化研究工程课题
93	浙江省乡村文化保护利用传承研究	吴茂英	管理学院	浙江文化研究工程课题

序号	项目名称	负责人	所属单位	项目类别
94	浙江文化遗产数字平台建设研究	厉晓华	信息技术中心	浙江文化研究工程课题
95	龙泉溪口窑黑胎青瓷的复原研究与实践	周少华	艺术与考古学院	浙江文化研究工程课题
96	探索共治：永嘉学派的政治实践	吴铮强	历史学院(筹)	浙江文化研究工程课题
97	百年浙江语言学家学术思想研究(第一辑)	王云路	文学院(筹)	浙江文化研究工程课题
98	百年浙江语言学家学术思想研究·唐兰卷	刘　芳	哲学学院(筹)	浙江文化研究工程课题
99	百年浙江语言学家学术思想研究·陆宗达卷	王　诚	文学院(筹)	浙江文化研究工程课题
100	楼适夷年谱	张广海	文学院(筹)	浙江文化研究工程课题
101	浙江举人总录	祖　慧	文学院(筹)	浙江文化研究工程课题
102	宋学研究系列	龚延明	文学院(筹)	浙江文化研究工程课题
103	宋代科举史	龚延明	文学院(筹)	浙江文化研究工程课题
104	宋代经典词的生成	陶　然	文学院(筹)	浙江文化研究工程课题
105	两宋佛教地理流动研究	冯国栋	文学院(筹)	浙江文化研究工程课题
106	"枫桥经验"史料整理与研究	胡　铭	光华法学院	浙江文化研究工程课题
107	"枫桥经验"基层治理数字化档案史料文献辑录	郭　晓	马克思主义学院	浙江文化研究工程课题
108	"枫桥经验"企事业单位及社会组织参与治理档案文献史料辑录	汪世荣	光华法学院	浙江文化研究工程课题
109	"枫桥经验"历史沿革档案史料文献辑录	金伯中	光华法学院	浙江文化研究工程课题

序号	项目名称	负责人	所属单位	项目类别
110	共同富裕理论内涵和实现路径研究	李 实	公共管理学院	浙江文化研究工程课题
111	共同富裕的数字化改革探索与实践——浙江杭州滨江案例	胡伟斌	公共管理学院	浙江文化研究工程课题
112	大家文萃·沈尹默读本	鲍贤伦	艺术与考古学院	浙江文化研究工程课题
113	大家文萃·蒋梦麟读本	田正平	教育学院	浙江文化研究工程课题
浙江大学 2021 年人文社科承担浙江省科技厅软科学研究计划项目				
1	浙江省海洋科技创新能级提升思路与对策的研究	叶观琼	海洋学院	重大项目
2	浙江省"创新引领共同富裕"的国际传播研究	林 玮	传媒与国际文化学院	重大项目
3	《浙江省科学技术进步条例》立法研究	翁国民	经济学院	重大项目
4	浙江新型研发机构运行机制及推动科技创新范式转变研究	白惠仁	哲学学院	重点项目
5	基于网络视角的肠道传染病防控模型构建研究	李秀央	医学院	重点项目
6	浙江省科技伦理治理机制研究	徐凌霄	医学院	重点项目
7	浙江省科技人才全方位培养体系研究	陈丽君	公共管理学院	重点项目
8	浙江省"一老一小"健康服务体系研究	邢以群	管理学院	重点项目
9	战略性新兴产业"隐形冠军"的创新突破路径研究	雷李楠	国际联合学院	一般项目
10	浙江数字服务产业链创新发展的机理与策略研究	陆 菁	经济学院	一般项目
11	面向高质量发展的智能制造多层次评价与对策研究	王柏村	机械工程学院	一般项目

单位名称	项目级别				总计		
	纵向课题		横向课题		新立项数/项	总经费/万元	总经费比上年增长/%
	新立项数/项	总经费/万元	新立项数/项	总经费/万元			
人文学院*	31	1404.06	17	449.05	48	1853.11	34.20
外国语言文化与国际交流学院	25	207.90	5	41.08	30	248.98	−43.94
传媒与国际文化学院	22	358.20	20	411.06	42	769.26	28.52
艺术与考古学院	8	361.50	45	1539.72	53	1901.22	12.19
经济学院	22	383.00	20	955.65	42	1338.65	−35.73
光华法学院	32	576.01	11	614.70	43	1190.71	51.52
教育学院	18	234.14	21	1990.14	39	2224.28	21.01
管理学院	30	457.40	25	1297.66	55	1755.06	50.13
公共管理学院	96	1836.52	90	3368.04	186	5204.56	−2.12
马克思主义学院	25	314.60	13	71.70	38	386.30	1.95
社会学系	4	126.50	9	174.18	13	300.68	−23.43
中国西部发展研究院	40	554.00	11	544.70	51	1098.70	75.31
其他	110	797.32	136	10897.94	246	11695.26	15.74
总计	463	7611.15	423	22355.63	886	29966.78	11.75

注:2021年11月,人文学院进行体制机制调整,正式筹建文学院、历史学院、哲学学院三个学院。本表中2021年度立项数和经费额度仍按原人文学院进行统计。

附录4 浙江大学2021年人文社科获省部级奖项

序号	成果名称	申报者	成果形式	奖项等级
第六届全国教育科学研究优秀成果奖获奖名单				
1	从科技发展新趋势看培养大学生核心素养	张应强	论文	二等奖
2	财富与使命:美国一流大学大宗筹款运动理论与实践	林成华	著作	二等奖
3	"大概念"视角下的单元整体教学构型——兼论素养导向的课堂变革	刘 徽	论文	二等奖
4	"一带一路"背景下的结构改革与创新创业人才培养	阙 阅	论文	三等奖
5	国际教育科学研究范式的演变与趋势	王树涛	论文	三等奖

序号	成果名称	申报者	成果形式	奖项等级
6	Educational policies and legislation in China	徐小洲	著作	三等奖
7	论大学	眭依凡	著作	三等奖
8	博弈中的平衡：政策试验与中国高等教育改革	韩双淼	著作	三等奖
9	建议在 13 个省区设立教育部直属高校	刘海峰	决策咨询报告	三等奖
10	论中国教育学的学术自觉与话语体系建构	孙元涛	论文	三等奖
浙江省第二十一届哲学社会科学优秀成果奖获奖名单				
马克思主义理论研究优秀成果奖				
1	马克思人类解放思想史	刘同舫	著作	一等奖
2	新时代中国特色社会主义的思想逻辑研究	成 龙	著作	二等奖
3	新时代青年文化景观研究	代玉启	著作	青年奖
应用对策研究与科普优秀成果奖				
4	线下市场分割是否促进了企业线上销售——对中国电子商务扩张的一种解释	马述忠	论文	一等奖
5	后追赶时代浙江制造企业海外并购整合与创新能力研究	陈菲琼	研究报告	一等奖
6	"健康中国"战略中基本卫生保健的治理创新	顾 昕	论文	一等奖
7	中国要美，农村必须美——美丽乡村的中国之路	卫龙宝	著作	二等奖
8	推动数字经济与实体经济深度融合，促进经济高质量发展研究	张旭亮	研究报告	二等奖
9	中国社会信用监管体系构建研究	陈丽君	著作	二等奖
10	数字时代的大众文学出版与传播研究	陈 洁	著作	二等奖
11	民法判例百选	周江洪	著作	二等奖
12	共生共赢：质量兴农时代的现代农业经营体系构建研究	周洁红	著作	二等奖
13	绿色"一带一路"建设重大问题及其对策研究	孟东军	研究报告	二等奖
14	统筹推进国内法治和涉外法治理论与实践研究报告	赵 骏	研究报告	二等奖
15	高质量推进乡村振兴战略的理论与对策研究	黄祖辉	研究报告	二等奖
16	Liberalizing rural-to-urban construction land transfers in China：Distribution effects	谭 荣	论文	二等奖
17	跨越产学合作的鸿沟：创业导向的产学"协同关系"管理	李 飞	著作	青年奖

续表

序号	成果名称	申报者	成果形式	奖项等级
18	浙江省夜间经济系列指数研究	应天煜	研究报告	青年奖
19	气候变化与中国农业：粮食生产、经济影响及未来预测	陈 帅	著作	青年奖
基础理论研究优秀成果奖				
20	从作为普遍哲学的现象学到汉语现象学	王 俊	论文	一等奖
21	想象中国：新媒体时代的中国形象	韦 路	著作	一等奖
22	中国省以下政府间财政收入分配：理论与证据	方红生	论文	一等奖
23	"活的"文献：古典文献学新探	冯国栋	论文	一等奖
24	后发企业如何从追赶到超越——基于机会窗口视角的双案例纵向对比分析	吴晓波	论文	一等奖
25	中国英语能力等级量表——听力能力量表研究	何莲珍	著作	一等奖
26	绍兴商会档案汇编（全三十册）	汪林茂	著作	一等奖
27	中国行业协会商会政策参与：国家与社会关系视角的考察	沈永东	著作	一等奖
28	冷战与学术：美国的中国学（1949—1972）	张 杨	著作	一等奖
29	在计划与市场之间：我国高等教育治理转型和治理体系建设	张应强	著作	一等奖
30	鉴微寻踪：旧石器时代石英岩石制品的微痕与功能研究	陈 虹	著作	一等奖
31	"最多跑一次"改革：浙江经验，中国方案	郁建兴	著作	一等奖
32	认罪认罚从宽制度的实践逻辑	胡 铭	著作	一等奖
33	文学伦理学批评的价值选择与理论建构	聂珍钊	论文	一等奖
34	放权与发展：市场化改革进程中的地方政府	高 翔	著作	一等奖
35	媒介变革视野中的近代中国知识转型	黄 旦	论文	一等奖
36	要素跨国自由流动与外贸战略转型	黄先海	著作	一等奖
37	认知科学视域中隐喻的表达与理解	黄华新	论文	一等奖
38	时间性与思的哲学——与胡塞尔共同思考超越论现象学	马迎辉	著作	二等奖
39	当代中国文艺政策发展史	王 杰	著作	二等奖
40	中国城市街道与居民委员会档案史料选编	毛 丹	著作	二等奖
41	Will China peak its energy-related carbon emissions by 2030	方 恺	论文	二等奖

浙江大学年鉴

序号	成果名称	申报者	成果形式	奖项等级
42	项目制治理的边界变迁与异质性——四个农业农村项目的多案例比较	史普原	论文	二等奖
43	客家方言名词后缀"子""崽"的类型及其演变	庄初升	论文	二等奖
44	数字创新管理:理论框架与未来研究	刘洋	论文	二等奖
45	莱德拉德与里昂的"加洛林革新"	刘寅	论文	二等奖
46	Chinese as a second language multilinguals' speech competence and speech performance(汉语作为第二语言学习者的口语能力与口语表现)	孙培健	著作	二等奖
47	论克罗齐美学思想的发展过程——兼谈朱光潜对克罗齐美学的误译和误解	苏宏斌	论文	二等奖
48	福柯的当代性思想研究	杨大春	著作	二等奖
49	阳明大传:"心"的救赎之路	束景南	著作	二等奖
50	外国文学经典生成与传播研究(第二卷)古代卷(上)	吴笛	著作	二等奖
51	Hard to get:The scarcity of women and the competition for high-income men in urban China	张俊森	论文	二等奖
52	组织话语与组织管理:一种跨学科研究进路	张慧玉	著作	二等奖
53	古希腊有过"修昔底德陷阱"吗——艾利森教授造假背后之"圈套"	陈村富	论文	二等奖
54	The economic consequences of labor unionization:Evidence from stock price crash risk	陈俊	论文	二等奖
55	华夏传播理论	邵培仁	著作	二等奖
56	人口年龄、产业转型与区域收敛——理论构建和机制发现	茅锐	著作	二等奖
57	财富与使命——美国一流大学"大宗筹款运动"理论与实践	林成华	著作	二等奖
58	柏拉图《法义》研究、翻译和笺注(三卷)	林志猛	著作	二等奖
59	Guarantor financing in a four-party supply chain game with leadership influence	周伟华	论文	二等奖
60	文化批评视野下法国当代小说中的反讽叙事研究	赵佳	著作	二等奖
61	人工智能时代新闻伦理研究重点及其趋向	赵瑜	论文	二等奖
62	The curvilinear relationship between ethical leadership and team creativity:The moderating role of team faultlines	莫申江	论文	二等奖

序号	成果名称	申报者	成果形式	奖项等级
63	中古文献异文的语言学考察——以文字、词语为中心	真大成	著作	二等奖
64	西周时期的赐服制度与设官分职	贾海生	论文	二等奖
65	宋画中的信仰民俗研究	黄 杰	著作	二等奖
66	国土空间生态修复：概念思辨与理论认知	曹 宇	论文	二等奖
67	大学理想主义及其实践研究	眭依凡	著作	二等奖
68	Attentional control in interpreting：A model of language control and processing control	董燕萍	论文	二等奖
69	梅文鼎全集	韩 琦	著作	二等奖
70	英国教育治理研究	阚 阅	著作	二等奖
71	退后，远一点，再远一点——从沈从文的"天眼"到侯孝贤的长镜头	翟业军	论文	二等奖
72	美国减税之中国应对研究：基于人才流失的视角	潘士远	论文	二等奖
73	来源国劣势与合法化战略——新兴经济企业跨国并购的案例研究	魏 江	论文	二等奖
74	规范论在刑法解释论中的作用	李世阳	著作	青年奖
75	神经金融学：社会影响下的网络投资行为	郑杰慧	著作	青年奖
76	全球治理机制复合体的演变：人类基因信息议题探析	俞晗之	著作	青年奖
77	数字化风险传播与公众风险感知研究	黄 清	著作	青年奖
78	Operationalizing regulatory focus in the digital age：Evidence from an e-commerce context	黄鹏强	论文	青年奖
79	页岩能源革命：全球石油天然气产业的兴衰和变迁	龚斌磊	著作	青年奖
80	从基本权理论看法律行为之阻却生效要件——一个跨法域释义学的尝试	章 程	论文	青年奖
81	博弈中的平衡：政策试验与中国高等教育改革	韩双森	著作	青年奖

附录5　2021年浙江大学人文社科研究所

序号	机构名称	负责人	所属单位
1	古籍研究所	王云路	文学院（筹）
2	文艺学研究所	苏宏斌	
3	中国古代文学与文化研究所	周明初	

序号	机构名称	负责人	所属单位
4	中国现当代文学与文化研究所	吴秀明	文学院（筹）
5	世界文学与比较文学研究所	吴　笛	
6	汉语言研究所	方一新	
7	韩国研究所	金健人（名誉） 陈　辉（主持工作）	历史学院（筹）
8	中国古代史研究所	刘进宝	
9	世界历史研究所	张　杨	
10	中国近现代史研究所	肖如平	
11	日本文化研究所	王　勇	
12	科技与社会发展研究所	丛杭青	哲学学院（筹）
13	逻辑与认知研究所	廖备水	
14	中国思想文化研究所	董　萍	
15	外国哲学研究所	王　俊	
16	宗教学研究所	王志成	
17	德国文化研究所	范捷平	外国语言文化与国际交流学院
18	外国文学研究所	高　奋	
19	外国语言学及应用语言学研究所	何莲珍	
20	跨文化与区域研究所	程　乐	
21	翻译学研究所	郭国良	
22	国际文化和社会思想研究所	李红涛 王建刚（常务副）	传媒与国际文化学院
23	传播研究所	洪　宇	
24	新闻传媒与社会发展研究所	吴红雨（执行）	
25	美学与批评理论研究所	王建刚	
26	广播电影电视研究所	赵　瑜	
27	中国艺术研究所	陈振濂 池长庆（执行）	艺术与考古学院
28	文化遗产与博物馆学研究所	毛昭晰（名誉） 项隆元（主持工作）	
29	艺术史研究所	薛龙春	

续表

序号	机构名称	负责人	所属单位
30	经济研究所	汪淼军	经济学院
31	产业经济研究所	金祥荣 李建琴（执行）	经济学院
32	国际商务研究所	马述忠 严建苗（执行）	经济学院
33	国际经济研究所	顾国达	经济学院
34	证券期货研究所	蒋岳祥	经济学院
35	金融研究所	王维安	经济学院
36	公共经济与财政研究所	郑备军	经济学院
37	法与经济学研究所	翁国民	光华法学院
38	公法与比较法研究所	金伟峰	光华法学院
39	经济法研究所	范良聪（执行）	光华法学院
40	法理与判例研究所	焦宝乾 季　涛（常务副）	光华法学院
41	民商法研究所	石一峰（执行）	光华法学院
42	国际法研究所	马　光（执行）	光华法学院
43	刑法研究所	李世阳（主持工作）	光华法学院
44	高等教育研究所	眭依凡	教育学院
45	教育科学与技术研究所	李　艳	教育学院
46	中外教育现代化研究所	肖　朗	教育学院
47	运动科学与健康工程研究所	王　健	教育学院
48	管理科学与信息系统研究所	周伟华	管理学院
49	管理工程研究所	汪　蕾	管理学院
50	物流与决策优化研究所	刘　南	管理学院
51	财务与会计研究所	陈　俊	管理学院
52	企业组织与战略研究所	魏　江	管理学院
53	营销管理研究所	周欣悦	管理学院
54	人力资源管理研究所	周　帆	管理学院
55	企业投资研究所	邬爱其	管理学院
56	旅游研究所	周玲强	管理学院
57	饭店管理研究所	王婉飞	管理学院

浙江大学年鉴

序号	机构名称	负责人	所属单位
58	信息资源管理研究所	周　萍	公共管理学院
59	食物经济与农商管理研究所	卫龙宝	
60	行政管理研究所	陈丽君	
61	风险管理与劳动保障研究所	何文炯	
62	农业与农村经济发展研究所	阮建青	
63	土地科学与不动产研究所	岳文泽	
64	城市治理研究所	吴结兵	
65	政治学研究所	余逊达	
66	社会学研究所	曹正汉	社会学系
67	人口与发展研究所	周丽萍	
68	社会理论与社会建设研究所	张国清	
69	人类学研究所	梁永佳 阮云星（常务副）	
70	马克思主义理论研究所	刘同舫 张　彦（常务副）	马克思主义学院
71	国际政治研究所	程早霞	

附录6　2021年浙江大学人文社科校设研究院/研究中心

序号	机构名称	负责人	成立时间	备　注
人文社科校设研究院				
1	中国农村发展研究院（农业现代化与农村发展研究中心）	钱文荣 陈志钢	1999年7月9日	教育部人文社会科学重点研究基地 "985工程"国家哲学社会科学创新基地 浙江省新型重点专业智库
2	中国西部发展研究院	周谷平 董雪兵（常务副）	2006年10月24日	
3	社会科学研究基础平台（社会调查研究中心、政策仿真实验室、实验社会科学实验室、文科信息分析中心）	甘　犁 杨　翼（执行）	2009年7月13日	

序号	机构名称	负责人	成立时间	备　注
4	金融研究院	史晋川 王义中（常务副）	2010 年 1 月 12 日	浙江省新型重点专业智库
5	文化遗产研究院	刘曙光（名誉） 刘　斌 张颖岚（常务副）	2010 年 3 月 12 日	石窟寺文物数字化保护国家文物局重点科研基地
6	全球浙商研究院	魏　江	2011 年 10 月 23 日	
7	公共政策研究院	姚先国 金雪军（执行）	2012 年 7 月 13 日	浙江省新型重点专业智库
8	国际影视发展研究院	罗卫东 范志忠（执行）	2013 年 1 月 29 日	浙江省新型高校智库
9	土地与国家发展研究院	吴次芳 叶艳妹（常务副）	2014 年 6 月 18 日	浙江省新型高校智库
10	人文高等研究院	罗卫东 赵鼎新 朱天飚（常务副）	2014 年 12 月 19 日	铸牢中华民族共同体意识研究培育基地
11	金融科技研究院	贲圣林	2015 年 4 月 3 日	浙江省新型高校智库
12	中国数字贸易研究院	马述忠	2015 年 6 月 29 日	浙江省新型高校智库
13	旅游与休闲研究院	庞学铨	2016 年 12 月 29 日	
14	国际战略与法律研究院	王贵国 程　乐（常务副）	2017 年 11 月 15 日	
15	全球农商研究院	鲁柏祥（联系人）	2017 年 11 月 18 日	
16	立法研究院	胡　铭 郑春燕（执行） 余　军（常务副）	2018 年 1 月 24 日	浙江省新型重点专业智库
17	社会治理研究院	郁建兴 王诗宗（执行）	2018 年 7 月 20 日	浙江省新型重点专业智库
18	中国书画艺术与科技鉴定研究院	陈振濂	2019 年 11 月 21 日	
19	国家制度研究院	张文显 邹大挺（执行）	2019 年 12 月 12 日	
20	亚洲文明研究院	黄华新（执行）	2020 年 12 月 25 日	教育部高校国别与区域研究备案中心

浙江大学年鉴

序号	机构名称	负责人	成立时间	备 注
21	新时代"枫桥经验"研究院	胡　铭 汪世荣（执行）	2020 年 12 月 25 日	
22	数字法治研究院*	孙笑侠 胡　铭（执行）	2021 年 3 月 21 日	
23	青山商学高等研究院*	吴晓波（执行）	2021 年 4 月 13 日	
24	共享与发展研究院*	李　实 姚先国	2021 年 5 月 23 日	
人文社科校级研究中心				
1	创新与发展研究中心	许庆瑞 魏　江（常务副） 郑　刚（执行副）	1999 年 7 月 9 日	
2	敦煌学研究中心	张涌泉	1999 年 7 月 9 日	
3	汉语史研究中心	汪维辉 真大成（执行）	1999 年 10 月 30 日	教育部人文社会科学重点研究基地
4	健康产业创新研究中心	邢以群	1999 年 10 月 30 日	
5	人力资源与战略发展研究中心	王重鸣（名誉） 谢小云	1999 年 10 月 30 日	
6	宋学研究中心	陶　然	1999 年 11 月 3 日	浙江省哲学社会科学重点研究基地
7	妇女研究中心	张　彦	2000 年 5 月 10 日	
8	文物保护和鉴定研究中心	严建强	2000 年 5 月 10 日	
9	房地产研究中心	贾生华	2000 年 12 月 10 日	
10	可持续发展研究中心	罗卫东 常　杰（执行）	2001 年 5 月 24 日	
11	信息资源分析与应用研究中心	黄　晨	2001 年 5 月 24 日	
12	资产管理研究中心	金雪军	2001 年 5 月 24 日	
13	民营经济研究中心	潘士远	2001 年 11 月 17 日	教育部人文社会科学重点研究基地 "985 工程"国家哲学社会科学创新基地

序号	机构名称	负责人	成立时间	备 注
14	资本市场研究中心	黄 英	2001 年 11 月 17 日	
15	基础教育课程研究中心	顾建民 刘正伟(常务副)	2002 年 3 月 14 日	教育部基础教育司研究中心
16	经济与文化研究中心	徐永明 何春晖(执行)	2002 年 9 月 25 日	
17	跨学科社会科学研究中心	陈叶烽(执行)	2003 年 3 月 25 日	
18	体育现代化发展研究中心	于可红	2003 年 3 月 25 日	国家体育总局重点研究基地
19	新经济产业发展研究中心	胡培战(常务副)	2003 年 5 月 15 日	
20	法理研究中心	张文显	2004 年 5 月 20 日	
21	科教发展战略研究中心	邹晓东 魏 江(执行)	2005 年 2 月 23 日	教育部科技委战略研究基地
22	民生保障与公共治理研究中心	何文炯	2005 年 3 月 29 日	浙江省哲学社会科学重点研究基地
23	江万龄国际经济与金融投资研究中心	景乃权(副)	2005 年 4 月 5 日	
24	《浙江文献集成》编纂中心	张 曦 张涌泉(执行)	2005 年 9 月 19 日	浙江省哲学社会科学重点研究基地
25	地方政府与社会治理研究中心	陈剩勇 毛 丹	2005 年 12 月 2 日	浙江省哲学社会科学重点研究基地
26	区域经济开放与发展研究中心	黄先海	2005 年 12 月 2 日	浙江省哲学社会科学重点研究基地
27	公法研究中心	余 军	2005 年 12 月 2 日	
28	全球创业研究中心	王重鸣 威廉·巴内特	2005 年 12 月 2 日	
29	中国古代书画研究中心	金晓明(副) 楼秋华(副) 张钰霖(副)	2006 年 1 月 10 日	
30	区域与城市发展研究中心	刘 亭 石敏俊(执行)	2006 年 3 月 20 日	

浙江大学年鉴

序号	机构名称	负责人	成立时间	备注
31	基督教与跨文化研究中心	王志成 陈越骅（常务副）	2006 年 5 月 18 日	"985 工程"国家哲学社会科学创新基地
32	语言与认知研究中心	黄华新	2006 年 5 月 18 日	"985 工程"国家哲学社会科学创新基地
33	创新管理与持续竞争力研究中心	吴晓波 黄　灿（常务副）	2006 年 5 月 18 日	"985 工程"国家哲学社会科学创新基地
34	传媒与文化产业研究中心	洪　宇	2006 年 9 月 1 日	
35	社会组织与社会治理研究中心	郁建兴	2006 年 9 月 1 日	浙江省"2011 协同创新中心"
36	儒商与东亚文明研究中心	杜维明（名誉） 周生春（名誉） 蒋岳祥	2006 年 9 月 19 日	
37	非传统安全与和平发展研究中心	王逸舟（名誉） 余潇枫	2006 年 11 月 23 日	浙江省新型高校智库
38	影视与动漫游戏研究中心	盘　剑	2007 年 1 月 18 日	
39	公共外交与战略传播研究中心	吴　飞	2007 年 4 月 6 日	
40	当代中国话语研究中心	王春晖（名誉） 程　乐	2007 年 4 月 6 日	
41	非物质文化遗产研究中心	阮云星 刘朝晖（常务副）	2007 年 4 月 9 日	
42	神经管理学实验室	马庆国（名誉） 汪　蕾	2009 年 5 月 23 日	
43	律师实务研究中心	吴勇敏 王小军（常务副）	2009 年 7 月 13 日	
44	社区建设与移民管理研究中心	毛　丹	2009 年 12 月 25 日	
45	浙江大学—杭州市服务业发展研究中心	魏　江 朱师钧	2009 年 12 月 29 日	
46	佛教文化研究中心	董　萍 张家成（执行）	2010 年 3 月 18 日	
47	中国地方政府创新研究中心	俞可平（名誉） 陈国权	2010 年 9 月 19 日	

序号	机构名称	负责人	成立时间	备 注
48	工程教育创新中心	叶 民	2010 年 11 月 10 日	
49	蒋介石与近代中国研究中心	陈红民	2011 年 1 月 5 日	
50	地方历史文书编纂与研究中心	包伟民	2011 年 2 月 25 日	
51	不动产投资研究中心	方红生	2011 年 3 月 8 日	
52	故宫学研究中心	郑欣淼（名誉） 张 曦（名誉） 余 辉 曹锦炎	2011 年 5 月 3 日	
53	亚洲研究中心	黄华新	2011 年 6 月 15 日	
54	科斯经济研究中心	王 宁 罗卫东 曹正汉（常务副）	2012 年 2 月 22 日	
55	廉政研究中心	叶 民 马春波（常务副）	2012 年 3 月 14 日	
56	科学技术与产业文化研究中心	盛晓明	2012 年 3 月 26 日	
57	中国组织发展与绩效评估研究中心	范柏乃	2012 年 4 月 9 日	
58	学衡国际人文研究中心	杜维明（名誉） 吴 光（名誉） 彭国翔	2012 年 5 月 25 日	
59	海洋法律与治理研究中心	赵 骏	2012 年 6 月 29 日	
60	龙泉司法档案研究中心	包伟民	2012 年 8 月 13 日	
61	浙江大学—诺丁汉大学中国与全球经济政策研究中心	顾国达 Chris Milner	2012 年 10 月 12 日	
62	中华礼学研究中心	贾海生	2012 年 10 月 12 日	
63	党建研究中心	张宏建	2012 年 11 月 4 日	
64	德育与学生发展研究中心	任少波 马建青（常务副）	2013 年 1 月 15 日	

序号	机构名称	负责人	成立时间	备 注
65	信息技术与经济社会系统研究中心	刘 渊	2013 年 4 月 12 日	
66	中国海洋文化传播研究中心	李 杰	2013 年 5 月 14 日	
67	法律与经济研究中心	熊秉元	2013 年 7 月 9 日	
68	环境与能源政策研究中心	托马斯·海贝勒 郭苏建	2014 年 1 月 20 日	
69	质量管理研究中心	熊 伟	2014 年 1 月 20 日	
70	汉藏佛教艺术研究中心	谢继胜	2014 年 9 月 25 日	
71	外语传媒出版质量研究中心	陆建平（主持工作）	2014 年 10 月 28 日	
72	"一带一路"合作与发展协同创新中心	罗卫东 周谷平	2014 年 12 月 10 日	浙江省"2011 协同创新中心"
73	陈香梅资料与研究中心	陈红民	2014 年 12 月 24 日	
74	区域协调发展研究中心	任少波 黄先海（执行）	2014 年 12 月 31 日	国家高端智库建设试点单位 浙江省新型重点专业智库
75	司法文明协同创新中心	胡 铭	2015 年 1 月 4 日	
76	老龄和健康研究中心	何文炯	2015 年 2 月 12 日	
77	道教文化研究中心	孔令宏	2015 年 3 月 12 日	
78	中国地方治理与法治发展研究中心	葛洪义	2015 年 3 月 12 日	
79	公共服务与绩效评估研究中心	胡税根	2015 年 3 月 12 日	
80	服务科学研究中心	华中生	2015 年 3 月 12 日	
81	教科书研究中心	刘正伟 张文军（常务副）	2015 年 3 月 12 日	
82	中国语文研究中心	王云路	2015 年 5 月 25 日	
83	公众史学研究中心	陈 新	2015 年 11 月 3 日	
84	城镇化与空间治理研究中心	仇保兴（名誉） 张蔚文 吴宇哲（执行）	2015 年 11 月 3 日	

浙江大学年鉴

序号	机构名称	负责人	成立时间	备　注
85	港航物流与自由贸易岛研究中心	Lee Tae-woo	2015 年 11 月 3 日	
86	科技与法律研究中心	王敏远 胡　铭（常务副）	2016 年 3 月 15 日	
87	佛教资源与研究中心	何欢欢	2016 年 3 月 15 日	
88	国际教育研究中心	宋永华	2016 年 3 月 31 日	
89	数据分析和管理国际研究中心	周伟华 叶荫宇	2016 年 5 月 28 日	
90	艺术美学研究中心	王建刚	2016 年 12 月 29 日	
91	数字出版研究中心	金更达 陈　洁（执行）	2016 年 12 月 29 日	
92	中国特色社会主义研究中心	任少波 何莲珍（常务副）	2017 年 9 月 2 日	
93	校史研究中心	田正平 马景娣（执行）	2017 年 11 月 2 日	
94	当代马克思主义美学研究中心	王　杰	2017 年 11 月 15 日	
95	中华译学馆	许　钧	2017 年 12 月 15 日	
96	世界文学跨学科研究中心	聂珍钊	2017 年 12 月 15 日	
97	马一浮书院	刘梦溪	2017 年 12 月 25 日	
98	财税大数据与政策研究中心	李金珊	2018 年 5 月 15 日	
99	雄安发展中心	石敏俊	2019 年 1 月 17 日	
100	国学与近代中国研究中心	桑　兵	2019 年 5 月 20 日	
101	现象学与心性思想研究中心	倪梁康	2019 年 5 月 20 日	
102	融媒体研究中心	韦　路	2019 年 5 月 20 日	
103	长三角一体化发展研究中心	黄先海 叶建亮（常务副）	2019 年 5 月 24 日	浙江省新型高校智库
104	城乡创意发展研究中心	王小松	2019 年 9 月 17 日	
105	浙江大学—蚂蚁集团金融科技研究中心	贲圣林 李振华	2019 年 10 月 29 日	

序号	机构名称	负责人	成立时间	备注
106	科举学与考试研究中心	刘海峰	2019 年 10 月 29 日	
107	中西书院	刘 东	2020 年 9 月 16 日	
108	数字沟通研究中心	黄 旦	2020 年 12 月 25 日	
109	习近平法治思想研究中心*	李 林	2021 年 3 月 5 日	
110	研究生教育研究中心*	严建华 包 刚(执行)	2021 年 6 月 6 日	

人文社科联合共建研究机构					
序号	机构名称	负责人	成立时间	建设期限	备注
1	浙江大学中国—挪威环境与社会联合研究中心	郁建兴 沈永东(常务副)	2019 年 1 月 7 日	3 年	挪威奥斯陆大学
2	浙江大学—国际食物政策研究所国际发展联合研究中心	陈志钢	2019 年 6 月 27 日	5 年	国际食物政策研究所
3	浙江大学—嘉兴心理健康联合研究中心	徐琴美	2019 年 11 月 15 日	3 年	嘉兴市人民政府
4	浙江大学—未来科技城数字经济创新创业联合研究中心	周伟华	2020 年 3 月 30 日	3 年	杭州未来科技城管理委员会
5	浙江大学中国水上运动发展中心		2020 年 10 月 19 日	5 年	国家体育总局水上运动管理中心
6	浙江大学—绍兴市(新昌)"梁柏台法治精神"与基层治理联合研究中心*	葛洪义	2021 年 6 月 4 日	5 年	绍兴市(新昌)
7	浙江大学—卢森堡大学高等智能系统与推理联合实验室*	廖备水	2021 年 9 月 30 日	5 年	卢森堡大学

注:标*的为 2021 年成立的研究机构。

附录7　浙江大学人文社会科学重点研究基地/智库

序号	机构名称	级别
1	区域协调发展研究中心	国家高端智库建设试点单位
2	农业现代化与农村发展研究中心（中国农村发展研究院）	教育部人文社会科学重点研究基地
3	汉语史研究中心	
4	民营经济研究中心	
5	艺术与考古图像数据实验室*	教育部哲学社会科学实验室
6	民生保障与公共治理研究中心	浙江省哲学社会科学重点研究基地
7	宋学研究中心	
8	区域经济开放与发展研究中心	
9	地方政府与社会治理研究中心	
10	《浙江文献集成》编纂中心	
11	传播与文化产业研究中心	
12	区域协调发展研究中心	浙江省新型重点专业智库
13	中国农村发展研究院	
14	公共政策研究院	
15	金融研究院	
16	社会治理研究院	
17	浙江数字化发展与治理研究中心	
18	立法研究院*	
19	农业现代化与农村发展研究中心（中国农村发展研究院）	"985工程"国家哲学社会科学创新基地
20	民营经济研究中心	
21	创新管理与持续竞争力研究中心	
22	语言与认知研究中心	
23	基督教与跨文化研究中心	
24	国家智能社会治理实验基地（浙江大学）*	国家智能社会治理实验基地
25	人文高等研究院	铸牢中华民族共同体意识研究培育基地

序号	机构名称	级别
26	德国文化研究所	教育部高校国别与区域研究备案中心
27	东北亚研究中心	
28	中东欧研究中心	
29	联合国教科文组织研究中心*	
30	亚洲文明研究院*	
31	中亚与丝路文明研究中心	国家民委"一带一路"国别和区域研究中心
32	民政部政策理论研究基地(浙江大学)	民政部政策理论研究基地
33	退役军人事务研究基地(浙江大学)*	退役军人事务研究基地
34	检察基础理论研究中心	检察基础理论研究基地
35	石窟寺文物数字化保护国家文物局重点科研基地(浙江大学)	国家文物局重点科研基地
36	科教发展战略研究中心	教育部科技委战略研究基地
37	基础教育课程研究中心	教育部基础教育司研究中心
38	体育现代化发展研究中心	国家体育总局重点研究基地
39	国家体育产业研究基地(浙江大学)	国家体育产业研究基地
40	中国旅游研究院融合创新研究基地	中国旅游研究院研究基地
41	"一带一路"合作与发展协同创新中心	浙江省"2011 协同创新中心"
42	大数据＋立法研究协同创新中心	
43	社会组织与社会治理协同创新中心	
44	创新管理与持续竞争力研究中心	浙江省新型高校智库
45	中国科教战略研究院	
46	土地与国家发展研究院	
47	非传统安全与和平发展研究中心	
48	中国新型城镇化研究院	
49	中国数字贸易研究院	
50	金融科技研究院	
51	长三角一体化发展研究中心	
52	国际影视发展研究院	

浙江大学年鉴

续表

序号	机构名称	级别
53	优化创新体系与创新环境研究基地*	
54	管理学院创新管理研究基地*	
55	建筑工程学院战略规划研究基地*	
56	科技创新与政策研究基地*	
57	公共管理学院人口大数据与政策仿真研究基地*	
58	经济学院中国数字贸易研究基地*	
59	人文学院优化创新体系与创新环境研究基地*	
60	公共管理学院数字化改革与城市治理研究基地*	浙江省软科学研究基地
61	公共管理学院科技促进民生事业发展研究基地*	
62	建筑工程学院建筑业高质量发展创新驱动战略研究基地*	
63	国际联合学院(海宁国际校区)隐形冠军创新发展研究基地*	
64	国际联合学院(海宁国际校区)隐形冠军创新发展研究基地*	
65	国际联合学院(海宁国际校区)隐形冠军创新发展研究基地*	

注:标*的为2021年新获批的机构。

附录8 2021年浙江大学省部级以上智库

序号	智库名称	负责人	评选单位	备 注
国家高端智库建设试点单位				
1	区域协调发展研究中心	任少波 黄先海(执行)	中共中央宣传部	
浙江省新型重点专业智库				
1	区域协调发展研究中心	任少波 黄先海(执行)	中共浙江省委宣传部、浙江省社会科学界联合会	

序号	智库名称	负责人	评选单位	备 注
2	公共政策研究院	姚先国 金雪军(执行)	中共浙江省委宣传部、浙江省社会科学界联合会	
3	中国农村发展研究院	钱文荣 陈志钢		
4	金融研究院	史晋川		
5	社会治理研究院	郁建兴		
6	浙江数字化发展与治理研究中心	刘 渊		
7	立法研究院*	胡 铭		
浙江省新型高校智库				
1	创新管理与持续竞争力研究中心	吴晓波	浙江省教育厅	
2	中国科教战略研究院	魏 江		
3	土地与国家发展研究院	吴次芳		
4	非传统安全与和平发展研究中心	余潇枫		
5	中国新型城镇化研究院	王立忠		
6	中国数字贸易研究院	马述忠		
7	金融科技研究院	贾圣林		
8	长三角一体化发展研究中心	黄先海		
9	国际影视发展研究院	罗卫东 范志忠(执行)		

注:标*的为2021年新获批的智库。

社会服务

【概况】 浙江大学坚持"立足浙江、面向全国、走向世界"的总要求,秉承"以服务求发展,用贡献求辉煌"的理念,在扎根中国大地办世界一流大学的进程中,始终将服务社会、为人类发展做贡献作为自身使命,全方位服务国家重大战略和区域经济社会发展,不断完善优化社会服务布局和体系,书写了爱国奉献的辉煌篇章,形成了声誉卓著、广受尊敬的社会服务"浙大模式"。

2021年,全校共新签横向技术合同3560项,合同经费40.29亿元,到款经费23.09亿元。授权中国专利3730件,其中发明专利3024件,实用新型专利655件,外观设计专利51件,发明专利授权数保持全国高校第一,授权国际专利105件。受理

185 项转化申请,涉及成果 300 余件,其中 500 万以上项目 7 个、1000 万以上项目 2 个,累计转化总金额近 1 亿元。人文社会科学领域共承接中央有关部门直接委托智库研究任务 300 余项,360 余项成果获省部级以上采纳批示。承担完成省部级以上规划 12 项,学校智库专家关于国门学校的建议被写入国家"十四五"规划,高层咨政影响显著提升。

扶贫与对口支援工作开启新征程,调整成立乡村振兴定点帮扶工作领导小组,组织召开定点帮扶和乡村振兴相关专题会议 9 次,选派 1 名副处职干部和 1 名科职干部赴景东县挂职;学校召开首次国内合作大会,对 8 年来奋战在脱贫攻坚一线的 19 个先进集体和 61 名先进个人进行了隆重表彰;推送《浙大研究生支教团精准帮扶景东县纪实》入选教育部第六届精准帮扶典型项目,《"云景天芝"赋能景东县山冲村　打造中国(西部)高原灵芝第一村》获第一批教育部直属高校服务乡村振兴创新试验培育项目;全年累计对景东县直接投入资金 483.52 万元,帮助引进帮扶资金 423.63 万元,举办乡村振兴带头人、基层干部、教师和医务人员等专题培训 23 期共 4622 人次,直接采购和帮助销售景东县农副产品达 2038.19 万元。召开结对帮扶武义县新宅镇安凤村工作推进会,讨论通过《浙江大学结对帮扶武义县新宅镇安凤村工作方案(2021—2025 年)》。扎实推进医疗、教育和产业帮扶贵州省台江县,召开"浙江大学结对帮扶台江县座谈会",并捐赠支持台江县人民医院重症监护室建设。新增对口支援新疆农业大学工作,积极开展对口支援贵州大学、塔里木大学和滇西应用技术大学普洱茶学院,推进与贵州大学、郑州大学、山西大学和云南大学的对

口合作工作协议内容落地落实,进一步深化与"西迁之路"沿线区域的合作。

重点围绕长三角一体化发展、"一带一路"等国家和区域重大战略或倡议,全方位深化拓展省外社会服务工作,召开长三角研究型大学联盟理事会会议,审议通过联盟章程和未来三年行动计划,产生新一届联盟轮值主席;与安徽省、黑龙江省、新疆生产建设兵团及民盟中央、中国社会科学院、国际儒学联合会、大足石刻研究院等签署战略合作协议,推进共建浙江大学南疆创新研究院、泰和乌鸡产业技术联合研究中心。坚持深耕浙江,在巩固现有合作基础上,积极深化拓展与省内各地区及省级部门合作,与绍兴市、金华市、建德市、浙江省农业农村厅签订战略合作协议,推进绍兴研究院、金华研究院建设。扎实推进校外平台提质增效工作,学校成立校设事业单位建设发展领导小组,研究制定《关于加强校设事业单位建设和管理的若干意见》和《关于做好校设事业单位管理班子及成员 2021 年度考核工作的通知》,召开浙江大学校外平台建设暨巡视整改工作推进会,引领平台规范化管理、高质量发展的正确方向。

推动与重点央企、大型国企、顶尖民企等重点企业建立全面战略合作关系,与中国石化及其子公司宁波镇海炼化公司签署全面战略合作协议,共建"浙江大学—镇海炼化联合研究中心";与中国航天科工集团签署全面战略合作协议,共建"微系统联合创新中心""航天类脑计算联合实验室""浙江长三角飞航智能技术中心";与华为公司签署全面战略合作协议,共建"先进媒体战略型联合实验室""系统和数据安全联合实验室",设立启真人才基金;推动长三角企业家联盟与长三角研究型大学联盟签署战略合

作协议,促进教育链、创新链与产业链深度融合;与应急管理部国家安全科学与工程研究院、中核核电运行管理有限公司、OPPO广东移动通信有限公司、齐鲁制药集团有限公司等共建校企联合研究机构;发起组建或参与浙江省城市大脑产业联盟、长三角碳中和产学研联盟、国际未来城市等科技创新联盟;深化与已签约企业合作形式,通过选派干部赴航天科工挂职、与中石化共同培养氢能人才等形式,不断推动校企合作内涵进一步拓展。积极打造浙大紫金科创小镇,核心启动区块"浙大森林"正式投入使用,累计入驻企业246家,落户"教育部脑与脑机融合前沿科学中心"和"浙江大学—浙江交工协同创新联合研究中心",引进高层次人才项目65家。

（马宏阳 王凤仪 邵文韵 刘亭美撰稿
　　林伟连 杨波 程丽 柳景青审稿）

【浙江大学召开首次国内合作大会】 4月16日,浙江大学国内合作大会在紫金港校区求是大讲堂召开。会议总结经验、分析形势、部署工作,为高质量高水平谋划新发展阶段国内合作和社会服务开新局、育新机。学校党委书记任少波、时任校长吴朝晖为浙江大学脱贫攻坚先进集体和先进个人颁奖并讲话。副校长王立忠宣读表彰文件,副校长黄先海主持会议并作国内合作工作专题报告。会上,光华法学院胡铭、计算机科学与技术学院陈刚、化学工程与生物工程学院邢华斌、医学院陈国忠、新农村发展研究院王珂、能源工程学院熊树生、农业技术推广中心陈再鸣,围绕合作平台建设、院系合作工作开展、扶贫及乡村振兴工作等主题作交流发言。校国内合作委员会、扶贫工作领导小组成员单位主要负责人,各学院（系）国内合作工作负责人,各合作平台主要负责人,

脱贫攻坚先进集体代表和先进个人参加上述会议。

（马宏阳撰稿　林伟连审稿）

【举行浙江大学校外平台建设暨巡视整改工作推进会】 12月29日,浙江大学校外平台建设暨巡视整改工作推进会在紫金港校区举行。校党委书记任少波、时任校长吴朝晖出席会议并讲话。本次会议旨在深入践行"以服务求发展,用贡献求辉煌"理念,认真落实中央巡视反馈意见,全面贯彻教育部关于加强高校异地科研机构规范管理的通知精神,进一步提高认识、统一思想、压实责任,抓实抓好校外平台巡视整改和治理整顿工作。集中整改期间,学校将校外平台整顿优化作为学校巡视整改重点专项任务,成立校设事业单位建设发展领导小组,印发《关于规范校设事业单位建设和管理的若干意见》,以"聚焦主业、严控规模、分类管理、优化提升"为原则,引导校设事业单位围绕目标愿景,持续做精做强,促进校外平台高质量可持续发展,推动社会服务工作迭代升级。

（马宏阳撰稿　林伟连审稿）

【持续推动优质医疗资源下沉、提质升级】
聚焦医学高峰建设,进一步发挥医教研协同、基础—临床贯通优势,附属第一医院先后获批国家公立医院高质量发展试点医院（全国仅14家）和国家医学中心"辅导类"创建单位（全国仅9家）,国家传染病医学中心正式获批,附属儿童医院莫干山院区工程项目正式启动,综合类别、心血管病、创伤、呼吸、妇产等国家区域医疗中心的建设工作有序推进。始终坚持以人民健康为中心的办医方向,推动省级医疗机构间检查检验结果互认共享改革,在浙江省"综合改革评价排名全国第一""门诊、住院患者满意度实现全国第一""住院患者流入位列全国第四且位

次持续上移"等方面贡献了重要力量;努力为高质量发展建设共同富裕示范区夯实健康保障,积极响应浙江省医疗卫生"山海"提升工程,承担了全省 47% 的工作任务;持续推动医疗人才"组团式"支援工作,全年组织派出援非、援疆、援青医疗专家 24 名。慎终如始抓好新冠肺炎疫情常态化防控,先后组建 49 个外派应急医疗队,累计外派 2243 名医护人员奔赴河北、河南、江苏等兄弟省市以及省内"战场"参与新冠采样、检测和医疗救治工作,齐心协力打好疫情防控遭遇战和阻击战。同时,根据疫情变化及时调整防控举措,确保疫情防控和正常医疗两不误。

（马　超撰稿　夏标泉审稿）

【聚力支撑一流涉农学科发展和高质量服务乡村振兴】　新农村发展研究院与农业试验站合署并完成班子换届,召开"浙江大学农业科技发展咨询委员会 2021 年度会议",加强对一流农科建设的指导。整合用好交叉平台资源,设计育种会聚研究计划取得新进展。支持常山县共建全国农业科技现代化先行县,推进浙江大学中原研究院、山东(临沂)现代农业研究院高水平建设,协同打造示范样板。围绕巩固拓展脱贫攻坚成果同乡村振兴有效衔接、实现共同富裕等,持续开展社会服务和对口帮扶,深化校地合作"湖州模式",组织专业教师 65 人次主动服务湖州、武义等 6 个市 45 个县区,建立现代农业技术基地 33 个。叶明儿获世界"粮食英雄"称号,陈再鸣、楼兵干、王友明等被主流媒体多次报道。新农村发展研究院获"浙江大学脱贫攻坚先进集体",11 人"获浙江大学脱贫攻坚先进个人"。

（张瑜彬撰稿　曹　阳审稿）

【杭州国际科创中心积极探索建设新模式】　杭州国际科创中心围绕推进有组织科研、引育高水平人才、培育战略性产业三大核心任务,着力探索新型研发机构建设新模式。2021 年获批省级优秀博士后科研工作站、省级技术创新中心(CMOS 集成电路成套工艺与设计)、省重点实验室(宽禁带材料与器件)和市级工程研究中心(化学功能材料)。坚持党建引领。抓好党史学习教育各项工作,完善体制机制,新出台各类管理制度 40 余项,推进数字化改革,开展智慧园区建设试点工作。坚持引育高端人才,中心各类科研人员 600 余人,其中两院院士 5 人,诺贝尔化学奖得主 1 人,英国皇家工程院院士 1 人,四青及核心技术骨干 100 余人,企业博士后 110 余人,奈杰尔(Nigel)院士入选省"鲲鹏行动"计划专家。积极推动科研创新,加快推进省 CMOS 集成电路创新平台、3 个研究院和 5 个创新工坊建设,牵头承担或参与国家重点研发、省"尖兵计划""领雁计划"等项目 10 余项;以第一或通讯作者身份在《科学》发表论文 2 篇,CNS 子刊 15 篇;获省部级奖 3 项;举办全球青年科学家高峰论坛等会议 12 场;HiZJU-China 学生团队获国际遗传工程机器设计竞赛金奖。加快促进成果转化,"未来十"入选市级专业化孵化器,孵化科技型企业 34 家;与传化集团等 10 余家企业共建创新联合体;联动 163 家行业企业成立浙江省集成电路产业技术联盟。积极推进基本建设,启动区块改造工程全部完成,园区入驻率达 90%;建设区块一期在建项目占地 218 亩,其中省 CMOS 集成电路创新平台于 6 月 25 日结顶。

（李萌萌撰稿　王恩禹审稿）

【北京研究院主动对接国家战略需求】　北京研究院坚持稳中求进工作总基调,主动对接党和国家重大战略需求,在探索新型智库工作模式、开拓成果报送渠道等方面发力,

浙江大学年鉴

新增成为国务院办公厅信息直报点，与中央办公厅、中央网信办、中央财办、民盟中央等多个中央部门建立良好、顺畅的合作关系，为学校智库建设工作开创新局面。3月16日，中国民主同盟中央委员会与浙江大学战略合作签约仪式暨"新时代科教创新"论坛在京举行，双方成立启真智库，开启合作发展的崭新篇章。全国人大常委会副委员长、民盟中央主席丁仲礼出席，全国政协常委、民盟中央专职副主席张道宏及浙江大学党委书记任少波分别致辞，张道宏与浙大副校长黄先海代表双方签署战略合作协议。与会领导嘉宾共同为"启真智库"揭牌，并为智库专家代表颁发聘任证书。

（郑杰欣撰稿　袁　清审稿）

【上海高等研究院大力推进建设进程】　上海高等研究院参与申报的科技部科技创新2030——新一代人工智能重大项目"新一代人工智能科教平台"、科技部BTIT（生物与信息融合）国家重点研发计划项目"蛋白质结构预测算法研究及蛋白质设计应用"、科技部纳米前沿国家重点研发计划项目"肿瘤主动渗透型智能纳米药物的创制与临床转化"等国家项目获批立项；申报的上海张江国家自主创新示范区专项发展资金重大项目——"计算＋与药物精准设计"、上海张江国家自主创新示范区专项发展资金重大项目——"计算＋工程：智能仿真与感知"、上海市科委重大项目——"面向科学计算的大数据智能机器学习系统"等上海地方项目获批立项。积极开展院企合作，2021年度成立了华为"昇腾"联合实验室、百度"飞桨"联合实验室、壁仞科技"科学智算与应用"联合创新中心、海康威视"跨媒体智能分析"联合创新中心、华院计算"人工智能算法"联合实验室、上海卓越睿新数码科技股份有限公司

（智慧树）"人工智能＋高等教育"联合创新中心、余姚机器人研究院"智能生物传感机器人"联合创新中心、药明康德"药物逆合成"创新实验室等联合创新研究机构。

（张岳撰稿　吴　飞审稿）

【宁波科创中心积极服务区域发展】　宁波科创中心坚持走"新目标、新体制、新团队、新基地"为特征的"四新"道路，积极服务杭州宁波"双城记"建设，依托浙江大学优质办学资源，立足宁波经济社会发展需求，深化科教产教融合，努力建设成为高水平、研究型、国际化的科教产教融合示范基地。自主科技创新成果转化及产业化不断提升，共有各类科研项目57项，科研经费2391.6万元，其中，国家自然科学基金9项，各类省级项目13项，宁波市重大专项10项，在甬孵化创新型企业6家。举办第二届全球硬科技创新创业大赛，吸引200余个项目参与报名，与一批科技含量高、市场前景广的优质创新项目达成合作意向，与浙江大学控股集团合作设立科创投资基金，进一步推动科技成果转移转化，服务地方经济社会发展。与宁波"头部"企业的产学研合作不断深入。紧紧围绕宁波"246"万千亿级产业集群建设，与近30家企业达成合作。与隆地华海（浙江）科技有限公司共建"浙江大学宁波研究院隆地华海军民装备研究中心"，与中船重工七〇三所、宁波日月重工共建燃气轮机研发与产业化平台，与美康生物科技股份有限公司共同打造生命健康产业园。巩固与宁波永新光学、华茂集团联合共建分院的成果，稳步推进硅基异质集成芯片研发、烯烃聚合物先进制造等技术研发平台建设。

（汪雨潇撰稿　单世涛审稿）

【创新创业研究院各项工作稳步推进】　创新创业研究院重点建设和运营浙江大学校

友企业总部经济园项目,与中国航天科工集团第三总体设计部共建浙江长三角飞航智能技术中心,指导、服务、监督温州国际未来科技岛项目。浙江大学校友总部经济园项目一期已于 2021 年 6 月底按期竣工启用,项目二期已完成工程总量的 31.27％,预计 2023 年底竣工。截至 2021 年底,已有近 300 个优质项目落户总部经济园,包括阜博集团、大北农集团等一批海内外上市公司和行业龙头,成功引育 8 家国家高新技术企业。浙江长三角飞航智能技术中心项目在 2021 年 11 月 19 日长三角一体化发展上升为国家战略三周年浙江省系列主题活动启动仪式上正式揭牌。温州国际未来科技岛项目先行示范区——国际智能制造产业化服务中心已于 2021 年 3 月启动施工,项目用地 120 亩,将落地院士领衔的高能级科技创新创业和产业化服务平台,预计 2024 年全面建成投用。

(胡　淳撰稿　陈肖峰审稿)

【建筑设计研究院积极服务亚运场馆建设】建筑设计研究院参与设计亚运会场馆 16 个,其中新建场馆 5 个,改造场馆 9 个,原始建筑设计场馆 2 个;完成了萧山区亚运城市环境提升专项规划,以及 9 个项目的道路、亮化提升;负责亚残运会 19 个场馆和 1 个开闭幕式场馆的无障碍专项设计图审,以及亚残运会运动员村的无障碍设计咨询。其中的"弯湾·爱生活"残疾人社会融合共享体改扩建项目和省残疾人之家改造被荣列为亚运会建设示范项目。为全面落实中央深化东西部协作工作决策部署,助推巩固拓展脱贫攻坚成果同乡村振兴有效衔接,深入推进东西部协作工作,投入帮扶资金 10 万元帮助四川省广元市青川县茶坝乡月明村茶叶管护工作。为积极响应浙江省委、省政府乡村振兴战略,首次尝试乡村数字驾驶舱项目。

(张众伟撰稿　吕淼华审稿)

规划与重点建设

学校发展规划

【制定并组织实施浙江大学"十四五"发展规划】　根据《教育部办公厅关于做好直属高校"十四五"规划编制工作的通知》要求,浙江大学围绕中央和教育部、浙江省委省政府战略部署,以更高质量、更加卓越、更受尊敬、更有梦想为战略导向,统筹"五大体系""五大布局""五大战略""五大坚持",秉持创新、开放、协同、人本、改革的发展理念,聚焦立德树人根本任务,及时发布《关于做好浙江大学"十四五"发展规划编制工作的通知》,创新构建了"1+5+8+39+X"的多规划协同联动的"十四五"发展规划体系,高质量推进"十四五"发展规划编制与实施工作。其中"1"为学校总体规划,即《浙江大学"十四五"发展规划》,明确了学校面向新征程高质量发展的战略导向、发展理念、总体目标、重点任务等;"5"为学校专项规划,是支撑学校高质量发展的"四梁八柱",包括人才培养规划、创新生态建设规划、人才队伍建设规

划、治理体系建设规划、资源优化与拓展规划;"8"为学科板块规划,是面向2030的学科群中长期发展规划,包括人文、社会科学、理学、工学、信息、农业生命环境、医药和交叉学科等八个学科板块;"39"为各学院(系)规划,医学院附属医院参照学院规划编制;"X"为专题规划,聚焦战略必争领域或改革发展关键环节,是学校规划和专项规划的重要补充,根据学校事业发展需要分批编制,至2021年底分三批完成29个专题规划的编制工作。

2021年3月25日,按照《教育部高等教育司关于直属高校报送"十四五"规划(初稿)的通知》要求,学校及时向教育部报送《浙江大学"十四五"发展规划(初稿)》及提纲。3月26—27日,《浙江大学"十四五"发展规划(审议稿)》提交学校"双代会"审议通过。4月30日,按照《教育部高等教育司关于开展直属高校"十四五"规划审核备案工作的通知》要求,学校充分吸收"双代会"审核意见建议,形成《浙江大学"十四五"发展规划(备案稿)》及规划编制情况的说明,经学校党委常委会议审议通过后及时报送教育部审核备案。11月,按照《教育部办公厅

关于反馈直属高校"十四五"规划审核意见的通知》及补充通知要求,学校充分吸收教育部反馈的专家审核意见,结合中央巡视整改反馈意见整改工作,进一步修改完善《浙江大学"十四五"发展规划》,经学校党委全委会议审议通过后报送教育部,并面向社会公布实施。

（严晓莹撰稿 张栋梁审稿）

【推进学校综合改革】 发布《浙江大学2021年度全面深化改革实施方案》,以教育评价改革和"双一流"建设为两条主线,重点聚焦学生评价、教师评价、科研评价、人才培养、创新生态、开放办学等关键领域,确定并重点推动20个年度深改项目,业务涉及党委、行政、院系、直属单位等30余个部门。持续深化新时代教育评价改革工作,发布《浙江大学贯彻落实〈深化新时代教育评价改革总体方案〉的实施方案（试行）》,组织开展全校所有学院（系）、直属单位、附属医院等专项自查自纠工作,并对38家学院（系）进行专项督导,推进改革任务落到实处。持续推进院系自主权改革,完成高分子科学与工程学系、药学院2家学院（系）"一院一策"改革方案发文,完善基层治理体系和治理能力建设,全面激发院系办学活力。与教育部综合改革司紧密对接,高质量推动并完成浙江大学2021年度高校书记校长履职亮点项目。提炼学校改革亮点工作,向教育部和省教育厅报送4篇典型经验案例。深入开展调研,围绕学校改革发展的重点难点问题开展政策研究,完成《一流导向 目标引领 聚焦高质量发展 浙江大学中层领导班子任期考核调研报告》《浙江大学交叉学部建设思路》等政策研究报告,为校领导及有关部门决策提供参照。

（王颖霞撰稿 陈 婵审稿）

"双一流"建设

【编制新一轮"双一流"建设方案】 为贯彻落实习近平新时代中国特色社会主义思想,贯彻落实党的十九大和十九届历次全会精神,贯彻落实习近平总书记关于教育的重要论述及对浙江大学的重要指示精神,矢志服务"国之大者"、在中华民族伟大复兴战略全局中履行大学使命、推动中国特色世界一流大学建设"走在前列",学校按照国家关于新一轮"双一流"建设工作的部署,及时开展新一轮"双一流"建设预研,认真组织编制浙江大学新一轮"双一流"建设学校整体建设方案和各学科建设方案。

2021年8月,浙江大学根据教育部办公厅《关于开展新一轮"双一流"建设方案编制工作的通知》要求,分别组建学校整体建设方案和学科建设方案起草组并制定工作方案。9月,形成方案初稿后,通过学部、院系、职能部门代表座谈、专题讨论会及书面征求意见等形式,密集开展方案意见征求工作,广纳众智、群策群力,充分听取和广泛吸纳各方研究成果与意见建议,并对学校和学科建设方案进行了多轮意见征求和修改完善。10月20日,学校和学科建设方案经专家论证会、校学术委员会、校学科建设领导小组工作会议、党委常委会审议通过后,按时报送教育部学位管理与研究生教育司。

浙江大学新一轮"双一流"建设学校整体建设方案包括首轮建设总体情况、建设思路与目标、学科建设总体规划、2021—2025年建设内容、预期成效、组织保障等内容。方案在深入分析首轮建设情况的基础上,紧紧围绕学校办学特色和优势,明确了新一轮建设的战略导向、建设思路、发展目标,研究确定了拔尖创新人才培养、一流师资队伍建设、科学研究水平提升、传承创新优秀文化、推进高水平成果转化等五个方面的重点建设任务,以及加强和改进党的领导、推进治理体系和治理能力现代化、实现关键环节改革突破、优化全球开放发展格局、完善一流特色办学体系等五个方面的重点改革任务,并凝练形成了一批计划举措。

【"双一流"建设项目管理与经费安排】
2021年,中央"双一流"建设专项经费到位5.76亿元,浙江省"双一流"建设配套经费到位5亿元。学校聚焦"国之大者"的根本要求和立德树人的根本任务,加快健全项目储备机制和滚动管理机制,科学合理配置经费资源,稳步完成首轮"双一流"建设资金项目总结验收和闭环管理,稳妥推进一流本科生培养计划、高层次人才和高水平团队引育计划、高峰学科建设支持计划、重大科研创新平台建设计划等27个重点项目建设,突出保障重点,强化内控监管,加快系统优化,进一步提升项目管理与经费使用质量水平。结合学校"十四五"发展规划和新一轮"双一流"建设方案编制工作,聚焦具有牵动性、创新性、突破性的战略重点,有序开展调研座谈,加强建设项目的顶层设计、系统凝练和资金规划。谋划启动新一轮部省共建筹备工作,进一步争取中央和地方对学校更大力度支持。截至2021年12月,中央"双一流"建设专项经费执行率达100%、浙江省"双一流"建设配套经费执行率达98.45%。

（严晓莹撰稿 张栋梁审稿）

重点建设专项

【推进实施面向2030的学科会聚研究计划（创新2030计划）】 按照《浙江大学面向2030的学科会聚研究计划实施方案》部署,围绕服务国家战略目标、探索国际科学前沿、支撑区域重大需求,浙江大学面向2030年前瞻布局会聚型学科领域,坚持战略规划驱动,打造多学科参与的学术共同体,以及科学、技术和产业的创新联合体,通过体系化、有组织的规划实施,构建新的优势特色学科领域和未来创新高峰。2021年,浙江大学继续加快推进脑科学与人工智能会聚研究计划(简称"双脑计划")、量子计算与感知会聚研究计划(简称"量子计划")、农业设计育种会聚研究计划(简称"设计育种计划")、生态文明与环境科技创新会聚研究计划(简称"生态文明计划")、智慧海洋会聚研究计划(简称"智慧海洋计划")、精准医学会聚研究计划(简称"精准医学计划")、超重力场会聚研究计划(简称"超重力计划")、新物质创制会聚研究计划(简称"天工计划")、亚洲文明学会聚研究计划(简称"亚洲文明计划")等专项计划实施,谋划启动数字社会科学会聚研究计划(简称"数字社科计划")、空天探索会聚研究计划(简称"问天计划")等专项计划实施,完成社会治理培育项目总结,推进国家制度与社会治理会聚型研究领域谋划工作。

按照《浙江大学面向2030的学科会聚研究计划管理办法(暂行)》的要求,进一步强化任务清单制,积极推进各专项计划重点任务落实,涌现出了一些亮点成果。例如,

"双脑计划"自主研发全国首款闭环神经刺激系统,并顺利完成刺激器植入手术,在难治性癫痫诊治领域取得了重要突破;"量子计划"制备出冰单晶微纳光纤,实现低损耗光传输及接近理论极限大幅度弹性弯曲,为光传感、冰物理研究等提供了新途径;"设计育种计划"率先揭示了水稻与种子内生菌响应病原菌胁迫的共进化规律,提出种子是亲本抗病性"进化遗产"的新观点,为抗病性资源挖掘、抗病性丧失治理开辟了新途径;"生态文明计划"首次分析了氨气(NH_3)和氮氧化物(NO_x)在全球 PM 2.5 污染形成中的贡献(N-share)及其健康效应,提出全球 PM 2.5 污染治理要更多关注氨减排;"智慧海洋计划"成功研制无须耐压外壳的仿生软体智能机器人,首次实现了在万米深海自带能源软体人工肌肉驱控和软体机器人深海自主游动;"精准医学计划"成功解析不同化学物质和多种血清素受体亚型的精细三维结构,阐述了血清素和化学药物在人体内发挥作用的机制,对药物开发选择精准靶标具有积极作用;"天工计划"首次在原子尺度下一氧化碳催化氧化过程中观察到催化剂界面活性位点的可逆变化,实现界面活性位点的原子级别原位调控,对高效稳定地处理污染气体具有重要意义;等等。

(严晓莹撰稿　张栋梁审稿)

浙江大学年鉴

学科与师资队伍建设

学科建设

【概况】 浙江大学是目前国内学科门类最齐全的综合性大学之一,可在哲学、经济学、法学、教育学、文学、历史学、理学、工学、农学、医学、管理学、艺术学和交叉学科等 13 个学科门类授予学术性学位。截至 2021 年 12 月 31 日,浙江大学拥有博士学位授权一级学科 62 个,硕士学位授权一级学科 62 个,博士专业学位类别 11 种,硕士专业学位类别 33 种。全校拥有 18 个一流建设学科(居全国高校第三),14 个一级学科国家重点学科、21 个二级学科国家重点学科和 10 个国家重点(培育)学科,7 个农业农村部重点学科,50 个浙江省一流学科(见附录)。

截至 2021 年 12 月 31 日,各学科具有研究生招生资格的教师共计 5161 人,其中具有博士生招生资格的教师共计 3370 人;具有专业学位硕士生招生资格的教师共计 3505 人,其中 1358 人具有专业学位博士生招生资格,具有博士生招生资格的副教授共计 637 人。

根据《博士硕士学位授权审核办法》(学位〔2017〕9 号)、《国务院学位委员会关于高等学校开展学位授权自主审核工作的意见》(学位〔2018〕17 号)、《浙江大学博士硕士学位授权自主审核实施办法》(浙大发研〔2018〕116 号)等文件精神,学科建设处组织开展 2021 年度学位授权自主审核工作。经相关学院(系)申请,学校学位评定委员会全体委员会议审议和投票表决,动态调整增设兽医博士专业学位授权类别。经校学位评定委员会审议并逐一无记名投票表决,同意撤销动力学与控制、飞行器测量信息工程、空天信息技术、海洋法学、海洋资源与环境、海洋工程、海洋信息科学与工程、海洋药物学、技术经济及管理 9 个二级学科,同意设置立法学、品质生物学、数智创新与管理 3 个目录外二级学科博士、硕士学位授权点。

【组织编写"十四五"一流学科体系发展规划】 根据学校"十四五"发展规划编制工作部署,结合新一轮"双一流"建设,全面研究了学科建设现状及未来五年改革发展的趋势和要求,编制形成一流学科体系发展规划,勾勒 2025 年以前学科系统内涵式发展的路线图。10 月 11 日,一流学科体系发展规划通过学科建设领导小组会议审议。

(吴　可撰稿　夏群科审稿)

【附录】

2021 年浙江大学各类重点学科分布情况

学院	一流建设学科	一级学科国家重点学科	二级学科国家重点学科	国家重点(培育)学科	浙江省一流学科	农业农村部重点学科
人文学院			中国古典文献学	外国哲学	哲学	
					中国语言文学	
					考古学	
					中国史	
					世界史	
外国语言文化与国际交流学院					外国语言文学	
传媒与国际文化学院					新闻传播学	
经济学院				政治经济学	理论经济学	
光华法学院			宪法学与行政法学		法学	
教育学院			教育史		教育学	
管理学院	管理科学与工程	管理科学与工程			管理科学与工程	
公共管理学院	农林经济管理			农业经济管理	农林经济管理	
					公共管理	
马克思主义学院					马克思主义理论	
数学科学学院		数学			数学	
物理学系			理论物理		物理学	
			凝聚态物理			
化学系	化学	化学			化学	

学院	一流建设学科	一级学科国家重点学科	二级学科国家重点学科	国家重点(培育)学科	浙江省一流学科	农业农村部重点学科
地球科学学院					地质学	
心理与行为科学系			应用心理学		心理学	
电气工程学院	电气工程	电气工程			电气工程	
建筑工程学院		土木工程			土木工程	
					建筑学	
航空航天学院			固体力学		力学	
					航空宇航科学与技术	
机械工程学院	机械工程	机械工程			机械工程	
材料科学与工程学院	材料科学与工程	材料科学与工程			材料科学与工程	
能源工程学院		动力工程及工程热物理			动力工程及工程热物理	
化学工程与生物工程学院			化学工程	生物化工	化学工程与技术	
海洋学院					船舶与海洋工程	
生物医学工程与仪器科学学院		生物医学工程			生物医学工程	
计算机科学与技术学院	计算机科学与技术		计算机应用技术	计算机软件与理论	计算机科学与技术	
	软件工程				软件工程	
					设计学	
光电科学与工程学院	光学工程	光学工程			光学工程	
信息与电子工程学院			通信与信息系统		信息与通信工程	
控制科学与工程学院	控制科学与工程	控制科学与工程			控制科学与工程	

学院	一流建设学科	一级学科国家重点学科	二级学科国家重点学科	国家重点（培育）学科	浙江省一流学科	农业农村部重点学科
生命科学院	生态学		植物学		生态学	生态学
	生物学		生态学		生物学	
生物系统工程与食品科学学院	农业工程		农业机械化工程		农业工程	农业机械化工程
					食品科学与工程	食品科学
环境与资源学院	环境科学与工程	农业资源与环境	环境工程		环境科学与工程	土壤学
					农业资源与环境	
农业与生物技术学院	园艺学	园艺学	作物遗传育种		作物学	农业昆虫与害虫防治
	植物保护	植物保护			园艺学	植物病理学
			生物物理学		植物保护	
动物科学学院			特种经济动物饲养	动物营养与饲料科学	畜牧学	动物营养与饲料科学
医学院	基础医学		儿科学	病理学与病理生理学	临床医学	
			内科学（传染病）	妇产科学	基础医学	
			外科学（普外）	眼科学	口腔医学	
			肿瘤学			
药学院	药学			药物分析学	药学	

师资队伍建设

【概况】　2021年,浙江大学深入实施人才强校战略,发挥高水平研究型大学优势,构建人才引领高质量系统内涵式发展的战略格局,营造识才爱才敬才用才的最优生态环境,全方位引进培养用好人才,加快打造国家战略人才力量,为学校迈向世界一流大学前列奠定基础。

截至 2021 年底,全校教职工总数 9778 人(不包括附属医院事业编制及报备员额编制人员),其中女教职工 3493 人,约占 36%。具体为:专任教师 4383 人、科研机构人员 1947 人(含学科博士后 1389 人)、党政管理人员 1522 人、教学科研支撑人员 890 人、附设机构及其他人员 1036 人,校本部劳务派遣人员 3587 人,附属医院在职员工 29376 人。

浙江大学高层次人才和优秀青年人才队伍规模居全国高校前列。现有院士 60 人(其中 1 人为两院院士),其中中国科学院院士 30 人、中国工程院院士 31 人(含外籍院士 1 人),浙江大学文科资深教授 15 人,求是特聘学者等高层次人才 565 人,各类优秀青年人才 890 人。

全校共有正高级专业技术职务人员 2057 人(其中教师正高级职务 1966 人、其他专业技术正高级职务 91 人),副高级专业技术职务人员 2163 人(其中教师副高级职务 1568 人、其他专业技术副高级职务 595 人);浙江大学"百人计划"研究员 590 人、特聘研究员 78 人、特聘副研究员 140 人;中级及以下专业技术职务人员 3083 人。

全校专任教师总数为 4383 人,其中:女教师 1042 人,占 23.8%;具有正高级职称人员 1964 人,占 44.81%;具有副高级职称人员 1303 人,占 29.73%。专任教师的学科分布、年龄分布及学历情况如表 1、表 2、表 3 所示。

表 1　专任教师学科分布情况　　　　　　　　　单位:人

专业项目	专任教师总数	正高级职称人数	副高级职称人数	中级及以下职称人数
哲　学	68	30	14	24
经济学	120	47	45	28
法　学	170	63	58	49
教育学	178	48	71	59
文　学	227	82	76	69
历史学	68	32	24	12
理　学	697	334	176	187
工　学	1816	821	574	421
农　学	268	133	67	68
医　学	456	252	99	105
管理学	258	110	74	74
艺术学	57	12	25	20
总　计	4383	1964	1303	1116
总计中:女	1042	320	443	279

表 2　专任教师年龄分布情况 单位:人

年龄段	总数	正高级职称人数	副高级职称人数
35 岁以下	813	16	148
36～45 岁	1541	555	597
46～60 岁	1845	1213	558
61 岁以上	184	180	0

表 3　专任教师学历情况　　　　　　　　单位:人

专任教师学历	人数
博士研究生学历	4072
硕士研究生学历	215
本科学历	95
专科及以下	1

2021 年,新当选"两院"院士 5 人,2 名求是讲座教授当选为"两院"外籍院士(其中中国科学院外籍院士 1 名、中国工程院外籍院士 1 名)。全职引进中国科学院院士 1 人,文科资深教授 1 人。入选教育部"长江学者"讲席教授项目 20 人、科技部"火炬计划"项目 1 人,教育部"长江学者"特聘教授 5 人,特岗教授 2 人,新增国家杰出青年科学基金获得者 20 人,国家"万人计划"领军人才 16 人,浙江省"鲲鹏行动"计划 11 人,求是特聘学者及文科领军人才 33 人。获得国家优秀青年基金 22 人、入选教育部"长江学者"青年学者 6 人、入选国家"万人计划"青年拔尖人才 11 人。

2021 年,共评审通过专业技术高级职务 634 人,其中正高级职务 236 人(教学科研正高级职务 113 人,专职研究研究员 2 人,高教管理研究员 3 人,正高级实验师 2 人,正高级工程师 3 人,研究馆员 1 人,卫生技术正高级职务 112 人),副高级职务 398

人(教学科研副高级职务 73 人,专职研究副研究员 14 人,学生思想政治教育副教授 1 人,高教管理副研究员 3 人,高级实验师 11 人,高级工程师 2 人,副研究馆员 1 人,卫生技术副高级职务 293 人)。另外,1 位副教授入选国家级人才计划,经学院审核、学校审定,评聘为教授;委托浙江省会计系列高级职务评审会评审通过正高级会计师 1 人,高级会计师 4 人,委托杭州市小幼教系列高级职务评审会评审通过中小学高级教师 1 人;学校组织特别评审通过专业技术高级职务 3 人,其中正高级职务 1 人,副高级职务 2 人。

2021 年,共评聘通过长聘教职 43 人,其中长聘教授 15 人,长聘副教授 28 人。另外,5 位"百人计划"研究员入选国家级人才计划,经学院审核、学校审定,评聘为长聘教授;海宁国际校区评审通过长聘教职 3 人,其中长聘教授 1 人,长聘副教授 2 人。

2021年，共评审通过四级职员1人、五级职员7人、六级职员31人、七级职员42人、八级职员19人。

2021年，新增事业性质教职工986人，其中专任教师316人、党政管理人员50人（其中专职辅导员43人）、研究人员586人（含学科博士后572人）、其他专技人员34人，离退休教职工共193人。

【5位教师当选为院士】 2021年11月18日，中国科学院、中国工程院分别公布2021年新增院士名单，浙江大学新当选"两院"院士5人，创历史最好成绩。数学高等研究院教授阮勇斌、建筑工程学院教授徐世烺当选中国科学院院士；能源工程学院教授郑津洋、高翔，农业与生物技术学院教授喻景权当选中国工程院院士。

阮勇斌，男，1963年2月出生，四川梓潼人。1982年毕业于四川大学数学系，1985年6月获四川大学数学系基础数学专业硕士学位，1991年在美国加州大学伯克利分校数学系基础数学专业获博士学位。长期从事辛几何和数学物理等领域研究，在Gromov-Witten不变量与量子上同调、Chen-Ruan上同调、FJRW理论及其应用中做出了重要贡献。1995年获得Sloan Research Fellowship，1998年获得国家杰出青年科学基金（B）类，1999年获得Vilas Associated Award，2006年获得Clay Senior Scholar。在国际一流杂志上发表了多篇重要文章，包括 *Ann. Math.* 1篇，*Invent. Math.* 6篇，*Publ. Math. IHES* 1篇，并出版专著1本。

徐世烺，男，1953年出生，陕西柞水人。1977年毕业于西北农林科技大学水利工程专业，1988年在大连理工大学获博士学位，现任浙江大学高性能结构研究所所长，浙江大学建筑工程学院学术委员会主任。曾担任浙江大学建筑工程学院院长，1991年获得国家教委与国务院学位委员会联合授予的"中国有突出贡献的博士学位获得者"荣誉称号，1992年获德国洪堡奖励基金，1996年获国家杰出青年科学基金，2000年入选教育部"长江学者"特聘教授。自2014年起连续7年被Elsevier列入中国高被引学者榜单。主要从事高性能混凝土结构和材料研究工作，创立了具有重要国际影响力的混凝土双K断裂理论，提出了混凝土结构完整性安全评价准则，建立了系统的混凝土裂缝安全分析理论和测试技术体系，领导制定了《用楔形劈裂试验和三点弯曲梁试验确定混凝土裂缝扩展双K准则的试验方法》国际标准。双K断裂理论成功应用于乌江东风混凝土高拱坝、乌江索风营重力坝、长江三峡大坝二期工程和三期工程、南水北调中线水源工程丹江口大坝加高工程裂缝完整性评定和裂缝控制，为重大水利水电工程安全运营提供了重要技术支撑。研发了高韧性混凝土及复合控裂结构，为基础设施安全服役提供了技术保障，实现混凝土抗裂性能和耐久性能大幅提升。获得国家自然科学奖二等奖、国家技术发明奖二等奖、国家科技进步奖三等奖各1项及省部级自然奖和发明奖一等奖4项。共发表论文430余篇，其中SCI收录论文155篇、EI论文213篇，出版学术专著5部。

郑津洋，男，1964年11月出生，浙江嵊州人。1987年毕业于浙江大学化学工程学系，1992年获浙江大学化学工程学系博士学位。2000年入选浙江省"151人才计划"第一层次，2004年入选教育部"新世纪优秀人才支持计划"，2009年被聘为浙江大学求是特聘教授，2012年入选教育部"长江学者"特聘教授,2016年被选为浙江省突出贡献中青年专家,2018年被评为浙江省特级专家。长期致力于高压、深冷等极端承压设备研究,在储氢高压容器、深冷压力容器、柔性高压复合管等方面,从理论、技术、标准、检测到产品研发和工程应用取得系列创新成果,所研制的系列产品广泛应用于能源、化工等领域,社会和经济效益显著,为我国高压储运设备跻身世界前列做出了突出贡献。牵头创建国际氢能协会规范标准专委会、"高压过程装备与安全"教育部工程研究中心;获国家科技进步奖一等奖1项(排名第三)和二等奖2项(排名第一);出版中英文著作9部,主编的国家级规划教材已出5版,主讲的专业核心课程入选首批国家一流本科课程。

高翔,男,1968年10月出生,浙江杭州人。1990年本科毕业于浙江大学,1995年获浙江大学工学博士学位。2009年入选教育部"长江学者"特聘教授,2011年获国家杰出青年科学基金,2013年入选国家"万人计划"科技创新领军人才,2015年被评为浙江省特级专家,2019年当选英国工程技术学会(IET)会士。现任浙江大学能源工程学院院长、党委副书记、浙江大学嘉兴研究院院长、国家环境保护燃煤大气污染控制工程技术中心主任、英国工程技术学会(IET)会士等。长期致力于能源与环境领域减污降碳的应用基础研究和技术研发工作,在能源电力、船舶航运等行业取得了系列创新成果。构建了多污染物高效协同控制技术体系,攻克了电厂超低排放、船舶尾气高效净化等关键技术难题,实现了规模化工程应用,在国内外产生了广泛影响,社会和经济效益显著。获国家技术发明奖一等奖1项(排名第一)、国家科技进步奖二等奖1项(排名第一)、国家技术发明奖二等奖1项(排名第二),国家级教学成果奖二等奖2项(排名第一、第二)。2018年获何梁何利基金科学与技术创新奖,曾获全国"五一"劳动奖章、全国优秀科技工作者、浙江省第五届师德先进个人等荣誉。

喻景权,男,1963年11月出生,浙江义乌人。1982年本科毕业于浙江农业大学园艺系,1991年于日本岛根大学获硕士学位,1994年于日本鸟取大学获博士学位。2003年获得国家杰出青年科学基金,2006年被聘为浙江大学求是特聘教授,2007年入选教育部"长江学者"特聘教授,2011年被评为浙江省特级专家,现任浙江大学农业生命环境学部常务副主任、国家"双一流"建设学科浙江大学园艺学学科负责人、国家大宗蔬菜产业技术体系栽培室主任、农业农村部园艺作物生长发育重点实验室主任、中国园艺学会设施园艺学会副会长、国家蔬菜科技与产业联盟副理事长、教育部园艺类分教指委副主任委员、*Front Plant Sci*、*Mol Hort* 和《园艺学报》等刊物副主编等。长期从事蔬菜生长发育与抗逆调控机制的研究,是国家重点研发计划"主要经济作物优质高产与产业提质增效科技创新"专项大组专家组成员,先后主持国家973计划、国家863计划、国家科技支撑计划、国家自然科学基金等国家重点项目的实施,在蔬菜抗逆高产调控理论上取得重要突破,在蔬菜抗逆生产、连作障碍防控、栽培模式革新三个产业关键问题上取得原创性成果,技术广泛应用于长江中下游和黄河流域设施蔬菜主产区,为我国蔬菜产业升级和西北非耕地开发利用做出了重要贡献。作为第一完成人获国家自然科学奖二等奖1项、国家科技进步奖二等奖1项、省部级一等奖4项。

【完善求是专项系列岗位设置】 进一步推进人才分类评价改革,2021年学校进一步完善了求是专项系列岗位设置。在求是科研岗、求是技术创新岗、求是工程岗、求是智库岗的基础上新设立了求是实验岗、求是教学岗,以吸引汇聚一批具有丰富实验教学改革、大型仪器设备研发经验的高水平实验技术人才,以及具有丰富的教学经验、较高的教学水平的高水平教学人才。

【逐步完善长聘教职制度体系】 2021年10月,学校出台《浙江大学预聘制教师申请长聘教职评聘办法(试行)》,逐步形成了具有浙大特色的预聘—长聘教职体系。学校全年组织了2次长聘教职评聘,52位"百人计划"研究员申请长聘教职,经学院评审推荐、学校评审,学校评聘长聘教授17人(其中2人为从国内外高水平大学新引进人员)、长聘副教授28人。5位"百人计划"研究员入选国家级人才计划,经学院审核、学校审定,评聘为长聘教授;海宁国际校区评审通过长聘教职3人,其中长聘教授1人,长聘副教授2人。

【推进落实代表性成果评价】 2021年8月,出台《浙江大学关于在教师职称评审中进一步深化代表性成果评价的意见》,要求各评审组织将高水平代表性成果作为评价的重要内容。同时,优化职称申报和同行评议送审材料等相关表格,突出代表性成果等内容。新农村发展研究院农业推广系列副教授陈再鸣,因其在教学、科研、社会服务等方面的业绩,尤其是在参与脱贫攻坚过程中的实际成效和贡献(入选教育部高校第一届精准扶贫精准脱贫十大典型),2021年破格晋升为农业推广研究员。

【深化卫生技术人员分类评价试点改革】
2021年7月,学校制定《2021年进一步推进卫生技术人员分类评价试点改革工作方案》,全面推进附属医院卫生技术人员分类评价试点改革,并在卫技人员职称评审中落实临床技能考核、代表性成果评议、开通"一招鲜"人才晋升通道等改革任务。2021年,附属医院共组织推荐3位"一招鲜"人员,经学校职称工作领导小组会议讨论,同意其中2位人员破格申报,最终通过评审正高级职务1人,副高级职务1人。

【结束博士后管理工作改革试点】 我校自2017年起开展博士后管理工作改革试点以来,在博士后流动站建设方面开展了积极有益的探索实践,在队伍规模和培养质量等方面取得了进步。但由于博士后管理工作改革试点单位试点期间招收的博士后,出站赴京工作不能享受博士后落户优惠,为解决博士后的后顾之忧,经学校研究,向全国博士后管委会申请结束博士后管理工作改革试点,按全国博士后管理的统一政策执行。2021年5月,人力资源和社会保障部同意浙江大学结束博士后工作改革试点。

(王　舒撰稿　钟鸣文审稿)

【附录】

附录1　2021年浙江大学博士后流动站

序号	博士后流动站	序号	博士后流动站
1	哲学	3	应用经济学
2	理论经济学	4	法学

序号	博士后流动站	序号	博士后流动站
5	马克思主义理论	34	计算机科学与技术
6	教育学	35	生物工程
7	中国语言文学	36	软件工程
8	外国语言文学	37	农业资源与环境
9	中国史	38	植物保护
10	世界史	39	作物学
11	考古学	40	园艺学
12	数学	41	畜牧学
13	物理学	42	兽医学
14	化学	43	临床医学
15	心理学	44	基础医学
16	地质学	45	口腔医学
17	生物学	46	药学
18	生态学	47	预防医学与公共卫生
19	机械工程	48	管理科学与工程
20	动力工程及工程热物理	49	农林经济管理
21	力学	50	工商管理
22	化学工程与技术	51	公共管理学
23	材料科学与工程	52	新闻传播学
24	电气工程	53	体育学
25	控制科学与工程	54	网络空间安全
26	光学工程	55	建筑学
27	电子科学与技术	56	社会学
28	信息与通信工程	57	艺术学理论
29	土木工程	58	设计学
30	农业工程	59	护理学
31	食品科学与工程	60	航空宇航科学与技术
32	环境科学与工程	61	海洋技术与工程（交叉）
33	生物医学工程		

浙江大学年鉴

具有高校教师教授职务任职资格人员

文学院（筹）	史文磊　翟业军
外国语言文化与国际交流学院	邵　斌　周　露
传媒与国际文化学院	李东晓　吴红雨
艺术与考古学院	陈　虹　郭　怡
经济学院	陈叶烽　张海峰
光华法学院	郑　磊
教育学院	刘淑华
管理学院	黄鹏强　王丽丽
公共管理学院	梁　巧　刘晓婷
社会学系	任　强
马克思主义学院	卢　江
数学科学学院	江文帅　庞天晓　王　枫
地球科学学院	杨　燕
机械工程学院	毕运波　沈洪垚　伊国栋
材料科学与工程学院	李　翔　王秀丽
能源工程学院	何　勇　施建峰
电气工程学院	陈　敏（工号：0004118）　于　淼
建筑工程学院	洪　义　金　盛　王纪武　张大伟　周永潮
化学工程与生物工程学院	傅　杰　何　奕
海洋学院	樊　炜　梁　旭　宋春毅　肖　溪　杨续超
航空航天学院	高　琪　张春利
高分子科学与工程学系	杜　淼　金　桥
光电科学与工程学院	李　奇　张登伟
信息与电子工程学院	刘　鹏
微纳电子学院	李云龙　汪　涛　张　睿
控制科学与工程学院	刘之涛　任沁源
计算机科学与技术学院	汤斯亮　吴鸿智
生命科学学院	江　辉
生物系统工程与食品科学学院	刘湘江　汪开英　韦真博　朱加进
环境与资源学院	卢玲丽　王海强
农业与生物技术学院	关亚静　桂文君　胡　艳　刘小红　王蒙岑
动物科学学院	王争光　郑火青
医学院	龚　薇　龚渭华　茵　梓
公共卫生学院	金明娟　涂华康

| 药学院 | 罗沛华 |

具有高校教师研究员职务任职资格人员

医学院	陈静海
中国西部发展研究院	陈志新
医学院附属第一医院	宋朋红
医学院附属妇产科医院	戈万忠
医学院附属口腔医院	俞梦飞

卫生技术正高级职务兼评具有高校教师教授职务任职资格人员

医学院附属第一医院	曹红翠　佟红艳　吴　健　徐凯进　许国强 杨益大　俞建军　周建娅 陈　瑜（工号：1191008）
医学院附属第二医院	李方财　李江涛　刘先宝　罗　巍 申屠形超　吴华香　袁　瑛　张　茂
医学院附属邵逸夫医院	曹　倩　方向前　胡红杰　梁　霄
医学院附属妇产科医院	梁朝霞　张信美　周坚红
医学院附属儿童医院	张园园
医学院附属口腔医院	何福明

具有教学岗教授职务任职资格人员

电气工程学院	潘丽萍
计算机科学与技术学院	张克俊
生命科学学院	唐建军

具有专职研究研究员职务任职资格人员

| 化学工程与生物工程学院 | 吴绵斌 |
| 药学院 | 方伟杰 |

具有先进技术研究员职务任职资格人员

| 先进技术研究院 | 曲巍崴 |

具有农业推广研究员职务任职资格人员

| 新农村发展研究院 | 聂鹏程 |
| 农业技术推广中心 | 陈再鸣　王友明 |

具有正高级实验师职务任职资格人员

| 医学院 | 赵鲁杭 |
| 农业生命环境学部办公室 | 毛伟华 |

具有正高级工程师职务任职资格人员

信息技术中心	王勇超
建筑设计研究院	周家伟
医学院附属儿童医院	俞　刚

具有高教管理研究员职务任职资格人员

    研究生院研究生招生处　　　　　周文文

    公共卫生学院　　　　　　　　　吕黎江

    医学院附属邵逸夫医院　　　　　刘利民

具有研究馆员职务任职资格人员

    图书馆　　　　　　　　　　　　陈振英

具有主任医师职务任职资格人员

医学院附属第一医院	盛　艳	陈佳佳	严　冬	俞海英	徐承富
	杜　娟	赵　毅	胡永仙	陈大进	娄引军
	蒋海萍	陈国萍	章云涛	杨富春	夏伟良
	刘原兴	卢　荟	金永明	陈　栋	叶　芃
	吴子衡	潘　青	孙　雯	程可佳	李　央
	傅水桥	王　康（工号：1305008）			
医学院附属第二医院	李金范	陈雯艾	沈　俐	蒲朝霞	王晓晨
	杨正明	徐锦芳	刘志蓉	徐善祥	郭庆渠
	孙崇然	陈景森	俞一波	陶思丰	蒋　骅
	刘恺鸣	苏立达	陈　嘉	黄华琼	段群军
	万　婷	马　健	文甲明	冯　蕾	吴　炜
	沈炜亮	陈临炜	封　纯	童璐莎	王新刚
	罗汝斌	周　炯（工号：2199013）			
	黄　鑫（工号：2308011）				
	张　桦（工号：2309014）				
	张　斌（工号：2508043）				
医学院附属邵逸夫医院	晁冠群	吴　瑕	马　力	蔡小燕	周慧江
	胡文献	陈艺成	刘　柳	郑　宇	蔡华英
	盛　夏	孙雅逊	杨　莹	姜冬梅	张文斌
	陆明晰	王筝扬	蒋汉梁	曹　筝	潘　美
	李世岩				
医学院附属妇产科医院	潘子旻	陈丽莉	栗宝华	朱佳骏	
医学院附属儿童医院	吴西玲	周云连	花　旺	陈　正	张　峰
	胡瑶琴	傅松龄			
医学院附属口腔医院	朱赵东				

具有主任药师职务任职资格人员

医学院附属第一医院	刘　健	马葵芬
医学院附属儿童医院	缪　静	

具有主任技师职务任职资格人员

医学院附属第一医院	陈晓　吴建平　崔大伟
医学院附属第二医院	蔡加昌
医学院附属邵逸夫医院	吴胜军　宋铁军
医学院附属妇产科医院	叶光勇

具有主任护师职务任职资格人员

医学院附属第一医院	莫军军　卞丽芳
医学院附属第二医院	钱维明　赵　华　唐碧云
医学院附属邵逸夫医院	同俏静
医学院附属妇产科医院	李秋芳

具有正高级会计师职务任职资格人员

罗泳江

附录3　浙江大学2021年评聘长聘教职人员

具有长聘教授任职资格人员

历史学院(筹)	孙英刚
传媒与国际文化学院	洪　宇
数学科学学院	叶和溪
化学系	金一政
心理与行为科学系	陈　辉
材料科学与工程学院	余　倩
化学工程与生物工程学院	柏　浩　陆盈盈
高分子科学与工程学系	李昌治
光电科学与工程学院	DI DAWEI　杨　旸
信息与电子工程学院	XIANBIN YU
计算机科学与技术学院	许威威
生命科学学院	林爱福
生物系统工程与食品科学学院	平建峰　岑海燕
农业与生物技术学院	梁　岩
动物科学学院	单体中
医学院	马　欢　张　岩
国际联合学院(海宁国际校区)	王宏伟

具有长聘副教授任职资格人员

光华法学院	黄　韬
教育学院	韩双淼
管理学院	袁　泉　应天煜
公共管理学院	吴　超

数学科学学院	刘东文				
物理学系	刘　洋				
化学系	李　昊				
地球科学学院	毕　磊				
机械工程学院	陈远流	曹彦鹏			
能源工程学院	王海鸥				
化学工程与生物工程学院	和庆钢	凌　敏	刘平伟		
海洋学院	乐成峰				
航空航天学院	库晓珂	周昊飞			
控制科学与工程学院	倪　东				
农业与生物技术学院	白松龄				
动物科学学院	张　坤				
医学院	郭江涛	刘　冲	沈承勇	沈　啸	王　良
	夏宏光	徐素宏			
国际联合学院（海宁国际校区）	郭　伟	朱廷举			

对外交流与合作

国际合作与交流

【概况】 2021 年，全校教职工因公出国共计 10 人次（其中：学术交流 3 人次、科考 5 人次、参赛 2 人次），参加涉国（境）外线上会议 532 人次。2020—2021 学年全校共实施本科生线上、线下交流项目 266 项（其中线上交流项目 252 项，占比 94.7%），交流人次 5944 人次（含线上参加 5913 人次，线下参加 31 人次），交流率为 92.77%；2021 年共有 4525 人次的研究生通过多种渠道参加境外合作与交流，以参加线上国际学术会议、线上研究生暑期学校和研究生国际工作坊、线上课程学习等为主要形式，实际出国 258 人次，4252 人次参与了线上对外交流。2021 年组织校级"云"会面、"云"签约活动近 50 场，新开拓校级合作伙伴 14 个，与英国伦敦大学学院、加拿大多伦多大学等设立双边合作基金，建立战略合作关系；推动与加拿大多伦多大学、德国海德堡大学、比利时根特大学等世界一流高校新建 7 个本科生交换、博士生联合培养项目；推动成立"浙江大学—苹果公司科技创新中心""浙江大学—卢森堡大学高等智能系统与推理联合实验室""浙江大学—澳大利亚悉尼大学可持续环境联合实验室"等国际合作平台。加强与国际组织深度合作，与联合国粮农组织合办第二届全球农创客大赛，积极参加世界经济论坛未来理事会"科学合作"专项组，在全球高级别平台发出浙大声音。

围绕可持续发展全球共性议题，找寻国际合作突破口。举办全球大学校长线上论坛、中德可持续发展论坛、世界顶尖科学家大学校长论坛、"可持续设计"国际大赛等 13 场系列活动，搭建教育文化友好交往的合作平台，共同应对挑战，促进人类福祉，彰显学校全球担当。出台《浙江大学可持续发展行动计划》，发布《全球大学校长关于2030 议程的联合声明》，获得美国哈佛大学、耶鲁大学、法国巴黎综合理工学院、挪威奥斯陆大学、北京大学等六大洲 31 个国家和地区 61 所高校校长的积极响应和高度赞许。

国际传播效能显著提升，在学校各平台

发布新闻、推文 2000 余条，推出科研、人才系列视频 20 余个，6 大海外社媒粉丝数达 41 万人。加强重大活动全球联动传播，全球大学校长论坛在新华网、CGTN 等 16 个国媒直播，观众达 106 万人次，国内外 200 余家主流媒体以 7 种语言报道，触达 1.5 亿人次。发布学校首部英文形象片，收获 50 余万次的点播和海内外热烈好评。学校在 2021 年中国大学海外网络传播力排行榜中跃升至中国高校（含港澳台地区）第 3 位。

2021 年聘请外国专家 681 人，其中长期专家 524 人；聘请客座教授 3 人；获批"高端外国专家引进计划" 28 项、执行 15 项；举办海外名师大讲堂 1 场；执行校级项目 29 项；线上线下相结合举办国际会议 49 项（其中，人文社科类 25 项、自然科学类 24 项）。

（王　欣撰稿　刘郑一审稿）

【附录】

附录 1　2021 年浙江大学各学院（系）对外合作交流情况

学院（系）名称	出国（境）及对外交流数/人次			聘请国外专家数/人		举办国际学术会议数/次
	教职工	本科生	研究生	长期	短期	
人文学院	5	183	24	12	3	3
外国语学院	0	155	12	47	6	7
传媒与国际文化学院	1	203	51	2	1	1
艺术与考古学院	1	89	2	4	0	0
经济学院	1	181	60	8	15	3
光华法学院	0	91	11	7	5	2
教育学院	1	217	92	3	5	2
管理学院	0	169	71	10	0	2
公共管理学院	1	216	68	21	0	3
马克思主义学院	0	0	0	0	0	0
数学科学学院	0	124	11	3	2	0
物理学系	0	43	104	19	0	0
化学系	0	103	85	8	0	1
地球科学学院	0	83	74	9	0	1
心理与行为科学系	0	54	11	2	0	0
机械工程学院	0	402	174	2	0	1
材料科学与工程学院	0	110	194	7	6	0
能源工程学院	0	170	128	5	1	1
电气工程学院	1	363	171	4	9	1

浙江大学年鉴

学院(系)名称	出国(境)及对外交流数/人次			聘请国外专家数/人		举办国际学术会议数/次
	教职工	本科生	研究生	长期	短期	
建筑工程学院	0	120	51	13	18	1
化学工程与生物工程学院	0	140	192	24	5	2
航空航天学院	0	31	37	5	15	1
高分子科学与工程学系	0	81	98	12	0	0
海洋学院	5	209	121	10	0	1
光电科学与工程学院	0	164	86	17	0	2
信息与电子工程学院	0	303	156	18	1	1
控制科学与工程学院	0	108	30	6	16	0
计算机科学与技术学院	0	832	159	9	1	2
软件学院	0	0	9	0	0	0
生物医学工程与仪器科学学院	0	122	54	6	0	0
医学院	0	39	1080	66	3	1
药学院	0	227	126	7	0	1
生命科学学院	0	176	175	7	2	0
生物系统工程与食品科学学院	0	90	74	22	2	0
环境与资源学院	0	147	378	16	0	0
农业与生物技术学院	0	110	207	50	15	0
动物科学学院	0	50	69	6	0	1
工程师学院	0	0	65	1	0	0
国际联合学院	2	0	3	46	1	1
其他	11	39	12	10	25	7
合计	29	5944	4525	524	157	49

附录 2　2021 年浙江大学接待国外主要来访人员

日期	来访团组名称	主要活动内容
1 月 27 日	俄罗斯莫斯科航空学院校长代表团(线上)	深化两校合作
4 月 27 日	美国密涅瓦大学创始人代表团(线上)	洽谈两校合作
5 月 24 日	新加坡科技设计大学教务长代表团(线上)	召开联合管委会会议,深化两校合作

日期	来访团组名称	主要活动内容
5月26日	英国格拉斯哥大学副校长代表团(线上)	云签约
6月9日	外国驻华使领馆代表团(线下)	"驻华使节浙江行"活动
6月18日	联合国教科文组织驻华代表处代表团(线下)	深化双边合作
6月23日	南非开普敦大学校长代表团(线上)	云签约
9月14日	波兰驻华大使代表团(线下)	深化双边合作
10月26日	德国海德堡大学副校长代表团(线上)	云签约
11月3日	美国苹果公司副总裁代表团(线上)	云签约
11月24日	澳大利亚悉尼大学校长代表团(线上)	深化双边合作
12月6日	卢森堡大学校长代表团(线上)	联合实验室启动仪式及双边研讨会
12月14日	德国慕尼黑大学副校长代表团(线上)	云签约
12月16日	施普林格·自然集团大中华区总裁(线上)	深化双边合作

港澳台工作

【概况】 2021年,全校教职工因公赴港澳共计19人次(其中学术交流9人次、访问考察10人次),参加涉港澳台线上会议4人次。2021年,浙江大学与香港中文大学续签校际学术交流协议并成立浙大—中大合作指导委员会;深化与澳门大学学科合作,成立两校智慧政务、金融创新联合研究中心,在金融创新、智慧政务等领域开展引领性研究。接待来自线上线下的香港地区参访团组共计2批12人次。邀请台湾地区高校33位学者进行线上专题讲座或学术交流,线上线下相结合举办第十届海峡两岸医院院长论坛、"三吴墨妙——近墨堂藏明代江南书法展"和台湾青年大学生智能医疗学习营。

实施2021年港澳与内地大中小学师生交流项目,执行线上项目7个,港澳与内地近300名师生参与交流。申报并实施2个对台教育交流项目。派出2名学生前往香港交换。策划实施"我眼中的祖国"摄影大赛,举行摄影专题交流讲座,提升师生对祖国大好河山、历史文化和社会发展成果的认同和自豪感,促进交流融合。

做好港澳台地区师生的归口管理和服务工作,启动港澳台学生"浙里启航,助力成长"计划,举行"翰墨迎春"、台籍师生新春座谈会、佳节茶香等特色活动。

【成立浙大—中大合作指导委员会】 与香港中文大学成立合作指导委员会并于6月23日召开第一次工作会议,时任校长吴朝晖和段崇智校长共同出席会议,确定光子学、生命科学、数字经济和金融科技等重点推进方向,推动经济学院与港中大经济学系筹建数字经济联合研究中心。

【校党委书记率团访问澳门】 7 月 12—13 日,校党委书记任少波率团访问澳门,与澳门大学宋永华校长会谈,成立两校智慧政务、金融创新联合研究中心;拜访澳门特别行政区行政长官贺一诚和中央人民政府驻澳门特别行政区联络办公室,会见各界人士,与澳门各界进行沟通交流。

【完善港澳台学生国情教育体系】 依托港澳台学生国情教育网络平台,优化国情教育课程体系建设。组织 24 名港澳台学生赴浙江舟山进行社会实践活动,深入了解海洋科学研究发展成果,提高社会责任感和民族自豪感。与景东教育体育局合作成立浙江大学港澳台学生国情教育基地,通过共建共享,致力于人才培养和社会服务。

(陈 枫撰稿 刘郑一审稿)

【附录】

浙江大学 2021 年香港地区主要来访团组(人员)

来访日期	来访团组名称	主要活动内容
6 月 23 日	香港中文大学段崇智校长一行(线上)	召开合作指导委员会第一次会议
10 月 2 日	香港特别行政区驻上海经济贸易办事处副主任一行(线下)	商谈合作

合作办学

【国际联合学院(海宁国际校区)】 截至 2021 年 12 月,国际校区全日制在校区学生共计 2166 人,其中本科生 1353 人,研究生 813 人;在校区学生中留学生 266 人。

全年共全职引进专聘教师 15 人,其中外籍院士 1 人。专聘教师共 63 人,其中外籍教师 27 人。全职教师中入选国家优秀青年科学基金项目 1 项,海外优青项目 1 项;10 人入选浙江省"万人计划"青年拔尖人才等各类青年人才项目;13 人入选"创新嘉兴精英引领计划"领军人才。

稳步推进国际合作教育样板区建设。样板区建设继列入国家长三角一体化规划后再次写入《虹桥国际开放枢纽建设总体方案》;着手建设数字孪生的国际合作教育"云上样板区",撰写向浙江省、国家发展和改革委员会报送请求支持样板区建设材料 2 份;组织开展国际合作教育样板区建设实施方案编制工作,方案上报国家发展和改革委员会,力争纳入长三角一体化发展"十四五"规划;形成了在国际化卓越人才培养、国际合作科技创新、国际化产教融合、中西文明交流互鉴等方面具有引领示范的建设目标任务。

持续提升人才培养成效。教学成果获浙江大学/浙江省特等奖 1 项、浙江省二等奖 1 项、浙江大学一等奖 2 项;申报并获批 2020 年度省级一流课程 4 门、2021 年度浙江大学一流本科课程 7 门、2021 第一批浙江大学本科线上线下混合式课程培育项目 1 项、2021 年度校级本科教学研究项目 2

项。人才培养阶段性成效初显。2021届188名本科毕业生中，境内深造53人，海外深造111人，直接就业16人。海外深造学生中被Top 20的世界名校录取84人，占海外深造总人数的75.7%。全奖博士录取人数53人，其中海外全奖博士录取人数29人。圆满完成2020、2021级本科生军训任务，首次实现国际校区单独成团建制组织大学生军训。聚焦学生全面素质提升，启动"千耦其耘"劳动育人项目，相继与苏州工业园区、海宁泛半导体产业集群共建浙江大学"凌云"计划社会实践基地，建设校级示范性研学空间"Y-Space"。延续优良艺体传统，在浙江大学庆祝中国共产党成立100周年合唱比赛中荣获一等奖，在学校运动会荣获本科生组团体总分第一名。

加快推动国际化科研布局。新增入驻国际研究中心4个：先进电气国际研究中心、绿色建筑与低碳城市国际研究中心、隐形冠军国际研究中心、金融科技安全国际研究中心；新增省级国际合作基地3个：浙江—沙特能源材料联合实验室、绿色建筑与低碳城市国际科技合作基地、隐形冠军创新发展研究基地。新增校设研究机构、校地及校企联合研究机构等4个：浙江大学高分子新物质创制国际研究中心、浙江大学（宁海）生物质材料与碳中和建设联合研究中心、浙江大学高分子科学与工程学系—上海纽脉医疗医用高分子材料与医疗器械技术联合实验室、浙江大学—致瞻科技碳化硅应用技术联合研发中心。

不断夯实资源与支撑保障基础。新增并启用约1.2万平方米的科研转化与交叉研究发展用房空间；启动商学院大楼和3、4号书院装修工程。启动国际校区"十四五"信息化规划，成立"云上样板区"工作领导小组；校区所有大教室实现跨国远程互动教学功能，保障全球疫情下国际校区线上下融合式教学。图书馆全面开放，中外文馆藏总量达8.8万册，新增阅览座位241个；参考国外高校图书馆通行排架标准，重新调整馆藏分布，形成中外文混排、按类别排序的馆藏新布局。完成ECO-campus铂金认证复审，顺利通过国际环境管理系统标准ISO14001:2015认证。建立以支撑与保障部牵头、各单位/部门、公共服务咨询委员会共同参与的校园服务监督考核体系。

持续加强党的建设。校党委首次开展党建创新项目申报建设工作，全部12个支部共立项12个党建创新项目；浙江大学爱丁堡大学联合学院党支部入选第二批"全校党建工作样板支部"培育创建单位。全年共发展71名党员，包括68名学生党员和3名教职工党员。召开"秉持愿景践行使命——新发展阶段使命愿景大讨论"主题汇报会。进一步加强党风廉政建设。落实民主生活会整改、学校巡察整改、学校巡视整改等工作，一体推进并建立长效机制。坚持招生录取、干部人事、意识形态、项目建设、设备采购等重点领域开展廉政谈话制度，组织开展面向全体中层干部、党员、教师和管理骨干的党风廉政建设专题报告会。召开了国际校区第一届教职工代表大会第二次会议，审议并通过《国际校区教师行为准则》。

认真落实安全稳定工作。自查2017年以来校区意识形态各项工作，对意识形态工作责任制实施细则及责任清单落实情况、意识形态阵地管理情况、论坛讲座等活动管理进行专项排查；加强课堂教学管理，针对学校外语类、其他学科境外类教材排查"回头看"通报的有关要求，排查教材意识形态问题隐患；按照《国际校区新闻宣传工作管理规范》严格落实网络宣传阵地管理。用好智慧安防综合平台,落实实验室管理与监督工作,完成实验室信息统计、危化品监管、生化固废回收、特种设备管理等专项工作。

【浙江大学爱丁堡大学联合学院(ZJE)办学进展】 2021年,ZJE顺利通过教育部对中外合作办学情况的评估,各合作办学项目资质顺利延期;作为中英合作办学联盟主席单位获批英国 British Council 的国际教育合作基金项目。ZJE持续拓展研究生教育的多样性和规模,其中获批爱丁堡大学单学位研究生教育项目并首次招生、注册和入学研究型硕士生9名和博士生8名;2021年9月硕士研究生新生20人和博士研究生15人入学;接收2022届应届推荐免试硕士研究生9个,博士4人,学院在读研究生已达123人。形成了23人全职师资队伍,外籍师资占比43%,打通选修课程,实现生物医学课程向生物信息学专业的学生开放,赋予学生更广阔的选择空间,贯彻学院"交叉进化"的育人理念。依托苏州工业园区BioBAY、迪安诊断等实习实践基地,打造"课堂学习—实验训练—科技创新—服务社会"的全链条人才实践模式。

【浙江大学伊利诺伊大学厄巴纳-香槟校区联合学院(ZJUI)办学进展】 2021年,ZJUI顺利完成办学有效期和招生有效期延长申请。当前ZJUI联合研究中心运作良好,双学位硕士研究生项目已初步达成意向。首次正式参加国际工程技术教育认证(Accreditation Board of Engineering and Technology,ABET)。2021年度,招收国内本科生215名,国际本科生14名(包括控制学院、电气学院、信电学院等8名国际化合作本科生),国内硕士研究生40名,国内博士研究生28名,国际博士生2名。全年新增16门专业选修课,5门通识选修课。有效完成2021级"电子信息""能源动力""土木水利""机械"等4个硕士专业的培养方案修订和学校审核备案。完成"碳中和城市建设与生物质工程材料研究""新一代核心功能器件及其应用""数字经济中的信息融合与泛在智能"等3项2022级专业硕士培养项目申报。目前共有36名专聘教师,外籍教师比例占47.2%。在36名专聘教师中,于世界综合排名前50的高校取得博士学位的占63.9%。

【浙江大学国际联合商学院(ZIBS)办学进展】 2021年,加入全球商学院组织(GBSN),与香港中文大学签署联合培养协议,与新加坡国立大学商学院签署合作备忘录。引进剑桥大学金融科技与监管创新在线课程项目,举办包括诺贝尔经济学奖得主罗伯特·威尔逊在内的名家云讲堂,组织浙大ZIBS论坛和上海论坛;秋季学期共招收中国学生118名,来自40多个国家和地区的国际学生118名,全球传播与商务硕士(MCM)首次招生;其中全球传播与管理本科(GCM)招收国际学生39人,工商管理硕士(iMBA)和金融硕士(iMF)分别招生73人、59人,均为历年最高;全年引进长聘师资3人。在北京、上海的教学与实践基地相继启用,成立金融科技安全国际研究中心等一批研究机构;与浙江省委统战部共建的"浙江省新的社会阶层人士智库研究基地"、与海宁市政府共建的"海商学堂"揭牌成立。学院大楼装修工程启动,获鸿翔集团等捐赠经费。

(周一夫撰稿 王玉芬审稿)

院系基本情况

文学院（筹）

【概况】 文学院（筹）设有古籍研究所、汉语言研究所、文艺学研究所、中国古代文学与文化研究所、中国现当代文学与文化研究所、世界文学与比较文学研究所等6个研究所，有汉语史研究中心、《浙江文献集成》编纂中心、敦煌学研究中心、中华礼学研究中心、中国语文研究中心、经济与文化研究中心、影视与动漫游戏研究中心、马一浮书院等校设研究机构，其中汉语史研究中心为教育部人文社会科学重点研究基地。学院拥有国家文科基础学科人才培养和科学研究基地、国家基础学科拔尖人才2.0计划汉语言文学拔尖基地、国家人才培养模式创新实验区"大中文"实验区、国家语言文字推广基地。

学院建有中国语言文学博士后流动站；拥有中国语言文学1个浙江省一流学科，为一级学科博士学位授权点，中国古典文献学1个二级学科为国家重点学科；拥有中国古典文献学、中国古代文学等8个二级学科博士学位授予权和中国古代文学等9个硕士学位授予权。设汉语言文学（含影视与动漫编导、编辑出版方向）、古典文献学2个本科专业，均入选国家一流本科专业建设点。汉语言文学（古文字学方向）入选国家"强基计划"。

现有教职工75人，其中正高级职称38人（2021年新增2人）、副高级职称18人（2021年新增1人）。2021年新进博士后研究人员7人，在站博士后研究人员22人，出站8人，2人获得中国博士后科学基金项目（面上资助1项、特别资助1项）；获国家社科基金青年项目立项1项。

2021年，招收硕士研究生数43人、博士研究生30人，2021级本科生147人确认进入学院学习，毕业本科生140人、硕士研究生51人、博士研究生32人。

2021年，到校科研经费656.5万元，比上年增长2.2%。获批人文社科类科研项目14项，其中国家社科基金项目5项（其中重大项目1项、重点项目1项）。获浙江省第二十一届哲学社会科学优秀成果奖9项，其中一等奖1项、二等奖8项。

附表　2021 年度文学院(筹)基本情况

项目	数据	项目	数据
教职工/人	75	获国家级科技奖项目/项	0
长聘教授/人	0	获国家级教学成果奖/项	0
长聘副教授/人	0	SCI 入选论文/篇	0
教授/人	38		
副教授/人	18	EI 入选论文/篇	0
研究员/人	0	SSCI 入选论文/篇	3
副研究员/人	0		
"百人计划"研究员/人	4	A&HCI 入选论文/篇	4
特聘研究员/人	2	权威刊物论文/篇	5
特聘副研究员/人	3		
其他正高职称/人	0	出版专著/部	22
其他副高职称/人	0		
具有博士学位的专业教师比例/%	95.4	在校本科生/人	619
文科资深教授/人	1		
"国家特支计划"入选者/人	0	在学硕士研究生/人	204
教育部"长江学者"特聘教授/人	3	其中:专业学位研究生/人	0
教育部"长江学者"青年学者/人	1		
省部级高等学校教学名师奖获得者/人	1	在读博士研究生/人	209
国家"百千万人才工程"入选者/人	1		
国家杰出青年科学基金获得者/人	0	其中:专业学位研究生/人	0
教育部新(跨)世纪优秀人才培养计划入选者/人	3		
浙江省特级专家/人	2	在校攻读学位的国际学生/人	75
浙江大学求是特聘教授/人	15	应届本科毕业生一次就业率/%	81.6
浙江大学文科领军人才/人	4		
一级学科国家重点学科/个	0	应届本科毕业生深造率/%	35.6
二级学科国家重点学科/个	1		
教育部人文社会科学研究基地/个	1	应届毕业研究生一次就业率/%	88.6
国家人才培养基地(含教学、教育基地)/个	1		
国家精品资源共享课/门	0	教师出国交流/人次	2
国家精品视频公开课/门	1	学生出国交流/人次	245
国家级一流本科课程/门	3	举办国际学术会议/次	1
科研总经费/万元	656.5		
其中:国家社科基金比重/%	26.7	社会捐赠经费总额/万元	200
纵向经费比重/%	71.4		

浙江大学年鉴

2021年，参加海外交流（含线上）的学生达245人次，其中本科生232人次，研究生13人次。开展与国（境）外知名学者的交流，主办国际学术会议1场，学院高度重视国际交流与合作，与哈佛大学、斯坦福大学、牛津大学、剑桥大学、新加坡国立大学等建立了合作关系。

【教改立项和课程建设成果突出】 随着"古典文献学"专业入选国家一流本科专业建设点，文学院（筹）在教改立项和课程建设等方面有序开展，成效显著。2021年度，文学院（筹）获浙江省教学成果高等教育类一等奖1项，5门课程（其中1门为线上线下混合式教学模式改革课程，4门为线下教学内容与方法创新课程）入选浙江大学校级一流课程，1门课程入选2021年校级本科"课程思政"示范项目，并获2021年省级"课程思政"示范课程立项。3项教改课题分获浙江大学校级本科教学研究项目重点课题立项、省级"课程思政"教学研究项目立项及浙江大学年度教学成果奖。2种教材获浙江大学教材立项。

【人才引育工作成效显著】 2021年，文学院（筹）坚持引育并举，学科队伍建设工作卓有成效。以冠名教授岗位增强对人才的吸引力，扩大高层次人才增量，引进文科领军人才1名、马一浮书院敦和讲席教授1名。坚持引航续航，通过"百人计划"研究员、特聘研究员等人才聘用渠道引进优秀青年人才，以保持优质学术梯队的续航能力，共引进特聘（副）研究员5名。完善人才成长生态，强化师德师风建设，助力教师成长，1名教师获评教育部"长江学者"特聘教授，1名教师入选教育部"长江学者"青年学者，1名教师先后入选浙江省"万人计划"青年拔尖人才、国家"万人计划"青年拔尖人才。学院

引才育才工作成效显著，师资规模和水平不断提升。

（章君艳撰稿　冯国栋审稿）

历史学院（筹）

【概况】 历史学院（筹）现设有中国古代史研究所、中国近现代史研究所、世界历史研究所、韩国研究所、日本文化研究所等5个研究所，蒋介石与近代中国研究中心、国学与近代中国研究中心、地方历史文书编纂与研究中心、亚洲研究中心、公众史学研究中心、龙泉司法档案研究中心等6个校级研究中心，另有东北亚研究中心为教育部国别与区域备案研究中心，中亚与丝路文明研究中心为国家民委"一带一路"国别和区域研究中心。

学院拥有中国史与世界史2个一级学科博士学位授权点与博士后流动站，2个学科均入选浙江省一流学科和浙江大学一流骨干基础学科计划。

学院现有教师47人，包括浙江大学文科资深教授1人，正高级职称19人（比上年新增0人）、副高级职称18人（比上年新增0人）、博士研究生指导教师31人（比上年新增1人）、硕士研究生指导教师人43人数（比上年新增0人）；2021年新增教育部"长江学者"青年学者2人。

历史学院秉承"融新汇旧、沟通文质"的求是精神，以服务国家和社会需求为导向，致力于培养具有家国情怀与国际视野、基础扎实和思维创新的一流历史学专业人才。历史学专业1994年成为首批国家文科基础学科人才培养和科学研究基地，2020年纳

项目	数据	项目	数据
教职工/人	51	获国家级科技奖项目/项	0
长聘教授/人	1	获国家级教学成果奖/项	0
长聘副教授/人	1		
教授/人	19	SCI 入选论文/篇	0
副教授/人	18	EI 入选论文/篇	0
研究员/人	0		
副研究员/人	0	SSCI 入选论文/篇	0
"百人计划"研究员/人	2	A&HCI 入选论文/篇	0
特聘研究员/人	0		
特聘副研究员/人	4	权威刊物论文/篇	2
其他正高职称/人	0		
其他副高职称/人	0	出版专著/部	18
具有博士学位的专业教师比例/%	97.9		
文科资深教授/人	1	在校本科生/人	165
"国家特支计划"入选者/人	0	在学硕士研究生/人	115
教育部"长江学者"特聘教授/人	1	其中:专业学位研究生/人	0
教育部"长江学者"青年学者/人	2		
省部级高等学校教学名师奖获得者/人	1	在读博士研究生/人	98
国家"百千万人才工程"入选者/人	0		
国家杰出青年科学基金获得者/人	0	其中:专业学位研究生/人	0
教育部新(跨)世纪优秀人才培养计划入选者/人	1		
浙江省特级专家/人	0	在校攻读学位的国际学生/人	11
浙江大学求是特聘教授/人	1		
浙江大学文科领军人才/人	3	应届本科毕业生一次就业率/%	88.2
一级学科国家重点学科/个	0	应届本科毕业生深造率/%	35.3
二级学科国家重点学科/个	0		
教育部人文社会科学研究基地/个	0	应届毕业研究生一次就业率/%	87.5
国家人才培养基地(含教学、教育基地)/个	3		
国家精品资源共享课/门	0	教师出国交流/人次	0
国家精品视频公开课/门	0	学生出国交流/人次	1
国家级一流本科课程/门	0		
科研总经费/万元	437.1	举办国际学术会议/次	0
其中:国家社科基金比重/%	68.6		
纵向经费比重/%	80.5	社会捐赠经费总额/万元	0

浙江大学年鉴

入教育部首批"强基计划",入选国家一流本科专业建设点,2021年入选国家基础学科拔尖学生培养计划2.0基地。

2021年招收硕士研究生数34人、博士研究生20人,2021级本科生34人确认进入学院继续学习,毕业本科生40人、硕士研究生23人、博士研究生6人。

学院科研规模稳步增长,国家社科基金项目数、重要期刊论文发表数均保持稳定发展,本年度有2项国家社科基金重大项目、1项教育部重大课题攻关项目以优秀等级结项。新立项国家级重大项目2项、年度项目4项,获浙江省哲学社会科学优秀成果奖4项。

【浙江大学正式筹建历史学院】 2021年11月24日,着眼于繁荣人文社会科学,打造具有国际竞争力的一流文史哲专业,学校推动进行了人文学院体制机制改革,历史学院(筹)组建。这是浙江大学历史学科发展史上的大事,为历史学的发展奠定了坚实的体制和思想基础。学院成立后,在新领导班子的努力下,团结新学院全体师生,积极梳理问题、开展调研,有条不紊地开启学院规划、建章立制、行政科室筹建等各项工作。

【承办第三届全国史学高层论坛暨第十五届历史学前沿论坛】 10月21日至22日,由中国历史研究院与浙江大学共同主办,中国历史研究院历史研究杂志社、浙江大学历史学系、中国历史研究院专项工作处共同承办的第三届全国史学高层论坛暨第十五届历史学前沿论坛召开,会议主题为"思想、思潮与社会变革",是国内历史学界最高层次的学术论坛。会议汇聚真知灼见,取得了丰硕成果,进一步发挥了历史学科立德树人、认识世界、传承文明的重要作用。来自全国高校和研究机构的80余名专家学者参加论坛。

【在培育重大项目、产出重要成果上取得佳绩】 历史学院一贯强调科研铸剑,推出重大项目培育计划,鼓励产出学术精品。本年度在学校及社科院等相关部门的大力支持下,学院在项目申报和获奖等方面均取得了不俗的成绩,获国家社科基金重大项目1项、国家社科基金抗日战争研究重大专项立项1项、国家社科基金冷门绝学研究专项立项1项、国家社科基金年度项目4项(其中重点项目1项、青年项目3项);学术成果获浙江省第二十一届哲学社会科学优秀成果奖一等奖2项、二等奖2项。

(徐海波撰稿　卢军霞审稿)

哲学学院(筹)

【概况】 哲学学院于2021年11月24日筹建。学院拥有哲学一级学科博士学位授予权,并建有哲学博士后流动站。哲学学院对应哲学学科门类,下设8个二级学科:马克思主义哲学、中国哲学、外国哲学、科学技术哲学、伦理学、逻辑学、宗教学、休闲学(自设学科),其中外国哲学为教育部重点培育学科,外国哲学和科学技术哲学为浙江省重点学科。

哲学学院(筹)设有中国思想文化研究所、外国哲学研究所、科技与社会发展研究所、逻辑与认知研究所、宗教学研究所等5个研究所,现象学与心性思想研究中心、语言与认知研究中心等9个研究中心及旅游与休闲研究院等研究机构,建有1个文科交叉研究实验室——浙江大学—卢森堡大学高等智能系统与推理联合实验室,并入选首批浙江大学哲学社会科学实验室培育计划项目 A 类实验室。

哲学本科专业 2020 年入选"强基计划"建设专业,2021 年入选国家一流本科专业。2021 年哲学拔尖学生培养基地入选教育部首批基础学科拔尖学生培养计划 2.0 基地。

2021 年,招收硕士研究生 35 人、博士研究生 20 人,2021 级本科生 23 人确认进入学院学习,毕业本科生 19 人、硕士研究生 22 人、博士研究生 15 人。

现有教职工 51 人,其中正高级职称 24 人、副高级职称 13 人(2021 年新增 1 人),博士研究生指导教师 38 人(2021 年新增 5 人)、硕士研究生指导教师 46 人(2021 年新增 6 人)。2021 年获得宝钢优秀教师奖 1 人,入选浙江省特殊人才支持计划 1 人。2021 年新进博士后研究人员 11 人,在站博士后研究人员 35 人,出站 3 人,4 人获得中国博士后科学基金。

2021 年,到校科研经费 522.56 万元。获批人文社科类科研项目 35 项,其中国家社科基金项目 4 项(含重大项目 1 项),教育部项目 1 项。获第二十一届浙江省哲学社会科学优秀成果奖 6 项,其中一等奖 2 项、二等奖 4 项。入选《国家社科基金项目优秀成果选介汇编》(第一辑)成果 1 篇、首届《中国社会科学》好文章 1 篇。

2021 年,参加海外交流(含线上)的学生达 37 人次,其中本科生 29 人次,研究生 8 人次,交流地涵盖 6 个国家及地区。持续开展与国(境)外知名学者的交流,组织学术讲座 90 场,包括涉外学术讲座 21 场;主办国际学术会议 2 场,国外代表 40 人次线上参会。积极开拓国际交流合作项目,与卢森堡大学、根特大学、伦敦大学学院及伦敦大学亚非学院等世界知名大学建立合作关系。

【浙江大学哲学学院(筹)正式成立】 11 月 24 日,浙江大学哲学学院(筹)正式成立。李恒威任党委委员、书记、副院长(兼);王俊任常务副院长。浙江大学哲学学院(筹)的成立是学校繁荣文史哲学科发展的重要举措,为哲学学科发展赋予强有力的新动能。哲学学院(筹)将在引育高层次人才、凝练学科特色、融合各方资源、营造良好学术生态等各方面守正创新,明确新发展使命,师生同心聚力,建设哲学研究的浙大学派,引领浙大人文学科的高质量发展。

【哲学学科首个交叉研究实验室挂牌成立】 浙江大学—卢森堡大学高等智能系统与推理联合实验室(ZLAIRE)于 2021 年 9 月挂牌成立,这是浙江大学哲学学科首个交叉研究实验室。12 月 6 日,ZLAIRE 实验室举办了隆重的启动仪式及双边合作研讨会,中国驻卢森堡大使杨小茸、卢森堡驻上海总领事贺文晟、浙江大学副校长何莲珍、卢森堡大学校长 Stéphane Pallage 等在启动仪式上致辞。实验室以"新一代人工智能"国家发展战略为指引,面向伦理、法律、医疗等重要领域的重大应用需求,聚焦前沿领域核心问题,采用文理交叉的研究方法,旨在推动高水平的科研、教学、社会服务与国际合作。

【2 项成果获浙江省第二十一届哲学社会科学优秀成果奖一等奖】 浙江大学哲学学院(筹)获浙江省第二十一届哲学社会科学优秀成果奖一等奖 2 项、二等奖 4 项。王俊教授的论文《从作为普遍哲学的现象学到汉语现象学》(发表于《中国社会科学》2020 年第 7 期)和黄华新教授的论文《认知科学视域中隐喻的表达与理解》(发表于《中国社会科学》2020 年第 5 期,该文被评为首届《中国社会科学》好文章)获 2021 年"浙江省第二十一届哲学社会科学优秀成果奖"一等奖

项目	数据	项目	数据
教职工/人	51	获国家级科技奖项目/项	0
教授/人	24	获国家级教学成果奖/项	0
副教授/人	13	SCI 入选论文/篇	4
研究员/人	1	EI 入选论文/篇	3
副研究员/人	0	SSCI 入选论文/篇	14
长聘研究员数/人	1	A&HCI 入选论文/篇	12
长聘副研究员/人	0	权威刊物论文/篇	6
"百人计划"研究员/人	10	出版专著/部	14
特聘科学员/人	1		
特聘副科学员/人	2		
具有博士学位的专业教师比例/%	94		
文科资深教授/人	1	在校本科生/人	127
"国家特支计划"入选者/人	1	在学硕士研究生/人	83
教育部"长江学者"特聘教授/人	4	其中:专业学位研究生/人	0
教育部"长江学者"青年学者/人	2	在读博士研究生/人	95
省部级高等学校教学名师奖获得者/人	1	其中:专业学位研究生/人	0
国家"百千万人才工程"入选者/人	0	在校攻读学位的国际学生/人	18
国家杰出青年科学基金获得者/人	0		
教育部新(跨)世纪优秀人才培养计划入选者/人	3		
浙江省特级专家/人	0	应届本科毕业生一次就业率/%	82.60
浙江大学求是特聘教授/人	6	应届本科毕业生考研录取(出国)率/%	65.22
浙江大学文科领军人才/人	2	应届毕业研究生一次就业率/%	82.35
一、二级学科国家重点学科/个	0		
教育部人文社会科学研究基地/个	0	教师出国交流/人次	9
国家人才培养基地(含教学、教育基地)/个	1	学生出国交流/人次	8
国家精品资源共享课、视频公开课/门	1	举办国际学术会议/次	2
科研总经费/万元	522.56	社会捐赠经费总额/万元	0
其中:国家社科基金比重/%	22.68		
纵向经费比重/%	43.73		

(基础理论研究类),马迎辉研究员、陈村富教授、林志猛教授和杨大春教授的成果获2021年"浙江省第二十一届哲学社会科学优秀成果奖"二等奖(基础理论研究类)。

【哲学本科专业建设成绩显著】　哲学本科专业 2021 年入选国家一流本科专业建设点,"哲学拔尖学生培养基地"入选教育部基础学科拔尖学生培养计划 2.0 基地。学院统筹优秀师资,倾力建设哲学本科专业,面向新时代国家重大战略需求,坚持"德才兼备、全面发展",致力于培养具备深厚家国情怀和现实关怀、拥有跨学科和国际视野、专业基础宽厚、发展势头强劲的高端学术人才。

(张玉娟撰稿 王 俊审稿)

外国语言文化与国际交流学院

【概况】 外国语言文化与国际交流学院(简称外语学院)由英文系、语言与翻译系、亚欧语系3个学系组成,设有浙江大学外国文学研究所、浙江大学外国语言学及应用语言学研究所、浙江大学德国文化研究所、浙江大学翻译学研究所、浙江大学跨文化与区域研究所、浙江大学当代中国话语研究中心、浙江大学中华译学馆、浙江大学世界文学跨学科研究中心8个校级研究所和研究中心,以及俄语语言文化研究所、法语语言文化研究所、日语语言文化研究所、德国学研究所、西班牙语语言文化研究所、沈弘工作室、语言行为模式研究中心、法律话语与翻译中心、中世纪与文艺复兴研究中心、多模态话语研究中心、语言与老龄化研究中心等13个院级研究所和科研平台。

外国语言文学为浙江省一流学科。学院建有外国语言文学一级学科博士后流动站。拥有外国语言文学一级学科博士学位授予权、外国语言文学一级学科硕士学位授予权以及英语、德语、日语、俄语、法语、西班牙语、翻译等7个本科专业。

现有教职工173人,其中正高级职称30人(2021年新增2人)、副高级职称44人(2021年新增3人)、"百人计划"研究员14人(2021年新增2人),特聘副研究员2人(2021年新增2人),博士研究生导师39人(2021年新增5人),硕士研究生导师71人(2021年新增10人),全职外籍教师6人。另有学科博士后12人(其中委培2人),外聘教师6人(其中外籍2人)。

2021年,招收本科生220人(其中外语类保送100人、高考大类招生120人),硕士研究生84人,博士研究生27人。2021级本科生226人(含留学生6人)确认外语学院主修专业,毕业本科生217人(含留学生23人)、硕士研究生64人、博士研究生18人。2021届本科毕业生一次就业率为93.72%,毕业研究生一次就业率为98.75%。

2021新增科研总经费251.89万元,在研科研项目92项。新增各类科研项目共23项,其中国家哲学社会科学基金项目7项。全年入选SSCI论文65篇、A&HCI论文34篇、SCI论文6篇、EI论文3篇,发表一级刊物论文25篇,国际合作论文1篇;出版学术专著、译著31部,编著11部,教材、工具书6部。邀请国内外著名学者作学术报告60场,主办全国学术会议9次。

学院与英国、美国、德国、法国、日本、俄罗斯、加拿大、丹麦、意大利、西班牙等国家的高校有着广泛的交流与合作,有寒暑假文化课程类交流项目13项、交换生项目2项、学位项目7项。2021年,本科生出国(境)交流学习155人次、研究生出国(境)交流学习17人次,主办国际学术会议7次。

【成功举办新时代全国一流翻译专业建设研讨会】 2021年6月12日,"新时代全国一流翻译专业建设研讨会"在浙江大学召开。本次大会由浙江大学中华译学馆、外国语言

附表　2021 年度外国语言与国际交流学院基本情况

项目	数据	项目	数据
教职工/人	173	获国家级科技奖项目/项	0
长聘教授/人	0	获国家级教学成果奖/项	0
长聘副教授/人	0	SCI 入选论文/篇	6
教授/人	30	SCI 入选论文/篇	6
副教授/人	44	EI 入选论文/篇	3
研究员/人	0	EI 入选论文/篇	3
副研究员/人	0	SSCI 入选论文/篇	65
"百人计划"研究员/人	14	SSCI 入选论文/篇	65
特聘研究员/人	0	A&HCI 入选论文/篇	34
特聘副研究员/人	2	A&HCI 入选论文/篇	34
其他正高职称/人	0	权威刊物论文/篇	0
其他副高职称/人	9	出版专著/部	6
具有博士学位的专业教师比例/%	67.3	出版专著/部	6
文科资深教授/人	1	在校本科生/人	819
"国家特支计划"入选者/人	0	在学硕士研究生/人	261
教育部"长江学者"特聘教授/人	3	在学硕士研究生/人	261
教育部"长江学者"青年学者/人	1	其中:专业学位研究生/人	40
省部级高等学校教学名师奖获得者/人	1	其中:专业学位研究生/人	40
国家"百千万人才工程"入选者/人	1	在读博士研究生/人	117
国家杰出青年科学基金获得者/人	0	在读博士研究生/人	117
教育部新(跨)世纪优秀人才培养计划入选者/人	1	其中:专业学位研究生/人	0
浙江省特级专家/人	1	在校攻读学位的国际学生/人	141
浙江大学求是特聘教授/人	4	应届本科毕业生一次就业率/%	93.72
浙江大学文科领军人才/人	2	应届本科毕业生一次就业率/%	93.72
一级学科国家重点学科/个	0	应届本科毕业生深造率/%	62.84
二级学科国家重点学科/个	0	应届本科毕业生深造率/%	62.84
教育部人文社会科学研究基地/个	0	应届毕业研究生一次就业率/%	98.75
国家人才培养基地(含教学、教育基地)/个	0	应届毕业研究生一次就业率/%	98.75
国家精品资源共享课/门	1	教师出国交流/人次	2
国家精品视频公开课/门	0	学生出国交流/人次	172
国家级一流本科课程/门	2	学生出国交流/人次	172
科研总经费/万元	251.89	举办国际学术会议/次	7
其中:国家社科基金比重/%	52.4	社会捐赠经费总额/万元	70.76
纵向经费比重/%	72.21	社会捐赠经费总额/万元	70.76

文化与国际交流学院和翻译学研究所共同举办，来自全国 54 所高校、线上线下共计 1500 余位师生参加了本次研讨。在新时代国家发展大局的引领下，本次研讨会通过教师与学生共同探讨，科研与教学多维互动的方式，恰逢其时地为翻译专业的学科建设、翻译专业的发展与翻译教学改革搭建了一个深入交流的平台，体现了文化传承与学术传承的双重意义。

【荣获庆祝中国共产党成立 100 周年师生合唱比赛决赛一等奖】 2021 年 6 月 29 日晚，外语学院合唱团以动人的歌喉和澎湃的热情打动了在场的评委和观众，在浙江大学庆祝中国共产党成立 100 周年师生合唱比赛决赛中荣获一等奖。参赛曲目《追寻》是电影《建国大业》主题曲，该曲目用优美的旋律、高亢的音调、宏大的场景，致敬了抗战胜利至建国前夕中国共产党的峥嵘岁月与光辉历程。学院合唱团成员在忙碌的工作与繁重的学业压力下，齐心协力、辛苦排练，充分展现出了外院人的信念与力量。

【在首届全国教材建设奖评选中喜获佳绩】 2021 年 10 月 12 日，首届全国教材建设奖表彰会在京举行。浙江大学外语学院许钧教授主编的《翻译概论（修订版）》及何莲珍教授主编的《新编大学英语（第四版）综合教程 1》双双荣获高等教育类一等奖。《翻译概论（修订版）》为全国翻译硕士专业学位（MTI）系列教材之一，在培养中国翻译人才理论素养及树立正确的翻译观方面发挥了重要作用，广受欢迎，被称为此类教材的"绿宝书"。《新编大学英语（第四版）综合教程 1》以立德树人为宗旨，以提高学生语言应用能力为目标，兼顾思辨能力与跨文化交际能力的培养，为新时期高校师生提供了全新的大学英语教学体验。

（杨青青撰稿 卢玲伟审稿）

传媒与国际文化学院

【概况】 传媒与国际文化学院（以下简称传媒学院）由新闻传播学系、国际文化学系、影视艺术与新媒体学系、策略传播学系（筹）组成，设有传播研究所、广播电影电视研究所、国际文化和社会思想研究所、美学与批评理论研究所、新闻传媒与社会发展研究所等 5 个研究所，建有浙江大学国际影视发展研究院、浙江大学数字沟通研究中心、浙江大学公共外交与战略传播研究中心、浙江大学当代马克思主义美学研究中心、浙江大学融媒体研究中心、浙江大学艺术美学研究中心、传媒与文化研究中心、浙江大学外语传媒出版质量研究中心、浙江大学中国海洋文化传播研究中心等 9 个校级研究机构，主办 Communication and the Public、China Media Research、《中国传媒报告》和《马克思主义美学研究》四种专业性学术刊物。

学院拥有新闻传播学一级学科博士学位授予权，美学二级学科博士学位授予权；新闻学、传播学、电视电影与视听传播学、美学二级学科硕士学位授予权；设有新闻与传播、广播电视、汉语国际教育 3 个专业学位硕士授权点，以及新闻学、传播学本科专业和各类继续教育专业，已形成了博士、硕士、本科和继续教育的完整教学体系。

新闻学、传播学专业均是国家级一流本科专业建设点，新闻传播学是浙江省一流建设学科。浙江大学融媒体研究中心是教育部首批教育融媒体建设试点单位，浙江大

附表　2021 年度传媒与国际文化学院基本情况

项目	数据	项目	数据
教职工/人	80	获国家级科技奖项目/项	0
长聘教授/人	1	获国家级教学成果奖/项	1
长聘副教授/人	0		
教授/人	17	SCI 入选论文/篇	2
副教授/人	25	EI 入选论文/篇	2
研究员/人	0	SSCI 入选论文/篇	21
副研究员/人	1	A&HCI 入选论文/篇	3
"百人计划"研究员/人	14	权威刊物论文/篇	4
特聘研究员/人	1	出版专著/部	10
特聘副研究员/人	4		
其他正高职称/人	1	在校本科生/人	485
其他副高职称/人	1	在学硕士研究生/人	237
具有博士学位的专业教师比例/%	88.06	其中:专业学位研究生/人	181
文科资深教授/人	2	在读博士研究生/人	121
"国家特支计划"入选者/人	0	其中:专业学位研究生/人	0
教育部"长江学者"特聘教授/人	1	在校攻读学位的国际学生/人	297
教育部"长江学者"青年学者/人	2		
省部级高等学校教学名师奖获得者/人	0	应届本科毕业生一次就业率/%	88.1
国家"百千万人才工程"入选者/人	1	应届本科毕业生深造率/%	45
国家杰出青年科学基金获得者/人	0	应届毕业研究生一次就业率/%	95
教育部新(跨)世纪优秀人才培养计划入选者/人	1		
浙江省特级专家/人	0	教师出国交流/人次	1
浙江大学求是特聘教授/人	3	学生出国交流/人次	11
浙江大学文科领军人才/人	1		
一级学科国家重点学科/个	0	举办国际学术会议/次	1
二级学科国家重点学科/个	0		
教育部人文社会科学研究基地/个	0		
国家人才培养基地(含教学,教育基地)/个	0		
国家精品资源共享课/门	0		
国家精品视频公开课/门	0		
国家级一流本科课程/门	0		
科研总经费/万元	1807.7	社会捐赠经费总额/万元	30
其中:国家社科基金比重/%	30.4		
纵向经费比重/%	51.4		

院系基本情况

学—浙广集团新闻传播学类文科实践教育基地是教育部部属高校国家大学生校外实践教育基地,传媒实验教学中心是浙江省重点实验室、浙江省示范实验教学中心,浙江大学国际影视发展研究院是浙江省新型高校智库。

学院现有教职工80人(其中2021年新增2人),其中长聘教授1人(2021年新增)、教授17人、副教授25人、博士研究生导师39人、硕士研究生导师63人。另有专业硕士校外兼职导师30人,学科博士后7人,在职博士后3人。2021年,学院新增文科领军人才1人,"百人计划"研究员1人,特聘研究员1人,特聘副研究员3人。

2021年,招收博士研究生27人(其中留学生2人)、硕士研究生90人(其中非全29人,留学生16人),2021级本科生151人确认主修专业进入传媒学院学习,毕业本科生160人、硕士研究生90人、博士研究生9人。2021届本科毕业生一次就业率为88.1%,毕业研究生一次就业率为95%。

科研总经费为1807.7万元,比去年增长62.5%。在研项目200项,2021年新立项科研项目75项。出版专著编著及教材19部,发表论文134篇,其中权威刊物论文4篇、被SSCI及A&HCI收录论文24篇、其他论文106篇。

2021年,学院举办了第九届国际马克思主义美学研究国际研讨会、"AI伦理与互联网治理:全球经验与最佳实践"研讨会、2021年联合国互联网治理论坛(IGF)第68号研讨会,开设了2021年"浙大—哈佛数字人文景观"系列讲座、2021年浙江大学—香港浸会大学线上研究生双边学术研讨会、2021年浙江大学—美国北卡罗莱纳州立大学寒假线上跨文化沟通训练营和浙大—格

拉斯哥大学暑期线上课程"Writing the City"等一系列线上对外交流活动。同时,还与宾夕法尼亚大学安纳伯格传播学院、威斯康星大学新闻与大众传播学院联合主办了第十三届浙大"国际前沿传播理论与研究方法"高级研修班。

【成功举办第二届中国数字城市品牌杭州高峰论坛】 9月25日,第二届中国数字城市品牌杭州高峰论坛在杭州融通华北饭店隆重开幕。本届论坛由浙江大学、杭州市发改委、杭州市数据资源局主办,浙江大学数字沟通研究中心、浙江大学传媒与国际文化学院、杭州市城市品牌促进会联合承办,中国城市品牌研究联盟、浙江省数字经济联合会与杭州国际城市学研究中心城市之美研究院参与协办。本届论坛共邀请70余位来自政界、学界、媒体、企业等领域的相关专家与会,以"数字城市品牌:意义、内涵与路径"为主题,立足于新时代数字城市发展的新格局,致力于促进数字城市品牌的建设、转变与传播,探索中国数字城市的兴起、发展及品牌形塑的先行之路。

【2项课题入选2021年度国家社科基金重大项目立项】 12月6日,2021年度国家社科基金重大项目立项名单正式公布。浙江大学求是特聘教授、传媒与国际文化学院公共外交与战略传播研究中心主任吴飞教授的课题"互联网环境下新闻理论范式创新研究"成功入选。该课题将站在数字文明大转型的高度,重新理解数字沟通的新模式,分析互联网等新媒介技术带来的新闻传播的参与主体、基本要素及结构与权力关系变化,提出新的概念体系,重建新闻理论新范式——数字新闻学。浙江大学文科领军人才方兴东教授的课题也获得国家社科基金重大专项立项(批准号:21VGQ006),该课

题有助于进一步深化学院在互联网和平台治理等方向的研究。

（姜盼盼撰稿　叶建英审稿）

艺术与考古学院

【概况】　艺术与考古学院由考古与文博系、艺术史系、美术系、设计艺术系4个系和浙江大学艺术与考古博物馆组成，设有文化遗产研究院、文物保护和鉴定研究中心、中国古代书画研究中心、故宫学研究中心、汉藏佛教艺术研究中心、文化遗产与博物馆学研究所、艺术史研究所、中国艺术研究所、城乡创意发展研究中心等多个校级研究平台，以及古典园林研究与设计中心等院级研究平台。

学院拥有考古学、艺术学理论、设计学（与计算机学院共建）3个一级学科，文物与博物馆、美术2个硕士专业学位授予权，以及文物与博物馆学、书法学、中国画、艺术与科技4个本科专业。

2021年，招收硕士研究生77人、博士研究生23人，2021级本科生85人确认进入学院继续学习，毕业本科生64人、硕士研究生39人、博士研究生5人。2项成果获浙大第七届学生人文社会科学研究优秀成果奖二等奖；学生在省级及以上各类竞赛中获奖43人次，1个项目获第七届中国国际"互联网＋"大学生创新创业大赛全国总决赛金奖。

现有教职工155人（含项目聘用人员66人、教师事务服务专员4人），其中正高级职称19人、副高级职称26人，博士研究生导师24人、硕士研究生导师45人；另有博士后11人。2021年，新增浙大"文科领军人才"1人。

科研总经费达2300.5万元，新增项目课题64项；获批国家社科基金一般项目立项、教育部哲学社会科学后期资助项目立项、浙江省哲学社会科学规划交叉学科重点支持课题立项各1项；2位老师参与的项目分别获国家科学技术进步奖一等奖、甘肃省科技进步奖一等奖。据不完全统计，学院教师全年共发表论文48篇，出版专著8部，科研成果获评浙大第二届优秀著作成果奖2项，获评第二十一届浙江省哲学社会科学优秀成果奖2项。

持续推动国家重大文化工程"中国历代绘画大系"的编纂出版工作及其阶段性成果展全国巡展、学习强国"每日中华名画"栏目建设等成果转化工作。建设艺术与考古图像数据实验室，2021年12月，该实验室作为培育项目入选首批教育部哲学社会科学实验室。

与国内外高水平大学合作组织线上交流项目3项，3名博士生通过研究生学术新星计划、国家留基委艺术类项目分赴日本东京大学、美国芝加哥大学交流。

艺术与考古博物馆举办展览4个、展厅实物教学13场，累计接待观众约7.8万人次，接待团队311个；举办学术讲座20场，累计参与人数约12万人次（含线上）；举办展览配套教育活动9场，参与承办高水平学术会议9场。完成实物收藏（捐赠）10项，其中1件（套）藏品为山西博物院调拨馆藏二级文物战国牛首蟠螭纹铜壶；接受资金捐赠2项，协议金额共计2638万元，到款金额共计2258万元；完成其他物资捐赠2项。

【举行山西牛首蟠螭纹铜壶入藏浙江大学接收仪式暨山西省文物局重点科研基地（浙江大学）揭牌仪式】　揭牌仪式于5月13日在浙江大学艺术与考古博物馆中央展厅举行。

附表　2021年度艺术与考古学院基本情况

项目	数据	项目	数据
教职工/人	155	获国家级科技奖项目/项	0
长聘教授/人	0	获国家级教学成果奖/项	0
长聘副教授/人	0	SCI入选论文/篇	13
教授/人	13	SCI入选论文/篇	13
副教授/人	18	EI入选论文/篇	1
研究员/人	4	EI入选论文/篇	1
副研究员/人	5	SSCI入选论文/篇	1
"百人计划"研究员/人	4	A&HCI入选论文/篇	6
特聘研究员/人	1	A&HCI入选论文/篇	6
特聘副研究员/人	2	权威刊物论文/篇	2
其他正高职称/人	2	出版专著/部	8
其他副高职称/人	3	出版专著/部	8
具有博士学位的专业教师比例/%	67.8	出版专著/部	8
文科资深教授/人	0	在校本科生/人	230
"国家特支计划"入选者/人	0	在校本科生/人	230
教育部"长江学者"特聘教授/人	0	在学硕士研究生/人	195
教育部"长江学者"青年学者/人	0	其中:专业学位研究生/人	156
省部级高等学校教学名师奖获得者/人	0	其中:专业学位研究生/人	156
国家"百千万人才工程"入选者/人	0	在读博士研究生/人	80
国家杰出青年科学基金获得者/人	0	在读博士研究生/人	80
教育部新(跨)世纪优秀人才培养计划入选者/人	0	其中:专业学位研究生/人	0
浙江省特级专家/人	0	在校攻读学位的国际学生/人	41
浙江大学求是特聘教授/人	0	在校攻读学位的国际学生/人	41
浙江大学文科领军人才/人	4	应届本科毕业生一次就业率/%	87.5
一级学科国家重点学科/个	0	应届本科毕业生深造率/%	68.75
二级学科国家重点学科/个	0	应届本科毕业生深造率/%	68.75
教育部人文社会科学研究基地/个	0	应届毕业研究生一次就业率/%	87.18
国家人才培养基地(含教学、教育基地)/个	0	应届毕业研究生一次就业率/%	87.18
国家精品资源共享课/门	0	教师出国交流/人次	0
国家精品视频公开课/门	0	学生出国交流/人次	0
国家级一流本科课程/门	0	学生出国交流/人次	0
科研总经费/万元	2300.5	举办国际学术会议/次	1
其中:国家社科基金比重/%	0.7	社会捐赠经费总额/万元	2308
纵向经费比重/%	11.5	社会捐赠经费总额/万元	2308

院系基本情况

浙江大学年鉴

国家文物局副局长胡冰、山西省副省长张复明、浙江省副省长成岳冲、浙江大学党委书记任少波分别致辞。经国家文物局特别批准，山西省调拨浙江大学入藏的战国时期牛首蟠螭纹铜壶，为国家二级文物，是艺术与考古博物馆收藏的首件青铜器皿。当天揭牌的山西省文物局重点科研基地（浙江大学），将建设成为山西省文物局在长江以南地区重点科研平台和中国文化遗产保护研究学术中心，在山西文物保护、研究、活化、利用及建立和细化人才培养交流机制等方面开展有益探索。

【荣获第七届中国国际"互联网＋"大学生创新创业大赛全国总决赛金奖】 10月12日至15日，第七届中国国际"互联网＋"大学生创新创业大赛在南昌大学举行，艺术与考古学院"文物方舟——科技赋能 文物数字化保护领军者"项目获得了青年红色筑梦之旅赛道金奖，其成果作为浙江大学当年度唯一代表在"慧秀中外"国际大学生创新创业成果展上进行展示，得到国务院副总理孙春兰的认可与肯定。该项目依托浙江大学多学科交叉优势，以科技考古为主要特色，秉承精准数字化和严谨考古相结合的理念，研发了一系列与文物数字化相关的设备和软件，取得多项高水平研究成果，已在须弥山、云冈和龙门等地实现石窟寺的等比例 3D 打印复制，并制作出世界上首个可移动的 3D 打印石窟。

【举行石窟寺文物数字化保护国家文物局重点科研基地（浙江大学）龙门石窟研究院工作站揭牌暨古阳洞数字化考古报告启动仪式】 启动仪式于3月24日在龙门石窟研究院举行。龙门石窟研究院院长史家珍、石窟寺文物数字化保护国家文物局重点科研基地（浙江大学）主任鲁东明、浙江大学艺术与考古学院党委书记方志伟、浙江大学文化遗产研究院院长刘斌、浙江大学文化遗产研究院副院长李志荣出席启动仪式。龙门石窟研究院工作站的设立和古阳洞数字化考古报告工作的启动，标志着龙门石窟研究院与浙江大学的合作进入了新的发展阶段，今后双方将以此工作站为平台，依托各自资源优势，在数字化系统框架下，加强石窟寺数字资源管理与共享，促进石窟保护、考古研究、展示利用，走出一条具有示范意义的龙门石窟数字化保护利用之路。

（新萌娇撰稿 方志伟审稿）

经济学院

【概况】 经济学院由经济学系、金融学系、国际经济学系、财政学系、劳动经济学系 5 个系组成，设有经济研究所、产业经济研究所、金融研究所、证券期货研究所、国际经济研究所、国际商务研究所、公共经济与财政研究所、法与经济研究所等 8 个研究所，建有教育部人文社科重点研究基地和国家哲学社会科学创新研究基地（A 类）"浙江大学民营经济研究中心"、浙江省哲学社会科学重点研究基地"浙江大学区域经济开放与发展研究中心"、浙江省新型重点专业智库"浙江大学金融研究院"、浙江大学金融科技研究院、浙江大学中国数字贸易研究院等多个研究机构。学院实验室是省级实验教学示范中心实验室，并建有数字经济实验室，拥有万得数据库、中国企业工业数据库、彭博数据库等多个国内外专业性数据库。

理论经济学为教育部第四轮学科评估的 A 类学科，政治经济学、西方经济学、金融学、国际贸易学、劳动经济学等5个学科为浙江省一流学科。拥有经济学、金融学、国际经济与贸易等3个国家级一流本科专业。

学院建有理论经济学、应用经济学2个博士后流动站，拥有理论经济学、应用经济学2个一级学科博士学位授予权和政治经济学、金融学、国际贸易学等13个二级学科博士学位授予权；具有理论经济学和应用经济学2个一级学科硕士学位授予权，金融、国际商务、税务3个专业学位硕士学位授予权；设有经济学、金融学、国际经济与贸易、财政学4个本科专业，开设经济学拔尖班、金融学试验班2个特色班级。

2021年，招收硕士研究生218人、博士研究生37人，2021级本科生282人（含国际学生71人）确认进入学院继续学习，毕业本科生298人（含国际学生41人）、硕士研究生244人、博士研究生27人。

现有教职工130人，包括文科资深教授2人，正高级职称37人，副高级职称45人，博士研究生指导教师、硕士研究生指导教师91人（比上年新增5人）；学院新增浙大文科资深教授1人，求是特聘教授1人，浙大"百人计划"研究员6人、浙大"特聘研究员"1人。

学院2个专业获批国家级一流本科专业建设点，2本教材入选首批中国经济学教材，1个项目获教育部新文科研究与改革实践项目立项，获省级教学成果奖特等奖1项，3篇教学案例入选全国专业学位案例中心优秀教学案例，5篇教学案例被评为2021年浙江省优秀研究生教学案例。

科研经费到校2069万元，获得省部级科研成果奖9项，其中一等奖5项、二等奖4项。获得国家级项目立项8项，其中国家自

科重点2项。获教育部重大攻关项目1项。发表中文权威期刊论文4篇，英文A＋类期刊论文5篇，被SSCI收录论文103篇。

师生出访共223人次（其中线上209人次，线下14人次），接待来访专家共67人次（其中线上47人次，线下20人次）。本科生交流率达71.8％，博士生交流率超100％。新增海外合作高校4所（法国图卢兹经济学院、法国IESEG管理学院、瑞士洛桑大学、西班牙巴塞罗那大学）、中外共建联合研究中心1个（澳门大学—浙江大学金融创新联合研究中心），主办了2场国际学术会议，开发了3门由海外高校教授主导的全英文课程，11个线上交流项目。

【教材建设和教学研究项目取得重大突破】2021年10月28日，根据国教材办函〔2021〕20号，黄先海教授领衔的《中国开放型经济学》编写团队和史晋川教授领衔的《中国区域经济学》编写团队成功入选教育部国家教材委员会首批中国经济学教材编写组。2021年11月11日，根据高教厅函〔2021〕31号，黄先海教授团队负责的"新文科背景下经济学多元复合型人才培养创新与实践"项目成功入选教育部首批新文科研究与改革实践项目。

【教学成果取得重要突破】2022年1月29日，根据浙教函〔2022〕10号，黄先海、方红生教授团队的项目"以科研驱动式教学为核心的经济学人才研究创新能力提升范式的探索与实践"获得2021年浙江省教学成果奖特等奖。2021年8月4日，根据浙教办函〔2021〕195号，有9门课程被认定为省级一流课程。

【国际顶级期刊论文发表获得突破性进展】邬介然副教授的合作论文"Multivariate Rational Inattention"在线发表于经济学顶级

附表　2021 年度经济学院基本情况

项目	数据	项目	数据
教职工/人	130	获国家级科技奖项目/项	8
长聘教授/人	0	获国家级教学成果奖/项	0
长聘副教授/人	1		
教授/人	37	SCI 入选论文/篇	64
副教授/人	41	EI 入选论文/篇	0
研究员/人	0		
副研究员/人	3	SSCI 入选论文/篇	103
"百人计划"研究员/人	18	A&HCI 入选论文/篇	0
特聘研究员/人	1	权威刊物论文/篇	4
特聘副研究员/人	2		
其他正高职称/人	0	出版专著/部	3
其他副高职称/人	1		
具有博士学位的专业教师比例/%	71.54		
文科资深教授/人	2	在校本科生/人	763
"国家特支计划"入选者/人	3	在学硕士研究生/人	476
教育部"长江学者"特聘教授/人	1		
教育部"长江学者"青年学者/人	2	其中:专业学位研究生/人	363
省部级高等学校教学名师奖获得者/人	3		
国家"百千万人才工程"入选者/人	3	在读博士研究生/人	230
国家杰出青年科学基金获得者/人	0		
教育部新(跨)世纪优秀人才培养计划入选者/人	1	其中:专业学位研究生/人	0
浙江省特级专家/人	1	在校攻读学位的国际学生/人	457
浙江大学求是特聘教授/人	3		
浙江大学文科领军人才/人	2	应届本科毕业生一次就业率/%	86.73
一级学科国家重点学科/个	0	应届本科毕业生深造率/%	60.19
二级学科国家重点学科/个	1		
教育部人文社会科学研究基地/个	1	应届毕业研究生一次就业率/%	97.77
国家人才培养基地(含教学、教育基地)/个	1		
国家精品资源共享课/门	1	教师出国交流/人次	1
国家精品视频公开课/门	0	学生出国交流/人次	13
国家级一流本科课程/门	0	举办国际学术会议/次	2
科研总经费/万元	2069		
其中:国家社科基金比重/%	0	社会捐赠经费总额/万元	687.05
纵向经费比重/%	43.3		

期刊 *Econometrica*,并入选"浙江大学 2021 年度十大学术进展"。柯荣住教授的合作论文" Incentive Design for Operations-Marketing Multitasking"发表在管理学顶级期刊 *Management Science* 2021 年第 4 期。

【成功举办大型校友学术论坛活动】 5 月 16 日,浙江大学经济学院博士校友论坛在学院 120 报告厅举行,主题为"数字化改革与发展转型"和"大类资产配置下的投资逻辑与投资机会",来自政界、学界、商界的百余名博士校友参会。5 月 22 日,浙江大学经济学院第四届校友学术报告会在学院 120 报告厅举行,主题为"新发展格局与宏观经济新趋势"和"新发展格局下的新动力新模式"。两场校友论坛活动提升了学院学术影响力,增强了校友与母校的凝聚力。

(田　慧撰稿　张子法审稿)

光华法学院

【概况】 光华法学院地处全国重点文物保护单位浙江大学之江校区,占地 653.85 亩,现有法理与判例研究所、公法与比较法研究所、民商法研究所、国际法研究所、经济法研究所、刑法研究所、诉讼法研究中心"6＋1"个校级研究所,另建有浙江大学数字法治研究院(2021 年新增)等 12 个校级研究机构。应用型复合型法律职业人才教育培养基地和涉外法律人才教育培养基地为国家首批"卓越法律人才教育培养"基地。法学专业为首批国家级一流本科专业建设点。

学院拥有法学一级学科博士、硕士学位授予权,另有法律硕士(JM)专业学位授权点、自主设置目录外二级学科立法学硕博学位授权点、司法文明博士学位授予点和中国法硕博学位授予点(LLM 和 SJD)。宪法学与行政法学为国家重点学科。

2021 年,学院共招收全日制硕士研究生 191 人(含中国法 LLM 3 人)、非全日制硕士生 20 人、博士研究生 41 人(含中国法 SJD 4 人),2021 级本科生 147 人确认主修专业,毕业本科生 136 人、硕士研究生 201 人、博士研究生 26 人。

全院现有教职工 89 人,其中专任教师 75 人,正高级职称人员 31 人(2021 年新增 1 人)、"百人计划"研究员 4 人(另有 1 人晋升长聘副教授)、副高级职称人员 28 人(2021 年新增 3 人)。2021 年新增浙江大学文科领军人才 1 人,国家"万人计划"青年拔尖人才 1 人,浙江大学求是科研岗 1 人、浙江省"千人计划"1 人。

以习近平法治思想引领教育教学改革,推动习近平法治思想进教材、进课堂、进头脑,由文科资深教授张文显担任首席专家的《习近平法治思想概论》教材出版,举办习近平法治思想开学第一课,开设"习近平法治思想概论"课程,建立习近平法治思想学生宣讲团等。探索思政育人新模式,在本科生二年级创新实行"双班主任"制度,构建"党—团—专业导师"三位一体导学帮扶体系。开展"法治未来·领航计划",首批聘请了 31 位资深法治实务专家,培养更有梦想、有胸怀、有能力、有担当的卓越法治人才。

科研经费到款 1745.64 万元(含立法研究院专项经费),比上年增长 43.55％。其中,纵向科研经费到款 1128.94 万元,占比 64.67％。各类立项共 54 项,其中国家级立项 9 项(含重大项目 3 项),国家重点研发计划项目、课题各 1 项),省部级 24 项。出版、发表各类科研成果总计 178 部(篇)。其中,

院系基本情况

附表　2021 年度光华法学院基本情况

项目	数据	项目	数据
教职工/人	89	获国家级科技奖项目/项	0
长聘教授/人	0	获国家级教学成果奖/项	0
长聘副教授/人	1		
教授/人	31	SCI 入选论文/篇	0
副教授/人	26	EI 入选论文/篇	0
研究员/人	0		
副研究员/人	2	SSCI 入选论文/篇	16
"百人计划"研究员/人	4	A&HCI 入选论文/篇	0
特聘研究员/人	0		
特聘副研究员/人	2	权威刊物论文/篇	4
其他正高职称/人	0		
其他副高职称/人	2	出版专著/部	11
具有博士学位的专业教师比例/%	82.3		
浙江大学文科资深教授/人	2	在校本科生/人	482
"国家特支计划"入选者/人	4		
教育部"长江学者"特聘教授/人	0	在学硕士研究生/人	488
教育部"长江学者"青年学者/人	3	其中:专业学位研究生/人	392
省部级高等学校教学名师奖获得者/人	0		
国家"百千万人才工程"入选者/人	0	在读博士研究生/人	164
国家杰出青年科学基金获得者/人	0		
教育部新(跨)世纪优秀人才培养计划入选者/人	5	在校攻读学位的国际学生/人	32
浙江省特级专家/人	0		
浙江大学求是特聘教授/人	1	应届本科毕业生一次就业率/%	76.87
浙江大学文科领军人才/人	3	应届本科毕业生深造率/%	41.8
一级学科国家重点学科/个	1		
二级学科国家重点学科/个	1	应届毕业研究生一次就业率/%	93.24
教育部人文社会科学研究基地/个	2		
国家人才培养基地(含教学、教育基地)/个	2	教师出国交流/人次	1
国家精品资源共享课/门	2	学生出国交流/人次	183
国家精品视频公开课/门	0		
国家级一流本科课程/门	1	举办国际学术会议/次	2
科研总经费/万元	1745.64		
其中:国家社科基金比重/%	14.06	社会捐赠经费总额/万元	349.1（到款）
纵向经费比重/%	64.67		

专著 11 部,编著、译著 9 部,权威期刊论文 4 篇,SSCI 论文 16 篇,一级期刊论文 32 篇,核心期刊论文 45 篇。为国家和地方法治建设提供决策咨询,获省部级及以上采纳批示件 35 篇。

2021 年,学院与加州大学戴维斯分校、香港城市大学等境外高校签订合作协议 3 份;与英国牛津大学、德国维尔茨堡大学、美国芝加哥大学等合作开展多个线上课程与交流项目。与杜兰大学法学院联合主办第十一届和第十二届纽黑文学派国际学术会议,与耶鲁大学法学院合办 2021 年备案审查比较研究国际会议,积极向世界发出中国学者的声音,提升国际学术影响力。

【成立浙江大学数字法治研究院】 3 月 27 日,浙江大学数字法治研究院成立仪式在紫金港校区举行,各方携手探寻法治研究的新方向、新形态、新合作。浙江省高级人民法院党组书记、院长李占国,浙江省人民检察院党组书记、检察长贾宇,时任浙江大学校长吴朝晖出席成立仪式。研究院由浙江省高级人民法院、浙江省人民检察院、浙江大学合作共建,是全国首家专门以数字法治为研究对象的智库机构。研究院将汇聚各方优势,开展数字法治领域的合作研究,夯实数字法学的理论基础,推进数字法院、数字检察的迭代升级,积极助力信息时代的中国司法体制改革,打造数字法治示范区,为全球的数字法治建设提供"中国方案"。

【省委常委、政法委书记王昌荣莅临调研】 5 月 19 日,省委常委、政法委书记王昌荣一行莅临之江校区,围绕"一体推进平安浙江、法治浙江建设"开展调研。校党委书记任少波参加调研并座谈。王昌荣一行考察了浙江大学光华法学院、立法研究院、数字法治研究院、新时代"枫桥经验"研究院等建设情况。王昌荣充分肯定浙江大学在习近平新时代中国特色社会主义思想指引下取得的成绩,希望学校进一步乘势而上,坚持正确办学方向,始终走在时代前列,融入浙江发展大局。

【召开中层领导班子换届宣布会议】 11 月 16 日,学院中层领导班子换届宣布会议在之江校区召开。浙江大学副校长黄先海、党委组织部干部工作办公室主任崔倩、学院上一届领导班子成员、新一届领导班子成员、党委委员、研究所代表、科室负责人参加会议。浙江大学光华法学院新一届领导班子组成如下:张永华任党委书记兼副院长,胡铭任常务副院长、党委副书记,赵骏任党委委员、副院长,霍海红任副院长,李冬雪任党委副书记、纪委书记。

【学院举行庆祝建党 100 周年大会暨表彰大会】 6 月 25 日,为庆祝中国共产党成立 100 周年,深化党史学习教育成效,进一步发挥先进典型的示范带动作用,学院举行庆祝建党 100 周年大会暨表彰大会。大会对荣获"光荣在党 50 年"纪念章、浙江大学优秀离退休共产党员荣誉称号的党员进行表彰,同时颁发了光华法学院党建先锋奖、先进基层党组织、优秀共产党员、优秀党务工作者等奖项。在场全体师生党员重温入党誓词,新发展党员代表进行了入党宣誓。

【学院在新昌、诸暨成立两个院级党建基地】 为了进一步挖掘红色资源,推动党建和业务深度融合,学院党委先后在新昌、诸暨两地成立了梁柏台事迹陈列馆党建基地、新时代"枫桥经验"研究院党建基地。学院将充分发挥党建基地铸魂育人的重要作用,不断探索"党建+育人""党建+学科"的思政育人新模式。

(陈 思撰稿 胡 铭审稿)

教育学院

【概况】 教育学院由教育学系、体育学系、课程与学习科学系、教育领导与政策研究所和军事理论教研室组成;设有教育部浙江大学基础教育课程研究中心、国家体育总局浙江大学体育现代化发展研究中心、国家体育总局体育产业研究基地,以及8个校级、5个院级研究机构;建有联合国教科文组织"亚太地区教育革新为发展服务"(APEID)浙江大学联系中心、全球大学创新联盟亚太中心(GUNI-AP)秘书处、联合国教科文组织浙江大学创业教育教席、联合国教科文组织中国创业教育联盟、世界休闲组织浙江大学休闲卓越中心等国际教科研合作平台。

教育史为二级学科国家重点学科,教育学为浙江省一流学科。学院设有教育学、体育学2个博士后流动站;拥有教育学、体育学2个一级学科博士学位授予权和9个二级学科博士学位授予权,教育学、体育学2个一级学科硕士学位授予权和10个二级学科硕士学位授予权,以及教育博士、教育硕士和体育硕士等3个专业学位授权点;设有教育学、运动训练、体育教育、武术与民族传统体育4个本科专业,教育学为教育部高等学校本科特色专业。

2021年,招收全日制博士研究生36人(其中留学生2人)、非全日制专业学位博士研究生25人;全日制硕士研究生73人(其中留学生2人)、非全日制专业学位硕士研究生16人;本科生63人(其中留学生2人),另有主修专业确认63人;毕业博士研究生22人、硕士研究生69人、本科生108

人(另有4人结业);授予博士学位研究生23人(其中留学生1人),授予硕士学位研究生145人(其中留学生1人)。

现有教职工115人。其中正高级职称人员33人(2021年新增1人)、副高级职称人员31人(2021年新增2人)。博士研究生指导教师52人(2021年新增5人)、硕士研究生指导教师74人(2021年新增4人)。

教育学、运动训练专业入选2020年度国家级一流本科专业建设点;8门课程获评"省级一流课程";9门课程获评"浙江大学一流本科课程";4门课程获"国家级一流课程认定"推荐;1篇博士学位论文被 *Educational Research in China* 收录;1篇博士学位论文入选"中国高等教育学会学术创新计划——高等教育学博士学位论文文库"(全国共8篇),1篇博士论文获2021年国家社科基金优秀博士论文出版项目立项(全国共80项);4名研究生团队获2021年联合国教科文组织全球媒体和信息素养竞赛全球前六;本科生获国家级及以上赛事排名前三名奖项75项;获"互联网+"大学生创新创业大赛省级金奖1项,中国国际金奖1项;获"挑战杯"大学生课外学术科技作品竞赛省级二等奖1项。

科研入账经费2510万元,同比增长30.17%;获第六届全国教育科学研究优秀成果奖9项;获第二十一届浙江省哲学社会科学优秀成果奖4项;获国家高端智库重点研究课题立项4个;咨政建言成果36份;获国家级基金项目立项12项,其中教育部重大招标项目1项,国家社会科学基金项目(教育学)重点项目1项;获省部级项目6项;发表权威期刊7篇;SSCI/SCI正式发表62篇(其中Q1/Q2共46篇),在线发表14篇;一级期刊34篇;核心期刊45篇;出版专著 10 部;三报一刊 3 篇;编著 1 本,编著丛书 1 套(共 17 册);出版译著 6 本,译著丛书 4 套(共约 120 本,今年出版 8 本);获专利授权 4 个,其中发明专利 2 个。

全年,师生开展对外交流 308 人次(含线上),举办国际学术会议 2 场,举办学生对外交流项目 7 个(含线上)。开展首届"全球交流合作季"系列活动,以"开放互通、交流共享"为主题,融入主题交流学习、全球交流合作成果展等线上、线下系列活动,实施"国际交流学生大使"项目。获科技部国家高端外专计划立项 2 项、学校"世界顶尖大学合作计划"立项 3 项、学校顶尖大学国际合作种子基金项目立项 2 项。浙江大学联合国教科文组织研究中心增补为高校国别和区域研究备案中心。

【教育学、运动训练专业入选国家级一流本科专业建设点】 2021 年 3 月,教育部公布了 2020 年度国家级和省级一流本科专业建设点名单,我院教育学、运动训练 2 个专业入选国家级一流本科专业建设点,正式进入一流本科专业建设"双万计划"。此次国家级和省级一流本科专业建设点是根据《教育部办公厅关于实施一流本科专业建设"双万计划"的通知》(教高厅函〔2019〕18 号),经各高校网上申报、高校主管部门审核,教育部高等学校教学指导委员会评议、投票推荐,由《教育部办公厅关于公布 2020 年度国家级和省级一流本科专业建设点名单的通知》(教高厅函〔2021〕7 号)公布,共认定 3977 个国家级一流本科专业建设点。学院将充分发挥"双万计划"专业建设点的示范引领作用,按照国家级一流专业建设要求,推进课程内容和教学方法改革,进一步加强教学团队建设,提高教师教学能力,完善教学质量保障体系,持续提升专业建设水平,不断提高人才培养质量。

【学院获浙江大学第六届引才育才组织突出贡献奖】 2021 年 6 月,根据《浙江大学引才育才奖(伯乐奖)评选暂行办法》(浙大发人〔2014〕49 号),经各单位推荐,学校人才工作领导小组评议,学校党委常委会审批,决定授予教育学院、数学科学学院、信息与电子工程学院、医学院附属第二医院第六届引才育才组织突出贡献奖。学院坚持以一流学科建设为导向,以一流人才引育为核心,坚持"引得进、留得住、发展好"的人才队伍建设方略,近年来凝心聚力,攻坚克难,党政主要负责人挂帅,党政班子及学术机构等高效协同,以学校人事人才改革为契机,勇于探索,层层压实,加快人才队伍结构优化和整体水平提升,尤其在高端人才引进以及中青年拔尖人才培育上不断取得新进展,持续实现教育学科的历史性突破。今后学院将进一步加强引才育才力度,构建人尽其才、才尽其用的发展环境,争取在人才工作上取得更大的成绩,为学校"双一流"建设提供强有力的人才保障。

【完成新一届中层领导班子换届】 2021 年 11 月,学院新一届中层领导班子换届完成,吴巨慧任党委书记兼副院长,阚阅任常务副院长兼党委副书记,孙元涛任党委委员、副院长,胡亮任党委委员、副院长,李艳任副院长,崔倩任党委副书记兼纪委书记。新一届领导班子将坚持以习近平新时代中国特色社会主义思想为指导,深入学习贯彻党的十九大和历次全会精神、习近平总书记关于教育的重要论述和对浙江大学的系列重要指示精神,深化政治建设,不断提高政治判断力、政治领悟力、政治执行力;坚持做到团结奋进、清正廉洁、党政协同、分工合作、共同负责;坚持狠抓落实、争创一流,以"钉子精

附表　2021 年度教育学院基本情况

项目	数据	项目	数据
教职工/人	115	获国家级科技奖项目/项	0
长聘教授/人	0	获国家级教学成果奖/项	0
长聘副教授/人	2		
教授/人	33	SCI 入选论文/篇	30
副教授/人	25	EI 入选论文/篇	4
研究员/人	0		
副研究员/人	3	SSCI 入选论文/篇	45
"百人计划"研究员/人	17	A&HCI 入选论文/篇	0
特聘研究员/人	2		
特聘副研究员/人	1	权威刊物论文/篇	7
其他正高职称/人	0		
其他副高职称/人	1	出版专著/部	11
具有博士学位的专业教师比例/%	86.59		
文科资深教授/人	2	在校本科生/人	453
"国家特支计划"入选者/人	0		
教育部"长江学者"特聘教授/人	4	在学硕士研究生/人	493
教育部"长江学者"青年学者/人	1	其中:专业学位研究生/人	335
省部级高等学校教学名师奖获得者/人	1		
国家"百千万人才工程"入选者/人	2	在读博士研究生/人	238
国家杰出青年科学基金获得者/人	0	其中:专业学位研究生/人	101
教育部新(跨)世纪优秀人才培养计划入选者/人	5		
浙江省特级专家/人	1	在校攻读学位的国际学生/人	27
浙江大学求是特聘教授/人	4	应届本科毕业生一次就业率/%	88.57
浙江大学文科领军人才/人	0		
一级学科国家重点学科/个	1	应届本科毕业生深造率/%	39.05
二级学科国家重点学科/个	0		
教育部人文社会科学研究基地/个	0	应届毕业研究生一次就业率/%	95.6
国家人才培养基地(含教学、教育基地)/个	0		
国家精品资源共享课/门	1	教师出国交流/人次	0
国家精品视频公开课/门	0	学生出国交流/人次	308
国家级一流本科课程/门	3		
科研总经费/万元	2510	举办国际学术会议/次	2
其中:国家社科基金比重/%	14.10		
纵向经费比重/%	18.61	社会捐赠经费总额/万元	70

神"落实学校各项决策部署,科学制定班子任期目标任务,扎实推进"十四五"事业发展和新一轮"双一流"建设,努力为建设世界一流的教育学院,为学校迈向世界一流大学前列做出新的更大贡献。

(杨　娟撰稿　阚　阅审稿)

管理学院

【概况】　管理学院下设创新创业与战略学系、数据科学与管理工程学系、服务科学与运营管理学系、领导力与组织管理学系、市场营销学系、财务与会计学系、旅游与酒店管理学系7个系。拥有创新管理与持续竞争力研究中心1个国家哲学社会科学创新基地,"浙江数字化发展与治理研究中心"1个浙江省新型重点专业智库,浙江大学全球浙商研究院和浙江大学全球农商研究院2个校级研究院,建有浙江大学神经管理学实验室1个校级重点实验室,浙江大学—杭州市服务业发展研究中心,以及信息技术与新兴产业研究中心等13个校级交叉学科研究中心和管理科学与信息系统研究所等10个校级研究所。此外,学院现有1个国家自然科学基金创新研究群体和1个浙江省创新团队。

现拥有管理科学与工程1个一级学科国家重点学科,1个浙江省一流(A类)学科。拥有管理科学与工程、工商管理2个一级学科博士学位授予点和技术与创新管理、企业管理、创业管理、会计学、旅游管理、数智创新与管理等9个二级学科博士学位授予点,工商管理硕士(含高级管理人员工商管理硕士)、会计专业硕士2个专业学位授权点,并设置信息管理与信息系统、工商管理、会计学3个本科专业。设有管理科学与工程、工商管理2个博士后流动站。

现有教师124人,其中教授42人,副教授43人,长聘教授1人,长聘副教授3人,研究员1人,副研究员1人,其他副高职称2人,"百人计划"研究员17人,讲师及助理研究员13人,特聘研究员1人,特聘副研究员1人,另有专职科研人员3人,博士后22人(学科博士后14人,企业博士后6人,在职博士后2人)。

2021年,招收博士研究生50人(含留学生2人)、硕士研究生754人(其中学术硕士32人、MBA 565人、EMBA 124人、会计专业硕士33人)(含留学生13人)。166名(含留学生27人)2021级本科生通过主修专业确认进入学院学习。2021届本科毕业生173人(含留学生33人)、授予硕士学位547人(含留学生8人)、授予博士学位46人(含留学生5人)。

学生培养方面,继续以"商学+"教育生态系统为统领,持续推进本—硕—博—继续教育全系列人才培养项目的改造升级。学院工商管理、信息管理与信息系统、会计学三个专业均入选申报"国家级一流本科专业建设点"。2021年,学院获得一系列教学成果奖项,1个研究生项目获浙江省教学成果奖一等奖,1个本科生项目获浙江省教学成果奖二等奖,2个本科项目和2个研究生项目获浙江大学教学成果奖一等奖,1个研究生项目获浙江大学教学成果奖二等奖。课程建设成效显著。8门课程被认定为"省级一流本科课程",11门课程获批"浙江大学一流本科课程",7门课程被认定为"浙大首批高水平国际化课程",4门课程获批校级MOOC课程。教材建设成果全面开花。魏

院系基本情况

江主编教材《管理沟通：成功管理的基石》荣获"首届国家优秀教材奖"二等奖。学院"商学＋专业群特色系列教材建设项目"获批浙江大学优势本科专业（群）系列教材建设培育项目。《数字营销》获批2021年校级本科教材立项项目。汪蕾和邢以群负责的两个项目获批省级教学改革研究项目，莫申江和刘涛负责的两个项目获批校级教学改革研究项目。2021年共获得11项校级优秀专业实践成果奖，其中4项获浙江省专业学位研究生优秀实践成果奖。《产教研融合的"商学＋行业"专业学位培养模式探索》入选MBA三十周年办学成果案例集。

学院课程思政取得良好成效，莫申江"伦理与社会责任"获第一批省级课程思政示范课程立项，汪蕾"新文科背景下管理学科课程思政的COME体系建设"获第一批省级课程思政教学研究项目立项，邢以群"管理学教学研究中心"获第一批省级课程思政示范基层教学组织立项，13门课程入选校级课程思政建设项目，1门课程获评校级研究生课程思政示范课程。

2021年，学院新上科研项目93项，其中纵向项目48项，横向项目28项。实到科研经费2882.61万元，其中纵向经费1666.9万元，横向经费1215.71万元，在48项新上纵向项目中，包括国家社会科学基金重大项目1项，国家社会科学基金重点项目3项；国家杰出青年科学基金项目1项，国家自然科学基金重大项目1项，重大研究计划1项。依托浙江大学和杭州海康威视数字技术股份有限公司，由吴晓波团队完成的项目成果"跨越技术生命周期的企业创新体系构建及应用"荣获浙江省科学技术进步奖二等奖。

为响应"共同富裕"这一重大命题，为浙江省高质量发展建设共同富裕示范区贡献浙大智慧，学院设立"共同富裕"专项研究预研课题，并计划出版系列专著和研究报告，为浙江省忠实践行"八八战略"、奋力打造"重要窗口"做出管理学院的贡献。

2021年，许庆瑞院士获颁"复旦管理学终身成就奖"，吴晓波入选第六批浙江省特级专家，郭斌入选浙江省"万人计划"人文社科领军人才，周伟华入选求是学者特聘教授，杨翼获国家自然科学基金杰出青年科学基金项目资助，黄灿、周伟华入选教育部"长江学者"青年学者。

博士生李思涵荣获竺可桢奖学金、浙江大学2020—2021学年"十佳大学生"。博士生余璐获"浙江大学优秀共产党员"荣誉称号。《乡村振兴的"红色"与"绿色"——浙江的探索与实践》获第十七届"挑战杯"全国大学生课外学术科技作品竞赛一等奖，《瓯仁科技：AI＋运筹学大国智造工业软件开创者》获第七届中国国际"互联网＋"大学生创新创业大赛银奖。钱文鑫荣获2021年度"创新创业英才奖"。《行业定制化MCU设计》获得第十九届中国MBA创业大赛全国总决赛亚军。

【完成中层领导班子换届】 2021年11月16日，浙江大学管理学院召开中层领导班子换届宣布会，浙江大学党委副书记傅强、组织部副部长钟永萍来院宣布干部任免决定。新一届管理学院党政领导班子组成员：院长、党委副书记魏江，党委书记兼副院长朱原，副院长谢小云、杨翼、窦军生，党委副书记潘健，党委副书记、纪委书记李文腾。

【学院党委入选浙江省第二批高校党建工作标杆院系培育创建单位】 2021年12月28日，浙江省教育厅发布《中共浙江省教育厅委员会办公室关于公布第二批全省高校党

项目	数据	项目	数据
教职工/人	155	获国家级科技奖项目/项	0
长聘教授/人	1	获国家级教学成果奖/项	0
长聘副教授/人	3		
教授/人	42	SCI 入选论文/篇	37
副教授/人	46	EI 入选论文/篇	19
研究员/人	1		
副研究员/人	1	SSCI 入选论文/篇	77
"百人计划"研究员/人	17		
特聘研究员/人	1	A&HCI 入选论文/篇	0
特聘副研究员/人	1	权威刊物论文/篇	7
其他正高职称/人	0		
其他副高职称/人	2	出版专著/部	10
具有博士学位的专业教师比例/%	87		
文科资深教授/人	0	在校本科生/人	478
"国家特支计划"入选者/人	1	在学硕士研究生/人	2266
教育部"长江学者"特聘教授/人	3	其中:专业学位研究生/人	2222
教育部"长江学者"青年学者/人	5	在读博士研究生/人	321
省部级高等学校教学名师奖获得者/人	0		
国家"百千万人才工程"入选者/人	1	其中:专业学位研究生/人	0
国家杰出青年科学基金获得者/人	5		
教育部新(跨)世纪优秀人才培养计划入选者/人	8	在校攻读学位的国际学生/人	293
浙江省特级专家/人	1		
浙江大学求是特聘教授/人	7	应届本科毕业生一次就业率/%	97.9
浙江大学文科领军人才/人	2		
一级学科国家重点学科/个	1	应届本科毕业生深造率/%	46.6
二级学科国家重点学科/个	0		
教育部人文社会科学研究基地/个	0	应届毕业研究生一次就业率/%	96.6
国家人才培养基地(含教学,教育基地)/个	0		
国家精品资源共享课/门	0	教师出国交流/人次	0
国家精品视频公开课/门	0	学生出国交流/人次	21
国家级一流本科课程/门	3		
科研总经费/万元	3451.11	举办国际学术会议/次	2
其中:国家社科基金比重/%	4.1		
纵向经费比重/%	55.8	社会捐赠经费总额/万元	1347

浙江大学年鉴

建工作示范高校、标杆院系、样板支部培育创建单位名单的通知》，遴选产生 10 个高校党委、81 个院系党组织、153 个基层党支部分别为第二批全省高校党建工作示范高校、标杆院系、样板支部培育创建单位。管理学院党委入选标杆院系培育创建单位。

【设立国内首个"数智创新与管理"二级交叉学科】 管理学院 2021 年正式成立数智创新与管理交叉学科，依托浙江大学面向2030 的学科会聚研究计划（简称"创新 2030计划"），会聚浙江大学在管理、信息、医学、能源等"管信医工"学科的优势进行融合创新，研究中国数智创新与管理的内在理论逻辑，面向未来培育世界领先的研究成果，为中国社会与经济的数字化转型提供系统的理论武器。围绕数智决策、数智创新、智能组织、智能财务、数字健康管理、智慧服务等具体研究方向，数智创新与管理学科将按照"开放合作"的方针，实施跨学科、跨国界、跨业界的三条路径建设会聚型学科领域和交叉研究方向，探索有效集聚多学科人才和激发人才创新活力的新模式。

（陈　超撰稿　李文腾审稿）

公共管理学院

【概况】 公共管理学院（简称"公管学院"）下设政府管理系、土地管理系、城市发展与管理系、社会保障与风险管理系、信息资源管理系、政治学系、农业经济与管理系、社会学系等 8 个系，设有行政管理研究所、土地科学与不动产研究所等 8 个校级研究所，拥有教育部人文社会科学重点研究基地 1 个，拥有浙江大学中国农村发展研究院、浙江大学/浙江省公共政策研究院、浙江大学社会治理研究院、浙江大学科教发展战略研究中心等 23 个（含 2 个联合中心）校级研究院（中心）。

农林经济管理学科为国家重点（培育）学科，农林经济管理、公共管理 2 个学科为浙江省一流学科。农林经济管理、行政管理、劳动与社会保障、社会学 4 个专业获批国家级一流本科专业建设点。

公管学院拥有公共管理、农林经济管理、社会学 3 个一级学科博士学位授予权，涵盖了行政管理、教育经济与管理等 11 个二级学科博士学位授予权，公共管理硕士（MPA）、社会工作硕士（MSW）、农村发展（MAE）等 3 个专业硕士学位授予权。

2021 年，招收博士生 119 人，硕士生637 人［其中科学学位 134 人、公共管理硕士（MPA）459 人、社会工作硕士（MSW）34人、农村发展硕士（MAE）10 人］；2021 级本科生主修专业确认接收 196 人、"三位一体"招收 62 人，竺可桢学院公共管理英才班录取 13 人；毕业博士生 43 人、硕士生 381 人（其中科学学位 132 人、MPA 220 人、MSW22 人、MAE 7 人），本科生 192 人。

现有全职在编教职工 208 人，其中教授66 人、长聘副教授 6 人、副教授 30 人、"百人计划"研究员 36 人。博士研究生导师 125人（含兼职），硕士研究生导师 200（含兼职）。新增教育部"长江学者"讲席教授 1人，国家高层次特殊支持计划哲社领军人才1 人，教育部"长江学者"青年学者 2 人，浙江大学"求是特聘教授"1 人。

2 门课程被认定为国家级一流本科课程、5 门课程申报第二批国家级一流本科课程、12 门被认定为省级一流本科课程、9 门课程被认定为浙江大学一流本科课程；1 种

附表　2021 年度公共管理学院基本情况

项目	数据	项目	数据
教职工/人	208	获国家级科技奖项目/项	0
教授/人	66	获国家级教学成果奖/项	0
副教授/人	30	SCI 入选论文/篇	23
研究员/人	2	SCI 入选论文/篇	23
副研究员/人	3	EI 入选论文/篇	0
长聘教授/人	0	SSCI 入选论文/篇	101
长聘副教授/人	6	SSCI 入选论文/篇	101
"百人计划"研究员/人	36	A&HCI 入选论文/篇	0
特聘研究员/人	0	A&HCI 入选论文/篇	0
特聘副研究员/人	8	权威刊物论文/篇	9
其他正高职称/人	0	出版专著/部	26
其他副高职称/人	4	出版专著/部	26
具有博士学位的专业教师比例/%	90.48	在校本科生/人	766
文科资深教授/人	2	在校本科生/人	766
"国家特支计划"入选者/人	3	在学硕士研究生/人	1909
教育部"长江学者"特聘教授/人	4	在学硕士研究生/人	1909
教育部"长江学者"青年学者/人	5	其中:专业学位研究生/人	1564
省部级高等学校教学名师奖获得者/人	1	在读博士研究生/人	567
国家"百千万人才工程"入选者/人	1	在读博士研究生/人	567
国家杰出青年科学基金获得者/人	0	其中:专业学位研究生/人	0
教育部新(跨)世纪优秀人才培养计划入选者/人	7	在校攻读学位的国际学生/人	187
浙江省特级专家/人	1	在校攻读学位的国际学生/人	187
浙江大学求是特聘教授/人	7	应届本科毕业生一次就业率/%	86.98
浙江大学文科领军人才/人	2	应届本科毕业生深造率/%	49.21
一、二级学科国家重点学科/个	1	应届本科毕业生深造率/%	49.21
教育部人文社会科学研究基地/个	1	应届毕业研究生一次就业率/%	98.5
国家人才培养基地(含教学、教育基地)/个	0	应届毕业研究生一次就业率/%	98.5
国家精品资源共享课/门	2	教师出国交流/人次	29
国家精品视频公开课/门	0	学生出国交流/人次	22
国家级一流本科课程/门	2	学生出国交流/人次	22
科研总经费/万元	7293.41	举办国际学术会议/次	5
其中:国家社科基金比重/%	417.47	社会捐赠经费总额/万元	817.9
纵向经费比重/%	43.75	社会捐赠经费总额/万元	817.9

浙江大学年鉴

教材入选第二批农业农村部"十三五"规划教材数目、1种教材入选住建部住房和城乡建设领域学科专业"十四五"规划教材选题，"中国土地制度"获2020年校级MOOC项目验收通过并入选"学习强国"的强国慕课版块。农林经济管理学科顺利通过教育部"双一流"学科建设专家评估。2篇硕士论文获2020年浙江省优秀硕士学位论文，3位博士获浙江大学"争创优秀博士论文资助"；《基于政策企业家精神塑造的MPA教育模式创新》获2021年浙江省教学成果奖一等奖；1个案例获第五届全国公共管理案例大赛三等奖。

2021年，到款科研经费7293.41万元，获批国家社科基金14项，其中重大项目11项；国家自科基金11项，其中重点项目2项、国际合作项目1项。获浙江省第二十一届哲学社会科学优秀成果奖16项，其中一等奖4项、二等奖9项、青年奖3项。

2021年，共举办5次具有影响力的国际学术会议，组织中美公共管理学者系列对话活动、承办中德可持续发展论坛等特色活动，全院师生赴境外交流29人次（线下），此外，有33人次教职工申请参加美国、瑞士、比利时等地举办的线上国际会议。

（郎明紫撰稿　杨国富审稿）

马克思主义学院

【概况】 马克思主义学院设有马克思主义基本原理、毛泽东思想和中国特色社会主义理论体系概论、中国近现代史纲要、思想道德与法治、研究生思想政治理论课5个教研中心，承担全校本科生、硕士研究生、博士研究生思想政治理论课教学和马克思主义理论学科建设工作。

学院由中共浙江省委宣传部与浙江大学共建，是全国重点建设马克思主义学院和浙江省重点建设马克思主义学院，建有马克思主义理论、国际政治2个校级研究所，设有教育部高校思想政治工作队伍培训研修中心（浙江大学）、浙江省习近平新时代中国特色社会主义思想研究中心浙江大学研究基地、浙江省中国特色社会主义理论体系研究中心浙江大学研究基地、浙江省教育厅高校心理健康教育培训基地、浙江大学中国特色社会主义研究中心、浙江大学德育与学生发展研究中心等机构。

马克思主义理论学科为"十三五"浙江省高校一流学科。

学院建有马克思主义理论博士后流动站，拥有马克思主义理论一级学科博士学位授予权和马克思主义基本原理、马克思主义中国化研究、思想政治教育、国外马克思主义研究、中国近现代史基本问题研究、党的建设等二级学科硕士学位授予权。

2021年，招收硕士研究生46人、博士研究生34人，毕业硕士研究生39人、博士研究生16人。

现有教职工80人。其中，正高级职称16人，副高级职称27人，博士研究生导师15人，硕士研究生导师32人。2021年，学院1名教师成功入选求是特聘学者（教学岗），2名教师分别被聘为教育部2021—2025年高等学校思想政治理论课教学指导委员会委员，1名教师被聘为教育部大中小学思政课一体化建设指导委员会专家指导组成员和2021—2025年浙江省高等学校思想政治理论课教学指导委员会副主任委员；1名教师获浙江省第十二届高校青年教师教学竞赛思政组特等奖第一名,1名教师获浙江省第十二届高校青年教师教学竞赛思政组一等奖。

2021年,学院继续深化教学改革,加强课程建设,入选教育部社会科学司2020—2022年高校思想政治理论课建设项目2项,教育部社科司2020年度高校思想政治理论课教师研究专项重大课题攻关项目1项;入选国家级一流本科课程1门,浙江省一流课程3门;获浙江省教学成果奖一等奖1项,浙江大学教学成果奖特等奖和一等奖各1项。

2021年,学院科研课题新立项经费436.3万元。共立项省部级以上课题36项,其中教育部重大攻关项目1项,国家社科基金项目8项,国家高端智库课题7项,浙江省哲学社会科学规划课题18项,其他省级项目2项。共发表各级各类学术论文140余篇,其中权威期刊(含A & HCI)4篇,一级期刊论文37篇。出版专著11部。15篇智库报告获省部级及以上领导肯定性批示或采纳,其中5篇成果已被学校认定为B类成果。获浙江省哲学社会科学优秀成果奖一等奖、二等奖和青年成果奖各1项。

【思政课教学引领带动作用充分发挥】 任少波教授和段治文教授负责的"全国高校'中国近现代史纲要'教学创新中心(浙江大学)"和马建青教授负责的"全国高校思政课'手拉手'集体备课中心(浙江大学—浙江省)"同时立项教育部2020—2022年高校思想政治理论课建设项目。浙江大学全国高校"中国近现代史纲要"教学创新中心作为全国唯一的高校"中国近现代史纲要"教学创新中心,是打造具有全国影响力的浙大思政课品牌的重要阵地,为"纲要"课教学质量整体提升做出浙大贡献。浙江大学全国高校思政课"手拉手"集体备课中心负责推进浙江省思政课集体备课工作,充分发挥浙江大学在浙江省的领头雁作用,为全省思政课教师建立相对固定、供需匹配、精准培训的集体备课工作机制,致力于逐步缩小省内各高校思政课师资力量和教学水平差异,全面提升浙江省思政课教师教书育人能力素质。

【思政课教学奖励取得新突破】 段治文教授团队负责的"'中国近现代史纲要'课程推进'五个一工程'建设的创造性探索与实践"项目被评为2021年浙江省教学成果奖高等教育类一等奖,该项目通过建设专题理论教学工程、网络优质教学工程、智能化教材工程、思政课实践教学工程和特色化研讨教学工程解决了"中国近现代史纲要"课程教学过程中的五大问题,实现了全国性的示范影响,是近年来浙江大学思政课建设项目首次在省级教学成果奖评选工作中获得突破。学院赵坤老师获浙江省第十二届高校青年教师教学竞赛思想政治课专项组特等奖第一名,代表浙江省参加全国总决赛,是马克思主义学院教师首次挺进全国青年教师教学竞赛总决赛。

【发展联络工作开启新征程】 5月21日,浙江大学教育基金会马克思主义学院竺泉基金成立,实现了学院基金募集零的突破。"竺泉基金"是由浙江省人大常委会原副主任、浙江大学求是讲座教授王永昌发起领捐,并联合王欣艺先生、信雅达科技股份有限公司、浙江健然物资有限公司、光达控股有限公司、金华寿仙谷药业有限公司、浙江新德进出口有限公司、杭州安恒公益基金会、浙江福特资产管理股份有限公司等单位共同设立的,首笔基金130万元,主要用于表彰马克思主义学院优秀师生,引导马院教师讲好思政课、深化马克思主义理论研究、

附表　2021 年度马克思主义学院基本情况

项目	数据	项目	数据
教职工/人	80	获国家级科技奖项目/项	0
长聘教授/人	0	获国家级教学成果奖/项	0
长聘副教授/人	0		
教授/人	16	SCI 入选论文/篇	0
副教授/人	26	EI 入选论文/篇	0
研究员/人	0		
副研究员/人	0	SSCI 入选论文/篇	1
"百人计划"研究员/人	1	A&HCI 入选论文/篇	0
特聘研究员/人	0		
特聘副研究员/人	0	权威刊物论文/篇	4
其他正高职称/人	0		
其他副高职称/人	1	出版专著/部	11
具有博士学位的专业教师比例/%	81.2		
文科资深教授/人	0	在校本科生/人	0
"国家特支计划"入选者/人	0		
教育部"长江学者"特聘教授/人	1	在学硕士研究生/人	92
教育部"长江学者"青年学者/人	0		
省部级高等学校教学名师奖获得者/人	1	其中:专业学位研究生/人	0
国家"百千万人才工程"入选者/人	1	在读博士研究生/人	110
国家杰出青年科学基金获得者/人	0		
教育部新(跨)世纪优秀人才培养计划入选者/人	0	其中:专业学位研究生/人	0
浙江省特级专家/人	0	在校攻读学位的国际学生/人	0
浙江大学求是特聘教授/人	2		
浙江大学文科领军人才/人	2	应届本科毕业生一次就业率/%	0
一级学科国家重点学科/个	0	应届本科毕业生深造率/%	0
二级学科国家重点学科/个	0		
教育部人文社会科学研究基地/个	0	应届毕业研究生一次就业率/%	100
国家人才培养基地(含教学、教育基地)/个	0		
国家精品资源共享课/门	1	教师出国交流/人次	0
国家精品视频公开课/门	0	学生出国交流/人次	0
国家级一流本科课程/门	1		
科研总经费/万元	436.3	举办国际学术会议/次	0
其中:国家社科基金比重/%	21		
纵向经费比重/%	87	社会捐赠经费总额/万元	100

开展好马克思主义理论教育、用习近平新时代中国特色社会主义思想铸魂育人，引领马克思主义理论和马克思主义哲学专业的学生成为德智体美劳全面发展、符合社会主义现代化建设需要的高素质创新人才和领导者。

（李　艳撰稿　李小东审核）

数学科学学院

【概况】 数学科学学院下设数学系、信息与计算科学系、应用数学系、统计学系，以及高等数学研究所、科学与工程计算研究所等6个研究所和数学基础课程教学研究中心。

数学学科为一级学科国家重点学科，是"九五""十五""十一五""十二五"国家"211工程"重点建设学科，学院拥有"数学科学及其应用"国家"985工程"科技创新平台。

2021年，学院招收硕士研究生95人、博士研究生43人，2021级本科生171人确认专业进入学院学习，其中：数学与应用数学55人，数学求是科学班20人，数学强基班20人，信息与计算科学38人，统计学38人，入院学生高考平均分数在理科大类中位居第一。毕业本科生253人、硕士研究生78人、博士研究生36人。

现有教职工142人。其中，具有正高级职称人员45人、副高级职称人员40人，百人计划研究员10人，博士研究生导师75人（含兼职6人）、硕士研究生导师21人，另有在站博士后9人。2021年，阮勇斌当选中国科学院院士，叶和溪入选"长江学者"特聘教授，江文帅获国家杰出青年科学基金资助，王枫入选"国家万人计划"青年拔尖人才。学院教师在国际数学四大顶级刊物 *Annals of Mathematics* 和 *Inventiones Mathematicae* 上共发表5篇学术论文，其中阮勇斌院士与合作者在 *Inventiones Mathematicae* 发表1篇学术论文；刘一峰、江文帅分别与合作者连续在 *Annals of Mathematics* 各发表2篇学术论文。包刚荣获2020年度国家自然科学奖二等奖；王斯雷获第十五届华罗庚数学奖；吴庆标获2020年度浙江省自然科学奖三等奖；张荣茂、苏中根获中国统计学会第一届统计科学技术进步奖三等奖；彭群生获2021年亚洲图形学学会"终身成就奖"；黄正达荣获宝钢优秀教师奖；机关教工党支部入选第二批"全校党建工作样板支部"；盛为民获浙江大学优秀共产党员；贾厚玉获浙江大学优秀党务工作者；董光昌等28名老党员获颁"光荣在党50年"纪念章。

2021年信息与计算科学专业入选国家级一流本科专业建设点，同时推荐统计学专业申报国家一流本科专业建设点。《概率极限理论基础》（第二版）教材荣获"全国优秀教材（高等教育类）"二等奖。"微分几何"等11门课程入选省级一流课程，并从中推荐"线性代数"等4门课程申报国家级一流课程；"教学六字要诀"获得国家级课程思政示范课程、"微积分（甲）Ⅰ、Ⅱ"获得浙江省课程思政示范课程。《数学拔尖创新人才"二制三化"培养模式的近三十年探索与实践》荣获2021年浙江省教学成果一等奖、浙江大学教学成果特等奖。2021年，1名学生获浙江大学第十七届"挑战杯"大学生课外学术科技作品竞赛三等奖；数学与应用数学专业本科生党支部获浙江大学先进基层党组织并入选第二批"全校党建工作样板支部"；1名学生获浙江大学优秀共产党员；1名学生获浙江大学第九届研究生党支部书记素

院系基本情况

附表　2021年度数学科学学院基本情况

项目	数据	项目	数据
教职工/人	142	获国家级科技奖项目/项	0
教授/人	44	获国家级教学成果奖/项	0
副教授/人	31	授权发明专利数/项	1
研究员/人	0		
副研究员/人	1	SCI入选论文/篇	156
长聘教授/人	1	EI入选论文/篇	11
长聘副教授/人	5		
"百人计划"研究员/人	10	MEDLINE入选论文/篇	0
特聘研究员/人	0		
特聘副研究员/人	0	出版专著/部	5
具有博士学位的专业教师比例/%	87.9		
两院院士/人	3	在校本科生/人	663
"国家特支计划"入选者/人	0	在学硕士研究生/人	263
教育部"长江学者"特聘教授/人	4		
教育部"长江学者"青年学者/人	0	其中:专业学位研究生/人	0
省部级高等学校教学名师奖获得者/人	0		
"973计划"首席科学家*/人	0	在读博士研究生/人	175
国家"百千万人才工程"入选者/人	1		
国家杰出青年科学基金获得者/人	6	其中:专业学位研究生/人	0
教育部新(跨)世纪优秀人才培养计划入选者/人	6		
浙江省特级专家/人	3	在校攻读学位的国际学生/人	3
浙江大学求是特聘教授/人	3	应届本科毕业生一次就业率/%	79.17
一级学科国家重点学科/个	1		
二级学科国家重点学科/个	2	应届本科毕业生深造率/%	61.25
国家重点(专业)实验室/个	0		
国家工程(技术)研究中心/个	0	应届毕业研究生一次就业率/%	93.91
国家人才培养基地(含教学、教育基地)/个	0		
国家精品资源共享课/门	1	教师出国交流/人次	1
国家精品视频公开课/门	1		
国家级一流本科课程/门	2	学生出国交流/人次	187
科研总经费/万元	2054	举办国际学术会议/次	4
其中:国家社科基金比重/%	65		
纵向经费比重/%	78	社会捐赠经费总额/万元	15.6

注:*含重大科学研究计划、ITER计划、青年科学家专题等。

能大赛三等奖;1名学生获浙江大学思政微课大赛三等奖;学院学生会获浙江大学十佳院系学生会;打造了由学院院长励建书院士牵头的"求是茶话"品牌活动和"数享时光""卓越数学人才培养工程"学生骨干培养计划等思政育人品牌,在"一基层支部·一科学家·一初心故事"学科特色活动影响下,学院团委获浙江大学2021年暑期大学生社会实践活动优秀组织奖和浙江大学2021年度"基层团组织建设先进单位";学院团委指导的五星级社团梵音剧社入选校学生社团"恒星计划"。2021届毕业生一次性就业率保持稳定,其中本科生国内外深造率达到61.25%,出国率达到23.33%、国内读研率达到37.92%。

2021年,到款科研经费为2054万元;其中在研国家级科研项目90项,到款经费1490万元。学院本年度新增国家自然科学基金项目17项,含国家杰出青年科学基金1项、区域创新发展联合基金项目2项、面上项目10项,批准总经费1364万元,批准率达到50%。学院新立项2021年度浙江省自然科学基金2项,包括重点项目1项。

全年师生出国出境交流(含线上交流)共计188人次。学院克服疫情影响,持续深化本硕海外联合培养项目,推进与巴黎顶尖高校合作实施的"中法数学拔尖班"项目,2018级3位学生赴法国巴黎综合理工学院和巴黎高等矿业学院、1位学生赴美国威斯康星大学麦迪逊分校统计系交流学习;开设3期本科生海外交流线上课程,分别邀请法国巴黎大学 Bernhard Keller 教授、加拿大萨省大学刘巨鑫教授、美国普渡大学李培军教授开设以"箭图及其表示""蒙特卡洛法""散射理论"为主题的系列线上课程;组织"2021年浙江大学研究生国际暑期学校量子网络理论(线上课程)",邀请国际量子理论著名专家 Maksim Dimitrijevsa 教授、Yuri Ozhigov 教授、Alexander Zenchuk 教授、Kamil Khadiev 教授开设讲座。

(陈 黎撰稿 陈 庆审稿)

物理学系

【概况】 物理学系设有浙江近代物理中心、凝聚态物理研究所、光学与量子信息研究所、聚变理论与模拟中心、光电物理研究所、大学物理教研室、物理实验教学中心等研究所室。建有浙江省量子技术与器件重点实验室。

理论物理、凝聚态物理是二级学科国家重点学科,物理学是浙江省一流学科。物理学系设有物理学博士后流动站,拥有物理学一级学科博士学位和硕士学位授予权,涵盖了7个二级学科。

2021年,招收硕士研究生20人、博士研究生80人,2020级本科生55人(其中竺可桢学院3人)确认进入物理学系继续学习,毕业本科生101人、硕士研究生32人、博士研究生35人。结业硕士研究生0人、博士研究生3人。

现有教职工146人,其中,中国科学院院士2人,国家重大引才计划专家2人,具有正高级职称人员76人、副高级职称人员32人。博士研究生指导教师82人,硕士研究生指导教师94人。双聘院士1人。新增浙江大学百人计划研究员5人。有在站博士后49人。

2021年,获批浙江省省级本科一流课程5门,浙江省第一批省级课程思政研究项目 1 项,科学出版社"十四五"普通高等教育本科规划教材立项 3 项,浙江大学 2021 年本科一流课程 4 门,浙江大学教学成果奖一等奖 2 项,二等奖 1 项,浙江大学 2021 年教材建设项目 2 项。

2021 年,新立项国家级大学生创新训练项目 1 项、浙江省大学生科技创新活动项目 2 项。本科生获得第十二届中国大学生物理学术竞赛特等奖 1 项、第七届全国大学生物理实验竞赛(教学赛)一等奖 2 项、第七届全国大学生物理实验竞赛(创新赛)一等奖 3 项、浙江省第十二届大学生物理科技创新竞赛一等奖 2 项。2 篇博士学位论文获"2020 年浙江省优秀博士学位论文"。

2021 年,物理学系"构建'一线、两翼、四维'高质量物理人才思政培养体系"入选全校首批思政培养方案改革试点。深化党史学习教育,依托"仰望星空"计划,举办"忠于理想的两代人"——彭洁女士专题党课报告会、"'以身许国'之路——两弹元勋王淦昌先生"——纪念王淦昌先生诞辰 114 周年专题报告会,举办"手绘心中的大先生"主题手绘作品征集活动,弘扬"大先生"们的光辉事迹。开展使命愿景大讨论,师生赴浙江大学党建与思政教育基地下姜村开展"重要窗口"现场教学,被《人民日报》点赞。开展系列"格物致理"师生沙龙,搭建师生常态化交流平台。顺利召开共青团浙江大学物理学系第一次代表大会、第三次学生代表大会、第五次研究生代表大会,发挥学生组织"自我教育,自我管理,自我服务"职能。本科生"党史青年行"专项社会实践行动围绕"追寻红色印记,献礼建党百年"主题开展深入实践,六位同学的论文获评浙江大学 2021 年暑期大学生社会实践活动优秀论文,两位同学获评先进个人,赴家乡各地"党史青年行"

暑期社会实践团获评暑期大学生社会实践活动优秀团队,2 名老师获评优秀指导教师。开展"公毅计划"赴湖南暑期服务基层专项社会实践,获得研究生社会实践优秀团队、优秀组织奖荣誉。博士生刘源获浙江大学竺可桢奖学金。

2021 年到校总经费 5185.6 万元。其中,纵向项目经费 3233.6 万元、横向 1863.2 万元、高技总额 88.8 万元。2021 年全系共获批国家自然科学基金面上项目等共计 16 项、基金委区域创新发展联合基金 1 项、浙江省重点项目 1 项和浙江省杰青项目 1 项,新增横向项目 6 项。

凝聚态专业与莱斯大学、聚变中心与普林斯顿大学、关联物质中心与剑桥大学继续开展深层次的科研合作与师生交流。本科生共计 43 人次参加线上线下交流项目,交流率为 41%。博士研究生共 89 人次参加线上线下交流项目,交流率达 111%。举办 CUSPEA 学者系列讲座,邀请了 8 位国内外知名学者分享最新学术研究成果,探讨学科前沿,全国多个高校共计 1300 余人次师生在线参加,另有众多师生观看讲座直播。全年全院师生线上线下交流共 138 人次,组织国外境外专家学术报告 10 余场。

【学术研究重大突破】 2021 年度,谢燕武等研究团队在利用电场调控 $KTaO_3$ 界面超导方面取得新突破。他们利用类门电压技术,成功调控了(111)取向的 $LaAlO_3/KTaO_3$ 界面超导,实现了连续调控超导态—绝缘态量子相变,并发现了在低温下可被电场连续调控的量子金属态。与通常磁场调控下在量子临界点处实现的量子金属态不同,该量子金属态在无外磁场时也存在,在相图中呈现为物质相而不仅是临界点。相关成果在《科学》杂志上线发表。

附表　2021年度物理学系基本情况

项目	数据	项目	数据
教职工/人	146	获国家级科技奖项目/项	0
教授/人	53	获国家级教学成果奖/项	1
副教授/人	21	授权发明专利数/项	1
研究员/人	1		
副研究员/人	1	SCI入选论文/篇	185
长聘教授/人	0	EI入选论文/篇	133
长聘副教授/人	3		
"百人计划"研究员/人	23	MEDLINE入选论文/篇	0
特聘研究员/人	5		
特聘副研究员/人	0	出版专著/部	0
具有博士学位的专业教师比例/%	76.03		
两院院士/人	2	在校本科生/人	360
"国家特支计划"入选者/人	4	在学硕士研究生/人	95
教育部"长江学者"特聘教授/人	6		
教育部"长江学者"青年学者/人	0	其中:专业学位研究生/人	0
省部级高等学校教学名师奖获得者/人	0		
"973计划"首席科学家*/人	1	在读博士研究生/人	282
国家"百千万人才工程"入选者/人	2		
国家杰出青年科学基金获得者/人	10	其中:专业学位研究生/人	0
教育部新(跨)世纪优秀人才培养计划入选者/人	7(2)		
浙江省特级专家/人	1	在校攻读学位的国际学生/人	5
浙江大学求是特聘教授/人	14	应届本科毕业生一次就业率/%	84.62
一级学科国家重点学科/个	1	应届本科毕业生深造率/%	61.54
二级学科国家重点学科/个	2		
国家重点(专业)实验室/个	0	应届毕业研究生一次就业率/%	92.83
国家工程(技术)研究中心/个	0		
国家人才培养基地(含教学、教育基地)/个	1		
国家精品资源共享课/门	1	教师出国交流/人次	6
国家精品视频公开课/门	0	学生出国交流/人次	132
国家级一流本科课程/门	0		
科研总经费/万元	5185.6	举办国际学术会议/次	0
其中:国家社科基金比重/%	40.26	社会捐赠经费总额/万元	18.566
纵向经费比重/%	62.36		

注:* 含重大科学研究计划、ITER计划、青年科学家专题等。

郑毅研究员课题组首次在黑砷二维电子态中发现了外电场连续、可逆调控的强自旋轨道耦合效应，实现了对自旋的高速精准控制；同时在全新的自旋—能谷耦合的Rashba物理现象中，发现了新奇的量子霍尔态。该研究将对高效率、低能耗自旋电子器件研制提供坚实基础，对进一步加深量子霍尔现象的理解，以及依托拓扑超导器件的量子计算研究具有积极意义。这项研究在线刊发在国际顶级期刊《自然》。

2021年12月17日上午，浙江大学在杭州国际科创中心发布"莫干1号""天目1号"超导量子芯片学术成果，成果由量子光学专家、浙江大学物理学系教授、科创中心量子计算创新工坊首席科学家朱诗尧院士领衔。"莫干1号"与"天目1号"均为团队自主研发制备，这宣告浙江量子科技迈向新发展阶段。同时，团队还建成了有国际先进水平的集成化量子测控平台，可以实现多种复杂的量子实验。

（房正浓撰稿　颜　鹏审稿）

化学系

【概况】 化学系下设催化化学研究所、分析化学研究所、物理化学研究所、高新材料化学研究所、有机与药物化学研究所5个研究所，以及1个实验教学中心和1个分析测试平台，建有国家理科基础科学研究、教学人才培养基地和国家工科基础课程教学基地、国家级实验教学示范中心、浙江省应用化学重点实验室等教学和科研平台。2021年，成立化学系激子半导体研究中心、获批浙江省激发态材料重点实验室。

化学系拥有化学一级学科国家重点学科和一级学科博士点、博士后流动站，入选教育部基础学科拔尖学生培养计划2.0基地。化学专业入选教育部"强基计划"。

现有教职员工217人（含学科博后48人），其中中国科学院院士1人（双聘），教授职称人员52人，长聘教授1人，长聘副教授1人，校百人计划研究员17人，副教授/副研究员职称人员32人。2021年，洪鑫获国家基金委优青项目资助；孟祥举、苏彬、丁寒锋获国家基金委杰青项目资助；曹亮、陈洪亮、郭庆辉、王宇平、刘明入选浙江大学"百人计划"。

2020—2021学年化学系共开设341个教学班，完成17560个课时，选课人次达到13908。其中，全校公共课246个教学班，11264课时，选课人次达到11317。方文军教授负责的"普通化学H"获首批国家级课程思政示范课程，"普通化学H"和"电化学"获省级课程思政示范课程；"普通化学H""有机化学Ⅰ、Ⅱ、Ⅲ""物理化学Ⅰ、Ⅱ、Ⅲ""电化学"等4门课程获推荐申报2021年国家级一流课程；"有机化学Ⅰ、Ⅱ、Ⅲ""电化学""普通化学（甲）""综合化学实验""基础化学实验Ⅰ"等5门课程入选省级一流本科课程；"基础化学实验Ⅰ"在2021年全国高校混合式教学设计创新大赛决赛中获设计之星。王彦广教授被评为全国教材建设先进个人；化学实验教学中心入选省级课程思政示范基层教学组织；"融合思政元素的分析化学课程建设"和"思政元素融入化学实验在线开放课程的探索与实践"入选省级课程思政教改项目；胡吉明教授负责的"新时代背景下的全面助教制度改革与实践：从理科公共基础课程试点开始"获得2021年浙江省教学成果奖特等奖。

2021年，134名2021级本科生确认进入化学系（含求是科学班化学20名学生和强基化学班20名学生）。招收学术学位博士研究生、学术学位硕士研究生和专业学位硕士研究生分别为79人、67人和9人。毕业本科生94人、学术学位博士研究生74人、学术学位硕士研究生45人。

18级李心愉、周寒奔两位同学获2021年全国大学生化学实验邀请赛一等奖；18级求是化学班袁泺添同学在2021年美国大学生数学建模竞赛中获特等奖提名，郑家瑜、汤缪昊获一等奖；18级求是化学班钱璞凡同学获教育部2021年度基础学科拔尖学生培养计划2.0优秀学生奖；周哲泓、张燮、郑瑀山获2021年第二届全国大学生化学实验创新设计全国总决赛二等奖；本科生以第一作者身份发表科研论文3篇。因疫情影响，国际学术交流活动均以线上形式进行，本科生参与交流103人次，交流率109.6%。3名博士生获得"2021年浙江大学争创优秀博士学位论文资助"。1篇博士论文获"浙江省优秀博士学位论文"、1篇硕士论文"浙江省优秀硕士学位论文"、4篇博士论文获"浙江大学优秀博士学位论文"。

2021年，科研到款总经费8732万元，其中纵向经费5519万元，横向经费2328万元，军工项目经费885万元。获批国家级科研项目30项。其中，国家重点研发计划项目"重要反应过程贵金属等效减量的关键技术开发及应用示范"，总经费7500万元（中央财政专项资金2500万元，单位自筹资金5000万元）；国家重大科研仪器项目"碳氢燃料热化学过程分布式实时测控系统研制"，总经费1080.60万元；国家自然科学基金重点项目"胶体半导体纳米晶表界面性质与激子操控"，总经费383.20万元；国家基金重大项目子课题"化学反应的超分子调控"，总经费450.67万元；国家自然科学基金联合基金项目"高比能、长寿命钠离子电池关键材料基础科学问题研究"，总经费314.40万元；国家自然科学基金联合基金项目"具有高二氧化碳利用率的南海天然气干重整催化材料"，总经费312万元。获批国家杰出青年科学基金项目3项，国家优秀青年基金项目1项，国家优秀青年基金（海外）项目6项。立项浙江大学上海高等研究院繁星科学基金项目"分子机器的设计、合成及潜在应用探索"，总经费1500万元。获5000万元捐赠和5000万元重大横向项目，共计一亿元，用于新建化学系激子半导体中心。以通讯单位在《自然》和《科学》发表论文4篇，其中第一作者单位2篇。获浙江省自然科学奖一等奖和浙江省技术发明奖一等奖各1项。黄飞鹤、朱海明入选2021年全球高被引科学家。"百人计划"研究员王林军荣获2021年度"中国化学会唐敖庆理论化学青年奖"。

【方文军教授负责的"普通化学H"获首批国家级课程思政示范课程】 6月，教育部高等教育司印发了《教育部关于公布课程思政示范项目名单的通知》（教高函〔2021〕7号），方文军教授负责的"普通化学H"获首批国家级课程思政示范课程。方文军教授同时获国家级课程思政教学名师，其团队获评国家级课程思政教学团队。

【化学系鸿商科技基金：捐赠5000万元设立子半导体研究中心】 2021年9月，由鸿商产业控股集团有限公司捐资5000万元设立，用于支持浙江大学化学系激子半导体材料化学的学科发展和该领域高端人才建设。项目宗旨是建多学科交叉创新高地。"浙江大学激子半导体研究中心"作为多学科交叉

附表 2021 年度化学系基本情况

项目	数据	项目	数据
教职工/人	217	获国家级科技奖项目/项	0
教授/人	52	获国家级教学成果奖/项	0
副教授/人	29	授权发明专利数/项	31
研究员/人	0		
副研究员/人	3		
长聘教授/人	1	SCI 入选论文/篇	303
长聘副教授/人	1		
"百人计划"研究员/人	17	EI 入选论文/篇	211
特聘研究员/人	0		
特聘副研究员/人	0	MEDLINE 入选论文/篇	0
具有博士学位的专业教师比例/%	95	出版专著/部	0
两院院士/人	1		
"国家特支计划"入选者/人	0	在校本科生/人	404
教育部"长江学者"特聘教授/人	3	在学硕士研究生/人	256
教育部"长江学者"青年学者/人	1		
省部级高等学校教学名师奖获得者/人	1	其中:专业学位研究生/人	9
"973 计划"首席科学家*/人	0		
国家"百千万人才工程"入选者/人	1	在读博士研究生/人	293
国家杰出青年科学基金获得者/人	12		
教育部新(跨)世纪优秀人才培养计划入选者/人	8	其中:专业学位研究生/人	0
浙江省特级专家/人	1	在校攻读学位的国际学生/人	10
浙江大学求是特聘教授/人	13	应届本科毕业生一次就业率/%	94.9
一级学科国家重点学科/个	1	应届本科毕业生深造率/%	55
二级学科国家重点学科/个	0		
国家重点(专业)实验室/个	0	应届毕业研究生一次就业率/%	98.68
国家工程(技术)研究中心/个	0		
国家人才培养基地(含教学、教育基地)/个	0	教师出国交流/人次	0
国家精品资源共享课/门	0	学生出国交流/人次	109
国家精品视频公开课/门	0		
国家级一流本科课程/门	1	举办国际学术会议/次	1
科研总经费/万元	8732		
其中:国家社科基金比重/%	36.7	社会捐赠经费总额/万元	5261
纵向经费比重/%	63.2		

注:* 含重大科学研究计划、ITER 计划、青年科学家专题等。

研究机构,由国家特聘专家彭笑刚教授担任主持,受产业基金高度支持,围绕激子半导体材料开展应用基础和前沿技术研究,并支持其进一步开展研究,推动科技成果转化,旨在解决能源产生和利用领域的重大难题,服务国民经济发展,造福人类。

【以通讯单位在《自然》和《科学》发表 4 篇论文,其中第一作者单位 2 篇】 冯建东研究员课题组在《自然》杂志上报道了一种在水溶液中的单分子电化学反应光学成像技术,并探究了其在超分辨率显微镜中的应用,被选为当期封面论文。唐睿康教授课题组在《科学》杂志上发表题为"压力驱动无定形颗粒融合为块体材料"的成果,通过调控结构水含量与外部压力,将数百纳米尺度的无定形碳酸钙颗粒成功融合为毫米尺度的具有连续结构的宏观块体材料,块体透明,机械性能与单晶方解石相近。化学系孟祥举教授和化工学院肖丰收教授、王亮研究员联合团队在《科学》杂志上报道突破了丙烷脱氢制丙烯技术,研发出一种更具活力与耐力的催化剂,促使丙烯的生产更加廉价与高效。化学系百人计划研究员郭庆辉、陈志杰和兼职讲座教授、诺贝尔化学奖得主 J. Fraser Stoddart 联合在《科学》杂志上发表论文,设计分子泵固定在 MOF 表面,实现了能量驱动的溶液中带电荷环的非平衡机械吸附,颠覆了传统的物理吸附和化学吸附,创立了一种全新的机械吸附。

(张维娅撰稿　丁立仲审稿)

地球科学学院

【概况】 地球科学学院下设地质学系、地理

科学系、大气科学系 3 个系,设有地质研究所、地球物理研究所、地理与空间信息研究所、天气气候与环境气象研究所 4 个研究所和教育部含油气盆地构造研究中心、浙江省资源与环境信息系统重点实验室、浙江省地学大数据与地球深部资源重点实验室。地质学为浙江省一流学科。

学院建有地质学博士后流动站,拥有地质学一级学科博士学位授予权,涵盖构造地质学等 8 个二级博士学位授予权,同时拥有资源与环境专业学位博士授予权,设有地质学、地理信息科学、大气科学 3 个本科专业。

2021 年,招收硕士研究生 37 人、博士研究生 45 人,2021 级本科生 78 人专业确认进入学院继续学习,毕业本科生 68 人、硕士研究生 46 人、博士研究生 23 人。

现有在职教职工 142 人,另有中国科学院院士 2 人、双聘院士 3 人。在职教职工中,正高级职称人员 30 人(2021 年新增 1 人)、副高级职称人员 36 人(2021 年新增 1 人)、博士研究生导师 42 人(2021 年新增 3 人)、硕士研究生导师 35 人(2021 年新增 3 人)、在站博士后 26 人。

2021 年,学院到款科研经费 4838 万元,在研国家级科研项目 96 项,经费 2014 万元;新获批国家自然科学基金项目 6 项(面上项目 4 项、青年基金项目 2 项)。2021 年以学院第一署名单位发表学术论文 161 篇,其中自然指数(Nature Index)期刊论文 28 篇。

组织开展暑期线上海外知名学者大讲堂,邀请美国科学院院士 Michael F. Goodchild 等 10 位地球科学领域的海外知名学者围绕地球系统科学主讲了 10 场讲座,内容覆盖学院所有学科和专业。2020—2021 学年,本科生共计 83 人次参加海外交

项目	数据	项目	数据
教职工/人	142	获国家级科技奖项目/项	0
教授/人	28	获国家级教学成果奖/项	0
副教授/人	36	授权发明专利数/项	2
研究员/人	2		
副研究员/人	0	SCI 入选论文/篇	108
长聘教授/人	0	EI 入选论文/篇	2
长聘副教授/人	1	MEDLINE 入选论文/篇	0
"百人计划"研究员/人	10		
特聘研究员/人	0	出版专著/部	0
特聘副研究员/人	3		
具有博士学位的专业教师比例/%	93.9	在校本科生/人	221
两院院士/人	2	在学硕士研究生/人	149
"国家特支计划"入选者/人	0	其中:专业学位研究生/人	40
教育部"长江学者"特聘教授/人	0		
教育部"长江学者"青年学者/人	1	在读博士研究生/人	166
省部级高等学校教学名师奖获得者/人	0	其中:专业学位研究生/人	1
"973 计划"首席科学家*/人	1	在校攻读学位的国际学生/人	8
国家"百千万人才工程"入选者/人	0		
国家杰出青年科学基金获得者/人	2	应届本科毕业生一次就业率/%	86.96
教育部新(跨)世纪优秀人才培养计划入选者/人	1	应届本科毕业生深造率/%	75.36
浙江省特级专家/人	1	应届毕业研究生一次就业率/%	75.90
浙江大学求是特聘教授/人	4		
一、二级学科国家重点学科/个	0	教师出国交流/人次	21
国家重点(专业)实验室/个	0	学生出国交流/人次	149
国家工程(技术)研究中心/个	0		
国家人才培养基地(含教学,教育基地)/个	0	举办国际学术会议/次	1 (线上)
国家精品资源共享课、视频公开课/门	0		
科研总经费/万元	4838		
其中:国家社科基金比重/%	35.12		
纵向经费比重/%	55.55	社会捐赠经费总额/万元	81.72

注:* 含重大科学研究计划、ITER 计划、青年科学家专题等。

流(含线上),本科生海外交流率为 115%,研究生共 66 人次参加海外交流(含线上), 其中 19 人次参加美国地球物理年会、欧洲地球科学联盟大会、亚洲大洋洲地球物理年会等地球科学领域的高端国际会议。国家公派博士联培实现100％全员入选，联培高校包括加拿大多伦多大学、加拿大阿尔伯塔大学、法国里尔大学、瑞士联邦理工学院、德国福莱德大学等世界名校。研究生1人随雪龙号极地科考船赴南极执行科考任务，1人随"大洋号"科考船赴菲律宾海执行科考任务。

（谭　超撰稿　王　苑审稿）

心理与行为科学系

【概况】　心理与行为科学系（简称心理学系）是我国最早设立的心理学系之一。心理学系以培养一流心理学人才、服务国家战略需求、建设国际一流心理学科为目标，按照"德才兼备、全面发展"要求，培养具有全球竞争力的高素质创新人才；围绕重大科学问题和现实问题，开展国际前沿的理论和应用研究。心理学系以"基础应用并重、优势特色鲜明、新兴交叉活跃"为基本思路，以"对接国家战略、瞄准国际前沿、结合高新技术、应用前景可期"为基本原则，形成"认知与脑研究""工业心理学2.0""发展与健康心理学"三大研究方向。下设应用心理学、认知与发展心理学2个研究所。

工业心理学国家专业实验室为国内心理学领域第一个国家级实验室，心理实验教学中心是浙江省实验教学示范中心。心理学系拥有应用心理学国家重点学科和心理学国家理科人才培养基地。

心理学系建有心理学博士后流动站；拥有心理学一级学科博士学位授予权，涵盖基础心理学、发展与教育心理学、应用心理学3个二级博士学位授予权；拥有心理学一级学科硕士学位授予权，涵盖基础心理学、发展与教育心理学、应用心理学3个二级硕士学位授予权，另设有应用心理学专业硕士学位授权点及心理学本科专业。

现有教职工56人。其中，具有正高级职称人员12人（含长聘教授1人，长聘副教授1人）、副高级职称人员11人，百人计划研究员11人，特聘研究员系列7人，博士研究生指导教师40人、硕士研究生指导教师41人。

2021年，招收硕士研究生71人（含专业学位硕士45人）、博士研究生31人，本科生共52人确认主修心理学专业，心理学求是科学班2020级增补2人、2021级招收10人，通过三位一体综合评价招生招收2021级本科生10人；毕业本科生68人、硕士研究生45人（含专业学位硕士14人）、博士研究生11人。

科研经费到款849.48万元；获批国家自然科学基金项目7项（批准率达53％）、浙江省哲学社科规划课题重大项目1项、教育部人文社会科学研究项目3项、浙江省自然科学基金1项。发表在SCI、SSCI及权威期刊学术论文87篇，其中高水平论文（SCI IE≥5.0或SSCI IF≥3.0）31篇。

2021年，教职工线上出国交流6人次，研究生出国出境交流12人次，本科生出国出境交流（含线上）54人次。

【举办浙江大学"双脑与心理学"全国博士生学术论坛】　7月2—4日，由浙江大学研究生院主办，浙江大学心理与行为科学系、浙江大学脑与脑机融合前沿科学中心、人工智能省部共建协同创新中心（浙江大学）共同承办的浙江大学"双脑与心理学"全国博士生学术论坛在紫金港校区举行，来自全国各

项目	数据	项目	数据
教职工/人	56	获国家级科技奖项目/项	0
教授/人	10	获国家级教学成果奖/项	0
副教授/人	11	授权发明专利数/项	0
研究员/人	0		
副研究员/人	0	SCI 入选论文/篇	34
长聘教授/人	1	EI 入选论文/篇	1
长聘副教授/人	1	SSCI 入选论文/篇	53
"百人计划"研究员/人	11		
特聘研究员/人	4	MEDLINE 入选论文/篇	0
特聘副研究员/人	3		
具有博士学位的专业教师比例/%	100	出版专著/部	0
两院院士/人	0	在校本科生/人	229
"国家特支计划"入选者/人	0		
教育部"长江学者"特聘教授/人	1	在学硕士研究生/人	176
教育部"长江学者"青年学者/人	3	其中:专业学位研究生/人	81
省部级高等学校教学名师奖获得者/人	0		
"973 计划"首席科学家*/人	0	在读博士研究生/人	101
国家"百千万人才工程"入选者/人	0	其中:专业学位研究生/人	0
国家杰出青年科学基金获得者/人	0		
教育部新(跨)世纪优秀人才培养计划入选者/人	1	在校攻读学位的国际学生/人	21
浙江省特级专家/人	0		
浙江大学求是特聘教授/人	0	应届本科毕业生一次就业率/%	89.06
一级学科国家重点学科/个	0	应届本科毕业生深造率/%	50.00
二级学科国家重点学科/个	1		
国家重点(专业)实验室/个	0	应届毕业研究生一次就业率/%	96.61
国家工程(技术)研究中心/个	0		
国家人才培养基地(含教学、教育基地)/个	1		
国家精品资源共享课/门	0	教师出国交流/人次	6
国家精品视频公开课/门	0	学生出国交流/人次	66
国家级一流本科课程/门	0		
科研总经费/万元	849.48	举办国际学术会议/次	0
其中:国家社科基金比重/%	28.27		
纵向经费比重/%	43.36	社会捐赠经费总额/万元	43.75

注: * 含重大科学研究计划、ITER 计划、青年科学家专题等。

高校、科研机构的博士生和青年学者共 100 余人参加。论坛以"心理学与人类大脑""心理学与人工智能""心理与行为研究"为主题,涵盖 43 场学术报告以及 30 个学术海报展示,最终评选产生 15 个优秀报告奖和 3 个优秀展示奖。

【陈辉教授获 2021 年美国实验心理学会青年科学家奖】 9 月,心理学系长聘教授陈辉获美国实验心理学会(Psychonomic Society)颁发的 2021 年"青年科学家奖"(Early Career Award),成为该奖项 2012 年设立以来的首位华人获奖者。因其在"注意"领域作出的突出贡献,同时获得"史蒂文·扬蒂斯青年科学家奖"(Steven Yantis Early Career Award),该奖每年在全球范围内仅颁发给一位学者。陈辉为教育部"长江学者"青年学者,主要从事人类注意、记忆和意识等相关方面的基础和应用研究,曾获美国心理科学协会"学术新星奖(APS Rising Star)"等学术荣誉,成果入选 2018 年度浙江大学十大学术进展;近年来以第一作者或通讯作者在心理学国际著名期刊 *Psychological Review*,*Psychological Science*,*Journal of Experimental Psychology*:*General* 等发表多篇论文;主持多个国家级和省部级科研项目;担任 *Memory & Cognition* 等多个国际知名 SCI/SSCI 期刊副主编或编委;担任国内核心期刊《应用心理学》《心理科学进展》编委;多次在国内外重要会议做大会重点或特邀报告。

（秦艳燕撰稿　何贵兵审稿）

机械工程学院

【概况】 机械工程学院(简称机械学院)设有机械电子工程系、制造工程及自动化系、设计工程及自动化系、工业与系统工程系 4 个系和机电控制技术与工程研究所、制造技术及装备自动化研究所等 9 个研究所,以及 1 个工程训练(金工)中心和 1 个实验教学中心。建有流体动力与机电系统国家重点实验室、计算机辅助设计与图形学国家重点实验室 2 个国家重点实验室,国家电液控制工程技术研究中心、机械工程实验教学示范中心、工程训练实验教学示范中心、机电类实验教学示范中心、工科基础课程工程制图教学基地、高端制造装备协同创新中心 6 个国家级教学科研实验平台和 3 个省部级重点实验室、1 个省部级工程研究中心、1 个正在重点培育的省部级重点实验室(智能装备应急管理部重点实验室)。

机械学院拥有机械工程 1 个一级学科,为国家首批"双一流"重点建设学科,下设 5 个二级学科博士学位授予点和 7 个硕士学位授予点,以及机械工程一个本科专业(含机械工程及自动化、机械电子工程、工业工程三个方向)。2021 年,招收全日制硕士生 217 人、博士生 109 人(含全日制工程博士 11 人、交叉培养博士 2 人)、机械非全日制工程博士 14 名、学位留学硕士生 9 人、博士生 6 人。2021 级本科生 184 人完成机械工程主修专业确认,毕业本科生 157 人、硕士研究生 232 人、博士研究生 47 人、学位留学生 2 人。

机械学院现有全职在岗教职工 271 人(含学科博士后 26 人),其中专任教师 115 人(含工程教育创新岗)。教职工中有两院院士 1 人、中国工程院院士 2 人,长聘副教授 3 人(2021 年新增 2 人)、正高级职称人员 61 人(2021 年新增 3 人)、副高级职称人员 49 人。博士研究生指导教师 76 人、硕士研究生指导教师117人。杨华勇荣获美国机械工程师学会（ASME）颁发的2021年度流体传动与控制领域罗伯特E.柯斯基终身成就奖（Robert E. Koski Medal）（成为此奖项设立以来第二位获奖的中国人）；在第四届"最美浙江人·最美科技人"评选中，项淑芳老师荣获2021年"最美高校辅导员"（全国10个）；费少梅荣获2021年度宝钢优秀教师特等奖提名奖。

在教育教学方面，学院组织开展研究生教育大讨论，成功举办2021"中控杯"本科毕业设计展和第10届全国优秀大学生暑期云端学术夏令营活动，机械工程本科专业通过第四轮专业认证，荣获2021年浙江省教学成果奖特等奖2项、一等奖2项，在2021年2月公布的2019年度学院（系）年度本科教育教学工作评价数据中，排名全校第四。杨华勇、杨卫、谭建荣三位院士领衔，跨学院协作，汇聚机械大类相关学科专家学者，面向机械大类专业学位工程博士建设的"智能制造科技前沿导论"课程获批立项建设2020年省优秀研究生课程。2篇博士学位论文分别获第十届上银优博论文奖铜奖、优秀奖，1篇博士学位论文被评为"2020年浙江省优秀博士学位论文"，4篇硕士学位论文被评为"2020年浙江省优秀硕士学位论文"。在第四届中国机械行业卓越工程师教育联盟"恒星杯"毕业设计大赛中获2银2铜7优秀，是全国入选决赛项目最多的高校。硕士生黄信菩（导师：徐兵教授、张军辉研究员）获2020—2021学年竺可桢奖学金。学院学生荣获第七届中国国际"互联网＋"大学生创新创业大赛季军、金奖、国际赛道第一，第十七届"挑战杯"全国大学生课外学术科技作品竞赛红色专项活动特等奖、省赛十佳团队，浙江省青年理论宣讲暨微型党课

大赛情境式宣讲决赛特等奖等荣誉，累计获得各类科技竞赛奖励112项，其中国际级3项、国家级37项、省级27项。

在科学研究方面，科研经费到款4.889亿元，16篇学术论文影响因子超过10，其中发表《自然》子刊1篇，《科学》子刊1篇，《细胞》子刊1篇。新增B类智库成果1项，C类智库成果2项。2021年，新增国家重点研发计划项目2项（其中青年科学家项目1项），国家自然科学基金重点项目1项，国家自然科学基金联合基金项目2项，国际（地区）合作与交流项目2项。梅德庆教授领衔的"超声辅助高性能微细成形制造关键技术及其工业应用"项目、居冰峰教授领衔的"大型复杂构件全域微缺陷无损检测技术及其装备"项目获浙江省技术发明一等奖，柯映林教授领衔的"新型飞机机翼跨代装配技术及工程应用"项目、童水光教授领衔的"高效节能环保锅炉设计制造技术及应用"项目、童哲铭研究员领衔的"大型高效水力发电机组关键技术及工程应用"项目获浙江省科技进步奖一等奖，徐兵领衔的"挖掘机液压元件关键技术与产业化"项目获中国机械工业科技奖（科技进步奖）一等奖。荣获全国发明展览会"发明创业奖项目奖"金奖5项。浙江大学高端装备研究院入选2021年省级新型研发机构拟认定名单，获批设立浙江省博士后工作站，与天津大学浙江国际创新设计与智造研究院共同成立国家级智能制造人才培训基地。杨华勇院士主导创刊的《生物设计与制造（英文）》（*Bio-Design and Manufacturing*），2021年影响因子为6.302，继续保持在ENGINEERING BIOMEDICAL分库Q1分区，在同类期刊中排名16/90。徐兵教授、张军辉研究员、叶绍干博士2018年3月发表在的 *Chinese Journal of Mechanical*

附表　2021 年度机械工程学院基本情况

项目	数据	项目	数据
教职工/人	271	获国家级科技奖项目/项	0
教授/人	61	获国家级教学成果奖/项	0
副教授/人	39	授权发明专利数/项	249
研究员/人	0		
副研究员/人	4	SCI 入选论文/篇	284
长聘教授/人	0		
长聘副教授/人	3	EI 入选论文/篇	262
"百人计划"研究员/人	12		
特聘研究员/人	0	MEDLINE 入选论文/篇	0
特聘副研究员/人	4		
具有博士学位的专业教师比例/%	98.3	出版专著/部	5
两院院士/人	3		
"国家特支计划"入选者/人	0	在校本科生/人	837
教育部"长江学者"特聘教授/人	4	在学硕士研究生/人	660
教育部"长江学者"青年学者/人	7		
省部级高等学校教学名师奖获得者/人	2	其中:专业学位研究生/人	290
"973 计划"首席科学家*/人	2	在读博士研究生/人	551
国家"百千万人才工程"入选者/人	3		
国家杰出青年科学基金获得者/人	3	其中:专业学位研究生/人	29
教育部新(跨)世纪优秀人才培养计划入选者/人	11		
浙江省特级专家/人	3	在校攻读学位的国际学生/人	72
浙江大学求是特聘教授/人	10		
一级学科国家重点学科/个	1	应届本科毕业生一次就业率/%	95.6
二级学科国家重点学科/个	5		
国家重点(专业)实验室/个	2	应届本科毕业生深造率/%	67.11
国家工程(技术)研究中心/个	1		
国家人才培养基地(含教学、教育基地)/个	5	应届毕业研究生一次就业率/%	99.01
国家精品资源共享课/门	3		
国家精品视频公开课/门	0	教师出国交流/人次	0
国家级一流本科课程/门	2		
科研总经费/万元	48892	学生出国交流/人次	8
其中:国家社科基金比重/%	3.9	举办国际学术会议/次	1
纵向经费比重/%	21.79	社会捐赠经费总额/万元	1121

注:* 含重大科学研究计划、ITER 计划、青年科学家专题等。

浙江大学年鉴

Engineering 期刊上的论文"Noise Reduction of an Axial Piston Pump by Valve Plate Optimization"入选第六届中国科协优秀科技论文。

在党建方面,荣获浙江省先进基层党组织称号。组织全体党员领导干部、党委委员、党支部书记、退休教工党员代表、七一入党党员代表、七一出生党员代表等集中收看庆祝中国共产党成立 100 周年大会直播。隆重举行了"光荣在党 50 年"纪念章颁发仪式暨"两优一先"表彰大会。教育部党建联络员朱拓同志与浙江大学机械工程学院制造所教工党支部举行座谈交流会;中国人民解放军 63650 部队原政治委员、少将(正军职),"两弹一星"历史研究会副理事长、党史宣讲团成员孔令才一行莅临我院交流指导工作;教育部党史学习教育高校第九指导组刘永章副组长来我院开展党史学习教育调研指导。

2021 年,国际化工作创新开展线上交流项目 7 项,学生共计 576 人次参与线上交流项目,其中本科生交流 402 人次,交流率 202.01%(全校第一),博士生交流 116 人次,交流率达 110.47%。举办 M. EGlobal 云端系列讲座,邀请来自哈佛大学、剑桥大学、多伦多大学等境外知名高校 25 名教师线上开讲。

(闫小龙撰稿 项淑芳审稿)

材料科学与工程学院

【概况】 材料科学与工程学院(以下简称材料学院)设有半导体材料、材料物理、高温合金、功能复合材料与结构、金属材料、无机非金属材料 6 个研究所和浙江大学电子显微镜中心,建有硅材料国家重点实验室、表面与结构改性无机功能材料教育部工程研究中心、材料微结构与性能调控学科创新引智基地、电池新材料与应用技术研究浙江省重点实验室、新型信息材料技术研究浙江省重点实验室、磁性材料浙江省工程实验室及浙江省电子显微镜中心、浙江省材料科学实验教学示范中心、浙江省先进材料微结构与性能调控国际科技合作基地,并拥有 1 个国家自然科学基金委创新群体和 2 个教育部创新研究团队。

学院拥有材料科学与工程国家重点一级学科,以材料科学与工程专业招收本科生,设有材料科学与工程及材料与化工 2 个博士学位授权点和 2 个硕士学位授权点,并建有材料科学与工程博士后流动站。

现有教职工 147 人。其中,中国科学院院士 3 人,具有正高级职称人员和"百人计划"研究员 77 人(2021 年新引进 4 人,晋升 2 人,调出 1 人)、副高级职称人员 49 人(2021 年新引进 2 人,晋升 1 人,退休 1 人)、博士研究生指导教师 103 人、硕士研究生指导教师 110 人。另有在站博士后工作人员 103 人。2021 年,学院教师入选浙江省特级专家 2 人、国家杰出青年科学基金获得者 2 人、国家优秀青年基金获得者 4 人(其中海外 2 人)、教育部"长江学者"青年学者 1 人。引进国家重大引进计划入选者 1 人、求是特聘教授 1 人、新"百人计划"研究员 2 人。为加强青年教师培养,制定了《以立德树人为根本加强青年教师培养的意见》文件。

2021 年,招收博士研究生 91 人、硕士研究生 125 人、本科生 101 人,毕业博士研究生 54 人、硕士研究生 113 人、本科生 90 人。博士毕业生刘杨(指导教师金一政、叶志镇)获 2020 届浙江省优秀博士论文奖,博士毕业生赵君婕(指导教师樊先平、乔旭升)获第四届硅酸盐学会优秀博士学位论文奖。硕士毕业生罗明贺获 2021 年浙江大学专业学位研究生优秀实践成果奖。本科生娄翔获 SensUs 国际生物传感器设计大赛国际金奖,叶力维等 10 名学生获国家级竞赛一等奖、二等奖和三等奖,周末等 12 名学生获省级竞赛一等奖和二等奖,多位学生获校级学科竞赛奖项,闫琪珑获国家级大学生创新创业训练计划重点支持领域推荐项目。本科生李澍、研究生欧阳文婷获第十七届"挑战杯"省三等奖、校二等奖。本科生葛天乐获浙江大学第十三届"蒲公英"创新创业大赛一等奖。成立校院联合共建创新创业实验室、浙江大学材料学院创新创业教育中心。叶志镇主持编著的教材《半导体薄膜技术与物理》获首届全国优秀教材(高等教育类)二等奖;杨德仁主持申报的教材《半导体材料》获工业和信息化部"十四五"规划教材(专著)立项;吴浩斌获评浙江大学校级优秀班主任,吴琛、应杭君获评校优秀德育导师,陈文政获评浙江大学 2021 年暑期大学生社会实践活动优秀指导教师。获浙江大学教学成果一等奖 1 项(研究生)、二等奖 2 项(本科生)。

2021 年,学院到款科研总经费为 19828.97 万元。其中纵向项目经费总额为 11949.85 万元,占总经费的 60.26%;横向项目经费总额为 6327.54 万元,占总经费的 31.91%;高技项目经费为 1551.58 万元,占总经费的 7.82%。2021 年,获批国家自然科学基金项目 24 项,直接经费为 2518 万元,其中国家自然科学基金重大研究计划项目 2 项、国家自然科学基金杰出青年科学基金 2 项、国家自然科学基金优秀青年科学基金 2 项、国家自然科学基金面上基金 13 项、国家自然科学基金青年基金 5 项。全年发表 SCI 收录论文 415(第一单位 315)篇。获授权发明专利 80 项。获得 2021 年度浙江省科学技术奖 7 项,其中朱铁军牵头获得自然科学奖一等奖、杜宁牵头获得技术发明奖一等奖、严密牵头获得科学技术进步奖一等奖、杨辉牵头获得技术发明奖二等奖。

2021 年,学院攻坚克难,持续推进国际交流与合作。邀请美国伊利诺伊大学厄巴纳-香槟分校、新加坡南洋理工大学等海外高校教授开设电子材料、能源材料、表面化学等领域的全英文线上本科生课程,110 位本科生完成了国际交流课程,交流率达 133%。邀请美国杜克大学、瑞典林雪平大学等海外高校教授为研究生开展线上前沿系列讲座,并承办中德学术论坛(Sino-German Academic Forum:Towards a Greener Future)材料分论坛。继续实施世界顶尖大学合作计划,2 位牛津大学材料专业本科生来校开展暑期实习。与布利斯托大学合作的博士生联培项目入选国家基金委资助 2021 年创新型人才国际合作培养项目。2 位博士生入选国家留学基金委资助联培项目。材料微结构与性能调控学科创新引智基地顺利提交验收申请材料。浙江省先进材料微结构与性能调控国际科技合作基地绩效评价为"优秀"。

【教材建设取得重大突破】 根据 2021 年 9 月国家教材委员会发布《关于首届全国教材建设奖奖励的决定》,叶志镇院士主持编著的教材《半导体薄膜技术与物理》(第二版)获首届全国教材建设奖二等奖(高等教育类)。该教材全面系统地介绍了半导体薄膜的各种制备技术及其相关的物理基础,是全国材料科学与工程领域的本科生与研究生

附表　2021年度材料科学与工程学院基本情况

项目	数据	项目	数据
教职工/人	147	获国家级科技奖项目/项	0
教授/人	54	获国家级教学成果奖/项	0
副教授/人	30	授权发明专利数/项	80
研究员/人	4		
副研究员/人	8	SCI入选论文/篇	415
长聘教授/人	2	EI入选论文/篇	349
长聘副教授/人	1	MEDLINE入选论文/篇	0
"百人计划"研究员/人	16		
特聘研究员/人	0	出版专著/部	0
特聘副研究员/人	4		
具有博士学位的专业教师比例/%	99	在校本科生/人	329
两院院士/人	3	在学硕士研究生/人	374
"国家特支计划"入选者/人	5	其中:专业学位研究生/人	191
教育部"长江学者"特聘教授/人	4	在读博士研究生/人	388
教育部"长江学者"青年学者/人	2	其中:专业学位研究生/人	19
省部级高等学校教学名师奖获得者/人	0	在校攻读学位的国际学生/人	33
"973计划"首席科学家*/人	3		
国家"百千万人才工程"入选者/人	3	应届本科毕业生一次就业率/%	97.73
国家杰出青年科学基金获得者/人	10	应届本科毕业生深造率/%	59.09
教育部新(跨)世纪优秀人才培养计划入选者/人	9	应届毕业研究生一次就业率/%	95.81
浙江省特级专家/人	6		
浙江大学求是特聘教授/人	16	教师出国交流/人次	0
一级学科国家重点学科/个	1	学生出国交流/人次	3
二级学科国家重点学科/个	2	举办国际学术会议/次	1
国家重点(专业)实验室/个	1		
国家工程(技术)研究中心/个	0		
国家人才培养基地(含教学、教育基地)/个	1		
国家精品资源共享课/门	1		
国家精品视频公开课/门	0		
国家级一流本科课程/门	0		
科研总经费/万元	19828.97		
其中:国家社科基金比重/%	18.41	社会捐赠经费总额/万元	586.90
纵向经费比重/%	60.26		

注:* 含重大科学研究计划、ITER计划、青年科学家专题等。

两个阶段的 5 本获奖教材之一，可作为高等院校材料、物理、电子、化学等学科的研究生或高年级本科生的半导体薄膜技术课程的教材，也可作为从事半导体材料、薄膜材料、光电器件等领域的科研人员、工程技术人员的参考书籍。2021 年 8 月，根据工业和信息化部《关于"十四五"规划教材立项建设的通知》，杨德仁院士主持申报的教材《半导体材料》入选工业和信息化部"十四五"规划教材立项名单。

【科学研究取得重大进展】 张泽院士团队的王勇等第一次在原子尺度直接观察到催化过程中金属催化剂的可控转动，实现了催化活性界面的原位精准调控，为高效稳定催化剂的设计打开了一扇新的窗户，研究成果于 2021 年在国际顶尖杂志《科学》上发表。高温合金研究所突破航空发动机关键部件材料"卡脖子"难题，研发出承温能力高、蠕变寿命长、且完全自主知识产权的第四代镍基单晶高温合金，主要性能指标远超国家某重大项目，明显优于国际同类合金指标水平，可满足国家未来涡轮前温度达 2200K 高推重比航空发动机高压涡轮叶片的制备需求，成果入选"浙江大学 2021 年度十大学术进展"，并以此为基础，牵头获批国家航空发动机科技重大项目。钱国栋团队承担的某重点项目，针对极度干旱地区缺乏饮用水源的问题，提出了高吸水性金属—有机框架（MOF）材料用于空气取水的全新策略，研制出系列高吸水 MOF 材料，实现了极度干旱环境中（相对湿度 20%）的高效吸水/脱水效率，发明了 Al-MOF 材料绿色高效公斤级量产制备技术，成果为我军供水装备的技术革新、大幅提升战场供水能力提供了关键材料。

【召开纪念王启东先生诞辰 100 周年暨学术报告会】 2021 年 9 月 25 日，材料科学与工程学院在玉泉校区邵科馆隆重召开王启东先生诞辰 100 周年纪念大会暨学术交流会，纪念浙江大学材料科学与工程学科创始人王启东先生。浙江省人大常委会党组副书记、副主任李卫宁，浙江省副省长、民盟省委主委成岳冲，时任浙江大学校长吴朝晖院士，浙江大学学术委员会主任张泽院士，浙大宁波理工学院校长杨德仁院士，浙江省科协党组成员、科协副主席王忠民，浙江大学副校长周天华，以及民盟省委会、统战部、离退休处、兄弟院系和台州黄岩区的相关领导，材料学院党政班子成员和王先生的家属亲友、老领导、老同事、弟子代表、学院师生代表等 150 余人参加了纪念活动和学术交流会。大会树立王启东先生铜像，缅怀先生的卓越成就，追思先生的崇高风范，激励后人传承先生的求是创新、开拓进取精神。

（姚旭霞撰稿　王晓燕审稿）

能源工程学院

【概况】 能源工程学院前身是热物理工程学系，成立于 1978 年 5 月，是我国高校最早成立的热物理工程学系，也是我国首批工程热物理博士点单位之一。1987 年工程热物理学科被批准为国家级重点学科，动力工程及工程热物理学科 2007 年被认定为一级国家重点学科，2021 年入选双一流建设学科。1989 年 9 月，热物理工程学系更名为能源工程学系。1999 年 9 月能源工程学系与机械工程学系、工程力学系组成了机械与能源工程学院。2009 年 1 月，能源工程学系在一级学科基础上再次实体独立运转。2014

年更名为能源工程学院。2016年9月化工机械研究所整体并入能源工程学院。

能源工程学院下设热能工程、化工机械、制冷与低温、动力机械及车辆工程和热工与动力系统等5个研究所,拥有一级学科国家重点学科1个,一级学科博士点1个,一级学科博士后流动站1个,2011协同创新中心1个,国家重点实验室1个,国家工程研究(技术)中心3个,国家级研发(实验)中心1个,国家级实验教学示范中心1个。

能源工程学院拥有工程热物理、热能工程、化工过程机械、制冷与低温工程、动力机械及工程、流体机械及工程、能源环境工程、新能源科学与工程等8个博士、硕士授予点。另有车辆工程和供热、供燃气、通风及空调工程等2个跨学科的博士、硕士授予点。设有能源与环境系统工程(含能源与环境工程及自动化、制冷与人工环境及自动化、新能源与能源利用新技术、智慧能源方向)、车辆工程和过程装备与控制工程3个本科专业,形成了包括本科、硕士、博士和继续教育等在内的完整的教学体系。

2021年,招收硕士研究生187人(其中专业学位83人)、博士研究生106人(其中专业学位10人),全日制项目制专业学位硕士生44人,非全日制专业学位硕士生43人,非全日制工程博士12人,留学生4人(其中博士生3人,硕士生1人)。2021级本科生有194人确认主修专业进入能源学院学习。2021年毕业本科生197人、授予硕士学位216人、授予博士学位85人。2021届本科毕业生和研究生一次就业率分别为96.1%和99.4%。

现有教职工151人,其中专任教师121人,专任教师中有中国工程院院士3人,正高级职称67人,副高级职称32人,"百人计划"研究员14人。博士研究生导师79人、硕士研究生导师98人。2021年入选中国工程院院士2人,入选长江奖励计划特聘教授1人、青年学者1人,获国家杰出青年科学基金资助1人,入选海外优青计划项目3人,入选科技部中青年科技创新领军人才1人,引进特聘副研究员4人。

2021年科研经费到款总额3.57亿元,其中纵向经费占32%。新增"三重"项目7项。国家自然科学基金获批15项,其中重点项目1项,国际合作项目1项,资助总金额达1455万元。1人获得浙江省青年科技英才奖。授权发明专利77项,其中国际发明专利4项。被SCI收录论文342篇,EI收录论文35篇。与地方及企业共建了嘉兴研究院、宁波研究院、龙泉创新中心等,为科技成果转化、服务地方经济发展做出了重要贡献。

学院的国际交流工作结合学科平台优势,深入推进"一流伙伴"计划,选拔学生通过浙大—日本京都大学、瑞典皇家理工学院双硕士/双博士项目,以及巴黎综合理工、KTH"3+2""4+2"等项目,前往世界一流大学联合培养或攻读学位。加强多边交流,吸引留学生来华。面向"一带一路"国家留学生,推出动力工程领域硕士专业学位"一带一路"班。通过举办"国际能源前沿海外学术系列讲座""中俄工程联盟线上课程""中日韩能源科技线上研讨会"等项目,使学生与来自哈佛大学、牛津大学等著名高校的院士、教授团队开展学术交流。不断完善国际化工作支持保障,国际影响和声誉持续提升。1位客座教授荣获2020年度浙江省"西湖友谊奖"。

【人才队伍建设成效显著】 2021年度,学院人才队伍建设成效显著。高翔教授、郑津

项目	数据	项目	数据
教职工/人	151	获国家级科技奖项目/项	1
教授/人	63	获国家级教学成果奖/项	0
副教授/人	27	授权发明专利数/项	77
研究员/人	7		
副研究员/人	8	SCI 入选论文/篇	342
长聘教授/人	0	EI 入选论文/篇	35
长聘副教授/人	1	MEDLINE 入选论文/篇	0
"百人计划"研究员/人	14		
特聘研究员/人	0	出版专著/部	7
特聘副研究员/人	8		
具有博士学位的专业教师比例/%	100		
两院院士/人	3	在校本科生/人	658
"国家特支计划"入选者/人	6	在学硕士研究生/人	637
教育部"长江学者"特聘教授/人	9	其中:专业学位研究生/人	300
教育部"长江学者"青年学者/人	5	在读博士研究生/人	554
省部级高等学校教学名师奖获得者/人	0	其中:专业学位研究生/人	37
"973 计划"首席科学家*/人	4		
国家"百千万人才工程"入选者/人	8	在校攻读学位的国际学生/人	19
国家杰出青年科学基金获得者/人	10		
教育部新(跨)世纪优秀人才培养计划入选者/人	13	应届本科毕业生一次就业率/%	96.1
浙江省特级专家/人	5	应届本科毕业生深造率/%	49.5
浙江大学求是特聘教授/人	1	应届毕业研究生一次就业率/%	99.4
一级学科国家重点学科/个	1		
二级学科国家重点学科/个	3	教师出国交流/人次	2+12(线上)
国家重点(专业)实验室/个	1		
国家工程(技术)研究中心/个	3	学生出国交流/人次	9+341(线上)
国家人才培养基地(含教学、教育基地)/个	2		
国家精品资源共享课/门	2		
国家精品视频公开课/门	0		
国家级一流本科课程/门	2		
科研总经费/万元	35700	举办国际学术会议/次	2(线上)
其中:国家社科基金比重/%	5		
纵向经费比重/%	32	社会捐赠经费总额/万元	219

注:* 含重大科学研究计划、ITER 计划、青年科学家专题等。

浙江大学年鉴

洋教授当选中国工程院院士;金滔教授入选教育部 2020 年度"长江学者"特聘教授;王智化教授获批 2021 年国家杰出青年科学基金;王飞教授入选 2021 年国家"万人计划"科技创新领军人才;包士然、王磊、张霄博士入选 2021 年国家青年人才计划;范利武博士获得 2021 年"吴仲华优秀青年学者奖";何勇教授获 2021 年中国动力工程学会青年科技奖;王海鸥博士获批 2021 年国家优秀青年科学基金;薄拯教授获浙江省 20 位青年英才表彰;施建峰教授获教育部"长江学者"青年学者称号;钱锦远博士入选第六届中国科协青年人才托举工程。

【学科建设取得新突破】 学院面向国家重大需求,秉持"知识、能力、素质、人格"并重的育人理念,坚持以人为本、立德树人,服务国家战略发展,面向新工科建设需求,全面深化改革。2021 年度,动力工程及工程热物理学科入选第二轮"双一流"建设学科名单,过程装备与控制工程专业被评为国家级一流本科生专业,郑津洋教授团队荣获国家科学技术进步奖二等奖,浙江省清洁能源与碳中和重点实验室获得浙江省科学技术厅认定。

【学院党委入选浙江省高校党建工作标杆院系创建单位】 浙江省教育厅公布第二批全省高校党建工作示范高校、标杆院系、样板支部培育创建单位名单,浙江大学能源工程学院党委入选第二批全省高校党建工作标杆院系创建单位。新的起点,新的目标,新的担当。学院党委将以党建"双创"培育创建工作作为契机,坚持以习近平新时代中国特色社会主义思想为指导,探索以培育"能源先锋"为目标、以"1246"为主线的党建标杆院系总体建设思路,带领全院师生同心同德,共同努力,推动学院"十四五"规划和"双一流"学科建设更上新台阶!

(封亚先撰稿　高　翔审稿)

电气工程学院

【概况】 电气工程学院(简称电气学院)由电机工程学系、系统科学与工程学系、应用电子学系和电工电子基础教学中心组成,设有 8 个研究所。学院建有电力电子应用技术国家工程研究中心、电力电子技术国家专业实验室、浙江省海洋可再生能源电气装备与系统技术研究重点实验室、浙江省电机系统智能控制与变流技术重点实验室及联合成立的国家列车智能化工程技术研究中心、浙江省宽禁带功率半导体材料与器件重点实验室和参与共建的国家精密微特电机工程技术研究中心,建有国家级电工电子实验教学示范中心、国家级机电类专业实验教学示范中心、电气工程拔尖人才——"爱迪生班"国家级人才培养模式创新实验区、国家大学生校外实践教育基地及 5 个国家级工程实践教育中心。

电气工程为一级学科国家重点学科、国家"双一流"建设学科;电力系统及其自动化、电力电子与电力传动、电机与电器、控制理论与控制工程(与控制学院共享)4 个学科为二级学科国家重点学科;电气工程及其自动化专业是国家级一流本科专业建设点。

建有电气工程、控制科学与工程(与控制学院共享)等 2 个博士后流动站;拥有电气工程一级学科博士学位授予权,7 个二级学科博士学位授予权及 7 个二级学科硕士学位授予权,设有电气工程及其自动化、电

附表　2021年度电气工程学院基本情况

项目	数据	项目	数据
教职工/人	187	获国家级科技奖项目/项	0
长聘教授/人	1		
长聘副教授/人	2	获国家级教学成果奖/项	0
教授/人	52		
副教授/人	48	授权发明专利数/项	95
研究员/人	0		
副研究员/人	3	SCI 入选论文/篇	268
"百人计划"研究员/人	11		
特聘研究员/人	5	EI 入选论文/篇	47
特聘副研究员/人	5	MEDLINE 入选论文/篇	0
其他正高职称/人	0		
其他副高职称/人	0	出版专著/部	0
具有博士学位的专业教师比例/%	97.7		
两院院士/人	1	在校本科生/人	1255
"国家特支计划"入选者/人	2		
教育部"长江学者"特聘教授/人	2	在学硕士研究生/人	837
教育部"长江学者"讲席学者/人	2		
教育部"长江学者"青年学者/人	0	其中:专业学位研究生/人	517
省部级高等学校教学名师奖获得者/人	0	在读博士研究生/人	410
"973 计划"首席科学家*/人	0		
国家"百千万人才工程"入选者/人	1	其中:专业学位研究生/人	34
国家杰出青年科学基金获得者/人	4		
教育部新(跨)世纪优秀人才培养计划入选者/人	7	在校攻读学位的国际学生/人	75
浙江省特级专家/人	1		
浙江大学求是特聘教授/人	11	应届本科毕业生一次就业率/%	96.17
一级学科国家重点学科/个	1		
二级学科国家重点学科/个	4	应届本科毕业生深造率/%	56.83
国家重点(专业)实验室/个	0		
国家工程(技术)研究中心/个	1	应届毕业研究生一次就业率/%	99.63
国家人才培养基地(含教学、教育基地)/个	3		
国家精品资源共享课/门	0	教师出国交流/人次	2
国家精品视频公开课/门	0		
国家级一流本科课程/门	2	学生出国交流/人次	526
科研总经费/万元	35499.92	举办国际学术会议/次	2
其中:国家社科基金比重/%	7.55		
纵向经费比重/%	16.16	社会捐赠经费总额/万元	3168.51

注:* 含重大科学研究计划、ITER 计划、青年科学家专题等。

子信息工程 2 个本科专业,与控制学院共建自动化本科专业。现有国家级一流本科课程 2 门;2021 年,新入选浙江省一流本科课程 8 门,入选教育部高教司产学合作协同育人项目 2 项,校级一流本科课程 9 项。

现有教职工 187 人。其中,两院院士 1 人,正高级职称人员 53 人、副高级职称人员 66 人,长聘副教授 2 人,百人计划研究员 11 人,特聘研究员系列 10 人。其中,具有学术学位博士生导师 81 人,具有工程类专业学位博士生导师 76 人;具有学术学位硕士生导师 34 人,具有工程类专业学位硕士生导师 38 人。另有在站博士后 90 人(含学科博士后 31 人、外籍博士后 4 人)。2021 年成功申报长江讲席学者 2 人,国家杰青 1 人,海外优青 3 人,校内求是特聘教授 1 人、求是科研岗 1 人,入选省"海外引才计划"项目 3 人,入选校启真优秀青年学者 1 人。

2021 年,学院新增科研项目 311 项,新增项目经费总额 35499.92 万元,其中横向项目(含国际合作项目)238 项、纵向项目 46 项、JG 项目 16 项、校内立项 11 项。宋永华、丁一教授等获国家科学技术进步奖二等奖;李武华教授获教育部高等学校自然科学奖一等奖;陈敏教授获浙江省科学技术进步奖一等奖;文福拴教授获浙江省自然科学奖二等奖;方攸同教授团队获第二十二届中国专利金奖;杨永恒研究员获 IEEE 电力电子学会 Richard M. Bass 杰出青年电力电子工程师奖;郭创新教授获中国电力科学技术奖二等奖;丁一教授获中国电力科学技术人物奖;徐文渊教授获中国电子学会科学技术奖一等奖;杨树研究员获中国电源学会科学技术奖青年奖。学院 268 篇论文确认收入 SCI 论文检索系统,47 篇论文收入 EI 检索系统,95 项发明

进入授权发明专利目录。

2021 年,教师出国(境)交流 2 人次;本科生共出国(境)交流(含线上)363 人次;研究生出国(境)交流(含线上)163 人次;参加国际学术会议(含线上)50 人次;与世界顶尖大学(剑桥大学)联合招收博士后 1 人。8 名研究生赴境外高校参加联合培养项目,留学生入学人数为 18 人。

2021 年,新增校友和社会捐赠项目 22 个,签约捐赠款总计 3168.51 万元。学院设奖(助)学金项目 35 项,受益学生 384 人,发放奖励金额 182.6862 万元。院设奖教金 7 项,受益教师 18 人,发放奖励金额 32.1798 万元。

（沈　菲撰稿　徐超炯审稿）

建筑工程学院

【概况】 建筑工程学院(简称建工学院)由土木工程学系、建筑学系、区域与城市规划系和水利工程学系组成,现有 19 个校级研究所(中心)。

土木工程(全国首批)为国家重点一级学科,结构工程、岩土工程为国家重点二级学科。学院拥有土木工程(全国首批)和建筑学 2 个一级学科博士学位授予点,涵盖 14 个二级学科博士学位授权点,以及土木水利和交通运输 2 个博士专业学位授予点;拥有土木工程 1 个一级学科硕士学位授予点,涵盖 11 个二级学科硕士学位授权点,以及建筑学、城市规划、土木水利、交通运输、工程管理 5 个专业学位硕士授予点。设有土木、水利与交通工程,建筑学、城乡规划学 3 个本科专业。

2021年，招收硕士研究生313人、博士研究生139人（含留学生7人），2021级本科生277人确认进入学院主修专业，毕业本科生208人、硕士研究生236人、博士研究生74人。

现有教职工325人，其中，中国科学院院士2人，中国工程院院士3人（含双聘），国际院士4人；正高级职称89人（比上年新增5人），副高级职称127人（比上年新增4人），博士研究生指导教师137人（比上年新增6人），硕士研究生指导教师223人（比上年新增9人），另有博士后100人。2021年，新增两院院士1人、国家杰青1人，求是特聘教授2人，"四青"人才5人，聘任求是讲座教授6人，兼职兼任教授10人。新引进国家创新人才计划长期项目1人，求是特聘教授（外籍）1人，"百人计划"研究员2人，特聘研究员（副研究员）6人。

2021年，土木工程学科QS世界排名第41位，建筑学科QS世界排名51—100位，雇主声誉排名全球第12位，国内第一。顺利完成土木工程专业工程教育认证工作。"数字化智能化背景下传统优势工科专业群教材建设研究基地"获批工信部"十四五"规划教材建设重点研究基地。《地基处理》《建筑声学设计原理》（参编）2种教材荣获全国优秀教材二等奖；"土建类新工科课程思政体系建设与实践"入选浙江省高等学校课程思政教学研究项目，"土木工程导论""大跨空间结构"2门课程入选浙江省课程思政示范课。"大学生结构设计竞赛20年与创新人才培养"教学成果获2021年浙江省教学成果奖一等奖，另获二等奖1项。洪义获浙江省第十二届高校青年教师教学竞赛特等奖。学生获ASCE中太平洋赛区土木工程竞赛交通组冠军、论文组亚军，全国大学生

工业化建筑与智慧建造竞赛智慧建造一等奖。获浙江省优秀博士学位论文提名论文1篇、优秀硕士学位论文2篇，3项学生项目获批浙江省教育厅科研项目。

2021年，入账科研经费总额达27684万元。在研项目1605项，合同经费8.75亿元。新上项目730项，合同金额为2.78亿元。其中纵向科研项目85项，合同经费0.5亿元。国家自然科学基金申报及获批数创历史新高，共获批42项（其中重点项目1项，大仪项目1项，杰青项目1项，优青项目2项）；学院教师作为负责人获批浙江省重点研发计划项目5项、另有合作项目2项；获批浙江省自然科学基金杰出青年计划项目3项。"绿色建筑与低碳城市国际科技合作基地"已获批浙江省国际科技合作载体，浙江大学—阿里巴巴数字交通创新应用中心成立启动。

创办国际期刊 *Journal of Infrastructure Intelligence and Resilience*（*JIIR*），获批2项"世界顶尖大学合作计划"，分别与康奈尔大学、新加坡国立大学、亚琛工业大学、东京大学、剑桥大学、哈佛大学开展本硕联合培养、共建国际研究中心等合作。

【徐世烺当选中国科学院院士】 徐世烺院士是我国结构工程专家，长期从事混凝土结构裂缝完整性安全分析理论和高性能建筑结构与材料研究，创建了混凝土双K断裂理论，领导制定了《确定混凝土裂缝扩展双K断裂准则的实验方法》国际标准，发明了高韧性混凝土材料制备及应用关键技术，在混凝土结构裂缝安全问题的理论创新、材料发明与工程应用方面做出了重要贡献。自2014年起连续7年被Elsevier列入中国高被引学者榜单；先后荣获国家自然科学奖二等奖和国家技术发明奖二等奖。

浙江大学年鉴

附表　2021 年度建筑工程学院基本情况

项目	数据	项目	数据
教职工/人	325	获国家级科技奖项目/项	0
教授/人	86	获国家级教学成果奖/项	0
副教授/人	94	授权发明专利数/项	149
研究员/人	1		
副研究员/人	11	SCI 入选论文/篇	477
长聘教授/人	1	EI 入选论文/篇	387
长聘副教授/人	0	MEDLINE 入选论文/篇	0
"百人计划"研究员/人	27		
特聘研究员/人	25	出版专著/部	5
特聘副研究员/人	4		
具有博士学位的专业教师比例/%	91	在校本科生/人	1173
两院院士/人	5	在学硕士研究生/人	922
"国家特支计划"入选者/人	5	其中:专业学位研究生/人	587
教育部"长江学者"特聘教授/人	4		
教育部"长江学者"青年学者/人	4	在读博士研究生/人	627
省部级高等学校教学名师奖获得者/人	0	其中:专业学位研究生/人	30
"973 计划"首席科学家*/人	1		
国家"百千万人才工程"入选者/人	2	在校攻读学位的国际学生/人	124
国家杰出青年科学基金获得者/人	8		
教育部新(跨)世纪优秀人才培养计划入选者/人	4	应届本科毕业生一次就业率/%	90.00
浙江省特级专家/人	3	应届本科毕业生深造率/%	52.30
浙江大学求是特聘教授/人	15	应届毕业研究生一次就业率/%	100
一级学科国家重点学科/个	1		
二级学科国家重点学科/个	2	教师出国交流/人次	0
国家重点(专业)实验室/个	0	学生出国交流/人次	22
国家工程(技术)研究中心/个	2		
国家人才培养基地(含教学、教育基地)/个	7	举办国际学术会议/次	5
国家精品资源共享课/门	0		
国家精品视频公开课/门	0		
国家级一流本科课程/门	2		
科研总经费/万元	27684		
其中:国家社科基金比重/%	11.20		
纵向经费比重/%	37.20	社会捐赠经费总额/万元	422.41

注:* 含重大科学研究计划、ITER 计划、青年科学家专题等。

【董石麟院士获纪念中国民主同盟成立 80 周年"杰出盟员"表彰】 2021 年 6 月 2 日，中国民主同盟成立 80 周年纪念大会在北京隆重举行，大会对为民盟事业做出突出贡献的民盟组织和盟员予以表彰。中国工程院院士、浙江大学建筑工程学院董石麟教授获"杰出盟员"表彰。

【2 本教材荣获全国优秀教材二等奖】 2021 年 10 月 9 日，教育部公布了我国教材领域最高奖——全国教材建设奖的首届评选结果。由龚晓南院士编著的《地基处理（第二版）》教材入选全国优秀教材二等奖，由张三明副教授、葛坚教授参编的本科生教材《建筑声学设计原理》（第 2 版）荣获全国优秀教材（高等教育类）二等奖。

（吴盈颖撰稿　成光林审稿）

化学工程与生物工程学院

【概况】 化学工程与生物工程学院（简称化工学院）设有化学工程、联合化学反应工程、聚合与聚合物工程、生物工程、制药工程、工业生态与环境 6 个研究所，建有化学工程联合国家重点实验室、生物质化工教育部重点实验室等多个国家级和省部级重点实验室。

拥有化学工程与技术、生物工程 2 个一级学科博士后流动站，化学工程与技术一级学科博士学位授予权，设有化学工程与技术、生物工程、制药工程等 3 个本科专业。在 2021 年软科排名中，化学工程学科位列全球第 6、国内第 3，生物工程学科位列全球第 14、国内第 2。在 QS 排名中，化学工程学科位列全球第 30 名。

现有在职教职工 161 人。其中，教授 61 人，副教授 25 人，博士研究生导师 102 人、硕士研究生导师 125 人。在站学科博士后研究人员 57 人。王立教授入选俄罗斯工程院院士。李伯耿教授当选中国化工学会会士；肖丰收教授获中国分子筛成就奖；肖成梁入选"万人计划"青年拔尖人才；杨启炜入选国家高层次青年人才计划；李中坚、崔希利获国家优青资助；莫一鸣、谢鹏飞、杨轩获优青项目（海外）资助。陆盈盈获达摩院青橙奖；莫一鸣为"35 岁以下科技创新 35 人"2021 中国获奖人；吴勤明获"中国催化新秀奖"；侯阳和肖丰收入选科睿唯安"全球高被引科学家"。

招收硕士研究生 192 人、博士研究生 98 人，2020 级本科生 110 人、2021 级本科生 132 人确认化工学院主修专业，毕业本科生 95 人、硕士研究生 155 人、博士研究生 52 人。"化学工程与工艺"工程教育专业认证工作顺利完成。《化工热力学（第五版）》入选首批"全国优秀教材（高等教育类）"二等奖；4 门课程获评浙江省一流本科课程；获浙江省教学成果奖一等奖 1 项、二等奖 1 项。获 2021 年全国高等学校本科化工类专业优秀课程思政案例特等奖、二等奖、三等奖各 1 项。毕业生获省优博论文提名奖 1 项，全国化学化工与材料京博优博论文铜奖 1 项。学生团队荣获第十五届全国大学生化工设计竞赛特等奖、浙江省大学生化工设计竞赛金奖。化工学院学生为主组成的浙江大学代表队首次参加国际基因工程机械大赛（iGEM）竞赛并获金奖。潘鹏举被评为全国石油和化工教育青年教学名师。杨启炜获校青年教师教学竞赛二等奖，柏浩、李素静、孙婧元、周珠贤获三等奖。

附表　2021 年化学工程与生物工程学院基本情况

项目	数据	项目	数据
教职工/人	161	获国家级科技奖项目/项	0
教授/人	61	获国家级教学成果奖/项	0
副教授/人	25	授权发明专利数/项	150
研究员/人	0		
副研究员/人	0		
长聘教授/人	2	SCI 入选论文/篇	502
长聘副教授/人	3	EI 入选论文/篇	423
"百人计划"研究员/人	18	MEDLINE 入选论文/篇	0
特聘研究员/人	1		
特聘副研究员/人	2	出版专著/部	0
具有博士学位的专业教师比例/%	99.12		
两院院士/人	2	在校本科生/人	388
"国家特支计划"入选者/人	2	在学硕士研究生/人	515
教育部"长江学者"特聘教授/人	4		
教育部"长江学者"青年学者/人	3	其中:专业学位研究生/人	287
省部级高等学校教学名师奖获得者/人	1	在读博士研究生/人	368
"973 计划"首席科学家*/人	2		
国家"百千万人才工程"入选者/人	2	其中:专业学位研究生/人	31
国家杰出青年科学基金获得者/人	7		
教育部新(跨)世纪优秀人才培养计划入选者/人	8	在校攻读学位的国际学生/人	19
浙江省特级专家/人	1	应届本科毕业生一次就业率/%	92.31
浙江大学求是特聘教授/人	15		
一级学科国家重点学科/个	0	应届本科毕业生深造率/%	50
二级学科国家重点学科/个	1	应届毕业研究生一次就业率/%	98.11
国家重点(专业)实验室/个	2		
国家工程(技术)研究中心/个	1	教师出国交流/人次	9
国家人才培养基地(含教学、教育基地)/个	0		
国家精品资源共享课/门	2	学生出国交流/人次	329
国家精品视频公开课/门	1		
国家级一流本科课程/门	0	举办国际学术会议/次	2
科研总经费/万元	21593		
其中:国家社科基金比重/%	11.86	社会捐赠经费总额/万元	453.44
纵向经费比重/%	28.94		

注:* 含重大科学研究计划、ITER 计划、青年科学家专题等。

科研经费到款 2.16 亿元。获批国家重点研发计划项目和国家基金重点项目 6 项，新增浙江省科学技术进步奖一等奖 1 项，新增千万级横向项目 2 项。2021 年在顶尖期刊《科学》上发表论文 1 篇，在《自然》《科学》子刊发表论文 13 篇。"浙江省智能生物材料重点实验室"被认定为省级重点实验室。浙大衢州"两院"常山港院区及中试实验实训基地正式落成并启用。浙大恒逸全球未来先进技术研究院、浙大宁波研究院化工分院、浙江大学杭州国际科创中心生物与分子智造研究院等建设稳步推进。

深入开展党史学习教育，基层党组织建设不断夯实，任其龙教授获省高校优秀共产党员，学院党委入选第二批"全校党建工作标杆院级党组织"培育创建单位，制药工程研究所教工党支部入选第二批浙江省高校党建工作样板支部培育创建单位。

【获首批"全国优秀教材（高等教育类）"二等奖】 9 月，我院陈新志教授主持编著教材《化工热力学（第五版）》获首届全国教材建设奖二等奖。《化工热力学》是陈新志教授 30 余年从事化工热力学教学和研究的结晶，该教材全面系统地介绍了经典热力学原理在化工领域的应用，首次提出了以"原理""模型"和"应用"为特征的化工热力学内容"三要素"，有利于学生理解基本概念、掌握知识重点，可作为高等院校化工、材料、能源、机械等学科的高年级本科生或研究生专业课程教材，也可作为从事化工生产、材料开发、能效优化、机械设计等领域的技术人员的参考书籍。

【iBioFoundry 和 iChemFoundry 等先进生工、化工装置在浙大杭州国际科创中心基本建成】 2021 年化工学院牵头参与浙江大学杭州国际科创中心生物与分子智造研究院建设，聚焦人工生命与功能分子创制及应用中的工程问题，重点建设有两套国际领先的自动化科学装置 iBioFoundry 和 iChemFoundry。iBioFoundry 是目前全球合成生物学研究领域规模最大、集成度最高的全流程、高通量、自动化装置。使用该装置可以将人工细胞构建效率提高两个数量级以上，通过进一步深度融合生命科学和信息科学，可达到快速创建数据、智能分析数据及数据驱动再创造的目标，实现人工合成体系的精准设计、标准合成与精确调控。iChemFoundry 是国内首套自主研发的化学材料智能高通量合成与筛选平台，具备批式和流式合成两大类自动化合成设备，可对目标分子和材料进行高通量、高效的合成制备。

【化工学子首次参加国际基因工程机械大赛（iGEM）竞赛并获金奖】 2021 年 11 月，国际基因工程机器大赛举行年度颁奖盛会。化工学院于浩然、连佳长、鲍泽华等老师指导的 HiZJU-China 团队（由贾思宁、欧阳泓宇、费筱、胡敏琦、何昊臻、魏圣柯、丁豪特等 10 位学生组成）获金奖。该团队针对人工合成雌激素-17α 雌二醇（EE2）缺乏有效降解和检测方法，导致其在水体环境中不断积累并可能引发人类一系列疾病等，运用基因工程手段，改造大肠杆菌，构造共代谢途径降解水中的 EE2，创新性地采用酵母双杂交技术实现微量级别的生化反应检测，研究成果还具有降解处理含多种有机胺污染物废水的广阔应用前景。

（李志荣撰稿　沈文华审稿）

海洋学院

【概况】 海洋学院现设有海洋科学系、海洋工程学系、海洋信息学系等3个学系和港航物流与自由贸易岛研究中心，以及海洋地质与资源、海洋化学与环境等9个研究所。建有海洋工程装备国家地方联合工程实验室（浙江）、海洋感知技术与装备教育部工程研究中心、浙江舟山群岛海洋生态系统教育部野外科学观测研究站、海洋牧场水下在线监测科技团队全国工作站、浙江省海洋岩土工程与材料重点实验室、浙江省海洋观测—成像试验区重点实验室、海洋装备试验浙江省工程实验室、海洋工程材料浙江省工程实验室、海上试验浙江省科技创新服务平台、浙江省"智慧东海"协同创新中心、智能海洋技术浙江省军民融合科技协同创新平台、浙江省大湾区（智慧海洋）创新发展中心等科研平台。共建浙江大学海洋研究院、浙江大学舟山海洋研究中心、浙江大学摘箬山海洋科技示范岛、浙江大学先进技术研究院舟山海洋分院、海南浙江大学研究院等。

拥有"海洋技术与工程"博士学位授权点，下设应用海洋科学、海洋技术和海洋工程3个学科领域方向；并在资源与环境、土木水利、机械、电子信息等4个领域培养专业学位工程博士，在生物与医药、资源与环境、土木水利、机械、电子信息等5个领域培养专业学位工程硕士。建设海洋科学、海洋工程与技术2个本科专业。

2021年，招收硕士研究生数198人、博士研究生104人；2021级本科生190人确认进入学院继续学习；毕业本科生177人、硕士研究生146人、博士研究生34人。

现有专任教师133人（含海洋研究院7人），其中正高级职称人员49人（比上年新增5人）、副高级职称人员70人（比上年新增3人），博士研究生指导教师92人（比上年新增11人）、硕士研究生指导教师142人（比上年新增15人）；2021年新增国家级科技创新领军人才1人、国家级青年人才3人（其中1人待报到）、浙江大学求是科研岗1人、浙江省科技创新领军人才2人、浙江省青年拔尖人才3人。

2021年共有38项省、校级教学改革类项目获批立项。其中，省级一流本科课程2项，校级一流本科课程7项、"课程思政"建设项目9项、MOOC课程1项、紧缺课程培育项目1项、高水平国际化课程4项、优势本科专业（群）系列教材培育项目1项、本科教材建设项目3项、研究生教材建设项目2项、线上线下融合教学优秀案例2项和课程改革项目3项、本科教学研究项目3项。

教师获浙江省教学成果奖一等奖1项，浙江大学教学成果奖一等奖1项、二等奖2项，浙江省第十二届高校青年教师教学竞赛决赛工科组专项特等奖第一名1项、浙江大学第一届高校教师教学创新大赛"课程思政"微课专项赛理工科组一等奖1项；1篇博士论文获"2020年浙江省优秀博士论文"，1篇博士论文奖"校级优秀博士论文"提名、2篇论文获得资助。

2021年科研到款21738万元，再创历史新高。新增获批立项科研项目235项，项目总经费11000余万元。获批国家自然科学基金项目22项，其中海外优秀青年基金项目2项。主持或参与完成的13个项目获省部级、厅局级、社会力量科技成果奖，1个项目获浙江大学2020年度十大学术进

附表　2021 年海洋学院基本情况

项目	数据	项目	数据
教职工/人	179	获国家级科技奖项目/项	0
教授/人	40	获国家级教学成果奖/项	0
副教授/人	66	授权发明专利数/项	96
研究员/人	1		
副研究员/人	3	SCI 入选论文/篇	296
长聘教授/人	0	EI 入选论文/篇	187
长聘副教授/人	0	MEDLINE 入选论文/篇	0
"百人计划"研究员/人	9		
特聘研究员/人	2		
特聘副研究员/人	5	出版专著/部	7
具有博士学位的专业教师比例/%	100	在校本科生/人	777
两院院士/人	0		
"国家特支计划"入选者/人	0	在学硕士研究生/人	663
教育部"长江学者"特聘教授/人	1	其中:专业学位研究生/人	510
教育部"长江学者"青年学者/人	1		
省部级高等学校教学名师奖获得者/人	0	在读博士研究生/人	351
"973 计划"首席科学家*/人	0	其中:专业学位研究生/人	10
国家"百千万人才工程"入选者/人	3		
国家杰出青年科学基金获得者/人	2	在校攻读学位的国际学生/人	63
教育部新(跨)世纪优秀人才培养计划入选者/人	3	应届本科毕业生一次就业率/%	88.4
浙江省特级专家/人	1		
浙江大学求是特聘教授/人	7	应届本科毕业生深造率/%	63.1
一、二级学科国家重点学科/个	0	应届毕业研究生一次就业率/%	99.3
国家重点(专业)实验室/个	0		
国家工程(技术)研究中心/个	0	教师出国交流/人次	3
国家人才培养基地(含教学、教育基地)/个	0	学生出国交流/人次	16
国家精品资源共享课、视频公开课/门	10	举办国际学术会议/次	2
科研总经费/万元	21738		
其中:国家社科基金比重/%	6.9	社会捐赠经费总额/万元	16
纵向经费比重/%	28.9		

注:*含重大科学研究计划、ITER 计划、青年科学家专题等。

展提名奖。根据 ESI 数据库 2020 年 11 月 12 日更新的数据,2017 年至今有 86 篇文章进入高水平论文行列,其中高被引论文 25 篇,进入学科百分位前 3% 的论文 61 篇。10 名学者入选全球前 2% 科学家榜单,其中 5 名入选全球前 10 万名科学家榜单。授权发

浙江大学年鉴

明专利 96 项。实现科技成果转化 31 项,转化金额达 533 万元。

建成以"三池六槽一筒一台"为代表的大型海洋工程实验室群和核磁共振仪室、电镜室、稳定同位素比质谱仪室三个海洋科学公共实验室。2021 年大型仪器有偿服务总收入 223 万元,比 2020 年增长 10%。学院荣获"浙江省高校实验室工作先进集体"称号。

举办第四届高校大学生海洋与化学科技实践论坛、第二届全国大学生水下机器人竞赛决赛、首届全国大学生 Ocean Tech 竞赛创新挑战赛和学院第六届"海潮杯"学生创新创业项目竞赛等。获首届全国大学生 Ocean Tech 竞赛创新挑战赛特等奖、第二届全国大学生水下机器人竞赛决赛一等奖、第九届全国大学生农业建筑环境与能源工程相关专业创新创业竞赛研究生创新自选类项目特等奖、第八届浙江省海洋知识创新竞赛科技创新类项目决赛特等奖、第八届中国研究生能源装备创新设计大赛全国总决赛一等奖等。

【举办第五届全国海洋技术大会】 第五届全国海洋技术大会于 5 月 19—21 日在舟山校区举行,包括两院院士、知名专家学者和企业界精英在内的 1000 余名嘉宾莅临,2 万多人次通过网络直播参加会议,交流分享海洋技术学术与应用研究成果,探讨海洋技术发展趋势。同期举行国际海洋技术会展,并首次推出"OT 人才荟"活动。

【"水下直升机"完成海试验收】 8 月 27 日至 9 月 3 日,项目海试团队在我国南海海域对"水下直升机"的各项功能进行了全面试验。海试验收专家组一致认为,水下直升机的概念新颖,创新性强,海试验收中各项技术指标均达到任务书要求,有广阔的应用前景。

【浙大学者首次抵达万米深渊科考】 11 月 5 日,海洋学院吴涛研究员搭乘"奋斗者"号载人潜水器,在马里亚纳海沟挑战者深渊东坑下潜,到达海洋最深处,最大深度为 10901.3 米。在将近 6 个小时作业期间,他采集了大量的深渊岩石、沉积物和海水样品等珍贵资料。

(高楚清撰稿　董小军审稿)

航空航天学院

【概况】 航空航天学院(简称航院)由航空航天系和工程力学系组成,下设应用力学、流体工程等 7 个研究所(中心),拥有国家工科基础课程力学教学基地和国家级力学实验教学示范中心、教育部航空航天数值模拟与验证重点实验室、教育部新型飞行器联合研究中心、微小卫星与星群教育部军民融合协同创新中心(培育)、软物质力学学科创新引智基地,以及软体机器人与智能器件、微纳卫星 2 个浙江省重点实验室,新型飞行器关键基础与重大应用、智能无人机系统等 3 个浙江省协同创新中心,微波毫米波射频集成电路浙江省工程实验室、软机器与柔性电子国际科技合作基地、先进无人机技术浙江省工程研究中心等教学科研平台,另设有 3 个校级研究中心。

固体力学为二级学科国家重点学科,力学、航空宇航科学与技术 2 个学科为浙江省一流学科;工程力学、飞行器设计与工程入选国家级一流本科专业建设点,工程力学入选"强基计划"招生专业、教育部基础学科拔尖学生培养计划 2.0 基地。

学院建有力学、航空宇航科学与技术 2 个博士后流动工作站，拥有力学、航空宇航科学与技术、电子科学与技术（共建）3 个一级学科博士授予权和机械、电子信息 2 个类别 5 个领域的专业学位博士授予权，设工程力学、飞行器设计与工程 2 个本科专业。

2021 年，招收硕士研究生 98 人、博士研究生 97 人，2021 级本科生 90 人主修专业确认到航院。工程力学强基计划 2021 级招生 20 人。毕业本科生 64 人、硕士研究生 60 人、博士研究生 39 人。

现有教职工 127 人。其中，正高级职称人员 56 人（2021 年新增 5 人）、副高级职称人员 55 人（2021 年新增 4 人）、博士研究生指导教师 74 人（2021 年新增 3 人）、硕士研究生指导教师 97 人（2021 年新增 5 人）。在站博士后工作人员 25 人。2021 年新增全职外籍院士、双聘院士、"长江特聘"教授各 1 人，国家杰青获得者 2 人、"求是特聘"教授 2 人、优青获得者 1 人、"百人计划"研究员 1 人。获校引才育才伯乐奖、国华杰出学者奖各 1 人。

2021 年，学院获浙江省教学成果奖特等奖、中国力学学会科普教育奖各 1 项。获第七届中国国际"互联网＋"国际赛道金奖、第十三届全国周培源大学生力学竞赛一等奖、"神机妙算"2021 全国算法设计挑战赛一等奖；获第三届国际工程力学竞赛亚洲赛区比赛总成绩全国特等奖、全国"互联网＋"竞赛黑科技专项"星系"级作品 2 项、省"挑战杯"大学生课外学术科技作品一等奖 3 项；入选校竺可桢奖学金、十佳大学生各 1 人。

2021 年，科研经费到款 26976 万元（比上年增加 8.1%）。其中，新增千万级项目 6 项；获批国家自然科学基金项目 26 项，获准率 47.27%，获批金额共计 4681 万元，立项

基金委重大项目 2 项、重点项目 3 项、国家杰出青年科学基金 2 项、国家优秀青年科学基金 1 项。获浙江省自然科学奖一等奖 1 项、国防科学技术进步奖二等奖 2 项。以第一单位发表 SCI 收录论文 152 篇。

继续推进"浙江大学—莫斯科航空学院工程博士联合培养项目"，本年度 34 人参加联合培养项目。举办第 21 届 IACM 计算流体国际学术会议。

【"'力学 3.0'导向的工程科学前沿拔尖创新人才培养体系构建与实践"获 2021 年浙江省教学成果奖特等奖】 本成果由杨卫院士牵头申报，准确把握现代力学的嬗变特征，在全面总结工程力学系 15 余年人才培养经验的基础上，首次提出"力学 3.0"概念，以力学思维向现代科技前沿领域的迁移为特征，从强化人才培养的家国情怀教育、构建多层次的课程与教材体系和完善学生知行合一的交叉实践三方面入手，在价值观、方法论和实践论三个层次上探索了革新工程科学人才培养的理念，全面优化与重构了力学高等教育体系。

【李铁风教授团队研究成果在《自然》发表并入选 2021 年度"中国科学十大进展"】 仿生软体智能机器人首次实现万米级深潜，研究成果作为封面文章刊发在国际顶级期刊《自然》，与此相关的"自供电软机器人成功挑战马里亚纳海沟"项目入选 2021 年度"中国科学十大进展"。该研究将为人类探索深海，以及极端环境特种机器人系统的发展提供创新理论方法和高效技术支撑，还为智能系统在极端环境下应用提供了重要设计原理，有望借此发现和探索深海生命和地质活动行为。

【"空天探索会聚研究计划"获批立项】 本计划简称"问天计划"，主要围绕与空天探索

院系基本情况

附表　2021 年航空航天学院基本情况

项目	数据	项目	数据
教职工/人	127	获国家级科技奖项目/项	0
教授/人	39	获国家级教学成果奖/项	0
副教授/人	43		
研究员/人	1	授权发明专利数/项	28
副研究员/人	4		
长聘教授/人	0	SCI 入选论文/篇	224
长聘副教授/人	4		
"百人计划"研究员/人	12	EI 入选论文/篇	218
特聘研究员/人	0		
特聘副研究员/人	6	MEDLINE 入选论文/篇	0
具有博士学位的专业教师比例/%	100	出版专著/部	1
两院院士/人	4	在校本科生/人	233
"国家特支计划"入选者/人	2		
教育部"长江学者"特聘教授/人	4	在学硕士研究生/人	255
教育部"长江学者"青年学者/人	0		
省部级高等学校教学名师奖获得者/人	0	其中:专业学位研究生/人	102
"973 计划"首席科学家*/人	0		
国家"百千万人才工程"入选者/人	2	在读博士研究生/人	315
国家杰出青年科学基金获得者/人	12		
教育部新(跨)世纪优秀人才培养计划入选者/人	9	其中:专业学位研究生/人	53
浙江省特级专家/人	1	在校攻读学位的国际学生/人	21
浙江大学求是特聘教授/人	17	应届本科毕业生一次就业率/%	96.88
一级学科国家重点学科/个	0		
二级学科国家重点学科/个	1	应届本科毕业生深造率/%	67.19
国家重点(专业)实验室/个	0		
国家工程(技术)研究中心/个	0	应届毕业研究生一次就业率/%	100
国家人才培养基地(含教学、教育基地)/个	2		
国家精品资源共享课/门	0	教师出国交流/人次	1
国家精品资源视频公开课/门	0		
		学生出国交流/人次	16
国家级一流本科课程/门	1		
科研总经费/万元	26976	举办国际学术会议/次	1
其中:国家自然基金比重/%	10.28		
纵向经费比重/%	14.98	社会捐赠经费总额/万元	26

注:* 含重大科学研究计划、ITER 计划、青年科学家专题等。

院系基本情况

相关的国家急需方向进行布局,以航宇和力学学科为基础,推进航空航天、力学、机械、能源、控制、计算机、信电、光电、电气、材料等学科在空天科技领域中的交叉会聚与交互探索,发挥浙江大学工科齐全和基础研究的优势,融合人工智能、微纳技术、数字孪生等新方法,聚焦空天探索领域的国家重大需求和基础科学问题,突破空天探索关键核心技术。"问天计划"将以国家战略为指引,以国家需求为导向,凝聚已有学科团队力量,争取一批国家重大科技专项,面向未来培育高素质空天科技人才,积极引领创建国家级实验平台,打造具有国际领先水平的空天探索基础科研团队,有力支撑保障我国未来的空天探索活动,为我国空天科学与技术的发展贡献浙大力量。

(杨建群撰稿 刘玉玲审稿)

高分子科学与工程学系

【概况】 高分子科学与工程学系(简称高分子系)由高分子科学、高分子复合材料、生物医用大分子材料3个研究所组成,建有高分子合成与功能构造教育部重点实验室、膜与水处理技术教育部工程研究中心、中国—葡萄牙先进材料联合创新中心以及新型吸附分离材料与应用技术浙江省重点实验室,并作为牵头单位组建浙江大学国际校区高分子新物质创新国际研究中心及浙江大学绍兴研究院。

高分子系拥有高分子化学与物理、高分子材料两个二级学科,均设有博士后流动站,拥有博士学位和硕士学位授予点,同时

单独设立高分子材料与工程本科专业。

2021年招收硕士研究生63人、博士研究生57人,2020级本科生67人专业确认高分子系相关专业学习。毕业本科生74人、结业2人。毕业硕士研究生30人、博士研究生42人。

现有教职工70人。其中,正高级职称人员35人,副高级职称人员11人,博士研究生导师48人,硕士研究生导师51人。新增国家级青年人才项目获得者2人,教育部"长江学者"青年学者1人。

高分子材料与工程专业正式获批国家级一流本科专业建设点。"高分子材料""计算化学导论"入选省级一流本科课程。"高分子化学(甲)""功能高分子导论""纳米及高分子概论"获浙江大学校级一流本科课程。出版"十三五"规划教材《高分子流变学》。朱宝库获2020年度"服务国家战略"就业工作奖教金。赴西部地区就业毕业生3名,应征入伍学生1名。获浙江省党团知识竞赛特等奖1项、"挑战杯"浙江省三等奖2项,竺可桢奖学金2人,浙江大学2021年度"启真杯"学生十大学术新成果1项,校优秀博士论文3篇。

科研经费到款7767万元,其中纵向经费4880万元,占63.4%。国家自然科学基金批准立项20项,直接经费总额3189万元。其中,国家重大科研仪器研制项目1项、重点项目1项、区域创新发展联合基金重点支持项目2项、国际(地区)合作与交流项目1项,提升源头创新能力;杰出青年科学基金项目1项、优秀青年科学基金项目1项。获批科技部国家重点研发计划课题2项。浙江省工业领域领雁项目1项、"揭榜挂帅"重大项目3项。发表SCI论文208篇,其中《自然》杂志论文1篇。获授权发明

附表　2021 年高分子科学与工程学系基本情况

项目	数据	项目	数据
教职工/人	70	获国家级科技奖项目/项	0
教授/人	26	获国家级教学成果奖/项	0
副教授/人	11	授权发明专利数/项	59
研究员/人	0		
副研究员/人	0	SCI 入选论文/篇	208
长聘教授/人	2	EI 入选论文/篇	157
长聘副教授/人	1		
"百人计划"研究员/人	6	MEDLINE 入选论文/篇	0
特聘研究员/人	0		
特聘副研究员/人	4	出版专著/部	1
具有博士学位的专业教师比例/%	100		
两院院士/人	0	在校本科生/人	203
"国家特支计划"入选者/人	0		
教育部"长江学者"特聘教授/人	3	在学硕士研究生/人	175
教育部"长江学者"青年学者/人	1	其中:专业学位研究生/人	10
省部级高等学校教学名师奖获得者/人	0		
"973 计划"首席科学家*/人	0	在读博士研究生/人	217
国家"百千万人才工程"入选者/人	1	其中:专业学位研究生/人	13
国家杰出青年科学基金获得者/人	8		
教育部新(跨)世纪优秀人才培养计划入选者/人	7	在校攻读学位的国际学生/人	3
浙江省特级专家/人	0	应届本科毕业生一次就业率/%	89.2
浙江大学求是特聘教授/人	8		
一级学科国家重点学科/个	0	应届本科毕业生深造率/%	54.1
二级学科国家重点学科/个	1	应届毕业研究生一次就业率/%	97.9
国家重点(专业)实验室/个	1		
国家工程(技术)研究中心/个	0	教师出国交流/人次	0
国家人才培养基地(含教学、教育基地)/个	0		
国家精品资源共享课/门	1	学生出国交流/人次	197
国家精品资源视频公开课/门	1		
国家级一流本科课程/门	1	举办国际学术会议/次	0
科研总经费/万元	7723		
其中:国家自然基金比重/%	25.6	社会捐赠经费总额/万元	54
纵向经费比重/%	63.4		

注:* 含重大科学研究计划、ITER 计划、青年科学家专题等。

专利 59 项,其中美国专利 2 项,欧洲专利 1 项,俄罗斯专利 1 项,日本专利 1 项。出版专著 1 本,编著 2 本。

国外来访并做学术报告 16 人次(线上)。2020—2021 学年高分子系本科生交流 81 人次,海外交流率为 105%,2021 年高分子系博士生交流 66 人次,交流率达 119%。举办夏令营 1 项。

王齐被评为校级优秀党务工作者;廉洁被评为校级优秀党员;本科生党支部评为校级先进基层党组织和校级样板党支部。高分子系在"百年礼赞 青春向党"浙江大学党史知识竞赛中获得冠军和优秀组织奖。

【推进高质量专业建设,"高分子材料与工程"获批国家级一流本科专业建设点】 高分子系本科专业"高分子材料与工程"2021年正式通过教育部"双万计划"一流本科专业建设点审批。从课程、教材等多方面加强专业建设,新建省级一流本科课程 2 门——"高分子材料""计算化学导论"。出版"十三五"规划教材 2 种——《高分子流变学》《石墨烯宏观材料及应用》。

【有机光伏器件产业化关键技术研究获批基金委国家重大科研仪器研制项目】 11 月 17日,陈红征教授团队"柔性光电薄膜大面积制备和原位监测系统及其在高效有机光伏器件中的应用"获批国家自然科学基金委员会国家重大科研仪器研制项目,项目直接经费 877 万元。项目的实施将研制一台柔性大面积有机光伏器件光敏层制备和原位监测仪器,可从不同时间尺度和空间尺度揭示光电薄膜从溶液到固体过程中的相分离和结晶原理,进而实现对薄膜规模化制备过程中复杂工艺参数的高通量筛选和工艺过程的快速优化,推动有机光伏器件的产业化进程。

【实现氧化石墨烯基纤维的可逆融合与分裂,成果登上《科学》杂志】 5 月 7 日,高超教授团队"氧化石墨烯基纤维的精准可逆融合与分裂"的成果发表于《科学》杂志。成果在国际上首次实现了宏观氧化石墨烯(GO)纤维及其复合纤维的精确可逆融合和分裂。在溶剂的刺激下,多根 GO 基纤维在溶胀及收缩过程中发生自适应的形变,从而确保其精确可逆性。这种融合与分裂行为的可逆化有利于构建具有智能可逆组装性质的新型功能性材料,开拓其在建筑、服装、生物医学、化学催化等领域的应用。

(任意然撰稿 楼仁功审稿)

光电科学与工程学院

【概况】 光电科学与工程学院(简称"光电学院")设有光学工程研究所、光电工程研究所、光学成像与检测技术研究所、微纳光子学研究所、激光生物医学研究所、光及电磁波研究中心、光学惯性技术工程中心共 7 个研究所(中心),另设有浙江省实验教学示范中心光电信息工程实验中心,建有现代光学仪器国家重点实验室、国家光学仪器工程技术研究中心、科技部光电技术国际联合研究中心 3 个国家级研究基地和国防重点学科实验室、浙江省光电磁传感技术重点实验室、教育部光子学与技术国际合作联合实验室 3 个省部级研究基地。

学院建有光学工程博士后流动站,拥有光学工程一级学科博士、硕士学位授予权,自设光通信技术、信息传感及仪器 2 个二级学科学位授权点。光学工程学科为国家重点学科、国家"双一流"建设学科。设光电信息科学与工程 1 个本科专业,为首批国家级一流本科专业建设点。

学院现有教职工 124 人。其中具有正高级职称人员 60 人（比上年新增 2 人），副高级职称人员 35 人（比上年新增 3 人），博士研究生指导教师 70 人，硕士研究生指导教师 25 人。学院有在站学科博后 49 人。2021 年，学院新增国家杰出青年科学基金获得者 1 人，国家优秀青年基金（海外）获得者 2 人，青年长江 1 人；浙江大学"百人计划"研究员入选者 1 人，特聘研究员 2 人。本年度新增世界陶瓷科学院院士 1 人、美国光学学会会士（Optica Fellow）1 人；5 人次入选爱思唯尔"中国高被引学者榜单"，1 人获王大珩中青年科技人员光学奖。

2021 年，学院招收博士研究生 88 人，硕士研究生 143 人，2021 级本科生 83 人确认进入光电信息科学与工程专业。2021 届毕业本科生 102 人，硕士研究生 113 人，博士研究生 57 人。获得首届全国教材建设奖一等奖 1 项；获得第五届全国高等学校电子信息类专业青年教师授课竞赛一等奖 1 人；获批教育部第二批产学合作协同育人项目 1 项；获批浙江省第一批课程思政示范课程 2 门；获批浙江省线上一流课程 1 门，线下一流课程 3 门、线上线下混合式一流课程 1 门；获得浙江省高校"互联网＋教学"优秀案例特等奖 1 项、二等奖 1 项；获批光电教指分委教改项目 3 项。在学生培养方面，本科生以第一作者发表高水平论文 13 篇，获国家级学科竞赛一等奖 4 项、二等奖 2 项；研究生获2019 年全国光学优秀博士学位论文提名 1 篇，第六届中国光学工程学科优秀博士学位论文提名 1 篇。学生团队获得全国"互联网＋"金奖 1 项、浙江省"互联网＋"金奖 3 项、浙江省"挑战杯"竞赛特等奖 1 项。15 人获光电学院创新创业（个人）奖学金，7 个团队获光电学院创新创业（团队）奖学金。

学院科研经费年度到款总额为 2.29 亿元。获批国家自然科学基金项目 27 项，其中国家重大科研仪器研制项目 1 项、重大研究计划项目 1 项、重点项目 2 项、杰出青年科学基金项目 1 项；获批国防基础加强项目 1 项、国家重点研发计划项目 2 项；发表《科学》期刊论文 2 篇（第一单位或共一、共通讯作者），获 2020 年浙江省自然科学奖一等奖 1 项。据不完全统计，以第一单位发表 SCI 收录论文 225 篇。

2021 年，首次建立长期博士生学位项目"浙江大学—根特大学博士双学位项目"。本科生境外交流率为 154.84％，研究生境外交流共计 80 人次，开展 40 余次线上外专讲座，召开 2021 年金砖国家科技创新合作机制光子学工作组第三次会议、第三届"一带一路"与"金砖五国"先进光子学研讨会、2021 西湖国际光电子论坛等。

【C/N/S 正刊论文取得突破】 童利民教授团队及其合作者在 −50℃ 环境中制备出了高质量冰单晶微纳光纤，其性能与玻璃光纤相似，既能灵活弯曲，又可实现低损耗光传输，该成果"Elastic Ice Microfibers"于 2021 年 7 月 9 日以研究长文（research article）发表于《科学》杂志。该成果被认为是"对冰物理认识的重大进步""所展现的力学和光学特性无疑是有趣的、独特的，具有潜在的实际应用价值"。论文发表后被纽约时报转载，入选《科技日报》2021 年中国科技十大突破。马耀光研究员团队及其合作者在辐射制冷织物研究领域取得了重要进展，突破性地研发了一种具有形态分级结构（hierarchical-morphology structure）、可大批量制备的光学超材料织物（metafabric），具有优异的日间辐射制冷能力，对实现高效

项目	数据	项目	数据
教职工/人	124	获国家级科技奖项目/项	0
长聘教授/人	2	获国家级教学成果奖/项	0
长聘副教授/人	0	SCI 入选论文/篇	225
教授/人	42	EI 入选论文/篇	201
副教授/人	27		
研究员/人	3	SSCI 入选论文/篇	0
副研究员/人	3	A&HCI 入选论文/篇	0
"百人计划"研究员/人	12		
特聘研究员/人	2	权威刊物论文/篇	0
特聘副研究员/人	1	出版专著/部	0
其他正高职称/人	1		
其他副高职称/人	3	在校本科生/人	352
具有博士学位的专业教师比例/%	97.7	在学硕士研究生/人	399
文科资深教授/人	0	其中:专业学位研究生/人	167
"国家特支计划"入选者/人	0	在读博士研究生/人	314
教育部"长江学者"特聘教授/人	5		
教育部"长江学者"青年学者/人	3	其中:专业学位研究生/人	25
省部级高等学校教学名师奖获得者/人	1		
国家"百千万人才工程"入选者/人	0	在校攻读学位的国际学生/人	15
国家杰出青年科学基金获得者/人	8	应届本科毕业生一次就业率/%	98.18
教育部新(跨)世纪优秀人才培养计划入选者/人	3	应届本科毕业生深造率/%	64.55
浙江省特级专家/人	1	应届毕业研究生一次就业率/%	98.39
浙江大学求是特聘教授/人	2	教师出国交流/人次	40
浙江大学文科领军人才/人	0		
一级学科国家重点学科/个	1	学生出国交流/人次	248
二级学科国家重点学科/个	0	举办国际学术会议/次	5
教育部人文社会科学研究基地/个	0		
国家人才培养基地(含教学、教育基地)/个	0		
国家级一流本科课程/门	1		
科研总经费/万元	22904	社会捐赠经费总额/万元	350.5(签约)
其中:国家自然基金比重/%	15.3		
纵向经费比重/%	43.8		

的户外个人热管理具有重要意义。其研究成果"Hierarchical-morphology metafabric for scalable passive daytime radiative cooling"以共一作者和共通讯作者发表于《科学》杂志。

【获浙江省自然科学奖一等奖】 2021年6月15日,戴道锌、何赛灵、刘柳、时尧成等主导的"硅基特异结构光波导模场调控及功能器件研究"项目荣获浙江省自然科学奖一等奖。团队长期致力于高性能高集成度硅基集成光子器件及其应用研究,在多模硅光子学、片上偏振调控、硅＋光子学(Silicon-plus Photonics)等方面取得重要进展:(1)率先提出了面向片上偏振调控的硅基非对称波导及耦合结构体系,实现超小型大带宽高性能硅基片上调控器件及其集成芯片;(2)突破了单模条件设计框架,引入高阶模构建了硅基多模光子学及功能器件与集成芯片;(3)与金属、2D材料及聚合物等相融合,发展了硅＋X异质集成光调制与光探测器件及集成芯片。戴道锌教授获2020年第十七届王大珩光学奖中青年科技人员光学奖,因其在先进硅基无源光子器件研究的重大贡献当选2022年度美国光学学会会士。

【刘旭入选第四届"最美浙江人·最美科技人"】 学科带头人刘旭教授作为"973纳米分辨快速光学成像机理与技术的基础研究"首席科学家,联合国内光学显微行业龙头企业形成系列自主知识产权超分辨显微成像技术与产品,实现了我国高端显微镜及部件的产品化,打破我国高端显微镜为国外企业所垄断的状况,使我国的高端显微镜走向市场、走向国际。2020年,以"聚焦国家重大战略需求,在专业领域作出突出贡献的科技报国者"入选中共浙江省委宣传部、浙江省科技厅主办的第四届"最美浙江人·最美科技人"。

(祝宇慧撰稿　毕建权审稿)

信息与电子工程学院

【概况】 信息与电子工程学院(简称信电学院)由信息与通信工程系、电子工程系组成,下设信息与通信网络工程研究所、智能通信网络与安全研究所、信号空间和信息系统研究所、智能系统与芯片研究所、集成电路先导技术研究所、射频与光子信息处理研究所、电磁信息与电子集成创新研究所、计算智能与信号处理研究所、智能电子信息系统研究所、微电子集成系统研究所、多源感知与机器智能研究所、智能传感与微纳集成研究所,建有浙江省信息处理与通信网络重点实验室、浙江省先进微纳电子器件智能系统及应用重点实验室等研究机构和首批国家集成电路人才培养基地。信息与电子工程实验教学中心和浙江大学工程电子设计基地为国家实验教学示范中心"浙江大学工程训练中心"的组成部分。

信电学院建有电子科学与技术、信息与通信工程2个博士后流动站,拥有电子科学与技术、信息与通信工程2个一级学科博士学位授予权,覆盖物理电子学、电路与系统、微电子学与固体电子学、电磁场与微波技术、通信与信息系统、信号与信息处理6个二级学科,其中通信与信息系统为二级学科国家重点学科,信息与通信工程入选浙江省一流学科(B类)建设名单。学院设有电子科学与技术、微电子科学与工程、信息工程三个本科专业,其中电子科学与技术专业和信息工程专业是国家级一流本科专业建设点。

全院现有教职工251人(其中教学科研

项目	数据	项目	数据
教职工/人	251	获国家级科技奖项目/项	0
教授/人	45	获国家级教学成果奖/项	0
副教授/人	43		
研究员/人	1	授权发明专利数/项	109
副研究员/人	0		
长聘教授/人	1	SCI 入选论文/篇	341
长聘副教授/人	0		
"百人计划"研究员/人	26	EI 入选论文/篇	361
特聘研究员/人	4		
特聘副研究员/人	4	MEDLINE 入选论文/篇	0
具有博士学位的专业教师比例/%	100	出版专著/部	1
两院院士/人	1		
"国家特支计划"入选者/人	0	在校本科生/人	970
教育部"长江学者"特聘教授/人	1	在学硕士研究生/人	625
教育部"长江学者"青年学者/人	0		
省部级高等学校教学名师奖获得者/人	0	其中:专业学位研究生/人	266
"973 计划"首席科学家*/人	0		
国家"百千万人才工程"入选者/人	0	在读博士研究生/人	415
国家杰出青年科学基金获得者/人	2		
教育部新(跨)世纪优秀人才培养计划入选者/人	7	其中:专业学位研究生/人	29
浙江省特级专家/人	0	在校攻读学位的国际学生/人	32
浙江大学求是特聘教授/人	4	应届本科毕业生一次就业率/%	97.49
一级学科国家重点学科/个	0		
二级学科国家重点学科/个	1	应届本科毕业生深造率/%	69.18
国家重点(专业)实验室/个	0		
国家工程(技术)研究中心/个	0	应届毕业研究生一次就业率/%	98.22
国家人才培养基地(含教学、教育基地)/个	7		
国家精品资源共享课/门	0	教师出国交流/人次	120
国家精品资源视频公开课/门	0	学生出国交流/人次	454
国家级一流本科课程/门	0		
科研总经费/万元	27727.73	举办国际学术会议/次	1
其中:国家自然基金比重/%	8.48	社会捐赠经费总额/万元	304.5
纵向经费比重/%	60.47		

注: * 含重大科学研究计划、ITER 计划、青年科学家专题等。

浙江大学年鉴

并重岗教师 117 人）。正高级职称人员 69 人（2021 年新增 2 人）、副高级职称人员 37 人（2020 年新增 1 人），博士研究生导师 95 人（2021 年新增 5 人）、硕士研究生导师 117 人（2021 年新增 3 人），博士后 23 人。2021 年新增国家高层次人才计划青年项目 7 人。

2021 年，信电学院招收硕士研究生 185 人、博士研究生 103 人，2020 级本科生 275 人确认主修专业进入信电学院学习，毕业本科生 280 人、毕业硕士研究生 227 人、毕业博士研究生 42 人。

到校科研总经费 27727.73 万元（含外拨 4559.13 万元），其中微纳电子学院到校科研总经费 4029.18 万元；在研的国家基金项目 88 项，在研的科技部项目 60 项，在研的其他纵向科研项目 151 项。

信电学院重视国际交流与合作，全年共有 574 人次的师生参加以线上为主的学术会议、合作研究和交流学习等。

【获教育部自然科学奖一等奖】 陈红胜教授主持的"电磁隐身衣的机理及实验研究"项目获 2020 年度教育部自然科学奖一等奖。陈红胜教授长期从事人工电磁结构、电磁波隐身、深度学习与智能电磁波调控等方面的教学与科研工作，此次获奖项目揭示了隐身衣与电磁波相互作用的物理机理，创新性地提出了均匀变换光学隐身设计新方法，提出了大尺度宽频隐身的设计新思想，整体达到国际先进水平。

【获浙江大学第六届引才育才组织突出贡献奖】 2021 年，引进求是特聘学者李军伟教授、浙江大学"百人计划"研究员 2 位，特聘研究员 2 位。陈红胜当选 IEEE Fellow；叶德信获得国家自然科学基金委优秀青年科学基金项目；林晓、黄崇文、谭志超、杨怡豪、杨宗银、魏准获得国家自然科学基金委优秀青年科学基金(海外)项目。

【党建工作成效显著】 学院党委、微电子专业本科生党支部获评浙江大学先进基层党组织，电子科学与技术专业本科生党支部、电子工程系教工党支部和电磁信息与电子集成研究生党支部入选第二批"全校党建工作样板支部"培育创建单位。王明华、史治国、齐俏获浙江大学优秀党员，欧阳润清获浙江大学优秀党务工作者、本科生党员温晨怡获"竺可桢奖学金"。成立浙江大学"在鲜红的党旗下"王明华研究生党建工作室，大力引领青年人才听党话，跟党走。

（王军霞撰稿　钟蓉戎审稿）

控制科学与工程学院

【概况】 控制科学与工程学院（简称控制学院），下设工业控制、智能系统与控制、智能感知与检测 3 个研究所，NGICS 大平台及自动化实验教学中心和分析仪器研究中心，拥有工业控制技术国家重点实验室、工业自动化国家工程研究中心、工业控制系统安全技术国家工程实验室、流程生产质量优化与控制国际联合研究中心 4 个国家级平台，建有教育部引智基地，是多个国家基金创新群体的依托单位。

学院拥有控制科学与工程、网络空间安全(共建)一级学科博士、硕士学位授予权，控制工程专业硕士学位授予权，设自动化、机器人工程 2 个本科专业。控制科学与工程为一级学科国家重点学科、"双一流"学科，在教育部第四轮一级学科评估中获评"A+"学科。2021 年，学院党委获评浙江大学先进基层党组织。

现有教职工153人，其中，中国工程院院士1人，正高级职称人员55人（2021年新增2人）、副高级职称人员38人（2021年新增2人）、博士研究生导师66人（2021年新增9人）、硕士研究生导师94人（2021年新增13人）。2021年，入选教育部"长江学者"特聘教授1人，国家杰出青年科学基金1人，浙江省万人领军1人，浙江大学求是特聘教授1人，国家级青年人才5人，第七届中国自动化学会青年人才托举工程项目1人，浙江省百名巾帼劳模风采录1人；获评浙江省本科高校首批榜样教务处长1人，浙江省高校辅导员工作案例大赛三等奖1人。

2021年，招收硕士研究生150人、博士研究生84人，2021级本科生156人确认进入学院继续学习，毕业本科生185人、硕士研究生132人、博士研究生38人。获首届全国优秀教材（高等教育类）二等奖1项，浙江大学教学成果特等奖3项、一等奖2项；入选教育部首批课程思政示范课程1门，浙江省首批省级课程思政教学项目1门，浙江省一流本科课程2门，工业和信息化部"十四五"规划教材1种；获批中国自动化学会科普教育基地；出版3种主编教材。学生获中国自动化学会优秀博士学位论文奖1篇、提名奖1篇，中国电子学会优秀博士学位论文1篇、优秀硕士论文2篇，IDC Robocon国际机器人设计大赛亚军、季军，"西门子杯"中国智能制造挑战赛一等奖，菲尼克斯智能技术创新与应用大赛全国总决赛二等奖，全国"挑战杯"竞赛"揭榜挂帅"专项赛特等奖，浙江省"挑战杯"大学生课外学术科技作品竞赛一等奖。

科研经费到款17200万元，其中纵向经费6455万元。新增科研项目163项，其中国家级重点项目（课题）4项、千万级项目9项；在研项目584项，其中国家级重点项目（课题）46项、千万级项目22项。入选新序列国家工程研究中心1个；获国家科技进步奖二等奖1项，教育部青年科学奖1项，浙江省自然科学奖一等奖1项，中国自动化学会科技进步奖一等奖1项，中国计算机学会技术发明奖一等奖1项。代表性成果发表在《自然通讯》（*Nature Communications*）上1篇，获国际机器人顶级期刊T-RO最佳论文荣誉奖1篇；获评浙江省首届青年科技英才奖1人，中国仪器仪表学会青年科技人才奖1人，IEEE可扩展计算技术委员会职业中期研究成就奖1人。

获首批浙江省省级标准国际化示范单位；主办国际期刊被Scopus数据库收录；举办第七届浙江大学研究生"分布式控制、优化与学习"国际暑期学校；接待国（境）外专家、学者来访21人次（含线上）。

浙江大学湖州研究院、工业自动化国家工程中心榆林分中心、石虎山机器人创新基地等校地共建研发机构、创新基地正式揭牌成立；签约设立4个校企合作研究中心。

【入选教育部首批课程思政示范课程】 6月1日，教育部公布了首批课程思政示范项目名单，浙大控制学院院长邵之江负责的研究生课程"自动化前沿"入选。课程教师邵之江、陈积明、苏宏业、赵春晖、侯迪波、王文海、叶松、孙优贤（院士）入选课程思政教学名师和教学团队。

该课程自2010年起开设，是学院研究生必修课。重点面向未来经济技术发展的新需求、新动向，针对感知分析、检测和诊断、数据建模、优化调控、高端系统、网络控制等自动化领域前沿方向开展问题解剖、案例分析、原理介绍，让学院内不同研究方向、应用领域的研究生了解前沿、提高站位、开拓视野,传导学生精益求精的大国工匠精神,激发学生科技报国的使命担当,使学生对工信深度融合、提质降本增效、工业强国、中国智造等有较全面的了解,对先进感知与分析、过程检测和诊断、大数据分析与认知网络、系统建模与优化、高端控制装备及系统、网络化系统控制、供应链系统优化等有全局性认识。

【获首批浙江省省级标准国际化示范单位】7月13日,浙江省市场监督管理局公布了第一批省级标准国际化试点、示范和培育基地名单的通知,浙大控制学院获第一批省级标准国际化示范单位。控制学院结合自身控制领域学科优势与国家战略发展需求,在标准制定方面,联合地域制造系统提供商、制造企业进行优势领域的标准制定工作。学院苏宏业团队于2003年左右加入国际标准化组织(ISO),苏宏业是分技术委员会中唯一担任两个工作组召集人的技术人员。

学院作为第一完成单位主持及编写的国际先进控制与优化系列标准3项、两化融合评估系列标准2项,均与我国发展制造强国的战略高度契合。制造系统先进控制与优化软件集成的标准化有助于促进我国先进控制与优化技术及软件的规范化、国有化和自主化,对推动我国制造业的高端自动化软件产业具有重要战略意义。两化融合相关标准规范化了两化融合评估框架、参考模型、成熟度模型和评估方法,是我国在两化融合领域的第一个走向国际的工作提案,也是该领域第一个被国际标准化组织认可的工作提案,是我国在两化融合领域标准化工作的一个重要里程碑。

【获首届全国教材建设奖】 10月9日,国家教材委员会发布《关于首届全国教材建设奖奖励的决定》,浙大控制学院张宏建、黄志尧、周洪亮、冀海峰编著的《自动检测技术与装置(第三版)》教材获“全国优秀教材(高等教育类)二等奖”。

《自动检测技术与装置》由化学工业出版社于2004年7月正式出版第一版,2010年9月出版第二版,2019年7月出版第三版,被评为普通高等教育“十五”国家级规划教材,“十二五”普通高等教育本科国家级规划教材,第八届中国石油和化学工业优秀教材一等奖。该教材累计印刷11次,已被浙江大学、北京化工大学、华南理工大学、南京工业大学、中国石油大学、重庆理工大学、山东理工大学、青岛科技大学等数十所高校采用作为教材。使用的专业有自动化、电气工程及其自动化、测控技术与仪器等相关专业。

【获国家科学技术进步奖二等奖】 11月3日,中共中央、国务院在北京人民大会堂隆重举行国家科学技术奖励大会,对为我国科学技术进步、经济社会发展、现代化建设作出突出贡献的科学技术人员和组织给予奖励。浙大控制学院王文海领衔的“广域协同的高端大规模可编程自动化系统及应用”获2020年度国家科学技术进步奖二等奖。

“广域协同的高端大规模可编程自动化系统及应用”成果针对中国智能工厂日趋大型化、高速化、精细化,能源、冶金、石化、环保等领域对高端大规模可编程自动化系统提出的迫切需求,突破了广域协同的高端大规模可编程自动化系统的总体设计技术、功能安全与信息安全融合的综合安全技术、感知网络优化技术和运行优化技术等四大难题,形成了自主知识产权的核心技术体系,成功研制出广域协同的高端大规模可编程自动化装置及系统,并大规模推广应用,产

附表 2021 年度控制学院基本情况

项目	数据	项目	数据
教职工/人	153	获国家级科技奖项目/项	1
教授/人	37	获国家级教学成果奖/项	0
副教授/人	20	授权发明专利数/项	78
研究员/人	1		
副研究员/人	0	SCI 入选论文/篇	282
长聘教授/人	2	EI 入选论文/篇	287
长聘副教授/人	1		
"百人计划"研究员/人	10	MEDLINE 入选论文/篇	0
特聘研究员/人	2		
特聘副研究员/人	10	出版专著/部	4
具有博士学位的专业教师比例/%	100		
两院院士/人	1	在校本科生/人	508
"国家特支计划"入选者/人	5		
教育部"长江学者"特聘教授/人	3	在学硕士研究生/人	583
教育部"长江学者"青年学者/人	1	其中:专业学位研究生/人	286
省部级高等学校教学名师奖获得者/人	0		
"973 计划"首席科学家*/人	0	在读博士研究生/人	384
国家"百千万人才工程"入选者/人	5		
国家杰出青年科学基金获得者/人	2	其中:专业学位研究生/人	54
教育部新(跨)世纪优秀人才培养计划入选者/人	6		
浙江省特级专家/人	3	在校攻读学位的国际学生/人	42
浙江大学求是特聘教授/人	5		
一级学科国家重点学科/个	1	应届本科毕业生一次就业率/%	92.81
二级学科国家重点学科/个	0		
国家重点(专业)实验室/个	1	应届本科毕业生深造率/%	61.68
国家工程(技术)研究中心/个	1		
国家人才培养基地(含教学、教育基地)/个	1	应届毕业研究生一次就业率/%	98.30
国家精品资源共享课/门	0	教师出国(境)交流/人次	1
国家精品资源视频公开课/门	0		
国家级一流本科课程/门	1	学生出国(境)交流/人次	135
教育部课程思政示范课程	1		
科研总经费/万元	17200	举办国际学术会议/次	0
其中:国家自然基金比重/%	8.74		
纵向经费比重/%	37.53	社会捐赠经费总额/万元	0

注:* 含重大科学研究计划、ITER 计划、青年科学家专题等。出国(境)交流人次含线上。

浙江大学年鉴

生重大经济效益和社会效益,对于国家战略安全、经济安全、智能装备制造、节能降耗减排,都具有不可或缺的支撑作用。

【石虎山机器人创新基地正式成立开园】
11 月 10 日,环浙大玉泉产业带建设启动仪式在石虎山机器人创新基地举行。浙江大学党委常委、副校长王立忠,杭州市西湖区委副书记、区长董毓民出席启动仪式。浙江大学领导与西湖区相关领导等共同宣布环浙大玉泉人工智能产业带正式启动。

西湖区环浙大人玉泉人工智能产业带是结合西湖区域优势和浙大高校优势的重要成果体现,产业带将依托浙大玉泉校区控制学院、计算机学院等人工智能产业相关的一流优势学科资源,突出"环玉泉校区"的区位优势,着力培育、发展和集聚一批特色鲜明、结构优化、梯次渐进和市场竞争力强的人工智能企业,打造人才链、产业链、资金链、技术链、服务链等"五链融通"的人工智能产业创新生态圈。

石虎山机器人创新基地位于西湖区灵隐街道青芝坞石虎山 18 号,是环浙大玉泉人工智能产业带中的重要一环,以"智能机器人与未来科技"为主题,以技术转化、创业孵化、人才培养为主要功能,以"产学研创一体化"为特色。基地建筑面积为 6000 余平方米,其中 2200 平方米为控制学院产学研孵化基地,目前共有智能协作机器人、巡检机器人、智能检测机器人、自主无人驾驶等创新工坊 12 个,已孵化注册企业 10 余家。基地还成功吸引了软体机器人、医疗机器人、生物机器人等 10 余家机器人控制领域的行业先锋团队项目入驻。基地预计在 5 年内培育或引进企业不少于 50 家,国家高新技术企业不少于 20 家,入选区级以上高层次人才不少于 10 人。

【国家工程研究中心纳入新序列管理名单】
12 月 20 日,国家发展和改革委员会公布了新序列国家工程研究中心入选名单,浙江大学工业自动化国家工程研究中心入选。

工业自动化国家工程研究中心是原国家计委于 1992 年批准拨款建设的第一批国家级工程研究中心。作为产业化的通道,工程中心自成立以来依托强大的学科背景,在中心主任孙优贤院士领导下,以"培育一流成果,转化一流技术"为目标,面向技术创新主战场,紧密结合能源、化工、冶金、石化、信息等领域重大工程,开展自动化控制系统关键技术及装备的研究与开发,形成"基础研究—技术创新—成果转化—大规模工业应用"的闭环发展模式,将一大批科研成果链条式地转化到实际应用中,为中国自动化技术的发展和进步做出了杰出贡献。2012年,工业自动化国家工程研究中心被评为优秀工程中心,同年工程中心研究团队获得国家发改委颁发的重大成就奖。

国家发改委先后分两批对现有 349 家国家工程研究中心和国家工程实验室进行优化整合,经过严格评审,最终 191 家获准纳入新序列,其中由高校牵头的国家工程研究中心共 52 家,占总数的 27%。

(王　婧撰稿　杨　倩审稿)

计算机科学与技术学院

【概况】　计算机科学与技术学院(简称计算机学院)由计算机科学与工程学系、数字媒体与网络技术系、工业设计系、软件工程系(与软件学院共建)、信息安全系、人工智能系 6 个系组成,设有人工智能、计算机软件等 4 个研究所,以及计算机基础教学和继续教育、计算机应用工程 2 个中心,拥有计算机辅助设计与图形学(CAD & CG)国家重点实验室、国家列车智能化工程技术研究中心 2 个国家重点实验室(工程技术研究中心)和视觉感知教育部—微软重点实验室、计算机辅助产品创新设计教育部工程研究中心等 14 个省部级重点实验室(工程技术研究中心)。

学院拥有计算机科学与技术、软件工程、网络空间安全和设计学 4 个一级学科及人工智能交叉学科(纳入一级学科管理)博士学位授予权和博士后流动站。其中计算机应用技术为二级学科国家重点学科,计算机软件与理论为国家重点(培育)学科,计算机科学与技术、软件工程、设计学 3 个学科为浙江省一流学科。在教育部第四轮学科评估工作中,计算机科学与技术一级学科与软件工程一级学科均入选 A+,设计学入选 A-。据《基本科学指标》数据库(ESI)2021 年 11 月数据统计,计算机学科 ESI 学科排名世界前 1‰,位列全球第 21 位。

2021 年,学院招收博士研究生 209 人、硕士研究生 342 人。2021 级本科生 432 人(含竺可桢学院的 210 人)确认主修专业到学院学习。毕业博士研究生 78 人、硕士研究生 318 人、本科生 448 人。

学院现有教职工 264 人,其中正高级职称人员 106 人,副高级职称人员 89 人。博士生指导教师 161 人(含兼职博导 6 人),硕士生指导教师 251 人。2021 年引进浙江省鲲鹏计划者 1 人,求是工程岗 1 人,新"百人计划"入选者 2 人,新增入选国家"万人计划"科技创新领军人才 1 人,教育部"长江学者"讲席教授 1 人,教育部长江学者特设岗 2 人,国家杰出青年科学基金获得者 1 人,

浙江大学求是特聘学者 3 人,教育部"长江学者"青年学者 1 人,国家优秀青年科学基金获得者 1 人,优秀青年科学基金(海外)获得者 4 人,浙江大学启真人才基金项目资助(优秀青年学者)获得者 3 人。在站博士后研究人员共有 113 人。

2021 年,科研经费到款共计 44039 万元,其中纵向项目经费 16881 万元、横向经费 23171 万元、军工项目经费 3987 万元。新增"三重"科技项目 13 项,科技人才类项目新增国家杰出青年科学基金项目 1 项、优秀青年科学基金项目 1 项、国家优秀青年基金项目(海外)8 项、国家自然科学基金批准项目 33 项。转化发明专利 32 项,转化金额 675 万元。新建浙江—新加坡人工智能与创新设计联合实验室。

2021 年,信息安全和工业设计专业入选国家一流本科专业建设序列。获首届全国优秀教材建设奖 1 项,入选教育部新兴领域教材研究与实践项目 2 项。获得浙江省教学成果一等奖 1 项。出版了《知识图谱导论》《设计思维与创业实践》等 4 本教材。

2020—2021 学年,832 名本科生及 151 名研究生参加线上国际交流,本科生交流率达 183.66%。2021 年,教师参加线上国际会议 30 人次,开设了 10 门本科生及研究生全英文课程,举办了 2 场国际暑期学校和 2 场国际会议。首次制作并发布了学院国际形象宣传片。

【持续推进新一代人工智能发展】 2021 年 4 月 24 日,浙江大学计算机学院召开 OpenKS(知目)知识计算引擎开源项目发布会,系统介绍了浙大与合作单位研发的 OpenKS 知识计算引擎取得的重大进展。2021 年 7 月,浙江大学计算机学院参与完成的《自然》子刊《机器智能》论文《中国迈向

附表　2021 年度计算机科学与技术学院基本情况

项目	数据	项目	数据
教职工/人	264	获国家级科技奖项目/项	0
教授/人	74	获国家级教学成果奖/项	0
副教授/人	69	授权发明专利数/项	93
研究员/人	6		
副研究员/人	10		
长聘教授/人	2	SCI 入选论文/篇	253
长聘副教授/人	0		
"百人计划"研究员/人	26	EI 入选论文/篇	301
特聘研究员/人	6		
特聘副研究员/人	1	MEDLINE 入选论文/篇	0
具有博士学位的专业教师比例/%	82.71	出版专著/部	2
两院院士/人	4	在校本科生/人	1667
"国家特支计划"入选者/人	13		
教育部"长江学者"特聘教授/人	4	在学硕士研究生/人	998
教育部"长江学者"青年学者/人	2	其中:专业学位研究生/人	444
省部级高等学校教学名师奖获得者/人	1		
"973 计划"首席科学家*/人	4	在读博士研究生/人	778
国家"百千万人才工程"入选者/人	4		
国家杰出青年科学基金获得者/人	10	其中:专业学位研究生/人	103
教育部新(跨)世纪优秀人才培养计划入选者/人	13		
浙江省特级专家/人	3	在校攻读学位的国际学生/人	87
浙江大学求是特聘教授/人	10	应届本科毕业生一次就业率/%	95.57
一级学科国家重点学科/个	0		
二级学科国家重点学科/个	1	应届本科毕业生深造率/%	51.82
国家重点(专业)实验室/个	1		
国家工程(技术)研究中心/个	1	应届毕业研究生一次就业率/%	99.75
国家人才培养基地(含教学、教育基地)/个	4	教师出国交流/人次	30
国家精品资源共享课/门	0		
国家精品资源视频公开课/门	0	学生出国交流/人次	983
国家级一流本科课程/门	8	举办国际学术会议/次	2
科研总经费/万元	44039		
其中:国家自然基金比重/%	8.65	社会捐赠经费总额/万元	4299
纵向经费比重/%	38.38		

注：* 含重大科学研究计划、ITER 计划、青年科学家专题等。

浙江大学年鉴

新一代人工智能》和"数字创意智能设计引擎"项目获 2021 世界人工智能大会最高荣誉 SAIL（卓越人工智能引领者）奖。

【真实感图形实时计算研究成果获国家自然科学奖二等奖】 浙江大学计算机辅助设计与图形学国家重点实验室周昆教授领衔的团队率先开展了 GPU（图形处理器）架构上的真实感图形实时计算研究，经过十余年不懈努力，首次创建了全 GPU 运行的真实感图形绘制流水线，形成了贯穿图形表示、建模、绘制全过程的理论体系。在 2021 年 11 月 3 日召开的 2020 年度国家科学技术奖励大会上，该项成果获得国家自然科学奖二等奖。

【连续两年获得 CTF 全球总决赛总冠军】 2021 年 8 月 28 日，全球顶级夺旗赛（CTF）赛事黑客大会夺旗赛（DEFCON CTF）决赛在美国拉斯维加斯线下与线上同步举行，浙江大学 AAA 战队 12 名同学所在的 Katzebin 联合战队以 869 分的总积分获得全球总冠军，继 2020 年夺冠后成功卫冕，打破了国内战队在该项比赛的最佳纪录，展示了中国网络安全队伍的雄厚实力。

（胡高权撰稿　彭列平审稿）

软件学院

【概况】 2021 年，软件学院取消非全日制硕士研究生招生，招收电子信息和机械 2 个专业学位类别全日制硕士研究生 406 人（含专项计划和港澳台生 5 人）。电子信息类别包含软件工程、人工智能 2 个领域，分别招收 247 人和 118 人；机械类别招收工业设计工程领域研究生 41 人。招收 2021 级电子信息专业学位全日制博士研究生 15 人。2021 届毕业研究生 293 人，就业率达到 98.6%，进入世界 500 强企业及重点单位就业的比例占 70%，选调、考公就业 10 人，西部就业 4 人，国防军工就业 1 人。

新增 4 个千万元级的校企联合研发中心，分别是"浙江大学—康勒科技工业软件联合研发中心""浙江大学—苍穹数字技术联合研发中心""浙江大学—浙江鑫源数字智能化联合研发中心"和"浙江大学—恒生电子金融科技创新研发中心"，为软件学院科研水平的提高提供了有力支撑。2021 年在研项目中，有国家重点研发 4 项、国家自然科学基金青年项目 3 项、省自然科学基金公益项目 2 项、宁波市自然科学基金 4 项、与企业联合申报宁波市 2025 重大专项 1 项。

教学成果"基于产教融合新模式的引领式软件工程技术人才培养体系构建"获浙江大学教学成果特等奖，并入选浙江省教学成果奖推荐名单一等奖；学院积极推动学生创新创业工作，组织选送了数十支队伍参加国际国内各类创新创业大赛、软件创新大赛、创新设计大赛。一年来，学院学子涌现出中国高校计算机大赛——人工智能创意赛全国特等奖、iF 设计新秀奖、2021 迪拜设计周奖、中国设计制造大奖（DIA）等 44 项国际国内大学生创新创业与创新设计类竞赛成果。

【与中电集团第五十二研究所、南湖研究院签署党支部共建协议】 7 月 22 日，浙江大学软件学院和中电集团第五十二研究所、南湖研究院在五十二所园区签署党支部共建协议，努力提升党支部建设质量，推动院所合作迈上新台阶。计算机科学与技术学院和软件学院党委书记彭列平、副书记于翔，中电五十二所党委书记林天静、党委副书记赖臻泓、南湖研究院党委办公室主任洪丹丹出席签约仪式。

【与宁波舟山港集团技术与信息管理部党支部签署党支部共建协议】 11月2日，浙江大学软件学院软件工程专业硕士生第三党支部和宁波舟山港集团技术与信息管理部党支部在宁波国际航运中心签署党支部共建协议。宁波舟山港集团技术与信息管理部部长、党支部书记任海东，软件学院副院长陈丽，计算机科学与技术学院和软件学院党委副书记于翔出席签约仪式。

【获批首批特色化示范性软件学院】 12月30日，教育部办公厅、工业和信息化部办公厅公布首批特色化示范性软件学院名单，浙江大学软件学院获批成为首批33所特色化示范性软件学院之一。国家特色化示范性软件学院是国家示范性软件学院的发展与创新，是适应新时代软件人才培养要求的新举措，是特色化专业人才培养的新探索。

（方红光撰稿　于翔审稿）

生物医学工程与仪器科学学院

【概况】 生物医学工程与仪器科学学院（简称生仪学院）下设生物医学工程学系，包括生物医学工程研究所、数字技术及仪器研究所、医疗健康信息工程技术研究所和生物医学影像研究所四个研究所，建有浙江大学生物医学工程教育部重点实验室、浙江大学嵌入式系统教育部工程研究中心、医疗大数据应用技术国家工程研究中心（共建单位）、微创器械创新及应用国家工程研究中心（共建）、浙江大学生物传感器技术国家专业实验室、浙江省心脑血管检测技术与药效评价重点实验室、浙江大学浙江省网络多媒体技术研究重点实验室、浙江大学生物医学工程技术评估研究中心、浙江大学临床医学工程研究中心、浙江大学脑影像科学技术中心、浙江大学滨江研究院智能医疗技术与装备研究中心、浙江大学—雄凯集团医疗器械联合研发中心、浙江大学—博日科技联合研究中心、浙江大学—臻和科技 TumorX 联合实验室。

生仪学院拥有生物医学工程一级学科，是浙江大学 14 个国家一级重点学科之一，建有生物医学工程博士后流动站，设有生物医学工程一级学科博士学位授权点和硕士学位授权点，自主设置电子信息技术及仪器二级学科博士学位授权点和硕士学位授权点，拥有电子信息大类生物医学工程领域、仪器仪表工程领域专业博士学位和专业硕士学位授予权。

2021 年，招收博士研究生 53 人，招收硕士研究生 90 人，确认主修专业进入生仪学院 2021 级本科生 113 人，均为生物医学工程专业。毕业博士研究生 29 人、毕业硕士研究生 82 人、毕业本科生 117 人。2021 届毕业研究生一次就业率为 99.15%、本科生一次就业率为 95.37%，本科生深造率为 46.29%。

学院现有教职工 139 人，其中正高级职称人员 28 人，副高级职称人员 28 人，博士研究生指导教师 33 人、硕士研究生指导教师 18 人，学院博士后流动站在站人员 29 人（其中委培 1 人、企业博士后 9 人）。吴丹获得国家优秀青年基金资助，入选浙江省"鲲鹏计划"。

生物医学工程专业是国家一流本科专业建设点，正在进行一流本科教育建设，获

附表　2021 年度生物医学工程与仪器科学学院基本情况

项目	数据	项目	数据
教职工/人	139	获国家级科技奖项目/项	0
教授/人	15	获国家级教学成果奖/项	0
副教授/人	20	授权发明专利数/项	39
研究员/人	1		
副研究员/人	0	SCI 入选论文/篇	120
长聘教授/人	1		
长聘副教授/人	1	EI 入选论文/篇	0
"百人计划"研究员/人	11		
特聘研究员/人	0	MEDLINE 入选论文/篇	0
特聘副研究员/人	3		
具有博士学位的专业教师比例/%	98	出版专著/部	1
两院院士/人	0	在校本科生/人	460
"国家特支计划"入选者/人	0		
教育部"长江学者"特聘教授/人	0	在学硕士研究生/人	243
教育部"长江学者"青年学者/人	0	其中:专业学位研究生/人	118
省部级高等学校教学名师奖获得者/人	0		
"973 计划"首席科学家[*]/人	1	在读博士研究生/人	234
国家"百千万人才工程"入选者/人	1		
国家杰出青年科学基金获得者/人	2	其中:专业学位研究生/人	3
教育部新(跨)世纪优秀人才培养计划入选者/人	2		
浙江省特级专家/人	1	在校攻读学位的国际学生/人	9
浙江大学求是特聘教授/人	2	应届本科毕业生一次就业率/%	95.37
一级学科国家重点学科/个	1		
二级学科国家重点学科/个	0	应届本科毕业生深造率/%	46.29
国家重点(专业)实验室/个	1		
国家工程(技术)研究中心/个	0	应届毕业研究生一次就业率/%	99.15
国家人才培养基地(含教学、教育基地)/个	0		
国家精品资源共享课/门	0	教师出国交流/人次	0
国家精品资源视频公开课/门	0	学生出国交流/人次	234
国家级一流本科课程/门	0		
科研总经费/万元	14085.8	举办国际学术会议/次	0
其中:国家自然基金比重/%	8		
纵向经费比重/%	33	社会捐赠经费总额/万元	777

注:[*] 含重大科学研究计划、ITER 计划、青年科学家专题等。

2021年浙江大学教学成果奖一等奖1项；浙江大学首批一流本科专业综合改革项目立项（全校共12项）顺利结题；2021年获省级一流本科课程2门，省级课程思政示范课程1门，校级一流课程2门，校级课程思政7门，校级线上线下课程2门；获省级教学改革项目2项；新增校外实习实践基地2个。在本科优秀人才培养方面，学院组织优秀教师为"吕维雪实验班"同学开设学术讲座，强化学科学术前沿认识，鼓励优秀学生延续传承求是、探索、勤奋、创新精神，着力培养实践动手能力强、学科交叉视野广的复合型拔尖创新人才。在提升青年教师教学能力方面，学院系统组织教学竞赛，青年教师全员参加学院初赛，推选优秀教师参加学校决赛。在学校决赛中，学院推荐的2位教师发挥出色，郑婧老师、孙煜老师分获浙江大学2021年青年教师教学竞赛一等奖和二等奖。

生仪学院2021年科研经费规模为1.4亿元，新增千万级科研项目2项，立项国家自然科学基金项目12项，首次获批国家自然科学基金优青项目，立项国家重点研发计划项目（课题）2项，浙江省"尖兵""领雁"研发攻关计划项目6项，浙江省领军型创新创业团队1项，发表高水平论文136篇，授权发明专利39项，其中国际专利5项。

2021年，生仪学院成立学院国际化工作委员会，加强学院国际化办学的顶层设计，分别点对点开展国际合作工作，明确了国际化工作的建设目标、重点任务和组织保障。加强国际化师资的培育，外籍教师Hyeon Jeong Lee入选《麻省理工科技评论》亚太地区"35岁以下科技创新35人"；加强优势互补、资源共享，许迎科教授、孙煜教授成功申请2021年浙江大学—世界顶尖大学合作计划，与剑桥大学、耶鲁大学两所高校开展合作交流，搭建起集教学、科研与学术交流三位一体的沟通桥梁；田良飞、吴丹研究员入选浙江大学国际学生招生宣传讲师团，配合学校招生宣传工作。在疫情新形势下，通过在线平台的建设，学院共举办主题国际化讲座5场，邀请来自美国霍普金斯大学、加拿大多伦多大学和美国加州大学等多所高校名师作为会议主持或作主题演讲，开拓学院师生的国际学术视野，活跃学院的学术氛围。组织本科生234人次参加在线交流，其中4人赴新加坡国立大学深造。

（刘玉娥撰稿 项品辉审稿）

生命科学学院

【概况】 生命科学学院（简称生科学院）现有生物科学、生物技术、生物信息和生态学4个系，植物生物学、微生物等7个校级研究所；建有植物生理学与生物化学国家重点实验室（浙江大学）、国家濒危野生动植物种质基因保护中心、教育部生命系统稳态与保护重点实验室、浙江省细胞与基因工程重点实验室等国家与省部级重点实验室。

生物学、生态学入选国家一流学科建设名单，生态学、植物学、生物物理学3个二级学科为国家重点学科，药用植物资源学为浙江省中医药重点学科。

学院建有生物学、生态学博士后流动站；拥有生物学、生态学2个一级学科博士学位授予权，涵盖了12个二级博士学位授予权；2021年本科招生专业为生物科学、生态学。

项目	数据	项目	数据
教职工/人	129	获国家级科技奖项目/项	0
教授/人	44	获国家级教学成果奖/项	0
副教授/人	17	授权发明专利数/项	4
研究员/人	0		
副研究员/人	0		
长聘教授/人	1	SCI 入选论文/篇	125
长聘副教授/人	0		
"百人计划"研究员/人	8	EI 入选论文/篇	11
特聘研究员/人	9	MEDLINE 入选论文/篇	0
特聘副研究员/人	2		
具有博士学位的专业教师比例/%	91	出版专著/部	0
两院院士/人	0	在校本科生/人	562
"国家特支计划"入选者/人	4		
教育部"长江学者"特聘教授/人	2	在学硕士研究生/人	223
教育部"长江学者"青年学者/人			
省部级高等学校教学名师奖获得者/人	1	其中:专业学位研究生/人	0
"973 计划"首席科学家*/人	0		
国家"百千万人才工程"入选者/人	2	在读博士研究生/人	552
国家杰出青年科学基金获得者/人	9		
教育部新(跨)世纪优秀人才培养计划入选者/人	8	其中:专业学位研究生/人	0
浙江省特级专家/人	0	在校攻读学位的国际学生/人	10
浙江大学求是特聘教授/人	14	应届本科毕业生一次就业率/%	96
一级学科国家重点学科/个	2		
二级学科国家重点学科/个	3	应届本科毕业生深造率/%	58
国家重点(专业)实验室/个	1		
国家工程(技术)研究中心/个	0	应届毕业研究生一次就业率/%	90
国家人才培养基地(含教学、教育基地)/个	2		
国家精品资源共享课/门	3	教师出国交流/人次	0
国家精品资源视频公开课/门	0	学生出国交流/人次	0
国家级一流本科课程/门	2	举办国际学术会议/次	1
科研总经费/万元	5172		
其中:国家自然基金比重/%	25	社会捐赠经费总额/万元	130
纵向经费比重/%	73		

注:* 含重大科学研究计划、ITER 计划、青年科学家专题等。

2021年，招收硕士研究生44人、博士研究生158人，2021级本科生137人确认进入学院继续学习。毕业本科生113人、硕士研究生63人、博士研究生86人。

现有教职工129人，其中正高级职称人员52人、副高级职称人员28人；博士研究生指导教师57人、硕士研究生指导教师77人；2021年新增浙大求是特聘教授1人、国家青年人才项目1人；新入职百人计划研究员4人、特聘研究员3人、特聘副研究员1人。

建有国家生物学理科基础科学研究和教学人才培养基地、国家生命科学与技术人才培养基地和国家级生物学实验教学示范中心，有教育部高等学校教学名师1名，浙江省教学团队1个。生物科学专业列入国家一类特色专业建设、国家级一流本科专业建设点和国家"基础学科拔尖人才培养计划"。生物科学和生态学专业均入选教育部"强基计划"。建有"植物生理学""生命科学导论"等3门国家精品资源共享课程，"生物化学""分子生物学"等3门国家"双语"示范教学课程，2门国家一流本科课程；2021年新增9门省一流本科课程。

全年到款科研经费5172万元，其中纵向科研经费3785万元；批准重点研发计划课题3项；批准国家自然科学基金项目22项，其中国家专项1项，区域创新联合基金1项，国际（地区）合作与交流项目1项、面上项目9项、青年科学基金项目10项；获资助直接经费1297万元，资助率为34%。

2021年，受疫情影响，师生出国交流、接待国外团体来访情况较少。学院针对研究生开展"生命科学海外研习工作坊之海外大师云讲座"活动。浙江大学—爱丁堡大学工程生物学联合研究中心获批浙江省工程生物学国际科技合作基地，依托中心的海外院士工作站绩效考核优秀。

【学科实力稳步提升】 2021年，浙江大学生物学QS排名第71位；生态与环境科学QS世界排名第39位；在ESI学科排名中，植物与动物学68位，生物学与生物化学101位，环境与生态学84位，三个与学院密切相关的二级学科均进入前千分之一，学科声誉稳步提升。

【社会服务成效显著】 主动服务国家战略和地方区域发展，方盛国教授团队承担了2021年迪拜世博会中国馆大熊猫展项，并参与了亚洲象群南返西双版纳雨林任务，国家林业和草原局致函学校表示感谢。丁平和于明坚教授助力钱江源—百山祖国家公园通过国家验收。陈欣教授、唐建军教授等完成的《稻渔复合种养生态系统优化配置关键技术与应用》项目被授予神农中华农业科技奖二等奖。深化与部省合建高校云南大学生态与环境学院合作，陈欣教授与对方合作研究的"云南哈尼梯田稻鱼共生系统研究"项目获云南省高等教育教学成果奖二等奖。

【荣获全国大学生百强暑期实践团队】 赴福建南平市、宁夏银川"禾下乘凉梦，青春接力行"暑期社会实践团荣获"全国大学生百强暑期实践团队"，是此次评选中全校唯一获此荣誉的团体。

（吕　琴撰稿　诸葛洋审稿）

生物系统工程与食品科学学院

【概况】 生物系统工程与食品科学学院（简称生工食品学院）设有生物系统工程、食品科学与营养 2 个系和 1 个实验中心，建有智能农业装备、农业信息技术、农业生物环境工程、食品加工工程、食品生物科学技术等 5 个研究所，拥有智能食品加工技术与装备国家地方联合工程实验室、农业农村部农业环境工程与智能化设备重点开放实验室、农业农村部农产品产后处理重点实验室、农业农村部农产品产地处理装备重点实验室、农业农村部光谱检测重点实验室、农业农村部农产品贮藏保鲜质量安全风险评估实验室、浙江省农产品加工技术研究重点实验室和浙江省食品加工技术与装备工程实验室。

农业机械化工程学科为二级学科国家重点学科，农业工程一级学科是国家"双一流"建设学科、浙江大学高峰建设学科，食品科学与工程一级学科是浙江大学优势特色建设学科。

学院建有农业工程、食品科学与工程 2 个博士后流动站，拥有农业工程、食品科学与工程 2 个一级学科博士学位授予权，农业机械化工程等 10 个二级学科硕士学位授权点及农业工程、食品科学与工程 2 个本科专业，2 个本科专业均入选国家一流本科专业建设点，食品科学与工程专业通过 IFT 国际认证。

2021 年，招收本科生 101 人（其中留学生 5 人）、全日制硕士生 92 人（其中学术型硕士 41 人、专业型硕士 51 人）、全日制博士研究生 71 人、博士留学生 10 人、硕士留学生 1 人、非全日制工程博士研究生 4 人，2020 级本科生 107 人确认进入学院继续学习，毕业本科生 105 人、硕士研究生 72 人（其中学术学位 35 人、全日制专业学位 37 人）、博士研究生 49 人（其中留学生 4 人），授予硕士学位 75 人（其中学术学位 35 人、全日制专业学位 37 人、非全专业硕士学位

3 人）、博士学位 51 人（其中留学生 4 人、同等学力博士 1 人）。

现有教职工 179 人，具有正高级职称人员 39 人（2021 年新增 5 人，其中教授 4 人、长聘教授 1 人）、副高级职称人员 27 人（2021 年新增 1 人）；"百人计划"研究员 13 人；研究生导师 90 人（2021 年新增 10 人），其中博士研究生导师 60 人（2021 年新增 2 人）。

2021 年入选教育部"长江学者"讲席教授 3 人、"长江学者"特聘教授 1 人、"长江学者"青年学者 1 人，国家"万人计划"青年拔尖 1 人，引培浙江大学求是特聘教授 2 人，引进"新百人计划"研究员 1 人、特聘副研究员 9 人；1 位教授当选国际欧亚科学院院士，4 位教授入选 2020 年中国高被引学者。

2021 年，获浙江省教学成果奖特等奖 1 项、一等奖 1 项、二等奖 1 项；浙江省一流本科课程 4 门、课程思政示范课程 1 门，浙江省课程思政教改项目 1 项；1 篇博士学位论文获"浙江省优秀博士学位论文"提名奖、1 篇硕士学位论文获评"浙江省优秀硕士学位论文"；获浙江大学青年教师教学竞赛三等奖 1 人。

2021 年，到校科研经费 1.06 亿元，新增国家自然科学基金项目 13 项，浙江省自然科学基金杰出青年项目 4 项，重大项目 1 项，浙江省"尖兵""领雁"研发攻关计划项目 4 项、科技合作项目 1 项；全年发表 SCI 收录论文 290 余篇，其中五年平均影响因子 10 以上的论文 45 篇；获授权发明专利 97 件，其中国际专利 16 件。

全年共有本科生 87 人、研究生 72 人参加境外或线上国际交流活动，建立主题为"数字农业与未来食品"的院级本科生、研究生暑期线上国际交流项目；邀请 10 余位专

附表 2021 年度生物系统工程与食品科学学院基本情况

项目	数据	项目	数据
教职工/人	179	获国家级科技奖项目/项	0
教授/人	38	获国家级教学成果奖/项	0
副教授/人	22		
研究员/人	0	授权发明专利数/项	97
副研究员/人	2		
长聘教授/人	1	SCI 入选论文/篇	293
长聘副教授/人	0		
"百人计划"研究员/人	13	EI 入选论文/篇	1
特聘研究员/人	1	MEDLINE 入选论文/篇	0
特聘副研究员/人	11		
具有博士学位的专业教师比例/%	98.3	出版专著/部	3
两院院士/人	0		
"国家特支计划"入选者/人	3	在校本科生/人	358
教育部"长江学者"特聘教授/人	1	在学硕士研究生/人	305
教育部"长江学者"青年学者/人	3		
省部级高等学校教学名师奖获得者/人	2	其中:专业学位研究生/人	182
"973 计划"首席科学家*/人	0		
国家"百千万人才工程"入选者/人	2	在读博士研究生/人	274
国家杰出青年科学基金获得者/人	1	其中:专业学位研究生/人	34
教育部新(跨)世纪优秀人才培养计划入选者/人	7		
浙江省特级专家/人	1	在校攻读学位的国际学生/人	74
浙江大学求是特聘教授/人	6	应届本科毕业生一次就业率/%	94.83
一级学科国家重点学科/个	8		
二级学科国家重点学科/个	1	应届本科毕业生深造率/%	69.83
国家重点(专业)实验室/个	0	应届毕业研究生一次就业率/%	95.80
国家工程(技术)研究中心/个	0		
国家人才培养基地(含教学、教育基地)/个	0	教师出国交流/人次	21
国家精品资源共享课/门	2	学生出国交流/人次	159
国家精品资源视频公开课/门	1		
国家级一流本科课程/门	2	举办国际学术会议/次	0
科研总经费/万元	10593		
其中:国家自然基金比重/%	10	社会捐赠经费总额/万元	59.8
纵向经费比重/%	44		

注:* 含重大科学研究计划、ITER 计划、青年科学家专题等。

家为学生开设线上讲座,开设 2 门线上全英文课程;2 项国际工作坊项目获学校立项资助。

【获浙江省教学成果奖特等奖 1 项】 2022年 1 月 29 日,浙江省教育厅公布了 2021 年浙江省教学成果奖获奖名单,罗自生教授团队完成的"以生为本、整合创新、科教互促——食品保藏课程群教学改革与实践"获特等奖。罗自生教授团队积极探索专业课程群教学体系改革,主讲"果蔬保鲜工程""食品安全保藏导论"等课程,结合学科发展创新教学内容,依托浙江大学综合性强和科研条件优越的特点,设置了涵盖必修课程、实践课程、通识课程和个性化课程在内的课程群,率先在教学内容中增加了工程化课程内容,强化学生专业综合知识结构,完善学生科研创新平台,提升毕业学生出口竞争力,课程群改革全面契合我国新农科建设需求,促进知农爱农新型人才培养。

【获浙江省科学技术进步奖一等奖 1 项】 2022 年 7 月 11 日,浙江省科学技术厅公布了 2021 年度浙江省科学技术奖获奖名单,由何勇教授主持的"农用无人机及作物智慧管理技术与装备的创制和应用"获浙江省科学技术进步奖一等奖。该项目在无人机及卫星遥感作物信息高效融合获取与智慧管理的核心技术和装备研究方面取得了重大突破,打破了国外技术壁垒,实现了作物养分、病虫害等信息的无人机快速检测,创建了集地面/无人机/卫星遥感信息获取融合、智慧决策和精准作业于一体的云管理平台,实现对数字农田和果园的智慧化管理,技术成果在全国多个省(区市)推广应用,取得了显著的社会和经济效益。

【在《美国科学院院报》发表研究论文 1 篇】 10 月 29 日,《美国科学院院报》(*PNAS*)在线发表了学院平建峰、应义斌教授团队与电子科技大学、美国西北大学的联合研究论文——"Flexible complementary circuits operating at sub-0.5V via hybrid organic-inorganic electrolyte-gated transistors",这是学院在 *PNAS* 上发表的第二篇研究论文。该研究创新性地提出将性能高度匹配的 p 型 OECT(活性层为有机半导体聚合物 DPP-g2T)和 n 型 EDLT(活性层为铟镓锌无机金属氧化物 IGZO)相结合,优化制备出一种基于复合 EGTs 的高性能柔性互补电路,可在低电压(0.7V)驱动下实现超高增益(>110),研究人员分别在刚性和柔性基底上实现了 NAND 和 NOR 逻辑电路的制备,在低至 0.2V 的驱动电压下获得了准确的逻辑响应;该研究还探究了互补电路在生物探测上的应用,对研发可穿戴生物传感器件和人机交互接口具有重要的学术价值。

【获国际大学生机器人设计竞赛 5 大奖项】 7 月 16 日,美国农业与生物工程师协会(ASABE)第十五届国际大学生机器人设计竞赛以在线形式举办。该竞赛是国际农业工程学科最有影响的国际大学生农业机器人大赛,学院连续第 9 年组队参加比赛。本届竞赛的主题是设计一个草莓园管理机器人系统,比赛分高级组和标准组两项赛事,学院选拔了 25 位本科生组建 5 支队伍参加比赛,获得本届竞赛的高级组总体最佳奖、最佳展示奖和标准组总体最佳奖、最佳展示奖、最佳报告奖,包揽了该赛事的 2 个冠军、2 个亚军和 1 个季军共 5 大奖项。学院一贯重视大学生的创新创业与实践能力,坚持以学科竞赛引领农业工程拔尖创新人才培养。

(唐月明撰稿　李金林审稿)

浙江大学年鉴

环境与资源学院

【概况】 环境与资源学院（简称"环资学院"）设有环境科学、环境工程、资源科学3个系，环境健康、环境过程、环境污染防治、环境技术、环境生态、土水资源与环境、农业化学、农业遥感与信息技术应用8个研究所。拥有1个环境与资源国家级实验教学示范中心，"污染环境修复与生态健康"1个教育部重点实验室，"农业资源与环境""农业遥感与信息技术""水体污染控制与环境安全技术""有机污染过程与控制"4个浙江省重点实验室，"水污染控制""土壤污染协同防治"2个浙江省工程实验室/研究中心，"环境污染与生态健康"1个浙江省国际科技合作基地。

拥有环境科学与工程国家"双一流"建设学科，农业资源与环境一级国家重点学科，环境工程、土壤学、植物营养学3个二级国家重点学科，环境科学浙江省重点建设学科。拥有环境科学与工程、农业资源与环境2个一级博士学位授权点（涵盖6个二级博士学位授予权），6个硕士学位授予权，另有1个博士专业学位授予权、3个硕士专业学位授予权；设有环境科学、环境工程、农业资源与环境、资源环境科学（2019级起并入农业资源与环境）4个本科专业。

现有教职工131人，专任教师93人。教师中有中国工程院院士1人，教授50人（新晋2人），研究员3人，副教授25人，副研究员5人，长聘副教授1人，"百人计划"研究员16人，特聘副研究员2人；博士生指导教师84人，硕士生指导教师103人，另有

在站博士后76人（学科博士后61人）。2021年，新引进求是讲座教授1人（中国工程院院士），4人入选国家级重大青年人才计划，1人入选教育部长江青年学者、1人入选国家"万人计划"科技创新领军人才、1人入选国家"万人计划"青年拔尖人才、2人获得国家优秀青年基金资助（含海外项目1人）、1人入选省"万人计划"青年拔尖人才。

2021年，招收硕士研究生178人、博士研究生99人（含非全日制5人）。2021级125名本科生确认主修专业进入环资学院；毕业本科生121人、硕士研究生131人、博士研究生47人。环境工程专业入选国家级一流本科专业建设点，2部教材获首届全国优秀教材奖（高等教育类）二等奖，1个项目获2021年浙江省教学成果奖二等奖。5门课程入选省级一流本科课程，1门课程入选省级课程思政示范课程，2个项目入选省级课程思政教学研究项目，1个项目获批2021—2022年度浙江省产教融合"五个一批"（产学合作协同育人项目）；2部教材入选工业和信息化部"十四五"规划教材；2部教材入选科学出版社"十四五"规划教材。1项赛事获得浙江大学本科生省级学科竞赛项目认定。逯慧杰获2021年浙江大学青年教师教学竞赛特等奖。1个项目获2021年浙江省优秀研究生教学案例。在社会实践、志愿服务和党团建设类活动中，获全国"大学生在行动"优秀小分队、浙江大学暑期大学生社会实践活动优秀组织奖等18项，指导学生参与浙江省第十七届"挑战杯"大学生课外学术科技作品竞赛、第七届浙江省"互联网+"大学生创新创业大赛、第十二届全国大学生数学竞赛（非数学类）等双创赛事与学术竞赛并获奖21项，举办浙江大学第十二届环境文化节等校园文化活动。

附表　2021 年度环境与资源学院基本情况

项目	数据	项目	数据
教职工/人	131	获国家级科技奖项目/项	0
教授/人	50	获国家级教学成果奖/项	0
副教授/人	25		
研究员/人	3	授权发明专利数/项	34
副研究员/人	5		
长聘教授/人	0	SCI 入选论文/篇	366
长聘副教授/人	1		
"百人计划"研究员/人	16	EI 入选论文/篇	248
特聘研究员/人	0		
特聘副研究员/人	2	MEDLINE 入选论文/篇	0
具有博士学位的专业教师比例/%	98.92	出版专著/部	0
两院院士/人	1	在校本科生/人	372
"国家特支计划"入选者/人	6		
教育部"长江学者"特聘教授/人	6	在学硕士研究生/人	647
教育部"长江学者"青年学者/人	2		
省部级高等学校教学名师奖获得者/人	1	其中:专业学位研究生/人	237
"973 计划"首席科学家*/人	0		
国家"百千万人才工程"入选者/人	4	在读博士研究生/人	406
国家杰出青年科学基金获得者/人	7		
教育部新(跨)世纪优秀人才培养计划入选者/人	8	其中:专业学位研究生/人	19
浙江省特级专家/人	2	在校攻读学位的国际学生/人	26
浙江大学求是特聘教授/人	10	应届本科毕业生一次就业率/%	87.7
一级学科国家重点学科/个	1	应届本科毕业生深造率/%	84.1
二级学科国家重点学科/个	3		
国家重点(专业)实验室/个	0	应届毕业研究生一次就业率/%	95.7
国家工程(技术)研究中心/个	0		
国家人才培养基地(含教学、教育基地)/个	1	教师出国交流/人次	0
国家精品资源共享课/门	2	学生出国交流/人次	13
国家精品资源视频公开课/门	0		
国家级一流本科课程/门	1	举办国际学术会议/次	0
科研总经费/万元	20090.80		
其中:国家自然基金比重/%	14.68	社会捐赠经费总额/万元	72.33
纵向经费比重/%	46.92		

注:*含重大科学研究计划、ITER 计划、青年科学家专题等。

浙江大学年鉴

2021年,新立科研项目252项,到款科研经费2.009亿元。获批国家自然科学基金项目40项,国家重点研发计划项目1项、政府间重点专项项目1项、青年科学家项目2项,浙江省重点研发计划项目6项,浙江省自然科学基金杰青项目1项、重点项目5项。作为第一单位获得2021年度浙江省科学技术进步奖二等奖1项,作为参与单位获得浙江省科学技术进步奖三等奖2项。浙江大学环境/生态学科连续十五年进入ESI世界十年引文次数前1%,排名85位。3位老师入选科睿唯安"高被引科学家",15位老师入选爱思唯尔"中国高被引学者"。

2021年,学院新增耶鲁大学、剑桥大学"世界顶尖大学战略合作计划"2项,新增悉尼大学种子基金旗舰项目1项,与悉尼大学签约共建浙江大学—悉尼大学环境可持续联合实验室,新签订/续签新加坡国立大学、伊利诺伊大学厄巴纳-香槟分校本硕联合培养协议2份,与耶鲁大学、新加坡国立大学等一流高校联合开设暑期线上课程2门。2020—2021学年本科生海外交流率达124.58%。

【浙江大学安庆未来产业技术研究中心成立】 2021年4月22日,安庆市人民政府与浙江大学签约共建浙江大学安庆未来产业技术研究中心,行政挂靠环境与资源学院。中心整合环境与资源学院、农业与生物技术学院、控制科学与技术学院等相关学科团队,按照"围绕产业链部署创新链,围绕创新链布局产业链"目标,围绕安庆市环保产业、智能制造、现代农业、数字产业等发展需求,开展技术转化、产品研发、产业孵化、人才合作、技术咨询,以推动安庆产业生态化和生态产业化,支撑打造生态优先绿色发展的样板区,服务长三角创新共同体建设。

【2种教材获全国首届"优秀教材奖"二等奖】 2021年9月,《环境化学》《土壤学》(第四版)获全国首届优秀教材奖二等奖。《环境化学》由朱利中领衔编写,以污染物全生命周期、界面化学为主线,重点介绍了大气环境化学、水环境化学、土壤环境化学及污染物的生物生态效应,阐述了环境污染的微观机制、修复技术原理和方法。《土壤学》(第四版)由徐建明领衔编写,注重基本知识和原理,并融入近年来土壤学发展出现的新概念、新原理、新标准和新技术,系统介绍了土壤的物质组成、土壤性质与过程、土壤利用与管理等。

【入选全省高校党建工作标杆院系培育创建单位】 环资学院党委深入学习贯彻习近平新时代中国特色社会主义思想,紧紧围绕"双一流"建设目标,坚持党的全面领导,统筹实施党建"五大工程",形成了"以党的政治建设为统领,以全面从严治党为关键,以党建工作与中心工作深度融合为抓手,以基层支部作用发挥和党员示范为引领,以全面推进学院高质量发展为目标"的党建工作模式,学院党委政治功能不断增强。2021年12月21日,环资学院党委入选第二批全省高校党建工作标杆院系培育创建单位。

（王　燕撰稿　陈丁江审稿）

农业与生物技术学院

【概况】 农业与生物技术学院(简称农学院)由农学系、园艺系、植物保护系、茶学系和应用生物科学系5个系组成,设有作物科学研究所、果树科学研究所等9个研究所。学院与中国水稻研究所共建水稻生物学国家重点实验室，建有园艺产品冷链物流工艺与装备国家地方联合工程实验室，园艺植物生长发育与品质调控、核农学、作物病虫分子生物学3个农业农村部重点开放实验室，核农学、作物种质资源、园艺植物整合生物学研究与应用、作物病虫生物学4个浙江省重点实验室，园艺产品冷链物流工艺与装备浙江省工程实验室，作物精准设计育种浙江省工程研究中心（新增），园艺作物品质调控与应用科技部国际联合研究中心，园艺产品品质调控技术研创与应用、种质创新与分子设计育种、作物病虫害绿色防控技术3个浙江国际合作基地，浙江长兴作物有害生物教育部野外科学观测研究站，长兴作物有害生物浙江省野外科学观测研究站，"科创中国""一带一路"国际特色果品产业科技创新院（新增），"科创中国"中国—巴基斯坦作物基因资源专业科技创新院（新增），以及浙江大学—IBM生物计算实验室、浙江大学中美分子良种联合实验室和国际原子能机构—浙江大学植物诱变种质创新与研发合作中心。

园艺学、植物保护为一级学科国家重点学科，作物遗传育种、生物物理学为二级学科国家重点学科；农业昆虫与害虫防治、植物病理学为农业农村部重点学科；作物学、园艺学、植物保护为浙江省一流学科。园艺学、植物保护学科进入第二轮国家"双一流"建设。农业生物学实验教学中心为国家级实验教学示范中心。

学院建有作物学、园艺学等4个博士后流动站；拥有作物学、园艺学、植物保护、生物学（共建）等4个一级学科博士学位授予权，作物遗传育种、生物物理学等14个二级学科的博士学位授予权，作物遗传育种、生物物理学等13个二级学科的硕士学位授予

权，以及农业和风景园林硕士专业学位的授予权，设有农学、园艺、植物保护、茶学、应用生物科学、园林等6个本科专业，农学、植物保护、园艺（新增）专业入选国家级一流本科专业建设点。

2021年，招收硕士研究生数281人（外国留学生6人）、博士研究生153人（留学博士研究生27人），2021级本科生213人确认进入学院继续学习，毕业本科生248人、硕士研究生192人（留学硕士研究生1人）、博士研究生94人（留学博士研究生7人）。继续实施应用生物科学（农学试验班）招生，招收学生31人。

现有教职工220人，其中中国工程院院士2名（1名外籍院士），正高级职称人员108人（2021年新增5人）、副高级职称人员51人（2021年新增2人）；博士研究生指导教师114人，硕士研究生指导教师52人（比上年新增博士研究生指导教师2人，硕士研究生指导教师18人）。另有在站博士后工作人员120人，项目聘用人员47人，全职兼职教授1人。2021年新增中国工程院院士1人，浙江省特级专家1人，国家优秀青年基金获得者5人（海外优秀青年基金获得者4人），国家"万人计划"青年拔尖人才2人，浙江省"万人计划"杰出人才1人，浙江省"万人计划"青年拔尖人才1人。

现有国家自然科学基金委员会创新研究群体1个，教育部"创新团队发展计划"创新团队3个，科技部重点领域创新团队1个，农业农村部"农业科研杰出人才及其创新团队"5个，浙江省重点创新团队5个，浙江省领军型创新创业团队1个，浙江省2011协同创新中心1个。

学院学生获第七届中国"互联网＋"大学生创新创业大赛全国总决赛银奖、铜奖各

1项,第七届浙江省"互联网＋"大学生创新创业大赛金奖2项,"乡村振兴"实践队伍获评2021年全国大中专学生志愿者暑期"三下乡"社会实践活动优秀团队、浙江省十佳团队。

2021年,实到科研经费13771万元,其中纵向项目经费10804万元,横向项目经费2967万元。新增科技三重项目7项;54项国家基金项目获得资助,其中重点项目2项,区创基金重点支持项目3项,优青1项;新上浙江省重大科技专项1项、省基金重大项目1项、杰青2项。以第一完成单位获得浙江省自然科学奖二等奖2项;以第一单位发表国际高影响学术成果52篇;以第一申请单位获国家主要农作物审定品种1个、国家非主要农作物登记品种1个,浙江省主要农作物审定品种5个,获授权发明专利53个。全院共有14名国家现代农业产业技术体系岗位科学家和11名浙江省科技特派员活跃在农业生产和科技推广第一线。1位教师获评浙江省农业科技突出贡献者,5位教师获评浙江省农业科技先进工作者。

2021年,组织举办4项线上国际交流项目,参加师生260人次;1项与哈佛大学合作项目获"世界顶尖大学合作计划"立项支持。3位博士留学生获得"中非友谊"中国政府奖学金项目。

【喻景权当选中国工程院院士】 2021年11月18日,中国工程院公布新当选中国工程院院士名单,农学院喻景权教授当选。喻景权教授长期从事蔬菜生长发育与抗逆调控机制的研究。先后主持国家973计划、国家863计划、国家科技支撑计划、国家自然科学基金等国家重点项目的实施,在蔬菜抗逆高产调控理论上取得重要突破,在蔬菜抗逆生产、连作障碍防控、栽培模式革新三个产业关键问题上取得原创性成果,技术广泛应用于长江中下游和黄河流域设施蔬菜主产区,为我国蔬菜产业升级和西北非耕地开发利用做出了重要贡献。在 PNAS、Current Biology 等国际刊物发表论文180余篇,被引1万余次,入选全球高被引科学家,H指数为60。以第一完成人获得国家自然科学奖二等奖1项、国家科技进步奖二等奖1项、省部级一等奖4项。指导获全国百篇优秀博士论文2篇、提名论文2篇;毕业生入选国家级人才计划9人次。

喻景权教授为教育部"长江学者"特聘教授,国家杰出青年科学基金获得者,第十二届光华工程科技奖获得者,全国五一劳动奖章获得者,全国优秀教师获得者。现任农业生命环境学部常务副主任、园艺学科负责人、农业农村部园艺作物生长发育重点实验室主任、中国园艺学会设施园艺学会副理事长;担任 Front Plant Sci、Mol Hort 和《园艺学报》等刊物副主编。

【园艺专业入选国家级一流本科专业建设点】 园艺本科专业入选2020年度国家级一流本科专业建设点。园艺专业创建于1927年,专业围绕立德树人的根本任务,致力于培养德智体美劳全面发展、能推动现代园艺事业可持续发展、具有全球视野的高素质拔尖创新和复合创新人才。通过开展专业建设系列活动,已在教育教学、人才培养方面形成了特色优势,师资力量雄厚,有中国工程院院士、教育部"长江学者"特聘教授、国家杰出青年科学基金获得者等各类国家级人才称号20多人项,教授29人;建有国家级实验教学示范中心、国家和省部级重点实验室、于子三爱国教育基地等育人平台;"园艺学专业综合改革"入选教育部"首届卓越农林人才计划"。

附表　2021年度农业与生物技术学院基本情况

项目	数据	项目	数据
教职工/人	220	获国家级科技奖项目/项	0
教授/人	86	获国家级教学成果奖/项	0
副教授/人	40	授权发明专利数/项	53
研究员/人	1		
副研究员/人	1	SCI入选论文/篇	374
长聘教授/人	2	EI入选论文/篇	2
长聘副教授/人	1	MEDLINE入选论文/篇	0
"百人计划"研究员/人	17		
特聘研究员/人	5	出版专著/部	1
特聘副研究员/人	16		
具有博士学位的专业教师比例/%	100	在校本科生/人	875
两院院士/人	2	在学硕士研究生/人	1010
"国家特支计划"入选者/人	1	其中:专业学位研究生/人	664
教育部"长江学者"特聘教授/人	3	在读博士研究生/人	524
教育部"长江学者"青年学者/人	3	其中:专业学位研究生/人	0
省部级高等学校教学名师奖获得者/人	1	在校攻读学位的国际学生/人	134
"973计划"首席科学家[*]/人	4		
国家"百千万人才工程"入选者/人	6	应届本科毕业生一次就业率/%	93.5
国家杰出青年科学基金获得者/人	10	应届本科毕业生深造率/%	65.6
教育部新(跨)世纪优秀人才培养计划入选者/人	22	应届毕业研究生一次就业率/%	87.5
浙江省特级专家/人	4		
浙江大学求是特聘教授/人	23	教师出国交流/人次	0
一级学科国家重点学科/个	2	学生出国交流/人次	6
二级学科国家重点学科/个	2		
国家重点(专业)实验室/个	1	举办国际学术会议/次	0
国家工程(技术)研究中心/个	1		
国家人才培养基地(含教学、教育基地)/个	2		
国家精品资源共享课/门	10		
国家精品资源视频公开课/门	2		
国家级一流本科课程/门	1		
科研总经费/万元	13771		
其中:国家自然基金比重/%	27.56	社会捐赠经费总额/万元	67
纵向经费比重/%	78.45		

注: [*] 含重大科学研究计划、ITER计划、青年科学家专题等。

浙江大学年鉴

【获浙江省教学成果一等奖】 陈学新教授主持的"'四课融通、四化同步'新农科实践实训教学体系的建构与实践"获得浙江省教学成果奖一等奖。学院围绕新农科建设要求,创新"教"与"学"的模式,探索人才培养的新范式,在农学、园艺、植物保护等六个本科专业,构建了"四课融通"(一课堂课内教学实践、二课堂校内实践、三课堂校外实践、四课堂海外实践)的实践链条,在体制机制建设上做到"四化同步"(系统化、小班化、开放化、协同化),双向激发"教"与"学"的积极性和主动性,形成了过程完整、机制健全、管理精细的综合性大学农科实践实训教学的新体系,凝铸"以德为本、以农为本、以本为本、强农兴农"之魂,提升了学生自主学习能力、创新创业能力、实践动手能力和服务"三农"能力,提高了我校新农科的人才培养质量。

(袁熙贤撰稿 叶恭银审稿)

动物科学学院

【概况】 动物科学学院(简称动科学院)设有三系七所:动物科技系、动物医学系、特种经济动物科学系;饲料科学研究所、动物预防医学研究所、奶业科学研究所、蚕蜂研究所、动物养殖与环境工程研究所、应用生物资源研究所、动物遗传繁育研究所。设有浙江大学动物医学中心、附属教学动物医院。

学院现有绿色饲料与健康养殖国家工程研究中心、动物分子营养学教育部重点实验室、农业农村部华东动物营养与饲料重点实验室、农业农村部动物病毒学重点开放实验室、浙江省饲料与动物营养重点实验室、

浙江省动物预防医学重点实验室、浙江省蚕蜂资源利用与创新研究重点实验室、生物饲料研发与安全浙江省国际科技合作基地、浙江省饲料产业科技创新服务平台、杭州蜂业科技创新服务平台等。学院现为农业农村部中国蚕业信息网的挂靠单位。

学院现有2个一级学科:畜牧学(包含动物遗传育种与繁殖、动物营养与饲料科学、特种经济动物饲养等3个二级学科),兽医学(包含基础兽医学、预防兽医学、临床兽医学等3个二级学科),其中特种经济动物饲养(含蚕、蜂等)学科为国家级重点学科,动物营养与饲料科学学科为国家重点(培养)学科、农业农村部和浙江省重点学科,预防兽医学和动物遗传育种与繁殖学科为浙江省重点学科。

学院拥有畜牧学、兽医学2个一级学科博士学术学位授权点和兽医博士专业学位授权点;动物遗传育种与繁殖、动物营养与饲料科学、特种经济动物饲养、基础兽医学、预防兽医学、临床兽医学、食品科学等7个二级学科硕士学术学位授权点;农业硕士(畜牧领域)、兽医硕士2个专业学位授权点。

2021年,学院招收博士研究生43人、硕士研究生128人,2021级本科生103人确认进入学院主修专业。毕业博士研究生48人、硕士研究生96人、本科生109人。

学院现有在编教职工126人,其中,正高级职称人员45人(2021年新增4人)、"百人计划"研究员9人,副高级职称人数37人(2021年新增3人),特聘研究员3人,特聘副研究员10人。博士研究生指导教师54人(2020年新增5人),硕士研究生指导教师94人(2020年新增6人)。另有在站博士后71人。2021年,学院新增中国工程院院

士(双聘)3人,农业农村部岗位科学家1人,浙江省"万人计划"科技创新领军人才1人。

2021年,动物医学专业入选国家级一流本科专业建设点,入选省级一流课程8门,获批省级课程思政示范课程1门,获浙江省高校青年教师教学竞赛特等奖1人,获批省级产学研合作协同育人项目1项,获批省级高校课程思政教学研究项目2项,入选农业农村部"十三五"规划教材1种,入选科学出版社"十四五"规划教材2种。

2021年,学院实到科研经费7051.05万元;新增科研项目166项,立项总经费为11309.30万元;获得国家自然科学基金立项资助26项,其中,重大项目(课题)1项,区域创新发展联合基金2项,国际合作1项;获得浙江省重点研发计划择优委托项目1项、竞争性项目2项。

2021年,参加海外线上交流本科生共有46人次、研究生51人次,参加线上国际交流教师共25人。与国外机构的教学科研合作13项,举办线上国际会议9次。

【动物医学专业获批国家级一流本科专业建设点】 2月22日,教育部印发了《教育部办公厅关于公布2020年度国家级和省级一流本科专业建设点名单的通知》(教高厅函〔2021〕7号),正式公布2020年度一流本科专业建设"双万计划"(国家级和省级一流本科专业)建设点名单,我院动物医学专业获批国家级一流本科专业建设点。动物医学专业瞄准国家和区域经济社会发展对兽医人才的需求,以保障畜牧业发展和人类健康为根本,培养德智体美劳全面发展、具有国际视野的合格兽医师和行业领军人才。该专业是浙江大学的传统优势专业,在"双一流"建设经费支持下,大力开展专业建设,形

成了以服务农业农村现代化为导向、以"本—硕—博"贯通培养为引擎、以国际化教育为前沿的"创新型"人才培养模式,着力打造"新农科"人才培养高地。

【荣获国家科技进步奖二等奖】 11月3日,2020年度国家科学技术进步奖奖励大会在人民大会堂隆重召开,我院周继勇教授、金玉兰助理研究员、顾金燕副研究员等完成的成果"猪圆环病毒病的免疫预防关键技术研究及应用"荣获国家科技进步奖二等奖。该项目围绕有效防控严重危害全球养猪生产的猪圆环病毒病,进行长期的研究攻关,发明了高复制力猪圆环病毒2型毒种和抗原捕获试纸卡技术,创制出产生保护力最快的高效猪圆环病毒2型灭活疫苗,研制出首个政府准予上市的猪圆环病毒抗体检测产品;明确我国猪圆环病毒2多基因型共存的分子流行病学与遗传演化特征,发现猪圆环病毒2型的未知蛋白ORF3、ORF4并阐明其功能,揭示猪圆环病毒2型借助内体运输的感染机制。

【获批绿色饲料与健康养殖国家工程研究中心】 12月20日,国家发改委公布《纳入新序列管理的国家工程研究中心名单》,我院生物饲料安全与污染防控国家工程实验室顺利通过优化整合,获准纳入新序列国家工程研究中心,并调整名称为"绿色饲料与健康养殖国家工程研究中心"。该中心将主要围绕我国食品安全、生态文明、乡村振兴和畜牧业高质量发展等重大战略,针对畜禽养殖面临的饲料资源短缺、抗生素与重金属残留、畜禽粪源污染、动物产品品质下降等"卡脖子"和产业关键核心问题,开展绿色饲料研发与饲料资源开发利用研究、动物产品安全和品质的营养调控技术研发、畜禽健康养殖与污染防控技术研究和绿色饲料与动物

附表 2021 年度动物科学学院基本情况

项目	数据	项目	数据
教职工/人	126	获国家级科技奖项目/项	1
教授/人	31	获国家级教学成果奖/项	0
副教授/人	20	授权发明专利数/项	47
研究员/人	12		
副研究员/人	12	SCI 入选论文/篇	229
长聘教授/人	2	EI 入选论文/篇	0
长聘副教授/人	2	MEDLINE 入选论文/篇	0
"百人计划"研究员/人	9		
特聘研究员/人	3	出版专著/部	1
特聘副研究员/人	10		
具有博士学位的专业教师比例/%	100	在校本科生/人	398
两院院士/人	0	在学硕士研究生/人	349
"国家特支计划"入选者/人	0	其中:专业学位研究生/人	197
教育部"长江学者"特聘教授/人	2		
教育部"长江学者"青年学者/人	0	在读博士研究生/人	174
省部级高等学校教学名师奖获得者/人	0	其中:专业学位研究生/人	0
"973 计划"首席科学家*/人	1		
国家"百千万人才工程"入选者/人	1	在校攻读学位的国际学生/人	21
国家杰出青年科学基金获得者/人	4		
教育部新(跨)世纪优秀人才培养计划入选者/人	8	应届本科毕业生一次就业率/%	95.24
浙江省特级专家/人	0	应届本科毕业生深造率/%	54.29
浙江大学求是特聘教授/人	5	应届毕业研究生一次就业率/%	95.21
一、二级学科国家重点学科/个	1		
国家重点(专业)实验室/个	1	教师出国交流/人次	25
国家工程(技术)研究中心/个	0	学生出国交流/人次	97
国家人才培养基地(含教学、教育基地)/个	0	举办国际学术会议/次	9
国家精品资源共享课/门	1		
国家精品资源视频公开课/门	0		
国家级一流本科课程/门	1		
科研总经费/万元	7051.05	社会捐赠经费总额/万元	311
其中:国家自然基金比重/%	18.57		
纵向经费比重/%	63.49		

注:* 含重大科学研究计划、ITER 计划、青年科学家专题等。

产品安全性评价与检测等相关应用基础研究和产业示范。

（周钗美撰稿　楼建悦审稿）

医学院

【概况】　医学院下设基础医学系、脑医学与脑科学系、公共卫生学院、第一临床医学院、第二临床医学院、第三临床医学院、第四临床医学院、妇产科学院、儿科学院、口腔医学院、护理系 11 个（院）系，设有 31 个校级研究所，拥有附属第一医院、第二医院、邵逸夫医院、妇产科医院、儿童医院、口腔医院、第四医院 7 家直属附属医院，附属浙江医院、附属杭州市第一人民医院、附属杭州市皮肤病医院、附属杭州市肿瘤医院、附属杭州市胸科医院、附属杭州市西溪医院（2021 年新增）、附属精神卫生中心、附属金华医院、附属湖州医院 9 家非直属附属医院。浙江大学医学中心、浙江大学国际健康医学研究院、转化医学研究院归口医学院管理；浙江大学实验动物中心、冷冻电镜中心、司法鉴定中心依托医学院运行管理。医学院是中国医学科学院浙江分院所在地。

学院建有传染病诊治国家重点实验室，微创器械创新及应用国家工程研究中心（2021 年新增），感染性疾病、儿童健康与疾病 2 个国家临床医学研究中心，国家健康和疾病人脑组织资源库，肝病和肝移植研究、出生缺陷诊治 2 个科技部国际科技合作基地，中国—新加坡传染病防治与药物研发"一带一路"联合实验室，感染性疾病诊治协同创新中心；设有教育部脑与脑机融合前沿科学中心，恶性肿瘤预警与干预、生殖遗传

2 个教育部重点实验室，电子病历与智能专家系统教育部工程研究中心，细胞微环境互作教育部创新引智基地，传染病、多器官联合移植研究、医学神经生物学 3 个卫健委重点实验室；拥有良渚实验室，浙江省神经外科疾病精准诊治及临床转化重点实验室（2021 年新增）、浙江省医学精准检验与监测研究重点实验室（2021 年新增）、浙江省妇科重大疾病精准诊治研究重点实验室（2021 年新增）等 42 个浙江省重点实验室（省工程技术研究中心），口腔生物材料与器械（2021 年新增）、未来病理（2021 年新增）等 8 个浙江省工程研究中心，妇产疾病（2021 年新增 2 个）、儿科疾病（2021 年新增）、呼吸系统疾病（2021 年新增）、恶性肿瘤（2021 年新增）、消化系统疾病（2021 年新增）、精神心理疾病（2021 年新增）等 19 个浙江省临床医学研究中心，恶性血液疾病研究（2021 年新增）、肝胆胰肿瘤精准诊治（2021 年新增）等 12 个浙江省国际科技合作基地，以及浙江—芬兰儿童健康人工智能联合实验室（2021 年新增）。此外，医学院还拥有国家基础科学研究和教学人才培养基地、医学国家级虚拟仿真实验教学中心等。

内科学（传染病）、外科学（普外）、肿瘤学、儿科学为二级学科国家重点学科，病理学与病理生理学、眼科学、妇产科学为国家重点（培育）学科，基础医学、临床医学（2021 年新增）为国家"双一流"建设学科。

学院建有基础医学、临床医学、口腔医学、公共卫生与预防医学、护理学 5 个博士后流动站；拥有基础医学、临床医学、口腔医学、公共卫生与预防医学、护理学 5 个一级学科博士学位授予权，和兄弟学院共建生物学、药学、公共管理 3 个一级学科博士学位

授权点,设有人体解剖与组织胚胎学、内科学等 51 个二级学科博士学位授权点。设有临床医学专业(8 年制、"5＋3"一体化培养、5 年制培养体制)、口腔医学专业("5＋3"一体化培养、5 年制培养体制)、预防医学专业(5 年制)、基础医学专业(分求是科学班、强基计划班)和本科临床医学留学生项目(6 年制)。

2021 年,招收本科生 500 人,其中临床医学 8 年制(本博连读)68 人,"5＋3"一体化培养 226 人,医学试验班类 111 人,预防医学 75 人,基础医学(强基计划)20 人。招收临床医学(留学生)89 人。2021 级本科生 413 人确认主修医学类专业。录取研究生 1620 人,其中博士研究生 633 人、硕士研究生 987 人。毕业博士研究生 457 人,硕士研究生 595 人,本科生 378 人,临床医学(留学生)65 人。

现有教职工 981 人,另有附属医院职工 18605 人。其中,中国科学院院士 3 人,工程院院士 5 人,具有正高级职称人员 376 人,副高级职称人员 140 人,博士研究生导师 715 人(2021 年新增 132 人)、硕士研究生导师 994 人(2021 年新增 283 人)。

2021 年,学院到位科研总经费为 9.2448 亿元,较 2020 年增长 30.76％,在研国家级科研项目 1707 项,经费 4.7075 亿元,较 2020 年增长 14.87％。获批国家自然科学基金项目 481 项,同比增加 18.77％,其中包括基础科学中心项目 1 项(全校第二个、医学首个)、创新研究群体项目 1 项、专项项目 3 项、重点项目 3 项、重大研究计划重点支持项目 2 项、重点国际(地区)合作研究与交流项目 1 项、组织间国际合作项目 1 项、联合基金重点支持项目 8 项、国家杰出青年科学基金项目 2 项及优秀青年科学基金项目 5 项、海外优青项目 20 项,批准直接经费超 3.3327 亿元,同比增长了 37.93％。获批国家重点研发计划项目 12 项、浙江省重点研发计划项目 36 项、浙江省基础公益研究计划项目 68 项。获 2020 年度浙江省科学技术奖 27 项,其中浙江省科学技术进步奖一等奖 6 项、浙江省自然科学奖一等奖 1 项。

医学院继续扩大教育对外开放,深化与世界顶尖大学的合作,与哈佛大学、斯坦福大学、耶鲁大学、麻省理工学院、剑桥大学和牛津大学六所海外顶尖高校开展"顶尖大学合作计划"14 项。加强与多边国际组织的合作,积极参与全球教育治理,与环太平洋高校联盟联合主办全球疫情下的亚太健康发展论坛。与澳大利亚墨尔本大学、德国夏里特医学中心续签合作协议。全年举办高水平国际会议 5 场,海峡两岸会议 1 场,师生参加海外交流(含线上)1093 人次。

7 家直属附属医院共有开放床位 14760 张,2021 年门诊、急诊人数达 2645.16 万人次,住院治疗人数 101.62 万人次,医院业务总收入 303 亿元。

推进医教研协同发展,构建一流医疗服务体系。3 月 30 日,2019 年度全国三级公立医院绩效考核公布,附属第一医院、第二医院、邵逸夫医院 3 家综合性医院蝉联 A＋＋等级(数量居全国高校第一),附属妇产科医院、儿童医院、口腔医院 3 家专科性医院获评最高等级 A,附属第四医院、附属杭州市第一人民医院、附属金华医院获评 A＋等级,附属杭州市胸科医院获评全国三级公立中西医结合医院最优等 A＋级。7 月 14 日,附属第一医院入选全国公立医院高质量发展试点医院;9 月 7 日,附属第一医院获首批"辅导类"国家医学中心创建单位;4 月

项目	数据	项目	数据
教职工总数★/人	981	获国家级科技奖项目/项	0
教授/人	215	获国家级教学成果奖/项	0
副教授/人	84		
研究员/人	14	授权发明专利数/项	129
副研究员/人	18		
长聘教授/人	0	SCI 入选论文/篇	3087
长聘副教授/人	1		
"百人计划"研究员/人	98	EI 入选论文/篇	204
特聘研究员/人	5	MEDLINE 入选论文/篇	未统计
特聘副研究员/人	3		
具有博士学位的专业教师比例/%	94.8	出版专著/部	8
两院院士/人	8	在校本科生/人	2649
"国家特支计划"入选者/人	21		
教育部"长江学者"特聘教授/人	24	在学硕士研究生/人	2487
教育部"长江学者"青年学者/人	6	其中:专业学位研究生/人	1653
省部级高等学校教学名师奖获得者/人	10		
"973 计划"首席科学家*/人	10	在读博士研究生/人	2378
国家"百千万人才工程"入选者/人	5	其中:专业学位研究生/人	769
国家杰出青年科学基金获得者/人	22		
教育部新(跨)世纪优秀人才培养计划入选者/人	22	在校攻读学位的国际学生/人	670
浙江省特级专家/人	10	应届本科毕业生一次就业率/%	87.83
浙江大学求是特聘教授/人	82		
一级学科国家重点学科/个	0	应届本科毕业生深造率/%	82.48
二级学科国家重点学科/个	4		
国家重点(专业)实验室/个	1	应届毕业研究生一次就业率/%	97.89
国家工程(技术)研究中心/个	1	教师出国交流/人次	68
国家人才培养基地(含教学、教育基地)/个	3		
国家级一流本科课程/门	5	学生出国交流/人次	1025
科研总经费/万元	92448	举办国际学术会议/次	5
其中:国家自然基金比重/%	32.70		
纵向经费比重/%	78.15	社会捐赠经费总额/万元	44700

注:★不含附属医院职工数。

* 含重大科学研究计划、ITER 计划、青年科学家专题等。

6日,附属第二医院与柯桥区人民政府签约,合作共建柯桥院区;12月6日,附属第二医院眼科中心搬迁新院区;6月1日,附属儿童医院莫干山院区正式开工;9月26日,附属儿童医院义乌院区(义乌市儿童医院)奠基。

【新增3个国家级一流本科专业建设点】 2月10日,教育部认定基础医学、预防医学、口腔医学3个专业为国家级一流本科专业建设点,继2019年临床医学专业认定为首批国家级一流本科专业建设点以来,实现国家级一流本科专业全覆盖。

【入选教育部课程思政示范课程】 5月28日,"系统解剖学"入选教育部课程思政示范课程,张晓明教授及课程团队入选课程思政教学名师和团队。"系统解剖学"是临床医学专业的基础课程,课程按照各系统来阐述正常人体器官形态结构。该课程通过党建引领、顶层设计,以学生为中心,依托本课程的实验对象遗体捐献者——"无语良师"和临床案例为载体,线上线下、课内课外、基础临床三位一体结合,构建了"一中心、两载体、三位一体、四课堂"融通的教学模式,将知识传授、能力培养和价值引领有机融合,构建了专业课程与人文思政教育有机融合的教学模式。从道德修养、家国情怀、国际视野和浙大精神四个层面着手,培养"敬佑生命、救死扶伤、甘于奉献、大爱无疆"的卓越医学人才,在近两年的教学实践中效果显著,为国内外医学院校的基础医学课程思政改革提供了有益的借鉴。

【获批全国首个微创医学领域国家工程研究中心】 10月19日,由医学院附属邵逸夫医院牵头组建"微创器械创新及应用国家工程研究中心"获批准建设。该中心由蔡秀军教授担任主任,联合高校科研院所、企业建立协同创新机制,以临床问题为导向开展创新性研究,重点围绕微创疾病诊治中前沿科学问题和关键技术瓶颈,对接国家重大战略需求,开展医工信多学科交叉的医疗器械和诊疗技术创新研究,建立集学术研究、技术开发、成果转化、临床应用于一体的全链条式开放共享的服务平台。

【获批国家自然科学基金基础科学中心项目】 12月27日,由吕志民教授团队申报的"肿瘤物质与能量动态的介尺度研究"获批该项目,资助直接经费6000万元。基础科学中心由医学院附属第一医院、转化医学研究院与国家癌症中心/中国医学科学院肿瘤医院、北京大学联合协作。中心旨在整合国内优势科研资源,瞄准肿瘤学科前沿,从介尺度的全新视角,揭示肿瘤发生发展的全景图谱,有望为我国肿瘤预防和诊治提供突破性的手段和方法。该中心是浙江省医学领域首个基础科学中心。

【胡海岚教授获世界杰出女科学家奖】 9月30日,联合国教科文组织公布第24届世界杰出女科学家奖得主名单,胡海岚教授荣获该奖。胡海岚主要从事社会和情绪神经科学方向的研究,其开创性的研究革新了人们对心理健康的认知,为抑郁症的创新疗法和新药开发提供了理论基础。该奖项每年授予来自世界各个地区在科学领域取得重大科技成果的5位女性,以表彰她们杰出的科学成就、卓越的才能、对事业的郑重承诺以及在男性主导领域工作的非凡勇气。

(施杭珏撰稿 李晓明审稿)

药学院

【概况】 药学院下设药学系、中药科学与工程学系 2 个系和药学实验教学中心,设有药物发现与设计研究所、药物制剂研究所、药物信息学研究所、现代中药研究所、药理毒理研究所、药物代谢和药物分析研究所 6 个研究所,以及药物安全评价研究中心、临床药学研究中心。学院建有药物制剂技术国家地方联合工程实验室、中—印尼生物技术国家联合实验室、浙江省药物制剂工程实验室、浙江省抗肿瘤药物临床前研究重点实验室、浙江省先进递药系统重点实验室、全军特种损伤防治药物重点实验室、智能创新药物浙江省工程研究中心、食品药品安全浙江省国际科技合作基地、浙江省"一带一路"国际联合实验室,拥有科技部创新人才推进计划重点领域创新团队和浙江省小分子药物研发关键技术科技创新团队。

药学为国家"双一流"建设学科,药物分析学为国家重点(培育)学科,中药分析学和生药学(协建)2 个学科为国家中医药重点学科;"药物分析学"是国家精品课程、网络教育国家精品课程,"药物分析学""药理学"为浙江省精品课程;药学实验教学中心为浙江省教学示范实验中心。

学院设有药学一级学科博士后科研流动站,拥有药学一级学科博士学位授权点、药学专业硕士学位授权点、生物与医药类别专业博士学位授权点以及药学本科专业。

2021 年,招收博士研究生 30 人(其中留学生 2 人)、硕士研究生 179 人、本科生 119 人(其中留学生 1 人,保留学籍 1 人),另有 2021 级主修专业确认 126 人(医学实验班 12 人,留学生 1 人)。毕业博士研究生 40 人(其中留学生 3 人)、硕士研究生 63 人;本科生毕业 130 人、结业换证 1 人、结业 5 人、退学 1 人、延长学制 12 人、参军保留学籍 1 人。

现有教职工 292 人,其中正高级职称人员 45 人、副高级职称人员 38 人、博士研究生指导教师 71 人。学院引进浙江大学"百人计划"研究员 2 人、特聘研究员 4 人,入选教育部"长江学者"讲席教授 1 人,"长江学者"特聘教授 1 人,求是特聘教授 1 人,入选优秀青年(海外)项目 3 人,"万人计划"青年拔尖项目 2 人,浙江省"万人计划"1 人,浙江省杰出青年 3 人。

分类推进研究生培养模式改革。顺利完成首届硕博贯通研究生招生。深化专业学位研究生教育改革,探索完善"专业＋行业"双导师制度,启动药学专业硕士学位研究生"项目制"培养机制,"新药创制""AI 药学""转化药学""临床药学"4 个项目组获学校立项支持。积极探索"生物与医药"工程专业学位人才培养新模式。主参编国家级规划教材 14 种,发表教改论文 4 篇。重点建设校级研究生课程思政课程 1 门,获省级专业学位研究生教育优秀教学案例 1 项,新开设研究生全英文课程 4 门。研究生以第一作者发表高水平论文 178 篇,其中 1 篇入选中国百篇最具影响国际学术论文,1 篇获"浙江省优秀博士学位论文奖",参与获授权专利 63 件。

药学本科专业入选教育部基础学科拔尖学生培养计划 2.0 基地。新获浙江省教学成果一等奖 1 项,浙江大学教学成果奖特等奖 1 项、二等奖 1 项。发表教改论文 3 篇,主编教材 1 部,获批省级一流课程 3 门、

附表　2021 年度药学院基本情况

项目	数据	项目	数据
教职工/人	292	获国家级科技奖项目/项	0
教授/人	31	获国家级教学成果奖/项	0
副教授/人	30	授权发明专利数/项	52
研究员/人	4		
副研究员/人	1		
长聘教授/人	1	SCI 入选论文/篇	244
长聘副教授/人	1	EI 入选论文/篇	60
"百人计划"研究员/人	7	MEDLINE 入选论文/篇	252
特聘研究员/人	10		
特聘副研究员/人	0	出版专著/部	1
具有博士学位的专业教师比例/%	100		
两院院士/人	1		
"国家特支计划"入选者/人	5	在校本科生/人	485
教育部"长江学者"讲席教授/人	1	在学硕士研究生/人	335
教育部"长江学者"特聘教授/人	2	其中:专业学位研究生/人	170
教育部"长江学者"青年学者/人	3		
省部级高等学校教学名师奖获得者/人	0	在读博士研究生/人	244
"973 计划"首席科学家*/人	0		
国家"百千万人才工程"入选者/人	2	其中:专业学位研究生/人	5
国家杰出青年科学基金获得者/人	3		
教育部新(跨)世纪优秀人才培养计划入选者/人	6	在校攻读学位的国际学生/人	20
浙江省特级专家/人	0		
浙江大学求是特聘教授/人	9	应届本科毕业生一次就业率/%	90.08
一级学科国家重点学科/个	0	应届本科毕业生深造率/%	56.49
二级学科国家重点学科/个	0		
国家重点(专业)实验室/个	0	应届毕业研究生一次就业率/%	97.94
国家工程(技术)研究中心/个	0		
国家人才培养基地(含教学、教育基地)/个	1	教师出国交流/人次	0
国家精品资源共享课/门	0	学生出国交流/人次	350（线上）
国家精品资源视频公开课/门	0		
国家级一流本科课程/门	0	举办国际学术会议/次	1
科研总经费/万元	17277		
其中:国家自然基金比重/%	8.9	社会捐赠经费总额/万元	190.3（到款）
纵向经费比重/%	38.8		

注:*含重大科学研究计划、ITER 计划、青年科学家专题等。

省级课程思政示范课程 2 门,省级教改 1 项。获批浙江大学教改项目 8 项和一流课程 5 门,全英文课程立项 2 项。获校级青教赛二等奖 1 项、三等奖 1 项。创新构建理论—实验"双链融合"的课程思政教学体系,获校级课程思政微课比赛二等奖 2 项。学生综合素质和创新能力不断提升,本科生以第一作者身份发表高水平学术论文 7 篇;获浙江省"互联网+"大学生创新创业大赛金奖 2 项,全国药苑论坛特等奖 1 项、二等奖 1 项,浙江省"挑战杯"竞赛三等奖 2 项。

到位科研经费总额 17277 万元,年度到位经费连续第六年突破亿元。牵头科技部国家重点研发计划专项 1 项,获批资助经费 1960 万元;获国家自然科学基金 22 项,集中申报资助率达 26.1%,其中区域创新发展联合基金重点项目 1 项、原创探索类专项 1 项、海外优青项目 3 项、面上项目 8 项、青年科学基金项目 9 项;获浙江省重点研发计划项目 2 项;获浙江省自然科学基础公益计划项目 18 项(批准率 36.7%),其中包括杰青项目 3 项、重大项目 3 项、联合重大/重点项目 4 项、探索类项目 5 项、公益计划项目 3 项。

学院到款捐赠金额 190.3 万元,其中浙江华海药业股份有限公司捐赠到款 100 万元、江苏复星医药销售有限公司捐赠到款 45 万元、正大天晴药业集团股份有限公司捐赠到款 20 万元、浙江省康恩贝慈善救助基金会捐赠到款 10 万元、禄亘仪器设备(上海)有限公司捐赠到款 10 万元、浙江嘉信医药股份有限公司捐赠到款 5 万元。

组建国际顾问委员会,邀请欧美、日本、新加坡等海外院士加盟担任顾问,研讨药学全球发展战略,推动学科造峰、加强人才引进力度、鼓励我院教师在国际学术组织任职。学院克服疫情造成的国际交流障碍,采取"在地国际化"措施,积极争取教育部"万人计划"、学校"本科生海外交流"和"研究生暑期空中课程"的专项经费,开设暑期线上课程项目 3 项,学术交流工作坊 2 项,博士研究生国际研讨会 1 项,本科生海外交流率(线上)达 174%,博士生海外交流率(线上)达 182%。

【引育并举揽人才】 药学院始终围绕"世界一流药学学科"的战略目标,着力构建和完善人才队伍体系。设立院系两级人才引进工作小组,开展"启真湖"国际青年药学人论坛,绘制人才地图;引育并举,营造有利于人才成长的环境与条件,通过"康恩贝青年科学家"等资助项目、优化与附属医院兼聘制度,整合各类资源,给予中青年教师最大限度的支持。充分发挥优秀骨干教师的引领作用,实施"青蓝弘药"结对计划,实现精准"传帮带"。2021 年,学院共引进优秀青年人才 6 人,共 8 位教师入选国家级(或相当)高层次人才及青年人才称号,分别是教育部"长江学者"讲席教授 1 位,教育部"长江学者"特聘教授 1 位,浙江大学求是特聘教授 1 位,国家"万人计划"青年拔尖人才 2 位,海外优青项目 3 位。

【科研创新平台建设取得突破性进展】 学院积极参与构建国家战略科技力量,加快提升创新体系可持续发展效能。2021 年获批"先进递药系统浙江省重点实验室"建设,牵头与金华市人民政府共建浙江大学金华研究院,新建"浙江大学临床药学研究中心",组织申报教育部创新药物工程研究中心。

(张莹莹撰稿 胡富强审稿)

浙江大学年鉴

工程师学院

【概况】 浙江大学工程师学院(浙江工程师学院)是浙江大学直属单位,旨在推进工程类专业学位研究生教育教学改革,培养面向产业的高端工程科技领军人才和卓越工程师。学院内设7个办公室和7个交叉复合的工程中心,另设有数字金融分院、宁波分院、衢州分院等办学机构。本部校园占地147.5亩,新建项目一期工程全部落成启用,学院完成整体搬迁。

2021年,在工程八大类别和工程管理专业学位类别录取研究生1264人,含第四届工程博士137人。全年授予硕士学位323人。应届毕业生一次就业率为99.29%,居全校前列。截至2021年底,学院在校研究生4630人,行政班级68个,师生党支部42个,其中2个党支部荣获"浙江大学先进基层党组织"称号,3名党员荣获"浙江大学优秀共产党员"称号。

现有教职工77人。其中,正高级职称人员9人,副高级职称人员18人。2021年,学院新一届领导班子任职履新,引进1名求是工程岗研究员,已聘20名工程教育创新岗教师(2021年新增3名),18名行业和企业专家为兼职兼任教师。已有包括9名院士在内的项目制导师队伍410余人,院聘700余位企业专家为校外合作导师。

学院深入推进卓越工程师培养模式改革。编写完成"十四五"发展规划,扎实开展党史学习教育,设立16个卓越培养项目,加强工程管理品牌建设。开设实训实践课程31门,校内公共实训平台50万元以上设备达141台/套。获校级优秀教学案例11项,校级优秀实践成果奖25项(含省级奖5项),68名优秀毕业生获得工程师职称证书。在浙江大学教学成果奖评比中,学院申报的"直面产业复合交叉工程类专业学位硕士研究生培养模式系统性改革方案"获得特等奖,"非全日制工程管理硕士专业学位研究生培养体系探索与实践"获得一等奖。学院成功申报第二批浙江大学院级创新创业(教育)中心,主办浙江大学第一届工程师科技创新创业大赛。研究生在国家或省级创新创业赛事中获奖48项,其中"互联网+"创新创业大赛总决赛银奖1项,"挑战杯"全国特等奖1项和一等奖1项,全国研究生电子设计竞赛国赛一等奖2项。

学院坚持产教融合,加强开放合作。新增北京热力集团、宁夏煤业集团等2个定向联合培养教学班。与11家龙头骨干企业合作新建9个研究生联合培养基地,总数达29个,其中省级基地4个。与海南开源佳业共建校级移动智慧物联技术联合研发中心,累计建立校级研发机构2个。中法双学位项目通过法国精英学校联盟委员会(CGE)的合格评估并获最长认证期。与英国剑桥大学共建工业数据分析与可持续供应链联合实验室项目,获2021年"世界顶尖大学合作计划"立项。研究生参加各类线上国际会议、交流项目等93人次。服务区域经济社会发展,全年开设高端工程技术和工程管理培训项目33个,培训约14000人次。衢州分院常山港院区、中试实验实训基地建成启用。与省委组织部人才办、省地震局、省粮食局等在人才培养、产教合作、成果转化等方面开展多种形式的合作,联合省内各地工程师协同创新中心服务浙江省山区海岛县高质量跨越式发展。

【成立浙江大学工程师学院工会委员会】
2021年2月5日,经浙江大学工会批准,工程师学院工会委员会正式成立。6月8日,工程师学院第一届教职工大会、工会会员大会在学院行政楼报告厅召开,选举产生了学院第一届教职工大会执行委员会和工会委员会及工会经费审查小组。

【时任浙江省副省长刘小涛到工程师学院调研】 2021年6月8日,时任浙江省副省长刘小涛到工程师学院调研,听取学院人才培养情况报告,参观学院智慧储粮、智慧物联与安全防御等实训平台,结合浙江省创新发展战略需求对学院工程创新发展方向和人才培养工作做出指示。

【举行浙江大学第一届工程师科技创新创业大赛决赛暨2021年"创客中国"浙江赛区创客组专题赛】 比赛于7月16日在工程师学院工教五多功能报告厅举行,由浙江大学、浙江省经济和信息化厅联合指导,浙江大学工程师学院(浙江工程师学院)、浙江省中小企业服务中心联合主办,旨在深入贯彻落实国家创新驱动发展战略,助推浙江大学工程专业学位研究生及广大校友科技创新创业高质量落地发展。

【浙大衢州"两院"新院区及中试实验实训基地落成启用】 2021年9月29日,浙江大学工程师学院衢州分院、浙江大学衢州研究院(简称浙大衢州"两院")常山港院区及中试实验实训基地落成启用。浙大衢州"两院"是浙江大学服务地方经济社会发展的创新实践,是新一轮市校战略合作的关键平台,掀开了工程师学院校地合作高质量发展的新篇章,也为衢州加快产业创新、科技创新注入更加强劲的动能。

(李 婷撰稿 薄 拯审稿)

微纳电子学院

【概况】 微纳电子学院(微电子学院)是教育部、发改委、科技部、工信部、财政部和外专局联合发文批准的第一批"国家示范性微电子学院",2020年9月12日,学院搬迁入驻浙江大学杭州国际科创中心,聚焦支撑我国经济发展和国家安全的战略性、基础性和先导性集成电路产业技术,以产教融合、科教协同、开放办学为原则,积极探索面向产业需求的新型教育科研体系和体制创新,将形成一批具有自主知识产权的重大技术成果,培养一大批具有前瞻性、能够引领未来发展的科技创新领军人才和复合型、工程型人才,成为产教融合与新工科建设的先行者,为我国信息产业发展贡献磅礴力量。

学院下设先进集成电路制造技术研究所、超大规模集成电路设计研究所、微纳电子前沿技术研究所3个研究所和集成电路创新平台(成功获批省技术创新中心),拥有电子科学与技术、电子信息、集成电路科学与工程3个一级博士学位授予权,涵盖2个二级博士学位授予权。

学院现有教职工55人,其中两院院士1人、正高级职称人员12人(比上年新增3人)、副高级职称人员8人、博士研究生指导教师26人(比上年新增7人)、硕士研究生指导教师27人(比上年新增4人),学科博士后4人。2021年,入选"省海外人才引进计划"项目2人,引进浙大求是工程岗1人、"百人计划"研究员3人、特聘研究员2人。聘请国家杰出青年科学基金获得者、教育部"长江学者"特聘教授、IEEE Fellow马建国教授为副院长。

2021年,学院招收硕士研究生98人、博士研究生28人,毕业硕士研究生32人、博士研究生9人。

学院完成"集成电路高层次紧缺人才培养专项实施方案"并报送教育部,建立8个高水平校企联合实验室或实习基地,为集成电路人才培养提供一流支撑。制定2021级集成电路工程专业培养方案,进一步细化培养环节管理制度,开展校级教学改革项目/课题1个。学生1人获ISSCC Silkroad Award(国际晶体管电路讨论会"丝绸之路奖")且获"浙江大学2021年度学生十大学术新成果奖",1人获IEEE-RFIC Best Student Paper(国际电气与电子工程师协会射频集成电路分会最佳学生论文奖,为国内首次获奖),3人获2020年中国电子学会集成电路一等奖学金,1人获第三届中国研究生机器人创新设计大赛特等奖,2支团队获第四届中国研究生创"芯"大赛全国二等奖。

科研经费到款4579.82万元(相较2020年增长77.86%),其中纵向经费2419.86万元。新增科研项目35个,其中纵向18项,含国家自然科学基金面上项目2项、青年科学基金项目1项、外国学者基金1项,浙江省"尖兵""领雁"研发攻关计划项目2项,横向17项。申请专利80项,其中授权34项;发表SCI等论文33篇(其中顶级会议论文3篇)。

7月9日,承办ISSCC 2022中国推广会,数十所国内高校学者聚焦学术前沿,开展学术研讨;12月2日,承办由中国工程院、工业和信息化部、上海市人民政府等共同主办的"创新与新兴产业发展国际会议(IEID 2021)——集成电路技术与产业专题会"。

【获批集成电路科学与工程一级学科博士学位授权点】 2021年11月,学校获批"集成电路科学与工程"一级学科博士学位授权点,进一步促进集成电路人才培养和科研攻关,强化物理、化学、材料、机械、电气、信息、计算机等学科间深度交叉融合和高质量发展,服务学校"双一流"建设和集成电路关键核心技术自立自强。学院将以集成电路科学与工程一级学科学位授权点获批为契机,面向国家重大战略和行业"卡脖子"需求,整合学校优秀的教育教学资源,探索以企业需求为导向的创新型人才培养模式。发挥多学科交叉优势,联结产业链上下游资源,以主流成套CMOS工艺、制造与设计领域的自主可控为目标,实现集成电路的设计与制造一体的产业链闭环。

【集成电路创新平台成功获批省技术创新中心】 2021年6月25日,浙大杭州国际科创中心建设区块浙江省集成电路创新平台(下简称平台)超净实验室和中央动力站宣告结顶,迈向建设发展新阶段;10月,平台正式出版第一张光罩。2022年2月,平台正式获批"浙江省CMOS集成电路成套工艺与设计技术创新中心"(省科技厅)。平台以政、产、教、研一体化为基础,建设我国首个"集成电路成套设计+工艺制造"的公共研发平台和高端人才培养基地,为相关企业输出技术,实现设计、制造、封装、测试、系统开发的紧密接轨。

【SoC芯片项目荣获中国电子学会科技进步奖一等奖】 超大规模集成电路设计研究所黄凯教授牵头项目"国产打印机核心SoC芯片系列化自主研制及规模化应用"荣获2021中国电子学会科技进步奖一等奖,该项目针对电力和办公打印等关键行业领域,研究了特定领域的SoC技术,研制了高效

项目	数据	项目	数据
教职工/人	55	获国家级科技奖项目/项	0
教授/人	12	获国家级教学成果奖/项	0
副教授/人	8	授权发明专利数/项	34
研究员/人	1		
副研究员/人	0	SCI 入选论文/篇	33
长聘教授/人	0	EI 入选论文/篇	0
长聘副教授/人	0		
"百人计划"研究员/人	7	MEDLINE 入选论文/篇	0
特聘研究员/人	2		
特聘副研究员/人	1	出版专著/部	0
具有博士学位的专业教师比例/%	100		
两院院士/人	1	在校本科生/人	0
"国家特支计划"入选者/人	0	在学硕士研究生/人	120
教育部"长江学者"特聘教授/人	0		
教育部"长江学者"青年学者/人	0	其中:专业学位研究生/人	96
省部级高等学校教学名师奖获得者/人	0	在读博士研究生/人	48
"973 计划"首席科学家*/人	0		
国家"百千万人才工程"入选者/人	0	其中:专业学位研究生/人	16
国家杰出青年科学基金获得者/人	0		
教育部新(跨)世纪优秀人才培养计划入选者/人	0	在校攻读学位的国际学生/人	0
浙江省特级专家/人	0	应届本科毕业生一次就业率/%	0
浙江大学求是特聘教授/人	0		
一级学科国家重点学科/个	0	应届本科毕业生深造率/%	0
二级学科国家重点学科/个	0	应届毕业研究生一次就业率/%	100
国家重点(专业)实验室/个	0		
国家工程(技术)研究中心/个	0	教师出国交流/人次	0
国家人才培养基地(含教学、教育基地)/个	0	学生出国交流/人次	0
国家精品资源共享课/门	0		
国家精品资源视频公开课/门	0	举办国际学术会议/次	1
国家级一流本科课程/门	0		
科研总经费/万元	4579.82		
其中:国家自然基金比重/%	8.86	社会捐赠经费总额/万元	0
纵向经费比重/%	52.84		

注:* 含重大科学研究计划、ITER 计划、青年科学家专题等。

安全的专用 SoC 系列芯片并规模化应用，突破了核心芯片长期依赖进口的难题，带动整机的国产替代和技术引领。项目成果为电力系统核心设备及办公网络安全提供国产安全自主可控的嵌入式软硬件平台支撑，推动了国产核、指令集、操作系统在关键领域的规模化应用及生态链完善，产生了显著的社会经济效益，构建了国产芯片为核心的自主开放生态系统，对保障国家信息安全具有重要意义。

（邹亚平撰稿　夏　雷审稿）

财务与资产管理

财务工作

【概况】 浙江大学 2021 年总预算收入 1559699.73 万元,总预算支出 1376663.91 万元。

预算收入情况 2021 年,浙江大学总预算收入比上年增加 152044.90 万元,增长 10.80%。其中,财政拨款预算收入占总收入的 22.91%,事业预算收入占总收入的 56.93%,附属单位上缴预算收入、非同级财政拨款预算收入、投资预算收益及其他预算收入占总预算收入的 20.05%(详见表1)。

表 1 浙江大学 2020—2021 年预算收入变动分析

项目	2021 年 预算收入数/万元	增减额/万元 (与 2020 年比)	增长率/% (与 2020 年比)
一、财政拨款预算收入	357316.39	−2669.14	−0.74
1.教育拨款预算收入	327152.24	3882.14	1.20
2.科研拨款预算收入	16674.83	−6615.02	−28.40
3.其他拨款预算收入	13489.32	63.74	0.47
二、事业收入	887913.90	133222.43	17.65
1.教育事业预算收入	203383.83	42859.95	26.70
2.科研事业预算收入	684530.08	90362.49	15.21
2.1 非同级财政拨款	453101.21	71871.92	18.85
2.2 其他科研事业预算收入	231428.87	18490.57	8.68
三、上级补助预算收入	—	—	—
四、附属单位上缴预算收入	1746.06	−1530.25	−46.71
五、非同级财政拨款预算收入	173408.83	7941.10	4.80

项目	2021 年预算收入数/万元	增减额/万元（与 2020 年比）	增长率/%（与 2020 年比）
1. 中央拨款	5830.72	1065.30	22.35
2. 地方拨款	167578.10	6875.79	4.28
六、投资预算收益	9023.71	−5556.87	−38.11
七、其他预算收入	130290.84	20637.63	18.82
合　计	1559699.73	152044.90	10.80

预算支出情况　2021 年,浙江大学总预算支出比上年增加 90070.16 万元,增长 7.00%。其中,工资福利支出占总支出的 32.10%;商品和服务支出占总支出的 45.71%;对个人和家庭的补助支出占总支出的 10.12%;基本建设和其他资本性支出占总支出的 12.07%(详见表 2)。

表 2　浙江大学 2020—2021 年预算支出变动分析

项目	2021 年预算支出数/万元	增减额/万元（与 2020 年比）	增长率/%（与 2020 年比）
一、工资福利支出	441886.94	65455.52	17.39
二、商品和服务支出	629227.43	68581.82	12.23
三、对个人和家庭的补助	139344.45	9972.15	7.71
四、基本建设支出	12794.62	−7990.62	−38.44
五、其他资本性支出	153410.47	−45948.71	−23.05
合　计	1376663.91	90070.16	7.00

资产情况　截至 2021 年末,学校资产总值 4309508.80 万元,比上年增加 123873.30 万元,增长 2.96%。各类资产的构成如图 1 所示。

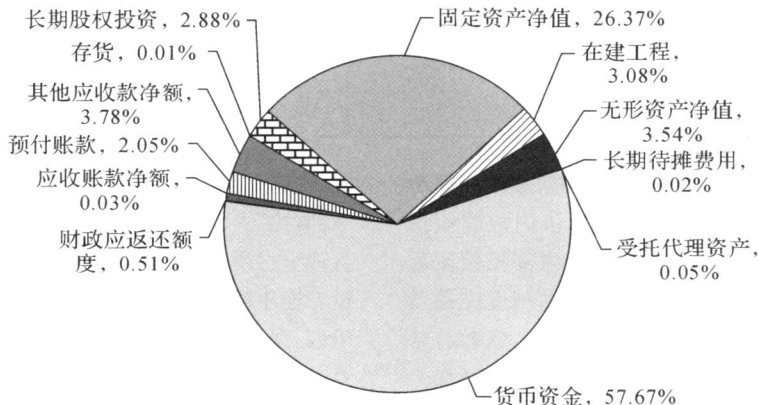

长期股权投资, 2.88%
存货, 0.01%
其他应收款净额, 3.78%
预付账款, 2.05%
应收账款净额, 0.03%
财政应返还额度, 0.51%
固定资产净值, 26.37%
在建工程, 3.08%
无形资产净值, 3.54%
长期待摊费用, 0.02%
受托代理资产, 0.05%
货币资金, 57.67%

图 1　浙江大学各类资产构成

负债情况　　截至 2021 年末,浙江大学负债总额为 1028134.29 万元,比上年增加 98835.41 万元,增长 10.64％。各类负债的构成如图 2。

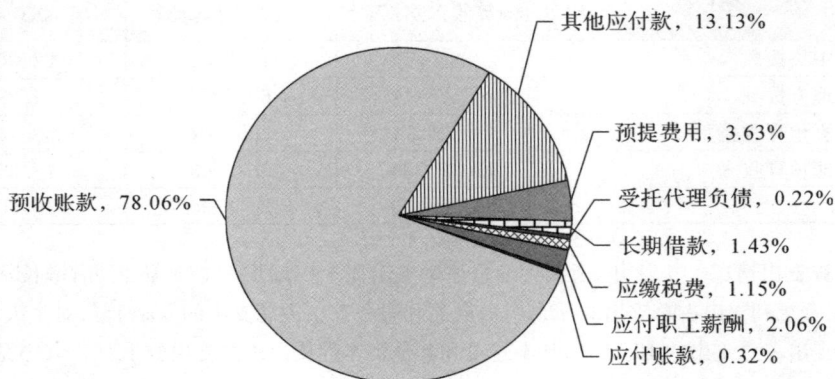

其他应付款,13.13%
预提费用,3.63%
受托代理负债,0.22%
长期借款,1.43%
应缴税费,1.15%
应付职工薪酬,2.06%
应付账款,0.32%
预收账款,78.06%

图 2　浙江大学各类负债构成

　　净资产情况　　2021 年末,浙江大学净资产总额 3281374.51 万元,比上年增加 25037.88 万元,增长 0.77％。其中,累计盈余 3243300.52 万元,占净资产 98.84％;专用基金 38074.00 万元,占净资产 1.16％,净资产变动情况见表 3。

表 3　浙江大学 2020—2021 年末净资产变动情况分析

项目	2021 年年末 /万元	增减额/万元 (与 2020 年末比)	增长率/％ (与 2020 年末比)
一、累计盈余	3243,300.52	20234.38	0.63
二、专用基金	38074.00	4803.51	14.44
1.职工福利基金	15943.57	1833.29	12.99
2.其他专用基金	22130.43	2970.22	15.50
三、权益法调整	0	0	0.00
合　　计	3281374.51	25037.88	0.77

【强化财务内控建设和全过程管理织密风险隐患防护网】　　开展二级单位内控建设试点,编制内部控制手册,搭建内部控制流程体系,规范内部经济活动,推动制度完善与系统控制相结合。组织并圆满完成教育部部署的内部控制报告编报工作,内控评级为优。进一步扩大院系预算管理改革试点范围,实施预算执行进度和绩效目标实现程度"双监控"。将"过紧日子"要求落实到预算管理全过程,保障重点投入,实现教学经费投入连年增长。开展科研经费政策的宣传培训,强化科研诚信意识,夯实三级监管体系,规范科研经费管理。

【构建财务智能化立体服务网络打造"五心"

品质服务】 有序部署差旅平台系统建设，自主开发国库智能填单系统，启动银行回单系统对接建设工作，推进财务系统和国合处审批系统对接，继续通过学费缴纳、智能问答等移动端提供"微服务"，实现大额资金支付线上审批等事项"零跑趟"。通过设立财务对口联络人、建立微信咨询群、推送微信公众号、开展支部结对共建和志愿服务等方式，当好贴心财务"管家"，确保服务"不打烊"。加强部门协同，优化报销流程，让师生感受到真心、热心、贴心、省心、暖心的"五心级"服务，打造文明"示范窗口"。

（陈　诗撰稿　胡素英审稿）

审计工作

【概况】 2021年，组织实施各类审计共1746项，审计总金额为639.04亿元，查出合规性问题资金1.56亿元，绩效类问题资金516.9万元，其中违纪违规金额6.33万元；发现内部控制与风险管理方面的问题78个，其中通过优化完善业务流程整改问题15个，修订制定制度12个；工程结算审计核减直接节约建设资金8966.35万元。

积极配合中央巡视工作，梳理提供2017年以来基本建设项目审计问题和经济责任项目审计问题等材料；配合开展浙江大学国际影视发展研究院项目审计、科研结题情况审计、学校应收账款审计等；积极落实中央巡视整改要求，对台州研究院、杭州国际科创中心等异地研究机构负责人进行经济责任审计。

根据教育部要求，聚焦非学历教育、基础教育合作办学、校办企业、附属医院等"四

个领域"涉及的130个风险点，牵头联系继续教育管理处、总务处、经营性资产办公室、医院管理办公室，开展核查廉政风险和管理漏洞工作；针对审计发现的43个问题，深入分析问题产生的原因，做好督促整改和跟踪检查工作。

组织实施对求是学院等16个单位负责人的经济责任审计，重点关注"三重一大"决策部署和重大政策措施贯彻执行，聚焦领导干部守纪、守法、守规和尽责情况，聚焦严格贯彻落实中央八项规定及其实施细则精神，突出经济责任审计重点、规范经济责任审计评价。通过审计，有效提高了领导干部自觉依法行政、遵纪守法的意识，进一步促进了学校运行机制的自我完善和行政效能的提高。

对"网上浙大"项目专项资金和图书馆书刊经费的使用绩效进行专项审计，通过绩效审计和评价，进一步推动学校信息化建设，规范高效使用图书馆等专项资金，提升学校双一流建设成效，为学校相关决策提供依据和参考。对玉泉校区智泉大楼等8个项目进行工程竣工财务决算审计。对78个科研项目进行了抽查，涉及经费总额达36756.3万元，促进学校科研事业健康发展。

继续做好超重力离心模拟与实验装置国家重大科技基础设施与紫金港校区建设等11个项目的全过程审计，做好招标文件、工程量清单及预算、合同、20万元及以上变更洽商费用的审计工作；完成各类基建工程共77个项目的竣工结算审计；完成各类修缮工程共84个项目的竣工结算审计；完成50万元以下修缮工程共1374个项目的竣工结算抽样审计；参与33个修缮招标项目的竣工验收。

通过持续跟踪、校内公告、出具审计建议函、审计关注函和审计整改函、落实审计整改台账动态管理等形式加大审计督促整改力度，全面提升审计整改成效，促进审计成果有效利用，全年完成整改落实问题87个；积极落实信息共享、结果共用、重要事项共同实施、问题整改问责共同落实等工作机制，主动向纪检监察部门移送科研经费问题线索，受托开展附属医院的联合调查；协同总务处制定《修缮工程简化流程支付目录和标准》，促进修缮工程管理进一步规范化；主动落实学校警示教育精神，服务同步、关口前移，在疫情突发时及时发布温馨提示，要求各相关单位规范使用抗疫资金物资；继续加强对学校二级单位内审工作的指导，确立《浙江大学内部审计系统工作交流会方案》；编写完成后勤服务费测算专项审计案例，获浙江省2021年内部审计案例比赛二等奖。

（高莫愁撰稿　匡亚萍审稿）

国有资产管理

【概况】　截至2021年12月31日，按浙江大学2021年度财务决算口径，国有资产总额为430.95亿元，比上年增长2.96%，其中流动资产276.06亿元，对外投资12.43亿元，固定资产净值113.64亿元，在建工程13.26亿元，无形资产净值15.26亿元，详见附录1；国有资产净额为328.14亿元，比上年增长0.77%，详见附录2。

截至2021年12月31日，浙江大学所属校办企业资产总额24.53亿元，所有者权益总额11.86亿元，归属于学校所有者权益合计11.79亿元；2021年营业收入总额

38.42亿元，净利润总额2.33亿元，其中归属于学校的净利润为2.35亿元，净资产收益率为21.69%，详见附录3。

2021年，浙江大学紧紧围绕改革发展重心和国有资产管理关键环节，统筹做好疫情防控和国有资产管理工作，持续建立健全管理制度，不断完善工作机制，着力提升国资管理治理能力和治理水平。

做实做细日常管理工作，确保国资管理规范有序。根据财政部对学校资产核实结果的批复，协调资产归口管理部门完成2015年资产清查中资产损失和挂账等待处理损益的账务处理。完成学校公车改革处置收入处理工作，经学校财经工作领导小组批准，将98.53万元公车处置收入上缴中央国库，剩余2353.73万元留归学校。完成核销定金损失2万元、2批未达使用年限固定资产（182台件，账面原值335.18万元）和8批已达使用年限且应淘汰固定资产（16289台件，账面原值25131.42万元）的报废处置以及向教育部报备工作。认真履行新接受的学校商标维护监管职责，2021年8月以来，监测到校外单位或个人使用"浙江大学""浙大""ZJU"等字样申请注册商标共104件，其中提出异议申请14件，经交涉申请单位主动撤回2件，其他80余件商标正在积极处理中。出台《浙江大学所属企业学校方股东授权股东代表和委派董事、监事管理办法》。完成企业产权登记、清产核资事项的审核、报批14项。组织企业向财政部申报2021年国有资本收益1414.50万元。

完善所属企业法人治理结构，提升企业治理效能。以教育部部署的"四个领域"专项清理整顿工作为契机，坚持问题导向、目标导向、结果导向，重点落实全资、控股企业完善以公司章程为基础的公司治理制度体

系要求,完成出版社和后勤集团公司章程的修订,全面实现了企业党组织内嵌到公司治理结构中的目标,厘清企业党委、董事会、经理层和监事会等治理主体的权责边界,形成了权责对等、运转协调、有效制衡的企业决策执行监督机制。指导企业建立健全议事规则、资金管理等制度32项。完成全民所有制企业浙江《全科医学临床与教育》杂志社公司制改制,明晰了产权,理顺了公司管理体制机制,完善了公司法人治理结构。

【资产评估备案工作】 持续深化资产管理"放管服"改革要求,落实科技成果转化国有资产授权管理政策,进一步加强部门间协同配合,完善评估备案双审核工作机制,推进学校科技成果转化工作规范化、效率化。2021年度完成科技成果评估备案70项,涉及评估金额4048.61万元;完成企业国有资产评估备案4项,涉及评估金额2243.24万元。

【全面完成校企改革任务】 以高度的政治责任感,攻坚克难清理不良股权,针对未完成股权脱钩的2家企业,按照中央巡视整改要求,剖析难点堵点,努力寻求解决问题的多种路径,制定有效脱钩方案,倒排时间、压实责任,在校领导的带领下深入企业敦促指导,啃下校企改革硬骨头,全面完成校企改革任务。

【附录】

附录1　浙江大学2021年国有资产总额构成情况　　　　　单位:万元

项目	金额	备注
一、流动资产	2760611.96	
二、对外投资	124299.93	
三、固定资产净值	1136427.27	
固定资产原价	2111366.54	
减:累计折旧	974939.27	
1.房屋及构筑物(原值)	1013875.46	校舍面积406.88万平方米
2.专用设备(原值)	183235.01	
3.通用设备(原值)	796479.57	
4.文物和陈列品	53.89	实有可移动文物藏品19293件/套
5.图书(原值)	54916.89	截至2021年末,学校实有纸质图书6774911册、电子图书2399899册;2021年新增纸质图书133329册、电子图书20639册
6.家具、用具、装具及动植物(原值)	62805.72	

续表

项目	金额	备注
四、在建工程	132553.23	
五、无形资产净值	152587.42	
无形资产原价	152597.20	
减：累计摊销	9.78	
1.土地使用权	152562.53	学校占地面积 818.11 万平方米
2.浙大校名商标	0	对 4 个浙大商标进行保护性注册
3.专利权	0.25	截至 2021 年末,学校实有授权专利数为 16777 件;2021 年新增专利授权数 3024 件
4.计算机软件	34.67	
5.著作权	0	
六、长期待摊费用	816.70	
七、受托代理资产	2212.29	
资产总额	4309508.80	

注：表中资产总额包含浙江大学苏州工业技术研究院、浙江大学昆山创新中心、浙江大学包头工业技术研究院、浙江大学山东工业技术研究院和浙江大学德清先进技术与产业研究院等 5 家并表研究院资产,备注中校本级资产数据由各资产归口管理部门提供。

附录 2　浙江大学 2021 年净资产构成情况　　　　　单位：万元

项目	金额
一、累计盈余	3243,300.52
二、专用基金	38074.00
1.职工福利基金	15210.30
2.学生奖助基金	0
3.其他专用基金	22863.70
三、权益法调整	0
国有资产净额	3281374.51

附录3 浙江大学 2021 年校办企业财务状况

序号	项目	金额	备注
1	资产总额/万元	245320.13	
2	所有者权益总额/万元	118568.67	
3	归属于学校所有者权益合计/万元	117934.59	
4	营业收入/万元	384181.87	
5	利润总额/万元	27034.82	
6	净利润总额/万元	23336.38	
7	归属于学校净利润/万元	23474.17	
8	净资产收益率/%	21.69	

注:以上表内数据来自浙江大学 2021 年度企业财务会计决算报表。

（林丹凤　葛　颂撰稿　娄　青审稿）

校园文化建设

校园文化

【概况】 浙江大学坚持以美育人、以美化人、以美培元的宗旨,围绕庆祝中国共产党成立100周年开展校园文化建设,累计6万余人次师生参与庆祝建党百年主题活动。深化校园文化建设,打造校园文化活动品牌。举办第八届学生节,在疫情防控常态化背景下,在办好红色文化集市、新年晚会等活动的基础上,推出网络嘉年华活动,集活动直播、图文互动、优良学风作品展示、祝福视频等功能模块为一体,网上参与互动人次超过12万。以学科思政建设为切入点营造优良学风,举办第二届作息表征集活动和第三届最美学习笔记评选大赛,得到《人民日报》《中国青年报》等媒体报道,并登上微博热搜,充分展示出浙大学生优良的学习态度和卓越的学习能力。以新年音乐会、校庆晚会、迎新晚会等常规演出为亮点,辅以校外高水平演出团队访问演出,承办大型文艺演出,丰富校园内艺术文化氛围。举办"百年

恰风华"系列活动51场,展览7场,讲座、工作坊、沙龙、比赛10场,艺术小旅行4场,学长带你玩艺术11场,全年艺术活动共计116场,受众人数约26000人。2022年"大学之声"第十五届浙江大学新年音乐会广受好评。

推进紫金港校区西区文化建设,完成西区楼宇命名工作,建设师生交流吧、西区学生活动中心等文化育人空间。推进学生文化长廊二期和"惟学长廊"文化建设。推进全校32个"悦空间"基地建设。举办"中国历代绘画大系"阶段性成果展,组建大系工作专班和学生宣讲队。扎实做好中华版本资源征集1.2万余件。实施新一批"老科学家学术成长资料采集工程",大力弘扬科学家精神,涵养优良学风。

打造教职工美育中心,在不同校区开设传统文化、艺术修养、休闲减压、运动健身等多个类别50余门课程,线上线下共吸引了5000余人次教职工参与各类素质提升课程。浙大二院广济合唱团代表浙大、省教育工会参加省总工会庆祝建党100周年"我心向党"系列活动总决赛,荣获银奖。

2021年,浙江大学美育中心在学生美

育工作方面再创佳绩。啦啦操队代表杭州队角逐浙江省第四届体育大会啦啦操比赛三项竞赛项目并夺得两金一银，参加 2021 全国啦啦操联赛获三金；礼仪队为校内大型晚会活动提供礼仪服务共计 90 余场；语言艺术队队员获浙江省高校思政微课大赛特等奖、"杭州青年说"大赛一等奖。

2021 年，文琴艺术团再度载誉而归。文琴艺术团参与第六届全国大学生艺术展演，荣获合唱甲组一等奖和器乐甲组一等奖；通过视频方式参与在比利时举行的第十一届世界合唱比赛，从全球 300 余支优秀合唱团体中脱颖而出，力夺 VP2（成人组合唱）金奖，并位列金奖最高级别 Excellent 奖；在浙江省大学生艺术节中，文琴艺术团再创佳绩，所有参赛节目均获得一等奖，其中合唱项目连续第八次蝉联省大艺展一等奖。此外，文琴合唱团选送的两组选手，也双双荣获省十佳歌手称号。

2021 年，浙江大学开展年度十大学术进展评选，遴选出了 1 项突出学术贡献奖项目、10 项十大学术进展项目和 10 项提名项目。编印《学术年报》，发布浙大高水平学术进展，营造了浓郁的校园学术文化氛围。做强做大学术传播平台，提升浙大学术声誉及影响力。

（樊　畅　刘旻雯　叶茵茵
徐懿琳　许诺晗　蔡晓天撰稿
楼　艳　柏　浩　周怡如
潘贤林　李　民　朱敏洁审稿）

【浙大学子全面参与杭州亚运会筹备活动】
2021 年 3 月，浙江大学礼仪队队员参加杭州亚运会国际文明礼仪大赛并取得佳绩。5 月 22 日，杭州亚运会赛会志愿者全球招募仪式启动，浙江大学啦啦操队所呈现的《炫舞亚运》《等你来》两个节目将现场氛围推向

高潮。9 月，浙江大学美育中心啦啦操队、礼仪队、语言艺术队、DFM 街舞社代表浙江大学共同录制亚运会志愿者招募宣传片《等你来》，用热情向上的风貌向世界展示了青年志愿者的昂扬姿态。此外，DFM 街舞社队员参与亚运会倒计时一周年晚会演出，以专业整齐的舞姿献礼亚运。10 月，浙江大学体育馆承办亚运男篮测试赛，浙江大学啦啦操队通过三支热情洋溢的舞蹈展现了浙大学子全方位发展的青春形象，获得现场观众的高度赞扬。12 月，由浙江大学公共体育与艺术部教师郭虹创编，浙江大学美育中心啦啦操队、DFM 街舞社同学们共同演绎拍摄的杭州亚运会志愿者之歌《等你来》活力操正式上线，并在全国范围内进行推广。

（徐懿琳撰稿　潘贤林审稿）

【浙大青年亮相央视五四文艺汇演】　5 月 4 日，由中宣部、教育部、共青团中央主办，中央广播电视总台承办的"奋斗正青春——2021 年'五月的鲜花'全国大中学生文艺汇演"在 CCTV-1 综合频道首播，浙江大学青年学子参与多个节目录制，展现青春活力与时代风采。浙江大学国旗仪仗队、交响乐团、本科生研究生党员代表、浙大青年学生代表赴嘉兴南湖参与拍摄，在中共一大南湖会址，与孙茜、蔡程昱共同演绎《妈妈教我一支歌》《没有共产党就没有新中国》。浙江大学学生、文琴舞蹈团成员宋嘉作为浙江大学高校代表，赴北京央视一号演播厅现场参与晚会录制，共参与了 6 个节目的演出，展现出浙大学子昂扬向上的精神风貌。浙江大学学生夏意宁参与了节目《书写青春华章》的录制，她用一段段铿锵有力的话语回答了时代新青年应该如何接过历史的接力棒，脚踏实地、为国为民。

（刘旻雯撰稿　柏　浩审稿）

【浙江大学第二届作息表征集活动举行】

12月3日,为了号召青年学生合理规划学习生活的时间,鼓励团员青年通过制作作息表的形式加强自我规划、自我管理、自我监督,打造健康生活和高效学习的个人生活,校团委、新青年传媒举办第二届作息表征集活动。此次活动面向全体本科生、研究生,活动发布后,各学院同学积极参与,涌现了大量独具特色的作息表,彰显了我校学生丰富多彩、健康合理、积极向上的校园生活。突如其来的疫情改变了同学们的作息,但大家积极应对,科学规划,劳逸结合。校团委将一些有特色、有借鉴价值的作息表在相关微信公众号、微博、网络嘉年华上进行展示,营造了良好的学习氛围。本次活动也受到了外界的大量关注,曾登上微博热搜,也获得《人民日报》、《中国青年报》、共青团中央等媒体报道。

（刘旻雯撰稿　柏　浩审稿）

【浙江大学举办"中国历代绘画大系"阶段性成果展】

11月2日,浙江大学扎实推进"中国历代绘画大系"编撰出版工作,坚持将其作为学校履行文化传承创新使命、繁荣哲学社会科学的战略举措,组建"中国历代绘画大系"工作专班,充分发挥学科资源优势,加强"中国历代绘画大系"编撰、出版、展陈、宣传工作。举办"盛世修典——'中国历代绘画大系'阶段性成果展"全国巡展,推动大系成果发挥更大社会效益,进一步弘扬中华优秀传统文化、增强国家文化软实力。组建"中国历代绘画大系"学生宣讲队,引导广大师生传承与发扬中华优秀传统文化中蕴含的思想观念、人文精神、道德规范。

（樊　畅撰稿　楼　艳审稿）

体育活动

【概况】　2021年浙江大学共举办体育赛事16项,涵盖足球、乒乓球、篮球、健身健美、网球、羽毛球、排球、水上运动、体育舞蹈、游泳、定向、户外攀岩、橄榄球等项目,参赛人数达23394人次。其中为庆建党百年华诞,举办了"百年恰风华·青春旗帜颂"大型形体展示暨浙江大学2021年春季运动会,1499人排成"1921—2021"和"100"的字样,以完美的表演献礼中国共产党成立100周年。为积极推进各学院(系)、学园的各项体育活动,今年共有20位下系教师多次主动与各个院系联系,开展体育活动辅导工作51次。

圆满完成学生体质健康测试工作,本年度全校本科学生(1—4年级)实测人数为22628人,其中优秀率为3.33%、良好率为26.75%、合格率为94.26%,较2020年均稳步增长。完成浙江省体质健康状况抽测工作,浙江省教育厅随机抽测学生共200人,最终获得测试合格率99%、优良率34%、优秀率4.5%的好成绩。

2021年,各类体育代表队在省级以上大赛中,共获得奖牌153枚(65金、50银、38铜)。全年承接亚运测试赛、CUBA二级联赛、浙江省大学生田径教练员培训班等赛事活动5项次。5月成功获批中国大学生体育协会赛艇与龙舟分会挂靠单位,并举办第9届中国大学生龙舟锦标赛、第5届中国大学生皮划艇锦标赛、第6届中国大学生赛艇锦标赛三大全国性赛事,促进高校之间的交流与合作,推动水上运动在高校中的普及与发展。

关注教职工身体健康，进一步加强体育文化建设。持续推进"全民健身月"等影响力较大的品牌，举办教职工围棋比赛、环紫金港师生接力赛、气排球赛、篮球赛、乒乓球团体赛等多场高质量体育赛事，组织教职工参加国家和省级各类比赛，获得浙江省"钟声杯"羽毛球团体冠军等荣誉称号。各校区举办"中国梦·劳动美—永远跟党走 奋进新征程"职工线上运动会、健步走、登山等趣味运动项目，参加人数达15000余人次。院级工会体育活动踊跃，院系协会俱乐部发展迅速，全民健身蔚然成风。

【获第十四届全国学生运动会 2 金 9 银 11 铜】 第十四届全国学生运动会于 7 月 10 日至 17 日在青岛举行，学校共有包括田径、排球、游泳、乒乓球、羽毛球、篮球、武术等 7 个项目的 54 位运动健儿入选浙江代表队出征。经过奋勇拼搏，女子排球队获得本次比赛季军，其中何梦宁、苏怡、高家源、尹美晨四位女排运动员取得"国家健将"称号；田径队斩获 1 金、7 银、4 铜的好成绩；游泳队获得 1 银、3 铜，取得甲组赛事 39 分、乙组赛事 112.5 分；乒乓球运动员作为主力参与男子团体竞赛并获第三名；民族传统体育项目太极拳获得 1 金 1 银。最终，浙江大学以"学校体育工作"分项第一名的好成绩获得代表学校体育最高荣誉的"校长杯"。

【承办第 20 届中国大学生田径锦标赛】 比赛于 7 月 31 日至 8 月 5 日在浙江大学紫金港校区举行。全国大学生田径锦标赛作为高校体育赛事的重要组成部分，是中国大学生田径运动常规年度展演的赛事，历经 30 年 19 届的发展，已成为中国大学生体育协会旗下规模最大、参与人数最多、参与学校最广的国家级体育赛事。这也是浙江大学

继 1993 年承办第二届比赛后，再次承办全国大学生田径锦标赛。本届比赛历时 8 天，共有来自全国 255 所高校的 2778 名运动员、教练员参赛，共设甲组（阳光组）、乙组（高职高专组）、丙组（高水平组）、丁组（超级组）四个类别，包括短跑、长跑、跨栏、接力、跳高、跳远、铅球、铁饼、标枪、全能等男、女共计 80 个比赛项目。学校克服疫情防控等诸多困难，圆满完成各项赛事工作，充分展示了浙大人的风采，展现浓厚的学校体育文化氛围。

【获全国青少年校园足球联赛季军】 6 月 12—6 月 22 日，2021 年全国青少年校园足球联赛（大学组）高水平组女子甲级联赛在山东潍坊举行，比赛共有来自同济大学、中国矿业大学、北京中医药大学、武汉体育学院等全国各省份选拔出的 24 所高等院校、近 600 名运动员参赛。浙江大学高水平女子足球队首次出征全国赛事，在历时 10 天的艰苦赛程中不断拼搏，最终斩获联赛季军。

【获全国大学生阳光游泳比赛"三冠王"】 6 月 17—19 日，第三届中国大学生阳光游泳比赛在四川省成都市龙泉驿区东安湖体育公园举办。本次赛事吸引了包括浙江大学、上海交通大学、同济大学、四川大学、浙江财经大学等在内的 39 支高校运动队、191 名运动员参赛。中国大学生阳光游泳比赛是全国高校普通大学生游泳比赛的最高级别赛事。在这样一个全国性的舞台上，浙江大学代表队以 8 金、11 银、1 铜，总分 304 分的绝佳成绩勇夺团体第一、男子团体第一、女子团体第一，同时打破了 8 项赛会纪录。

【获浙江省大学生足球联赛冠军】 4 月 16 日，2021 年浙江省青少年校园足球联赛大学女子超级组（高水平）决赛在金华横店进

行。我校高水平女子足球队以全胜战绩，蝉联赛事冠军。本次联赛，我校女足除了斩获2021年浙江省内最高水平足球赛事第一名之外，3号队员汪洋获得最佳球员金球奖，1号队员范铃铃连续两年获得最佳守门员金手套奖。

【附录】

2021 浙江大学运动队竞赛成绩

项目	赛事名称	比赛成绩	时间/地点	队别
女排	第十四届全国学生运动会（排球总决赛）	第三名	7月 山东青岛	A类队
	2019—2020中国大学生排球联赛总决赛	第五名	5月 江苏南通	A类队
女足	2021年全国青少年校园足球联赛（大学组）高水平组女子甲级联赛	第三名	6月 山东潍坊	A类队
	2021年浙江省青少年校园足球联赛（女子高水平组）	第一名	4月 浙江横店	A类队
田径	第十四届全国学生运动会	4银3铜	11月 山东青岛	A类队
	第二十届全国大学生田径锦标赛	2金1银4铜	7月 浙江杭州	A类队
	2021年浙江省大学生田径精英赛	16金9银9铜	4月 浙江杭州	A类队
男子网球	第25届中国大学生网球锦标赛分区赛（华东赛区）	第三名	6月 浙江台州	A类队
	2021年浙江省第12届大学生运动会网球锦标赛	2银	5月 浙江台州	A类队
	第25届中国大学生网球锦标赛（总决赛）	团体第四名 1铜	7月 四川宜宾	A类队
女子网球	第25届中国大学生网球锦标赛分区赛（华东赛区）	第二名	6月 浙江台州	A类队
	2021年浙江省第12届大学生运动会网球锦标赛	1银1铜	5月 浙江台州	A类队
	第25届中国大学生网球锦标赛（总决赛）	团体第五名	7月 四川宜宾	A类队
羽毛球	浙江省大学生羽毛球锦标赛	1金1铜	4月 浙江衢州	B类队

浙江大学年鉴

项目	赛事名称	比赛成绩	时间/地点	队别
武术	浙江省大学生武术锦标赛（甲丙丁组）	2 银 1 铜	5 月 浙江杭州	B 类队
网球	浙江省大学生网球锦标赛	2 金 2 银	5 月 浙江台州	B 类队
男子篮球	中国大学生篮球二级联赛	亚军	5 月 浙江杭州	B 类队
游泳	浙江省大学生游泳锦标赛	3 金 5 银 3 铜	5 月 浙江苍南	B 类队
乒乓球	浙江省大学生乒乓球锦标赛	3 金 1 铜	6 月 浙江台州	B 类队
女子排球	浙江省大学生排球锦标赛	冠军	6 月 浙江临安	B 类队
男子排球	浙江省大学生排球锦标赛	第五名	6 月 浙江临安	B 类队
健美操	全国运动训练联盟操舞锦标赛	4 金 3 银	线上	B 类队
龙舟	2021 年中国名校水上运动公开赛	一等奖	6 月 浙江湖州	B 类队
太极拳	第六届浙江省太极拳公开赛	8 金	5 月 浙江绍兴	D 类队
足球	浙江省青少年校园足球联赛（大学男子校园 A 组）	冠军	11 月 浙江义乌	B 类队
篮球	2021ZUBA 第二十三届浙江省大学生篮球联赛男子甲 A 组	亚军	10 月 浙江余姚	B 类队
游泳	全国大学生游泳比赛（阳光组）	8 金 11 银 1 铜 男子团体第一 女子团体第一 总团体第一	6 月 四川成都	B 类队
武术	2021 年中国大学生武术套路锦标赛（甲组、乙组）	2 金 1 铜	7 月 河北迁安	B 类队
乒乓球	第二届 C9 高校学生乒乓球邀请赛	1 金	7 月 黑龙江哈尔滨	B 类队
橄榄球	全国触式橄榄球分区赛南宁站	亚军	7 月 广西南宁	C 类队

续表

项目	赛事名称	比赛成绩	时间/地点	队别
跆拳道	2021 年中国大学生跆拳道锦标赛	1 金 1 铜	7 月 江苏盐城	C 类队
龙舟	第九届中国大学生龙舟锦标赛	1 铜	7 月 山东聊城	B 类队
啦啦操	2021 年全国啦啦操联赛(杭州站)	3 金	7 月 浙江杭州	C 类队
篮球	2021 年中国大学生二级联赛总决赛	季军	7 月 山东泰安	B 类队
舞龙舞狮	第十三届中国大学生舞龙舞狮锦标赛	1 金	7 月 安徽黄山	C 类队
皮划艇	第五届全国大学生皮划艇锦标赛	3 金 6 银 3 铜	10 月 浙江海宁	C 类队
赛艇	第六届中国大学生赛艇锦标赛	1 金 1 银 4 铜	10 月 浙江奉化	D 类队
健美操	浙江省大学生健美操锦标赛	1 金 1 银	11 月 线上	B 类队
健美操	中国大学生健美操锦标赛	1 金 1 银 1 铜	12 月 线上	B 类队

(叶茵茵　许诺晗撰稿　傅旭波　李　民审稿)

学生社团活动

【概况】　2021 年,全校共有校级注册学生社团 224 个,共开设 91 门精品课程,开课时长达 1000 余课时,参与学生达 4000 余人次;全年累计开展学生社团活动 1000 余项,参与学生达 60000 余人次。在学校学生社团建设评议委员会的指导下,全面深化学生社团改革,形成了"思政引领、学生骨干、朋辈课堂、校园文化、国际视野"的"五位一体"的社团思政育人体系。

充分发挥学生社团作为第二课堂重要组成部分的"自我教育、自我服务、自我管理、自我监督"功能,推进"朋辈课堂"建设,以"全面育人"为导向,以学生社团精品课程为主要载体,重点围绕文化传播、理论学习、多元发展、社团发展、干部历练和自身建设等方面,开展丰富多样的学生素质提升和校园文化活动。指导研究生艺术团、研究生创新创业中心、未来企业家俱乐部、研究生社会实践发展中心、研究生新闻媒体中心("浙大研究生"微信公众号)等研究生社团和学生组织开展工作。在艺术通识课程和艺术实践活动的基础上,对学生艺术素养和多种实践能力进行"深度培养",向学生提供更高、更专业的艺术美育教育平台。排摸国际学生社团情况,在保障学生社团有序运行的同时,进一步促进中外学生的日常活动交流。

继续推进学生社团改革工作,浙江大学学生社团建设管理评议委员会运行步入正轨,推动完善浙江大学学生社团管理相关细则及配套制度,构建更为完备的学生社团制度体系;开展"青春向党 社团领学"红色文化集市等活动,推动思政引领与社团活动的有机结合,让社团活动站位更高,让思政教育更接地气;在疫情防控特殊情况下,推动社团文化节、社团建设月、社团体验日等活动转型升级;加大学生社团专项发展基金、青苗计划、恒星计划等基金扶持力度,坚持社团拟任负责人培训班、学生社团智囊团等社团骨干培养模式,打造社团阶梯育人平台。

（刘旻雯 卢俏 叶茵茵撰稿 柏浩 张荣祥 周怡如审稿）

【紫金港西区尧坤楼学生社团活动空间启用】 7月,新落成的尧坤楼学生社团活动空间面向全校学生社团开放,采用公共使用与特色运营结合的方式,鼓励学生社团自我运营空间,满足其个性化的发展需求。经评审,共有36家学生社团入驻13个社团活动空间,校团委牵头制定规范化管理与考核细则保障学生社团活动空间有序运行,并长期进行空间的管理和维护工作,尽力确保空间分配的最大使用率、起到最强激励性、实现最优匹配度。

（刘旻雯撰稿 柏浩审稿）

【举行浙江大学学生社团建设管理评议委员会会议暨使命愿景大讨论】 11月,浙江大学学生社团建设管理评议委员会会议在紫金港校区西区尧坤楼召开,学生社团建设管理评议委员会成员单位负责人及部分指导单位代表参会。会议审议并通过了全体学生社团的年度注册报告。会上,各单位进行了"一流大学、青年成长与社团发展"使命愿景大讨论,指出社团发展要坚持正确的政治导向,强化社团的文化发展作用,学校各部门要加强对学生社团活动的支持,用好现有资源,服务于社团发展。

（刘旻雯撰稿 柏浩审稿）

【举行"青春向党,社团领学"红色文化集市暨学生社团体验日活动】 2021年5月、6月、12月,为响应中共中央开展党史学习教育的号召,浙江大学学生社团在紫金港校区文化广场多次举办"青春向党,社团领学"红色文化集市活动,数十家学生社团受邀在文化广场开展趣味社团活动,将红色文化与社团文化有机结合,打造学生群体喜闻乐见的校园活动。从党史校史到公益服务,从美育熏陶到科创精神,通过多个活动板块为浙大师生展现多元文化的魅力。红色文化集市吸引了大批师生参与互动体验,是浙江大学2021年学生社团活动的一大亮点。

（刘旻雯撰稿 柏浩审稿）

青年志愿者活动

【概况】 2021年,浙江大学新增星级志愿者4069人,全年志愿服务总时长超过16万小时。选派26名学生参与研究生支教团开展西部支教和扶贫工作。选派多名优秀志愿者参与世界互联网大赛·乌镇峰会、"韵味杭州"篮球测试赛、第20届全国大学生田径锦标赛等大型志愿服务,在各种赛会中彰显浙大学子的青春风貌。落实亚运会、亚残运会赛会志愿者招募工作,按要求完成30位升旗手专项志愿者、40位颁奖礼仪专项志愿者选拔,正式上线杭州亚运会志愿者之歌《等你来》MV及活力操。在学校发现外地疫情关联病例后第一时间牵头成立了防疫志愿工作专班,配合学校顺利完成多轮集中性全员核酸检测和其他服务保障工作,组织481人次志愿者服务疫苗接种工作,在抗疫中充分发挥了团员青年的战斗力。

在2021年百年党史学习教育中,作为新时代青年发声的重要宣讲阵地,博士生报告团讲求"立言时代,真诚奉献",开展百年党史、十九届六中全会精神系列宣讲,以线上线下相结合的方式,为校内外单位提供20多次党史系列宣讲,其中包括政府机关、企业单位、中小学校,受众达到10000余人次。

(刘旻雯 卢 俏撰稿 柏 浩 张荣祥审稿)

【2个项目获第十三届中国青年志愿者优秀项目奖】 医学院附属邵逸夫医院的"白衣天使行动"健康知识普惠志愿服务项目、医学院附属儿童医院"医心医意"——医慈协同志愿服务项目获评第十三届中国青年志愿者优秀项目奖。本奖项由共青团中央、中国青年志愿者协会设立。"白衣天使行动"健康知识普惠志愿服务项目搭建了"1个版块＋3堂课"服务模式,线上线下开展科普、心理辅导等。"医心医意"——医慈协同志愿服务项目面向先心病防治需求,构建了全省协同网络,开展快速转诊、培训科普、扶贫助医等工作。

(刘旻雯撰稿 柏 浩审稿)

【研究生支教团精准帮扶景东县项目入选第六届教育部直属高校精准帮扶典型项目】 "青春向无量山告白——浙大研究生支教团精准帮扶景东县纪实"项目入选第六届教育部直属高校精准帮扶典型项目。自浙江大学2013年全面启动对口帮扶景东县的相关工作开始,学校连续8年选派9批共52名研究生支教团成员奔赴云南景东开展为期一年的支教帮扶工作,支教团坚持"教育扶贫、志智双扶"的宗旨和"立足传承、开拓创新"的工作思路,聚焦教书育人主责主业,为服务景东教育、体育、经济、文化、社会公益等事业做出了积极贡献。

(刘旻雯撰稿 柏 浩审稿)

【志愿者助力学校打赢疫情防控遭遇战】 在紫金港校区发现外地疫情关联病例后,学校第一时间成立防疫志愿工作专班,在1小时内集结了第一批350名志愿者队伍参与抗疫志愿服务。"封校"期间,校级层面共招募1158名志愿者,2322人次提供服务,总时长超过11100小时,服务岗位包括核酸检测信息录入、秩序维护、数据核对、人员联络、物资搬运等。校团委将在日常工作中总结出的"成建制运行—有重点招募—速成式培训"等经验用于抗疫志愿者组织,形成的工作经验为浙江省高校应对处置疫情志愿服务工作提供了重要参考。

(刘旻雯撰稿 柏 浩审稿)

社会实践活动

【概况】 为更好地把握新时代中国共产党肩负的历史使命和中国发展的历史方位,浙江大学以习近平新时代中国特色社会主义思想为引领,充分发挥社会实践育人功能,2021年组织开展"百年奋斗薪火传,青春向党逐梦行"等为主题的大学生社会实践活动,共1255支团队,15697名学生利用寒暑

浙江大学年鉴

假奔赴全国各地开展社会实践活动。开设社会实践通识课程"认知与实践——乡村振兴"，通过"校内理论＋校外实践"将社会实践的两大模块融会贯通，是将社会实践纳入第一课堂的创新举措。开设"实践安全及疫情防控教育"和"新闻宣传与报告撰写"等行前培训课程，在做好疫情防控和保障安全的基础上将社会实践落到实处。

特别开展"党史青年行"专项实践行动，打造"百千万"实践育人红色模式，引领青年一代学习党史，切实践行"学史明理、学史增信、学史崇德、学史力行"。实践活动被人民网、央视频、《人民日报》《光明日报》、新华网、中青校园、浙江新闻、学习强国等省级以上媒体平台累计报道300余次，相关报道被分别编入中宣部、教育部党史学习教育简报。

学校获全国"三下乡"暑期大学生社会实践活动优秀组织奖等，2支团队获评国家级优秀实践团队，1支团队获评省社会实践风采大赛十佳团队，1位师生获得国家级社会实践方面个人荣誉。

面向国家重大需求、急需领域、战略性区域，围绕"学党史，强精神，做贡献"主题，结合"四个一"党史学习教育，开展"凌云"研究生赴重点单位社会实践计划、"弘毅"研究生赴基层岗位锻炼计划和"公毅"计划基层服务社会实践，选派2900名研究生（其中博士生2549名，占比87.90%）前往"马兰"基地、中建、中电等覆盖全国27个省、自治区、直辖市的重点单位、重点领域开展4—6周的实践服务，完成调研报告2927篇，申请专利118项，技改项目388项，开发产品459项，开展专题报告639场，成功介绍合作项目519项，建立"凌云"研究生社会实践基地46个，获《人民日报》、新华网、《中国青年

报》等主流媒体及各级媒体新闻报道2700余次。"面向'一带一路'，构建卓越的研究生社会实践育人模式"立项教育部高校思想政治工作精品项目。

（刘旻雯 卢 俏撰稿 柏 浩 张荣祥审稿）

【开展浙江大学"不忘初心使命，传承百年辉煌"寒假大学生社会实践活动】 1月至3月，浙江大学"不忘初心使命，传承百年辉煌"寒假大学生社会实践活动开展。在学校党委的高度重视、精心部署下，在各学院（系）、学园的大力支持、通力合作下，共726支队伍的6755名求是学子分赴全国各地，围绕"追寻红色记忆，献礼建党百年""投身公益实践，服务社会建设""发掘家乡文化，坚定文化自信""聚焦农村扶贫，深入基层建设"四个方面开展了主题鲜明、内涵丰富的寒假社会实践活动。为表彰先进、推动工作，在各院系和学生组织评选推荐的基础上，经校大学生社会实践领导小组办公室评审同意，决定授予人文学院赴上海等地"中国共产党这样走来"寒假社会实践团等73支团队"浙江大学2020—2021学年'不忘初心使命·传承百年辉煌'寒假大学生社会实践活动优秀团队"称号。

（刘旻雯撰稿 柏 浩审稿）

【开展浙江大学"百年奋斗薪火传·青春向党逐梦行"大学生暑期社会实践活动】 7月至9月，校团委在全校青年学子中深入开展大学生社会实践活动。实践活动加强新时代劳动教育，进一步发挥社会实践在加强和改进大学生思想政治教育中的重要作用，在更高质量、更加卓越、更受尊敬、更有梦想上发力，激发大学生的社会责任感与时代使命感。本次实践活动以"百年奋斗薪火传·青春向党逐梦行"为主题，围绕"追寻红色印记，献礼建党百年""深化服务为民，助力家

乡建设""弘扬西迁精神,传承浙大文脉""发扬志愿精神,传递公益力量""强化专业引领,履行社会责任""巩固脱贫成果,投身乡村振兴"六大社会实践专项行动,特别开展"党史青年行"专项活动,共有529支团队的8942名学生奔赴全国各地开展社会实践活动。我校社会实践活动获得人民网、央视频、《人民日报》《光明日报》、新华网、今日头条、中青校园、浙江新闻、学习强国等省级以上媒体平台报道,报道次数高达300余次。

(刘旻雯撰稿　柏　浩审稿)

【推进"凌云"研究生赴重点单位社会实践行动计划】 以服务国家发展战略为导向,围绕学校"双一流"建设目标和卓越研究生教育规划的总体要求,依托学院(系)、学科(专业)力量,着力推进面向重点领域、重点行业、重点单位建设研究生社会实践基地,进一步发挥研究生社会实践育人成效,第二期建设基地21个。

(卢　俏撰稿　张荣祥审稿)

创新创业教育与活动

【概况】 2021年,浙江大学以习近平新时代中国特色社会主义思想为指导,全面贯彻党的教育方针,围绕学校人才培养目标,立足新发展阶段、贯彻新发展理念、构建新发展格局,坚持创新引领创业、创业带动就业,持续深化创新创业教育改革,将创新创业教育贯穿人才培养全过程,努力培养一批志存高远、富有创新精神、勇于投身实践的创新创业人才队伍,为建设创新型国家提供人才智力支撑。

2021年秋冬学期,开设本科生通识必修课程"创业基础"并筹建课程组。积极落实"校企行"专项行动,对接阿里巴巴、国家电网等18家国家级企业双创示范基地,以及国投创合基金和中金启元基金等2支国家级引导基金,与国家电网合作共建"绿色技术元空间(滨江)"。立项18家校院联合共建创新创业实验室,成立9家浙江大学院级创新创业教育中心(第二批),推进IBE双创实践基地验收工作,加强紫金创业元空间、三墩元空间、校内8个研究生创新实践系列赛事基地建设。在研究生院大楼、管理学院新大楼、控制学院等地新开辟了近7000平方米的创新创业空间。启用浙江大学校友企业总部经济园一期,推进杭州国际科创中心、紫金科创小镇、e-WORKS、Idea Bank、杭州市大学生创业园(西湖·浙大科技园)等校外创客空间建设。加强与辰林教育集团、浙江大学创新技术研究院有限公司、上海丰瑞投资集团有限公司、北京青山智力传播顾问有限公司等企业的合作。

积极参加第七届中国国际"互联网十"大学生创新创业大赛,斩获金奖10项、银奖7项,获高校先进集体奖、"青年红色筑梦之旅"活动先进集体奖。在第十七届"挑战杯"全国大学生课外学术科技作品竞赛红色专项活动中获特等奖2项,"揭榜挂帅"专项赛中获特等奖1项,获"红色专项活动优秀组织奖"。1名浙大在校生荣获第三届教育部"创新创业英才奖",2名浙大创业青年荣获十一届"中国青年创业奖"。作为秘书处单位,指导举办"中信银行杯"第三届中国研究生人工智能创新大赛。成功举办第六届浙江大学校友创业大赛、浙江大学第十三届"蒲公英"大学生创业大赛、第二届"青山杯"大学生创业方案大赛、"江芷杯"现代生物与制药技术创新创业大赛、首届"链坊杯"区块链数字经济商业分析大赛、创新创业教育先进个人评审等双创活动。

积极对接全国双创周,组建"青年志愿科技创新咨询服务团",持续开展求是强鹰实践成长计划、雏鹰创新创业培育计划、猎鹰计划、浙江省"双创"报告团巡讲、紫金创享·创业大讲堂、"互联网＋"创新创业大讲堂等系列活动。加强与西湖区、滨江区、余杭区、安吉县、南浔区、海曙区、嘉善县、遂昌县等县市区开展校地合作,服务地方建设发展。不断推进中国高校众创空间联盟建设,助力高校双创工作数字化升级。

【浙江大学在第七届中国国际"互联网＋"大学生创新创业大赛中再创佳绩】 2021年10月12日至15日,第七届中国国际"互联网＋"大学生创新创业大赛在南昌大学举行。浙江大学共获10个金奖,其中主赛道金奖6项、红旅赛道金奖1项、国际赛道金奖3项,金奖总数位居全国高校第二,同时获高校先进集体奖、"青年红色筑梦之旅"活动先进集体奖。管理学院学生钱文鑫荣获2021年度"创新创业英才奖"。

（周鑫鹏撰稿　卓亨逵审稿）

【获"中信银行杯"第三届中国研究生人工智能创新大赛"优秀组织奖"】 2021年12月12—14日,"中信银行杯"第三届中国研究生人工智能创新大赛全国总决赛在深圳市举行。浙江大学共获得一等奖2项、二等奖3项、三等奖3项,周晓巍、韩熠宗、姚琤、赵艺钧和章国锋五位老师获得"优秀指导教师"荣誉,浙江大学获得优秀组织奖。

（鲍雨欣撰稿　张荣祥审稿）

【组织参加中国研究生创新实践系列大赛】加强校内8个研究生创新实践系列赛事基地建设,培育优秀队伍选送参赛,我校研究生在研究生数学建模竞赛、机器人创新设计大赛、能源装备创新设计大赛、未来飞行器创新大赛、电子设计竞赛、创"芯"大赛、人工智能创新大赛、研究生智慧城市技术与创意设计大赛等八大全国性赛事中共获得特等奖2项、一等奖9项、二等奖15项、三等奖18项。

（鲍雨欣撰稿　张荣祥审稿）

浙江大学年鉴

办学支撑体系建设

图书情报工作

【概况】 浙江大学图书馆共有 9 座馆舍，总建筑面积 11 万平方米。2021 年，采购纸本中外文图书 7.2 万余种，共 7.5 万册。截至 2021 年 12 月 31 日，全馆实体馆藏总量 781.76 万册。全馆借还书总量 133 万册，进馆人数约 204.4 万人次；图书馆微信公众号累计关注人数 8.2 万人，全年发布推文 314 篇。举办面向全校师生的讲座、展览等各类文化活动共计 106 场次，其中线上活动 14 场。接收科技查新项目 172 项，处理文献传递申请 13845 次，论文收录 8.8 万篇。

紧紧围绕学科建设和发展，综合教学科研需求，不断完善文献资源建设保障体系。推进哲学西文典籍建设，完成《浙江大学图书馆哲学类外文图书馆藏评估报告》，构建高校人文社科纸本图书馆藏评估指标体系。完成"浙江大学抗疫特色数据库"功能部署。与社科院共建院内参资料库，支持学校高端智库建设。完成引进简方庭—东南亚艺术与考古专题特藏，促进学校亚洲文明及相关学科发展及学术研究。发布"学术资源地图"，便于用户发现特定学科的重要学术资源并了解相关学术成果的学术影响力和贡献度。签约数字知识服务联盟，探索中文学术研究资源全面保障的新型解决方案。配合学校完成"关于 2018—2020 年图书馆书刊经费合规管理及使用绩效的专项审计"工作。

古籍馆于 2021 年 5 月 21 日正式开馆，开馆庆典现场签署多项合作协议。开馆后陆续举办多场展览活动，发挥文化浸润新地标作用。馆藏 18 万册古籍顺利完成搬迁。方闻图书馆于 2021 年 7 月 16 日试开馆，10 万册艺术与考古图书迁入，旨在建成全球知名、独具特色的艺术与考古图书馆。云南李国生"启后斋"捐赠古籍 13000 多件入藏，其中珍贵写本与古籍 5500 余册，进一步提升图书馆古籍收藏品质。建设名家藏书室，已入藏沈善洪等学者藏书与手稿，成为展示浙大文脉和学校文科建设的重要平台。举办第二届全国高校古籍保护工作会议。建设古籍修复实验室，申报第二批"国家级古籍修复中心"。

深化科研情报服务，服务学校新一轮

"双一流"建设、学科评估与人才引进。参与学校重点调研课题《浙江大学新一轮"双一流"建设重点战略任务研究》，完成《"双一流"建设高校整体建设方案》对标数据采集。研究可比关键指标数据，完成《对标"双一流"——构建更加卓越的创新生态系统》报告。探索"世界一流前列大学"发展生态监测的可行路径。

提供高水平科研战略咨询服务，服务战略决策与科研布局。参与学校《重大领域交叉前沿方向2021》报告研制，启动《浙江大学与世界一流前列与顶尖大学对标分析报告》编写工作，完成《浙江大学与国内外一流大学对比分析报告（2021）》。开展多方位知识产权信息咨询服务，服务技术创新与成果转化。完成《国内外一流高校专利技术创新力比较分析报告——浙大版》、浙江大学专利监测快报，对标分析浙江大学专利技术及技术领域创新能力。

推进智慧图书馆数据集成与服务集成项目建设。建设图书馆基础数据仓库，实现数据的统一存储和集中管理发布。开发"浙大钉"图书馆移动应用，建设数字特藏平台。开展下一代图书馆系统调研，更好地适应新技术环境下的用户需求。图书馆新版中文网站上线，制定网站内容运维方案。建设新书通报平台，实时更新新书书目信息，提高新书利用率。

启动"图灵灵"一站式咨询服务机制，基础馆推出全年无休服务。上线座位预约系统，加强座位管理。玉泉分馆六楼、七楼部分空间完成改造，建设若干新型学习研讨空间。推进新馆建设，规划空间布局和信息化建设，探索智慧服务。

围绕立德树人根本任务，推进文化育人体系建设。以学生成长为中心，加强阅读推广，涵养精神气质。强化"悦读·求知"月品牌建设，以"百年峥嵘忆往昔　初心如磐向未来"为主题，特别策划"求是经纬·献礼百年"系列活动。阅读嘉年华继续推出"我的宝藏书单""书海生存挑战赛"等多项活动。成立浙江大学学生求知书社，推进"图·乐知"空间建设，开展深度阅读、信息素养、美育体验等活动。

提高政治站位，全馆深入开展党史学习教育。挖掘基础馆四楼红色基因，建成浙江大学"牢记嘱托，科教报国"党员教育培训基地。全面启动馆史修纂工作，传承图书馆求是红色文脉。推进"十四五"规划文本编制与修订工作，编制《浙江大学学术期刊与图信资源发展专题规划》和《浙江大学高质量建设研究型图书馆行动计划》，明确四大行动计划。加强人力资源建设，探索编外用工改革机制。举办浙江大学图书馆"面向'十四五'的高质量发展"学术研讨会和"图书馆科研能力提升"系列讲座。

加强合作开放，增强图书馆影响力。做好大学数字图书馆国际合作计划（CADAL）项目管理中心工作，加强 CADAL 项目推广，2021 年新增 71 家共享单位。承办全国图书馆标准委员会会议，发起全国高校图书馆"数字知识服务联盟"，与中国工程科技知识中心签署战略合作协议。继续做好浙江省高校图书情报工作委员会秘书处工作，组织各类评奖评优，举办多场文化展览巡展活动，促进浙江省及长三角高校图书馆间交流。

配合学校做好图书馆领导班子换届工作。2021 年 11 月 22 日，召开图书馆领导班子换届宣布会，正式宣布新一届图书馆领导班子成员名单：楼含松任馆长，吴晨任党委书记兼副馆长，胡义镰、田稷、余敏杰任副馆长。

【**浙江大学图书馆古籍馆正式开馆**】 5月21日,浙江大学图书馆古籍馆举行开馆仪式。浙江大学副校长黄先海宣布古籍馆开馆,并与浙大城市学院校长罗卫东共同为古籍馆开馆揭牌。多位兄弟院校图书馆和公共图书馆负责人及学校相关院系、部门负责人、师生校友代表参加了仪式。

【**"牢记嘱托　科教报国"浙江大学党员教育培训基地建成**】 7月1日,图书馆"牢记嘱托　科教报国"浙江大学党员教育培训基地正式开放。基地已获批为学校首批党员教育培训基地之一,成为浙大师生和党员干部深入学习领会习近平总书记关于教育的重要论述和重要指示精神、传承浙大精神文脉的重要教育学习场所。基地内还设有心怀"国之大者"——浙江大学科教报国杰出代表人物展,主要展示获得国家级荣誉的14位浙大杰出校友代表的事迹、著作、档案。

【**第二届全国高校图书馆古籍保护工作研讨会暨"册府千华:中国与亚洲"展览开幕**】 7月15日,第二届全国高校图书馆古籍保护工作研讨会暨"册府千华:中国与亚洲"展览开幕式在紫金港校区举行。40余所高校及古籍保护单位的近60位代表参会。本次会议由浙江大学图书馆主办,国家图书馆出版社等四家单位协办。展览由国家图书馆(国家古籍保护中心)主办,浙江大学图书馆、浙江大学艺术与考古博物馆承办。学校党委副书记邬小撑,国家图书馆副馆长、国家古籍保护中心副主任张志清,清华大学图书馆党委书记蒋耘中等在大会开幕、《孙诒让稿本汇编》首发式及展览开幕中先后致辞。

【**附录**】

附录1　浙江大学 2021 年图书经费情况　　　　　　　单位:万元

经费类型	金　额
中文图书(内地)	624.32
外文图书	1418.13
中文图书(港台)	155.92
中文报刊	128.21
外文报刊	127.73
数字资源	4046.47
特种文献	99.00
购置业务费	203.99
总计	6803.99

附录 2　浙江大学 2021 年图书馆藏及流通情况

文献种类		数量
图书	中文(内地)	435.28 万册
	外文	86.08 万册
	中文	14.27 万册
期刊	中文	65.59 万册
	外文	46.90 万册
报纸		7.88 万份
特种文献	古籍	18.71 万册
	拓片	1.11 万册
	手稿	0.06 万件
	民间文书	0.12 万件
缩微、音像资料		7.20 万件
院系资料室(含附属医院)		108.22 万册
其他(含悦空间、资料等)		2.20 万册
电子数据库		311 余个
馆藏总量		781.76 万册
图书流通量		133 万册

(冯越男编撰　吴　晨审稿)

实验室建设与设备管理

【概况】　截至 2021 年 12 月 31 日,全校仪器设备资产总台件数 364892 台套,总额 993120.35 万元。全校新增仪器设备共计 37435 台套,总值为 93379.68 万元。全校减少仪器设备共计 20543 台套,原值 28913.78 万元;全年处置报废仪器设备竞标 27 批次,残值收入 131.75 万元。获得 2016 年资产清查盘亏账目的教育部批复,共盘亏设备 4017 台,金额 33394861.17 元。

2021 年,学校投入中央高校改善基本办学条件专项经费 628.7 万元、大型仪器维修基金 179.78 万元以保障公共技术服务平台及大型仪器开放运行,完成 CMA 资质复查换证工作,获得科技部、财政部大型仪器开放共享评价考核优秀、全国高校第一名。

2021 年,学校成立浙江大学实验室生物安全管理委员会,组建实验室生物安全专家组,制定并颁布《浙江大学病原微生物实验室生物安全事件应急处置预案》,编制实验室生物安全管理体系文件,建成病原微生物实验室视频监控专网。顺利通过教育部

2021 年实验室安全现场检查；全年共组织各类校级检查 91 次，发现隐患 1438 处，签发实验室安全隐患整改通知书 11 份；实验室安全工作督查组实施 7 期专项督查，发现隐患 727 处。两次开设《实验室安全与防护》本科生通识课，共有 229 人选修；举办"生物安全宣传月"，8 大主题活动辐射 6 校区、30 余院系、3000 余师生；印发《实验室安全手册》中英文版 2 万余册。

2021 年，学校强化校内实验耗材采购管理，简化供应商入驻流程，建立供应商入驻承诺制及供应商、商品管理内控规则。截至 2021 年 12 月 31 日，平台入驻供应商 409 家，共有商品信息 1010 万条，结算订单 200619 单（比上年增长 49.2%），结算金额 1.28 亿元（比上年增长 63%）。

【附录】

2021 年浙江大学教学科研仪器设备情况

单位名称		合计		其中：10 万元以上		其中：200 万元以上	
		台件数/件	金额/万元	台件数/件	金额/万元	台件数/件	金额/万元
院系	人文学院	1424	1003.46	1	13.60	0	0
	外国语言文化与国际交流学院	3249	1868.55	8	200.28	0	0
	传媒与国际文化学院	1180	1950.96	27	751.89	0	0
	艺术与考古学院	818	1346.42	16	438.90	0	0
	经济学院	748	593.01	1	34.50	0	0
	光华法学院	666	600.75	3	92.40	0	0
	教育学院	1221	1663.24	26	744.10	0	0
	管理学院	4337	4598.84	38	979.13	0	0
	公共管理学院	2284	2318.02	12	179.09	0	0
	马克思主义学院	214	151.17	0	0	0	0
	数学科学学院	1335	1391.21	4	51.83	0	0
	物理学系	8229	32988.59	293	21904.81	30	11879.38
	化学系	8407	25518.36	306	16842.87	18	6378.53
	地球科学学院	3129	9222.86	135	5364.57	3	915.14
	心理与行为科学系	1289	3137.81	47	2020.86	0	0
	机械工程学院	9781	33887.94	414	20640.64	8	2760.09
	材料科学与工程学院	6156	42772.54	366	34384.11	32	17838.30
	能源工程学院	9454	42710.35	502	29079.00	23	7313.06

单位名称		合计		其中：10万元以上		其中：200万元以上	
		台件数/件	金额/万元	台件数/件	金额/万元	台件数/件	金额/万元
院系	电气工程学院	12543	24084.78	358	12595.81	6	1923.08
	建筑工程学院	10359	27716.90	240	15625.80	13	6717.29
	化学工程与生物工程学院	8871	24646.89	341	14070.81	5	1575.24
	海洋学院	8672	42439.25	455	32272.58	19	15084.73
	航空航天学院	6295	27949.54	316	18045.00	13	4511.34
	高分子科学与工程学系	4082	11908.37	160	7221.43	1	236.95
	光电科学与工程学院	8501	38630.92	542	25323.16	16	5644.42
	信息与电子工程学院	8919	26666.80	320	16972.63	12	5916.95
	控制科学与工程学院	8013	25870.36	333	14024.98	3	671.05
	计算机科学与技术学院	15503	33180.88	298	12545.82	4	1703.58
	软件学院	33	35.33	0	0	0	0
	生物医学工程与仪器科学学院	3423	12020.00	182	7070.47	1	1781.00
	微纳电子学院	107	330.60	3	108.38	0	0
	生命科学学院	10276	20525.53	252	10307.77	5	1860.64
	生物系统工程与食品科学学院	4880	17392.86	256	10695.23	4	1003.14
	环境与资源学院	7839	22293.42	313	12855.80	5	1243.42
	农业与生物技术学院	14270	35357.39	469	18072.84	5	2728.70
	动物科学学院	6265	13242.14	196	5782.03	1	278.71
	医学院	24310	66961.07	723	36078.89	15	10817.76
	药学院	5470	16158.72	246	9915.61	6	1717.83
直属单位	建筑设计研究院	67	51.97	0	0	0	0
	海宁国际校区	7926	21722.06	266	13390.97	10	3997.05
	工程师学院	3386	32758.31	447	28775.89	19	8398.09
	医学中心	852	11850.30	155	10571.43	12	3963.95
	竺可桢学院	41	48.03	0	0	0	0

单位名称		合计		其中:10万元以上		其中:200万元以上	
		台件数/件	金额/万元	台件数/件	金额/万元	台件数/件	金额/万元
直属单位	继续教育学院	3051	3058.89	31	1207.60	0	0
	国际教育学院	204	239.50	2	45.59	0	0
	图书馆	880	5389.25	59	3604.14	4	1092.44
	公共体育与艺术部	3752	4862.74	30	1509.67	2	598.59
	信息技术中心	6340	17058.39	314	10682.32	0	0
	工研院	1715	5557.86	44	3090.11	2	669.88
校设科研机构及公共平台	中国西部发展研究院	413	574.48	10	298.58	0	0
	浙江加州国际纳米技术研究院	649	4652.21	56	3959.36	5	2043.81
	求是高等研究院	273	895.08	13	362.07	0	0
	生命科学研究院	5475	17634.88	142	11769.69	18	6712.55
	数学科学研究中心	262	167.69	0	0	0	0
	社会科学研究基础平台	347	669.74	7	441.30	0	0
	水环境研究院	255	898.62	16	532.90	0	0
	转化医学研究院	1639	3698.27	51	1630.74	0	0
	农生环测试中心	368	4880.65	52	4491.51	6	1680.64
附属医院	附属第一医院	6759	28622.02	232	18428.85	21	8309.59
	附属第二医院	2672	10187.08	85	6876.26	6	3349.61
	附属邵逸夫医院	1168	1726.91	17	513.21	0	0
	附属妇产科医院	414	1187.71	19	531.16	0	0
	附属儿童医院	688	1671.38	21	906.92	0	0
	附属口腔医院	24	72.54	1	47.50	0	0
其他		2606	13207.50	193	9210.92	8	2828.27
合计		284778	888479.91	10465	546186.36	361	156144.79

（金　茹撰稿　唐睿康审稿）

浙江大学年鉴

校园信息化建设

【概况】 2021年,学校聚焦"十四五"事业发展和新一轮"双一流"建设,坚定"以师生为本的数字化的必由之路,以校园场景和应用为抓手",以更加现代化、数字化、生态化的"网上浙大"空间布局为基础,围绕学校铸魂育人中心工作,在数字化改革中不断助力我校高水平教育教学事业发展、高效能校务体制机制建设,为促进新形势下教育教学和校务综合治理模式的变革提供巨大动能,不断推进我校基础性、全局性的发展与建设,助力学校为实现第二个百年奋斗目标贡献浙大力量。

以信息化支持教育教学。围绕立德树人,完善教学全过程支撑体系和线上教育闭环支撑环境,常态化支持跨全过程超大规模的线上线下实质等效的教学创新体系的构建。回应师生需求,优化"学在浙大"功能,升级智慧教室设施,完善"智云课堂"资源沉淀,助力学生军训和教学思政等工作。"学在浙大"开课总量2.3万课时,年访问量达7519万人次。"智云课堂"连接教室615间,平均日访问量4.4万次,收录课程5672门。11月25—27日,我校打响疫情战。根据学校统一部署,确立了以"浙大钉""智云课堂""学在浙大"为主的线上教学支撑体系,并基于"浙大云"平台即时完成服务器弹性扩容,保障所有校区教学活动平稳有序"秒转"线上。

以信息化推进综合治理。实施一事一表一库一平台"四个一"工程,推进校务治理数字化改革。构建网站群2.0,移动端、电脑端双端并进整合服务入口。持续实施"最多跑一次",不断完善校务服务体系。持续推进校院两级协同办公系统。根据疫情形势,维护与建设信息化防疫流程和系统,如浙大蓝码、疫苗预约等。"最多跑一次"流程服务133.2万条,共受理各类事项444.9余万件。"浙大钉"使用激活11万人,日使用8.9万人,上架应用81个。健康打卡系统面向全校8万多师生,打卡1803万次。浙大蓝码有效通行码8.2万人。11月27日,配合学校疫情防控政策,连夜开发出紫金港校区出校审批流程,保障滞留人员有序出校。

以信息化助力科研产出。完善"研在浙大"线上科研空间,确定了"一门户四模块八台柱"的架构体系。连通学校多项科研服务流程,集合数据学术科研工具,提供云主机和云计算支持。"研在浙大"总访问量近7万人次;科研数据平台收录20个校内原创数据库集,覆盖生命科学、植物学、药学、哲学、材料学类。科研软件平台已建成3大版块12个信息化应用模块,引入科研团队自研的10多项开源共享科研工具软件和10多个院系自建的79门线上虚拟仿真实验教学课程。

以信息化加速新基建。持续推进新一代无线网络建设,陆续开通紫金港西区新建楼宇有线网络,保障校外接入系统运行平稳。校园网连接7个校区、7个附属医院,拥有120公里自建环网城区光缆和500多公里校区光缆,校园网出口总带宽95.5GB。VPN(Virtual Private Network)上网认证账号8.77万余个,收发邮件7.5亿封,校园卡持卡用户42.3万人,活动用户16.02万人。通过建设数据安全体系、构建公共数据目录、提升数据共享效率,为学校综合治理体系奠定数据基础。推进机房、云计算平台等云资源建设,支持了"学在浙大""智云课堂"、浙大蓝码等核心业务。利用视频交互平台全年共支撑教育部系列会议、校重大活动、校行政办公会等视频会议 530 余场。

严守网络安全红线。强化网络与信息安全领导小组的统筹领导,签署年度网络安全责任书 137 份,完善网络安全制度建设,修订《浙江大学网络安全事件应急预案》。开展攻防演练、安全培训、网络安全宣传周,强化全校网络安全意识。持续推进网络安全日常运维工作,定期对防护、审计等平台进行安全分析。2021 年完成上级部门要求的重要时期安全保障工作共计 24 次。开展弱密码、"挖矿"等专项治理工作。对标等级保护 2.0 标准,落实国家等级保护制度,我校已定级的 8 个三级系统和 16 个二级系统均已完成等保备案、评测和整改工作。登记信息资产 1546 个、安全人员 1245 人。累计下发漏洞通报 810 例。安全风险评估平均每天捕获近 610 万次攻击。2021 年全年无重大网络安全事件发生,实现零报告目标。

【做好信息化"十四五"规划】 承前启后,做好信息化"十四五"开局建设工作。为适应、服务学校跨越式发展需要,启动"网上浙大 2.0"建设。建设信息化新基础设施,集约化打造中层平台,夯实应用基础平台,推动信息化构建大平台、提供大服务,全面支撑学校高质量转型发展。新项目将综合利用大数据、AI(Artificial Intelligence)、云计算、物联网等技术手段,进一步夯实拓展网上办学空间,力争到 2025 年,以智能化公共数据平台为核心,以数智治理为手段,有效构建起"网上浙大""152"体系。该体系以一套校园数字新基建为支撑,以现代治理空间、教育教学空间、科研创新空间、学科发展空间、全球开放空间为五大服务应用场景,以安全可信、可靠运维为两大保障。

【实施"四个一"工程】 "四个一"即一事一表一库一平台。开展教职工"入职一件事"改革试点,按照"办理一件事、只填一张表"的基本原则,入职办理缩减到只填"一张表"、只跑"一次腿",已有 1100 余名新教职工通过"入职一件事"流程办理入职,每人至少节约 5 小时。开展本科生"入学一件事"改革试点,通过优化入学事项,集中整合线上流程入口,全面提升新生入学办理效率,6300 多名新生线上完成基础信息采集后,现场平均 1 分钟内完成报到。实施研究生导师资格申报"一张表"服务,梳理对接数据,设计导师资格申报在线只填报一张表,并实现相关申报数据自动引用,节省导师申报时间,已办理导师资格申请 1.6 万次,并全面助力 2022 年导师资格申报工作。构建浙大服务平台,整合校务服务网,协同办公系统办文、办事、办公及填报服务,实现事项与服务"一站式"办理。浙大服务平台共接入办事事项 645 项,网上办事事项 368 项,应用中心接入应用 49 项。

【成立阿里巴巴—浙江大学智云联合研究中心】 中心于 2021 年 1 月正式成立,业务分为智云实验室、智云学堂与智云科教联盟三个工作板块,将以"智云方案"为核心,产学研合作为载体,推动全国教育信息化发展。

(陈蓉蓉撰稿　陈文智审稿)

出版工作

【概况】 2021 年,浙江大学出版社(简称出版社)全年出版新书品种 1123 种;重印图书

1692 种,图书总生产码洋 4.85 亿元;发货码洋 3.82 亿元(含"中国历代绘画大系"8000 万元);总收入规模 2.81 亿元,利润 2696 万元。

年度新增 56 项省部级及以上出版基金项目,其中入选年度国家出版基金资助项目 4 项,入选国家古籍整理出版资助项目 3 项,入选"十四五"时期国家重点图书、音像、电子出版物出版专项规划 10 项,入选国家古籍数字化工程专项经费资助项目 1 项,入选数字出版精品遴选推荐计划 1 项,入选教育部全国高校出版社主题出版计划 2 项,入选国家社科基金后期资助项目 24 项,入选浙江省"十四五"重点图书、音像、电子数字出版物出版规划项目 4 项。

品牌效益和影响力、美誉度继续提升。出版社获得"2021 年中国图书海外馆藏影响力出版 100 强"。33 种出版物获得省部级以上奖项:"良渚文明丛书"、《中国高铁技术:全球视野》获得第五届中国出版政府奖图书奖提名奖;《半导体薄膜技术与物理(第二版)》等 2 种获得首届全国教材建设奖全国优秀教材二等奖;《呦呦青蒿》等 10 种获得第三十届浙江省树人出版奖;《三吴墨妙:近墨堂藏明代江南书法》等 15 种获得浙江优秀出版物编辑奖;《仪礼要义》等 3 种获得第二十三届华东地区古籍优秀图书。

图书品牌能力持续提升。年度共计 80 余种图书入选近 300 项榜单。例如,《宋代商业史研究》入围深圳读书月年度十大好书,《克尔凯郭尔传》《威权式法治:新加坡的立法、话语与正当性》入选《读书》杂志半年好书榜,《中国历代丝绸艺术·隋唐》《一个人最后的旅程》《时间的全球史》《艺术品的衰老:藏在艺术史中的科学故事》《中国基本盘》入选中国出版传媒商报·影响力图书榜

月榜,《朝廷、藩镇、土豪:唐后期江淮地域政治与社会秩序》《当经济遇上法律:明清中国的市场演化》入选华文好书月榜等。

期刊声誉和质量稳步提升。英文学报《浙江大学学报(英文版)A 辑》《浙江大学学报(英文版)B 辑》及《信息与电子工程前沿》SCI 影响因子稳中上升,《浙江大学学报(英文版)A 辑》进入 JCR 二区,《浙江大学学报(工学版)》与《浙江大学学报(农业与生命科学版)》分别保持中国知网 WJCI 国际影响力指数 Q1 区、Q2 区,《浙江大学学报(理学版)》首次进入 Q2 区。学术期刊影响力进一步扩大。《浙江大学学报(人文社会科学版)》获得第三十届浙江树人出版奖期刊奖,《浙江大学学报(英文版)A 辑》《浙江大学学报(英文版)B 辑》分别获得由中国学术文献国际评价研究中心和清华大学图书馆评选的年度中国最具国际影响力学术期刊荣誉称号,《浙江大学学报(人文社会科学版)》和《信息与电子工程前沿》获得年度中国国际影响力优秀学术期刊。新刊拓展取得成效,*Waste Disposal & Sustainable Energy*、*Laparoscopic*(《废弃物处置与可持续能源》)、*Endoscopic and Robotic Surgery*(《腔镜、内镜及机器人外科》)和《科教发展研究》三刊获得期刊 CN 号,人文社科领域新刊申请首次获批。浙江大学学术期刊集群达到 32 种。

【浙江大学出版社获第五届中国出版政府奖多项正式奖及提名奖】 2021 年 7 月,第五届中国出版政府奖表彰会在北京举行并公布了获奖名单,浙江大学出版社荣获第五届中国出版政府奖先进出版单位,"良渚文明丛书"、《中国高铁技术:全球视野》获得第五届出版政府奖图书奖提名奖。中国出版政府奖是中国新闻出版领域的最高奖,每三年

评选一次,旨在表彰和奖励国内新闻出版业优秀出版物、出版单位和个人。

(阎 崴撰稿 褚超孚审稿)

档案工作

【概况】 截至 2021 年 12 月 31 日,校档案馆本年度收集常规档案 3786 卷、82463 件(卷件不重复);提供档案利用 8996 人次,复制 37615 页(件)。馆藏档案案卷级目录 216905 条,文件级目录 4924464 条,电子文件 2403608 个。2021 年度完成档案数字化扫描 159 万页、录入条目 16.8 万条,基本实现应数字化存量档案的数字化。持续完善学校档案管理制度体系,修订发布《浙江大学档案管理办法》(浙大发〔2021〕10 号),分四场次举行"新修订《档案法》宣贯会",有效提升学校档案治理能力。

上线新数字档案管理系统并开展全校兼职档案员新系统使用培训,全面提升档案管理和支撑服务能力;完成新档案管理系统与国际合作与交流处出国审批平台等的对接,实现相关电子数据的直接存档。推进电子文件单套制归档试点工作,实现教职工短期因公出国(境)审批材料等的电子单套制归档。完善重大活动档案的采集征集机制,及时收集"党史学习教育"专题档案 602 件,抗疫专题档案 513 件。全面梳理习近平同志 18 次关心关怀浙江大学所涉及的相关部门、院系和个人的材料,收集相关档案 160 件,并进行详细的信息著录,形成了大事记,丰富了关于习近平同志的档案馆藏,较全面地反映了习近平同志对浙江大学的关心关怀。

优化学籍档案远程查阅利用服务,持续为校友提供学籍档案快递"一次都不用跑"服务。2021 年度远程查档服务占比达 86.5%。开发学位服照采集审核归档系统并嵌入离校系统,为进一步方便学生学位服照片归档提供技术支撑。完成"浙大记忆——浙江大学校史信息资源库"平台软件建设,构建特色库 12 个,整理导入数据 6000余条,为更好地满足师生校友便捷获取校史信息、开展校史宣传教育工作奠定良好基础。

继续实施"名人史料传承典藏计划",征集特色档案。"两弹一星"功勋王淦昌、校内院士、文科资深教授等的 3000 余件著名校友和社会名人珍贵档案入藏。邵裴子、程天放、竺可桢签发的教职员聘书,1961 年浙大毕业纪念章等一批反映学校发展、校园建设和师生教学科研的史料入馆。与发展联络办、公众史学研究中心合作开展了 40 多位老领导、老教师口述历史采访,现已出版原四校主要领导、班子离休干部口述史《云卷云舒——黄书孟口述自传》《荧光熠火说流年》(内部印行)《激情岁月——郑小明回忆录》(内部印行)。

持续开展档案编研、校史传播工作。出版、分发《浙江大学馆藏档案》(2020 年)和《浙江大学校史研究》(2021)。运维"浙江大学档案馆"微信公众号。参与完成农耕文化园和平馆、团结馆建设;开展同位素馆、土壤馆建设。支撑浙江大学海宁校区校史展、建德梅城浙大西迁办学旧址展、江西泰和浙大旧址建设改造等,积极发挥学校档案文化服务社会的作用。

继续开办《浙江大学学报·校史研究》《浙江大学校报·浙江大学校史通讯》专栏。组织学科专家力量,稳步推进《浙江大学史》编撰,全面进入编写阶段并完成百分之五十左右的初稿。开展浙大史料整编,完成《浙江大学史料》(第一、二卷)、《国立浙江大学天目山分校史料》编纂。

不断提升校史馆和竺可桢纪念馆的管理与服务,校史馆入选第一批浙江大学党员教育培训基地。优化校史馆参观预约通道,及时更新展板展柜,并倡议全校师生员工走进校史馆"学校史、悟精神",传承红色基因,涵养家国情怀,2021年度校史馆接待参观4万余人次。竺可桢纪念馆被中国科学技术协会授予"科学家精神培育基地"荣誉称号,充分发挥了传承和弘扬竺可桢名人风范和浙大求是精神作用。

【开展"风雨兼程 百年筑梦——浙江大学党史档案文献展"】 为庆祝中国共产党成立100周年和浙江大学建校124周年,"风雨兼程 百年筑梦——浙江大学党史档案文献展"于5月21日在浙江大学紫金港校区基础图书馆一楼大厅开展。展览展出浙大党史相关珍贵档案和历史文献等400余件,积极引导广大师生从党史学习教育中激发信仰、汲取力量,有效发挥档案文化资政育人作用。

【开通"部门查档直通车"】 积极响应"为师生办实事、为院系解难题、为基层减负担"活动,应47个立卷部门的申请,开通了"部门查档直通车",极大地方便立卷部门查询利用本部门已归档公开档案,进一步提升了档案服务的自助化和远程化。

【附录】

附录1　浙江大学2021年档案进馆情况

类目	数量	类目	数量
党政	17358件、48卷	设备	372卷
教学	25102件、1177卷	外事	1557件
科技	9452件、1868卷	财会	19824件、4卷
出版	199件	涉密档案	451件、9卷
基建	139件、149卷	产品	139件
资料	4831件、5卷		
合计	79052件、3632卷		

附录2　浙江大学2021年馆藏档案情况

全宗	类别	卷	件
浙江大学全宗	党群(DQ)	665	53962
	行政(XZ)	9543	129111
	教学(JX)	61675	215461
	科研(KY)	30891	124131
	产品(CP)	116	2314

全宗	类别	卷	件
浙江大学全宗	基建(JJ)	11098	36799
	设备(SB)	4170	7958
	出版(CB)	2583	3513
	外事(WS)	1470	102610
	财会(CK)	24394	164470
	声像(SX)	3122	115557
	人物(RW)	6455	2408
	实物(SW)	4149	118
	资料(ZL)	3334	52028
	保密档案	1358	11789
	沈德绪个人档案	1940	
	其他	1309	
杭州大学全宗	各类	19527	5622
浙江农业大学	各类	19189	4496
浙江医科大学	各类	14398	4849
之江大学	各类	12	
国立英士大学	各类	65	
杭州工学院	各类	1941	
浙江省农干院	各类	754	
合　　计	224158 卷、1037196 件(卷、件不重复)		

（金灿灿撰稿　蓝　蕾审稿）

采购工作

【概况】　2021 年,全校通过加强采购管理,发挥集中采购优势,全年完成货物、服务和工程(基建工程除外)采购 2144 单,共完成采购预算总金额 116913.56 万元,共计节约经费 7075.67 万元。其中:

货物采购方面,全年预算金额 74236.44 万元,成交金额 71088.31 万元,节约经费 3148.13 万元。

服务采购方面,全年预算金额 23355.12 万元,成交金额 22620.05 万元,节约经费 735.07 万元。

维修工程方面,全年落实实施维修工程项目预算总金额 19322 万元,成交金额 16129.53 万元,节约经费 3192.47 万元。

合理利用国家对科教仪器的免税政策,进口免税设备 4620.97 万美元,共计免税金额 706.34 万美元。

【附录】

2021 年浙江大学采购情况

采购执行单位	货物		服务		工程		节约总额/万元	招标项目数/个
	预算金额/万元	成交金额/万元	预算金额/万元	成交金额/万元	预算金额/万元	成交金额/万元		
采购中心	69471.05	66427.56	23155.12	22421.05	19322	16129.53	6970.03	1772
科教服务中心	3824.39	3744.07	0	0	0	0	80.32	366
集中采购机构	941	916.68	200	199	0	0	25.32	6
合　计	74236.44	71088.31	23355.12	22620.05	19322	16129.53	7075.67	2144

(王婉萍撰稿　胡　放审稿)

后勤服务与管理

基本建设

【概况】 2021年,浙江大学完成基建工程投资7.71亿元,紫金港校区竣工移交项目建筑面积25.1万平方米,分别为理工农组团(一期)—机械与公共教学大楼、理工农组团(二期)—理科大楼、体育馆(亚运会篮球比赛馆)提升改造工程、游泳池附房(亚运会篮球比赛热身馆)改建工程、农业科技创新试验中心。在建项目建筑面积33.2万平方米。其中,图书馆、档案馆完成主体结构验收,进入幕墙、安装、精装修施工阶段;学生生活区组团(北)处于室内装饰装修和室外市政管线施工阶段;生命科学研究交叉中心处于桩基工程阶段;教工宿舍(后勤保障用房)处于主体结构施工阶段;主干道路及桥梁工程(二期)项目(南大门)已具备通车条件;超重力离心模拟与实验装置国家重大科技基础设施项目已完成主基坑机室层楼板5段,精密测试区地下室顶板1段。

紫金港校区拟建项目建筑面积17.2万平方米。大健康综合交叉组团取得用地规划许可证和国有建设用地划拨决定书,完成设计招标;化学试剂仓库及附属用房已完成设计合同备案及施工图初稿;综合训练馆已取得用地预审和选址意见书。

市政配套项目有序展开。竣工交付6个市政景观项目,分别为俞家河(玉泉路以西)市政工程、南大门行道树更换(银杏)、遵义西路与求是大道交叉口景观提升、求是书院南侧景观提升、建德路行道树(早樱)绿化工程、天目路绿化工程。宜山环路、美川路(六号路—宜山环路)、俞家河(万安路—中心湖)市政工程已完成宜山环路塘渣铺设和2座桥梁桥拱的建设。

2021年,合计送审项目为164项(含历年送审工程),造价为12.5亿元;其中,完成初步审核的有102项,送审造价为11.14亿元,审核后造价为10.28亿元,核减额0.86亿元。

(黄禾青撰稿 林忠元审稿)

【超重力离心模拟与实验装置国家重大科技基础设施建设进展】 超重力离心模拟与实验装置国家重大科技基础设施(简称CHIEF)是浙江大学承建的浙江省首个国

家重大科技基础设施，是面向世界科技前沿、面向国家重大需求的"国之重器"。CHIEF 批复总投资概算 21.008 亿元，选址杭州未来科技城，占地 89 亩，总建筑面积 34560 平方米，主要建设重载机、高速机、模型制备机、6 座多学科实验舱的 18 台机载装置及超重力实验大楼等配套设施。CHIEF 建成后将成为世界上超重力离心机容量最大、实验舱功能最强的多学科科学实验设施，为浙江大学建设高能级平台、杭州市建设城西科创大走廊、浙江省打造综合性国家科学中心、国家打造全球创新策源地做出积极贡献。

CHIEF 建设以"全过程工程咨询工作月度例会制""工作决议事项滚动式销项管理制""预算管理分级预警制"等创新管理举措为内部抓手，确保各项建设工作扎实、有序、高效推进。建安工程方面，2020 年 2 月实验大楼正式开工建设，截至 2021 年 12 月 31 日，主机室基坑已全面开挖完成（最大开挖深度达 38.3 米）；精密测试区结构已封顶；设备基础施工部分已完成全部底板、主机机墩和部分侧墙、机室层楼板的施工。设备建设方面，模型制备机、温控分系统、作动器装置等核心设备已签订合同并正式开始建设；重载机和高速机（含验证机）已完成公开招标流程，影响关键技术指标的主要因素已基本达成共识；主机和温控分系统的预埋件正在按工序要求进行安装；已完成部分机载装置的预研。2021 年完成中央和浙江省预算资金共 1.07 亿元，开工以来累计已完成 2.58 亿元。

（王辉撰稿　朱宇恒审稿）

【附录】

浙江大学 2021 年在建工程进展情况

名称	面积/平方米	进展状态	计划竣工时间
紫金港校区西区图书馆、档案馆	61491	完成主体结构验收，进入幕墙、安装、精装修施工阶段	2022 年 12 月
学生生活区组团（北）	164760	室内装饰装修和室外市政管线施工阶段	2022 年 7 月
生命科学研究交叉中心	46801	桩基工程阶段	2024 年 3 月
教工宿舍（后勤保障用房）	21900	主体结构施工阶段	2023 年 1 月
主干道路及桥梁工程（二期）	—	南一门已具备通车条件；南二门桥墩基础施工	2022 年 10 月
宜山环路、美川路（六号路—宜山环路）、俞家河（万安路—中心湖）市政工程	—	已完成宜山环路塘渣铺设和 2 座桥梁桥拱的建设	2022 年 9 月
超重力离心模拟与实验装置国家重大科技基础设施项目	34560	完成主基坑机室层楼板 5 段，精密测试区地下室顶板 1 段	2024 年 12 月

房地产管理

【概况】　2021 年,学校继续加强房地产资源管理制度建设,出台《浙江大学高层次引进人才预留专用房申购和销售管理办法》《浙江大学异地腾空住房管理规定》《浙江大学总务处关于规范营业用房管理的有关规定(试行)》。

服务学校高层次引进人才、院系发展等,完成各类公用房调整分配累计建筑面积 71714.92 平方米,收回腾空用房 12121.38 平方米。做好紫金港校区理工农组团的移交接收与搬迁协调工作,完成部分楼宇面积测量、房间核对工作,累计测量建筑面积 194409 平方米;完成紫金港校区创意大楼 A 楼与 B 楼的用房搬迁协调、装修审批等工作;完成紫金港校区温网室搬迁协调工作。有效落实用房有偿使用收费调节机制,2021 年核算各类公用房有偿使用费共计 9800 余万元,收取各类住房使用费 7931.34 万元。

完成教师公寓品质提升计划,包括西溪北园 4 号楼和 6 号楼、玉泉综合楼 7 至 9 层、之江三幢教师公寓、玉泉 18 舍、华家池红 7 楼等改造修缮工程;惟学楼、之江校区 11 套新公寓投入使用。推出线上看房模式,累计开展线上单位借房三批次。

配售西湖区块人才房、余杭区块商品房 167 套;配售西湖区块人才房地下车位 143 个。西湖区块人才房办理购房手续 143 户,不动产证 149 户;余杭区块商品房网签合同 32 户,办理不动产证 21 户,交付入住 72 户。共审核建设资金 3.19 亿元。西湖区块人才房累计核拨工程款(含土地款)34.53 亿元(其中 2021 年核拨 1898 万元),回笼资金 34.70 亿元;余杭区块商品房累计核拨工程款(含土地款)19.61 亿元(其中 2021 年核拨 2.08 亿元),回笼资金 18.81 亿元。收取西湖区块人才房房款 2.17 亿元,余杭区块商品房房款 1.8 亿元。

通过努力返回按规定预留在省直住房基金管理中心的"580 工程"专用房售房款 1 亿元。完成黄姑山路教师公寓办证工作,继续积极推进景芳二区 39 幢、40 幢住户和嘉绿景苑 45 套教师公寓办证工作。修订《老旧小区加装电梯指南》,配合启动物业维修基金 43 例。

审批发放一次性住房补贴 101.92 万元;缴交 1227 位教职工公积金补贴,缴交金额 926 万元,完成 82 位教职工公积金补贴建账发放工作,补缴金额 60.15 万元;办理 52 位教职工一次性补贴和公积金补贴支取,金额 178 万元。累计缴交全校 9502 位教职工公积金 4.53 亿元,新增缴交 861 人,停缴 722 人,补缴 809 人;为 235 名教职工支取公积金,金额 7483 万元,公积金信息核对修改 54 人。

新增房屋及构筑物固定资产卡片 34 张,增加房屋建筑面积 796668.37 平方米、价值 303277.89 万元;核销房屋卡片 34 张,核减房屋建筑面积 36262.28 平方米、价值 3528.57 万元;实施房屋测绘建筑面积约 32 万平方米;新增家具固定资产 28338 件,金额 4914.82 万元。

完成华家池校区土壤馆、之江校区新临江亭、杭大新村 24 幢等历史文物建筑项目报批,完成之江校区、玉泉校区 20 余处文物建筑项目的日常保养维护项目报备及华家池校区农机实验厂保护修缮工程的文物专项验收。完成"文旅浙大"信息化平台一期的建设,完成 80 余处历史文物建筑智慧用电设备安装与应用,完成玉泉校区建筑群记录档案编制。之江大学旧址保护利用案例获评浙江省第三批不可移动文物保护利用优秀案例。

【"惟学"育人空间项目改造完成】 紫金港校区西一、西二教学楼连廊"惟学长廊"和玉泉校区图书馆"惟学"公共学习空间拓展改造项目为学生创设更多的学习空间。"惟学长廊"新增学习空间 10 处,新增使用面积 900 余平方米,玉泉校区图书馆公共学习空间新增使用面积 800 余平方米,新增学生自习座位 335 个。

(姜雄晖撰稿　吴红瑛审稿)

【附录】

附录 1　2021 年浙江大学土地资源情况　　　　　　　　　　　单位:亩

校　区	教育用地(有证)	教育用地(未办证)	总土地面积
玉　泉	1235.86	0	1235.86
西　溪	500.23	0	500.23
华家池	968.38	30.04	998.42
之　江	653.83	0	653.83
紫金港	1797.17	3365.85	5163.02
舟　山	499.37	0	499.37
海　宁	2.12	0	2.12
其　他	282.09	0.23	282.32
总　计	5939.04	3396.12	9335.16

附录 2　2021 年浙江大学校舍情况　　　　　　　　　　　单位:平方米

指标名称	学校产权校舍建筑面积				正在施工校舍建筑面积	非学校产权校舍建筑面积		
	上学年校舍建筑面积	增加面积	减少面积	本学年校舍建筑面积		本学年非学校产权校舍建筑面积	独立使用	共同使用
总　计	3674215	594424	247160	4021479	344098	1194063	1066456	127607
♯C 级危房	0	0	0	0	—	0	0	0
♯D 级危房	0	0	0	0	—	0	0	0
♯被外单位租(借)用	0	34113	0	34113	—			

指标名称	学校产权校舍建筑面积				正在施工校舍建筑面积	非学校产权校舍建筑面积		
	上学年校舍建筑面积	增加面积	减少面积	本学年校舍建筑面积		本学年非学校产权校舍建筑面积	独立使用	共同使用
一、教学及辅助用房	1493425	395224	195613	1693036	144941	753858	655679	98179
教室	180631	18128	3331	195428	0	39704	39704	0
实验实习用房	673657	0	173265	500392	0	55648	55648	0
专职科研机构办公及研究用房	442864	328792	18230	753426	62272	602414	504235	98179
图书馆	99249	0	364	98885	41611	11142	11142	0
室内体育用房	59423	0	0	59423	32249	16922	16922	0
师生活动用房	0	6816	0	6816	8809	2095	2095	0
会堂	37601	5484	423	42662	0	21473	21473	0
继续教育用房	0	36004	0	36004		4460	4460	
二、行政办公用房	173261	18324	4697	186888	5078	63584	45415	18169
校行政办公用房	17248	0	235	17013	5078	5192	3080	2112
院系及教师办公用房	156013	18324	4462	169875	0	58392	42335	16057
三、生活用房	1227109	43751	46359	1224501	156524	275692	267433	8259
学生宿舍（公寓）	778161	0	1972	776189	122847	155244	153318	1926
食堂	93707	0	0	93707	14785	18695	15695	3000
单身教师宿舍（公寓）	85244	14998	4535	95707	18892	23455	23072	383
后勤及辅助用房	269997	28753	39852	258898	0	78298	75348	2950
四、教工住宅	575199	17605	491	592313	0	—	—	—
五、其他用房	205221	119520	0	324741	37555	100929	97929	3000

注：校舍建筑面积统计口径包括 7 校区与 58 家异地研究机构。

学生宿舍建设与管理

【概况】 2021年,浙江大学学生宿舍管理服务工作秉持抓好宿舍安全秩序、不断提升服务满意度、积极发挥育人功能指导思想,扎扎实实开展常态化工作和专项管理。作为学校疫情防控的重要阵地,坚持把保障学生的生命健康作为首要任务,坚持快速响应、从严要求,认真落实学校的相关防控要求和措施,加强返校学生和外来人员的管控,不断巩固校园疫情防控成果。

快速响应,筑牢疫情突袭后勤支撑。2021年11月25日,紫金港校区发现外地疫情关联病例,浙江大学立即启动疫情防控应急预案,对紫金港校区进行封闭管理。宿管中心快速响应,配合校方第一时间封闭浙大艺博馆,工作人员穿上防护服,对馆内分区域进行无死角、全覆盖、推进式消杀工作,建立第一道安全防线。与此同时,宿管中心向各宿舍楼增补防疫物资,开展楼内消毒消杀工作,同时向学校体育馆核酸检测点、东西教学楼师生留宿区、博士后公寓医生休息区等地点运送700余条保暖毛毯,供留港师生和医护人员取用。安排宿舍楼通宵供电、通宵供热水,组织超市日用品、食品、桶装水运输进校,打折供应,生活垃圾定时清运,全力做好在校师生生活保障。

稳扎稳打,做好学生公寓安全保障。为全面加强学生宿舍的安全管理,持续推进安全网格化管理,切实保障住宿师生的安全,减少安全事故,努力实现"零事故"安全管理目标,宿管中心在日常工作中坚持"五三三"安全管理工作理念,将安全工作责任到人,明晰权责,杜绝推诿,保障安全工作的高效开展。

为提升学生公寓工作人员的消防安全意识和消防安全技能,增强火灾防控、隐患自查和扑救初起火灾的能力,确保校区学生公寓的消防安全,各校区宿管办积极组织消防安全培训、演练及考核,力争全体工作人员均能掌握基本的消防技能和知识,为校园安全做好坚实的后勤保障。2021年,各校区总计开展400余次消防应急演练,2800人次参与,开展消防培训45次,其中邀请安保办共计6次,累计达756人次参与。

安全教育是宿管中心常抓不懈的内容,为着力保障寝室用电安全,加强学生安全意识,本年度各校区宿管办开展了诸多安全教育活动。邀请求是派出所举办针对员工的反诈骗安全教育专题讲座,开展针对学生的消防安全、反诈骗等宣传活动,在8996间寝室张贴反诈骗宣传页。组建安全员钉钉群、楼宇微信群,通过线上微信群、钉钉群、宿管中心公众号点对点推送的方式多次为学生推送消防安全相关信息和防诈骗相关提醒,发布最新的安全通告和新闻,强化学生的安全防范意识。

宿管中心优化安全专项检查流程,实现安全专项检查落实到每月、联合行动落实到每季度、检查内容覆盖全楼宇及各类功能用房。2021年宿管中心每周对学生宿舍开展全覆盖日常检查,同时联合学校多部门开展安全专项检查,累计检查70余次,18名学生因违反消防安全规定被上报学校。联合学工部、研工部和团委发文,实行寝室网格化安全管理制度,助力寝室安全文明建设。在商铺监管过程中,每月对管理的商业网点进行灭火器等消防设施、断电记录、消毒记录、食品索证情况检查,对存在的问题开具整改单限期改正,并进行复查,督促商业网点有序开展消防安全及食品卫生安全自查,保障学生安全。

节能减排,创建绿色学生公寓。为创建资源节约型校园,全面打造良好的绿色生态环境,宿管中心大力普及节能减排知识,增强同学们的节能减排意识,促使学生养成良好的节约习惯,促进资源节约型学生公寓建设。宿管中心制作了垃圾分类宣传门型架,融入宿舍文化内容,开展了"同享低碳精彩共赢绿色未来"主题节能宣传活动,倡导学生培养垃圾分类的好习惯,2021年共计实现958吨可回收物的回收。大力推进分类垃圾房建设,楼内工作人员和志愿者阶段性开展现场宣传和讲解,引导学生养成垃圾分类的绿色环保理念。

创新方式,营造学生公寓育人氛围。为了更好地配合学校立德树人工作,充分发挥寝室育人功能,营造寝室"家"文化,让新生一入学就能够融入寝室生活,养成良好的行为习惯,宿管中心充分发掘寝室文化窗口,利用门厅易拉宝、楼道内的软木板、文化镜框、文化墙等,向学生展示"寝室规章制度""园区停车示意图""新生寄语""新生入住须知""楼史"和迎新板报等多个主题的内容。

与时俱进,打造便捷智慧公寓。宿管中心在学生公寓安装了带有测温装置的人脸识别门禁,并开发了智慧公寓App。对出入学生的信息进行实时记录和监测,并测量体温,实时统计体温异常学生信息,及时推送给相关宿管人员开展应急处置。在学生毕业季继续推出办理退宿委托功能。无法返校的毕业生可以线上委托室友办理退宿手续,通过线上委托与线下办理相结合的人性化服务方式更好地为学生服务。浙大学生公寓管理服务中心的公众号不断完善充电费、订水、空调租赁、住宿调整申请、小宇商城等功能,使其充分满足同学们的生活需求。

夯实基础,完善学生公寓基础设施建设。功能完善的硬件设施是学生居住满意的基础条件,2021年各校区完成各类大专修项目共计57项,零修项目共计113951项,其中水类20823项,电类29713项,锁类34968项,其他项目28447项。

多元渠道,提升学生的信任度。宿管中心积极召开权益服务提案座谈会。邀请学生会权益服务中心学生代表和学代会学生提案代表参加会议。在会议上通过问答的形式解决学生的疑惑,以对话的方式共同商讨相关问题的解决办法。会后公示了反映意见和建议的主要渠道。宿管中心与多个社团组织建立了长期的合作关系,开展了丰富有趣的活动。宿管办工作人员通过线上渠道和线下走访,及时关注学生提出的建议与意见,做到主动信访,主动处理,第一时间解决问题。

(贾　傲撰稿　徐　瀛审稿)

后勤管理

【概况】　2021年,总务处继续推进综合服务制度建设,出台《浙江大学修缮工程自筹经费项目合同备案流程》《修缮工程简化流程支付目录和标准》。

统筹推进后勤资源保障能力和后勤服务管理质量,制定《关于建立房屋资源收入与后勤服务支出挂钩机制的建议方案》。优化班车和校园观光车线路,新增观光车站牌和停靠点,完成班车和观光车实时定位查询系统开发,草拟《紫金港校区校内交通循环班车项目建设方案》。签订《浙江大学食堂食品安全管理协议》,成立日常监督考核队伍、学生食堂监督员队伍,有针对性地开展了饭菜回锅管理、价格标示管理、采购定价管理、后厨色标管理等多个专题检查活动;召开食品安全工作会议,研究部署食品安全工作,与25家食品经营单位签署了《浙江大学校园食品安全责任书》;完善与地方政府监督管理部门联动机制,共开展食品安全专项检查40余次,发出黄色整改通知书11份,发现并整改食品安全隐患80余处。加强基础教育合作办学管理,开展腐败风险专项自查、整改,形成台账、报告,出台《浙江大学关于进一步规范基础教育合作办学的若干意见》。完成迎新任务,合计发车约800趟,运送新生约8000人次。协同完成学校重大活动、会议接待等后勤保障的方案设计、布置落实。

落实中央高校改善基本办学条件房屋修缮类、基础设施维修改造类及设备资料购置类共计70项,专项经费18756万元;落实"2021年学校修缮工程计划"维修资金共计4500万元,配套无障碍设施改造专项200万元;完成2022年中央高校改善基本办学条件专项项目申报工作,共申报项目37项,评审金额17554.96万元。通过公开招标、采购共45项,投资额约14909万元;采用竞争性谈判或议标形式项目4项,投资额约95万元。签订工程类、服务类等合同278份,合同金额17678万元。完成计划外修缮工程合同审核及备案共26项,合同金额约2376万元。基本完成结算审核1163项,送审金额约29395万元。完成1671项工程款项支付,金额约24836万元。

完成景观提升工程10项,完成绿化补植5万平方米。完成紫金港校区西区第一期双语导视系统项目建设,共设置二级指引立牌5块、人行道指引牌贴牌5块、楼名贴牌58块。完善浙江大学瓶装废试剂处置申报系统项目,累计清运处置化废280吨,含200余瓶未明或高危化学废试剂及20公斤纯汞化学废试剂。对重点区域开展专项灭鼠工作,对蚊蝇孳生区域进行持续消杀,投放鼠药等约3000公斤;发布《浙江大学生活垃圾分类工作实施方案》,投放四色分类垃圾桶,张贴垃圾分类标识4200余张。开展华家池水域周边污水管专项检测,对华家池校区东滩水域与植物园水体实施景观水域一体化修复试点治理。

坚持能源保障和节能两手抓,完成年度用能用水管理工作目标,水电费总支出、净支出控制合理。完成《浙江大学能源使用与经费管理办法(试行)》的修订,推进了院系历史水电欠费的解决,形成更为科学的补贴政策。完成并通过首批浙江省绿色学校创建;完成紫金港校区100套太阳能LED路灯试点改造、农生组团中央空调改造、蒸汽锅炉合同能源改造等专项改造;完成玉泉校区控制学院、西溪校区主楼、紫金港校区博士后公寓及生命科学学院、动物科学学院等院系的分户表计安装,促进二级单位内部水电收费管理。完成西溪校区逸夫科教馆、玉泉校区控制学院、紫金港校区医学院等电梯加装招投标及项目实施;完成西溪校区"西二变""逸夫科教变"供电增容改造,推进华家池校区"农生变""医学变""专家变"等扩容改造项目实施;分期实施各校区配电系统电气预防性试验;完成理工农组团一期至三期、亚运会热身馆及比赛馆等大楼的设备移交。指导学生节能减排协会等学生组织,开展节能减排系列宣传工作。

【打好校园疫情防控遭遇战】 成立总务处疫情防控工作小组，由处领导担任总指挥，工作小组下设物资保障组、现场协调组、场地布置组、捐赠联络组、车辆调动组、信息沟通组，扎实做好疫情防控后勤服务保障和物理空间保障。统筹做好核酸采样点协调落实、滞留人员安置、物资筹措、捐赠收发等工作，全方位保障师生员工的生命安全和身体健康。

（姜雄晖撰稿 吴红瑛审稿）

医疗保健工作

【概况】 医疗服务稳步提升。医院以"做全科精品医院、做学校公共卫生管理服务机构"为中心，以"患者与服务对象至上"为价值导向，围绕"为师生提供基本的规范可靠医疗服务、便捷高水平的医疗保障系统、全面覆盖的校园公共卫生服务"这三大定位，通过优化医疗流程、引入高端设备、畅通转诊通道等多措并举、规范管理，不断提升发展的质量与内涵。在一如既往做好全科医学保障的同时，积极发展口腔、针灸推拿、皮肤美容、无痛内镜等特色专科建设。开设心理门诊，进行心理危机干预50余次。多院区安排专家门诊，每周24个专科的专家坐诊，至2021年12月底，就诊人数达18384人次，获得师生好评。紫金港健康管理中心于2021年11月15日正式启用，该中心设有全流程的健康管理科室，与MMC（慢性代谢性疾病诊疗中心）相结合，为改善师生体检环境、提高师生体检效率、实施体检结果跟踪与随访提供了更为优质的服务。

疫情常态紧密防控。建立新冠疫情防控应急管理体系，创新性地创立"十大功能组"，响应迅速，按照"抓早、抓严、抓小、抓实、抓准"的原则，制定切实可行的防控制度、措施、流程及应急预案。随着新冠疫情防控的常态化，校医院落实学校各项工作部署，全力发挥专业所长，多措并举，慎终如始做好校园疫情防控工作，科学精准调整防控策略，扎实筑牢疫情防控屏障，全力守护师生健康平安。坚持"外防输入，内防反弹"并举，坚决夯实筑牢疫情防控屏障，建立9处医学隔离观察点，累计完成隔离观察1.5万人次。完成90％师生新冠疫苗三剂接种，累计接种15万人次。在11月25日紫金港突发外地疫情关联病例后，日夜连轴组织开展三轮全校核酸检测，完成核酸采样20万人次。常态化核酸检测期间，在各校区设点，每天进行2万人次的师生核酸检测，维护了校园安全稳定。

数字赋能助力发展。医院致力于推进校园医院数字化医疗服务平台建设，为了给广大师生员工提供更规范、更便捷的医疗服务，先后投入门诊呼叫系统，推行电子病历、预约挂号提升工作效能，推广诊间结算功能和医保电子凭证，在"浙江大学医院"微信公众号上实现挂号和检验结果查询，让数据多跑腿、师生少跑腿，提升师生满意度与幸福感。重视学校一流人才医疗保障体系建设，提供"高端、精细、个性、便捷"的医疗服务和保障，开通与二院双向转诊，保障师生门急诊住院所需，累计转诊服务1200人次。

【附录】

2021 年浙江大学校医院概况

建筑面积/平方米	固定资产/万元	职工总数/人	核定床位/张	门诊量/万人次	急诊量/万人次	健康检查/万人次
22000	8202	341	170	48.3133	3.4129	14.46

（徐　俊撰稿　黄　建审稿）

校友与浙江大学教育基金会

校友工作

【概况】 2021年,浙江大学校友总会面向构建更高质量的学校—校友发展共同体的总体目标,围绕学校中心工作和重点战略,在新冠疫情防控常态化的形势下,召开1次理事会会议和2次常务理事会会议。

海洋学院分会和嘉兴校友会、安徽校友会等成立;环资学院分会、药学院分会等分会和北美、徐州、宁波、哈尔滨、海南、洛阳、贵州、珠海、天津、意大利、西班牙、甘肃等地方校友会先后进行换届;国内南部、西部、北部等片区及北美、欧洲等地区校友会举行联谊会年会。

联系校内部门,引导各类校友会组织和校友积极参与从招生宣传到过程培养再到就业创业的育人全过程,助推校企合作、校地合作,助力学校声誉提升、招生就业等重点工作,发动校友和社会各界友人捐资捐物支持学校建设。

加强与校友的联络和服务工作,聘任

2021届班级联络员689人;开展秩年返校计划,为登记信息的校友提供服务,其中为毕业50周年的400余位校友发放荣誉证书;为校友定制并寄送1500份新年福袋和81份"求是饼",为2021届毕业生定制专属文化衫、帆布袋和3万枚纪念徽章;完成校友数据中心、校友统一身份认证、校友课堂、校友创新创业服务平台等项目建设。

继续办好"缘定浙大"校友集体婚礼、校友创业大赛、"大学之声"浙江大学新年音乐会、地方校友会"送新迎新系列活动"(欢送新生和迎接新校友)、校友足球赛、校友桥牌赛、浙大学子走访校友行等品牌活动,新上线微信视频号和抖音号,做好微信公众号日更、《浙大校友》刊物发行和校友网运营工作,组织或参加各类重要活动20余项(详见附录)。

做好中国高教学会校友工作研究分会会长和秘书长单位有关工作。全年召开4次常务理事会会议和1次理事会会议,完成理事会换届工作;举办2期中国高校校友工作干部培训班,编辑发行10期《高校校友工作简报》;顺利完成2017年高校校友工作研究专项课题的第二次结题工作,组织开展

2021 年高校校友工作研究专项课题评审立项工作。

【召开浙江大学校友总会 2021 年常务理事会会议】 该会议于 5 月 29 日在杭州召开，听取了校友总会年度工作报告，审议通过了理事会组织机构人员调整建议名单。浙江大学党委书记任少波出席会议，副校长黄先海主持会议，来自海外 13 个国家及国内 21 个省级行政区的近 70 位常务理事及代表参会。

【召开中国高等教育学会校友工作研究分会

第五次会员大会暨全国高校校友工作第二十八次研讨会】 该会议于 12 月 16 日在北京举行，审议通过了第四届理事会工作报告、财务报告和《中国高等教育学会校友工作研究分会工作规则》等相关文件，选举产生了第五届理事会和监事，会议还就中国经济发展、校友会善治等主题进行了研讨。第四届理事会成员及分会会员单位代表 500 余人参会。

（孙敏译撰稿　满　丰审稿）

【附录】

2021 年浙江大学校友工作重要活动

序号	时间	活动主题	地点
1	1 月 1 日	2021 大学之声·第十四届浙江大学新年音乐会	浙江杭州
2	3 月 20 日	第六届校友创业大赛北部赛区决赛暨颁奖典礼	北京
3	3 月 28 日	嘉兴市浙江大学校友会成立大会	浙江嘉兴
4	5 月 16 日	"缘定浙大"2021 校友集体婚礼	浙江杭州
5	5 月 20 日	第六届校友创业大赛浙江赛区总决赛暨全球浙江大学兄弟校友会高峰论坛	浙江杭州
6	5 月 22 日	环境与资源学院分会第二次校友代表大会	浙江杭州
7	5 月 22 日	宁波校友会第三届会员代表大会暨 2021 年年会	浙江宁波
8	5 月 29 日	校友总会 2021 年常务理事会会议	浙江杭州
9	6 月 24 日	2021 届班级联络员聘任仪式	浙江杭州
10	6 月 26 日	海洋学院分会成立大会	浙江舟山
11	6 月 27 日	2021 年海南省浙江大学校友会年会暨第五届换届大会	海南海口
12	8 月 21 日	贵州校友会第七次代表大会	贵州贵阳
13	10 月 16 日	北部地区校友会联谊会 2021 年会	辽宁沈阳
14	10 月 23 日	珠海校友会换届大会	广东珠海
15	10 月 25 日	北美校友会第 45 届年会	美国加利福尼亚州
16	10 月 27 日	2021 年度"高校校友工作研究"专项课题开题会议	浙江杭州

续表

序号	时间	活动主题	地点
17	10月31日	第七届欧洲校友会联谊会年会	瑞士
18	11月20日	"求是杯"第十届浙江大学校友足球赛	浙江杭州
19	12月4日	安徽校友会成立大会	安徽合肥
20	12月4日	南部地区校友会联谊会第十届年会	广东惠州
21	12月16日	中国高等教育学会校友工作研究分会第五次会员大会暨全国高校校友工作第二十八次研讨会	北京
22	12月18日	药学院分会第三届校友代表大会	浙江杭州
23	12月18日	西部地区校友会联谊会2021年年会	云南昆明

浙江大学教育基金会

【概况】 2021年,浙江大学教育基金会(简称基金会)在学校党政的正确领导下,秉承"汇八方涓流,襄教育伟业"的宗旨,坚持"更高质量、更加卓越、更受尊敬、更有梦想"的战略导向,在治理体系、战略研究、资源拓展、投资管理、服务水平、队伍建设、社会影响、党的建设等方面取得新成绩,实现新突破,有力地支持了学校新一轮"双一流"建设,为国内公益慈善事业的发展贡献了积极力量。

持续深化内部治理改革。贯彻落实《浙江大学2021年度全面深化改革实施方案》,制定并启动实施《浙江大学教育基金会内部管理机制改革实施方案》,优化内设机构布局,建立人岗匹配机制,加快打造校院两级专业化职业化发展联络工作队伍。酝酿推出《"梦想浙大"发展基金倍增计划(2021—2025)》,依托校院两级发展联络工作体系,重点围绕人才培育、大师汇聚、学术研究、文化弘扬、校园建设五大板块,从组织领导、协同联动、加强力量、考评激励和氛围营造五个方面提供支撑保障,助推学校汇聚各方资源。

广拓资源服务学校发展。2021年,基金会接受社会捐赠639项,签约金额折合人民币30.14亿元,实际到款折合人民币12.28亿元,获得中央财政配比1.03亿元,实现投资收益2.55亿元。截至2021年12月31日,基金会资金规模达52.04亿元。基金会争取到1000万元及以上的重大捐赠项目30项,其中1亿元及以上的捐赠项目6项,打造了繁星科学基金、青山教育基金、陈廷骅基金等一批具有示范性的品牌项目。根据基金会章程及相关协议规定,基金会支出人民币5.41亿元,主要用于支持学校基础建设、院系发展、学科建设、科学研究、人才培养、创新创业、定点帮扶等。

社会影响居全国高校前列。2021年1月,基金会当选为中国高等教育学会教育基金工作研究分会理事长单位。2021年3月,基金会再次被民政部授予"中国社会组织评估等级5A",成为全国第二家复评荣获5A等级的高校基金会,这是民政部给予的最高级别认证。2021年6月和12月,基金会中基透明指数FTI连续获得满分100分,被基金会中心网评级为A＋。2021年11月,被浙江省青少年发展基金会评为"浙江希望工程30周年优秀公益合作伙伴"。

【当选中国高等教育学会教育基金工作研究分会理事长单位】 1月7日,中国高等教育学会教育基金工作研究分会第三次会员代表大会暨第二十二次年会在浙江大学举行。浙江大学教育基金会当选为教育基金工作研究分会理事长单位,浙江大学副校长黄先海当选第三届理事会理事长,浙江大学发展联络办公室主任兼发展委员会办公室主任、校友总会秘书长、教育基金会秘书长沈黎勇当选第三届理事会副理事长兼秘书长。

【复评中国社会组织评估等级5A等级】 3月4日,民政部发布(第505号)公告,公布2019年度全国性社会组织评估等级结果,浙江大学教育基金会获评最高等级——5A级社会组织,这是继2015年被民政部授予5A等级后再次获此殊荣。

【设立"浙江大学上海高等研究院繁星科学基金"】 3月17日,浙江大学教育基金会和繁星公益基金签署捐赠协议,设立"浙江大学上海高等研究院繁星科学基金",支持"计算＋"创新实验室的建设,推动学校在计算与生物、医疗、农业、食品等交叉领域开展基础研究及前沿探索。作为第一期资助,繁星公益基金将在未来3—5年向浙江大学教育基金会捐赠1亿美元,用于"计算＋生物医疗""计算＋农业食品"和"先进计算"三个创新实验室的科学研究项目。

【获得优秀校友隐名捐赠人民币2.5亿元】 12月13日,浙江大学教育基金会与一位隐名校友签署捐赠协议,该校友每年将向浙江大学教育基金会捐赠人民币5000万元,连续5年共计捐赠人民币2.5亿元。设立专项基金,支持浙江大学物理、数学、化学三大基础学科的人才培养、学科与人才队伍建设、基础设施建设等。首笔捐赠款5000万元已经到款。

(王 锦撰稿 翁 亮审稿)

浙江大学校董

姓名	单位职务	聘任时间	校董/名誉校董
查刘璧如	查济民夫人,求是科技基金会理事、桑麻基金会高级顾问、刘国钧教育基金会理事长、香港仁济医院顾问局委员、香港妇协名誉会长	2010年	名誉校董
郭婉仪	新鸿基地产郭氏基金执行董事	2010年	名誉校董
曹其铺	香港永新企业有限公司董事长	2014年	名誉校董

浙江大学年鉴

姓名	单位职务	聘任时间	校董/名誉校董
李达三	声宝——乐声（香港）有限公司董事会顾问、香港宁波同乡会永远名誉会长（创会会长）、香港浙江省同乡会联合会永远名誉会长（创会会长）、世界中华宁波总商会创会名誉会长、浙江省原政协常委、浙江省"爱乡楷模"	2015 年	校董
潘方仁	台湾潘氏企业集团董事长	2016 年	校董
唐立新	新尚 AI 董事长、新尚集团董事长	2016 年	校董
叶庆均	敦和控股有限公司董事长、敦和基金会名誉理事长	2017 年	校董
邵根伙	北京大北农科技集团股份有限公司董事长	2017 年	校董
吕建明	浙江通策控股集团有限公司董事局主席、通策医疗股份有限公司董事长	2017 年	校董
朱　敏	赛伯乐投资集团创始人兼董事长、中国科技产业化促进会常务副理事长、浙江大学国际创新研究院创始人兼院长	2018 年	校董
邱建林	浙江恒逸集团有限公司董事长	2018 年	校董

（王　锦撰稿　翁　亮审稿）

浙江大学年鉴

附属医院

【概况】 浙江大学共有 7 家直属附属医院，其中 4 家为综合性医院、3 家为专科性医院，均为国内一流的医疗、教学、科研和公共卫生服务机构。附属医院是独立的法人机构，实行党委领导下的院长负责制，院长为法定代表人，医院领导班子为学校中层班子（处级），医院党委是学校院级党委。学校作为浙江省医院党建工作指导委员会副主任成员单位，指导和推动附属医院党的建设各项工作的落实，并协同医疗卫生行业主管部门（浙江省卫生健康委）开展对附属医院的行风建设。学校党委常委会、校务会、医院管理委员会定期研究附属医院建设发展中的重要问题。医院管理委员会统筹指导附属医院开展工作，2 位校领导（副书记、副校长）担任医院管理委员会主任，常设机构为医院管理办公室。

截至 2021 年 12 月 31 日，附属医院共有在职职工 29700 余人，其中中国工程院院士 2 人、"万人计划"学者 13 人、国家杰出青年科学基金获得者 10 人、教授及正高职人员 1309 人、博士生导师 412 人、硕士生导师 777 人；共有核定床位 14760 张，门急诊人次数达 2645.16 万人次，实现业务总收入

303.48 亿元，比上年增长 29.25%；拥有全国重点学科 4 个、临床重点专科 47 个、国家重点实验室 1 个、国家协同创新中心 1 个、国家临床医学研究中心 2 个、国家医学中心"辅导类"创建单位 1 个、国家传染病医学中心 1 个、国家区域医疗中心 6 个，临床医学学科整体实力稳居全国前列。

附属医院高质量发展取得显著成效。在 2021 年 3 月发布的 2019 年度全国三级公立医院绩效考核中，附属第一医院、第二医院、邵逸夫医院等 3 家综合医院获评 A＋＋，分列全国第 6、7、11 位；附属第四医院跃居全国前 10%，成为全国最年轻的 A＋等级医院之一；附属妇产科医院、儿童医院获评专科医院最高等级 A，在相应专科医院序列中分列全国第 3、4 位。在 2021 年 11 月发布的《2020 年度中国医院综合排行榜》《2020 年度中国医院专科声誉排行榜》中，共 5 家附属医院进入中国医院排行榜前 100 位，其中，附属第一医院、第二医院综合排名分列全国第 10、16 名，附属邵逸夫医院成为连续两年全国进步最快的医院（位列全国第 48 名）；共有 19 个专科进入全国专科综合排行榜前 10，其中附属第一医院传染

感染科位居排行榜第一、附属邵逸夫医院全科医学位居全国第二。此外,附属第一医院获批国家公立医院高质量发展试点医院;附属第四医院顺利通过浙江省第四周期三级甲等综合性医院现场评审。

附属医院始终把人民群众生命安全和身体健康放在第一位,切实抓好疫情常态化防控。2021年度先后组建49个外派应急医疗队,累计外派2243名医护人员奔赴河北、河南、江苏、重庆、云南、辽宁、黑龙江、内蒙古等兄弟省份以及省内"战场"参与新冠采样、检测和医疗救治工作。其中,采取多学科协同作战模式,综合干预、精准施策,积极参与绍兴、宁波等地区的新冠病人救治。多措并举规范流程布局,根据疫情变化及时调整防控举措,确保疫情防控和正常医疗两不误。

(马　超撰稿　夏标泉审稿)

附属第一医院

【概况】　浙江大学医学院附属第一医院(又名浙江省第一医院)由浙江大学老校长竺可桢创建于1947年,是浙江大学创建的首家附属医院。医院系三级甲等医院、首批"辅导类"国家医学中心创建单位、全国公立医院高质量发展试点单位、国家传染病医学中心、综合类别国家区域医疗中心牵头单位、建立健全现代医院管理制度试点医院。医院拥有总部一期(余杭)、庆春院区、之江院区、城站院区、大学路科教基地和钱塘转化基地,总占地面积519.3亩,开放床位5000余张,2021年门急诊量691.1万人次,出院33.48万人次。

2021年医院引进人才21人,其中浙江大学临床医学名师计划3人,浙江大学"百人计划"研究员2人,特聘研究员/副研究员16人,同时入选浙江省KP行动计划2人;培养人才19人次,欧洲科学院院士1人,国家自然科学基金优秀青年基金获得者3人,浙江省杰青4人,浙江省卫生高层次人才9人,浙江大学求是特聘学者2人。新进站临床博士后40人;学科博士后26人。医院现有职工10000余人,正高职称440人,副高职称677人。拥有中国工程院院士2人,教育部"长江学者"特聘教授4人,国家杰青3人,国家"万人计划"科技创新领军人才6人,国家优青5人,浙江省特级专家3人,浙江大学求是特聘学者22人,拥有科技部创新人才培养基地1个。

2021年医院新获省部级奖励10项,其中省一等奖2项。全年科研经费约3.3亿元,创历史新高;获批国家自然科学基金139项,其中重点项目9项,获批浙江省医学领域首个基础科学中心项目,牵头国家重点研发计划3项。2021年医院发表高影响力论文90余篇,其中CNS及其子刊11篇;在2021年中国科技论文统计结果中,我院"国际论文被引用篇数"列全国医疗机构第4,高水平论文数位居全国医疗机构第5。2021年医院牵头建设省级国际科技合作基地1个、省临床医学研究中心2个。

2021年医院承担本科生、研究生、住院医师等各类教学对象3300余人次的教学工作;拥有临床师资1966人,其中博士生导师142人、硕士生导师404人;新出版规划教材8部,获聘规划教材5部;出版教学著作1部。医院2021年住院医师结业考核首考通过率达95.80%,再创新高;获第十届中国大学生医学技术技能大赛临床医学专业八年制赛道总决赛银奖；获全国教材建设先进个人1人、全国优秀教材二等奖1项；获全国高校教师教学创新大赛三等奖1项、省级特等奖1项；内科、急诊科、康复医学科、外科、临床病理科5个专业基地入选全国住培重点专业基地。研究生第一党支部入选第二批全国高校"百个研究生样板党支部"，系浙江大学本年度唯一获此殊荣的研究生党支部。

医院积极应对疫情防控和国际形势双重压力，持续保持开放合作定力，不断创新国际合作模式，对接世界顶级医疗建筑设计公司，高质量服务国家医学中心建设；强化与美国匹兹堡大学医学中心等欧美顶尖高校的深度合作，拓展与俄罗斯、新加坡等"一带一路"共建国家的友好交流，2021年签署合作备忘录3项，大力推进高峰学科国际化发展，荣获浙江省"一带一路"建设先进集体称号；成立全国首个省级外事工作专业委员会"浙江省医院协会外事工作专业委员会"，致力于打造省级医疗国际合作"样板间"；多措并举全球招募医学领军人才，定向培养青年拔尖人才，加快高水平国际化人才梯队建设；与多家国际保险公司合作签约，打造多院区医疗直付体系，成为浙江省首家医疗服务价格试点单位。

医院积极探索医联体建设，以国家医改政策为引领，截至2021年底，共与省内外109家市、县级医院建立多种医疗协作关系，托管医院13家，跨区域牵头组建专科联盟20个。医院构建"省、县(区)、乡、村四级医疗服务网络"，与省内外206家医院、349家社区卫生服务中心(乡镇卫生院)远程联网，形成具有"浙一"特色的医疗联合体。积极推进浙闽、浙赣共建，与福建医科大学孟超肝胆医院、南昌大学第二附属医院共建国

家区域医疗中心，扩大医院对外影响力，推动优质医疗资源扩容和均衡布局。

【时任省委书记袁家军考察医院总部】 医院响应省委省政府数字化改革总体部署，布局总部项目以病人为中心，以急救成功率、"看病一件事""物流一件事"为切入口，通过数据协同、业务协同的方式，依托物联网、大数据等技术手段破解难点，形成"急救一体化""就医一站式""多模式智能物流"等数字化改革应用场景，在危重急救、医疗服务、行政管理等方面成效明显。2021年7月9日，时任省委书记袁家军赴医院总部考察门诊智能药房、5G急救智慧中心、数字化病房等，详细了解数字化、全自动发药系统方便患者取药，危重病人急救一体化生命周期支持系统、数字后勤管理系统发挥作用等情况，对我院总部信息化、智能化建设表示赞赏。

【医院多项排行榜再创新高】 2021年11月，复旦大学医院管理研究所发布的《2020年度中国医院排行榜》和《2020年度中国医院专科综合排行榜》中，医院综合排名全国第10，有8大专科进入全国排名前10。2021年10月，在中国医学科学院发布的《2020年度中国医院科技量值》中，医院综合排名全国第4，有10大专科进入全国前10，传染病学、消化病学双双名列全国第1名，其中传染病学连续8年位列全国第1位。2021年3月，国家卫生健康委发布的2019年全国三级公立医院绩效考核国家监测指标结果中，医院综合排名位列全国第6，排名等级A++(全国前1%)。

【国家级平台建设成效显著】 2021年6月17日，国家卫生健康委正式批复依托我院设置国家传染病医学中心，集国家传染病医学中心、感染性疾病国家临床医学研究中心、传染病诊治国家重点实验室"三位一体"，

附表　2021 年度附属第一医院基本情况

项目	数量	项目	数量
建筑面积/平方米	733480.37	获国家级科技奖项目/个	12
固定资产/万元	362252.67	获国家级教学成果奖/个	0
床位/张	5346	国家重点实验室/个	1
在编职工/人	5057	卫生部重点实验室/个	2
主任医师/人	375	省级重点实验室/个	29
副主任医师/人	463	国家药监局临床药理研究基地/个	42
具有博士学位的医师比例/%	47.8	卫生部专科、住院医师培训基地/个	31
两院院士/人	2	业务总收入/亿元	104.38
国家"百千万人才工程"入选者/人	2	药品占业务总收入比例/%	26.79
国家杰出青年科学基金获得者/人	3	门急诊人次/万人	782
"973 计划"首席科学家/人	3	住院人次/万人	33.47
教育部"长江学者"特聘教授/人	4	出院人次/万人	33.48
教育部"长江学者"青年学者/人	0	手术/万台	24.47
浙江省特级专家/人	3	平均床位周转率/%	65.88
浙江大学求是特聘教授/人	19	实际床位利用率/%	92.79
教学总面积/平方米	9747	SCI 入选论文/篇	1359
教学投入资金/万元	9767	MEDLINE 入选论文/篇	1285
一、二级学科国家重点学科/人	2	出版学术专著/部	17
国家精品资源共享课、视频公开/门	4	出国交流/人次	46
科研总经费/万元	33843	举办国际学术会议/次	22
其中:国家自然基金比重/%	39.9	社会捐赠经费总额/万元	17425
纵向经费比重/%	81.1		

加快传染病防治新一轮技术突破,提升国家传染病防治整体水平。2021 年 6 月 28 日,医院获批全国公立医院高质量发展试点医院(全国仅 14 家),持续推动体系创新、技术创新、管理创新、模式创新,形成"浙一路径",夯实高质量发展建设共同富裕示范区的全民健康基础。2021 年 9 月 7 日获批"辅导类"国家医学中心创建单位(全国仅 9 家),集中力量攻克一批临床关键技术、创新药品、高端设备、疫苗、医学数据等领域"卡脖子""临门一脚"关键核心技术,形成医学研究高峰、成果转化高地、人才培养基地、数据汇集平台,打造全球生命健康科创高地主平台。

【推进大器官移植全球诊疗中心建设】　医院是国内开展大器官移植门类最齐全的医学中心之一。器官移植学科科技影响力持续提升,2021 年获得多个全省科技奖励最高荣誉。同时,继 2020 年 4 月《自然》杂志关注浙大一院胰腺癌诊治进展后,2021 年《自然》再次与我国著名器官移植和肝胆胰外科专家、医院党委书记梁廷波教授对话,向全世界介绍医院在肝癌微环境研究方面取得的重要进展。2021 年医院共计开展肝

浙江大学年鉴

移植 372 例,全国排名第二,其中多米诺肝移植 6 例,劈离式肝移植 87 例,继 2020 年后再度排名全球首位;共计开展小肠移植 21 例,克服免疫排斥反应与术后感染等世界难题,患者围手术期生存率达 91.4%,其中亲体活体小肠移植围手术期成功率达 100%;共计开展肺移植 69 例,自 2019 年起,连续三年肺移植围手术期生存率保持全国第一;共计开展肾移植 566 例,成为全国第一家肾移植突破 7000 例的单位,换肾患者 20 年生存率达到 79%;共计开展心脏移植 38 例,包括多例心肾、心肺、心肝联合器官移植,其中心肝联合移植为省内首例。医院器官移植数量与生存率再上新台阶,移植技术创新持续走在前列。劈离式辅助多米诺肝移植联合小肠移植、原位辅助肝联合小肠移植等均为全球首创技术;建立健全慢加急器官衰竭器官移植围手术期评估体系、器官衰竭生命支持管理体系等八大围手术期管理体系。

(赵　敏撰稿　黄　河审稿)

附属第二医院

【概况】　浙江大学医学院附属第二医院(简称"浙大二院")创建于 1869 年,是浙江省西医发源地,全国首批三级甲等医院、首批国家区域医疗中心建设单位,连续两年位居三级公立医院绩效考核全国前十,"自然指数"全球百强,国家自然科学基金项目数连续 11 年引领浙江,2021 年位列全国第 2;是 G20 杭州峰会医疗保障定点单位和驻点单位及美国等近 10 国元首首选定点保障医院,也是海内外医师首选的中国培训基地之一。

医院始终坚持党的全面领导,全面落实党委领导下的院长负责制,以建党百年为契机,以推动学史力行为导向,扎扎实实推动高质量发展:率先探索"1+X"多院区发展模式,拥有解放路和滨江两大综合院区及多个精品专科院区,另有未来医学中心(萧山板块,500 亩;柯桥板块,358 亩)在建;拥有 973 首席科学家及杰青、教育部"长江学者""四青"等国家级高层次人才数十人;始终围绕重大临床难题,探索基础与临床深度融合创新,建有国内最大规模从基础到临床的完整科研链及专病研究所,精研重大疾病综合救治和医疗服务精细化管理:首创经导管心脏瓣膜置换"杭州方案",是全国规模最大的瓣膜介入手术中心;树立儿童肝移植、微小切口复杂白内障手术、大肠肿瘤规范诊治及群体重度创伤救治等全国标杆,是全国第四大肺移植中心之一、第二个儿童肺移植中心;全国率先全面开展日间手术和快速康复,发起并倡导"效率医疗"发展路径,是国内效率最高的大型综合性公立医院之一,临床服务能力、手术总量、四类手术总量、病例组合系数(case mix index,CMI)均多年位居全国领先,日间手术、微创手术和四级手术占比持续提升,2021 年平均住院日降低至 4.74 天;率先开通常态化"空中 120",首创国际四级远程服务体系、多维度 5G 智慧急救、闭环式大医疗急救服务体,建立全国首条无人机血液运输航线,"互联网+医疗"引领全国。

医院始终扎根祖国大地,推动优质医疗资源扩容:率先与 7 家分院缔结"山海联盟",实现"党建引领、文化浸润、技术先行、统筹发展"精准帮扶,与湖州市中心医院、长兴县人民医院,建设省市县三级联动的整合型医疗卫生服务体系,打造区域联动的浙江样板;医院还将这种"浙江精神"辐射到了贵州苗疆腹地的台江分院、安徽黄山脚下的歙县分院、革命老区的龙岩分院、天山脚下的新疆阿克苏兵团一师医院等。

医院深化与世界一流机构交流与合作,与加州大学洛杉矶分校、哈佛大学陈曾熙公共卫生学院、麻省总医院、英国皇家内科医师学会等深度合作,纵深推动学科建设、临床能力提升、科研合作、住院医师培训合作。

作为新冠疫情防控核心一线战场,浙大二院立足浙江,首创"十大功能组"实现全员全空间全物品精准智控,面向全国,先后向武汉、新疆、大连、南京等6省9市及省内各定点机构派出骨干队员逾千人次,编写出版《新冠疫情暴发下的医院应对策略》,被译成28种语言全球共享,浙二方案、中国经验惠及100余个国家。

2021年,医院先后获得第四届中国质量奖提名奖、浙江省人民政府质量奖,以及"全国脱贫攻坚先进个人""全国五一巾帼标兵"等多项荣誉。

【王建安、王伟林荣获"2020年度浙江省科学技术进步奖一等奖"】 6月15日,在浙江省科学技术奖励大会上,王建安教授团队的"经导管心脏瓣膜病治疗新技术的创新及推广"和王伟林教授团队的"肝胆胰肿瘤精准诊治关键技术创新和应用"双双荣获2020年度浙江省科技进步奖一等奖。

王建安教授率领的心脏瓣膜团队历经8年余,围绕心脏瓣膜病的诊治,以临床医生为核心,从器械研发、技术创新、临床研究、大样本人群研究、机制探索等进行全方位研究,建立了全链条式解决方案,在器械、技术、理论等方面取得了一系列原创性成果;王建安主持或作为核心成员制定我国该

领域系列专家共识与标准,技术与产品辐射欧美、亚太4国7大中心和全国26省85家医学中心,产学研医创新中心模式受邀在《新英格兰医学杂志》Catalyst栏目分享。

王伟林教授带领团队创新攻坚,建立了涵盖精准手术创新体系、精准综合治疗体系、精准康复和预后监测的三大肝胆胰肿瘤精准创新体系。该项目发表论文56篇,获专利5项,王伟林教授主编或参编专著10部,这一系列成果大幅提高了我省肝胆胰肿瘤精准诊治水平,为我省乃至我国培养了一大批肝胆胰肿瘤精准诊治的临床骨干。

【连续两年"国考"成绩优异】 3月30日,2019年度全国三级公立医院绩效考核、国家监测考核结果重磅出炉,浙大二院瞄准一流、持续进阶,继2018年度首次国考取得全省第一、全国第九的佳绩,再次稳居全国三级公立医院前1%,在全国2413家三级公立医院中位列第七名,蝉联国家队"第一方阵"A++序列,成为省内唯一两年进入全国前十的医院。

【国家自然科学基金项目数位居全国第二,连续11年领跑浙江】 8月18日,2021年度国家自然科学基金发榜,浙大二院共获资助159项,重大项目7项,涵盖39个临床医技部门和研究机构,学科门类齐全,获批项目总数、重大项目数再创历史新高。

【浙江省医疗系统首获国家质量管理领域最高荣誉】 9月16日,在中国质量(杭州)大会上,浙大二院心血管内科获得第四届中国质量奖提名奖,这是自2012年该奖项设立以来,浙江省医疗卫生系统首次获此殊荣。12月26日,浙大二院再次脱颖而出,成为全省首家获得省政府质量奖的医疗机构。

【浙大二院与柯桥区人民政府合作共建未来医学中心柯桥板块】 4月6日下午,在浙江

附表　2021 年度附属第二医院基本情况

项目	数量	项目	数量
建筑面积/平方米	573000	国家重点实验室/个	0
固定资产/万元	246757.52	卫生部重点实验室/个	0
床位/张	3714	省级重点实验室/个	12
在编职工/人	4474	国家药监局临床药理研究基地/个	28
主任医师/人	318	卫生部专科、住院医师培训基地/个	30
副主任医师/人	462	业务总收入/亿元	90.02
具有博士学位的医师比例/%	55	药品占业务总收入比例/%	25.67
两院院士/人	0	门急诊人次/万人	677.6
国家"千人计划"入选者/人	6	住院人次/万人	26
国家"百千万人才工程"入选者/人	1	出院人次/万人	26
国家杰出青年科学基金获得者/人	5	手术/万台	22.06
"973 计划"首席科学家/人	1	平均床位周转率/%	73.16
教育部"长江学者"/人	9	实际床位利用率/%	95.02
浙江省特级专家/人	6	SCI 入选论文/篇	990
浙江省"千人计划"入选者/人	6	MEDLINE 入选论文/篇	924
浙江大学求是特聘教授/人	25	出版学术专著/部	18
教学总面积/平方米	6972.57	科研总经费/万元	22652.92251
教学投入资金/万元	8530.6116	其中:国家自然基金比重/%	40
一、二级学科国家重点学科/人	2	纵向经费比重/%	73
国家精品资源共享课、视频公开课/门	0	出国交流/人次	9
获国家级科技奖项目/个	1	举办国际学术会议/次	21
获国家级教学成果奖/个	0	社会捐赠经费总额/万元	21

大学与绍兴市柯桥区人民政府战略合作签约仪式上,浙大二院与柯桥区人民政府正式签约,合作共建未来医学中心柯桥板块,项目用地面积 358 亩,包括临床医疗、医学研究、临床教学、世界医学博物馆四大功能区块,与浙大二院实行一体化管理,将打造国内领先、世界一流的未来医疗服务中心、科研创新孵化高地、临床医学教育殿堂、世界医学人文圣地。

【省卫生健康委、浙大二院与龙泉市等 7 地人民政府共同签订"山海"提升工程合作框架协议】 3 月 29 日下午,浙江省医疗卫生"山海"提升工程签约仪式在杭州举行,会上,浙江省卫健委、浙大二院与龙泉市、庆元县、遂昌县、松阳县、衢江区、开化县、岱山县 7 地人民政府共同签订合作框架协议。浙大二院党委书记王建安代表 13 家省市级三甲医院发言。

"十三五"期间,在省委省政府和省卫生健康委的领导下,浙大二院扎实地推进"技术、管理、文化"共同下沉,实现所帮扶医院病人外转率下降50%以上,群众满意度达95%以上。在本轮"山海"提升工程中,浙大二院将充分落实"3342X"能力提升的要求,充分把握县域卫生人才培养的核心,充分利用数字医疗先行先试的机遇,充分发挥党建引领高质量发展的作用。

【成功实施全国首例双肺、肝脏同期联合移植术】 2月27日,浙大二院成功实施全国首例双肺、肝脏同期联合移植术。肝肺联合移植是围手术期管理最艰难的器官移植术之一,是挽救终末期肺疾病合并肝脏疾病患者最后的希望,全球罕见、国内尚无先例。浙大二院器官移植中心及重症、麻醉、医学影像、护理等多学科团队针对患者情况,多次开展MDT讨论,制定精密流程,时间具体到分钟。3月25日,该患者顺利出院。

【成立"医学遗传学科"】 9月10日,浙大二院医学遗传学科正式成立。浙大二院始终瞄准患者需求,以"彻底解决若干重大疾病"为己任,将健康防治关口不断前移,成立国内首家医学遗传学临床科室,致力于从分子水平为疾病的早期诊断、预防出生缺陷,以及疑难杂症的诊治提供精准高效的新型医学服务,也为将来医学遗传学专业医学生的住院医师规范化培训提供窗口与平台,从而引领医学遗传学的发展,成为学科领跑者。

(郑芬芳撰稿　王建安审稿)

附属邵逸夫医院

【概况】 浙江大学医学院附属邵逸夫医院建院于1994年,总建筑面积29.93万平方米,核定床位2400张,是中国大陆首家通过国际医院评审(JCI)的公立医院、首个妙佑医疗国际(Mayo Clinic)成员医院,亚洲首家通过磁性认证的医院;医院连续六年荣获"中国医疗机构最佳雇主"荣誉称号,2020年由浙江省人民政府授予"2019年浙江省人民政府质量管理创新奖"。护理部荣获2021年度"全国五一巾帼奖"。

2021年,医院总收入58.07亿元;门急诊量439.53万人次;出院人数196800人次,平均住院日4.93天。获批"微创器械创新及应用国家工程研究中心",为全国首个微创医学领域的国家工程研究中心,获批"浙江省呼吸疾病诊疗技术指导中心""浙江省妇产疾病临床医学研究中心""浙江省医学精准检验与监测研究重点实验室"。呼吸与危重症医学科获批成为医院第四个国家临床重点专科。国家级呼吸疾病诊疗中心正式启用。

2021年,医院深化治理改革成效显著,持续领跑全国核心榜单。在2019年度全国三级公立医院绩效考核国家监测考核中再次位列第11名,连续两年进入全国前1%的A++序列。在2020年度复旦版中国医院排行榜上,医院继续保持全国进步最快水平,综合排名首度挺进前50,位列全国第48位;全科医学科在专科声誉排行榜和专科综合排行榜斩获全国第2名。在2020年度中国医院科技量值排行榜上较上年上升14位,排名第62。

医院全年获批国家自然科学基金72项,刷新自身纪录;承担国家重点研发计划项目(课题)1项;到账科研经费9606.55万元,创历史新高;SCI收录论文共560篇,以邵逸夫医院为第一单位在国际顶级期刊《细胞《自然》上发表学术论文共 2 篇;临床科研项目数相比去年同期上升 10% 以上,以邵逸夫医院牵头的全国多中心研究已达到 40 余项。荣获"浙江大学 2020 年度十大学术进展"1 项,2020 年度浙江省科学技术进步奖一等奖 1 项。

医院新增硕士生导师 33 名、博士生导师 11 名,新增硕士培养学位点 1 个、博士培养学位点 2 个。外科、内科和康复医学科 3 个专业基地顺利获批第二批国家住培重点专业基地。师生共创项目斩获第七届中国国际"互联网+"大学生创新创业大赛全国总决赛 2 项金奖,创下浙江大学医学院历史最佳成绩。医院在临床医学系开设呼吸治疗方向的本科专业教学项目,"护理学口腔卫生特色班"已招募两届学员。

医院推动人才多途径发展,形成强力磁场优化人才生态。首次在职称评审中开通"一招鲜"晋升通道。引领性推出院内 PI 助手申报医学院特聘研究员岗位制度。全年培养人才入选国务院政府特殊津贴 1 人,引进国家杰出青年科学基金获得者 2 名。1 人获"谈家桢临床医学奖",1 人获"最美浙江人·最美天使"荣誉称号,2 人受邀赴京参加建党百年庆祝大会。

医院聚焦医学"一带一路"建设,全国首家成功举办"一带一路"肝脏外科微创技术线上培训。成立"中国呼吸治疗学院"。

【平疫结合实践推广全国】 医院始终将疫情防控作为重点任务之一,在持续落实和完善院内院外、线上线下、国内国外相结合的"全链式疫情防控创新体系"的基础上,倡导平疫结合理念,贡献可复制的邵医方案。

医院在国内首创"平疫结合"快速切换病房。根据设计方案,邵逸夫医院五期建筑在原始规划的 500 张床位基础上,在每个楼层加装一扇门,即可通过这扇门的开合实现普通病房与传染病房的快速切换。一旦战"疫"打响,合起这道门,普通病房就能达到"三区两通道"的呼吸道传染病房要求,相关病区马上进入隔离状态;没有重大疫情时,医院相关单元仍可各司其职,化解了"疫时床位供不应求、平时资源无辜浪费"的尴尬局面,实现了公共卫生服务与医疗服务的高效协同、无缝衔接,在疫情防控常态化的形势下为新建医疗机构建筑病房设置提供样板参考。这一方案在全国政协双周协商座谈会上得到了一致认可,也受到国家卫健委及行业内部的肯定,中央电视台、《光明日报》《科技日报》《健康报》等中央级媒体予以重点报道。应中国工程院副院长王辰院士邀请和力荐,其设计模型作为"中国疫情应急分级诊疗模式沙盘馆"的重要组成部分在中国智慧健康创新中心北京总部展览,向世界展示中国抗疫成果。

【在全国首创医疗文书与科研数据区块链应用】 医院在全国范围内首创区块链技术在医疗文书与科研数据领域的应用场景,不仅推动了医疗机构病历数据安全有效的共享和流转,促进政府、医疗机构、药企、保险等多方联动,建立医疗行业联盟链,解决"医院重复检查""医疗保险欺诈""药品假冒"等痛点,让整个医疗健康体系更高效运转;同时,也开创了国内医学研究工作中科研成果可信溯源的先河,推动构建探索科研诚信体系新模式,提高整个行业的诚信度。

利用区块链技术,能够解决电子病历管理数据安全、流程管理和司法认可的难题,也让患者本人成为个人医疗文书的真正掌控者。医疗文书的"上链"从技术上倒逼医生提高书写电子病历文书的及时性、准确性、规范性和客观性,推动医疗行为更高质量、更高效率,并进一步保护患者隐私,增强患者使用医疗数据的自主性,推动实现居民医疗信息的共享和医疗的去中心化。

利用区块链技术,搭建以数据治理和区块链技术为核心基础的"科研数据管理系统"平台,从实验室源头入手,实现对科研数据全流程上链存证和溯源追踪,对科研全流程进行数字化管控,保证科研数据的可信性。

【获批全国首个微创医学领域国家工程研究中心】 医院积极参与国家和浙江省生命健康科技创新高地的内涵建设,于 2021 年 11 月获批"微创器械创新及应用国家工程研究中心"(下称"中心"),将联合高校科研院所、企业,共同推动国内微创医学的飞跃发展及医疗器械的自主创新。中心将以临床科学问题和国家重大战略需求为导向,重大项目合作为载体,围绕疾病的微创诊治,开展医工信多学科交叉的医疗器械和诊疗技术创新研究,建立集学术研究、技术开发、成果转化、临床应用为一体的全链条式开放共享的服务平台,实现国内微创医学飞跃的同时,推动我国高端电子内镜和器械、医学影像人工智能技术、多模态医学影像融合手术导航系统、手术机器人系统实现国产替代,优势领域实现由微创装备进口国向输出国的转变。

【搭建高能级科研平台】 医院始终坚持医工信结合发展,以临床问题为导向开展创新性研究,开展跨学科的集中攻关研究。

2021 年,医院获批"浙江省妇产疾病临床医学研究中心",围绕男女性生殖障碍疾病、生育力保护保存与重塑、辅助生殖新技术及母婴安全三个方面开展新药、新技术、新方法的多学科、大样本、高水平的临床研究,将形成辅助生殖专科联盟辐射浙江全域,带动基层发展,促进生殖医学相关健康产业发展,建设国内一流生殖障碍诊治新技术研发和临床试验基地,推动新药、新技术和新器械研发的临床试验及产品落地,开发、推广生殖医学中心优质管理软件,完善辅助生殖数据库管理系统。

医院获批"浙江省医学精准检验与监测研究重点实验室",服务全生命周期的慢性疾病管理,致力于建立基于 AI 的重大慢病全程监测技术研发和平台,重大慢病的精准检验和监测相关生物标志物的筛选、确认及临床应用评估,以及精准检验与监测技术和产品研发,助力实现"全民健康,健康中国"目标。

此外,医院与浙大冷冻电镜中心签署第二轮全面合作协议;与生仪学院制定交叉合作原创项目培育资助计划方案,首批支持高端电子内窥镜系统研发等 11 个项目,在分子影像、智能医疗、临床信息系统和诊断仪器开发等领域进行深入的合作研究。

【推动区域医疗服务能力提升】 四地帮扶升级。2021 年,"双下沉、两提升"全面升级为"山海"提升工程,医院先后派出 82 名派驻专家(副高及以上职称 66 名)驻扎武义、江山、龙游、普陀四家分院,累计开展新技术新项目 63 项,建立规章制度操作规范 90 项,重点合作科室的学科建设、科研水平得到了较大提升。

道真支援收官。与贵州省道真县人民医院为期 9 年的对口支援工作圆满收官,共计向道真县人民医院派出 24 批次 123 名专家现场开展技术指导、临床教学,推进了道真县人民医院心血管内科、妇产科、普外科、骨科、重症医学科等专科建设,并成功开展了心血管介入、超声乳化白内障加人工晶体植入术为代表的多项新技术。

打造医学"一带一路"。作为国家卫健

附表　2021 年度附属邵逸夫医院基本情况

项目	数量	项目	数量
建筑面积/平方米	299284	获国家级科技奖项目/个	0
固定资产/万元	84744.05	获国家级教学成果奖/个	0
床位/张	2400	国家重点实验室/个	0
在编职工/人	3415	卫生部重点实验室/个	0
主任医师/人	210	省级重点实验室/个	10
副主任医师/人	296	国家药监局临床药理研究基地/个	21
具有博士学位的医师比例/%	37.9	卫生部专科、住院医师培训基地/个	24
两院院士/人	0	业务总收入/亿元	58.07
国家"百千万人才工程"入选者/人	1	药品占业务总收入比例/%	22.5
国家杰出青年科学基金获得者/人	2	门急诊人次/万人	439.53
"973 计划"首席科学家/人	0	住院人次/万人	19.68
教育部"长江学者"特聘教授/人	1	出院人次/万人	19.73
教育部"长江学者"青年学者/人	1	手术/万台	12.65
浙江省特级专家/人	1	平均床位周转率/%	68.45
浙江大学求是特聘教授/人	8	实际床位利用率/%	91.90
教学总面积/平方米	5459	SCI 入选论文/篇	559
教学投入资金/万元	8277	MEDLINE 入选论文/篇	—
一、二级学科国家重点学科数/人	4	出版学术专著/部	—
国家精品资源共享课、视频公开课/门	0	出国交流/人次	9
科研总经费/万元	9606.55	举办国际学术会议/次	11
其中:国家自然基金比重/%	32.44	社会捐赠经费总额/万元	1376.8
纵向经费比重/%	78.59		

注:固定资产原值为 218829.55 万元。

委人才交流服务中心牵头成立的"一带一路"医学人才培养联盟副理事长单位,医院聚焦"一带一路"医疗技术交流与人才培养,在 2021 年全国首家成功举办"一带一路"肝脏外科微创技术线上培训,得到国家卫健委来信表彰;成立"中国呼吸治疗学院",开展首期国际重症呼吸治疗培训研讨会;推进"中国—以色列医疗科创中心"项目;为联盟的国内外合作机构开展全英文临床技术培训工作。

【打造未来社区健康场景样板】　围绕浙江省"健康大脑＋智慧医疗＋未来社区"的蓝图,医院与上城区卫健局共建"未来健康数智联盟"与"未来健康人才培训基地",实现"智能化、便捷化、精准化、国际化"的闭环服务。

构建"'1＋X＋Y'名医名院零距离健康圈""1"为邵逸夫医院互联网远程集成统一服务平台,构建远程联合门诊、跨科室会诊、开具电子处方、移动查房、远程影像读片、远程心电分析、续方配药远程管理等线上线下联动服务;"X"为特色的主动健康管理服务,由全科医学科主导,协助社区开展特色的主动健康管理服务，探索以家庭为单位、主动健康为理念的全生命周期的健康管理新模式；"Y"为国际化医疗服务，医院与未来社区居民共享妙佑医疗国际专家咨询。

着力发展"未来健康人才"培训，以全科专业能力为导向，与上城区卫健局共同开发未来健康人才培训课程，提升未来社区健康场景服务人员的服务能力与水平。

【荣获多项高级别荣誉】 医院连续六年蝉联医疗行业最佳雇主，并荣膺"2020年度医疗机构最佳雇主——最受大学生欢迎医院和最佳公立医院"。在2021年度中国现代医院管理典型案例评选中，获得"典型案例示范单位""优秀组织奖"，6个项目荣获"典型案例"，2个项目获"优秀奖"。以最高分获得首批杭州市"国际化医院"称号。护理部荣获2021年度"全国五一巾帼奖"。

医院院长蔡秀军获得第十三届"谈家桢临床医学奖"，眼科主任姚玉峰获"最美浙江人·最美天使"荣誉称号，护理部副主任、手术室科护士长祁海鸥获首届浙江省"仁心仁术奖"。吕芳芳、吴晓虹、沈丽华、宫晓艳荣获"浙江大学好医生""浙江大学好护士"奖。

医院研究生在国家级比赛中获奖5项，其中师生共创项目"狄赛生物科技——全球免疫再生修复领跑者"（全国医药类第一名）和"智囊生物科技——全球个性化囊泡医学领航者"斩获第七届中国国际"互联网＋"大学生创新创业大赛全国总决赛2项金奖，创下浙江大学医学院历史最佳成绩。

医院"白衣天使行动"健康知识普惠志愿服务项目获评第十三届中国青年志愿者优秀项目奖；"珍'EYE'光明，守卫1.0—预防儿童青少年近视'家校医'联动志愿服务项目"获第五届浙江省卫生健康系统志愿服务项目大赛、2021年浙江省青年志愿服务项目大赛双金奖。

（叶筱筠撰稿　王家铃审稿）

附属妇产科医院

【概况】 附属妇产科医院是浙江省成立最早、规模最大的三级甲等妇产科医院，是国家妇产区域医疗中心牵头建设单位，妇产科学国家重点（培育）学科单位，也是浙江省首家获得国家特医食品临床试验资质的专科医院。医院拥有妇科、产科2个国家级临床重点学科，妇科肿瘤学、计划生育学、产科学、生殖内分泌学、妇科微创学、普通妇科学、围产护理学等7个浙江省医学重点学科，并拥有国家住院医师规范化培训基地、国家卫健委辅助生育技术培训基地、全国产科麻醉培训基地、全国助产士规范化培训基地等8个国家级培训基地。同时，拥有生殖遗传教育部重点实验室、科技部认定的生物资源保藏中心、浙江省女性生殖健康研究重点实验室、浙江省妇科重大疾病精准诊治研究重点实验室。拥有国家药物临床试验机构、国家妇产疾病临床医学研究中心分中心、浙江省妇产疾病临床医学研究中心等众多重点科研平台。2021年，医院成立70周年，时任浙江省委书记袁家军做出批示，充分肯定医院的成绩并提出殷切希望。

2021年，医院多次承担核酸采样、新冠疫苗接种等紧急任务。在支援浙大之江校区核酸检测任务中，累计派出两批共54人的支援队，累计检测1833人次；在支援绍兴上虞、宁波北仑、杭州余杭等地中累计派出医护人员617人次，累计采样13.82万人次。

浙江大学年鉴

2021年，医院学科发展特色显著，临床业务能力、服务水平及综合发展实力均处于全国妇产科医院第一方阵。医院在重大妇科疾病保留功能治疗、出生缺陷防治、胎儿宫内治疗、危重孕产妇救治等多项关键领域处于领先水平。全省孕产妇死亡率20年持续降低，并远低于全国水平。医院形成妇科肿瘤综合诊治、人工辅助生殖技术、胎儿宫内治疗技术、快速康复等优势学科群。其中，普通妇科建成国内首家内异专病专治病房，成立医院肿瘤放疗平台，产科完成国内首例妊娠中期子宫修补手术，优质护理服务形成专科特色，塑造护理专科品牌。

2021年，医院整体实力稳中有进。在2019年度国家三级公立医院绩效考核榜单中，蝉联妇产医院专科系列第3名。在2020年度中国科技量值（STEM）排行榜，妇产科学位居全国第3名，同比上年上升1名；肿瘤学等3个专科进入全国前100名。在2020年度中国医院排行榜（复旦版）中妇产科学位居全国第4名，同比上升1名；在2020年度香港艾力彼医院管理研究中心推出的医院竞争力排行榜中位列全国妇产医院第2位。

2021年，医院获得国家重点研发计划项目立项1项，国家重点研发计划课题1项，浙江省"尖兵""领雁"研发攻关计划项目立项3项。共发表国际高质量论文127篇、国际高影响力论文21篇、中国科学院一区文章43篇。参编、参译学术著作共14部，参与撰写临床指南62项。以第三单位获得获国家科学技术进步奖1项，以第一单位获得浙江省科学技术奖2项，以参与单位获得浙江省科学技术奖2项，以第一单位获得全国妇幼健康科学技术奖4项。医院获国家专利授权72项，其中国家发明专利授权12项、实用新型专利授权60项，完成科技成果转化4项。

2021年，医院作为浙江大学妇产科学院所在地，以多种形式引入海外优质课程，推进国家精品课程、国家精品资源共享课、教育部来华留学英语授课品牌课程建设。共获全国高校混合式教学设计创新大赛一等奖1项、浙江省一流课程3项。2个项目获评浙江省虚拟仿真实验教学项目，其中1个项目被评为虚拟仿真实验教学创新联盟2021年实验教学应用示范课程。

2021年，医院落实数字化改革，正式上线全新改版的互联网医院，患者端用户突破39000人，在线服务医务人员共计595名。牵头建设"国家云上妇幼远程医疗信息平台（浙江省）"。自主研发具备创新性和推广性的高危孕产妇智能管理云系统，获浙江省第二届妇产科创新转化大赛金奖。5G＋VR新生儿远程探视平台建设项目获评国家卫健委"医院信息化与健康大数据优秀奖"，被列为工信部"5G＋医疗健康应用试点项目"。牵头成立妇幼数字化创新联盟，以远程超声会诊及远程胎心监测为抓手，打破传统医疗帮扶的局限性，助力基层医院服务水平的提升。

2021年，医院新签紧密型协作协议医院2家，新建名医工作站1个，联合建立"海宁市产科中心"；共委派119名专家下沉，其中高级职称32人。新增外派高级职称专家4名进行援青、援疆、援非任务。继续落实新一轮扶贫帮扶结对工作，新派驻村干部一名，通过产业帮扶、健康帮扶、消费帮扶等措施助力乡村振兴，集体经营性收入和低收入农户收入持续增长。深入开展筹资捐赠工作，累计签约5个项目，收到筹资款1602.2万元。

附表　2021 年度附属妇产科医院基本情况

项目	数量	项目	数量
建筑面积/平方米	116302	获国家级科技奖项目/个	1
固定资产/万元	98364	获国家级教学成果奖/个	0
床位/张	1120	国家重点实验室/个	0
在编职工/人	1665	卫生部重点实验室/个	0
主任医师/人	76	省级重点实验室/个	3
副主任医师/人	111	国家药监局临床药理研究基地/个	1
具有博士学位的医师比例/%	28.33	卫生部专科、住院医师培训基地/个	2
两院院士/人	0	业务总收入/亿元	16.32
国家"百千万人才工程"入选者/人	0	药品占业务总收入比例/%	20.70
国家杰出青年科学基金获得者/人	1	门急诊人次/万人	159.04
"973 计划"首席科学家/人	0	住院人次/万人	8.5371
教育部"长江学者"特聘教授/人	1	出院人次/万人	8.5410
教育部"长江学者"青年学者/人	1	手术/万台	4.66
浙江省特级专家/人	0	平均床位周转率/%	78.11
浙江大学求是特聘教授/人	2	实际床位利用率/%	92.69
教学总面积/平方米	4641	SCI 入选论文/篇	393
教学投入资金/万元	2487	MEDLINE 入选论文/篇	435
一、二级学科国家重点学科/人	1	出版学术专著/部	24
国家精品资源共享课、视频公开课/门	4	出国交流/人次	9
科研总经费/万元	5250.33	举办国际学术会议/次	17
其中:国家自然基金比重/%	12.98	社会捐赠经费总额/万元	1602.20
纵向经费比重/%	87.76		

注:医院建筑面积不含钱江院区建筑面积(建设中)。

2021 年,医院继续牵头做好全省女性健康两癌筛查、消除艾梅乙、出生缺陷等多个妇幼卫生项目的业务管理和指导。牵头制定各类妇幼卫生项目标准近 10 项,完成消除母婴传播国家级试点项目。医院牵头制定的浙江省主要指标达到世界卫生组织(WHO)消除母婴传播认证标准,项目也入选国家卫生健康委消除母婴传播最佳实践,其中 3 个项目入选联合国儿童基金会英文版最佳实践。

【牵头成立妇幼数字化医疗创新联盟】

2021 年 4 月 23 日,在浙江省卫健委统一指导下,医院携手省内外百余家二级及以上医疗机构和多家技术支持单位共同自愿组成行业性非营利性组织"妇幼数字化医疗创新联盟"。该联盟以浙江省数字化改革为基础,以先进的互联网理念及人工智能技术为抓手,运用大数据、云计算、互联网等方式创新妇幼医疗模式,以提升医院整体治理能力、改善患者就医体验为目标,实现联盟内技术同质、业务互通、数据共享的妇幼医疗共同体。

【成立浙江省妇科重大疾病精准诊治研究重点实验室】 2021 年 12 月 27 日,医院筹建的"浙江省妇科重大疾病精准诊治研究重点实验室"获得浙江省科技厅正式认定并批准为浙江省重点实验室。浙江省妇科重大疾病精准诊治研究重点实验室为打造高层级妇科重大疾病精准诊治研究中心,培养具有国际视野、杰出创新能力的临床科学家和医学家,进一步提升浙江省妇科重大疾病诊治影响力,从精准筛查、诊断和治疗三个方面防治妇科重大疾病,为保护女性生殖健康,提供了平台、人才等方面的支持。

(徐奇峰撰稿 陈军辉审稿)

附属儿童医院

【概况】 附属儿童医院建院于 1951 年,是浙江省最大的三级甲等综合性儿童医院,是儿科学国家重点学科单位、国家儿童健康与疾病临床医学研究中心、国家儿童区域医疗中心,拥有 4 个国家临床重点专科。医院在 2019 年度全国三级公立医院绩效考核中,位列全国儿童医院第 4 名。

医院坚持保障儿童健康,临床服务水平不断提升。2021 年医院门急诊量 334.05 万人次,住院量 7.51 万人次,平均住院日 6.14 天,手术量 3.67 万人次,业务收入 18.99 亿元。2021 年收治危重新生儿 830 例,入选第二批"国家新生儿保健特色专科"建设单位;联合树兰医院开展儿童肝移植手术 2 例,截至 2021 年底累计开展手术 17 例;开展 ECMO 44 例,存活出院率达 70.45%,持续高于国际平均水平;开展达芬奇机器人手术 601 例,截至 2021 年底累计开展手术

872 例,手术量位居全国小儿外科第一。

医院坚持创新驱动,科研工作稳中有进。2021 年共获科研项目 150 项,科研经费 6525.68 万元,其中纵向课题 92 项,经费 6118.5 万元;牵头国家重点研发计划项目 2 项,经费 3747 万元,国家重点研发计划课题 2 项、子课题 2 项;国家自然科学基金项目 11 项,经费 585 万元。2021 年发表 SCI 论文 303 篇,其中,国际高质量论文 98 篇,较 2020 年增长 73 篇;国际高水平论文 12 篇,较 2020 年增长 9 篇,最高影响因子达 32.976。2021 年发表国内学术期刊论文 326 篇,其中,中文核心期刊论文发表 50 篇,一级期刊 72 篇。

医院坚持深化医教协同,持续发挥儿科人才培养"主阵地"作用。2021 年完成本科生儿科见习 629 人,本科生儿科实习 698 人,共招收博士生 22 人,硕士生 72 人,新增博士生导师、硕士生导师 16 人。2021 年立项教育部和省部级教学课题 7 项、校级教学课题 7 项、省级一流课程 1 门、校级一流课程 1 门。2021 年获浙江大学教学成果一等奖 2 项、浙江省教学成果二等奖 1 项。2021 年共举办 25 个国家级继教项目、13 个省级继教项目,共培训卫生专业技术人员 7000 余人次。

医院坚持对标国际,国际交流广度深度不断深入。与芬兰国家商务促进局合作共建"浙江—芬兰儿童健康人工智能联合实验室",获批省级国际联合实验室;积极响应国家"一带一路"倡议,与印度尼西亚国家血管病中心建立合作伙伴关系;参与制定《先天性高胰岛素血症(CHI)国际临床指南》《WHO 基本药物清单中儿科内分泌和糖尿病相关药物清单》《国际儿童青少年 2 型糖尿病临床指南(ISPAD)》。

附表 2021 年度附属儿童医院基本情况

项目	数量	项目	数量
建筑面积/平方米	171501	获国家级科技奖项目/个	0
固定资产/万元	80815.91	获国家级教学成果奖/个	0
床位/张	1300	国家重点实验室/个	0
在编职工/人	2474	卫生部重点实验室/个	0
主任医师/人	101	省级重点实验室/个	1
副主任医师/人	136	国家药监局临床药理研究基地/个	1
具有博士学位的医师比例/%	18.9	卫生部专科、住院医师培训基地/个	8
两院院士/人	0	业务总收入/亿元	18.99
国家"百千万人才工程"入选者/人	0	药品占业务总收入比例/%	23.25
国家杰出青年科学基金获得者/人	0	门急诊人次/万人	334.05
"973 计划"首席科学家/人	0	住院人次/万人	7.51
教育部"长江学者"特聘教授/人	0	出院人次/万人	7.5
教育部"长江学者"青年学者/人	0	手术/万台	3.67
浙江省特级专家/人	0	平均床位周转率/%	56.69
浙江大学求是特聘教授/人	1	实际床位利用率/%	95.24
教学总面积/平方米	2460	SCI 入选论文/篇	320
教学投入资金/万元	1943	MEDLINE 入选论文/篇	286
一、二级学科国家重点学科/人	0	出版学术专著/部	11
国家精品资源共享课、视频公开课/门	0	出国交流/人次	21
科研总经费/万元	6525.68	举办国际学术会议/次	5
其中：国家自然基金比重/%	8.96	社会捐赠经费总额/万元	1547.9
纵向经费比重/%	93.76		

医院坚持高质量发展,现代医院治理能力和治理体系日臻完善。推出"就诊不限号"服务,与杭州市急救中心联动开展危重患儿转运工作,建立一体化医疗应急救援网络。推动信息化建设,自主上线互联网医院,通过国家医疗健康信息互联互通标准化成熟度五级乙等测评,通过国家医院智慧服务分级评估三级评审。组织建院 70 周年系列主题活动,主办"国家儿童区域医疗中心、国家儿童健康与疾病临床医学研究中心2021 儿童健康发展高峰论坛",全年共举办系列学术活动 17 次,举办毅行、绘画比赛、

修院史等多种形式的活动,营造浓厚的爱院氛围,进一步增强职工凝聚力和认同感。

【医院推动《浙江省儿童医疗服务发展行动计划(2021—2025)》落地实施】 作为国家儿童区域医疗中心,医院落实省委、省政府建设"机构设置全覆盖、服务体系一张网、双向转诊无障碍、重点学科有特色、人才培养可持续、政策保障有力度"的儿童医疗卫生服务发展目标,全力协助省政府构建省、市、县、乡四级儿童医疗服务体系,全面摸排全省儿科医务人员、医疗机构数量、床位等情况,参考兄弟省市相关政策,在省卫生健康

委牵头组织下，与全省主要儿科医疗机构、妇幼保健机构负责人协商讨论后形成《浙江省儿童医疗服务发展行动计划（2021—2025）》，并征求了省发展和改革委、省财政厅、省人社厅、省教育厅、省医保局等相关部门意见，并于2021年年内发布实施。

【医院获批国家重点研发计划项目立项】 常务副院长傅君芬教授领衔的"儿童肥胖代谢性疾病发生机制与精准防治示范研究"项目获批国家重点研发计划"生育健康及妇女儿童健康保障"专项项目立项，国家划拨经费2480万元。项目旨在获得中国儿童肥胖代谢性疾病的全面临床谱系，通过随访不同层次生物学事件揭示疾病发生发展规律，为国家制定儿童肥胖代谢性疾病防控提供决策数据。同时整合多组学研究发现新型生物标志物，以活性代谢物监测为特色，采用生命多组学策略揭示疾病发生发展的新机制，建立新的肥胖代谢性疾病的预警体系，发展以优化身体成分及改善代谢为目标的干预新技术，建立家—校—医时空融合的筛防、诊治、管控新范式，全面提升我国儿童肥胖代谢病防控水平，促进全民健康。

【医院领导班子完成换届调整】 医院配合学校开展中层领导干部换届民主推荐、干部考察谈话工作，新一届医院领导班子全部到位。

（方思齐撰稿　蒋烨琛审稿）

附属口腔医院

【概况】 附属口腔医院（又名浙江省口腔医院）是浙江省唯一一家三级甲等（参照）口腔专科医院，是浙江省口腔医疗、科研、教学、预防指导中心，是中华口腔医学会副会长单位，是浙江省口腔医学会、浙江省口腔质量控制中心、浙江省口腔卫生指导中心、浙江省口腔正畸中心、浙江省口腔种植技术指导中心所在单位，也是国家住院医师规范化临床培训基地和国家医师资格考试实践技能考试基地。

作为浙江大学口腔医学院所在单位，医院共有一级学科博士点1个，二级学科博士点2个，博士后流动站1个，浙江省重点学科1个，浙江省医学重点支撑学科1个，浙江省医学重点创新学科1个，2021年度口腔医学专业获批国家一流本科专业建设点，口腔全科基地被列入国家卫生健康委重点建设专业基地。拥有国家虚拟仿真实验室分中心、教育部研究生创新人才培养分中心、国家药物/器械临床试验机构GCP中心、浙江省口腔疾病临床医学研究中心、浙江省口腔生物医学研究重点实验室、口腔生物材料与器械浙江省工程研究中心、浙江省教学实验示范中心。

医院开放院区有华家池（口腔医学中心）总院、湖滨（延安）院区、紫金港（城西）院区、华池东路诊疗中心，共有牙科综合治疗椅600余张，开放床位47张。2021年1月1日至2021年12月31日，门诊服务量达71.89万人次，比上年同期增长40.22%；医院总收入为56895.56万元，比上年同期增长62.31%，其中医疗收入为53888.42万元，比上年同期增长66.52%；出院人次为1425人次，比上年增加13.19%；医院总资产为112818万元，比上年同期增长38.64%。

本年度在院职工919人，其中副高以上职称68人，博士生导师11人，硕士生导师26人。国家自然科学基金优秀青年（海外）项目成功获批1人。引进浙江大学"新百人计划"研究员第二类学者1人，医学院"临床

项目	数量	项目	数量
建筑面积/平方米	64881.53	获国家级科技奖项目/个	0
固定资产/万元	55808.18	获国家级教学成果奖/个	0
床位/张	120	国家重点实验室/个	0
在编职工/人	425	卫生部重点实验室/个	0
主任医师/人	15	省级重点实验室/个	3
副主任医师/人	45	国家药监局临床药理研究基地/个	1
具有博士学位的医师比例/%	40.16	卫生部专科、住院医师培训基地/个	1
两院院士/人	0	业务总收入/亿元	5.3862
国家"百千万人才工程"入选者/人	0	药品占业务总收入比例/%	0.81
国家杰出青年科学基金获得者/人	1	门急诊人次/万人	71.8931
"973计划"首席科学家/人	0	住院人次/万人	0.1431
教育部"长江学者"特聘教授/人	1	出院人次/万人	0.1425
教育部"长江学者"青年学者/人		手术/万台	0.1367
浙江省特级专家/人		平均床位周转率/%	—
浙江大学求是特聘教授/人	2	实际床位利用率/%	58.03
教学总面积/平方米	3027.47	SCI入选论文/篇	90
教学投入资金/万元	755.81	MEDLINE入选论文/篇	79
一、二级学科国家重点学科/人	0	出版学术专著/部	2
国家精品资源共享课、视频公开课/门	0	出国交流/人次	26
科研总经费/万元	3724.5	举办国际学术会议/次	3
其中：国家自然基金比重/%	18.39	社会捐赠经费总额/万元	0
纵向经费比重/%	54.84		

百人"研究员A类学者1人,入选浙江省卫生551高层次人才6人。引进校内兼聘教授1人,医学院特聘研究员1人,医院院级特聘研究员1人。博士后入站16人,在站培养人数21人。全日制博士研究生招生24人,较2020级增长20%;硕士研究生招生79人,较2020级增长4%;同等学力博士研究生招生13人。

本年度国家自然科学基金获批项目达15项,国家自然科学基金青年项目、国家自然科学基金面上项目有效申报数较去年同期增长65%,获批首个优秀青年科学基金

项目。省部级以上项目较上年同期增长23%,科研到账总经费较去年同期增长68.43%。获得省部级奖项2项,参与制定国家标准指南/专家共识4项。"基于5G＋医疗物联网技术的牙椅综合管理平台"项目入选工信部5G＋医疗健康应用试点项目。

本年度开启与日本东北大学口腔医学院短期交流项目,开办"一带一路"Oral Medicine前沿学习班和口腔医学人才培养及科技前沿国际工作坊项目。

【浙江大学医学院附属口腔医院华家池院区

（浙江大学口腔医学中心）投入使用】 在 2021 年 9 月 20 日"全国爱牙日"当天,重大民生工程——浙江大学医学院附属口腔医院华家池总院(浙江大学口腔医学中心)正式开诊服务,医院总建筑面积 51649 平方米,设有牙科综合治疗椅 300 张,床位 100 张,为目前全国单体最大的口腔医院。医院整体服务能力显著提升,迈入新时期"经济独立、分科运行、同质管理、专家共享、学科统筹、科教协同、特色发展"的多院区发展新阶段。新院开诊后,为缓解群众"看牙难"问题,聚焦群众关切,新增特需专科、专病门诊 23 个,增加专家号源 300 余个,开放义诊号源 10000 余个,取得良好社会反响。

【成立浙江省口腔医学教育协进网】 2021 年 6 月 24 日,医院牵头成立浙江省口腔医学教育协进网,携手省内 7 家院校,以"创新共建、协同发展、合作共赢"为原则,在人才培养、课程建设、师资发展、成果研究等方面全方位开展合作交流,致力于打造浙江省口腔医学创新人才同质化、一体化培养高地,为全国口腔医学教育的发展提供"浙大智慧"与"浙江经验"。截至 2021 年底,已招收 5 名成员单位的优秀学子来院学习深造。

【"浙大口腔林"思政教育基地正式落成】 2021 年 3 月 9 日,"浙大口腔林"植树挂牌活动在浙江大学医学院附属口腔医院华家池(口腔医学中心)总院举行。作为浙大口腔培根铸魂、立德树人的思政教育基地建设工程,"浙大口腔林"包括了以巴德年院士、邱蔚六院士、张志愿院士、赵铱民院士、俞光岩会长为代表的"口腔名人林",以及党政同心树、校友林、学科林、团队林等,勉励教职工与学子将个人发展与医院、学科发展相结合,树立"功成不必在我,功成必定有我"的集体荣誉感,构建"齐努力,同发展,奔共富"

"相互欣赏"的浙大口腔"家文化"。

（苏嘉睿撰稿　李　玥审稿）

附属第四医院

【概况】 附属第四医院筹建于 2009 年,由义乌市和浙江大学市校合作合力打造,契合习近平总书记关于"加快优质医疗资源扩容和区域均衡布局"号召,是浙江大学在异地建设的综合性直属附属医院,系省级医院。医院于 2014 年 10 月开业运行,在 2019 年全国三级公立医院绩效考核中成为全国最年轻的A＋等级医院。2021 年 10 月,医院通过"三甲"医院评审。开业 7 年来,医院的医疗技术水平快速提升,服务能力以年均 50％以上的速度高速增长,专科特色初步形成,先后通过国家胸痛中心、国家 VTE 防治中心、国家心衰中心、国家房颤中心、国家示范性卒中防治中心、国家高血压达标中心和区域危重孕产妇救治中心认证。

主院区占地面积 189.3 亩,现开放床位 1141 张。在建双江湖院区规划 322 亩,建设床位 1800 张。2021 年门急诊量 185.47 万人次,较上年增长 47.69％;出院量 6.27 万人次,较上年增长 44.22％;手术量 2.45 万台,较上年增长 61.73％;医疗收入 13.61 亿元,较上年增长 34.03％;医疗关键效率指标不断优化,2021 年 CMI 提升到 0.98,疑难病例 RW≥2 病种占比提升至 8.45％,日间手术占比提升至 28.41％,平均住院日下降到 5.69 天。全院住院均次费用较上年同期下降 8.10％,门诊均次费用较上年下降 8.48％,医院药占比下降至 27.70％。"患者费用控制"获得中国绩效大会最佳案例奖。

项目	数量	项目	数量
建筑面积/平方米	121813	获国家级科技奖项目/个	0
固定资产/万元	116470.15	获国家级教学成果奖/个	0
床位/张	1141	国家重点实验室/个	0
在编职工/人	1164	卫生部重点实验室/个	0
主任医师/人	68	省级重点实验室/个	0
副主任医师/人	88	国家药监局临床药理研究基地/个	12
具有博士学位的医师比例/%	12	卫生部专科、住院医师培训基地/个	7
两院院士/人	1	业务总收入/亿元	13.61
国家"百千万人才工程"入选者/人	0	药品占业务总收入比例/%	27.70
国家杰出青年科学基金获得者/人	2	门急诊人次/万人	185.47
"973 计划"首席科学家/人	0	住院人次/万人	6.26
教育部"长江学者"特聘教授/人	1	出院人次/万人	6.27
教育部"长江学者"青年学者/人	0	手术台数/万台	2.45
浙江省特级专家/人	1	平均床位周转率/%	61.58
浙江大学求是特聘教授/人	3	实际床位利用率/%	96.07
教学总面积/平方米	31830.90	SCI 入选论文/篇	88
教学投入资金/万元	1806.99	MEDLINE 入选论文/篇	88
一、二级学科国家重点学科数/人	0	出版学术专著/部	2
国家精品资源共享课、视频公开课/门	0	出国交流/人次	0
科研总经费/万元	5853.45	举办国际学术会议/次	1(线上)
其中：国家自然基金比重/%	11.58	社会捐赠经费总额/万元	774
纵向经费比重/%	79.70		

医院现有员工 2056 人, 高级职称 200 余人, 拥有院士、国家杰青等领军人才等 10 人, 硕博研究生导师 113 人。2021 年新增教育部"长江学者"讲席教授 1 名, 新增求是特聘医师、临床名师 1 人, 百人计划研究员 1 人, 双聘教授 5 名, 兼聘教授 1 名。新增研究生导师 30 名。引进高级职称 36 人、博士 22 人。新增浙江大学特聘研究员 9 人、副研究员 3 人。海外引进人才 6 人。入选省卫生领军人才 1 人, 省卫生创新人才 2 人, 医坛新秀 2 人, 入选"金华市第七批医界新秀"1 人。

2021 年获批国家自然科学基金项目立项 11 项, 省部级项目 14 项; 发表具有国际影响力的高水平论文 84 篇, 其中高水平高质量论文 9 篇; 药物临床试验机构 2021 年新增备案 8 个专业组, 承接临床试验项目 16 项, 新增合同经费突破千万元, 较 2020 年增长了 3.8 倍。

2021 年招录全日制研究生 119 名, 其中硕士研究生 103 名, 博士研究生 16 名。新增国家住院医师规范化培训专业基地 5 个, 住培学员首次参加执业医师资格考试通过率达 100%, 首次参加结业考核通过率达 96.6%, 名列浙大附属综合性医院第一; 举办国家和省级继教项目 61 项。

医院积极推进与以色列耶路撒冷希伯来大学医学院的联合培养博士项目，筹建中以联合学院。医院神经外科与剑桥大学国际合作项目获批浙江大学世界顶尖大学合作计划项目。2021 年组织员工参加加拿大阿尔伯塔大学医学院线上师资培训项目 4 人次，邀请外宾线上讲座 10 余人次。

医院常态化开展新冠疫情防控工作，推进发热门诊、核酸采样点、P2＋实验室等工程改造。安全有序持续稳妥推进新冠病毒疫苗接种工作。2021 年累计收治输入性新冠病例 29 例，始终保持"零密接""零感染""零漏诊""零死亡"。浙江上虞疫情暴发以来，医院分二批次派出 113 人医疗队支援，彰显责任担当。积极响应属地政府号召大力推进 10 万管核酸检测基地建设。

医院、浙江大学"一带一路"国际医学院（筹）和浙江大学国际健康医学研究院"三院一体"建设稳步推进。医院二期病房大楼主体工程完成 70％以上。浙江大学国际健康医学研究院揭牌，完成 3 万平方米的装修并投入运行，1 万平方米的生殖中心启动设计招标。获批浙江省博士后工作站，获批未来病理浙江省工程研究中心。浙江大学"一带一路"国际医学院（筹）一期 13 万平方米主体工程结顶，二期工程 27 万平方米完成施工招标。全面开启医院办医学院新征程，全力打造具有高水平、创新型、国际化世界一流医学中心。

【创新探索医院办医学院新范式】 2021 年 12 月，中共浙江大学医学院附属第四医院和"一带一路"国际医学院（筹）委员会成立。医院紧扣国家重大发展战略需求，聚焦学校新一轮"双一流"建设和"走在前列"目标，进一步修订"十四五"规划和 2035 远景目标。依托医院建设浙江大学"一带一路"国际医学院（筹）和浙江大学国际健康医学研究院，打造一体化管理架构，形成统一的领导体系和管理机制。以医院为人才培养主阵地，完善医教协同体制机制，构建高水平、国际化的医学教育体系。

【高质量完成浙江省第四周期"三甲"评审】 2021 年 10 月，医院高质量完成浙江省第四周期三级甲等综合医院现场评审，牢固树立"等级评审是手段，以评促建是目的"理念，以本次等级评审为新起点，整理出 6 个方面 43 条整改举措，强化内涵建设，持续改进医疗质量，加快推动医院高质量发展。

【移动数字医院建设荣获多个奖项】 创新打造移动数字医院，服务义乌市 91 个基层社区（村）、企业及武义、浦江、永康等周边 7 个县市 15145 人，帮助 6549 人发现早期肺结节，帮助 338 人发现高危结节。移动数字医院荣获 2021 年度中国现代医院管理"智慧医院建设典型案例"、工信部和国家卫健委"5G＋医疗健康应用试点项目"、2021 年全国医院 CHIMA 大会新兴技术应用"典型案例"。获评国家医疗健康信息互联互通标准化成熟度等级五级乙等水平。

（徐　丹撰稿　王　芳审稿）

机构与干部

学校党政领导班子 (2021年12月31日在任)

党 委 书 记　任少波
校　　　长　吴朝晖
副 书 记　吴朝晖　朱世强　叶　民　邬小撑　傅　强
副 校 长　严建华　何莲珍　王立忠　周天华　吴　健　黄先海

中共浙江大学委员会委员 (2021年12月31日在任,以姓氏笔画为序)

万春根　马春波　王立忠　王建安　石毅铭　叶　民　叶桂方　朱世强　任少波
邬小撑　刘继荣　严建华　李晓明　吴朝晖　何莲珍　沈黎勇　张光新　张荣祥
陈云敏　周天华　姚玉峰　夏文莉　傅　强　楼成礼

中共浙江大学常务委员会委员 (2021年12月31日在任)

任少波　吴朝晖　严建华　朱世强　叶　民　何莲珍　王立忠　邬小撑　傅　强
楼成礼　李晓明　叶桂方

中共浙江大学纪律检查委员会委员

(2021 年 12 月 31 日在任，以姓氏笔画为序)

委 员　马春波　王志强　叶 民　叶晓萍　朱 慧　张永华
　　　　陈君芳　罗泳江　徐国斌　郭文刚
书 记　叶 民
副书记　王志强　叶晓萍

总会计师 *(2021 年 12 月 31 日在任)*

总会计师　石毅铭

党委办公室、校长办公室负责人

(2021 年 12 月 31 日在任)

部　门	职　务	姓　名
党委办公室 校长办公室 (含政策研究室、国内合作办公室、保密办公室、信访办公室、法律事务办公室)	主　任	朱　慧
	副主任	林伟连(兼)　陈　浩(兼) 黄任群　江雪梅　褚如辉　章　旻 陈海荣　曹　磊　黄　萃
	政策研究室 副主任	徐贤春　陈　婵
	国内合作办公室 主　任	林伟连
	国内合作办公室 副主任	章丽萍　许亚洲　任桑桑
	保密办公室 主　任	陈　浩
	信访办公室 主　任	黄任群(兼)
	法律事务办公室 主　任	江雪梅(兼)

党委部门负责人 *(2021年12月31日在任)*

部 门	职 务		姓 名
纪委办公室	主 任		王志强(兼)
	副主任		叶晓萍(兼)　沈 玉(兼)　张建富
	党委巡察办公室	主 任	沈 玉
		巡视专员	赵颂平　包永平
组织部	部 长		傅 强
	常务副部长		马春波
	副部长		刘艳辉(兼)　朱 征(兼)　许 翱(兼)　胡昱东　孙 棋
	副处职组织员		王 芳
宣传部（含网络信息办公室）	部 长		叶桂方
	副部长		楼 艳　艾 静
	网络信息办公室	主 任	叶桂方(兼)
		副主任	叶 艇
统战部	部 长		楼成礼
	副部长		钱智敢
教师工作部（与人事处合署）	部 长		王靖岱(兼)
	副部长		徐 洁
学生工作部	部 长		郭文刚
	副部长		阮俊华　金芳芳　潘贤林　张川霞　吴维东　柏 浩(兼)
研究生工作部	部 长		张荣祥
	副部长		刘 波　张晓洁
安全保卫部（与安全保卫处合署）	部 长		徐国斌(兼)
	副部长		赵增泽(兼)　赵 栋(兼)
人民武装部（与学生工作部合署）	部 长		郭文刚(兼)
	副部长		吴维东(兼)

部 门	职 务	姓 名
机关党委	党委书记	刘艳辉
	党委副书记	吴为进　吴子贵(兼)
	纪委书记	吴为进
离休党工委 (与离退休工作处合署)	书　记	朱　征(兼)
	副书记	王　珏(兼)　韩东晖(兼)　陈立明(兼) 施　云(兼)
工　会	主　席	楼成礼
	副主席	李　民　党　颖　叶　艇(兼)
团　委	副书记	柏　浩　梁　艳　卓亨逵 马君雅(共青团杭州市委挂职)

行政部门负责人 (2021年12月31日在任)

部 门	职 务		姓 名
发展规划处	处　长		夏文莉
	副处长		张栋梁　王小燕
学术委员会秘书处	秘书长		李浩然
	专职副秘书长		朱敏洁
人力资源处	处　长		王靖岱
	副处长		许　翾(兼)　钟鸣文　周　礼 徐　洁(兼)　杜　悦
人才工作办公室 (与人力资源处合署)	主　任		许　翾
	副主任		陈　良　陆飞华　马晨华
国际合作与交流处、 港澳台事务办公室	处　长		李　敏
	副处长		沈　杰(兼)　刘郑一　艾　妮
	港澳台事务 办公室	主　任	李　敏(兼)
		副主任	刘郑一(兼)
本科生院	院　长		张光新
	副院长		郭文刚(兼)　江全元　葛　坚(兼)

部　门	职　务		姓　名
本科生院	教务处	处　长	江全元（兼）
		副处长	金娟琴　张　良　韩　魏
	学生工作处（与党委学生工作部合署）	处　长	郭文刚（兼）
		副处长	金芳芳（兼）　潘贤林（兼）张川霞（兼）　吴维东（兼）
	本科生招生处	处　长	朱佐想
		副处长	留岚兰
	教学研究处	处　长	郑春燕
		副处长	
研究生院	院　长		包　刚
	常务副院长		夏群科
	副院长		卜佳俊
	研究生招生处	处　长	周文文
		副处长	房　刚（教育部发展规划司借调）陈　平
	研究生培养处	处　长	马忠华
		副处长	倪加旎
	研究生管理处（与党委研究生工作部合署）	处　长	张荣祥（兼）
		副处长	刘　波（兼）　张晓洁（兼）
	学科建设处	处　长	朱　斌
		副处长	梁君英
	学位评定委员会办公室（与学科建设处合署）	主　任	朱　斌（兼）
		副主任	梁君英（兼）
	专业学位处	处　长	卜佳俊（兼）
		副处长	王　征　陈智峰
科学技术研究院	院　长		杨　波
	常务副院长		史红兵
	副院长		吴勇军　程术希
	高新技术部部长		蒋　啸

部　门	职　务		姓　名
科学技术研究院	农业与社会发展部部长		泮进明
	基础研究与海外项目部部长		陈光弟
	区域创新管理部长		吴勇军（兼）
	科技开发部部长		翁　宇
	科研平台管理部部长		翁静波
	科技成果管理部部长		赵　彬
社会科学研究院	院　长		周江洪
	常务副院长		张　彦
	副院长		徐宝敏　程　丽　邓水光
继续教育管理处	处　长		张丽娜
	副处长		卜杭斌
医院管理办公室	主　任		夏标泉
	副主任		邹朝春
计划财务处 （含国有资产管理 办公室、采购管理 办公室、采购中心）	处　长		胡素英
	副处长		胡　放　俞欢军　娄　青　方炎生 杨　柳　杨学洁　蒋　科
	国有资产管理 办公室	主　任	娄　青（兼）
	采购管理 办公室	主　任	胡　放（兼）
	采购中心	主　任	俞欢军（兼）
审计处	常务副处长		陈　俊
	副处长		匡亚萍　胡敏芳
监察处 （与纪委办公室合署）	处　长		王志强（兼）
	副处长		叶晓萍（兼）　陈　敏
实验室与设备管理处	处　长		唐睿康
	副处长		孙　健　胡　凯　阮　俊
总务处 （含"1250 安居工程" 办公室）	处　长		吴红瑛
	副处长		胡志富　温晓贵　姜群瑛　傅慧俊 吴小红（兼）
	"1250 安居工 程"办公室	主　任	吴红瑛（兼）
		副主任	吴小红

续表

部　门	职　务	姓　名
基本建设处	紫金港校区西区基本建设指挥部常务副总指挥	林忠元（兼）
	紫金港校区西区基本建设指挥部副总指挥	李剑峰（兼）
	处　长	林忠元
	副处长	梅祥院　李剑峰　傅加林　郑轶轶　吴乾富
安全保卫处	处　长	徐国斌
	副处长	赵增泽　赵　栋
离退休工作处	处　长	朱　征
	副处长	王　珏　韩东晖　陈立明　施　云
新闻办公室（与党委宣传部合署）	主　任	叶桂方（兼）

学术机构负责人（2021 年 12 月 31 日在任）

部　门	职　务	姓　名
校学术委员会秘书处	秘书长	李浩然
	专职副秘书长	朱敏洁
人文学部	主　任	黄华新
	副主任	王　杰　刘海涛
社会科学学部	主　任	吴晓波
	副主任	何文炯
理学部	主　任	罗民兴
	副主任	陈汉林　沈模卫
工学部	主　任	杨德仁
	副主任	徐志康　申有青
信息学部	主　任	陈　纯
	副主任	陈耀武　陈积明

部　门	职　务	姓　名
农业生命环境学部	常务副主任	喻景权
	副主任	郑绍建
医药学部	主　任	段树民
	副主任	管敏鑫　曾　苏

学院(系)负责人 (2021 年 12 月 31 日在任)

学院(系)	职　务	姓　名
文学院(筹)	院　长 副院长	冯国栋 李铭霞(兼)　真大成
	党委书记 党委副书记 纪委书记	李铭霞 冯国栋　郑英蓓 郑英蓓
历史学院(筹)	常务副院长 副院长	孙英刚 卢军霞(兼)　张　凯
	党委书记	卢军霞
哲学学院(筹)	常务副院长 副院长	王　俊 李恒威(兼)
	党委书记 党委副书记 纪委书记	李恒威 鲁　平 鲁　平
外国语言文化与 国际交流学院	院　长 副院长	董燕萍 罗泳江(兼)　赵　佳　闵尚超　张慧玉
	党委书记 党委副书记 纪委书记	罗泳江 董燕萍　费兰兰 费兰兰
传媒与国际文化学院	院　长 副院长	韦　路 王庆文(兼)　洪　宇　赵　瑜
	党委书记 党委副书记 纪委书记	王庆文 韦　路　叶建英 叶建英

学院(系)	职 务	姓 名
艺术与考古学院	院 长 副院长	白谦慎 方志伟(兼) 马景娣(兼) 王小松
	党委书记 党委副书记 纪委书记	方志伟 赵蕾蕾 赵蕾蕾
经济学院	院 长 副院长	张俊森 张子法(兼) 王义中 方红生 余林徽
	党委书记 党委副书记 纪委书记	张子法 卢飞霞 卢飞霞
光华法学院	名誉院长 常务副院长 副院长	张文显 胡 铭 张永华(兼) 赵 骏 霍海红
	党委书记 党委副书记 纪委书记	张永华 胡 铭 李冬雪 李冬雪
教育学院	常务副院长 副院长	阚 阅 吴巨慧(兼) 孙元涛 胡 亮 李 艳
	党委书记 党委副书记 纪委书记	吴巨慧 阚 阅 崔 倩 崔 倩
管理学院	院 长 副院长	魏 江 朱 原(兼) 谢小云 杨 翼 窦军生
	党委书记 党委副书记 纪委书记	朱 原 魏 江 潘 健 李文腾 李文腾
公共管理学院	院 长 副院长	赵志荣 杨国富(兼) 钱文荣 张蔚文 谭 荣
	党委书记 党委副书记 纪委书记	杨国富 陈素珊 钱文荣 姚 晨 姚 晨
	社会学系 系主任 副系主任 党总支书记	赵鼎新 陈素珊 陈素珊

学院（系）	职　务	姓　名
马克思主义学院	院　长 副院长	刘同舫 李小东（兼）　代玉启　刘召峰
	党委书记 党委副书记 纪委书记	李小东 刘同舫　徐晓霞 徐晓霞
数学科学学院	院　长 常务副院长 副院长	励建书 盛为民 陈　庆（兼）　江文帅
	党委书记 党委副书记 纪委书记	陈　庆 盛为民　孙　凯 孙　凯
物理学系	系主任 副系主任	王业伍 颜　鹏（兼）　赵道木　王　凯
	党委书记 党委副书记 纪委书记	颜　鹏 王业伍　邹安川 邹安川
化学系	常务副系主任 副系主任	史炳锋 胡吉明（兼）　王从敏　林旭锋
	党委书记 党委副书记 纪委书记	胡吉明 史炳锋　丁立仲 丁立仲
地球科学学院	院　长 副院长	夏群科 王　苑（兼）曹　龙　杜震洪
	党委书记 党委副书记 纪委书记	王　苑 程晓敢 程晓敢
心理与行为科学系	系主任 副系主任	何贵兵 应伟清（兼）　陈　辉
	党委书记 党委副书记 纪委书记	应伟清 何贵兵　陈妙峰 陈妙峰
机械工程学院	院　长 常务副院长 副院长	杨华勇 居冰峰 刘振宇　赵　朋
	党委副书记 纪委书记	居冰峰　项淑芳　俞　磊 俞　磊

续表

学院(系)	职　务	姓　名
材料科学与工程学院	院　长 副院长	朱铁军 王晓燕(兼)　王　勇　程　逸
	党委书记 党委副书记 纪委书记	王晓燕 朱铁军　王育萍 王育萍
能源工程学院	院　长 副院长	高　翔 金　滔(兼)　俞自涛　黄群星　刘宝庆
	党委书记 党委副书记 纪委书记	金　滔 高　翔　徐敏娜 徐敏娜
电气工程学院	院　长 副院长	盛　况 汤海旸(兼)　李武华　丁　一　杨　欢
	党委书记 党委副书记 纪委书记	汤海旸 徐超炯 徐超炯
建筑工程学院	院　长 副院长	罗尧治 刘峥嵘(兼)　吕朝锋　段元锋　贺　勇 边学成
	党委书记 党委副书记 纪委书记	刘峥嵘 罗尧治　成光林　张　威 张　威
化学工程与生物工程学院	院　长 副院长	申有青 沈文华(兼)　潘鹏举　张治国
	党委书记 党委副书记 纪委书记	沈文华 王巍贺 王巍贺
海洋学院	院　长 常务副院长 副院长	王立忠 梅德庆 王瑞飞(兼)　阮　啸
	党委书记 党委副书记 纪委书记	王瑞飞 梅德庆　吴　锋 吴　锋
	党政办公室主任	董小军
	组织人事部部长	吴颖骏
	学生思政工作部部长	王万成

学院(系)	职 务	姓 名
海洋学院	教学管理部部长	马忠俊
	科研管理部部长	马行超
	总务部部长	周亦斌
	财务资产部部长	袁路明
	实验室与设备管理部部长	贺治国
	对外交流与合作部部长	宋春毅
航空航天学院	名誉院长 院 长 常务副院长 副院长	沈荣骏 阮祥新 陈伟球 刘玉玲(兼) 钱 劲 王高峰
	党委书记 党委副书记 纪委书记	刘玉玲 陈伟球 季湘铭 季湘铭
高分子科学与材料工程学系	常务副系主任 副系主任	李寒莹 楼仁功(兼) 张兴宏 马 列
	党委书记 党委副书记 纪委书记	楼仁功 李寒莹 廉 洁 廉 洁
光电科学与工程学院	院 长 副院长	戴道锌 毕建权(兼) 时尧成 刘 东
	党委书记 党委副书记 纪委书记	毕建权 戴道锌 赵传贤 赵传贤
信息与电子工程学院	院 长 副院长	陈红胜 钟戎蓉(兼) 赵民建 史治国
	党委书记 党委副书记 纪委书记	钟戎蓉 陈红胜 戴志潜 夏 雷 戴志潜
微纳电子学院	名誉院长 院 长 常务副院长 副院长	严晓浪 吴汉明 杨建义 何乐年 马建国

学院(系)	职 务	姓 名
控制科学与工程学院	院 长 副院长	邵之江 叶 松(兼) 程 鹏 侯迪波 许 超
	党委书记 党委副书记 纪委书记	叶 松 邵之江 程 鹏 杨 倩 杨 倩
计算机科学与技术学院	院 长 副院长	陈 刚 彭列平(兼) 尹建伟(兼) 任 奎(兼) 巫英才 杨 易 孙凌云
	网络空间安全学院 院长	任 奎
软件学院	常务副院长 副院长	尹建伟 陈 丽 高云君
计算机科学与技术学院 和软件学院党委	党委书记 党委副书记 纪委书记	彭列平 陈 刚 单珏慧 于 翔 单珏慧
生物医学工程与 仪器科学学院	院 长 副院长	张 宏 项品辉(兼) 周 泓 林 辉
	党委书记 党委副书记 纪委书记	项品辉 张 宏 杨 扬 杨 扬
生命科学学院	院 长 副院长	周如鸿 诸葛洋(兼) 余路阳 赵云鹏
	党委书记 党委副书记 纪委书记	诸葛洋 谭 芸 谭 芸
生物系统工程与 食品科学学院	院 长 副院长	刘 鹰 李金林(兼) 刘东红 岑海燕
	党委书记 党委副书记 纪委书记	李金林 刘 鹰 王一清 王一清
环境与资源学院	院 长 副院长	陈宝梁 陈丁江(兼) 史 舟 杨 坤 赵和平
	党委书记 党委副书记 纪委书记	陈丁江 陈宝梁 吴卫华 吴卫华

浙江大学年鉴

学院(系)	职务		姓名
农业与生物技术学院	常务副院长 副院长		孙崇德 叶恭银(兼)　周艳虹　陈云　方磊
	党委书记 党委副书记 纪委书记		叶恭银 孙崇德　张帆 张帆
动物科学学院	院长 副院长		汪以真 楼建悦(兼)　杨明英　李肖梁　周继勇
	党委书记 党委副书记 纪委书记		楼建悦 汪以真　周伟辉 周伟辉
医学院	名誉院长 院长 常务副院长 副院长		巴德年 刘志红 李晓明 许正平(兼)　梁廷波(兼)　王建安(兼) 蔡秀军(兼)　方向明　柯越海　张丹 王迪　楼敏
	党委书记 党委常务副书记 党委副书记 纪委书记		周天华 夏标泉 陈周闻　徐凌霄 徐凌霄
	科研办公室主任		陈俭
	教学办公室主任		楼敏(兼)
	基础医学系	系主任 副系主任	王青青 楼建晴(兼)　杨巍　张岩
		党总支书记 党总支副书记	楼建晴 王青青
	脑科学与脑医学系	系主任 副系主任	胡海岚 蒋笑莉(兼)　斯科　周煜东
		党总支书记	蒋笑莉
	公共卫生学院	院长 副院长	吴息凤 吕黎江(兼)　王红妹
		党总支书记	吕黎江

续表

学院(系)	职务	姓名
药学院	院长 副院长	顾臻 胡富强(兼) 范骁辉 张翔南
	党委书记 党委副书记 纪委书记	胡富强 顾臻 杨慧蓉 杨慧蓉

医学院附属医院负责人 *(2021年12月31日在任)*

医院	职务	姓名
医学院附属第一医院	党委书记 党委常务副书记 党委副书记 纪委书记	梁廷波 顾国煜 黄河 王新宇 吴李鸣 王新宇
	院长 常务副院长 副院长	黄河 裘云庆 顾国煜(兼) 邵浙新 陈作兵 郑敏 虞朝辉 魏国庆
医学院附属第二医院	党委书记 党委副书记 纪委书记	王建安 王伟林 陈国忠 马岳峰 陈国忠
	院长 常务副院长 副院长	王伟林 黄建 项美香 丁克峰 吴息凤(兼) 胡新央 陈静瑜 王良静 张茂
医学院附属邵逸夫医院	党委常务副书记 党委副书记 纪委书记	黄昕 陈君芳 陈君芳
	院长 副院长	蔡秀军 黄昕(兼) 孙斐(兼) 丁国庆 张松英 虞洪 宋章法 黄翯

医　院	职　务	姓　名
医学院附属妇产科医院	党委书记 党委常务副书记 党委副书记 纪委书记	吕卫国 吴弘萍 汪　辉　金　敏 金　敏
	名誉院长 院　长 副院长	黄荷凤 汪　辉 吴弘萍（兼）　吴瑞瑾　程晓东　陈新忠 罗　琼
医学院附属儿童医院	党委书记 党委常务副书记 党委副书记 纪委书记	舒　强 李　强 王晓莹 王晓莹
	常务副院长 副院长	傅君芳 毛建华　林　平　俞　刚　高志刚
医学院附属口腔医院	党委书记 党委常务副书记 党委副书记 纪委书记	陈谦明 章伟芳 杨国利 杨国利
	常务副院长 副院长	谢志坚 章伟芳（兼）　姚碧文　朱赴东
医学院附属第四医院	院　长 副院长	王　凯 胡振华（兼）　应颂敏（兼）　徐志豪 周庆利　唐　喆　姚建根
"一带一路"国际 医学院（筹）	院　长 副院长	黄荷凤 王　凯（兼）　胡振华　应颂敏 楼笑笑　陈伟英
医学院附属第四 医院和"一带一路" 国际医学院（筹）党委	党委书记 党委副书记 纪委书记	徐　键 王　凯　胡振华　李　伟 李　伟

校区党工委、管委会负责人 (2021年12月31日在任)

校 区	部 门	职 务	姓 名
紫金港校区	管委会	副主任	吴子贵 宗 晔
玉泉校区	管委会	主 任	马银亮
		副主任	陈 炯
西溪校区	管委会	主 任	闻继威
		副主任	郑丹文
华家池校区	管委会	主 任 副主任	陈凯旋（援藏） 顾禹标 陶向阳
之江校区	管委会	主 任	张永华
		副主任	柴 红

群众团体负责人 (2021年12月31日在任)

直属单位	职 务	姓 名
发展联络办公室 （含发展委员会办公室、 校友总会秘书处、 教育基金会秘书处）	主 任	沈黎勇
	副主任	丁海忠 顾玉林（挂职云南省普洱市景东彝 族自治县副县长） 翁 亮
就业指导与服务中心	主 任	董世洪
	副主任	仇婷婷 邵 頔
图书馆	馆 长	楼含松
	副馆长	吴 晨（兼） 胡义镰 田 稷 余敏杰
	党委书记	吴 晨
信息技术中心	主 任	陈文智
	副主任	程艳旗 郭 晔 董 榕
	总工程师	张紫徽

直属单位	职　务	姓　名
档案馆	馆　长	王　东
	副馆长	赵朝霞　蓝　蕾
艺术与考古博物馆	馆　长	刘　斌
	常务副馆长	马景娣
校医院	院　长	黄　建
	副院长	缪　锋（兼）　王志康　王　为　陈立峰
校园卫生健康办公室	主　任	黄　建（兼）
	常务副主任	缪　锋
	副主任	王志康（兼）　王　为（兼）　陈立峰（兼）
公共体育与艺术部	常务副主任	温　煦
	副主任	尹金荣（兼）　傅旭波（兼）　周怡如
	党委书记	尹金荣
	党委副书记	傅旭波
竺可桢学院	院　长	吴朝晖（兼）
	常务副院长	葛　坚
	副院长	路　欣
	党委书记	葛　坚
	党委副书记	沈律明
	纪委书记	沈律明
求是学院	院　长	邱利民
	党委书记	郭文刚
	党委副书记	邱利民　包　松　徐晓峰　詹美燕
	纪委书记	詹美燕
	丹阳青溪学园主任	徐晓峰（兼）
	紫云碧峰学园主任	詹美燕（兼）
	蓝田学园主任	包　松（兼）
国际联合学院 （海宁国际校区）	院　长	欧阳宏伟
	副院长	蔡　荃　李尔平　屈利娟
	党委书记	何莲珍
	党委常务副书记	蔡　荃

直属单位	职　务	姓　名
国际联合学院 （海宁国际校区）	党委副书记	王玉芬
	纪委书记	王玉芬
	综合办公室主任	周一夫
	人力资源部部长	陈　晔
	教育教学部部长	周金其
	学生事务部部长	马宇光
	支撑与保障部部长	江肖强
浙江大学爱丁堡 大学联合学院	执行院长	Susan Welburn
	副院长	鲁林荣　叶治国
浙江大学伊利诺伊大学 厄巴纳香槟校区联合学院	院　长	李德紘
	执行院长	Jianming Jin
	副院长	马　皓　王宏伟
浙江大学国际联合商学院	院　长	贲圣林
	副院长	瞿海东
工程师学院	院　长	包　刚
	常务副院长	薄　拯
	副院长	吕朝晖　赵张耀　王　征　张朝阳
	副书记	薄　拯　沈　哲
	纪委书记	沈　哲
国际教育学院	院　长	沈　杰
	副院长	唐晓武　程　磊　卢正中　孙方娇
继续教育学院	院　长	刘继荣
	副院长	胡　炜（兼）　钟永萍（兼）　雷群芳　沈　燎　姚　青
	党委书记	胡　炜
	党委副书记	刘继荣　钟永萍
	纪委书记	沈　燎

直属单位	职务		姓名
全国干部教育培训浙江大学基地（办事机构与继续教育学院合署）	主任		傅　强（兼）
	常务副主任		胡　炜
	副主任		刘继荣（兼）　胡昱东（兼）　钟永萍
中国科教战略研究院（办事机构与政策研究室合署）	副院长		朱　慧（兼）　魏　江（兼）　夏文莉（兼）徐贤春（兼）　张　炜
	办公室主任		陈　婵（兼）
工业技术转化研究院	院长		任其龙
	常务副院长		柳景青
	副院长		翁　宇（兼）　童哲铭　傅　强
先进技术研究院	院长		史红兵
	常务副院长		翁沈军
	副院长		王国雄　陈建军
	党委副书记		翁沈军
	纪委书记		王国雄
新农村发展研究院（含农业技术推广中心）、农业试验站	新农村发展研究院	院长	喻景权
		常务副院长	王　珂
		副院长	钱文荣（兼）　程术希（兼）　曹　阳
	农业技术推广中心	主任	王　珂（兼）
		副主任	张士良（兼）
	农业试验站	站长	喻景权（兼）
		常务副站长	王　珂
		副站长	王建军（兼）　宋文坚　徐惠荣
	新农村发展研究院和农业试验站党委	党委书记	王建军
		党委副书记	张士良
		纪委书记	张士良
医学中心（挂靠医学院）	主任		刘志红
	常务副主任		许正平
	副主任		田　梅
	党工委书记		顾国煜

直属单位	职　务	姓　名
杭州国际科创中心	主　任	杨建义
	副主任	方　磊　夏　雷　陈　伟　鲁小双
	党工委书记	傅方正
北京研究院	院　长	张文显
	执行院长	邹大挺
	常务副院长	袁　清
上海高等研究院	院　长	周如鸿
	常务副院长	吴　飞
	副院长	罗　坤　楼华梁
宁波科创中心	主　任	韩高荣
	副主任	单世涛
杭州超重力场国家重大科技基础设施建设指挥部办公室（挂靠基本建设处）	主　任	朱宇恒
	副主任	林伟岸

产业与后勤系统负责人 *(2021 年 12 月 31 日在任)*

单　位	职　务	姓　名
浙江大学出版社有限责任公司	董事长 总经理 副总经理	褚超孚 金更达 陈　洁　张　琛　黄娟琴
	党委书记 党委副书记 纪委书记	褚超孚 — 许佳颖
	总编辑 常务副总编辑 副总编辑	褚超孚（兼） 陈　洁 许佳颖

续表

单　位	职　务	姓　名
浙江大学建筑设计研究院有限公司	董事长 副董事长 总经理 副总经理	董丹申 吕淼华 杨　毅 吕淼华（兼）　王　健　吴震陵
	党委书记 党委副书记 纪委书记	吕淼华 杨　毅　周家伟 周家伟
杭州浙大同力后勤集团有限公司	董事长 总经理 副总经理	万春根 万春根（兼） 姚　信（兼）　吕　斌　程宁佳
后勤集团	党委书记 党委副书记 纪委书记	姚　信 吕　斌　刘辉文 刘辉文
浙江大学创新创业研究院有限公司	执行董事 总经理 副总经理	王玲玲 陈肖峰 沈华荣
	院　长 常务副院长 副院长	王玲玲 陈肖峰 沈华荣

表彰与奖励

2021 年部分获奖(表彰)集体

教育部授予

全国高校黄大年式教师团队　浙江大学机电液重大装备教师团队(团队负责人:杨华勇)

教育部、中央统战部、中央网络安全和信息化委员会办公室、国家发展改革委、工业和信息化部、人力资源社会保障部、农业农村部、中国科学院、中国工程院、国家知识产权局、国家乡村振兴局、共青团中央、江西省人民政府授予

第七届中国国际"互联网＋"大学生创新创业高校大赛先进集体奖　　　　　浙江大学

第七届中国国际"互联网＋"大学生创新创业大赛"青年红色筑梦之旅"活动先进集体奖

浙江大学

团中央青年发展部授予

2021 年全国大中专学生志愿者暑期"三下乡"社会实践活动优秀单位　　　浙江大学

中华全国总工会授予

全国五一巾帼奖　　　　　　　　　　　　　医学院附属邵逸夫医院护理部

中华妇女联合会授予

全国维护妇女儿童权益先进集体　　　　　　医学院附属儿童医院

浙江省委宣传部、省文明办、省教育厅、团浙江省委、省学联授予

2021 年浙江省暑期社会实践风采大赛优秀组织奖　　　　　　　　　浙江大学

共青团浙江省委、省教育厅、浙江省学生联合会授予

2021 年度高校思政微课大赛优秀组织奖　　　　　　　　　　　　浙江大学

浙江省教育厅授予

2021 年浙江省教学成果奖一等奖

浙江大学《扎根铸魂育人实践共同体的二十年探索与构建》

浙江省总工会授予

浙江省模范职工之家 浙大二院工会

浙江省教育工会授予

浙江省教育系统"最美志愿服务组织" 浙大一院"浙壹汇"志愿者服务队

浙江省教育系统"最美志愿服务组织" 浙大二院"广济员工之家"志愿者服务队

浙江省教育系统"最美志愿服务组织" 浙大邵院志愿者服务总队

浙江省教育系统"最美志愿服务组织" 后勤集团水电保障中心三全志愿服务队

浙江省工会女职工特色工作品牌 浙大女职委"求是情 巾帼行"项目

2021 年度浙江省高校教职工文化金品牌 建工学院"建工有约 筑人强师"项目

2022 年第 19 届亚运会组委会授予

杭州亚运会短视频大赛最佳组织奖 浙江大学

2021 年部分获奖(表彰)个人

共青团中央、全国学联、中国青年报授予

2020 年度"中国大学生自强之星" 谢震业　教育学院

徐　凯　经济学院

吕诗雨　经济学院

共青团中央、人力资源社会保障部授予

第十一届"中国青年创业奖" 林贤丰　浙江大学医学院附属邵逸夫医院

共青团中央青年发展部授予

2021 年全国大中专学生志愿者暑期"三下乡"社会实践活动优秀个人

邱　慧　农业与生物技术学院

中华全国总工会授予

全国五一巾帼标兵 陆　群　医学院附属第二医院

中国青年报授予

"请党放心 强国有我"2021 全国大学生"千校千项"网络展示活动优秀个人事迹

杨晓琦　传媒与国际文化学院

共青团浙江省委授予

2021 年"浙江省共青团和青年工作成绩突出共青团员" 徐　凯　经济学院

共青团浙江省委、浙江省教育厅、浙江省学生联合会授予

"浙江省高校思政微课大赛"特等奖　　　　　苏俊威　浙江大学医学院附属第一医院

赵瑜佩　传媒与国际文化学院

刘佳玮　光华法学院

陈瑞雪　医学院

缪可嘉　竺可桢学院

共青团浙江省委、浙江省教育厅、浙江省学生联合会授予

"浙江省高校思政微课大赛"一等奖　　　　　钟　翼　电气工程学院

陶　甄　经济学院

王贤迪　生物医学工程与仪器科学学院

岳铂雄　电气工程学院

浙江省教育工会授予

浙江省教育系统"最美志愿服务者"　　　　　陈再鸣　农业技术推广中心

浙江省教育系统"最美志愿服务者"　　　　　莫妮娜　医学院附属妇产科医院

浙江省教育系统"最美志愿服务者"　　　　　徐玮泽　医学院附属儿童医院

浙江省教育系统"最美志愿服务者"　　　　　傅晶晶　医学院附属第四医院

浙江大学 2021 年度校级先进工作者

（各单位人员以姓氏笔画为序）

文学院（筹）	陶　然		
历史学院（筹）	吕一民		
哲学学院（筹）	王　淼		
外国语言文化与国际交流学院	姚娅萍	程　工	
传媒与国际文化学院	林　玮		
艺术与考古学院	张　晖		
经济学院	沈颖达	柯荣住	
光华法学院	魏　斌		
教育学院	顾建民		
管理学院	李贤红	应天煜	徐振濂
公共管理学院	邹永华	程思遥	
马克思主义学院	李　艳		
数学科学学院	李　松		
物理学系	袁辉球		

化学系	方文军	董　彦		
地球科学学院	苏　程			
心理与行为科学系	何　洁	罗　悦		
机械工程学院	付　新	费少梅		
材料科学与工程学院	王海萍	邓人仁		
能源工程学院	朱玲君	张绍志	黄钰期	
电气工程学院	陈　敏			
建筑工程学院	闫东明	许　贤	龚武霞	詹良通
化学工程与生物工程学院	卜志扬	叶丽丹		
海洋学院	乐夏瑕	高洋洋		
航空航天学院	周利霞			
高分子科学与工程学系	徐志康			
光电科学与工程学院	郑臻荣			
信息与电子工程学院	王军霞	黄崇文		
控制科学与工程学院	杨秦敏			
计算机科学与技术学院	何钦铭	陈　为	项晓岚	
生物医学工程与仪器科学学院	汤　沁			
生命科学学院	郑绍建	潘炳龙		
生物系统工程与食品科学学院	卢黄娉			
环境与资源学院	朱利中	沈晔娜		
农业与生物技术学院	叶楚玉	陈昆松	陈学新	
动物科学学院	王凤芹			
医学院	Stijn van der Veen	白瑞良	谷　岩	
	沈　静	宋见惠	郑　轶	段树民	董恒进
药学院	钱仁云	高建青		
医学院附属第一医院	马成坚	王春林	王　冀	方俊君	尹慧芳
	冯智英	冯　楚	吕龙贤	朱曼华	朱慧勇
	刘原兴	祁　斌	阮　萍	李　坤	李　霖
	杨先知	杨益大	吴国生	何建娣	余　斐
	邹　煜	沈建国	张文玥	张冰凌	张绍阳
	张　微	陈大进	陈水芳	陈志康	陈启明
	陈婷婷	邵丽芳	罗　依	金　洁	周　虹
	郑良荣	赵青威	赵晓红	赵　敏	胡晓璐
	胡　晨	姜晓莹	夏毛妮	倪玲美	徐黎明
	郭少惠	郭仁勇	黄满丽	龚江标	章向英
	蒋　华	谢　薇	褚君卿	潘少波	

医学院附属第二医院	丁思引	马 戈	王 林	王绍斌	王 萍
	王新刚	王蕾蕾	车鸢卿	毛玲娜	毛 晋
	孔敏坚	孔 晶	邓国芳	玄方甲	朱君明
	刘 笑	刘 娟	江 波	孙筱茹	李 宏
	杨 蕾	肖 乾	吴晓星	沈伟锋	沈佳瑜
	张布衣	张 波	张 楠	张 磊	陈维娅
	林子梅	郁丽娜	罗陈启	周光居	周 波
	周燕燕	宗红英	赵 华	段秀枝	娄亦琪
	徐其渊	浦佳丽	黄天海	梁琦强	蒋利锋
	韩敏芳	褚涵文	戴海斌		
医学院附属邵逸夫医院	王长亮	王春君	王赞利	尹雪瑶	卢桑桑
	白国富	冯立国	吕杏慧	朱陈萍	刘锦初
	杨 洁	邱文芳	何 英	何 杰	何晓岩
	汪迦声	沈丹萍	张姣姣	张 瑛	陈叶法
	陈芳芳	范顺武	金重赢	赵 晋	胡佳佳
	胡晓彤	施培华	姜晓华	洪玉才	秦绪常
	徐祖豪	徐航娣	高芳芳	黄中柯	梁 霄
	韩 帆	谢佳敏	虞巧英	潘 旭	潘红英
	戴 胜	魏错			
医学院附属妇产科医院	于 琳	马 裕	王丽萍	方 鹏	叶佳瑜
	朱 波	刘朝晖	李恩春	李瑞琴	吴敬根
	余青青	林 芳	周小甲	郑伟增	郑晓玲
	胡东晓	郎 丰	施芊芊	董 添	楼莹璐
	樊丹凤				
医学院附属儿童医院	马晓辉	王江梅	王 慧	叶莉芬	朱正怡
	花 旺	李甫棒	李哲明	李嘉斌	吴 磊
	余 楠	沈 盈	金陈娣	周书来	周建明
	单佳妮	施 骏	徐 丹	黄子嫣	黄国萍
	彭克荣	裘 妃	赖登明		
	谭 征（工号：6202035）				
医学院附属口腔医院	王苏苏	王慧明	吴梦婕	俞梦飞	
医学院附属第四医院	丁 磊	王连生	方吉丽	孔铖英	朱志强
	吴妙莲	张晓金	陈丽霞	赵红花	赵海娇
	袁凤琴	贾冠珍	徐柳燕	楼亨通	褚微微
党委办公室、校长办公室	杨 祎				
纪律检查委员会办公室	王婷婷				

党委组织部	吴锋滨
发展规划处	严晓莹
人力资源处	吴剑
本科生院	谷辉
科学技术研究院	陆丹旸
计划财务处	姚丽
实验室与设备管理处	赵月琴
总务处	陈冰
安全保卫处	章辉
图书馆	陈珲夏　韩子静
档案馆	刘新
校医院	王水乔　冯嘉毅　徐英
公共体育与艺术部	郭虹
求是学院	郑玲玲
国际联合学院（海宁国际校区）	李楚杉
国际教育学院	朱旸
继续教育学院	朱再法　郑洪峰　徐嘉泓
先进技术研究院	程亮
新农村发展研究院	李铁林
（含农业技术推广中心）、农业试验站	
杭州国际科创中心	余飞波
后勤集团	张伟（工号：F020059）
	林卫明　章以建　蔡晓燕
原浙江大学控股集团有限公司	朱建忠

浙江大学 2020—2021 学年优秀班主任

人文学院	何欢欢　陶然　张凯
外国语言文化与国际交流学院	章红新　张向荣　袁淼叙
传媒与国际文化学院	赵瑜
艺术与考古学院	张晖
经济学院	俞彬　许奇
光华法学院	焦宝乾
教育学院	耿凤基　高乃春

管理学院	董 望	王 亮			
公共管理学院	熊艳艳	邵 立	顾 征		
数学科学学院	张庆海	席亚昆			
物理学系	郑 远				
化学系	刘迎春				
地球科学学院	郝艳涛				
心理与行为科学系	宋 超				
机械工程学院	张 超	汪延成	从飞云		
材料科学与工程学院	吴浩斌				
能源工程学院	魏健健	王智化	黄钰期		
电气工程学院	邵 帅	吴 敏	干 于		
建筑工程学院	国 振	饶传坤	罗晓予	刘海江	
化学工程与生物工程学院	肖成梁	杨启炜			
海洋学院	张冬冬	陈 正			
航空航天学院	李学进				
高分子科学与工程学系	朱蔚璞				
光电科学与工程学院	杨 柳				
信息与电子工程学院	毛盛健	郑 斌	张 明		
控制科学与工程学院	贺诗波				
计算机科学与技术学院	耿卫东	冯结青	林兰芬	邹 宁	
生物医学工程与仪器科学学院	郑 婧				
生命科学学院	薛建龙				
生物系统工程与食品科学学院	丁 甜				
环境与资源学院	杨 坤				
农业与生物技术学院	徐建红	高中山			
动物科学学院	黄凌霞				
医学院	秦佳乐	盛静浩	许冠华	陈 正	乔建军
	张 岩	马 涛			
药学院	曹 戟				
竺可桢学院	沈 静	李奇睿	张 祎	甘智华	王 涛
	斯 科	周文武	蒋一正		
求是学院丹阳青溪学园	白惠仁	汪 凯	马高明	李木洲	蔡 瑛
	付 晓				
求是学院紫云碧峰学园	杨 扬	刘 柳	马君雅	张玺铭	张佳平
	童精中				
求是学院蓝田学园	张学军	蒋心驰	邹建锋	吴 涛	朱新杰

国际联合学院（海宁国际校区）　　　许君芬　宋　鹏　　刘琬璐　李楚杉

2021 年浙江大学优秀辅导员

传媒与国际文化学院	孔晓梦
地球科学学院	鲍雨欣
能源工程学院	吴艳虹
电气工程学院	董萌苇
软件学院	苏　腾
生物系统工程与食品科学学院	华向理
医学院	贾红蕾
药学院	邵　欣
求是学院丹阳青溪学园	陶安娜
工程师学院	戴伟顺

浙江大学 2020—2021 学年优秀研究生德育导师

人文学院	陈越骅	李旭平		
外国语言文化与国际交流学院	闻人行	薛冉冉		
传媒与国际文化学院	李东晓			
艺术与考古学院	李承华			
经济学院	陈叶烽	来雄翔	徐蕙兰	
光华法学院	王海波			
教育学院	王慧敏			
管理学院	刘　洋	王文明	赵　侠	曹仔科
公共管理学院	徐元朔	谭永忠	王诗宗	蒋卓人　阮建青
马克思主义学院	王晓梅			
数学科学学院	黄　炜	林　智		
物理学系	仇志勇			
化学系	吴　起			
地球科学学院	任浩然			

心理与行为科学系	龚梦园				
机械工程学院	李德骏	谢　金	董辉跃	裘　讪	陶　凯
材料科学与工程学院	应杭君	吴　琛			
能源工程学院	植晓琴	王　飞	陈　东	郑梦莲	李道飞
	郑成航				
电气工程学院	于　淼	邵　帅	潘丽萍		
建筑工程学院	王冠楠	裘　知	舒江鹏	陈淑琴	杨英楠
	曹志刚				
化学工程与生物工程学院	王晓钟	赵　骞			
海洋学院	曹安州	王德麟	肖　溪	詹舒越	冀大雄
航空航天学院	贾　铮				
高分子科学与工程学系	黄　宁				
光电科学与工程学院	马耀光	钱　骏			
信息与电子工程学院	周绮敏	汪　涛			
控制科学与工程学院	黄平捷	牟　颖	许　超		
计算机科学与技术学院	史　杨	翁兴钢	赵　洲	章方铭	况　琨
	吴　磊	毛宇尘	常　瑞		
软件学院	赵　斌	赵艺钧	陈　丽		
生物医学工程与仪器科学学院	张韶岷	王玉兴			
生命科学学院	姜维梅	王梁燕	汪方炜		
生物系统工程与食品科学学院	徐惠荣	陈　卫	徐恩波		
环境与资源学院	李廷强	杨京平	王　玮		
农业与生物技术学院	王　伟	张　波	叶盛珺		
动物科学学院	刘红云	王华兵	廖　敏	谭　勋	
医学院	吴学杰	谢万灼	章淑芳	汤慧芳	连　虹
	王银儿	余沛霖	陈韶华	曹林平	章　琦
	路　静	陈屹一	刘震杰	陈艳杏	俞一波
	严　锋	陈　婷	徐文斌	胡子昂	吴　皓
	冯　超	张　丹	张园园	朱嘉珺	梁　平
	徐鹏飞				
药学院	周　慧				
国际联合学院（海宁国际校区）	陆嘉骏				
工程师学院	蒋　莹	李　婷	戴伟顺	董先巍	孙铁琳
	李　静	刘少俊	汪倩倩	周瑜佳	申永刚
	孙安玉	严　密			

浙江大学年鉴

浙江大学 2021 年竺可桢奖学金获得者

研究生

李思涵　管理学院博士生

刘　源　物理学系博士生

董金润　化学系博士生

黄信菩　机械工程学院硕士生

布热比·依明　航空航天学院博士生

畅　丹　高分子科学与工程学系博士生

许培臻　光电科学与工程学院博士生

郑　航　信息与电子工程学院硕士生

谭加兴　生命科学学院博士生

粟诗璇　生物系统工程与食品科学学院硕士生

葛起伟　医学院博士生

白金武　医学院硕士生

本科生

王　妍　外国语言文化与国际交流学院本科生

胡蔚涛　数学科学学院本科生

钱璞凡　化学系本科生

蒋依蔚　能源工程学院本科生

谷安祺　高分子科学与工程学系本科生

屠锡涛　光电科学与工程学院本科生

温晨怡　信息与电子工程学院本科生

严子涵　计算机科学与技术学院本科生

周旭霁　环境与资源学院本科生

许诗蕊　农业与生物技术学院本科生

严诗钰　医学院本科生

张　翌　竺可桢学院(生命科学学院)本科生

2021 年浙江大学第十二届"十佳大学生"获得者

王　妍　　外国语言文化与国际交流学院

许笑一	航空航天学院
严诗钰	医学院
李思涵	管理学院
李梓瑞	能源工程学院
陈天润	信息与电子工程学院
林于笑童	竺可桢学院
屠锡涛	光电科学与工程学院
舒 姝	公共管理学院
谭加兴	生命科学学院

2021 年浙江大学本科生国家奖学金获得者

人文学院(8 人)

鲁亚虹　俞晨烨　严欣怡　吕晨璐　朱泳霏　鲍炜纲　沈 坚　赵一旸

外国语言文化与国际交流学院(8 人)

李海琪　吴 晓　李雨飞　马玺媛　陆静文　陈飞宇　陈科宇　童雨萍

传媒与国际文化学院(5 人)

欧冬妮　陈 沛　陈炜漫　林文慧　顾叶恋

艺术与考古学院(3 人)

汤梦夏　胡 蝶　丁真珍

经济学院(8 人)

王子辰　王柳钰　刘晋晗　吴思航　应姐珂　郑渝川　顾思茗　高天蕙

光华法学院(5 人)

王弋璇　方泽铭　魏奕荧　邵奕琰　周漪楠

教育学院(5 人)

戚天翼　梅龙飞　徐亚萱　李罗希　邱 丰

管理学院(5 人)

李旭东　王诗雨　张涵茹　杨思倩　宋薇杰

公共管理学院(9 人)

赵 一　吴欣雅　陈宇洋　郑蓉忆　张耕祯　刘 洪　刘昕怡　郑 萌　王可超

数学科学学院(7 人)

刘哲轩　胡蔚涛　汪奕晨　林徐扬　李卫镇　陈谷涵　张皓祥

物理学系(4 人)

戴剑豪　胡倞成　许海潮　张宇轩

化学系(4 人)

璜 磊 钱璞凡 沈 瑶 傅梓航

地球科学学院(2 人)

孔森一 张泽川

心理与行为科学系(2 人)

余依岚 何婉娜

机械工程学院(7 人)

朱博医 方胡彪 项瀚乂 王丹丹 翁婉玉 向平宇 孔伟杰

材料科学与工程学院(3 人)

郭静筠 阮文章 娄芊漶

能源工程学院(7 人)

潘 煜 裴海月 杨君炜 田佳璐 张家杰 张坚伟 叶时彤

电气工程学院(11 人)

陈 诚 何志强 李君泽 张泽宇 蒋颜丞 孙正男 叶文恺 朱康龙 林雨洁
陈凌云 樊嘉怀

建筑工程学院(11 人)

虞 凡 张露尹 汪碧妍 李志伟 林圳杭 沈芷菁 滕逢时 陈子宜 肖文楷
陈晓睿 潘若妍

化学工程与生物工程学院(5 人)

程 杨 蔡虹燚 吴 双 陈欣宇 钟世纪

海洋学院(6 人)

刘文思 李文文 洪欢玉 刘 宁 王维桢 赵若轩

航空航天学院(3 人)

吕心瑜 陈子轩 戴子衡

高分子科学与工程学系(2 人)

谷安祺 孔一博

光电科学与工程学院(4 人)

屠锡涛 方琳玥 何家建 范凯龙

信息与电子工程学院(11 人)

孙凇昱 黄宇晨 邢子青 张佳颖 陆忆憧 陈恺奇 温晨怡 钱 煜 付 潇
宋如意 方云浩

控制科学与工程学院(5 人)

李雲霜 郎奕霖 蒋辰星 周 靳 郭嘉哲

计算机科学与技术学院(14 人)

涂任歆 陈旭征 陈 易 龙静毅 王舒弘 佟昀泽 詹哲远 毕予然 张潇予
施含容 李 想 沈吕可晟 严子涵 焦笑然

生物医学工程与仪器科学学院(4 人)

　　孙臻烨　吴佳妮　裴依情　徐艺菲

生命科学学院(4 人)

　　徐韵翔　陈俊楠　曹嘉浩　吴静涵

生物系统工程与食品科学学院(4 人)

　　俞洁柠　吴焕宇　金道源　高溯楠

环境与资源学院(4 人)

　　干鑫君　楼恬汝　汪培良　陈思佳

农业与生物技术学院(7 人)

　　庄　可　许诗蕊　林宇瑶　项圣翔　洪佳晨　顾剑辉　黄江南

动物科学学院(3 人)

　　陶　礼　麻佳乐　胡雨桑

医学院(21 人)

　　傅梦蝶　周恬静　宋东杰　朱松婷　刘　彤　张名焕　陈　营　潘彦铮　蔡子婉
　　王晨韵　付雅静　冯　挺　臧睿宸　金书逸　李晓璇　冷　璕　赵一如　钟　鸣
　　谢　元　傅　敏　闫鹏宇

药学院(4 人)

　　莫欣蕾　刘　慧　郑涵奇　俞采妮

竺可桢学院(21 人)

　　吴　冕　邱　轲　林于笑童　吴丰愉　朱科祺　陈　策　张之昀　刘泽垣　林政楷
　　李　政　梅乐怡　黄倪远　潘　尧　陈羽田　周健均　朱思睿　裴小钰　丛箫言
　　范天依　邱日宏　袁泽清

求是学院丹阳青溪学园(28 人)

　　楼心尘　舒　婧　罗钰萱　傅心童　应国芳　何彦文　燕天润　吴易勋　王艺潞
　　章　帆　王欣怡　戚馨予　黄雨婷　王璟怡　蒋雨露　张　越　沈　骞　王涵之
　　罗飞燕　周秋玲　夏佳龙　陈依婷　楼清扬　陆筱睿　毛思琪　沈欣怡　祁　敏
　　王琳迪

求是学院紫云碧峰学园(26 人)

　　肖简雅　郑淳远　陈兴鸿　戴心怡　周元彬　杨松涛　谢舒儿　周毅铖　杜颜竹君
　　沈骏一　彭　承　韩凯乔　徐楚阳　周　逊　张宇嘉　姜清扬　王子骏　盛泽楠
　　刘隽怡　邹易阳　黄　振　余天强　余佳茗　谢　瑶　曾芷涵　刘潋滟

求是学院蓝田学园(29 人)

　　陈宸宏　李奕萱　谢谭静　方成栋　丁雨薇　屠一诺　蔡雨欣　牟林湛　刘英华
　　蔡心怡　郭明皓　吴佳颖　王　玥　李宜家　张成鹍　朱少廷　章钧豪　江欣芸
　　徐光正　姚孝轩　王宏强　王亦楠　黄佳蕙　杨佳叶　许可星　王子杰　顾轩豪
　　刘心怡　孙佳瑜

国际联合学院(海宁国际校区)(14人)

何雨薇　邬兰琦　林若欣　苏雅琪　黄雨彤　江凤清　徐沛瑶　昌　隆　袁晨泰
王一一　马梓诚　李嘉禾　章铂霖　张郅璁

2020—2021学年浙江大学本科生奖学金获得者

浙江大学一等奖学金
　人文学院(28人)
　　沈　坚　徐　珂　姚泽来　鲁亚虹　王欣妍　俞晨烨　鲍炜纲　徐以捷　李微微
　　严欣怡　郑哲凡　李清岚　赵一旸　陈思琦　吕晨璐　李晓静　关一帆　何诗琳
　　骆真安　王晨雪　李傲雪　钱嘉仪　余筱然　李嘉仪　曾庆德　朱泳霏　杨雨奇
　　李乐萱
　外国语言文化与国际交流学院(21人)
　　王　妍　吴　晓　牛美丁　李海琪　童雨萍　郭祁晟　王宇冉　饶家丞　李雨飞
　　周钦盈　马玺媛　张叶烨　吴梦清　罗立余　王翼飞　陆静文　陈飞宇　陈科宇
　　毛雅琼　俞子墨　杨谨闻
　传媒与国际文化学院(14人)
　　陈　沛　欧冬妮　石涵琳　陈金露　张馨笛　戴君涵　陈一泓　王慧琼　陈炜漫
　　严文耀　孙晨怡　林文慧　顾叶恋　何思怡
　艺术与考古学院(8人)
　　胡　蝶　张子毓　尹欣宜　丁一鸣　汤梦夏　周思晴　丁真珍　郭梦妍
　经济学院(21人)
　　徐　阳　余　勤　陈　铭　胡俊挺　应姐珂　刘佳鑫　刘晋晗　梁哲琳　顾思茗
　　吴思航　王子辰　许欣然　陈紫玥　唐莎莎　缪欧婧　潘思宸　高天蕙　王柳钰
　　方丹吟　郑渝川　董嘉浩
　光华法学院(13人)
　　赵　康　曹　晨　王弋璇　方泽铭　李俐青　魏奕荧　朱雨恬　张惠临　宋焕韬
　　周漪楠　王新雅　邵奕琰　陈安琪
　教育学院(14人)
　　邱　丰　聂　澳　徐亚萱　庞淑杰　李南燕　姜睿哲　刘嘉欣　李罗希　梅龙飞
　　王淇奥　尹心怡　李翊嘉　戚天翼　夏叶芊芊
　管理学院(15人)
　　孙　丽　汪　浩　刘奕辰　李旭东　陈雨彤　王诗雨　张涵茹　李路炜　曾周娣
　　刘子塬　梁莹莹　张嘉瑜　邵贻玥　宋薇杰　杨思倩

公共管理学院(26 人)

赵　一	卢　媛	刘　洪	杜　语	孙　蒙	夏　雨	郑　萌	李津龙	高雅佩
何羽希	郑蓉忆	张耕祯	傅泽漪	陈宇洋	关茹星	刘昕怡	何瑶嘉	徐懿琳
吴欣雅	虞倩静	杨依宁	李韶仪	李航涛	陈柯燚	林依佳	王可超	

数学科学学院(25 人)

金　予	张　悦	程　雷	陈　羽	林徐扬	陈予恬	许乐乐	王逸聪	胡蔚涛
孔颖莹	李雨珂	施屹林	谢宝玲	汪奕晨	刘哲轩	李卫镇	单光裕	陆思涵
吴伟恩	陈谷涵	张凌帆	史婧文	单一诺	刘亚琛	张皓祥		

物理学系(11 人)

丁晨旸	石昊海	倪雪琪	戴剑豪	胡倧成	邓雯曦	张贯乔	陈高笛	许海潮
张宇轩	蔡星耀							

化学系(14 人)

璩　磊	沈　瑶	徐　来	周弋渤	李心愉	郑家瑜	钱璞凡	赵政杰	周哲泓
李沁忆	孙宇瑶	郑思危	傅梓航	施崇斌				

地球科学学院(6 人)

唐呈凌	朱龙浩	孔森一	张泽川	李杰峰	吕一夫

心理与行为科学系(4 人)

方　可	褚玥莹	何婉娜	余依岚

机械工程学院(19 人)

李　辉	卢成宇	胡哲哉	项瀚义	向平宇	翁婉玉	傅淑婧	沈晨涛	倪小昊
方胡彪	石金泽	怀谦益	朱博医	王丹丹	林昭辉	孔伟杰	黄妤婕	刘灵森
代洋飞								

材料科学与工程学院(7 人)

黄登辉	娄芊潓	阮文章	黄俊超	麻自超	杨航汪	郭静筠

能源工程学院(21 人)

潘　煜	林　涛	王　昱	宋　晨	赵雨辰	杨君炜	胡兆涵	田佳璐	裴海月
张坚伟	雷佳慧	张家杰	巫天越	杨宸晧	黄相博	金瑞兴	潘诚晋	马行豪
叶时彤	施雨辰	杰苏尔·阿尼瓦尔						

电气工程学院(31 人)

张　航	张　祁	陈　诚	李恭胜	林雨洁	林敏仪	寿佳波	叶文恺	计满意
陈凌云	朱志豪	朱康龙	樊嘉怀	吴振冲	杨灵方	刘衣萍	郑欣怡	张泽宇
王斌浩	林柔余	朱奕豪	蒋颜丞	孙正男	钟奕楠	苗钱浩	俞鸿飞	郑冰阳
李国傲	李君泽	何志强	曹俊杰					

建筑工程学院(30 人)

虞　凡	金　莎	梁　爽	张露尹	韩闻颖	顾思佳	郭依瑶	沈芷菁	林圳杭
叶逸鸣	汪碧妍	林依泉	李志伟	苏文超	阚凌辉	潘翼舒	徐珂晨	冯奕天

王力行　张浩宇　王可婳　陈子宜　廖辰磊　潘若妍　陈晓睿　来傅依　金雨萍
滕逢时　肖文楷　杨嘉琦

化学工程与生物工程学院(13 人)

程　杨　吴　双　黄雨晨　蔡虹燚　包涵元　张一俊　颜柯清　陈欣宇　姚凯丰
朱辰晨　钟世纪　翁嘉雨　徐凌婕

海洋学院(17 人)

安　叶　谢　天　刘　宁　赵文燕　武玉玲　洪欢玉　季久丰　刘文思　黄泳霖
李文文　吴念念　王维桢　孙叶萱　姜宇宁　赵若轩　马众泽　陈会众

航空航天学院(9 人)

冯　进　王　贤　苏正平　干乐天　李家和　陈子轩　吕心瑜　戴子衡　董磊锘

高分子科学与工程学系(6 人)

陈　阳　毛　浩　王梦婷　谷安祺　孔一博　王瀚文

光电科学与工程学院(10 人)

谢　昊　方琳玥　蔡明轩　何辰颖　屠锡涛　陈银鹏　高宇斌　何家建　范凯龙
孙伯文

信息与电子工程学院(29 人)

付　潇　丁　宁　应　铭　赵　鼎　钱　煜　蒋　理　卓　浪　徐　媛　周开宁
温晨怡　陈律丞　肖泽琪　方云浩　宋如意　张润民　陈恺奇　江雨笑　邢子青
陆忆憧　张佳颖　叶江南　黄宇晨　白骁凯　张植涵　陈豪邦　郑景泽　高元杭
孙淞昱　陈许慧楠

控制科学与工程学院(15 人)

李　瀚　周　靳　陈　琢　蒋辰星　李雲霜　郎奕霖　莫子言　王路遥　张知宇
樊雄飞　李昊颖　何芝叶　郭嘉哲　郭泽林　徐夏妍

计算机科学与技术学院(40 人)

田　原　陈　程　李　想　李　向　章　茹　陈　易　蔡乐昀　陆子仪　毕予然
刘秋语　王子腾　程礼棋　曹雨萱　常博宇　范安东　施含容　汪铭彦　严子涵
于嘉伟　张清棋　张潇予　焦笑然　罗昱哲　王舒弘　宋运周　龙静毅　瞿皓阳
周洺旭　刘慧婷　郑博文　俞郭遥　詹哲远　陈旭征　姜东甫　佟昀泽　欧翌昕
涂任歆　张道泽　沈吕可晟　赵耀乃明

生物医学工程与仪器科学学院(12 人)

沈辰业　裘依情　王陈豪　徐艺菲　江彤玲　戴哲川　谌亦为　苗萧梦　沈家乐
孙臻烨　吴佳妮　董长轩

生命科学学院(12 人)

施　涵　黄梓逸　徐韵翔　徐鹏滔　沈雨萱　曹嘉浩　林大川　陈俊楠　吴静涵
龚博研　许鑫城　胡伯午

生物系统工程与食品科学学院（10人）

王 斯　高溯楠　张唯希　钱一航　吴焕宇　王泽寒　金道源　俞洁柠　吴奕函
李昕瑾

环境与资源学院（11人）

刁 喻　蒋佳雯　干鑫君　仰玉洁　汪培良　周旭霁　黄正罡　楼恬汝　钱银盈
陈思佳　毛周颖

农业与生物技术学院（19人）

庄 可　陈 蔚　吴 璇　林宇瑶　许诗蕊　黄江南　沈奕祺　项圣翔　徐恺蔚
吴晨霞　顾剑辉　张莹莹　洪佳晨　俞杭宏　朱恺芸　胡意林　王作奇　林诗琪
庄戴千一

动物科学学院（9人）

陶 礼　胡雨桑　吴涵语　喻迎颖　麻佳乐　谢沁沁　王义菲　汤佩雯　郑家宜

医学院（61人）

陈 露　刘 彤　陈 菅　冯 挺　高 澜　冷 璿　马 骁　钟 鸣　谢 元
章 慧　杨 铭　傅 敏　余 静　严梦莎　孔雨欣　严诗钰　周恬静　杨吉妮
傅梦蝶　李千慧　张名焕　陶宇航　蒋方圆　王柯馨　胡世瑶　宋东杰　朱松婷
李伟奇　李金文　徐烨炜　臧睿宸　施梦佳　潘湄蝶　蒋又瑾　李灵琛　胡泷双
厉盼妮　王晨韵　蔡子婉　陶青青　冯浥晖　潘彦铮　陈若淇　张露月　孙誉郝
付雅静　金书逸　韩逸冰　李晓璇　金琛淇　赵一如　何家浩　吴雯欣　梅群昂
张诗轩　丁奕宏　王炳翰　王雨芳　张人方　赵天铭　闫鹏宇

药学院（11人）

刘 慧　郑柏秀　杨嘉敏　徐依婷　俞采妮　章碧晨　郑涵奇　莫欣蕾　戴肖悦
杜佳宇　蒋麟龙

竺可桢学院（145人）

吴 冕　曹 讯　邱 洵　张 翌　张 旻　邱 轲　徐 震　陈 蔚　孟 想
陈 策　李 渊　张 涵　谢 涛　陈 赞　马 骥　苏 哲　李 政　陈 聪
潘 尧　张 璇　汤 硕　吴 颖　俞一帆　曹一佳　李绩双　陈波帆　袁瑜阳
徐晓丹　李国耀　寿逸凡　宋天泽　伏佳宇　毕邹彬　黄隆钤　修彦名　刘新梓
宋天琪　朱帅龙　陈欣宇　雷沁昕　徐常芬　钭兰朵　吴丰愉　詹苤彬　李佳园
朱科祺　陶辰宁　凌幸怡　钟沛沛　王泳茵　钟佳润　吴禧洋　王宜平　尤锦江
钱意纯　房宇轩　王迪萱　李奇修　刘一诺　徐圣泽　蒋景伟　郭俊震　金铭律
吴景辉　余丛杉　姚乐艺　张之昀　柴逸涵　鲍研萌　盛天愉　包泽杭　刘文燕
王思懿　杨思诚　周杨泽　田磊原　姚一培　刘泽垣　林政楷　王敬锴　周凌宇
陈德怡　方程龙　张立昱　冯家琛　段皞一　任星宇　陈泳岐　温雅岚　胡康平
梅乐怡　潘奕康　金海岸　李明伟　朱珈慧　任卓芸　竺思远　蔡依琪　邱思源
肖智尹　王政皓　张梓昂　王修远　周逸飞　黄倪远　阮可嘉　陈治宪　胡若凡

邹乐怡	朱柏玉	丁华铿	张景森	陈淦豪	林心娜	陈羽田	李玥颖	尹思成
张睿姝	周洒帅	杨吉男	许嘉禾	朱靖彦	周健均	朱思睿	华奕龚	叶之凡
周逸杰	楼亦涵	裘小钰	李欣悦	黄浩然	李姗灿	丛箫言	张明月	熊子宇
贺祥林	缪可嘉	吴一航	曾语涵	范天依	刘奕麟	邱日宏	袁泽清	黄芷铭
林于笑童								

求是学院丹阳青溪学园(78人)

舒婧	沈骞	章帆	张鸥	曲坤	胡迪	张璐	程希	祁敏
叶子	张越	李彤	李源	惠小轩	罗佳丽	黄雨婷	夏希璨	吴星汝
王艺潞	傅心童	王梓奕	张嫣迪	王欣怡	蒲雨恒	赵春萍	张璐瑶	陈依婷
季芷羽	罗钰萱	王亦成	何彦文	江以恒	郭佳青	夏嘉楠	吕佳祺	查一畅
杨诗怡	罗红荔	刘伊甜	赵恩莹	周秋玲	朱冰彦	程佳玲	夏雨沁	吴易勋
金梦雪	陈玥元	叶琳筱	罗飞燕	邵姝钧	毛思琪	项涵祺	应国芳	钱欢晶
蒋雨露	王涵之	许嘉琳	夏佳龙	鲍汐影	徐逸欢	余安琪	林源深	王琳迪
诸嘉怡	戚馨予	王璟怡	陆筱睿	楼清扬	沈欣怡	楼心尘	李鹿敏	燕天润
耿嘉祎	康钰钏	师祖艺	李贺馨	卢亦宁	赵一睿			

求是学院紫云碧峰学园(72人)

谢瑶	黄振	彭承	王申	徐至	王匡	罗丹	谢磊	周逊
汤尧	熊之绎	叶郁芊	沈骏一	赵宇骐	曹栋承	谢舒儿	杨佳逸	严昕钰
方蕾森	田皓宇	孙嘉琪	刘隽怡	盛泽楠	刘馨璐	余天强	赵雨婷	项奕心
洪强余	朱冰儿	金乐颐	邹易阳	余佳茗	陈兴鸿	曾芷涵	徐立祺	姜清扬
高一凡	邹鹤鸣	王晓蕾	周伟杰	李京蔚	陶晨阳	郑淳远	方成睿	祝舟航
周元彬	丁家烨	徐旻昶	滕佳琪	王子骏	杨松涛	宋锦涛	肖简雅	高言喻
季钰晓	戴心怡	蔡璐璐	刘潋滟	徐欣航	周毅铖	胡可欣	王驿彤	马梓恒
贾子钊	詹天宇	朱行健	蔡坤镇	徐楚阳	韩凯乔	张宇嘉	刘佳誉	杜颜竹君

求是学院蓝田学园(80人)

王驰	徐婕	陈睿	徐凡	高兴	陶娜	韩荟	陈涛	王玥
王涵	单戈	杨帆	向齐	季思慧	吴佳颖	刘恩慧	郭明皓	谢谭静
孙艺飞	刘音孜	李宜家	吴奕含	余昕桐	屠一诺	蔡雨欣	陈宸宏	葛天乐
丁雨薇	江欣芸	余云涛	金子璇	池泽田	吕秉芸	袁雨洋	周凯茜	蔡心怡
黎胜骏	梁艺馨	罗艺婷	覃露莹	陈奕如	顾轩豪	孙淑楠	周逸帆	杨佳叶
殷思懋	孙佳瑜	余涵池	吴嘉禾	潘刘璐	王宏强	沈彦宇	葛硕伟	李奕萱
牟林湛	陈佳禾	方成栋	胡靖超	缪乐怡	姚孝轩	曹鑫阳	王亦楠	陈一如
章钧豪	谷宁宁	赖洋琰	刘艺雯	陈珂怡	朱少廷	刘芃骐	马东辰	刘英华
刘厚余	许可星	黄佳蕙	王子杰	李卓婷	徐光正	刘心怡	张成鸥	

国际联合学院(海宁国际校区)(39人)

虞越	昌隆	刘煜	王希玮	何雨薇	郑子怡	沈洛安	干沁懿	江凤清

张振宁　邬兰琦　张楚沁　张灵君　徐沛瑶　王一一　金凯隆　仇星入　张天宇
程灏佳　王玮健　郭易详　袁晨泰　戚汝洁　林若欣　欧玥旻　苏雅琪　李钰菲
褚肖扬　黄雨彤　陈子越　叶千禾　夏梓喻　张郅骢　章铂霖　乔天同　姜君岳
李嘉禾　陈志榕　马梓诚

浙江大学二等奖学金

人文学院(39 人)

陈　曦　林　恒　吴　璨　高　幸　杨　晨　姚　双　姚　萱　肖　雯　钱好雯
胡宇宗　段成刚　张中伟　姚冰欣　杨凯琳　余丽赛　范轩轩　卢听雨　唐小瑜
曾维权　稂婧瑶　薛颖涵　胡毓哲　任其然　夏严莎　张羽轩　陈依源　苏锦航
陈雨雁　胡碧雅　田佳璇　唐帮睿　李杨庆　王小倩　佟宁蔚　龙子吟　丁建蓝
程一鸣　李骄阳　傅朝同列

外国语言文化与国际交流学院(40 人)

林　榕　林　皓　张　婧　樊　溶　孙　畅　张　璇　杨　楠　董　婧　俞　典
顾　晋　杨　晟　高辰菲　项双辰　赵泽凯　陈玉玲　王盈韬　朱傲天　杨子江
孙盛洲　刘泽宇　温若曦　张鹏程　林宏伟　张思捷　唐若瑜　杨雅雪　赵婧雯
蔡雨彤　林未未　唐奕滢　高一笑　蒋欣容　刘海曦　柳婉婷　王孝天　张青楷
汪若欣　陈仕锟　刘锦岳　胡蕴华

传媒与国际文化学院(24 人)

徐　果　魏　涔　仲　钰　戴凡恺　李姝婕　郑俊磊　陆添楚　叶莹莹　王苇佳
梁孝昶　徐冰清　伍美宣　罗昌应　赵睿晗　陈佳妮　王娉倩　郑诗埼　姚艺儿
陈卓欣　马天雪　杨琪丹　李美泽　邱雨茜　陈金婉逸

艺术与考古学院(13 人)

何　灵　林　涵　吕家希　董晗筱　王子逸　仲玉歆　任雨晨　励妤佳　陆舒睿
吕庆宇　严语欣　张佳晨　曾一婷

经济学院(36 人)

孙　澜　商　靓　伍　洲　王　简　叶　扬　储芳芳　周怡婷　郑嘉涵　张家璇
戴文韬　范徐航　赵澍雯　吴梅子　朱金仪　高云帆　李豪杰　朱辰邦　屠乐炀
徐洁妮　翟羽佳　吴宇澄　赵可琪　任富贵　周紫璇　傅华康　程思浩　胡心璐
叶馨悦　方玛骋　王幸丫　赵泽旭　严浩文　徐晨欣　周芃丞　代培璇　庞皓月

光华法学院(23 人)

王　晨　孟　盛　黄　曦　王栋栋　杨展硕　叶静宜　王淑琳　王修齐　黄诗涵
毛启扬　袁伟耀　王心仪　张江习　褚琴涛　沈俐伶　赵可凡　胡飞扬　徐舒婷
李昀筱　杜凯翔　吴家锋　牛泽龙　蒋知言

教育学院(24 人)

沈　演　李　星　周　彤　朱　熙　牟　洲　聂占国　李欣宇　张力尹　厉欣怡
徐艺涵　郭笑荷　徐晓洋　何佳怡　陈驰睿　赵思琦　张雨萌　鲁嘉颖　缪佳辰

毛丁萌　陈麒霏　薛湘女　张安特　黄聪颖　王彭月昶

管理学院（24人）

陈　芷　黄　瑞　刘　靖　金　歌　雒　芳　赵　琳　廖　旋　马佳诺　邱泓韬
林子玲　周灵逸　邵佳涵　丁娅娅　王佳琪　柯棋豪　廖靖雯　张海博　刘欣雨
刘浩杰　马杰成　尤增辉　孙栋梁　杨恩泽　陈桥娴静

公共管理学院（44人）

楼　诚　阎　菡　舒　童　林　晨　朱　桐　曹　颖　杨　意　陈　靖　马　晨
谢　帆　程谟冉　臧文清　戴炜月　郑尔特　蔡佳佳　裴温琪　江浚哲　王晨旭
王纳思　孙凯颖　李佳忆　梁依缘　吕格羽　李林澄　杨璐琳　陆涵一　孙心怡
李一鼎　刘雨涵　沈佳楠　张昊驰　林茹婷　王亭予　樊正洋　高心蕊　张子宜
马玉洁　陈子欣　谢安妮　姬永琴　谢子轩　张睿超　廉子涵　汤雯萱

数学科学学院（37人）

唐　宁　王　尉　田　烊　王　璟　马　成　林　佳　商　周　汪　珂　孟丽媛
薛玮嘉　尹知航　李梓遥　林九鸣　闫雪扬　沈宽容　叶之骁　桑益洲　林海浩
王文思　程思昂　龚亦龙　秦桢杰　李国涛　倪维纬　周宇昕　陈亿元　刘毓哲
应肖尧　石宇轩　黄文翀　赵万佳　郑宁宁　周雯昕　毛振泳　陈毅栋　车睿佳
上官昊炅

物理学系（22人）

秦　鸣　邵　煜　周　洲　赵　庆　袁　彬　朱　正　邓正宽　陈大同　徐一夫
黄泽蔚　孙一铭　钟熹然　肖迦南　郎丹琪　阮洪奕　邓树华　岳天豪　史海秀
王书言　张振亮　杨国飞　莫清扬

化学系（21人）

罗　琛　李　想　沈银琳　何易城　洪子宸　吕士洋　李浩辰　许浩锋　温丽玥
陈诗婕　吴昱彤　宋维浩　鲍逸娴　夏俊韬　白佳怡　汤巧巧　柯亦婷　李昊宇
戚轶昕　王雨微　张箫扬

地球科学学院（12人）

朱　琳　徐韵词　王思杰　董王统　陈慧玲　黄晓婷　傅靖乔　严一熙　毛方圆
方晗熙　楼璇璇　檀香山

心理与行为科学系（10人）

高　阳　蒋　丹　蒲　婕　梅思远　陆锦莹　孟昕怡　陈泊霖　龙依静　黄薛怡
张韩绎

机械工程学院（33人）

叶　楠　陈　豪　戴　哲　贾　晨　童　心　留　错　唐　恺　徐　享　安　亮
彭德尚　江波静　俞晓泠　项飞鹤　刘余贤　许腾叶　陈一洲　余楚楚　张志楠
王泉又　曾浩洲　高之川　林俊晓　卓逸天　求泽文　董泓辉　徐佳淳　马亦诚
陈梓贤　陈许涵　赵浩楠　徐鸣启　潘志文　李文煜

材料科学与工程学院(12人)

李　澍　陶　然　吴若楷　朱辰阳　严宇超　杨亦霏　葛羽中　沈潏杰　叶力维
应博阳　谢清松　曹雅钰

能源工程学院(38人)

张　航　陈　晨　代　岩　郑　健　侯　荣　颜　铭　朱　静　袁　盟　孔静娴
贲雅丽　黄开洋　洪程安　王家乐　姚静新　严昱昊　程雨昕　娄岚浩　张雨辰
杨易侃　王静蕾　张芮琳　许哲文　沈轶哲　王一涵　孔令淏　龚海天　姜会萌
蒋阳野　陈映池　宋江凌　李方舟　向方娜　边洋震　宋文龙　陈辰雨　陈一佳
张子坤　胡金浦

电气工程学院(54人)

崔　宇　闻　聪　周　泽　秦　龙　黄　聪　张　森　何顺帆　章一凡　俞丹蕾
骆舒婕　梅瀚墨　李泳浩　曹羽谦　黄政之　李泽诚　朱瑛琦　蒋赵辉　金凡凡
汤晨易　李艳旭　罗绎会　褚懿涛　崔向宇　陈朝艺　任彦泽　郭文熙　肖世霖
李戟坤　冯煜焜　桂成清　杨麒筹　张雪纯　党月懋　林华鹏　李海涛　陆凯东
盛佳辉　张浩哲　赵文森　张嘉浩　吴炅昊　季尚进　李栋梁　方昕萌　胡潇帆
关雅杰　罗胜杰　邢毅诚　孔令旭　杜文琦　陈航宇　吴锦程　欧阳欣愉
江布力·加尔肯别克

建筑工程学院(50人)

陈　星　华　颖　陈　欣　杜　遥　苏　挺　王　旭　乔　凌　仲　夏　王　瑞
吕　创　彭　煜　朱怡江　孙竞超　沈靖力　丁任琪　沈雨嫣　陈旭阳　郑雨欣
张毅卓　徐振博　王天羽　刘佳琪　吴泽含　董笑恬　任俊瑞　沈文斌　张彦彤
黄辉杰　陈诗如　周筱璇　姜俊焘　李龙灏　毛旦毅　张悠悦　张一飞　许书洋
尹业兴　鲍新源　张晓武　叶启扬　黄梦怡　项子轩　张可昕　潘瑶颖　葛彦含
王喆成　余哲帆　宋定安　张若雪　翁奕柔

化学工程与生物工程学院(20人)

盛　逸　林　涨　王海涛　丁豪特　王伊凡　应彦深　张辰潇　徐家烨　张滋焕
陈露瑶　魏圣柯　董致远　李伊纯　袁国栋　黄辰悦　何昊臻　陈志宣　叶睿浩
王子卿　张仲尧

海洋学院(29人)

周　健　崔　戈　杨　霄　郑　龙　梁智超　夏杨修　周琦骁　林腾鑫　徐晨淞
屈子语　王乃馨　刘昕烁　郭东鑫　韩朋秀　苏之彤　俞佳睿　王卓越　王日寅
韩成诚　郑德钦　黄怡凡　韩懿洁　陈季威　张雨昕　黄朴文　张世夏　黄浩智
黄邦师　徐敬泽华

航空航天学院(17人)

杨　祺　江　静　王　亮　金煜轩　於怿丰　王同快　牟联瑞　陈亮亮　袁露杰
董哲遇　朱谨祥　贺舟涛　吴诗豪　陈翀鹏　朱栩柯　董仪婷　陈李子晨

高分子科学与工程学系（10人）

冯　涛　徐　进　朱逸杰　钟志翔　林玉玲　王耀庭　冯耀千　郭金坤　詹林星
程崇桃

光电科学与工程学院（18人）

赵　勐　柯　舫　张　天　鲍宇涵　鲁铖涛　吴恩宗　张振华　项千漪　徐浩宸
陈秭达　姚昕旻　朱易成　廖嘉琦　杨一辰　高佳欣　石润州　涂文靖　姚闻哲

信息与电子工程学院（49人）

孙　墨　王　雕　兰　珲　何智鹏　项羽铭　黄竞韬　林柏烁　梁晓宇　徐俊格
谢卓伦　胡絮燕　黄久竣　蒋宇龙　傅子怡　邱潇涵　何佳栋　林炬乙　谢涛羽
孙俊鸿　冯忆馨　王楚惠　潘子宣　曾鹏熹　卢旭东　徐若愚　张光义　卢正阳
李帅廷　余俊辰　冯一鸣　李正一　黄嘉欣　庄先炜　董佳奇　陈皓阳　赵周祥
陈宣挺　徐智成　陈伟强　章宇凌　王英杰　石滨溥　任俊宇　钟函志　孔繁东
尹业平　鹿天瑶　蒲添宇　朱封浩

控制科学与工程学院（24人）

忻　铄　韦婉笛　王明祎　刘雪龙　杜浩哲　张浩阳　魏诗怡　张哲诚　程雨斌
张铁沄　朱天翙　薛盛豪　刘将品　张馨予　赵虹旭　俞一诺　谢宇晗　陈季宇
陈渝兮　钱绮虹　王轶恺　杜宇涵　萧力城　胡天扬

计算机科学与技术学院（67人）

葛　浩　何　平　李　右　曾　充　蒋凯琪　叶天怡　李保宏　李沛瑶　谢廷浩
蔡灿宇　唐子豪　张宇晴　张达邹　谢博洋　余若男　王涵知　宋炜铁　沈栩捷
何豪杰　楼倩雅　求昊泽　张溢弛　傅一超　王晨宇　孔潇祎　王祚滨　吉庆雄
吴梦坞　曾俊浩　孙志博　余若涵　贺情怡　程川洋　刘佳润　浦竞文　王嘉怡
刘轩铭　潘恩皓　朱理真　陈新宇　侯晓臣　叶怡霖　刘嘉腾　黎伟诺　陈晓晖
李博睿　刘小语　陈龙轩　郑子晴　严昕辰　闻丹丽　陈威志　朱泽昊　廖若晨
邱明冉　王振阳　杨心好　李晓彤　张宏伟　刘亚川　包德政　吴金勋　史明昊
赵灿宇　范钊瑀　解雲暄　袁知彰

生物医学工程与仪器科学学院（20人）

林　燊　孙　蕾　谌　瑶　卢晨韵　孙佳滢　徐加越　郝翔宇　张千隆　李知阳
王露露　王锦源　倪昊祺　张雨奇　王鸿宇　刘钰沣　彭昱龙　周佳惠　徐心慈
熊楚涵　王思艺飞

生命科学学院（26人）

叶　江　肖　煜　彭　晨　姚　羽　肖佳恬　黄冠睿　蔡依泓　王宇森　汪心岳
孙思齐　黄攀峰　陈焕浩　王宇婷　常龙啸　王文晓　彭伟津　何哲君　黄子健
陈虹艺　卢奇东　陈诗意　夏子言　余前江　傅恺怡　叶雨琪　杨浦开元

生物系统工程与食品科学学院（17人）

潘　雅　陈　骁　周　溯　蒋　鑫　金　利　徐成嘉　傅荣美　李承儒　陈家领

龚弋航　郑扬帆　金可欣　张子妍　黄逸伦　王梓帆　梁之恒　林翊源

环境与资源学院（17 人）

罗幻　郑苗　洪丰　杜豫　庄明锦　李懿珍　张小橙　杨晨昊　徐含乐
沈宇涛　郭耀檩　章易博　冯轶楠　吴至盈　谢思凯　方辰轩　裘红权

农业与生物技术学院（32 人）

傅佳　朱瑞　王丽　张宁　李青虹　刘偌璇　尤文雯　陈冠屹　沈辛儿
程书洋　吴慧洁　张夏晶　寿佳涵　吕瑛莉　周艺璇　郑思琪　杨皓文　严子莹
魏明晓　何盈盈　文泽新　李佳晨　丁浩凯　黄惠慧　严至简　陈珂妤　许可文
吕丹瑜　赵丽雯　朱利雅　陈润宁　陈信策

动物科学学院（14 人）

李青洋　胡哲炜　洪佳青　毛莹莹　陈灵茜　黄宇欣　孙铭浩　周航旭　王丹琳
卢嘉佳　沈冯婷　邢之宁　张桂聪　馮芷珊

医学院（101 人）

李想　王冰　钱豹　廖迟　钟忆　宋昊　何浏　邹睿　杨博
丁汀　杨楠　唐洋　竺韵颖　胡菁菁　白晨昊　冯雨瑶　宋一粟　谢安妮
徐绿弯　李雨迪　蒋欣呈　万萧捷　陈逸潇　钱焰洁　王雨薇　许健豪　李宇浩
陈奕汝　俞乃群　张嘉钰　齐叶子　陈晓宇　张为诚　丁希雯　杜庚育　张哲源
林蓓贝　石昕宇　刘美萱　查雨欣　章非木　施雨晨　樊于止　周丹红　李禹霄
曹斌吉　郑郁婕　叶志超　周青艳　王永成　王丹婷　章婷瑜　阮佳琪　王鑫雨
章梦媛　钟郁媛　贺加贝　陈梦莎　王艺晶　郑周涛　吴一苇　蔡芳媛　苏颖峰
严若晨　孙一婷　王旭泽　张梦辉　葛雨蒙　张添璐　过卓琪　张根贤　陈亚龙
沙卓敏　任雨轩　蔡诗萌　王丹安　宣扬帆　袁舒彦　郑如茜　王司豪　吴佳宁
龚景瑶　万冠萍　钱思危　王梦婷　杨辰越　胡小龙　陆梦溪　朱嘉仪　缪佳妮
牛亦飞　马文远　任绪睿　徐雨露　吴中翰　李承原　李雨谦　刘紫千　诸云来
黄苏岳林　欧阳子怡

药学院（19 人）

楼泽亮　刘湘宁　张忆雪　袁司辰　周欢丽　董敏磊　卢庭昊　徐欣怡　余艺如
毛新飞　吴诗慧　苏语嫣　康星晨　姜凌骁　石美幸　沈子建　王添灏　沈隆基
陈继弘

竺可桢学院（136 人）

程澄　陈洁　刘异　梁洵　赵朔　郑祉　钟声　向泽　耿晨
陈茗　樊镕　钱欣　王慧　彭博　雷可　马俊铠　余心意　洪斯谕
黄彦玮　沈夕琳　朱紫涵　官泽隆　康敏桐　李艳青　鲍奕帆　陆冬澄　王舒豪
侯麟晓　廖佳颖　臧天铠　陈九润　王海威　见东山　蒲凯悦　张鸿博　顾佳钰
张希悦　毛美淇　陆俊元　谭智洋　陈烨妤　薛梦琪　张伯彦　郑栋昊　黄扬帆
王语歌　吴予幻　丁佳盼　吕轶萌　吕承安　潘致远　高迦南　孔皓冉　林富强

李忠蔚	吴思沛	陈志立	郭泽贤	刘奕利	王睿林	左鹤达	赖泽宇	曾亦嘉
宋雨宁	高睿琦	郑蘅苢	郑业腾	方洲翔	叶书豪	张凤飞	缪友杰	茅书源
孙懿萱	刘奕博	郑思怡	黄滢霏	李子豪	高宇昊	马文萱	李雨欣	肖嘉贝
梁毅浩	蒋昌健	张宏业	魏韧韬	林宇辰	邹尚彤	戴子琦	胡骁萌	贾明卓
徐志俊	孙煜航	杨浩峰	杨淇森	柴雨涵	张逸诚	黎治圻	李竺颖	刘益斌
孟楚天	梁家和	夏凌豪	宋佳铮	黄雨婷	杨悦宁	张青丰	王天诚	宗亦铭
储天尧	郑昊伦	王延鹏	刘浩博	施相宇	蒋冠男	王欣容	王一晴	应乔松
戴毅阳	甘书宇	刘梦霖	晏子昂	廖亦宸	徐宇航	王玉婷	贺俊哲	杨子安
肖思妤	杨柳思	柏炯昊	刘小康	吴俊贤	陈剑龙	胡祺睿	徐志轩	段陆雨航
欧阳毅曦								

求是学院丹阳青溪学园（133 人）

颜　洁	刘　琦	王　钦	李　潞	范　畅	任　欢	王　黎	李　雪	周　乐
卢　婧	黎　明	唐　铭	林　欣	徐　磊	陈　岑	俞　滢	袁　欣	丁　晨
李　想	冯　骁	蔡　婷	洪　鑫	刘雪晴	鲁一锦	高心颜	熊淑妃	何叶欣
金水木	王添欣	徐翎衲	钱雯欣	朱傲宇	韩诗奕	郭天柱	梁书函	胡宇森
毛紫涵	张智诚	周淇凡	林轶航	周亿涵	赵欣然	林陶然	卢璇璇	沈若蒙
董欣然	张歆沂	吕妙盈	徐乐怡	李嘉毅	谢子颖	朱政彰	朱思齐	陈杰伟
刘沁潇	黄梓航	梁皓轩	刘昊宇	梁一丹	谢怿平	洪儒非	秦子铉	管嘉瑞
尹凌琳	张韵紫	陈北安	王佳灿	方炳霖	赵文静	李润森	常冰冰	金正元
吴帮统	沈依灵	留榕泽	郑诗雨	万若青	庞纵纵	林媛媛	徐千越	何柔含
余姿霖	郭佳盈	贺琳椰	陆晓东	李舒妤	林晨萱	周翼天	芮阳佳	张洋杰
方圉潼	徐瑜堇	求安怡	黄含域	赵欣岚	高佳媛	陈雨舒	朱一卉	翁奕笑
傅嘉怡	赵博晨	蓝宁宁	黄德轩	赵浩博	木号晴	余苏琦	叶诚骏	宋雨婷
乐佳益	沈聪聪	孙言笑	闻科宇	蒋欣蓓	高晨艳	陈喜善	陈一睿	裴韫琪
曲铭祺	高硕联	彭潇乐	席艺文	张芷涵	武宣妤	王芷馨	王雨萌	周思琪
李子欣	刘奕彤	王溪晨	黄楚菁	张玉菲	褚朱钇恒	欧阳雨轩		

求是学院紫云碧峰学园（126 人）

帅　淇	张　良	钱　磊	洪　妍	唐　思	沈　珂	沈　棋	郑　楠	刘　畅
周　畅	王　禹	李　驰	陈　思	陈　成	张　锐	周　义	章　峥	张　帆
徐　恺	倪　旻	肖　洋	罗　扬	刘弋文	施政清	余建文	王灵曦	姚学然
密少平	金昕澳	施亦哲	俞靖骐	朱琪承	潘正怿	范天宇	汪轩弛	叶梦倩
吴彦霖	郑思铭	徐绍俊	王瀚平	卢晓琳	崔景宜	吴梁炜	夏嘉民	李森豪
叶子航	周俊何	姚雨晴	张一驰	沈以立	黄柯铭	章国威	朱佳禾	唐蔡添
汪心旷	徐丛艺	宋笑瑜	周丹妮	王子悦	王怡纯	侯若言	叶博瀚	陈梓荧
胡芷萱	王威权	徐心蕙	陈绍文	陆俊宇	孙鑫杰	王俣懿	蔡琳琳	王展宏
刘思锐	皮龙城	侯艺婷	王嘉瑜	易桂光	蓝宇峥	张予露	孙宇桐	陈一瑄

黄睿琦	邵嘉豪	刘钦卫	胡俊铭	吕奕霖	钱行健	应周骏	陈烨柯	钱晟涛
周楷程	裴宇航	祝欣怡	叶泽凯	蒋招衢	徐飞杭	李心怡	陈奕宇	黄郑献
王乐人	张琦銎	胡锴宁	沈嘉宇	金宇涵	曹闻涛	朱旻豪	杨辰凯	李宸翰
杨子纤	赵伊蕾	王晶晶	潘雨嫣	戴翊弘	王海纳	刘晓璐	李怡璇	董昕鹏
翟家骏	黄伯韬	龙家辉	孟可晨	王天航	庄毅非	冀映辰	倪晨煜	刘章涵

求是学院蓝田学园(137 人)

陈格	刘凯	王喆	朱海	徐晔	张晰	周骁	吴浩	杨喆
王权	李佳	杨云	倪铠	陶杨	吴烁	叶楠	吕添	陈浩
赵前	王柯	楼彬	江宁	朱语	王哲	施睿	侯添	朱馨雨
郭芝彪	江鑫忍	林凡宇	赵文锐	牛琪森	杜芳婧	马先哲	林柔钏	李牧唐
李修远	汪博文	陈锦辉	晏宇昊	王力宁	蒋沛楷	虞昀历	潘昭原	李劲磊
侯徐泳	黄暄茵	李正捷	黄崇源	周苇杭	徐正楠	卢树达	赵明雷	杨雅茹
王启先	魏亦然	屠瑞奇	王煜棋	李清明	谢昕彤	李宇轩	万浩文	吴珉阳
占晨遥	孙卓成	李彦蓉	林双根	贾烁颖	周士捷	闵金凯	米博宇	屈蓝青
任卓琳	曹昊学	郭凌云	熊逸航	聂书扬	马亦苗	周许恒	涂欣汝	岑欣庭
夏语弦	陈思含	周若琪	王青蕊	麻佳颖	张舒扬	陈宣伊	蒋承轩	王轩琪
蔡昕颖	蔡松成	龚开晗	徐子骏	郑瑜蓁	董俊辰	胡俊爽	王嘉诺	金奕柯
戴斌垚	周晨旭	陈启凡	沈子豪	孙加辉	倪跃城	李恩奇	马宇哲	林昭辰
伍宸亮	陈豪杰	孙茜雅	徐一超	胡晨昊	王珂玮	钟璟文	施子捷	朱梓融
陈乐斌	黄伊泠	王廷曜	郑思泱	褚写庭	任天骐	钟雅文	马骏腾	王泽玺
董冰然	向德彬	姚士诚	石嘉和	党一凡	许宋琛	郭培铮	郭俊言	田欣雨
王启能	闻人豪昱							

国际联合学院(海宁国际校区)(67 人)

林蓝	王潇	李会	周阳	刘其	辛羽	金易	刘博闻	李景舒
刘晓璐	邱嫣然	王未凡	朱紫蓝	卜凯阳	连昕宇	程宇琛	赵婧娴	包梓辰
毛嘉熙	汪思涵	吴喆雨	郑秀文	俞辰曦	梁秋实	杭哲义	郝宁慧	王馨曼
李子豪	徐家真	陈金诚	孔子泰	吴俊杰	傅哲宇	童霖杰	刘礼杰	李梓童
言晓语	郭舒涵	刘彭钊	何康宁	刘宗毓	王诗琦	胡楚瑄	陈炫宇	龚治华
顾奕通	高旭凯	朱杭刚	葛亦雷	钟天天	李展鹏	陈芷恬	戴辰羽	柯路南
邱旭斌	徐亦锴	吴越峰	王本鲁	王雨菲	李亦秦	张文芃	陈梓源	钟思茗
陈艺嘉	梁一来	李子凌瀚	徐雨嫣然					

浙江大学三等奖学金

人文学院(102 人)

倪洁	宋嘉	夏祎	居朗	王睿	章辰	吴晨	罗啦	吴桐
吴凡	戚萌	高璨	李潇	袁启燕	戴佳晨	潘子伊	汤嫣嫣	简睿明
孙雯婷	陶燕晔	葛旭婷	刘雪凝	李程沅	胡楚萱	姚雨吟	宋舒薇	姚雨眠

吕依蕾　季紫菱　李墨盈　王珂银　齐馨仪　王筱雯　杨诗佳　金倩洁　洪欣欣
黄渝乔　梁齐安　楼思齐　孙灵棵　陈泓安　李辰昊　王翔群　王雪霏　王楚婷
孙禹轩　吴钰欣　张子岳　朱芸妮　叶向阳　胡珂萱　王心笛　游兆凯　杨旭华
张效康　孙开芸　陈科吉　管新彭　骆琦尔　全可颖　吕飞妃　厉叙含　张简妮
杨舒童　戚齐婷　刘子韵　戴诗琪　国紫阳　顾诗兰　徐一强　刘金翔　辛雅妮
李欣睿　张子涵　李香伶　荣嘉骅　王呈天　杨心柔　王继麟　王语童　王智宇
梅愉婷　王鑫桥　高天泽　朱子眉　孟舒涵　姚可可　赵梓砚　刘萌涛　赵睿欣
马琦楠　陈芷若　娄锦辉　王荟博　柴浣浣　韩鸣筝　沙宇哲　蔡浩昌　黄柏睿
徐若南　吴蔡灵泽　上官梓妍

外国语言文化与国际交流学院(98人)

张　婷　应　薇　樊　钰　倪　灏　李　涵　黄　琛　陶　韬　柏　凡　俞　佳
张　乐　叶　子　周　璇　陈　昕　伊　蕾　王　菲　陈　飞　焦　玉　余　悦
曹思源　王语嫣　刘阿晓　范恺轩　王欣然　何书馨　孙甜心　钱依喆　汤心怡
陈迩丹　李沛霖　李雨琪　葛欣然　郑舒怡　林函潇　祝珺婷　戴子惠　韩心傲
刘泓吕　蔡正伍　陈姿颖　龙湖心　吴泓洁　钱沛羽　段睿扬　王靖童　王伊萌
王芊慧　查伊涵　涂思熠　张晨旭　林嘉洋　张千玥　马宇航　虞杨杰　叶霖蓁
郭樱樱　张心子　龚雅奇　任如意　朴润哲　陈媛媛　陈灵莹　毛煜华　李雨欣
罗馨怡　宋吉晗　刘琪奂　沈晨祎　郭可欣　袁祉欣　黄家瑜　胡诗婕　穆殿欣
张蓝月　张馨月　成紫璇　刘欣琳　赵子婧　任泓博　王晓宇　蔡皓月　程莉斐
魏俊宇　黄士慧　郭桓维　李思敏　宋嘉睿　冯子怡　张文清　杨嘉颖　罗翌嘉
吕霜宁　胡雨海　季禹璇　张驿欣　梁力文　吴希玥　邵子程　董润高远

传媒与国际文化学院(61人)

杜　潇　杨　媛　韩　莹　姚　洁　王　萍　章　杨　吴　桐　仲　钰　王　博
王　瑶　李　想　陈志远　王可心　潘亦聪　冯晶婉　王晨星　郭子嘉　钟依含
毛芳宁　钱天祺　王伊茗　蓝寅梦　王祎琛　王茜茜　戴心怡　厉安恬　陈力嫣
殷婷婷　曾言雨　俞纯彦　校珺婷　蔡依诺　李京依　王蕴仪　姜美成　陈佳慧
龚子怡　谢春红　朱子愉　陆肖蒙　罗宇琦　陈静怡　孙佳彤　汪宇新　张梦婷
吴品锜　王李毅　张雨薇　吴润琪　闵悠然　蒋辰雨　谭慧琳　鲁昕怡　章心仪
田阔野　秦子懿　孙婧蕴　孔祥思　张怡雯　方清影　叶昱辰

艺术与考古学院(36人)

徐　舒　雷　静　邓　陈　张　文　韦　奕　韩　笑　尚文龙　朱雯睿　尹若寒
苏芯玉　赵晓涵　方楷依　林心怡　施佳希　蒋欣言　沈梦婷　费震涣　任函雨
宁钰欣　沈辰儒　黄润洁　陈恺平　徐高虹　陈明璐　蔡旖雯　吴馨怡　张颖洁
洪思思　许奕敏　贺子怡　吴若瑄　姚宁馨　张志鹏　韩蕙颖　刘思齐　王洪欣驿

经济学院(91人)

吕　叶　赵　霈　许　颜　毛　堃　沈　徐　夏　天　夏　开　吴　量　王　玺

罗　旭　樊　越　王　轲　郑　屹　黄　弋　周　维　贾　玥　李　元　邝　睿
朱依茹　陈禹池　周端毅　许筱儒　林子跃　胡靖彤　王伟江　张津铭　龚德威
许心怡　王子昂　王子奕　黄杰章　裴萧忆　田怡霖　管家乐　钱双桑　陈华鑫
张瑞泥　戴芷晴　陈泓羽　王若天　谢一笑　姜甚安　朱昭姜　陈鑫灵　马胤聪
梅旭晨　秦智阳　王悦宣　马怡然　马小凡　吴文宇　胥鑫凤　王家骐　王青怡
徐群超　邬笑然　黄思诗　赵湘楠　周虹灵　张楚晨　吴若桐　何宇轩　叶柏基
李元宵　马楠妮　黄嘉胤　竹晓楠　赵柏如　周榆钧　刘子豪　陈雨堞　孙笑涵
陈冰瑶　陈婧楚　黎以佳　薛景晨　吴袁震　何宛书　温圆月　李文瀚　梅浩楠
孙凯文　高原雪　毛诗彪　李雨婷　韩欣桐　刘昱凡　刘清清　时婧杨　谭秋鸿
任黄捷安

光华法学院(57人)

蒋　磊　周　栩　许　琳　张　影　周　婕　赵　易　蒙　晓　张　行　刘欣月
施卓言　尹丛卓　王宇珂　吴丰羽　林奕序　林子旼　陈晗钰　边家鸿　楼晗丹
范智蕴　孙佳宁　郭凌涛　王雨璐　顾静怡　施浩天　潘嘉雨　忻奕锋　陈嘉璐
谢甜甜　叶睿佳　张潇月　李骁睿　谢雨桐　李松豪　李怡佳　吴硕君　王星雨
郑辰瑜　蔡燕妃　方雨珂　许若滢　李玉洁　项紫怡　郭竞捷　应雨欣　陈俊阳
万盈池　余晓倩　王可嘉　赵天悦　杨芯茹　林子丰　吕紫婕　周子琪　郑斯元
付思雨　杨展腾　穆卡代斯·吾买尔

教育学院(60人)

林　点　李　爽　万　婧　丁　灵　潘　瑾　金　晶　赵　婕　许　诺　杨　飘
徐　乐　周志强　鲍澄缘　郭江婷　陈廷旸　朱飞宇　许晨韵　李维妙　李孟杰
吴雅绢　吴上好　盛钟浩　庄泽庆　陈增江　翁东凯　王润泽　金汀舟　夏煜琳
朱俊宇　何逸轩　陈宇康　麻骐韬　蔡俊奇　苏昊辰　叶姝楠　刘林佳　张凯程
童泓杰　陈姝宇　傅雨欣　沈宇伟　雷建彬　蒋乐易　潘明方　王双盈　谢春晓
喻文轩　李孟垚　简晓玉　陈汤琪　吴宇涛　沈李舜　褚优贝　鱼乐颜　何家豪
金恺顺　童嘉琪　何聪慧　周浩杰　赵起锋　李林冀洁

管理学院(65人)

姜　宽　江　颢　吴　仪　金　铎　丁　镛　袁　瑞　冯　满　徐　楠　陈　诺
杨雪倩　曹京京　韩佳麒　霍世龙　王佳奇　苏雨诗　林诗音　陈浩楠　张漫桦
杨宗森　孙艺宁　元楚彤　沈凡妮　叶芷含　刘园馨　邱若琳　许锦炜　程彬彬
陈樱沁　童子馨　钟超群　彭唯予　秦雨森　周楚涵　董轩宇　郭馨玥　于文萱
金书文　林其欣　章俊杰　周伶滢　潘悦齐　任宇飞　周雯卓　杨雨孜　李沁琳
王雯宇　张乐萱　胡雨薇　陈晓艾　金品羽　成晟楠　张怡青　孙子洵　朱伶俐
孙旭航　葛琴琴　黄世达　李小凡　张倬闻　段奕荷　胡永杰　郑喻云　王安庭
徐李可儿　叶丽达娜·叶列吾别克

公共管理学院（102 人）

吴岩	张彤	周益	寇克	王柯	巫冰	王莎	罗诚	杨戈
吴岚	余静	李悦	胡琼	马琪	杨慧	郑磊	蹇翊	赵薇
方晨	叶蕾	唐歌	杨旭	杨子豪	陈思彤	郑思绮	陈金泽	尹美晨
于攀雨	蒋双怡	黄晨怡	林恬羽	周梦飞	蔡心怡	顾宇宸	吴仪铠	丁谱尔
谭馨怡	梁含英	王雨婷	邱昕泽	陈姝涵	袁浩然	张涵涵	方佳微	沈绰绰
高凌奇	罗祎琛	王毅凡	周禹涵	姬雨田	张梓丙	林雨生	刘来泽	刘雨航
田诗雨	姜素琴	陈冠宗	谢志锋	魏小静	周子翾	金麟硕	倪展来	王观之
陈烁存	王烨航	包彦桐	吴安迪	李柯佳	方蓓晨	祝涵瑜	胡竹言	严淑婷
吴律城	苏彦羽	吴建堃	张佳慧	姜文悉	廖朝泉	邓嘉宁	陈鹏洲	莫怀成
应兆基	陈仁杰	林心乐	叶雅琦	蒋思雯	周泽玮	孙佳琦	黄森杰	袁天怡
蒋亦菲	侯丁楠	李思瑶	姚一晨	冯一帆	夏浚铭	章文韬	王亦章	邢嘉月
姚宝妍	田诗巍	仇若伊						

数学科学学院（90 人）

张磊	祁雯	胡恺	雷骆	沈棉	洪奇	吴伟	朱伟	常笑
顾皓	邹芮	贺普	樊睿	张文	王未	徐琦	邹海云	黄宇星
廖楚乔	李杜若	郭子谭	俞辰皓	许熠辉	赵宇瑄	禹凯旋	黄叙彬	蔡乙铭
陈灵灵	李之琪	熊浩然	史鸿儒	朱舒兰	雷力恒	冯奕沛	应静宜	叶子昕
吴建伟	何雨辰	黄俊源	王斯怡	俞管钦	叶舟夫	陈天淇	朱恺杰	何明涛
王冠入	杨泽宇	朱成浩	颜嘉图	何昊霖	刘铖灏	牟俊多	金鹏炜	吴炎霖
熊雨豪	张卓涵	申百宁	李姗姗	江禹辰	郭其龙	曾奕扬	赵沛榛	钱一笑
罗利波	丁康杰	王则豫	杨宇凡	金桉杰	陶海天	王亿铮	郑思源	许安石
陈思丽	李方圆	刘新东	郯许和	崔安妮	洪艺中	王宇杨	行一凡	张峻豪
吕梓沐	陈泊岩	庞竣元	杨玉虎	施吉胤	姜皓彬	黄宣霖	王浚源	胡婧怡

物理学系（55 人）

陈乐	陈博	胡杰	王宁	潘泽	方哲	华腾	田滢	陈函
沈昊	毛昱	余悦	苏毅	伍湘玉	慕佳丽	赵泓鉴	胡雪松	陈天泰
刘佳明	王童康	闫子轩	蒋林杰	杨琰斌	邹亦仁	陈晓洁	朱海明	翁远超
叶凯鑫	陈雨过	刘容甫	董涛佳	米志毅	刘书悉	潘烨阳	安明昊	张诗宇
戴子博	朱名杨	张夏岚	王双源	陈铭楠	王致远	王奕骏	祝浩展	赵云鹏
张靖雯	潘逸宸	蔡俊涛	杨佳楠	吴睿可	王相和	吕天宁	王文藏	王彦哲
张洋宁								

化学系（43 人）

王欣	董锘	庞杰	熊悦	孙逊	顾梁	曹泽	王禹	余童
王健康	焦志鹏	汤缪炅	金元甲	石赵鑫	雷海心	张逸洋	沈涵潇	李俊逸
张钊源	黄晨舟	李良柱	郑瑀山	吕洋博	陈浩宇	胡垲琳	刘继元	谢日新

| 张柠霞 | 徐子豪 | 蒋添宇 | 邵泓亮 | 陈均鹏 | 毕佳露 | 傅贝尧 | 金裕杰 | 梁文恺 |
| 杜一凡 | 徐乐妍 | 钟诚成 | 廖育城 | 邱仁慧 | 张林晖 | 迪力亚尔·艾尼瓦尔 | | |

地球科学学院(30人)

沈妙	杨波	陈龙	唐鹏	龚倩	金禧	夏怡	张淏	王喆
季程涛	毛熠莉	张子慧	赵秋皓	茅珈源	王佳琪	陈彦琳	闫家恒	王泽宇
冷元康	吴嘉宁	肖佳峰	王子墨	吴俊珲	叶晓辰	孟令雨	陈振源	杜林哲
王漱涵	郦天祺	钱知之						

心理与行为科学系(27人)

孙洁	林琛	张昱	钟韵	江予	夏娜	孟维	沈雨蝶	陈心悦
林雨欣	吴笑天	顾天意	陈政铂	郑智行	潘之禾	陈美璇	祁雲锦	黄国际
陈泽锋	林姿怡	付金鹏	彭亭彰	张晓冬	吴天琪	高诗淇	张维浩	徐天宇

机械工程学院(80人)

唐洋	沈凝	苏杭	张睿	徐源	徐浩	张炯	余焕	王媚
边婧	周杰	李祥	王浩	于洋	徐来	傅辰	许丹	徐毓铭
沙凯杰	胡益隆	马雪娇	陈博文	邓人格	黄丽娟	余舒洋	李斌磊	项嘉诚
徐丹泓	钱朱正	聂文翰	张文煖	王一帆	毛宸浩	余舒源	王超颖	邵志成
叶佳木	徐晟凯	郑方舟	乔艺涵	续嘉豪	苑艺修	雷亚娣	来文鑫	许浩洋
周宇喆	张君宇	唐子文	刘嘉骏	段佳芳	王宝莹	卓正阳	崔文博	徐佳航
李佩泽	杨灿耿	何明谕	楼正扬	李若芊	董泽宇	张韶文	梁澍晗	郑子翼
吴正豪	林统华	贾孟晗	吴佳乐	唐溢禹	郑子豪	蒋宇涵	陈皓天	章其峰
胡芯蕾	陈思睿	石大杭	沙一洲	汤子安	周家璇	吴润茂	金子冠	

材料科学与工程学院(31人)

虞锐	丁立	王耀	桂阳	钱昇	龚晨	周末	王静	娄翔
包晨琛	范炳成	祝潘斌	周扬帆	王昕洋	赵宁馨	聂群霖	杨子祥	李亚轩
张浩燃	鲍浙安	李闻天	孔欣源	薛一正	孟景晖	林思宸	林明泽	缪之恺
厉梦璐	马岚雪	冯海龙	闫祺珑					

能源工程学院(93人)

陈硕	袁辉	李哲	盛侃	章宁	吴焱	孙婧	何鑫	刘畅
方轲	张扬	李杰	黄钢	牟曼	毛润丰	董路路	王浩成	蒋依蔚
寿可为	杨雨衡	齐智鹏	许烨开	谢任禹	史琳洁	李俊杰	李海龙	陈懿同
沈杨易	赵伊雄	凌家瑞	周华彬	凌祎璐	谭郡瑶	薛仕龙	宋昭南	冯若凡
陈卓愉	胡斯怡	徐紫卉	毛苏宁	李睿泽	胡思捷	杜涵涵	陈孝炀	朱德炜
何容与	卢笙悦	谢鹏辉	李名声	丁相东	王尔卓	陈云布	朱昭帆	欧海洋
黎昌棋	陈昊炜	周宇翔	杨争辉	王子龙	施宇迪	赵治皓	徐凯涵	徐文轩
沈佳源	袁欣莲	王德易	祝海涛	杨家泰	徐一清	谢楚涛	张桂嘉	万里翔
许滉洋	朱添泽	项亦都	李承浩	沈伊杰	朱可逸	卢韩斌	吴锦鹏	廖文碧

陶怡楠　陈声浚　沙文宣　王臻宇　邬佳科　滕浩文　曹人仁　唐旭阳　邢华林
邓子欣　陈天豪　袁冯铕信

电气工程学院（135 人）

陆　琦　袁　恺　秦　昊　杨　斌　陈　珂　杨　哲　于　潼　林　涛　陆　颖
周　天　季　宇　程　鳞　占　领　海　栋　王　媛　向　澍　黄　健　丁　艺
庞　彬　郑　撼　郑　磊　郭　帅　孙　媛　徐　华　袁　帅　邓　婕　裴逸凡
倪世贸　何晋研　陈建威　蔡弘毅　刘昱辰　张晓龙　王祥宇　张科甲　袁钰淼
高一尘　宋则豪　王世龙　庞盛元　赵潇汉　李周畅　邱恺顿　陈博儒　阙芊芊
练润哲　卢禹同　刘良玺　朱浩捷　邱昱昆　王雨欣　向旭江　董怡滟　周势权
唐恺卉　万一心　吕若佳　吴浩民　李洪博　吴含欣　余江涵　钱立群　丁裕哲
李家豪　朱呈翔　刘光鸿　王泽腾　李毓楠　姚然誉　张梁育　岳嘉祺　侯纳敏
冯子龙　刘懿静　李汉霆　任奕澎　黄潇龙　莫凯佳　谢瑞杨　刘明宇　何宇昊
李宜婷　胡哲珲　袁梦瞳　叶浩哲　刘沛周　陈兴国　刘可佳　郑开开　余嘉为
周弋涵　张含蕾　张睿成　陆炫存　谢雨威　骆伟国　曾子涵　章哲成　徐楚奕
傅雪艺　丁佳豪　杨鸿滟　叶文瑶　励柯炀　胡止境　郑雨珂　陈垣希　吴凯月
冯腾龙　吴振扬　杨力嘉　谢渠成　俞佳楠　杨湛新　力尚柯　李晨凯　杜一飞
綦跃声　叶蔚林　沈洋羿　于佳正　谢翌文　张万霆　王元宇　宋振宇　耿文涛
贾轶文　高志海　蔡翼驰　毛照渝　张渊博　彭里卓　吴奕姜　胡宇航　徐夏梓孺

建筑工程学院（126 人）

应　婕　王　轶　钟　灵　徐　茜　时　慧　路　玥　胡　洁　陆　浩　商　叶
钱　龙　方　琰　金　洋　童　畅　李　媛　严　助　徐　达　丁　喆　王　哲
余　爽　梁　桂　姚丽霞　黄佳乐　蔡可欣　阮晨昕　胡铃儿　余悠然　应宇煊
高宇婧　费俊谋　曹宇月　陈美静　陈心畅　刘路通　姚知君　单俊康　陈肖滨
涂子煜　金逐流　徐浩格　杨熔潞　周韵涵　马嘉悦　史海鹏　罗文娜　池昌政
王龙佳　傅优优　孔舒怡　陆文凯　陈紫怡　江上春　厉铭明　赵雁清　姚双越
郑成瑜　冯银炜　李昕昱　雷嘉薇　胡玥琪　金亚霏　庄可欣　黄乐鹏　汤钦凯
汪郭立　鲍佳特　叶俊涛　吴浩麒　李嘉恒　宋鑫磊　蔚岱蓉　颜子瑶　孙定敬
叶海丽　侯明欣　阮可馨　郭小刚　杨奕涛　叶登琳　翁冯韬　涂彤惠　杨佳怡
程依琦　尤黄骏　汪亦凡　张梦琳　王亚龙　徐文珠　黄子文　赵栋晖　童妩旭
王伟盛　宋梁涛　潘宇轩　林力麒　沈向诚　汪方奇　金一帆　胡亚辰　吴亚辰
陈思洁　龚宸硕　陈安妮　吴兢业　陈晓轩　周怀远　林建海　周梓怡　郑泽颖
徐嘉颖　余沁妍　王陈远　胡晨珂　季非林　周鸣悦　史懿清　吴可悠　王凯雯
芮楠辉　吴叶遥　朱远瞻　白植昆　杨涵淄　赵景琦　张汉青　鲍申奥　陈思愉

化学工程与生物工程学院（53 人）

盛　彬　金　婷　郑　娴　宋　涛　任傲天　王卓安　苗煜杰　陈夏晗　金俊选
姜小晶　贾思宁　郭雯茜　费昌恩　陈文群　李丹龙　韩蒙哲　肖晨玮　王哲昊

黄嘉诚	姚梦洁	李雨欣	潘倩妍	郑雨婷	潘有容	张胤乔	刘诗佳	肖岚馨
夏致一	朱睿婕	徐心童	高浚淇	方冠东	胡乘睿	韩嘉伟	葛卓颖	项雪琦
刘玲清	王文昌	周佳楠	姜芷欣	郑志光	俞卓卿	兰宇翔	汤荣迪	童之阳
俞沈辉	徐艳焦	胡予缤	张辰恺	卢景昊	向昕辰	简谦旭	欧阳泓宇	

海洋学院(71人)

李 俊	陈 敏	叶 梓	郭 潼	吴 洁	江 峰	谢 天	郑 翔	郑 恺
甘 果	刘 玥	沙子童	佘美怡	项龙祯	刘子晨	叶兆艺	周泽锟	邱严杰
华雨桐	李丽雅	沈成洋	方步远	徐子涵	郑纪星	陶梓健	江天任	袁明珠
贾顺谨	王宇轩	徐雨杉	邓龙赐	张忠扬	宋孟夏	周嘉浩	范诚睿	武鹏荧
陈默涵	李家和	台汉辰	许浩泓	郭铁城	徐婧雯	刘宏森	汪子晗	张宇轩
廖千程	周远航	吴方堃	梁英杰	郑人予	陈泓宇	吕纪帆	朱纪霖	林心颖
李登科	肖元浩	杨智颖	陈俊荣	周昕熠	汪樵风	郑柯祺	屈若冰	余沛璟
黄靖坤	刘一苇	严森曦	麦子轩	刘睿捷	陈梓豪	常子诺	李正雄	

航空航天学院(35人)

邹 昊	刘 阳	吴 涵	唐 栎	金 瑾	谭 珺	杨 光	宋 佳	陈 浩
孙佳琪	蒋世杰	盛方圆	张凯瑜	吴雨思	史振兴	张倩羽	李明康	潘之航
俞方洪	蔡昊宸	沈思远	王天力	朱俊豪	楼佳悦	辛志乾	梁妍鸿	方倩艺
戴百惠	方天睿	张亦婷	李赋宁	陈荣楚	邵玉瀚	王宇琨	金昕豪	

高分子科学与工程学系(28人)

沈 晴	许 璐	许 滢	田 懿	马 静	胡 朗	蔡福贵	任纪童	马怡航
李雨彤	徐语遥	章梦莉	王嘉镕	王敏洁	叶秀坤	岳昕辰	林敬涵	潘悦航
李睿一	温永坚	王柔烨	邹毅凯	吴威尔	曹俊俊	盛浩楠	胡真扬	金淑杰
田雨芊								

光电科学与工程学院(46人)

牛 博	杜 宇	曹 雯	田 庆	游 轩	高 尧	曾 维	罗 仪	陈 爽
赵慕茜	叶雨波	张浅寒	卢星宇	黄剑锋	孙伟超	罗雪峰	黄逸翔	刘海宁
曹隆荀	杨奕晨	潘宁慧	方欣果	王旭龙	赵薪然	刘庚萱	李欣明	石金泉
熊泓之	马一承	祝汶江	朱智豪	王子超	何恩兴	葛子昕	陈泓佐	宁高宁
单得峰	王棋锦	王子凡	姚清睿	姜海怡	胡凯丰	胡恩杰	邵羽祺	李治邯
诸葛政跃								

信息与电子工程学院(122人)

胡 昕	徐 鹏	李 芬	杜 羽	季 然	张 焘	李 雨	张 晓	杨 帆
宫 琪	虞 快	路 通	姜 炜	胡 帆	赵 昶	朱 羽	丁 昊	徐 璐
高 策	沐 微	谭 烨	廖宇轩	范圳浩	李思源	李雁翎	牛旺升	胡烨俍
徐子彦	陈清场	蒋丰泽	陈锦华	黄少麒	阮凡杰	程华元	张舒欣	白岩松
张龙姣	曹逸芃	李文浩	王固强	高源骏	周心雨	丁天立	夏逸凡	陈安迪

邹文卓	吕烨宁	王钦与	周子力	季超杰	苏结伟	马千里	姚锦炜	励群琳
毛雨帆	杜董纳	王观涛	叶辰臻	刘俊琦	田惠民	范雨欣	刘海倩	任芮瑶
王韬越	庞博文	张馨文	张文凯	王泽昕	刘昊楠	张睿思	张大丁	刘岸林
谢旻均	张凌峰	肖勇波	侯一格	陈吉敏	陈亦奇	陈永杰	陈梓杨	白力嘎
许东伟	梁沨钰	张楚奇	巢凝安	张元明	王淑鑫	黄旭初	巴浩文	叶慷鹏
祝晓斌	戎航凯	周珂全	陈礼建	林立诚	朱佳祺	吴一凡	朱夏瑜	姚晓雨
陈铭心	赵永淇	蔡望禧	毛志豪	王瑜昕	陈慧奇	颜扬威	严宇轩	沈家骏
吕蓝翔	杜皓楠	余俊伟	郭子昱	单泽静	周灿松	喻治滔	姜雨彤	何玮杰
杨羽霄	杜秉哲	郭含蕾	刘益彰	周吉安				

控制科学与工程学院(54人)

徐隆	杨豪	丁青	周天	肖航	杨朔	平衡	安韬	刘镇铤
陈泓旭	樊家乐	胡江鹏	王恺均	毛婧璇	裴长乐	黄仁朗	贾鑫朋	闫夺今
程方晧	韩陈睿	刘晨光	张慕骞	陶宇骋	郭一品	何嘉诚	陈天懿	陈一博
崔云龙	王小龙	梁天浩	许家尧	田雨宁	李帛翰	朱梓荧	潘第弘	赵庭辉
孟铉轶	王敬平	叶俊江	叶晨昕	黄铭禹	张元澎	毛岳峰	李亚光	高瑞岚
杨敏琦	沈奕澎	刘梓涵	孟世元	徐浩然	范振宇	栾皓然	任嘉毅	王子非

计算机科学与技术学院(165人)

崔池	赵洋	李龙	冯源	陈希	石蒙	张琦	陈诚	王睿
李楠	高婧	许然	薛伟	陈峥	李洁	李想	周鹏	李藤
杨易	芦宽	郑宸	焦点	刘鎏	卢迪	丁正尧	邓千一	张泽翼
李曦羽	邵伊琳	李心言	朱晴川	鲁昊霖	李绍康	杨博淳	陈彦文	徐润森
黄沈一	李可欣	黄海烽	梁启豪	张舒奕	刘亦晗	施楚宁	刘丰豪	刘一辰
魏浩宸	陈思婕	黄昱祁	令狐鹏	胡洋凡	杨依娜	余若男	夏天鑫	马静怡
聂俊哲	沈寒暑	朱祉盈	林子希	刘晓钦	王采予	程梦烨	朱王逸	郑燮石
潘凯航	张凌铭	张金露	刘昊澄	周屹赫	康锦辉	曾一欣	赵天辞	吴润朴
马嘉悦	赵卿云	王旭龙	潘子曰	揭海亮	康大凯	郭子扬	程川洋	杨易龙
董嘉华	马梓睿	刘佳琪	孟庆昊	浦竞文	温子奇	陈昱文	黄梓淇	陈文宇
王绍兴	程诗卓	付添翼	吕雪妍	徐正浩	陈志博	张静圳	姚思远	章沈柯
张靖宜	张泷予	秦子昂	程沛鹏	吕泽源	李兆渊	李怡宁	朱欣欣	胡浩文
张沛全	吴恩泽	赵紫宸	郑雨琪	夏霄汉	王轶楷	彭悦诚	陈昊天	李木子
郭可慰	钱乔轲	雷子悦	朱余哲	陈云奇	刘舒菡	吴欣倍	何明谦	季高强
陈信宇	曹炜杰	许铮浩	陈昊翔	高晨熙	吕皓明	龚刘赢	杨申毅	王炜迪
林虹好	严婉颖	叶晟昊	陈彦博	杨子晗	张逸凡	郭若容	庞懿非	董家振
张凌华	石宇新	林向荣	余景融	张振宇	刘静明	潘孟祺	颜天明	张宏增
董乙灿	陆星宇	崔铭元	杨治权	徐瑞柏	卿云鹏	张耘潮	姚佳怡	包云泰
向柯蓉	吴逸飞	王方懿康						

生物医学工程与仪器科学学院（49人）

江　珊	冯　涛	孙　震	柏　菀	刘　睿	罗　程	杨　俊	邱煜铭	石函睿
赵振淞	金真歆	朱云奇	林辰晨	嵇泓玮	郑炎浩	吴沔峰	邱羽佳	施梁辰
朱一晨	张一卿	俞卓伦	沈妤婕	毛锦泽	黄文韬	杨育潭	徐钲淞	徐嘉逸
刘笑音	汪昊天	汪雅雯	朱建辉	林宸屹	俞贝博	严承云	李若琳	金佳裔
周龙杰	樊济瑄	胡毓宸	赖京竺	郑佳琦	胡家豪	吕绍博	盛小俊	陆雨涵
帅奕帆	史寿文	李小寒	尉迟淇凡					

生命科学学院（60人）

肖　楷	余　博	过　吉	徐　一	钱　旸	姜　尧	杨含萌	仇逸飞	陈诗烨
叶舒迈	应周梦	邵梦真	邱伊飔	高云涛	杨林河	毛贝贝	陈晓薇	尹甄睨
郑迪怀	虞铭汝	张志辉	陈维佳	原溪璐	郭伯翰	王文豪	金胜昔	吴亚萌
林宏颖	傅莲婷	郑一帆	郑瑞祺	许靖欣	欧心怡	鲍苗蕾	郑跃妍	闫民擎
张淑旖	夏楠楠	彭雅纯	朱乐瑶	王煜嘉	蒋皓洁	林诗逸	周宣杰	潘发达
丁文卿	黄邦杰	程子涵	诸志鹏	郭浚哲	朱燊鋆	廖纳川	汪玉梓	黄子骏
徐嘉雨	徐安旭	周展安	陈柘巐	万飞天	钟宇轩			

生物系统工程与食品科学学院（42人）

黄　磊	郎　舫	黄　潮	胡　可	徐　姗	平　安	周太勋	张楷声	吴欣蔚
伍岳梅	杨淇钠	冯欣宇	施鸿波	吴哲圆	陈安禾	屠梦云	赵淑楠	赵逸歆
邱沣清	王芳豪	孙宇豪	刘丹迪	杨开来	张延旭	郑正宇	陈亦浓	张芮豪
方恺翔	樊佩迪	刘子涵	黄钦乐	黄嘉宝	李熔涛	林嘉龙	楼致辰	张浩正
孙心悦	陆憬错	沈学成	吴腾跃	张润瑀	梁日燊			

环境与资源学院（46人）

翁　沁	徐　欣	陈　琦	杨　澜	周　依	冯　霞	张　爽	盛　东	吴　越
方　越	潘　奕	方　颖	朱静怡	彭鹏宾	黄晨豪	黄立琴	吕沸萱	黄璐瑶
盛怡宁	池文琛	王静怡	虞孟雯	蔡雨霏	戴筠卜	胡美瑶	陈煜华	林彦含
郑瑞琪	徐丰俊	林子郡	龙昱州	张露文	宋源洁	周一诺	马汀蕙	蔡晶婕
陈威蓁	楼益诚	方文泽	应欢畅	高蔚铭	朱思名	戴江峰	何星仪	陈柳洁
赵陈栋								

农业与生物技术学院（80人）

伏　星	陶　怡	林　枫	金　蓓	胡　珂	王　洁	王　琛	张　洁	陆　璐
毛　卓	黄　靓	陈　翔	柳　畅	江　浏	林　静	田　园	姚　洁	黄　磊
黄余飞	梁俊华	程劲韬	邓佳明	金佳波	蔡佳玲	孙榆帆	陈彦卓	薛冰宇
陈琪佳	林路康	林鹤哲	赵以勒	冯义超	曹星宇	吴雨龙	吴杭燕	黄姝烨
潘可萱	严诗忆	王乐宇	蔡晓杰	赵建超	燕俊昊	周祺越	邓月英	孟成桢
李敬宇	邵明威	陈雨萌	卢修萍	郑悦春	郑荆蕾	陈佳滢	叶汝怡	胡增杰
干心卉	张卓伊	李欣凌	陈佳荣	华睿雯	倪芝棋	祁洲辉	盛晨雁	陈欣缘

陈佳意　严雨佳　朱万欣　王震宇　陈晓甘　蒋佳致　翁遇冰　吴天琦　戴依然
邹培养　陈嘉梦　杨红菲　黄佩雯　程苗嘉　梅自律　陈项境　闫悦瑜

动物科学学院（34人）

陈　瑞　金　豪　曾　妮　罗　瑜　何　桢　高　燕　舒　扬　李丹月　余鹏飞
张静涵　童迪菲　金慧佳　方天颖　屠铭尘　陈艳琼　郑智杰　郑美丹　许赛肥
黄加祥　孙相威　徐竞宏　周鸿菲　陈水晶　余耀军　何骥远　李潇腾　俞佳慧
潘晗煦　高佳璇　金佳敏　王海彤　华裕平　吴心宇　王天客

医学院（252人）

潘　清　潘　锴　陈　莺　陈　聪　陈　琳　金　诚　楼　慧　陈　燕　陈　琰
胡　婧　刘　乾　徐　欣　俞　快　厉　凡　季　睿　王　颖　金　濠　楼　上
原　梦　聂　迎　焦　赝　吴　静　王　易　向　铮　蔡　艳　陈　潇　余　凯
姜　玥　李　豫　陈　洁　傅　钰　刘　懿　赵　庆　杨　威　刘　硕　叶　展
刘孝龙　任子扬　骆钧凯　童心雨　吴凯薇　刘晓晨　达莉娟　吴晴航　沈佳琪
陈金杨　王旭锦　胡美倩　赵童辉　胡屹杰　沈曜佳　杨浤滢　柯宇虹　周亚冠
姚琪昊　徐铭煜　虞胡楚　刘子昂　倪蒙婷　华晨光　夏雪妍　胡志航　林茜茜
裘颖寅　俞一凡　邬兆元　卢娇瑛　吴裕锋　高嘉滢　陈锦仪　郑舒月　孟心宜
曹佳莹　杨宇飞　陈若彤　魏黛暖　蒋依如　方子耘　戴伟芳　徐毓冰　林婷婷
蔡华靖　李雅雯　李少利　李惠娜　黄旭华　杨子涵　余梦亲　郭莉媛　陆怡凡
张玉洁　赵鸿辉　赵彩凤　杨博文　王世博　吴小勇　陈鹏宇　鲁晓雯　张歆云
胡佳慧　张恭铭　陈祎雨　董叶恬　洪家琪　陈宁馨　马誉引　张加韵　周娅京
郭栋宇　汪佳慧　冯愉沁　李慧敏　雷江楚　陈明卓　张健伟　金洺琪　江在渊
何文涛　马凌寒　陈丽娜　朱楚楚　胡妙瑾　王欣妮　黄梦娜　刘艺鸣　徐佳灵
林慧如　应甜甜　刘若妍　叶启臻　蔡炎纳　张枫浩　朱辰昊　赵旭东　柯惠虹
徐晨浩　刘书欣　章绣定　吴崔佩　马驿骅　顾昊辰　俞超荣　戚琳珑　周晗申
王润哲　单诗怡　盛紫悦　徐凯玥　谢雨琳　钱溢佳　傅今晶　金一如　洪元雨
潘心妮　顾静怡　赵佳莹　绳文静　马凌风　陈姝蓉　卢皓文　康怡欣　易子涵
张思睿　刘启蒙　王树春　赵文轩　林春晓　叶可心　谢智涛　李淑婷　于欣雨
张桐雨　郑宇凡　杜蔚然　程旸晞　王书慧　王孙怡　曾庆勇　钱贝冉　赵潞萍
刘思思　孔子彦　薛蕙心　魏毓姝　任钊廷　王嘉伟　黄静怡　张婧涵　刘加蕾
黄晗薇　王雨霏　陈晨辰　宋霆雷　汤沈洁　傅涵琪　郑植桉　张伊茗　郭天晨
戴开心　余高毓　陈心怡　金伟雪　王淑杨　丁楠浩　方惠雅　何雨晨　郭肖楠
骆江宁　蔡书奇　吴雨佳　李紫霞　章洛菲　包书悦　杨思维　吴江栋　陈泉卉
苏建森　王晨妍　刘依兰　余坤泽　邵嘉琦　胡瀚文　金汉伟　郑雨潼　费晓洪
赵亿安　戴淑惠　王俊妍　楼昱德　戴亦超　刘心恬　林锦涛　王艺翔　汤黎可
林蕴格　胡逸凡　向思敏　周子越　张浩晨　周泽琦　刘岫浦　初妍君　陆泽琳
张馨允　张钧丞　叶荣耀　葛俊昕　胡如碧　陈熙佳　王誉嘉　吴林林

热孜完古丽·亚生

药学院(50人)

赵赫	丁霞	毕洁	陈桢	谭鑫	陈思	林历	丁晶	张辉
楼上	张扬	黄旋	王珂	张瑶	王清晴	卢奕成	何继骁	吴沈喆
何雅琴	王华婷	朱晨泽	金书亦	赵质文	赵慧锋	郑娟娟	张迅旗	马奕涵
杨集旭	吴瑞琳	胡嘉豪	邹诗洁	朱许诺	张昊天	钟泳欣	李婉欣	吕一丹
杨益栋	饶潞萱	袁任翔	王嘉雯	徐梓婷	毛佳鹏	凌梦淇	郑阳阳	林高乐
陈思宇	孙晓燕	徐潇彬	董哲帆	王云竹				

竺可桢学院(315人)

傅扬	余洁	陈儒	陈新	冯相	姜水	钱隆	吴韬	李超
伍毅	覃超	王妍	陈正	朱航	蔡力	谢晴	董昊	陈辉
詹奇	陈威	石皓	郭威	易昆	李铮	曾帅	王征	余能
黄政	柴珧	王璇	胡腾	朱畅	马腾	高珂	王翰	焦涵
周帅	施熠	朱德烨	孙雨亭	费雨蝶	肖凯帆	刘家铄	曹湘韩	李子航
黄仁泓	任连海	付仁泓	徐文韬	钱韵佳	吴欣悦	于昊飞	华健晔	沈宸玮
宗威旭	林隆中	刘可欣	王浚哲	陈希尧	宋知航	肖瑞轩	陆飞洋	季志恒
杨紫琼	林谷颖	方秋雨	贾子涵	韩谡炜	胡昱甲	朱雨轩	宋楚睿	陈泓宇
张丁源	陶玉丽	黄家伟	曹鼎浩	朱承睿	王思成	王谢睿	吴奕嬉	熊书琴
胡丽雅	黎睿翔	田玉琢	王晨旭	李民伟	周鹏飞	严雨林	左颉冰	夏天宇
蔡润青	丁越凡	周一方	徐正韬	陈一航	沈乐非	崔栋禹	詹涵宇	赵海贝
刘祺琛	薛迪烜	苏婷琳	舒闻涵	崔立添	张刘灯	孙宇轩	杨正帅	王金旻
余子琦	郑雨轩	陈谦谦	王依晴	李博韬	陈仕慨	何瑞桓	陈咸错	刘础一
阎赟之	李焱辉	余奥洋	宋佳宁	黄治杰	陈祉彤	陈嘉骏	黄嘉熙	陈德瀚
马璐瑶	练琪灏	陈迎冬	高凯风	马子懿	龚梓傲	沈文豪	朱泽浩	王嘉鸣
刘师赫	张嘉怡	蔡建楠	方思得	沈一朵	王异鸣	王行楷	侯乐凡	吴晓蝶
陆耘舟	谢羽芊	陈芝韵	龚晋诚	李思懿	陈浩森	赵晨希	朱耕玄	黄志伟
黄彬彬	支欣路	施亦昕	潘静莹	谭雅文	林思怡	廖栩烽	黄天隆	陆天峰
杜思瑜	吴赵鑫	林森鹏	阮凡玮	沈伊可	陈境烨	胡浩宇	黄淇浩	陆雨欣
陈扬帆	徐永咏	陆天昊	刘晨昕	赵泓珏	周建文	张喜瑜	王卓然	杜润一
李明泽	阮奕捷	卢芳民	廖炜杰	孙立尧	张慧菱	洪常凯	陈瀚洋	胡润琦
牟俊锦	朱子天	沈凡皓	郭凌羽	占若豪	邵国江	郭奕超	蔡晨曦	柳明睿
付凯睿	李志阳	刘思成	陈楠禾	杨婉倩	徐一凡	张雅淋	陈鹤苏	赵乐骐
谢文想	霍奕程	尚子韬	王艺蒙	符鹏阳	霍鸣悦	吴佳昱	成高远	高雨萱
马郅皓	薛唯琛	杨林涛	王浩帆	王哲骋	席思琪	李骏泽	吴紫琪	边姝俊
李龙飞	王昕宇	胡子昊	施可惟	周陈昊	马逸伦	林海翔	刘芯怡	杨文静
王非凡	包周杭	葛欣诺	赵安可	许益豪	周雅婷	孟楷崴	方铁根	顾小雨

浙江大学年鉴

张铭杰　洪浩荣　袁瑞鑫　张嘉颖　陈天功　周云帆　潘嘉葆　刘宇骄　宋文铮
李世钰　程博裕　王彦如　潘政哲　王琳瑶　徐昕怡　叶斯琪　叶瑶波　陈可越
陈逸鹏　蔡逸晨　余鹏飞　金心怡　吴圣栋　肖昊瑾　周杨叶　施文骋　张榆雷
褚天乐　朱文青　潘嘉骏　周欣仪　郑楚泓　陈虹宇　冀静怡　王子骞　刘得志
张子康　刘家玮　刘家耕　汪张翼　彭永海　范耘溥　曹田雨　郭家豪　刘志坚
熊儒海　杜荣星　尚嘉伊　王和钧　蔡志豪　胡文镝　张祎颖　李卓毅　蒙靖凡
司赫宇　廖诗妍　何宇辰　何家骏　王宇航　张晏铭　丁静怡　张旭阳　杨天卓
王雨禾　赵国俊　皮松岩　张艺蓉　王润冬　张可滢　王一凡　沈陈邦杰
楼傅亦成

求是学院丹阳青溪学园（331 人）

赵玥　陈康　钟珺　王涵　苏虹　赵敏　严诺　蓝青　徐晨
陈杨　陈楠　冯誉　倪靖　张章　鲁硕　刘毅　李烨　吉利
顾开　曾毅　周毅　袁皓　周杰　王颖　王湄　傅瑄　陈云
李喆　李岚　王骏　陈欢　朱珂　叶莹　江航　李晶　许睿
肖芸　陈可　陈儒　金奕　程阳　李扬　高昕　朱越　舒欣
丁宁　杨东　宋词　张妍　刘悦　曹颖　金辉　曹硕　张腾
黄睿　唐力　邓晴　王腾　练雨晨　焦雨菲　曹嘉仪　张子娇　马嘉仪
王睦瑶　荆婉玥　饶泽波　吴文菲　周可靖　王璐瑶　陈天然　张云衣　郑予易
喻琛越　应育成　李忱运　余萧蕊　蒋彬超　朱晓琦　王尔欣　刘晨阳　徐俣骞
郑文杰　陈奕宇　宋柯颖　许钰苠　朱嘉禾　吕乐瑶　韩益航　陈嘉慧　姚可人
尹铭睿　施若夷　冯奕嘉　徐在源　陈欣怡　谷静雯　张雪怡　袁佳莹　张书珂
王森森　杜梦冉　陈思名　郑俊侃　张益铭　魏晨乐　蒲观涛　金胜佳　蔡欣瑶
童欣茹　张睿纯　田乐怡　王晨奕　谢一凡　朱彦橙　黄奕铮　邹宇洁　郝璐璐
初东雪　常玲子　李婉婷　陈彦雯　邓茹心　王思齐　郑玉琳　徐同杉　王思沅
付鑫焱　朱小芳　韦佳利　李云燕　陆雨轩　周慧强　周凯旋　徐琳娜　张秋之
岳文静　刘国云　杜颖婷　郭昱涵　李嘉琦　姜续敏　李童真　高乐娇　林琬容
郑雅文　吴婉晴　凌子恒　王浩宇　金文娟　周有灿　姜语欣　康紫麟　史云飞
张秉玺　茹汇雯　郭佳欣　王诚誉　卢永琪　杨静希　孔伊旬　李世鹏　曾丹妮
杜苗苗　刘红艳　李凯媛　姚宗庆　王耀敏　沈锴丽　黄锦暄　顾丁莎　蓝子隽
林昊润　邱金燕　金心逸　邵意珂　郑欣雅　叶逸佩　方崴鹏　虞承睿　陈文洁
胡伊扬　何佳铕　张安琪　张焕敏　王欣然　汪奕萱　饶祺祺　傅彦翔　蒋乐瑄
郭宇佳　夏丁于　王若昀　顾润哲　徐嘉琛　徐纹纹　钱思卉　刘梦惠　卢与晨
王飞杨　裘佳豪　金小楠　吕智超　王灵佳　郑艾丫　张雨佳　顾婷愉　丁钰芯
蓝舒琪　周涵宁　梁承杰　王奕博　王可嫣　王聪棋　周怿涵　赵迪菲　李可玥
窦淇儿　沈晰月　姚羽雯　陆歆琰　苏靖宜　高紫伊　叶子硕
王梦茹　陈曾慧　程才怡　沈海涓　廖琼宇　徐之乐　吴欢蓓　俞伊凡　王琳棋

唐文轩	刘书垚	黄滢璇	林乐怡	董博涵	叶伊玲	杨格豪	戴莘迤	梅琰彬
周钊企	林嘉伟	岑雯莹	汪耍邑	张雪榆	何倩怡	严袁菲	陈莎莎	许亦琦
葛琪琪	柴宇恒	冯优晨	施佳雨	潘雍华	郑碧伦	张之昀	周涵睿	李一柜
何昕源	马婧恒	丁兴涛	曹蓝冰	刘睿敏	马锌哲	胡依卓	何沁怡	朱嘉珺
朱思睿	周天悦	何卓凡	诸致远	刘陈若	朱陈晨	郑昕尔	翁雨哲	毕宇辰
程炳森	吕亚琳	魏浩铭	张云轩	朱瑛楠	韩文睿	慕熹彤	周雨晖	蔡思琪
宋文巍	龚洋琦	何歆玥	朱晋良	黄志远	黎明悦	唐卿蝉	王若彤	张雯旭
王天怡	胡瑞颖	张婧涵	孟靖雯	陈嘉瑶	赵竟廷	何相杰	杨浦晶	李海容
周美彤	张砚池	朱亭睿	肖金钏	李佳殊	王曼柳	刘雨奇	蔡非凡	陈良宇
王芷淇	唐智佳	刘佳鑫	杨玮怡	乔玉琪	肖诗雅	王玉露	张新莲	张瑞珂
彭鑫霖	蒋舒涵	陈楚文	黄欣睿	林宥均	曹尔润泽	潘莫昱琦		

求是学院紫云碧峰学园(312人)

宁俊	潘悦	蓝逸	施旗	张楠	吴灏	尤月	高乐	杨晨
朱灿	叶静	蔡理	陈诺	颜彤	曹杰	王梓	余俊	王优
贺森	宋为	明鹜	高权	刘翼	沈萌	王杰	陈煌	许懂
周琳	颜婕	陈翔	杜娟	曹澍	屈波	梅钦	罗昊	孙川
刘强	金东辉	张金铭	温邦荣	肖钰鑫	蔡晗畅	杨天硕	丁博楠	姚昕成
武梦可	张冰洁	贺洁宁	叶于君	张俊杰	汪铭凯	王凌昊	孙启翔	杨叶津
赵哲杰	汪雨甜	施潇艺	包洁婷	张晓琪	李舒怡	黄识翰	赖舒恬	王田宇
徐建真	周哲涵	汪琦皓	周裕东	陈立栋	傅榆涵	林宇同	侯辰渝	唐敏杰
李祎坤	王如月	唐诗琪	李乐彤	朱文迪	顾以诺	顾瑾钰	唐宁艺	王溯原
刘天骄	陈傅涛	高佳露	徐匡田	赵梦雅	赵雅婷	蔡振宇	黄彤浩	张俊凯
陈柔含	尹钦弘	孙子骁	徐敬天	李嘉晨	俞凯杰	廖恒一	杨胜超	梅雨洁
朱羽飞	叶欣蔚	洪其晨	张泽鑫	徐婧霖	杜宇科	滕烜恺	赵安恬	周欣雨
吴子豪	毛雨泽	曹佳琦	沈谦君	徐可心	林睿恬	杨佳莹	杨天怡	胡昊源
蔡伊睿	方文凯	蒋镇毅	吴佳欣	袁程宇	潘荣荣	王楷凯	陈佳铭	沈天尧
徐睿容	胡心成	邵枰铃	方安瑜	徐奕帆	方童岩	来陈榕	黄宇澄	劳书行
包心悦	沈维扬	陈泓雨	张峻恺	徐子珺	陈卓石	何其真	陈佳怡	潘佳仪
孟祥昭	汤一凡	宋泓毅	姜山月	简嘉泓	苗晨晰	黄一丰	张非凡	何家乐
向咸旭	李鑫宇	王晨雨	孙钰圻	王屹东	蔡添乐	刘奕辰	梁可愉	陈飞扬
孙一凡	许嘉斌	汪晓亮	张智涵	王一智	宋文松	贺嘉豪	张柯尧	何雨燊
马瑞飞	李仁杰	张文才	高奥运	陈金明	赵潇然	刘诗祺	廖子辰	朱晨阳
江小小	林雅轩	江宣瑾	叶歌凡	陈奕燃	应旷野	郑新源	金佳颖	汪芷淇
曹聿恺	周子力	邱锡伶	沈宇豪	方逸可	刘毅哲	陈蕾羽	陈逸晗	胡嘉成
周宇轩	邢俊杰	钱三多	潘泽城	翁裔天	施嘉杰	沈轩喆	魏可为	滕朱瑜
吴婷笑	徐云楷	潘家桢	戴伟涛	李俊璋	孙伯伟	陈柏翔	王建瑞	宋一凡

浙江大学年鉴

蒋思超　邓雷彬　沈韵沨　夏恩博　谢尚琢　黄子瀚　翁陈朴　林可心　竺贝宁
胡雨彤　虞逸帆　许竹沁　朱伟刚　袁恺旸　柳安琪　杨毅凡　李泳彤　翁昊哲
陈晓婷　徐诗琪　高元亮　茅羽柔　傅舒扬　周家怡　颜潇涵　郑书航　于瑞骐
李维嘉　汪欣琪　马天宸　刘佳康　刘彦宏　李仲正　杨乐洋　林方宇　李秉泽
仲书辰　孔郁杰　马子敏　于耀杰　徐晖曜　戴俊铖　贾世安　陈佳彤　钱景成
谢伟民　陈斯洁　吴鹏佐　韩恺荣　韩郑衡　董家伟　曹梓航　董佳昕　陈雅雯
刘粤申　沈思扬　韩俊杰　陈丁晔　张剑锋　李垚儒　聂思晨　胡梓敬　卢政希
徐若彭　李俊霖　刘祥洲　程政淋　赵小迪　王子暄　张梓洋　张嘉季　刘恩俊
张瀚文　许陈含　李睿晨　周炳鸿　何子隽　谢予澍　郭兴华　雷雨珠　朱一明
刘书源　王麒哲　贾鸿硕　周君鹏　李吉洲　李美霖　祝家俊　陈乐祺　万士欣
李兆成　皮佳明　袁李源源　诸葛均豪　公冶在田　吴烨心睿

求是学院蓝田学园（342 人）

留奕　徐畅　陈铭　王杰　吴昊　林臻　葛添　季洁　刘畅
程锦　但力　王浩　易璇　汪伟　周蕊　刘军　彭妙　彭鹏
吴创　杨昕　李骁　吴蔚　陈蕾　尚佳　郭威　龙麟　陈放
平珩　高硕　郭涛　文蕊　张琪　林萍　陈妍　浦凡　蓝柯
姚健　王楠　汪涛　周浔　李曜　陈赉　姜习　徐若　胡杰
高蓓　朱鹜　吕佳　黄维　杨悦　黄杰　颜明　叶鑫　陈语
钱进　夏天　杨琛　陈曦　王铿　袁可　吴双　徐越　方圆
汤鹏　刘倩　彭俊　钟元　王齐　温喆　郑毅　张瑞　李婍羽
冯远哲　董江文　汪圣杰　王豪杰　王奕文　徐化坤　曲景邦　张愉涵　石玉琦
朱军臣　滕佳尧　赵宇杰　吴鑫蕾　王昕蕾　宋凯宇　周霆枫　葛一格　罗杨千
张闻翟　张奇凯　席梦佩　余书云　贾晓婷　张杭睿　章阳阳　俞梦瑶　章赢予
徐至桓　董佳为　邵剑波　叶诗琳　张乐妍　朱乐家　江以恒　黄雯琳　林巨晨
李鸣畅　张秀雯　林琦皓　吴铱冕　高了了　黄子函　林烜皞　黄泽锴　韩卓琳
姚凌子　唐裕凡　王杉恬　余小妍　张天翊　周亚楠　朱益哲　伍予晨　王培吉
张文焘　朱芃昀　安心远　房钲沛　王海鹏　刘杨蝶　赵云笛　曹宇翔　刘维一
吕松健　谢冠文　童金宇　祁满志　周煜博　郑天承　裘柯迪　郭俊阳　崔明哲
何永顺　洪俊飞　王晴晴　郑化武　李幸阳　余世杰　周浩轲　吴雨阳　顾轩杰
周晓苊　程钰镔　何陟唯　肖晨阳　徐昌文　高与枭　方成骏　郑子杰　宗逸骐
郭政杨　周宇轩　陈雪欣　吕静谊　洪子伊　孔超凡　李俊奇　张享骅　阎星宇
彭欣雨　邓佳音　赵彬涵　李勇剑　张家瑞　王艺霖　周丹华　张一涛　夏晓慧
秦翠灵　陈连天　汪雨禾　汪骏烨　陈韬宇　王文易　陈雨潇　刘丹妮　边之雯
余晨易　张霖涛　金诗怡　叶锡豪　池小贝　洪子诺　包胡栋　周洁若　林思彤
陈荣融　陈铭禾　陈博今　徐逸柠　童锦程　薛卓鋆　潘思远　俞思露　叶天宁
莫伟东　骆思盈　冯盛毅　王昊宇　余秋澧　邓声福　江翼坤　黄永全　郭佳森

聂文凯	陆颖祺	高楚暄	戚杭哲	俞亿航	王攀峰	吴戈曼	章亦乐	徐嘉骏
娄依崇	张展歌	李佳蓁	吴育恒	杨紫怡	赖宛易	叶奕含	李智怡	梁乐航
林俊如	郑宇昂	何尘远	孔昱捷	方骏琪	周骁雷	程紫莹	王旭超	郑泽凯
黄振航	虞志豪	诸葛航	鲍安格	蒋越梁	俞澍森	吕骏邦	朱以恒	唐翀宇
杨舜苍	楼奕泽	朱子轩	王子睿	黄天洋	吴前辉	王宁杰	商坤杰	何佳芮
寿晟西	许晟瑶	赵胜杰	唐明智	潘奕晔	张元嘉	谢诗心	顾超源	王嘉晨
王伊扬	刘泽元	钱佳骏	童川页	陈煜炜	林鑫豪	姜方耀	曹张蔚	苏志安
郑志恒	黄飞翔	张铁铖	程尧锋	黄陈铖	江一博	马晓均	何柯谊	徐琪杰
诸筱莹	周梦怡	吴科伏	王惜昀	沈仲恺	沈昕怡	李泊铮	吴芷茵	沈佳婧
陈悦锴	何俊杰	高君璐	杨静茹	潘嘉蔚	孙宏宇	刘逸洋	朱之纯	蒋卓君
汪若瑜	林芷莹	郭晓宇	乔科心	朱睿滢	刘连轩	潘禹航	吴睿涵	应润亚
刘立伟	宋孟炫	王俊杰	谢成禹	宗楷翔	于贵镕	刘骐嘉	李东升	史龙菲
李岳隆	裘家和	张家玮	杨启孚	李锦丹	刘奕成	丁祖潭	赖俊宏	陈晓雨
李南均	李卓宸	张福兴	王禹淇	谭博仁	马梓菁	张裕雯雅	陆沈伊凡	
诸葛均瑶								

国际联合学院（海宁国际校区）（167人）

柴奕	黄未	郑笑	潘波	冯瀚	钱晨	谢天	董傲	苏畅
杨帆	许可	柳畅	徐远	丁浩	陈昊	张凯	徐恬	郫融
戴扬	蔡铄	任浩	张迅	陈涵	刘天宇	常俊宇	归逸凡	谢涵琦
林丝语	戴宸杰	张浩男	杨有成	林云帆	周钦仁	汪纳川	冯丁一	戴正炜
杨兆骓	张逸为	来雨涛	金腾俊	钱怿阳	唐语安	王逸唯	俞辰霄	陈哲昊
来书婷	张俊恺	鲁哲仑	管子牧	莫瞰涯	朱中博	陈炯帆	李瑞琦	黄乔治
赵云飞	周芇旸	郑天响	康健宁	付雨桐	谢舒宜	何诗澜	杨雯婧	孙要涵
吴博轩	李康宁	张博昊	刘宇辰	王堃瑜	韩子飞	吴小山	贺宝仪	陈博文
徐清扬	姜大磊	李辰浩	沈珂伊	阮文淏	汤喆伊	高卓尔	邱晗烨	许可沁
郑子熔	胡嘉宝	王可滢	傅启晨	邵晓天	岑逸辉	鲁泽臻	刘瀚文	葛昱昊
姚文韬	姜宇轩	陈钱中	翁天乐	俞辰晨	谢飞帆	张雨秋	王雨燃	缪禹扬
赵予晴	陈尔拓	易可涵	黎堃乐	漆振霆	刘培源	易永康	麻浩然	李鸣晨
谷昀瞳	李梓晗	郭睿思	雷蔌淳	袁浩然	黄康桥	郑李壮	喻尔锴	王淮桢
吴雨谦	刘潜起	王亚楠	姜欣忆	彭伟昱	朱语正	叶力源	潘笑笑	余明怿
赵心悦	王镔乐	杨一欣	裘菁菁	朱钱哲	方嘉豪	冯一郎	蔡心怡	胡可嘉
夏琪容	张正昊	钱思源	莫承昊	高昊泽	陈如珊	蒋淏天	黄一阳	陈泽榕
陆心悦	孟宸娴	刘海天	祝梓皓	李宪秀	刘子悦	丁旭宸	张震宇	徐靖翔
李政洵	方安轩	王紫涵	尚逸飞	梁伟杰	黄靖元	李玥燊	樊嘉仪	黄琬真
曾世骅	贺昕彤	任俊杰	阳沛栋	卢建璋				

浙江大学 2020—2021 学年本科生外设奖学金获奖情况

序号	奖学金名称	奖励人数	序号	奖学金名称	奖励人数
1	CASC 一等奖学金	1	22	南都一等奖学金	7
1	CASC 二等奖学金	2	22	南都二等奖学金	18
1	CASC 三等奖学金	4	22	南都三等奖学金	33
2	NITORI 国际奖学金	20	23	潘家铮水电奖学金	2
3	宝钢奖学金	5	24	阙端麟奖学金	5
4	不动产基金奖学金	50	25	润禾奖学金	12
5	岑可法一等奖学金	9	26	三井物产奖学金	9
5	岑可法二等奖学金	6	27	三星奖学金	10
6	大和热磁奖学金	10	28	士兰微电子奖学金	8
7	大连化物所奖学金	20	29	世茂创新创业奖学金	5
8	葛克全奖学金	15	29	世茂学业优秀奖学金	5
9	国强奖学金	15	30	宋都一等奖学金	1
10	海亮一等奖学金	2	30	宋都二等奖学金	3
10	海亮二等奖学金	5	31	苏州育才奖学金	20
10	海亮三等奖学金	10	32	万华奖学金	7
11	恒瑞医药奖学金	20	33	希望森兰奖学金	5
12	恒逸奖学金	20	34	小米奖学金	30
13	宏信奖学金	10	35	杨咏曼奖学金	12
14	华为奖学金	2	36	姚禹肃、贺建芸奖学金	20
15	华谊集团奖学金	10	37	亿利达刘永龄奖学金	10
16	华自科技奖学金	5	38	永平奖学金	50
17	黄宏、邬晓蓓奖学金	8	39	郑志刚奖学金	2
18	建德一等奖学金	12	40	中草集奖学金	15
18	建德二等奖学金	24	41	中国港湾一等奖学金	2
19	金龙鱼奖学金	30	41	中国港湾二等奖学金	4
20	康而达一等奖学金	3	42	中国核动力一等奖学金	3
20	康而达二等奖学金	19	42	中国核动力二等奖学金	6
21	南都创新奖学金	10	43	中国石油奖学金	12
总计		663			

浙江大学年鉴

浙江大学 2021 届浙江省优秀本科毕业生

人文学院(9 人)

朱元颜　陈企依　马沛萱　陆丹琦　陈思捷　黄李奕　李皓琪　范存鑫　上官嘉琪

外国语言文化与国际交流学院(9 人)

方艺潼　刘　月　陈鑫熠　张馨文　陈　明　党非凡　张晓颖　胡箭韵　芮恺昕

传媒与国际文化学院(8 人)

段家欣　梁奥梦　何中蕾　史蒙苏　沈笑煜　徐　菁　董安琪　朱恬逸

艺术与考古学院(4 人)

江培艺　黄舒婷　滕爔斋　陈叶雨

经济学院(12 人)

王博申　陈　卓　叶　静　戴昀祥　薛田园　陈越兮　郑伊婧　庞宁婧　张　怡
朱晨晨　汤希珍　宋　丹

光华法学院(7 人)

冯欣恬　姜玉珠　潘億佳　祁继恺　张祺然　章晓涵　龚雨菁

教育学院(6 人)

吴　玥　黄捷扬　王健慧　沈凯凤　沈俊婕　张伊丽

管理学院(7 人)

李梦煜　蓝越奕　黄　烁　应　倩　季雯洁　朱晨希　沈心迪

公共管理学院(10 人)

邱家璇　胡明泽　裘　瑾　阮钰涵　高　伟　冯碧鸥　李　华　胡方婕　戴高云
徐思诚

数学科学学院(10 人)

王铭泽　殷　颖　解雅淇　邱云昊　林铉淙　何怡君　关　宁　林浩然　曹志强
应　浩

物理学系(5 人)

曹　趣　宋浩宇　胡含远　王竺卿　林天韵

化学系(5 人)

吴　旭　张　燮　王凯丽　郑卜航　李滕辉

地球科学学院(4 人)

顾沁露　罗笑含　张文逸　王诗柔

心理与行为科学系(4人)

王宣懿　辛宇辰　潘莱珂　潘晗希

机械工程学院(9人)

章贝宁　陈佳威　鲜东廷　孙浩南　冯思航　周伊凡　吕东泽　鄢继铨　吕　昊

材料科学与工程学院(5人)

王　茜　叶智超　何百哲　陈星宇　鞠志杰

能源工程学院(10人)

潘　豪　刘　滢　章　楠　竺丸琛　励汝彬　任亦心　郑杨韬　赵伊健　郑雨霖
姜　唐

电气工程学院(19人)

黄铭浩　刘　硕　施轶凡　万文婕　吴丽泽　肖理中　张开铭　庄小艺　邹子羽
陈宏舟　陈张昊　杜禹侃　柯鸿飞　周子航　边玥心　韩宝慧　何威振　梁志烜
王一航

建筑工程学院(10人)

耿茂思　胡沾沾　李江栋　林高航　宋丘吉　王富涵　王嘉伟　许筱婉　赵嘉成
周钰烨

化学工程与生物工程学院(6人)

王伟豪　陈　杰　丁　智　李　杨　穆洪锋　邱圳淞

海洋学院(10人)

刘旭林　钟光正　化天然　梁　兢　王　舸　郭学昊　黄融杰　雷　雨　李柏欣
殷　俊

航空航天学院(2人)

游镇宇　任一翔

高分子科学与工程学系(4人)

应心儿　夏俊杰　温付祥　丁观宇

光电科学与工程学院(7人)

刘　宁　秦　锐　李花坤　任　政　詹俊杰　胡启笠　周奕炜

信息与电子工程学院(16人)

马紫娴　傅婧芸　周　阳　张茂俊　徐心怡　吴南轩　王璐茜　何乘远　朱雪颖
林鹿宁　王　迪　缪雨辰　宣扬帆　张晨威　陈　红　陈　妍

控制科学与工程学院(9人)

陈筱荞　崔卓凡　项吟沨　高钰满　李盈萱　吴钰泽　许可淳　吴震宇　郭佳昕

计算机科学与技术学院(22人)

方小舟　金书婷　徐丽娜　金俊婕　林浩通　刘锡安　沈心逸　苏嘉婕　童鑫远
王彦皓　章启航　刘书含　蒋仕彪　马　宁　柴子炜　贺婷婷　刘长硕　应承峻
张　婧　章含挺　黄炯睿　夏豪诚

生物医学工程与仪器科学学院(6 人)

何叶飞　夏溢遥　杨泽昆　黄雨宁　许冬冬　潘思红

生命科学学院(5 人)

何俊攀　王天琪　陈怡宁　陈一清　张丹华

生物系统工程与食品科学学院(6 人)

沈煜韬　陈梦媛　陆旭琦　牟　璇　黄沅玮　陈　辉

环境与资源学院(6 人)

莫洁菲　徐秋瑾　郑浩阳　裘艺贝　王亦晨　刘　澳

农业与生物技术学院(12 人)

谢之耀　张　妍　胡玉屏　马　琪　钱岚飒　裴夏雨荷　周佳豪　彭影彤　宋佶岭
吴浩宇　叶乐萱　杨梦夏

动物科学学院(3 人)

李　燕　林雨婷　谢哲宇

医学院(22 人)

林立宁　左鸣皓　傅伊甸　周　琦　张棋琦　张佳楠　刘兆雪　冯舒毅　胡潇潇
皇甫祺　陈思源　朱世煜　周弘毅　黄航凯　应鸿刚　陈　昊　常　磊　陈颖妍
刘雅茹　谢任翔　刘惠楠　侯乐莹

药学院(6 人)

金文绎　王　昊　盛　涛　宋艳玲　吴佳璐　王思婕

竺可桢学院(11 人)

金　凌　高明合　黄思思　林皓泓　俞锦琦　王升千　沈　璗　欧阳刘健　陶鋆奕
潘　晟　傅再扬

国际联合学院(10 人)

罗凯闻　马毅骢　朱海宇新　俞承廷　林航正　赖心怡　楼嘉琦　郑　晗　廖铭扬
张　雨

浙江大学 2020—2021 学年研究生国家奖学金获得者

文学院(筹)

博士生　徐　焕　谷玲玲　沈秋之

硕士生　郭圣钰　章懿颖　李传通

历史学院(筹)

博士生　洪晨娜

　　　　　硕士生　姜　驰

哲学学院(筹)

　　　　　博士生　蔡诗灵　洪峥怡

　　　　　硕士生　尹晨茹

外国语言文化与国际交流学院

　　　　　博士生　阎建玮　孙钰岫

　　　　　硕士生　枣彬吉　张丹琦　彭　逸　刘雨欣

传媒与国际文化学院

　　　　　博士生　孙梦如　梅朝阳

　　　　　硕士生　王伊如　刘妍希　徐阳波

艺术与考古学院

　　　　　博士生　马明宗　袁　顿

　　　　　硕士生　王新鑫　黄炎子　王　众

经济学院

　　　　　博士生　房　超　张泽野　钱泽森　陈梦涛

　　　　　硕士生　徐　凯　林钰婷　王　樱　陈俊茹　陈中慧　项荣淏

光华法学院

　　　　　博士生　刘国伟　陈　龙

　　　　　硕士生　陈　旭　章银佳　王啸森　蔡诗萌　黄钰婕　王　翔　沈陈盼

教育学院

　　　　　博士生　孙　丹　韦骅峰

　　　　　硕士生　孙　漪　朱思晓　戚博特

管理学院

　　　　　博士生　鲁　婕　谭小元　王可迪　李一邨　徐　宁

　　　　　硕士生　李心约　夏佳楠　王泽锟　王莹江子

公共管理学院

　　　　　博士生　张书睿　郑淋议　皇甫鑫　卢圣华　陈　博　项铭涛　卢文正

　　　　　硕士生　徐佳怡　彭信添　杨华昕　郑衍煌　侯　丽

马克思主义学院

　　　　　博士生　尹　健

　　　　　硕士生　罗　琳

数学科学学院

　　　　　博士生　范会莹　周嘉鑫　刘　旋

　　　　　硕士生　胡　慧　王银行　陈永生　卫艺萌

物理学系

　　　　　博士生　刘　源　黄隽奕　陈　豪　吴　毅　程　满　孙艳秋

　　　　　　硕士生　朱克松

化学系

　　　　　　博士生　程朝阳　陶卫健　徐丽成　吴奕韬　孔康任　陈　敏　陈　增
　　　　　　硕士生　陈依昕　李　明　杨　明　周茹茹

地球科学学院

　　　　　　博士生　李亚东　王　航　赵梦颖
　　　　　　硕士生　张　铨　麻书畅

心理与行为科学系

　　　　　　博士生　姜静雅　亓军军
　　　　　　硕士生　苏聪辉　孙　睿

机械工程学院

　　　　　　博士生　董亚飞　王伟伟　郅　慧　李　悦　李东升　王振威　唐　威　刘　惠
　　　　　　　　　　张博伦　纵怀志
　　　　　　硕士生　武鹏程　唐道梵　朱　可　周　雷　王浩楠　冯武希　高铭宇　张小龙
　　　　　　　　　　李杨宁

材料科学与工程学院

　　　　　　博士生　方　珂　杭鹏杰　裴继琰　黎　维　李玉倩　夏万顺　张顺龙　吴星樵
　　　　　　硕士生　吕林波　陆国超　孔涵靖　姚丽琴　王昌豪

能源工程学院

　　　　　　博士生　宋嘉文　张　兴　龚碧瑶　杨　晓　王伊凡　刘子华　杨晨静　尚　娟
　　　　　　　　　　王珍懿　章超波
　　　　　　硕士生　任嘉豪　丁　岩　刘伟男　谢若怡　母　娟　徐毅翔　商宁涛

电气工程学院

　　　　　　博士生　胡　彬　刘晟源　巩　磊　唐坤杰　戴　超　朱加贝　刘　立　凌永辉
　　　　　　硕士生　唐滢淇　胡金迪　杨　军　郑　易　冒俊杰　王铭泽　吴思玥　郑睿瑞

建筑工程学院

　　　　　　博士生　芮圣洁　贾月怡　薛育聪　郭盼盼　丁　杨　杨铭哲　沈亦农　钱　昊
　　　　　　　　　　吴　平　姚璘杰　张　钊
　　　　　　硕士生　应侃君　俞超群　肖杨依　王炯超　周学文　季陈懿　黄鸿宇　沈楼涛
　　　　　　　　　　詹　航　杨立昱　孙　源　刘奎浩　陶冶王之

化学工程与生物工程学院

　　　　　　博士生　茅安然　肖　霞　陈富强　彭文俊　王馨悦　郝少云　张　鹏
　　　　　　硕士生　施云鹏　方梦琦　王舒月　邱明君　张怡凯　程佳楠　朱晶晶　陈思帆

海洋学院

　　　　　　博士生　李娜雨　徐彩彩　夏克泉　周航海　朱　海　任自强
　　　　　　硕士生　刘　韬　费佳欢　勇　括　陈亚楠　王海鹏　谢心怡　田祯玮　王　荧

浙江大学年鉴

阮东瑞

航空航天学院

博士生　夏　严　许笑一　罗鸿羽　杨　瑶　吴海斌　曾舒华　郑畅东

硕士生　张润辉　张玉剑　叶振辉　杨雨欣

高分子科学与工程学系

博士生　畅　丹　黄威嫔　朱清丽　连小梅　张洪杰

硕士生　林佳豪　钱泓霖　杨丽婷

光电科学与工程学院

博士生　陈佳佳　周　浩　张　龙　冯　哲　张金雷　崔博文

硕士生　田　顺　郑婷婷　朱　玥　金　鹏　余泽清

信息与电子工程学院

博士生　王肖飞　曾慧然　张　翼　任金科　董舜杰　肖　涵　邵晓丹　卢航翼
　　　　韦　逸

硕士生　孙天宇　张　卓　肖晓辉　褚建杭　黄　冠　邵　燕　汤琼妮　王楚楚
　　　　刘克峰　郑浩男　夏王浩

控制科学与工程学院

博士生　陈启明　焦艳梅　柴　铮　赵世强　江肖禹　范赛特　黄士罗

硕士生　孔祥印　石　尧　李心语　刘　李　戚依宁　黄　强

计算机科学与技术学院

博士生　李博睿　陈秋远　金韦克　葛丛丛　王伽臣　陈晋泰　房子荃　张圣宇
　　　　冯浩哲　郦家骥　王豪烨　陈海博　彭思达　胡宇峰

硕士生　任　意　方　浩　陈　涛　陈　元　沈永亮　方　琦　陈　宇　杜云滔
　　　　于　鹏　单逸飞　曹新乐　刘静林　章　晨　赵　阳

软件学院

硕士生　黄牧灵　曲军荟　权煜茹　周宇烈　胡佳聪　张召锐　刘俊麟　李文博
　　　　尹傲雄　张　超　刘鉴辉

生物医学工程与仪器科学学院

博士生　张钧煜　屠婷婷　杨　诚　姚松坪

硕士生　章宦耀　马驰宇　林银燕　任舒婵

生命科学学院

博士生　王雪珺　余见帅　张霖霖　陈　豪　张燕君　桑凌杰　唐　寅　齐亚新
　　　　许笑晨　朱佳美　朱　晨

硕士生　张晟璐　谢佩璐　宗　旨

生物系统工程与食品科学学院

博士生　张津阳　黄　皓　伍　辉　李永璐　姜成美

硕士生　张　琪　刘佳琳　吴宝华　张欣慧

环境与资源学院

博士生 成洁 杨湜烟 南琼 操珍 郭心雨 陈雷 许冬冬

硕士生 安琦 姚瑶 陈鹏飞 周佳 刘奇珍 黄琳 杨梦影

农业与生物技术学院

博士生 裘程炜 吴东亚 魏春艳 肖小娥 陈梦瑶 乔琨 马巧梅 梁文龙
李樟萍 郭磊

硕士生 苏婷婷 许华超 吴志峰 范昕雨 傅文婕 于飞 屠一珊 胡甜恬
乔琳 冯佳威 杨智超

动物科学学院

博士生 王庚 徐倩倩 戴湘平 周烁

硕士生 曹进平 郑素雅 孙淑歌 简华锋 洪怡

医学院

博士生 倪哲一 邱礼耀 周兰韵 吴奕征 王非凡 李田田 徐靖杰 苗露
梁仁杰 朱嘉琪 刘柏强 李潇潇 吴健 董海林 赵浩 陈鹏祥
徐丽臻 邵雅茹 姜钧杰 崔文羽 梁烨华 曹菲 张会冰 何晓
张翼 贺迪 薛晨 万建钦 章晓祯 张乐乐 洪剑桥 徐凯
付雄洁 宋建元 丁碧莎 杨允奔 金成昊 施鑫杰 童琳 陈继繁
季永涛 蒋灵旭 朱周乐 应宇凡 华诗远 郑泽宇 潘晟 滕王锶源

硕士生 叶繁 杨倩 曹昕伟 刘凯捷 蒋天禹 陈园 万一栋 徐天
史丹蓉 陈铭 张文会 顾辰辉 白金武 陈怀俊 高世奇 金鹏珍
詹舒敏 姚妹 胡一秋 陈超 王晓洁 陈家炜 褚清飞 林雨施
王雨心 章港 严小甜 刘苑菲 周海英 李刚磊 陆科杰 许煜梓
叶冠琛 黄砺锐

药学院

博士生 沈超 蒋梦诗 施莹莹 金莹 陈颖倩

硕士生 王伟华 胡开丽 李俊 杜红岩 王茹萱

工程师学院

硕士生 黄勋伟 陶明哲 何佳钟 姚鹏志 马翔宇 潘嘉栋 邵嘉源 何瑞
牛剑锋 叶帅 陈源奕 谢昊源 胡陈娴 李清 王东琪

国际联合学院(海宁国际校区)

博士生 郭奕鑫

硕士生 高斐然 罗椿曾 徐铖嵘 高含默

浙江大学—西湖大学联培项目

博士生 苟望龙 周瑶 黄佳玮 曹梦月 孙歆语 梁坤 白雪峰 陈政聿
刘芳 钱鎏佳 庞帅 陈钿雨 张润帅 牛超群

浙江大学 2020—2021 学年研究生奖学金获得者

社会实践单项奖获得者名单

文学院（筹）

钟思惠

哲学学院（筹）

余　梦

外国语言文化与国际交流学院

孔　媛

传媒与国际文化学院

王　漪　　杨晓琦

艺术与考古学院

杨　静　　王朴之

经济学院

李晓倩

光华法学院

张湘婷　　潘　政

教育学院

王　雅

管理学院

赵欣宇　　张煜晟

公共管理学院

杨之颖　　徐铭婕

马克思主义学院

张卓舒

数学科学学院

张　延

物理学系

居乐乐

化学系

牛　锴　　张　娇

地球科学学院

江金生

心理与行为科学系

梁雅婷

机械工程学院

吕欣锐　陈泓宇　伊骊帆　严　婷　李成乾　王　振

材料科学与工程学院

陆子介　戚家程　赵　峰　张诗韵　李华正

能源工程学院

孔大力　林　樱　段娅欣　刘文荟　何嘉桦

电气工程学院

董丽澜　吴宇涛　朱劢婷　邹　焱

建筑工程学院

张跃龙　俞俊伊　金枫凌　帅又文　陈佳卉　田　壮　何帅民　吾希洪·多里洪

曹婧婧　刘奎浩　林沛延

化学工程与生物工程学院

侯云鹏　路　通　汪曼秋　左一萌

海洋学院

邓　禹　奕　妍　李佳思　李昕昱

航空航天学院

万盼盼　王　进

光电科学与工程学院

谢　宇　李佳林　潘　婧

信息与电子工程学院

刘　欢　邝昊泽　潘柄辰　李　洋

控制科学与工程学院

方静宜　高翊博　沈　微

计算机科学与技术学院

陈益杉　刘家安　李　旭　吴怡凡　徐又任　朱思雨

软件学院

彭浩洲　石佳文

生物医学工程与仪器科学学院

孙兆红　黄　利

生命科学学院

郭禹尊　李泽俊　谢禛名

生物系统工程与食品科学学院

李高尚　肖润国

环境与资源学院

马晓晨　张　怡　周杭欣

农业与生物技术学院

孙砚青　桑康琪　潘福安　羊桂英　朱娅宁　章　港　林楚宇

动物科学学院

汤　俐　黄知楚

医学院

李田田　沈　思　徐坚翔　柯昌乐　张　迅　刘轩廷　卢佳玥　鲍雨枫　江　渔

金鹏珍　寿心怡

药学院

罗震宇　李丰成

工程师学院

李强姚　宇王震

浙江大学—西湖大学联培项目

沈静怡　张寓琪

社会工作单项奖获得者名单

文学院(筹)

陈佳囡　施梦婷

外国语言文化与国际交流学院

沈安天

传媒与国际文化学院

雷思涵

艺术与考古学院

李江浩

经济学院

刘思源　李晓倩

光华法学院

齐文熠　范咪娜

教育学院

陈　浊

管理学院

卢柯颖　邱星怡

公共管理学院

沈锦璐　吴　桐　叶一凯

马克思主义学院

朱配配

数学科学学院

叶佳才

物理学系

徐余辉

化学系

宋　虹　张　可

地球科学学院

赵梦颖

心理与行为科学系

周艳玲

机械工程学院

苑泽宇　李坰其　宣凌锋　郭志豪

材料科学与工程学院

雷伟生　陆杨丹　姚　悦

能源工程学院

郭新政　刘润之　任　杰　张淑婷

电气工程学院

南君培　张君黎　黄彰浩

建筑工程学院

刘嘉荣　任梦玉　王大威　虞雅菲　王宇启

化学工程与生物工程学院

叶骐瑜　韦馨悦　姚秀苗

海洋学院

田祯玮　洪一荻　郭玉萍

航空航天学院

刘炳瑞　胥俊杰

高分子科学与工程学系

朱干斐

光电科学与工程学院

曹铭锴　张金雷　刘牧青

信息与电子工程学院

徐　晟　郭丹妮　张啸蔚

控制科学与工程学院

高　晗　王　君　陈佳伟

计算机科学与技术学院

林　泓　严飞虎　闫浩杰　杨瑶莹　赵　阳　宋宇杰

软件学院

李可欣　刘悦然

生物医学工程与仪器科学学院

钱霖泽　祖　涛

生命科学学院

黄　弘　吴京航　高熊枫

生物系统工程与食品科学学院

杨旭枫　吴晨媛

环境与资源学院

张　弛　李雨航　朱　航

农业与生物技术学院

汤沈杨　刘锐诚　余月儿　卢宣君

动物科学学院

郝志华　朱庭耀

医学院

陈伊伊　温莹莹　崔文羽　寿　昊　李思慧　李梦瑶　张　弛　段　艺　郑　芳
谢海媛　史镜琪　刘坤明　陈　铭　白金武　吕厚奕

药学院

徐　博　朱露雯

工程师学院

马金虎　刘　彤　徐　刚

国际联合学院

颜伊阳　肖达海

浙江大学—西湖大学联培项目

黄昕瑜　郭亚周

创新创业单项奖获得者名单

经济学院

陈俊茹

管理学院

黄欣欣

公共管理学院

杨华昕

电气工程学院

包鑫康

机械工程学院

戴陵阳

能源工程学院

李梓瑞

海洋学院

田祯玮

生物系统工程与食品科学学院

陈艳菊

环境与资源学院

付浩然

农业与生物技术学院

楼桢优

动物科学学院

王　鹏

医学院

顾辰辉

药学院

郭文博

工程师学院

何佳钟

文体活动单项奖获得者名单

文学院(筹)

陈　虎

艺术与考古学院

白宇璇

光华法学院

杨藩维

教育学院

罗文晓

管理学院

吴雨思

化学系

周茹茹

电气工程学院

孙道明

建筑工程学院

游雨晴

控制科学与工程学院

余天义　王子璇

计算机科学与技术学院

李宇渊

药学院

洪文翔

特殊贡献单项奖获得者名单

教育学院

谢震业

经济学院

吕诗雨

浙江大学 2020—2021 学年研究生专项奖学金获奖情况

单位：人

序号	奖学金名称	奖励人数	序号	奖学金名称	奖励人数
1	宝钢奖学金	2	14	宋都奖学金	3
2	CASC 奖学金	11	15	希望森兰奖学金	7
3	庄氏奖学金	40	16	康而达奖学金	22
4	温持祥奖学金	20	17	万华奖学金	9
5	金都奖学金	18	18	润禾奖学金	8
6	黄子源奖学金	10	19	新和成奖学金	45
7	南都奖学金	58	20	华自科技奖学金	15
8	岑可法奖学金	15	21	中国电科十四所国睿奖学金	20
9	葛克全奖学金	9	22	华谊集团奖学金	30
10	杨咏曼奖学金	12	23	海亮奖学金	18
11	潘家铮水电奖学金	1	24	士兰微电子奖学金	8
12	王惕悟奖学金	13	25	中国港湾奖学金	6
13	阙端麟奖学金	5	26	大和热磁奖学金	10

续表

序号	奖学金名称	奖励人数	序号	奖学金名称	奖励人数
27	华为奖学金	16	35	中国核动力奖学金	6
28	旭化成株式会社(中国)人才培养奖学金	3	36	国强奖学金	15
29	郑志刚奖学金	2	37	小米奖学金	20
30	三星奖学金	8	38	恒瑞医药奖学金	40
31	宏信奖学金	6	39	中国石油奖学金	18
32	世茂学业优秀奖学金	15	40	苏州育才奖学金	20
33	世茂创新创业奖学金	15	41	安道奖学金	20
34	中电莱斯奖学金	20			

浙江大学 2021 届浙江省优秀毕业研究生

人文学院

博士生　俞圣杰　刘　丹

硕士生　赵　烨　徐　麟　何佳鑫

外国语言文化与国际交流学院

博士生　王艺臻　欧阳静慧

硕士生　陈学良

传媒与国际文化学院

硕士生　高　彬　胡梦佳　林慧冰　杨　阳

艺术与考古学院

硕士生　马鑫宇　李佳璐

经济学院

博士生　朱丹丹　郑路远

硕士生　来孟菲　吴　宵　王今非　陈　华　李文澜　吴　敏　孙　睿　赵一涵　卡依沙·阿不力克木

光华法学院

博士生　马路瑶　时明涛

硕士生　潘翔宇　李诗涵　刘佳玮　康琼梅　赵　赫

教育学院

　　硕士生　徐玲玲　杨雨馨　史东麟

管理学院

　　博士生　董凌峰

　　硕士生　刘方正　田　韵　赵一帆　郭　脉　李　璐

公共管理学院

　　博士生　林耀奔　王汇宇　石　浩

　　硕士生　章　楠　姜舒扬　赵子聪　国琪红　陈汉坡

马克思主义学院

　　博士生　程　丙

　　硕士生　陈弼文

数学科学学院

　　博士生　臧耀华　张晶晶　林怡雯　戴　维　张良迪

物理学系

　　博士生　苟　维　张　蒙　郭秋江　朱家旗

化学系

　　博士生　王凌翔　金　竹　朱黄天之

　　硕士生　林镇威　王佳露

地球科学学院

　　博士生　覃梦娇　钱奇峰　刘文娣

心理与行为科学系

　　博士生　朱婷飞　付英涛

　　硕士生　李文敏

机械工程学院

　　博士生　颉　俊　谢明君　张承谦　肖　洒　陈旭颖　顾　叶

　　硕士生　潘凌楠　周璐瑜　鲁映彤　李　健　李康杰　李沛隆　汪　帅

材料科学与工程学院

　　博士生　汪　洋　祝　祺　卢文江　刘苏福　白盛池　陈丹科

　　硕士生　朱慧敏

能源工程学院

　　博士生　丰　睿　韩昕璐　孙　晨　刘　彪　罗介霖　郭王彪　侯聪伟

　　硕士生　王　顺　张宏宇　方志强　杜　琳

电气工程学院

　　博士生　庞　博　程雨诗

　　硕士生　陈文汉　徐成司　张一凡　谢哲栋　叶杨莉　柳　璐　何　挺　陈赛珍
　　　　　　黄亦昕

建筑工程学院

博士生　刘　鑫　张博然　汪东飞　马　迪　程　康

硕士生　刘庭伟　张景泉　谢家冲　姚富根　李喜龙　散雨龙　吴丹红　曹家栋
　　　　康晓婷

化学工程与生物工程学院

博士生　徐　偲　吉加鹏　徐　玲　邓诗泓　彭虎红　雷超君　帅　云　王　海

硕士生　刘康康

海洋学院

博士生　李　豪　周晗昀　叶杨慧　易纹纹

硕士生　李晶晶　杨志坚　林佳明　秦　乐

航空航天学院

博士生　钟旦明　张　顺　孙　星　胡　箫

高分子科学与工程学系

博士生　李　鹏　邓永岩　张瑶瑶

光电科学与工程学院

博士生　洪　宇　梁　璀　刘文杰

硕士生　胡淑文　赵　昊　张　导　彭　蕊

信息与电子工程学院

博士生　涂海程　张　强　胡小玲

硕士生　罗述杰　俞光华　张雨欣　叶育文　邵　彬　陈雨贺　张沁茗　邵宇超
　　　　吴靖康　杨丽渊

控制科学与工程学院

博士生　尹居鑫　孙羽羿　左星星　郭振纬

硕士生　嵇　程　胡振铭　徐力昊　朱艳妮

计算机科学与技术学院

博士生　叶静雯　潘博远　闵　歆　刘忠鑫

硕士生　赵　芮　林堉育　杨璐敏　郑　途　李子浩　谭　洁　张　竹　林思寰
　　　　莫启航　陈纬奇　张宇轩　卢　涛　孙　鹏　任飞霄　杨明亮　石利飞

软件学院

硕士生　张朴平　黎　仪　杨　熠　王　杰　刘晨寅　何永明　邢亚飞

生物医学工程与仪器科学学院

博士生　陈婉琳　魏鑫伟

硕士生　刘培东　陆　杨　李　哲　徐梦婷

生命科学学院

博士生　冯　钰　黄　涛　陶攀峰　成琪璐　丁金丽

硕士生　俞鑫星

生物系统工程与食品科学学院

博士生　蓝玲怡　廖新浴

硕士生　金才迪　竺方欢　郑家琪

环境与资源学院

博士生　高　旋　李旖瑜　邓龙洲　鲁莉萍　周家盛　吕盘龙　吴英杰

硕士生　张楚璇　李文杰

农业与生物技术学院

博士生　姜小春　沈　艳　叶昕海　严　涛　李　琳　张厚朴　徐　乐　方舟滔

硕士生　宋　瑜　齐国安　曾　围　何宛芹　许　洁

动物科学学院

博士生　王　成　周忆莲　杨永乐

硕士生　李怀宇　倪一凡　彭　蕾

医学院

博士生　章时珍　王佳佳　王舒逸　秦　天　边筱媛　李凯程　方青青　陈俊儒

　　　　虞哲彬　余盈盈　范月丹　郑　扬　岑志栋　郭止戈　郭陆英　许圣均

　　　　肖婷婷　陈鸣宇　张旭阳　方远坚　王翔芝　郭　涛　陈迪宇　鲍　昶

　　　　周子淮　王　滢

硕士生　蒋诗漫　黄晨阳　潘佳琪　高　斐　丁雨薇　吴　昊　金　瑞　楼建耀

　　　　梅殊豪　叶　洋　吴晶晶　周云翔　林丹烽　童金菲　赵立丁　姚　腾

　　　　严曹冲　叶朝爽　谢玲华　高佳雨　潘越芸　韩玉帅　王星月　任倩楠

　　　　叶梦玲　杨玉婷　何卉蕙

药学院

博士生　曾林伟　傅建波　朱淳琪　曾晨鸣

硕士生　赵晨希

人　物

在校两院院士 <small>(* 为双聘院士)</small>

中国科学院院士（按院士当选年份、姓氏笔画排列）

唐孝威　　沈家骢*　　陈子元　　路甬祥　　沈之荃　　韩祯祥　　张　泽　　朱位秋

杨　卫　　贾承造*　　杨文采　　麻生明*　　段树民　　翟明国*　　励建书　　朱诗尧

杨树锋　　陈云敏　　陈仙辉*　　罗民兴　　杨经绥*　　杨德仁　　吴朝晖　　张宏福

蒋华良*　　叶志镇　　孙斌勇　　阮勇斌　　徐世烺

中国工程院院士（按院士当选年份、姓氏笔画排列）

巴德年*　　汪槱生　　路甬祥　　孙优贤　　岑可法　　董石麟　　潘云鹤　　欧阳平凯*

郑树森　　宫先仪*　　邬江兴　　刘志红*　　王　浩*　　李兰娟　　许庆瑞　　谭建荣

丁　健*　　侯立安*　　龚晓南　　杨华勇　　陈　纯　　朱利中　　夏长亮*　　王金南*

任其龙　　吴汉明　　张佳宝*　　郑津洋　　高　翔　　喻景权

Donald Grierson（唐纳德·格里尔逊，外籍）

浙江大学文科资深教授

序号	姓名	所在院（系）	所在学科
1	王重鸣	管理学院	企业管理
2	田正平	教育学院	教育史
3	张涌泉	人文学院	中国古典文献学
4	张文显	光华法学院	法学理论
5	徐　岱	传媒与国际文化学院	文艺学与美学
6	史晋川	经济学院	西方经济学
7	姚先国	公共管理学院	劳动经济学
8	王贵国	光华法学院	国际法学
9	许　钧	外国语言文化与国际交流学院	外国语言文学
10	桑　兵	人文学院	中国近现代史
11	倪梁康	人文学院	哲学
12	李　实	公共管理学院	应用经济学
13	刘海峰	教育学院	教育学
14	黄　旦	传媒学院	新闻与传播学
15	张俊森	经济学院	应用经济学

教育部"长江学者"入选者

序号	姓名	院系	批准年度	批次	备注
特聘教授					
1	何赛灵	光电科学与工程学院	1999	1	特聘
2	杨　卫	航空航天学院	1999	1	特聘
3	骆仲泱	能源工程学院	2000	2	特聘

序号	姓名	院系	批准年度	批次	备注
4	彭方正	电气工程学院	2000	2	特聘,调出(2004年)
5	杨德仁	材料科学与工程学院	2000	3	特聘
6	樊建人	能源工程学院	2000	3	特聘
7	赵昱	药学院	2000	3	特聘,调出(2011年)
8	徐世烺	建筑工程学院	2000	3	特聘,引进(2009年)
9	李伯耿	化学工程与生物工程学院	2001	4	特聘
10	郑耀	航空航天学院	2001	4	特聘
11	冯明光	生命科学学院	2001	4	特聘
12	李有泉	物理学系	2001	4	特聘
13	郑波	物理学系	2001	4	特聘
14	胡汛	医学院	2001	4	特聘
15	周向宇	数学科学学院	2001	4	特聘,调出(2007年)
16	曹一家	电气工程学院	2001	4	特聘,调出(2008年)
17	叶修梓	计算机科学与技术学院	2001	4	特聘,调出(2007年)
18	包刚	数学科学学院	2001	4	特聘
19	宋永华	电气工程学院	2001	4	特聘,引进(2012年)
20	肖岩	国际联合学院	2001	4	特聘,引进(2018年)
21	陈湘明	材料科学与工程学院	2002	5	特聘
22	杨肖娥	环境与资源学院	2002	5	特聘
23	严建华	能源工程学院	2002	5	特聘
24	戴伟民	化学系	2002	5	特聘,调出(2007年)
25	于晓方	附属第二医院	2002	5	特聘
26	王明海	附属第一医院	2002	5	特聘,调出(2009年)
27	郑强	高分子科学与工程学系	2004	6	特聘
28	鲍虎军	计算机科学与技术学院	2004	6	特聘
29	华跃进	农业与生物技术学院	2004	6	特聘
30	许祝安	物理学系	2004	6	特聘
31	何建军	光电科学与工程学院	2005	7	特聘
32	唐睿康	化学系	2005	7	特聘

序号	姓名	院系	批准年度	批次	备注
33	杨华勇	机械工程学院	2005	7	特聘
34	陈云敏	建筑工程学院	2005	7	特聘
35	王荣福	附属第二医院	2005	7	特聘，调出（2014 年）
36	周雪平	农业与生物技术学院	2005	7	特聘（不在岗）
37	张涌泉	人文学院	2006	7	特聘
38	蒋建中	材料科学与工程学院	2006	8	特聘
39	喻景权	农业与生物技术学院	2006	8	特聘
40	罗民兴	物理学系	2006	8	特聘
41	梁永超	环境与资源学院	2006	8	特聘，引进（2014 年）
42	彭金荣	动物科学学院	2007	9	特聘
43	高长有	高分子科学与工程学系	2007	9	特聘
44	徐建明	环境与资源学院	2007	9	特聘
45	周 昆	计算机科学与技术学院	2007	9	特聘
46	袁辉球	物理学系	2007	9	特聘
47	盛 况	电气工程学院	2008	10	特聘，引进（2009 年）
48	刘 旭	光电科学与工程学院	2008	10	特聘
49	庄越挺	计算机科学与技术学院	2008	10	特聘
50	沈华浩	附属第二医院	2008	10	特聘
51	成少安	能源工程学院	2008	10	特聘
52	应义斌	生物系统工程与食品科学学院	2008	10	特聘
53	陈启瑾	物理学系	2008	10	特聘，调出（2021）
54	邱建荣	光电科学与工程学院	2008	10	特聘
55	游建强	物理学系	2008	10	特聘，引进（2018 年）
56	周继勇	动物科学学院	2009	11	特聘
57	吴忠标	环境与资源学院	2009	11	特聘
58	高 翔	能源工程学院	2009	11	特聘
59	陈学新	农业与生物技术学院	2009	11	特聘
60	郑绍建	生命科学学院	2009	11	特聘
61	葛根年	数学学院	2009	11	特聘，调出（2013 年）

浙江大学年鉴

续表

序号	姓名	院系	批准年度	批次	备注
62	施 旭	外国语言文化与国际交流学院	2009	11	特聘,调出(2015年)
63	蔡秀军	附属邵逸夫医院	2009	11	特聘
64	方向明	附属第一医院	2009	11	特聘
65	钱国栋	材料科学与工程学院	2011	12	特聘
66	郑津洋	能源工程学院	2011	12	特聘
67	梁廷波	附属第二医院	2011	12	特聘
68	邱利民	能源工程学院	2011	12	特聘
69	华中生	管理学院	2011	12	特聘,引进(2014年)
70	许 钧	外国语言文化与国际交流学院	2011	12	特聘,引进(2016年)
71	陈 忠	药学院	2012	13	特聘(校级保留)
72	沈模卫	心理与行为科学系	2012	13	特聘
73	苏宏业	控制科学与工程学院	2012	13	特聘
74	童利民	光电科学与工程学院	2012	13	特聘
75	郁建兴	公共管理学院	2012	13	特聘
76	眭依凡	教育学院	2012	13	特聘,引进(2018年)
77	陈红胜	信息与电子工程学院	2014	14	特聘
78	黄先海	经济学院	2014	14	特聘
79	李晓明	医学院	2014	14	特聘
80	潘洪革	材料科学与工程学院	2014	14	特聘
81	申有青	化学工程与生物工程学院	2014	14	特聘
82	田 梅	附属第二医院	2014	14	特聘
83	王云路	人文学院	2014	14	特聘
84	吴晓波	管理学院	2014	14	特聘
85	徐 骁	附属第一医院	2014	14	特聘
86	王 杰	传媒与国际文化学院	2014	14	特聘
87	陈积明	控制科学与工程学院	2015	15	特聘
88	陈伟球	航空航天学院	2015	15	特聘
89	胡海岚	医学院	2015	15	特聘
90	计 剑	高分子科学与工程学系	2015	15	特聘

人 物

浙江大学年鉴

序号	姓名	院系	批准年度	批次	备注
91	居冰峰	机械工程学院	2015	15	特聘
92	王立忠	建筑工程学院	2015	15	特聘
93	陈宝梁	环境与资源学院	2016	16	特聘
94	徐　兵	机械工程学院	2016	16	特聘
95	徐小洲	教育学院	2016	16	特聘
96	陈　刚	计算机科学与技术学院	2017	17	特聘
97	黄飞鹤	化学系	2017	17	特聘
98	刘同舫	马克思主义学院	2017	17	特聘
99	王靖岱	化学工程与生物工程学院	2017	17	特聘
100	桑兵	人文学院	2004	6	特聘，引进（2018 年）
101	倪梁康	人文学院	2006	8	特聘，引进（2019 年）
102	李实	公共管理学院	2011	12	特聘，引进（2019 年）
103	刘海峰	教育学院	2011	12	特聘，引进（2019 年）
104	陈谦明	医学院附属口腔医院	2010		特聘，引进（2019 年）
105	杨大春	人文学院	2018	18	特聘
106	廖备水	人文学院	2018	18	特聘
107	刘海涛	外语学院	2018	18	特聘
108	魏江	管理学院	2018	18	特聘
109	张应强	教育学院	2015	15	特聘，引进（2020 年）
110	张治国	化工学院	2019	19	特聘
111	白雪莉	医学院	2019	19	特聘
112	朱　斌	附属第一医院	2019	19	特聘
113	毛　丹	社会学系	2019	19	特聘
114	钱文荣	公共管理学院	2020	20	特聘
115	叶和溪	数学科学学院	2020	20	特聘
116	金滔	能源工程学院	2020	20	特聘
117	曲绍兴	航空航天学院	2020	20	特聘
118	程鹏	控制学院	2020	20	特聘
119	Dante Neculai	医学院	2020	20	特聘

续表

序号	姓名	院系	批准年度	批次	备注
青年学者					
1	边学成	建筑工程学院	2015	1	
2	何 艳	环境与资源学院	2015	1	
3	黄厚明	人文学院	2015	1	
4	刘永锋	材料科学与工程学院	2015	1	
5	魏 江	管理学院	2015	1	
6	徐海君	农业与生物技术学院	2015	1	
7	冯国栋	人文学院	2016	2	
8	高在峰	心理与行为科学系	2016	2	
9	郝田虎	外国语言文化与国际交流学院	2016	2	
10	胡 铭	光华法学院	2016	2	
11	胡新央	医学院	2016	2	
12	罗 坤	能源工程学院	2016	2	
13	佟 超	生命科学研究院	2016	2	
14	汪 浩	医学院	2016	2	
15	邢华斌	化学工程与生物工程学院	2016	2	
16	杨建立	生命科学学院	2016	2	
17	周江洪	光华法学院	2016	2	
18	朱 斌	建筑工程学院	2016	2	
19	朱永群	生命科学研究院	2016	2	
20	邹 俊	机械工程学院	2016	2	
21	薄 拯	能源工程学院	2017	3	
22	程 鹏	控制科学与技术学院	2017	3	
23	贺 永	机械工程学院	2017	3	
24	吕朝锋	建筑工程学院	2017	3	
25	史炳锋	化学系	2017	3	
26	王 迪	医学院	2017	3	
27	王 俊	人文学院	2017	3	
28	韦 路	传媒与国际文化学院	2017	3	
29	杨景华	农业与生物技术学院	2017	3	

序号	姓名	院系	批准年度	批次	备注
30	杨翼	管理学院	2017	3	
31	岳文泽	公共管理学院	2017	3	
32	张海涛	药学院	2017	3	
33	赵骏	光华法学院	2017	3	
34	方红生	经济学院	2018	4	
35	阚阅	教育学院	2018	4	
36	苗青	公共管理学院	2018	4	
37	陈辉	心理与行为科学系	2018	4	
38	陈远流	机械工程学院	2018	4	
39	胡亮	机械工程学院	2018	4	
40	张彦威	能源工程学院	2018	4	
41	许贤	建筑工程学院	2018	4	
42	罗仕鉴	计算机科学与技术学院	2018	4	
43	徐娟	生命科学学院	2018	4	
44	陈士国	生物系统工程与食品科学学院	2018	4	
45	武亮	农业与生物技术学院	2018	4	
46	应美丹	药学院	2018	4	
47	龚斌磊	公共管理学院	2019	5	
48	李强	光电科学与工程学院	2019	5	
49	赵朋	机械工程学院	2019	5	
50	潘士远	经济学院	2019	5	
51	郑成航	能源工程学院	2019	5	
52	陈卫	生物系统工程与食品科学学院	2019	5	
53	孙英刚	历史学院	2020	6	
54	张杨	历史学院	2020	6	
55	林志猛	哲学学院	2020	6	
56	梁君英	外国语言文化与国际交流学院	2020	6	
57	周伟华	管理学院	2020	6	
58	黄灿	管理学院	2020	6	

序号	姓名	院系	批准年度	批次	备注
59	杨　蓉	地球科学学院	2020	6	
60	陈　剑	机械工程学院	2020	6	
61	汪延成	机械工程学院	2020	6	
62	施建峰	能源工程学院	2020	6	
63	周珠贤	化学工程与生物工程学院	2020	6	
64	徐　敬	海洋学院	2020	6	
65	伍广朋	高分子科学与工程学系	2020	6	
66	钱　骏	光电科学与工程学院	2020	6	
67	孙凌云	计算机科学与技术学院	2020	6	
68	卢玲丽	环境与资源学院	2020	6	
69	龚　薇	医学院	2020	6	
70	杜雨梦	医学院附属第二医院	2020	6	
特设岗位					
1	华中生	管理学院	2019	1	
2	梁廷波	医学院附属第一医院	2019	1	
3	谢海波	机械工程学院	2020	2	
4	吴　健	医学院	2020	2	

国家自然科学基金创新研究群体

序号	批准年度	项目名称	负责人	学院（系）
1	2000、2003	网络视觉计算的基础理论和算法研究	鲍虎军	计算机科学与技术学院
2	2004、2007	工业过程的控制理论与总线技术及其应用研究	褚　健（兼任教师）	控制科学与工程学院
3	2010、2013	农业害虫生物防治的基础研究	刘树生	农业与生物技术学院
4	2011、2014、2017	人工肝与肝移植治疗终末期肝病的基础应用研究	郑树森（退休）	医学院

浙江大学年鉴

序号	批准年度	项目名称	负责人	学院（系）
5	2012、2015	突触和神经环路调控的分子机制及其在神经精神疾病中的作用	段树民	医学院
6	2012、2015	机电液系统基础研究	谭建荣	机械工程学院
7	2013、2016	智能材料和结构的力学与控制	陈伟球	航空航天学院
8	2016	有机污染物环境界面行为与调控技术原理	陈宝梁	环境与资源学院
9	2016	复杂石化过程建模和优化控制理论、技术及应用	苏宏业	控制科学与工程学院
10	2016	复杂组分固体燃料热转化机理及清洁利用	严建华	能源工程学院
11	2016	偏微分方程反问题的理论、计算与应用	包　刚	数学科学学院
12	2017	半导体光电材料的微纳结构和器件	杨德仁	材料学院
13	2017	土壤污染过程与修复原理	徐建明	环资学院
14	2018	服务科学与创新管理	华中生	管理学院
15	2021	运动系统组织工程与再生研究	欧阳宏伟	医学院附属第二医院

国家"百千万人才工程"入选者

序号	姓名	所属单位	获得时间	备注
1	何振立	环境与资源学院	1996	调出（2014 年）
2	陈杰诚	数学科学学院	1996	调出（2011 年）
3	王　坚	心理与行为科学系	1996	调出（2000 年）
4	刘树生	农业与生物技术学院	1996	
5	杨　卫	航空航天学院	1996	调入（2006 年）
6	马利庄	计算机科学与技术学院	1996	调出（2002 年）
7	张小山	医学院	1996	调出（2000 年）

序号	姓名	所属单位	获得时间	备注
8	郝志勇	能源工程学院	1996	
9	叶志镇	材料科学与工程学院	1997	
10	胡建淼	光华法学院	1997	校级保留
11	林建忠	航空航天学院	1997	
12	杨肖娥	环境与资源学院	1997	
13	朱利中	环境与资源学院	1997	
14	樊建人	能源工程学院	1997	
15	骆仲泱	能源工程学院	1997	
16	陈云敏	建筑工程学院	1997	
17	潘兴斌	数学科学学院	1997	调出（2004 年）
18	张涌泉	人文学院	1997	
19	冯明光	生命科学学院	1997	
20	李伯耿	化学工程与生物工程学院	1999	
21	文福拴	电气工程学院	1999	
22	项保华	管理学院	1999	调出（2007 年）
23	谭建荣	机械工程学院	1999	
24	杨华勇	机械工程学院	1999	
25	严建华	能源工程学院	1999	
26	史晋川	经济学院	1999	
27	刘康生	数学科学学院	1999	
28	陈学新	农业与生物技术学院	1999	
29	何 勇	生物系统工程与食品科学学院	1999	
30	张耀洲	生命科学学院	1999	调出（2004 年）
31	曾 苏	药学院	1999	
32	陈江华	医学院	1999	
33	王玉新	机械工程学院	1999	调出（2011 年）
34	郑 强	高分子科学与工程学系	2004	
35	徐建明	环境与资源学院	2004	

序号	姓名	所属单位	获得时间	备注
36	陈　鹰	海洋学院	2004	
37	周俊虎	能源工程学院	2004	
38	鲍虎军	计算机科学与技术学院	2004	
39	许祝安	物理学系	2004	
40	周雪平	农业与生物技术学院	2004	校级保留
41	喻景权	农业与生物技术学院	2004	
42	廖可斌	人文学院	2004	调出（2012 年）
43	应义斌	生物系统工程与食品科学学院	2004	
44	王　平	生物医学工程与仪器科学学院	2004	
45	来茂德	医学院	2004	校级保留
46	宋金宝	海洋学院	2004	引进（2014 年）
47	王殿海	建筑工程学院	2004	
48	柯映林	机械工程学院	2006	
49	庄越挺	计算机科学与技术学院	2006	
50	李有泉	物理学系	2006	
51	章晓波	生命科学学院	2006	引进（2007 年）
52	杨德仁	材料科学与工程学院	2007	
53	曹一家	电气工程学院	2007	调出（2008 年）
54	孙笑侠	光华法学院	2007	调出（2011 年）
55	周　昊	能源工程学院	2007	
56	蔡袁强	建筑工程学院	2007	
57	徐小洲	教育学院	2007	
58	朱祝军	农业与生物技术学院	2007	调出（2008 年）
59	何莲珍	外国语言文化与国际交流学院	2007	
60	金建祥	控制科学与工程学院	2007	
61	蔡秀军	医学院	2007	
62	陈　劲	公共管理学院	2009	调出（2013 年）
63	郁建兴	公共管理学院	2009	

序号	姓名	所属单位	获得时间	备注
64	葛根年	数学科学学院	2009	调出（2013 年）
65	高 翔	能源工程学院	2009	
66	吴朝晖	计算机科学与技术学院	2009	
67	冯冬芹	控制科学与工程学院	2009	
68	沈志成	农业与生物技术学院	2009	
69	华中生	管理学院	2009	引进（2014 年）
70	李浩然	化学系	2013	
71	汪以真	动物科学学院	2013	
72	蒋建中	材料科学与工程学院	2014	
73	黄先海	经济学院	2014	
74	梁廷波	附属第二医院	2014	
75	邱利民	能源工程学院	2015	
76	苏宏业	控制科学与工程学院	2015	
77	王文海	控制科学与工程学院	2015	
78	王福俤	医学院	2015	
79	陈宝梁	环境与资源学院	2017	
80	杨 波	药学院	2017	
81	韦 路	传媒学院	2019	
82	卜佳俊	计算机学院	2019	
83	潘士远	经济学院	2020	
84	张 林	化工学院	2020	
85	柯越海	医学院	2020	

浙江大学年鉴

浙江省特级专家入选者

序号	姓名	所属学院	批准年度
1	杨肖娥	环境与资源学院	2005
2	樊建人	能源工程学院	2005
3	陈 纯	计算机科学与技术学院	2005
4	陈云敏	建筑工程学院	2005
5	田正平	教育学院	2005
6	李有泉	物理学系	2005
7	林正炎	数学科学学院	2005
8	郑小明	化学系	2005
9	朱 军	农业与生物技术学院	2005
10	崔富章	人文学院	2005
11	张涌泉	人文学院	2005
12	刘 旭	光电科学与工程学院	2005
13	蔡秀军	医学院	2005
14	叶志镇	材料科学与工程学院	2008
15	杨树锋	地球科学学院	2008
16	刘祥官	数学科学学院	2008
17	杨华勇	机械工程学院	2008
18	刘树生	农业与生物技术学院	2008
19	朱利中	环境与资源学院	2008
20	姚 克	医学院	2008
21	王重鸣	管理学院	2008
22	束景南	人文学院	2008
23	金建祥	控制科学与工程学院	2008
24	林建忠	航空航天学院	2008

序号	姓名	所属学院	批准年度
25	陈　鹰	海洋学院	2011
26	来茂德	医学院	2011
27	骆仲泱	能源工程学院	2011
28	王建安	医学院	2011
29	吴朝晖	计算机科学与技术学院	2011
30	杨德仁	材料科学与工程学院	2011
31	杨　辉	材料科学与工程学院	2011
32	喻景权	农业与生物技术学院	2011
33	庄越挺	计算机科学与技术学院	2014
34	严建华	能源工程学院	2014
35	杨立荣	化学工程与生物工程学院	2014
36	应义斌	生物系统工程与食品科学学院	2014
37	沈华浩	附属第二医院	2014
38	张土乔	建筑工程学院	2014
39	陈江华	附属第一医院	2014
40	陈耀武	生物医学工程与仪器科学学院	2014
41	柯映林	机械工程学院	2014
42	高　翔	能源工程学院	2014
43	何莲珍	外国语言文化与国际交流学院	2017
44	金雪军	经济学院	2017
45	郁建兴	公共管理学院	2017
46	包　刚	数学科学学院	2017
47	李浩然	化学系	2017
48	严　密	材料科学与工程学院	2017
49	郑津洋	能源工程学院	2017
50	何湘宁	电气工程学院	2017
51	王文海	控制科学与工程学院	2017

浙江大学年鉴

序号	姓名	所属学院	批准年度
52	张国平	农业与生物技术学院	2017
53	王伟林	医学院	2017
54	黄　河	医学院	2017
55	冯新华	生命科学研究院	2017
56	王云路	文学院	2020
57	吴晓波	管理学院	2020
58	韩高荣	材料科学与工程学院	2020
59	钱国栋	材料科学与工程学院	2020
60	童水光	机械工程学院	2020
61	罗尧治	建筑工程学院	2020
62	陈积明	控制科学与工程学院	2020
63	陈学新	农业与生物技术学院	2020
64	梁廷波	医学院	2020
65	吴育连	医学院	2020
66	严　敏	医学院	2020

2021 年新增浙江大学光彪讲座教授

姓　名	受聘单位	类　型	受聘人任职单位
朱　坤	光电学院	光彪讲座教授	飞航技术研究院
赵元富	信电学院	光彪讲座教授	中国航天科技集团有限公司第九研究院
唐金陵（中国香港）	医学院附属儿童医院	光彪讲座教授	中科院深圳理工大学

2021 年新增浙江大学求是特聘教授

序　号	所在院(系)	姓　名	批准年度
求是特聘教授			
1	计算机学院	卜佳俊	2021
2	航空航天学院	陈伟芳	2021
3	建筑工程学院	葛　坚	2021
4	人文学院	何欢欢	2021
5	生物系统工程与食品科学学院	罗自生	2021
6	生命科学学院	毛传澡	2021
7	经济学院	潘士远	2021
8	电气学院	史婷娜	2021
9	公卫学院	许正平	2021
10	医学院	张　兴	2021
11	建筑工程学院	Paolo Vincenzo Genovese	2021
12	医学院附属第四医院	张　诚	2021
13	航空航天学院	幺周石	2021
14	高温合金研究所	张跃飞	2021
求是特聘教学岗			
1	物理学系	赵道木	2021
2	超重力实验室	雷　勇	2021
求是特聘医师岗			
1	医学院附属二院	李　雯	2021
2	医学院附属二院	黄品同	2021

浙江大学 2021 年在职正高职人员名单(按姓氏笔画数排序)

文学院(筹)

王云路	王　勇	王德华	方一新	史文磊	冯国栋	庄初升	关长龙	池昌海
许志强	许建平	苏宏斌	李旭平	李咏吟	吴秀明	吴　笛	余　欣	邹广胜
汪维辉	汪超红	张涌泉	陈　洁	周启超	周明初	胡可先	祖　慧	姚晓雷
真大成	贾海生	徐永明	陶　然	黄　征	黄　擎	盘　剑	彭利贞	傅　杰
楼含松	虞万里	翟业军						

历史学院(筹)

王海燕	田渊義樹		乐启良	冯培红	吕一民	刘进宝	刘国柱	孙竞昊
杜正贞	杨雨蕾	肖如平	沈　坚	张　杨	张　凯	陆敏珍	陈红民	桑　兵
梁敬明	董小燕	韩　琦						

哲学学院(筹)

王志成	王　俊	孔令宏	丛杭青	包利民	刘慧梅	孙周兴	李恒威	杨大春
何善蒙	张国清	陈亚军	陈越骅	林志猛	金　立	倪梁康	徐向东	黄华新
盛晓明	彭国翔	董　萍	楼　巍	廖备水				

外国语学院

马博森	王　永	方　凡	刘海涛	许　钧	李　媛	杨革新	杨　静	吴义诚
何辉斌	闵尚超	沈国琴	张慧玉	陈新宇	邵　斌	周　露	赵　佳	郝田虎
聂珍钏	高　奋	郭国良	梁君英	隋红升	董燕萍	蒋景阳	程　工	
BENNO HUBERT WAGNER			David Machin			TIMOTHY JOHN OSBORNE		

传媒与国际文化学院

王　杰	王建刚	韦　路	方兴东	卢小雁	苏振华	李东晓	李红涛	李　杰
吴　飞	吴红雨	陆建平	陈　强	范志忠	赵　瑜	胡志毅	徐　岱	黄　旦

艺术与考古学院

王小松	刘　斌	池长庆	李志荣	吴小平	张颖岚	张　震	陈　虹	陈振濂
林留根	金晓明	周少华	项隆元	胡小军	郭　怡	谢继胜	缪　哲	薛龙春
QIAN SHEN BAI(白谦慎)								

经济学院

马良华	马述忠	王义中	王志凯	王维安	方红生	叶建亮	史晋川	朱希伟
朱柏铭	朱燕建	严建苗	杜立民	李建琴	杨柳勇	余林徽	汪　炜	汪森军
宋华盛	张俊森	张海峰	陆　菁	陈叶烽	陈菲琼	罗卫东	罗德明	金雪军
郑备军	柯荣住	骆兴国	顾国达	钱雪亚	翁国民	郭继强	葛　赢	蒋岳祥

熊秉元　潘士远　戴志敏

光华法学院

王贵国　王冠玺　王敏远　叶良芳　李永明　李有星　何怀文　余　军　张　谷
陈信勇　范良聪　罗国强　金伟峰　金彭年　周江洪　周　翠　郑春燕　郑　磊
赵　骏　胡　铭　胡敏洁　夏立安　钱弘道　翁晓斌　曹士兵　章剑生　葛洪义
程　乐　焦宝乾　熊明辉　霍海红

教育学院

于可红　王　进　王　健　叶映华　司　琦　刘正伟　刘淑华　孙元涛　李　艳
肖龙海　吴雪萍　邱亚君　汪利兵　张应强　张　辉　林小美　周丽君　郑　芳
单亚萍　胡　亮　祝怀新　顾建民　徐小洲　徐琴美　诸葛伟民　　　梅伟惠
眭依凡　商丽浩　温　煦　蓝劲松　阚　阅　魏贤超

管理学院

王小毅　王求真　王丽丽　王明征　王婉飞　王端旭　孔祥维　邢以群　朱　原
华中生　邬爱其　刘　渊　寿涌毅　严　进　杨　俊　吴晓波　汪　蕾　张大亮
张　钢　陈明亮　陈　俊　陈　凌　陈　熹　周　帆　周伟华　周宏庚　周欣悦
周玲强　郑　刚　贲圣林　施俊琦　贾生华　徐晓燕　郭　斌　黄　灿　黄　英
黄鹂强　韩洪灵　谢小云　窦军生　熊　伟　霍宝锋　魏　江　Graham Mitchelmore
Yugui Guo（郭玉贵）

公共管理学院

卫龙宝　王诗宗　石敏俊　叶艳妹　田传浩　师小芹　刘卫东　刘晓婷　刘　涛
米　红　阮建青　李金珊　李　实　李　艳　吴宇哲　吴金群　吴结兵　何文炯
余逊达　余潇枫　汪　晖　张忠根　张跃华　张蔚文　陆文聪　陈丽君　陈国权
苗　青　范柏乃　茅　锐　林　卡　林　由　郁建兴　岳文泽　金少胜　金松青
周洁红　周　萍　郎友兴　赵志荣　胡税根　姚先国　钱文荣　徐　林　高　翔
郭红东　黄祖辉　黄　萃　曹正汉　曹　宇　梁　巧　韩洪云　傅荣校　童菊儿
靳相木　蔡　宁　谭永忠　谭　荣　Peter HoXIN GU（顾昕）　Zhigang Chen

社会学系

王志坚　毛　丹　任　强　刘志军　刘朝晖　陈宗仕　赵鼎新　菅志翔　梁永佳

马克思主义学院

丁堡骏　马建青　卢　江　代玉启　成　龙　吕有志　刘召峰　刘同舫　张应杭
张　彦　陈宝胜　庞　虎　段治文　黄　铭　程早霞　潘恩荣

数学科学学院

王成波　王　伟　王　枫　王　梦　尹永成　孔德兴　卢兴江　叶和溪　包　刚
刘一峰　刘康生　阮火军　阮勇斌　孙方裕　孙利民　孙斌勇　苏中根　苏德矿
李　方　李　冲　李　松　杨海涛　励建书　吴庆标　吴志祥　张立新　张庆海
张泽银　张　挺　张荣茂　张　奕　陈志国　武俊德　林　智　庞天晓　郜传厚

人　物

郭正初　谈之奕　黄正达　盛为民　董　浙　程晓良　蔡天新　蔺宏伟
PENG ZHANG(张朋)

物理学系

万　歆　王业伍　王立刚　王　凯　王晓光　王浩华　王　森　仇志勇　方明虎
尹　艺　叶高翔　冯　波　宁凡龙　朱宏博　许祝安　许晶波　阮智超　李有泉
李宏年　李敬源　杨李林　肖　湧　吴建澜　吴惠桢　何丕模　张少泓　张　宏
张俊香　陆赟豪　陈一新　陈飞燕　陈庆虎　武慧春　罗孟波　金洪英　郑大昉
郑　波　赵学安　赵道木　袁辉球　曹光旱　曹新伍　盛正卯　康　熙　章林溪
景　俊　鲁定辉　游建强　路　欣　谭明秋　潘佰良　GUO YONG FU(傅国勇)
ZHIWEI MA(马志为)

化学系

丁寒锋　马　成　王从敏　王建明　王彦广　王　勇　王　敏　王　琦　王　鹏
方文军　方　群　史炳锋　吕　萍　朱龙观　朱　岩　邬建敏　刘迎春　汤谷平
许宜铭　苏　彬　李浩然　吴天星　吴传德　吴庆银　吴　军　吴　起　吴　韬
何巧红　张玉红　张　昭　陆　展　陈万芝　陈卫祥　陈林深　范　杰　林旭锋
林贤福　周仁贤　孟祥举　赵华绒　胡吉明　胡秀荣　侯昭胤　费金华　唐睿康
黄飞鹤　黄志真　黄建国　商志才　彭笑刚　傅春玲　曾秀琼　雷　鸣　滕启文
潘远江　Simon Lukas Duttwyler

地球科学学院

王　琛　王勤燕　田　钢　刘仁义　孙永革　杜震洪　杨小平　杨　燕　肖安成
邹乐君　沈晓华　陈生昌　陈汉林　陈宁华　林　舟　林秀斌　金平斌　饶　灿
夏群科　徐义贤　黄克玲　黄智才　曹　龙　章凤奇　章孝灿　程晓敢
JIANGHAI XIA(夏江海)　　RENGUANG WU(吴仁广)　　XIAOFAN LI(李小凡)
XIAOJING JIA(贾晓静)

心理与行为科学系

马剑虹　何贵兵　何　洁　沈模卫　张智君　陈树林　周吉帆　钟建安　聂爱青
钱秀莹　高在峰

理学部办公室

葛列众

机械工程学院

王庆丰　王　青　王林翔　王宣银　甘春标　付　新　冯毅雄　毕运波　朱伟东
伊国栋　邬义杰　刘宏伟　刘振宇　刘　涛　阮晓东　纪杨建　李江雄　李德骏
杨世锡　杨华勇　杨克己　杨灿军　杨将新　吴世军　何　闻　余忠华　邹　俊
汪久根　汪延成　沈洪垚　宋小文　张树有　陆国栋　陈　剑　陈章位　林勇刚
欧阳小平　　　金　波　周　华　居冰峰　赵　朋　胡　亮　柯映林　费少梅
贺　永　顾大强　徐　兵　唐任仲　陶国良　梅德庆　曹衍龙　龚国芳　程　锦

人　物

傅建中　童水光　谢　金　谢海波　雷　勇　谭建荣　黎　鑫　魏建华　魏燕定

材料科学与工程学院

马向阳　王小祥　王秀丽　王　勇　王智宇　王新华　毛传斌　叶志镇　皮孝东
朱丽萍　朱铁军　刘永锋　刘　芙　刘宾虹　严　密　李东升　李吉学　李　翔
杨杭生　杨　辉　杨德仁　吴进明　吴勇军　何海平　余学功　张启龙　张　泽
张跃飞　张　辉　张溪文　陈立新　陈胡星　陈湘明　罗　伟　金传洪　赵高凌
赵新兵　姜银珠　洪樟连　钱国栋　徐　刚　翁文剑　凌国平　高明霞　郭兴忠
涂江平　黄靖云　崔元靖　彭华新　彭新生　蒋建中　韩高荣　程　逵　曾跃武
樊先平　HAN WEIQIANG（韩伟强）　　　Hongbin Bei（贝红斌）
TANI TSUKIMINE（谷月峰）

能源工程学院

马增益　王　飞　王树荣　王　涛　王智化　王　勤　王勤辉　方梦祥　甘智华
叶笃毅　成少安　刘宝庆　刘建忠　池　涌　许忠斌　孙志坚　李晓东　李　蔚
杨卫娟　肖　刚　吴大转　吴学成　吴　锋　邱利民　邱坤赞　何文华　何　勇
余春江　谷月玲　张小斌　张学军　张彦威　陆胜勇　陈志平　陈　彤　陈玲红
罗　坤　金志江　金余其　金　涛　金　滔　周志军　周劲松　周　昊　周俊虎
郑成航　郑传祥　郑津洋　赵永志　赵　虹　钟　崴　俞小莉　俞自涛　施建峰
洪伟荣　骆仲泱　顾超华　徐象国　高　翔　唐黎明　黄群星　董　宏　蒋旭光
韩晓红　程乐鸣　程　军　曾　胜　熊树生　樊建人　薄　拯　Tomoaki Kunugi
YI QIU（邱毅）

电气工程学院

丁　一　于　淼　马　皓　韦　巍　文福拴　方攸同　邓　焰　甘德强　石健将
卢琴芬　史婷娜　年　珩　齐冬莲　江全元　江道灼　许　力　孙　丹　李武华
杨仕友　杨　欢　杨家强　杨　强　吴建华　吴新科　何湘宁　辛焕海　汪　震
沈建新　宋永华　张军明　张森林　陈国柱　陈　敏　陈　敏　陈辉明　林　平
林振智　周　浩　项　基　赵荣祥　祝长生　姚缨英　徐文渊　徐　政　徐德鸿
郭创新　黄晓艳　盛　况　彭勇刚　颜文俊　颜钢锋　潘丽萍

建筑工程学院

万五一　王　竹　王亦兵　王纪武　王柏生　王奎华　王　洁　王振宇　王　晖
王海龙　王殿海　韦　华　毛义华　方火浪　邓　华　叶肖伟　边学成　吕　庆
吕朝锋　朱　斌　华　晨　刘国华　刘海江　闫东明　许月萍　许　贤　李庆华
李咏华　李育超　杨仲轩　杨建军　吴　越　余世策　狄　谨　汪劲丰　沈国强
张土乔　张大伟　张仪萍　张永强　张　宏　张　鹤　张　燕　陈云敏　陈水福
陈　驹　陈　勇　邵　煜　国　振　罗尧治　金伟良　金贤玉　金　盛　周永潮
周　建　周燕国　项贻强　赵　宇　赵　阳　赵羽习　赵唯坚　胡安峰　柯　瀚
柳景青　段元锋　俞亭超　洪　义　贺　勇　袁行飞　夏唐代　钱晓倩　徐日庆

人物

徐世烺　徐荣桥　凌道盛　高博青　高裕江　黄铭枫　黄　博　曹志刚　龚顺风
葛　坚　蒋建群　韩昊英　童根树　谢　旭　谢海建　谢新宇　楼文娟　詹良通
詹树林　Chung Bang YUN(尹桢邦)　Genovese Paolo Vincenzo　Giorgio Monti
Jung-June Roger Cheng　YONG BAI(白勇)

化学工程与生物工程学院

于洪巍　王正宝　王　立　王靖岱　尹　红　叶向群　申屠宝卿　　包永忠
冯连芳　邢华斌　吕秀阳　任其龙　闫克平　关怡新　阳永荣　李　伟　李伯耿
李洲鹏　杨双华　杨立荣　杨亦文　杨　健　肖丰收　吴坚平　吴林波　吴素芳
吴绵斌　何　奕　何潮洪　张庆华　张兴旺　张安运　张　林　张治国　陈丰秋
陈圣福　陈志荣　陈英奇　陈新志　范　宏　林东强　林建平　罗英武　单国荣
孟　琴　赵　骞　施　耀　姚善泾　姚　臻　钱　超　徐志南　唐建斌　梅乐和
曹　堃　梁成都　程党国　傅　杰　谢　涛　雷乐成　詹晓力　鲍宗必　廖祖维
潘鹏举　戴立言　WEN JUN WANG(王文俊)　　Yi Cao(曹毅)
YOUQING SHEN(申有青)

海洋学院

马忠俊　王赤忠　王　岩　王晓萍　厉子龙　龙江平　叶　瑛　朱嵘华　孙红月
孙志林　李　明　李　欣　李春峰　李培良　李新刚　杨续超　肖　溪　吴　斌
吴嘉平　何　方　冷建兴　宋金宝　宋春毅　张大海　张海生　张朝晖　陈　正
陈家旺　陈　鹰　郑道琼　郑　豪　赵西增　胡　鹏　贺治国　贺　奎　秦为稼
夏枚生　徐　文　徐志伟　徐　敬　黄豪彩　梁　旭　程年生　楼章华　樊　炜
瞿逢重　Kap-Hwan Kim　TAEWOO LEE　ZHIZHEN ZHANG(张治针)

航空航天学院

马慧莲　幺周石　王宏涛　王　杰　王高峰　王惠明　邓　见　曲绍兴　朱林利
李铁风　杨　卫　吴　禹　余钊圣　应祖光　沈新荣　宋广华　宋开臣　宋吉舟
张春利　陆哲明　陈伟芳　陈伟球　陈建军　陈　彬　邵雪明　林建忠　郁发新
季葆华　金仲和　郑　耀　孟　华　胡国庆　宦荣华　钱　劲　高　琪　陶伟明
黄志龙　崔　涛　黎　军　MAO SCOTT XINGYUAN(毛星原)

高分子科学与工程学系

万灵书　上官勇刚　　马　列　王　齐　毛峥伟　计　剑　朱利平　朱宝库
任科峰　孙景志　杜　淼　杜滨阳　李寒莹　吴　刚　邱利焱　宋义虎　张兴宏
陈红征　金　桥　施敏敏　徐志康　徐君庭　凌　君　高长有　高　超
Terence John Dennis

光电科学与工程学院

丁志华　马云贵　车双良　叶　辉　白　剑　冯华君　匡翠方　刘　东　刘华锋
刘向东　刘　旭　刘　承　刘雪明　刘　崇　牟同升　李　奇　李晓彤　李海峰
李　强　杨　青　时尧成　吴　兰　邱建荣　余飞鸿　汪凯巍　沈永行　沈伟东

沈亦兵　张登伟　张　磊　林　斌　郑晓东　郑臻荣　姚　军　钱　骏　徐之海
徐海松　高士明　黄腾超　章海军　斯　科　舒晓武　童利民　戴道锌
JIAN JUN HE(何建军)　　　MING RONNIER LUO(罗明)　　　SAILING HE(何赛灵)

信息与电子工程学院

于慧敏　王　匡　王　玮　车录锋　尹文言　史治国　冉立新　刘　鹏　孙一军
杜　阳　李军伟　李　凯　李建龙　李春光　杨冬晓　杨建义　余官定　沈会良
沈海斌　沈继忠　张宏纲　张　明　张朝阳　陈红胜　陈惠芳　林时胜　金晓峰
金　韬　周柯江　郑史烈　项志宇　赵民建　赵航芳　赵　毅　钟财军　骆季奎
章献民　董树荣　储　涛　虞　露　蔡云龙　潘　翔　魏兴昌　Chen Ji(吉晨)
Li ERPING(李尔平)　　　ZHONGFEI ZHANG(张仲非)

微纳电子学院

丁　勇　何乐年　汪　涛　张　睿　俞　滨　徐　杨　徐明生　黄　凯　程志渊
虞小鹏　NICK NIANXIONG TAN(谭年熊)

控制科学与工程学院

王文海　王保良　毛维杰　卢建刚　冯冬芹　冯毅萍　任沁源　刘之涛　刘兴高
刘志江　刘　勇　许　超　牟　颖　苏宏业　李　光　杨春节　杨秦敏　吴　俊
吴维敏　宋执环　宋春跃　张光新　陈积明　陈　曦　邵之江　金建祥　金晓明
周建光　赵春晖　侯迪波　徐正国　徐祖华　黄文君　黄平捷　黄志尧　梁　军
彭建新　葛志强　程　鹏　谢　磊　熊　蓉　戴连奎　Yucai Zhu(朱豫才)

计算机科学与技术学院

卜佳俊　于金辉　王志波　王跃宣　王　锐　王新宇　尹建伟　邓水光　史　烈
冯结青　朱建科　伍　赛　庄越挺　刘玉生　刘新国　汤永川　汤斯亮　许端清
孙守迁　孙建伶　孙凌云　寿黎但　李石坚　李　玺　李善平　杨小虎　杨　易
肖　俊　吴　飞　吴春明　吴鸿智　何钦铭　何晓飞　应放天　应　晶　沈春华
宋宏伟　宋明黎　张三元　张东亮　张　帆　张克俊　张国川　陈文智　陈　为
陈　刚　陈华钧　陈　纯　陈　岭　陈　越　林兰芬　林　海　罗仕鉴　金小刚
周　昆　周　波　郑小林　郑扣根　赵永望　耿卫东　柴春雷　钱沄涛　钱　徽
高云君　高曙明　唐华锦　唐　敏　黄正行　黄　劲　章国锋　董　玮　韩劲松
鲁东明　童若锋　鲍虎军　蔡　亮　蔡　登　潘　纲　KUI REN(任奎)
UEHARA KAZUHIRO(潘之杰)

生物医学工程与仪器科学学院

王　平　叶学松　宁钢民　吕旭东　刘济全　刘清君　许迎科　李劲松　余　锋
张　宏　陈　杭　陈祥献　陈耀武　周　凡　周　泓　封洲燕　段会龙　夏　灵

生命科学学院

丁　平　于明坚　毛传澡　方卫国　方盛国　卢建平　田　兵　冯明光　吕镇梅
朱旭芬　华跃进　刘建祥　江　辉　寿惠霞　严庆丰　杨万喜　杨卫军　杨建立

吴忠长　吴　敏　余路阳　应盛华　陈才勇　陈　军　陈　欣　陈　铭　邵建忠
易　文　金勇丰　周耐明　郑绍建　赵云鹏　赵　烨　莫肖蓉　徐　娟　高海春
唐建军　常　杰　章晓波　葛　滢　程　磊　LIQUAN HUANG(黄力全)
RUHONG ZHOU(周如鸿)

生物系统工程与食品科学学院

丁　甜　王　俊　韦真博　叶兴乾　叶章颖　冯凤琴　成　芳　朱加进　刘　飞
刘东红　刘湘江　刘　鹰　李建平　李晓丽　肖　航　吴　坚　何　勇　应义斌
汪开英　张　辉　陆柏益　陈士国　陈　卫　陈启和　陈健初　茅林春　罗自生
泮进明　饶秀勤　徐惠荣　盛奎川　章　宇　蒋焕煜　傅迎春　谢丽娟　裘正军
Binxin Wu(吴斌鑫)　　　SONGMING ZHU(朱松明)

环境与资源学院

马奇英　王　珂　王海强　卢升高　卢玲丽　田光明　史　舟　史惠祥　冯　英
吕　军　朱利中　朱　亮　庄树林　刘杏梅　刘维屏　刘　越　刘　璟　李廷强
杨肖娥　杨　坤　杨京平　吴东雷　吴伟祥　吴良欢　吴忠标　何　艳　汪海珍
张清宇　陈丁江　陈　红　陈宝梁　陈雪明　林咸永　林道辉　金崇伟　周文军
郑　平　官宝红　赵和平　胡宝兰　施积炎　倪吾钟　徐向阳　徐建明　徐新华
翁小乐　黄敬峰　章明奎　梁永超　梁新强　童裳伦　曾令藻　谢晓梅
SHAOCAI YU(俞绍才)

农业与生物技术学院

马忠华　王岳飞　王政逸　王校常　王晓伟　王蒙岑　方　华　尹燕妮　邓福军
甘银波　卢　钢　叶庆富　叶恭银　包劲松　师　恺　邬飞波　刘小红　刘树生
关亚静　孙崇德　李　飞　李　方　李正和　李红叶　李　斌　李　鲜　杨景华
肖建富　吴　迪　吴建祥　吴殿星　何普明　余小林　汪俏梅　汪海燕　沈志成
宋凤鸣　张天真　张国平　张明方　张　波　张亮生　陆建良　陈　云　陈进红
陈利萍　陈昆松　陈学新　周伟军　周　杰　周艳虹　郑经武　赵金浩　胡　艳
娄永根　祝水金　祝增荣　莫建初　桂文君　夏宜平　夏晓剑　柴明良　徐昌杰
徐建红　徐海君　徐海明　殷学仁　高中山　郭得平　黄　佳　黄　鹂　章初龙
屠幼英　蒋立希　蒋明星　喻景权　程方民　舒小丽　舒庆尧　虞云龙　鲍艳原
蔡新忠　樊龙江　滕元文　戴　飞　Donald Grierson　IMRAN HAIDER SHAMSI
LU YUN HAI(卢运海)

动物科学学院

王华兵　王争光　王佳堃　王起山　王敏奇　王新霞　方维焕　占秀安　冯　杰
刘广绪　刘红云　刘建新　孙红祥　杜华华　杜爱芳　李卫芬　杨明英　时连根
吴小锋　吴跃明　邹晓庭　汪以真　张才乔　陈玉银　邵庆均　周继勇　郑火青
胡彩虹　胡福良　黄耀伟　彭金荣　韩新燕

农业生命环境学部办公室

毛伟华　洪　健　徐幼平　高其康

医学院

丁克峰	丁美萍	刁宏燕	于晓方	马坤岭	马　骏	王伟林	王兴祥	王红妹
王良静	王青青	王英杰	王　迪	王　凯	王凯军	王炜琴	王建安	王建莉
王选锭	王晓东	王晓健	王　爽	王雪芬	王福俤	王慧明	毛旭明	毛建华
毛峥嵘	方马荣	方向明	方　红	邓甬川	叶招明	叶　娟	田　炯	田　梅
代志军	白雪莉	包爱民	主鸿鹄	冯友军	吕卫国	吕中法	吕志民	吕黎江
朱依敏	朱益民	朱海红	朱善宽	任跃忠	刘　伟	刘志红	刘鹏渊	江米足
汤永民	许正平	那仁满都拉		孙文均	孙启明	孙秉贵	孙　洁	孙　斐
纪俊峰	严　盛	严　敏	苏新辉	杜立中	李永泉	李江涛	李　君	李学坤
李　晓	李晓东	李晓明	李浩洪	李惠春	李　雯	杨蓓蓓	杨　巍	肖永红
肖浩文	吴志英	吴希美	吴国生	吴　明	吴育连	吴南屏	吴　健	吴　健
吴息凤	吴继敏	吴瑞瑾	邱　爽	佟红艳	余运贤	余雄杰	邹　键	应可净
应颂敏	闵军霞	汪　洌	汪　浩	沈华浩	沈岳良	沈　朋	沈　颖	张　丹
张世红	张　兴	张红河	张　茂	张松英	张宝荣	张　诚	张建民	张咸宁
张晓明	张敏鸣	张鸿坤	陆林宇	陆　燕	陈　力	陈丹青	陈亚岗	陈光弟
陈　伟	陈　伟	陈江华	陈志敏	陈丽荣	陈　岗	陈　坤	陈学群	陈　晓
陈晓冬	陈　高	陈益定	陈　烨	陈谦明	陈　鹏	陈　新	陈静海	邵吉民
范顺武	林　俊	欧阳宏伟		卓　巍	罗本燕	罗建红	罗　巍	金永堂
金　帆	金明娟	金　洁	金洪传	周以侹	周旭东	周志慧	周建英	周煜东
周嘉强	郑　伟	郑　敏	项美香	赵小英	赵永超	赵伟平	赵经纬	赵鲁杭
茵　梓	胡小君	胡少华	胡　汛	胡兴越	胡　迅	胡　迅	胡红杰	胡　坚
胡　虎	胡济安	胡振华	胡海岚	胡新央	胡薇薇	胡懿郃	柯越海	段树民
俞云松	施育平	祝向东	姚玉峰	袁　瑛	晋秀明	夏大静	钱文斌	徐志豪
徐荣臻	徐　骁	徐　耕	徐　峰	徐　晗	徐清波	徐　雯	高向伟	高志华
高利霞	郭国骥	席咏梅	涂华康	黄丽丽	黄金艳	黄　河	黄　建	黄品同
曹　江	曹利平	曹　倩	曹越兰	龚方戚	龚哲峰	龚渭华	龚　薇	盛吉芳
康利军	章　京	章爱斌	梁　平	梁廷波	梁　霄	董辰方	董　研	董恒进
蒋笑莉	蒋萍萍	韩春茂	韩晓平	程　浩	傅君芬	傅国胜	焦晶晶	舒　强
鲁林荣	温小红	谢万灼	谢立平	谢安勇	谢鑫友	楼　敏	裘云庆	赖蕙茵
虞燕琴	詹仁雅	詹金彪	蔡志坚	蔡秀军	蔡建庭	蔡　真	管文军	管敏鑫
滕理送	潘冬立	潘宏铭	戴一扬	戴　宁	ANNA WANG ROE(王菁)			

CHARLIE CHUNSHENG XIANG(项春生)　　　　Daniel Henry Scharf

DANTE NECULAI　　　GONG XIANG CHEN(陈功祥)　　　HONG YU(余红)

LIU MINGYAO(刘明耀)　Lu Qin　　　　　MING DING LI(李明定)

RUTAO CUI　　Stijn van der Veen　　　　THERESE HESKETH
TORU TAKAHATA　　XIU JUN WANG（王秀君）XIUWEN TANG（唐修文）
YAN LUO（骆严）　　YANG XIAOHANG（杨小杭）　YANG XU（徐洋）
YI SUN（孙毅）　　　Yin Deling（尹德领）　　YING ZHANG（张颖）
ZHANG PUMIN（张普民）

药学院

王龙虎	王　毅	方伟杰	朱　虹	刘龙孝	刘雪松	孙翠荣	杜永忠	杨　波
连晓媛	吴永江	何俏军	余露山	应美丹	应晓英	张翔南	陈枢青	陈建忠
陈　勇	范骁辉	罗沛华	胡富强	侯廷军	俞永平	袁　弘	顾　臻	翁勤洁
高建青	戚建华	崔孙良	董晓武	蒋惠娣	程翼宇	曾　苏	游　剑	瞿海斌

国际联合学院

丁冠中　李德纮　Philip T. Krein　Susan Welburn　Xiao Yan（肖岩）

机关党委

王立忠	叶　民	叶桂方	朱　慧	朱世强	任少波	邬小撑	严建华	吴　健
吴朝晖	何莲珍	张宏建	张荣祥	林伟连	罗泳江	周天华	周文文	郑　强
胡素英	夏文莉	黄先海	傅　强	楼成礼	雷群芳	戴慧芬

直属单位

马景娣	王人民	王友明	王勇超	王慧泉	毛一国	毛碧增	方　强	尹兆正
厉小润	厉晓华	叶均安	叶凌云	史红兵	曲巍崴	朱　凌	刘继荣	刘震涛
杜永均	李肖梁	杨　捷	杨建华	吴叶海	余东游	汪志平	汪炳良	汪海峰
沈　杰	沈建福	沈桂萍	张　炜	张金枝	陈再鸣	陈志强	陈国安	陈振英
陈益君	罗安程	胡东维	胡慧珠	宣海军	聂鹏程	贾惠娟	徐礼根	徐海圣
唐建中	唐晓武	黄　晨	黄凌霞	龚淑英	崔海瑞	董晓虹	董辉跃	蒋君侠
程路明	舒妙安	鲁兴萌	谢红梅	蒙　涛	楼兵干	楼汭涛	廖　敏	潘雯雯

其他单位

干　钢	马为锐	马银亮	王　健	王跃明	方　东	方征平	叶存奇	包迪鸿
吕淼华	朱天飚	任艾明	刘　东	刘迎胜	刘培东	许科帝	许洪伟	苏文静
李　冬	李　宁	杨　兵	杨　毅	杨晓鸣	肖志斌	吴　杰	余祖国	邹大挺
沈　立	沈　金	张　琛	张韶岷	陆　激	陆华松	陈　波	陈卫东	陈志新
陈报恩	林世贤	林盛达	金更达	周　青	周　杰	周谷平	周家伟	郑爱平
郑能干	胡征宇	胡慧峰	茹　衡	祝赛勇	秦从律	袁亚春	莫洲瑾	夏　鹏
夏顺仁	徐　瀛	徐旭荣	徐金强	徐铨彪	殷　农	郭　行	姬峻芳	黄争舸
黄德力	梁治平	董丹申	董雪兵	蒋　超	谢贵平	褚超孚	黎　冰
XINHUA HARDY FENG（冯新华）

附属第一医院

于吉人	马文江	马跃辉	马　量	王仁定	王　平	王华芬	王春林	王奎荣

王临润	王剑勇	王海勇	王悦虹	王　跃	王　敏	王逸民	王照明	王慧萍
王　薇	方丹波	方雪玲	方维佳	方　强	孔海莹	孔海深	卢晓阳	卢震亚
叶　丹	叶琇锦	叶　锋	申屠建中		田其芳	史红斐	冯立民	冯智英
冯　强	冯靖祎	吕国才	朱海斌	朱　彪	朱慧勇	乔建军	伍峻松	任国平
任菁菁	邬一军	邬志勇	刘小孙	刘小丽	刘凡隆	刘　忠	刘　剑	刘　彧
刘晓艳	刘　犇	安肖霞	许利军	许国强	许晓东	阮　冰	阮凌翔	阮黎明
孙军辉	孙　柯	牟　芸	麦文渊	严　卉	严森祥	苏　群	杜持新	李成江
李伟栋	李任远	李甫强	李　岚	李　谷	李　君	李和权	李炎冬	李栋林
李夏玉	李爱清	李雪芬	李　霞	杨大干	杨小锋	杨仕贵	杨　芊	杨　青
杨　虹	杨益大	杨　毅	来江涛	肖文波	吴仲文	吴国琳	吴　炜	吴　炜
吴建永	吴晓梁	吴福生	吴慧玲	何剑琴	何静松	余列道	余国伟	余　建
邹晓晖	汪国华	汪晓宇	汪　朔	汪超军	沈月洪	沈向前	沈丽萍	沈　岩
沈建国	沈柏华	沈　哲	沈　晔	沈　萍	沈毅弘	宋朋红	张　匀	张文瑾
张冰凌	张芙荣	张幸国	张　珉	张　哲	张娟文	张　萍	张　勤	张　微
张　磊	张德林	陆中杰	陆远强	陈卫星	陈水芳	陈文斌	陈　军	陈李华
陈作兵	陈春晓	陈　俭	陈洪潭	陈　峰	陈海红	陈　斌	陈　瑜	陈韶华
邵乐文	邵荣雅	范　骏	林　山	林文琴	林向进	林　军	林　进	林建江
尚云鹏	罗　依	罗金旦	季　峰	金百冶	金　希	金晓东	金爱云	周云晓
周水洪	周东辉	周　华	周建娅	周新惠	周燕丰	郑伟燕	郑旭宁	郑秀珏
郑良荣	郑杰胜	郑　临	郑哲岚	郑祥义	郑跃英	郑　霞	单建贞	孟宏舟
孟海涛	孟雪芹	项　尊	赵妍敏	赵青威	赵海格	赵雪红	赵　葵	赵　鹏
胡云珍	胡晓晟	胡智勇	柯庆宏	柯　青	郦惠燕	钟紫凤	俞文娟	俞　军
饶跃峰	施继敏	间夏轶	姜力骏	姜玲玲	姜　虹	姜　海	姜赛平	姚永兴
姚　华	姚航平	姚雪艳	姚　磊	秦　杰	袁　静	耿　磊	夏　丹	夏淑东
夏　琦	夏雅仙	顾新华	柴　亮	钱建华	倪一鸣	徐三中	徐小微	徐向明
徐　农	徐凯进	徐建红	徐娅萍	徐盈盈	徐哲荣	徐　萍	徐靖宏	徐鹤云
凌志恒	凌　琪	高丹忱	高顺良	高　原	郭仁勇	郭晓纲	陶谦民	黄红光
黄丽华	黄明珠	黄建荣	黄洪锋	黄　健	黄朝阳	黄满丽	曹红翠	盛勤松
崔红光	章　宏	章益民	章梅云	章渭方	梁　辉	屠政良	彭文翰	彭志毅
彭国平	董凤芹	董　枫	董孟杰	蒋天安	蒋建文	蒋智军	韩　飞	韩　阳
韩威力	喻成波	程　军	傅佩芬	童剑萍	童　鹰	温　良	谢小军	谢旭东
谢　珏	谢海洋	楼定华	楼险峰	楼　滨	虞朝辉	阙日升	蔡洪流	谭付清
滕晓东	潘志杰	潘　昊	潘剑威	魏国庆	瞿婷婷			

附属第二医院

| 丁礼仁 | 万　婷 | 马岳峰 | 马　健 | 马　骥 | 王　平 | 王永健 | 王华林 | 王志康 |
| 王连聪 | 王　坚 | 王利权 | 王　良 | 王苹莉 | 王　林 | 王国凤 | 王建卫 | 王建伟 |

王　勇	王晓晨	王祥华	王跃东	王彩花	王新刚	毛建山	毛善英	文甲明
方肖云	方　兵	石　键	占宏伟	叶小云	叶　松	申屠彤超		史燕军
白福鼎	冯　刚	冯建华	冯　蕾	兰美娟	吕伯东	朱永坚	朱永良	朱君明
朱　莹	朱锦辉	邬伟东	刘凤强	刘先宝	刘伦飞	刘志蓉	刘恺鸣	刘雁鸣
刘微波	江　波	汤业磊	汤霞靖	许东航	许晓华	许　璟	孙立峰	孙伟莲
孙建忠	孙　勇	孙崇然	孙朝晖	孙　婷	严君烈	劳力民	苏立达	苏兆安
杜传军	杜　勤	杜新华	李万里	李天瑜	李方财	李立斌	李伟栩	李　军
李志宇	李　杭	李金范	李　珉	李　星	杨正明	杨旭燕	肖家全	吴　丹
吴立东	吴华香	吴贤杰	吴　炜	吴祖群	吴晓华	吴浩波	吴琼华	吴勤动
吴　群	吴燕岷	别晓东	邱培瑾	邱福铭	何荣新	余日胜	谷　卫	应淑琴
汪四花	汪慧英	沈伟锋	沈肖曹	沈　宏	沈炜亮	沈　虹	沈　钢	沈　俐
沈　婷	宋水江	宋永茂	宋剑平	宋震亚	张士更	张片红	张冯江	张召才
张仲苗	张志勇	张　宏	张　勇	张哲伟	张　桦	张根生	张晓红	张　嵘
张　斌	张　赛	陆新良	陈巧珍	陈正英	陈芝清	陈　军	陈志华	陈　兵
陈其昕	陈国贤	陈　鸣	陈佳兮	陈佩卿	陈学军	陈临炜	陈　健	陈继民
陈清宇	陈维善	陈雯艾	陈景森	陈　焰	陈　嘉	邵哲人	邵菊芳	苗旭东
范军强	范国康	茅晓红	林志宏	林季建	林　铮	林　秾	郁丽娜	罗汝斌
岳　岚	金红颖	金晓滢	金　敏	金静芬	周　权	周光居	周建维	周　炯
周峰1	周海波	郑一春	郑　强	单鹏飞	封秀琴	封　纯	赵小纲	赵百亲
赵　华	赵国华	赵学群	赵锐祎	胡未伟	胡学庆	胡　跃	胡　颖	胡颖红
柳夫义	段群军	俞一波	俞申妹	施小宇	施小燕	施钰岚	洪玉蓉	洪　远
姚梅琪	秦光明	袁　晖	晁　明	钱维明	徐小红	徐文鸿	徐　刚	徐　旸
徐　昕	徐　侃	徐　栋	徐根波	徐晓俊	徐彩娟	徐善祥	徐雷鸣	徐锦芳
徐慧敏	殷鑫浈	翁　燕	高　峰	郭庆渠	唐　喆	唐碧云	唐翠兰	陶志华
陶思丰	陶惠民	黄华琼	黄晓丹	黄　曼	黄　鑫	龚永光	常惠玉	崔　巍
麻亚茜	章燕珍	梁　俊	梁　赟	董爱强	董　颖	董　鑫	蒋正言	蒋国平
蒋　骅	蒋　峻	蒋　飚	韩　伟	韩跃华	程海峰	傅伟明	童璐莎	谢小洁
谢传高	蒲朝霞	楼洪刚	楼健颖	裘益青	虞　军	满孝勇	蔡加昌	蔡迅梓
蔡思宇	蔡绥勍	熊　炎	颜小锋	颜伏归	潘小宏	潘志军	薛　静	戴平丰
戴海斌	戴雪松	魏启春	魏建功					

附属邵逸夫医院

丁国平	丁国庆	丁献军	万双林	马　力	马立彬	马　亮	马晓旭	王义荣
王平a	王　达	王先法	王观宇	王青青	王林波	王建国	王　娟	王敏珍
王筝扬	王　谨	毛伟芳	方力争	方向前	方　勇	邓丽萍	卢佩琳	叶志弘
叶　俊	田素明	冯丽君	冯金娥	邢海波	成　晟	同俏静	吕　文	吕芳芳
朱一平	朱文华	朱可建	朱先理	朱江a	朱军慧	朱玲华	朱洪波	朱涛b

朱越锋　任　宏　庄一渝　刘志伟　刘利民　刘玮丽　刘　柳　许力为　许　斌
阮文静　孙晓南　孙继红　孙雅逊　孙蕾民　寿金朵　芮雪芳　严春燕　杜小幸
杜华平　李世岩　李立波　李　达　李华a　李华b　李　红　李宏烨　李建华
李恭会　李爱清　李新伟　杨　进　杨丽黎　杨　明　杨京燕　杨建华　杨树旭
杨　莹　杨斐敏　肖　芒　吴加国　吴峥嵘　吴胜军　吴晓虹　吴海洋　吴　皓
吴　瑕　何正富　何　红　何启才　何非方　何超蔓　余燕岚　汪　勇　沈立锋
沈　波　宋向阳　宋铁军　宋章法　张力三　张文斌　张伟民　张伟波　张建锋
张　钧　张剑a　张　舸　张　蓓　张　楠　张　雷　张　瑾　陆向红　陆秀娥
陆明晰　陈艺成　陈文军　陈丽英　陈　炜　陈定伟　陈　钢　陈剑c　陈恩国
陈　瑛　陈　颖　陈毅力　邵宇权　林小娜　林　伟　林　辉　金　梅　周大春
周　伟　周建仓　周斌全　周道扬　周　强　周慧江　於亮亮　郑伟良　郑　宇
郑芬萍　郑和鸣　郑雪咏　项伟岚　赵凤东　赵文和　赵　兴　赵林芳　赵晖a
赵博文　赵　蕊　胡吉波　胡伟玲　胡孙宏　胡建斌　俞　欣　施培华　闻胜兰
姜支农　姜冬梅　洪玉才　洪德飞　祝继洪　桂雅星　夏肖萍　晁冠群　钱希明
钱浩然　倪卫国　徐玉兰　徐　勇　翁少翔　翁　瑜　高　敏　郭　丰　谈伟强
黄中柯　黄　东　黄　昕　黄迪宇　黄学锋　黄美丽　黄　悦　黄　嚣　曹　筝
盛列平　盛洁华　盛　夏　梁峰冰　葛慧青　董雪红　蒋汉梁　蒋红b　蒋晨阳
韩咏梅　鲁东红　谢俊然　谢　磊　楼伟建　楼　岑　楼颂梅　楼海舟　裘文亚
裘利君　虞和君　虞　洪　虞海燕　蔡小燕　蔡华英　蔡柳新　臧国尧　管　燕
潘孔寒　潘红英　潘　美　戴红蕾

附属儿童医院

马　鸣　马晓路　王　翔　王财富　王金湖　王颖硕　毛　文　毛姗姗　石淑文
卢美萍　叶　芳　叶　盛　叶文松　叶菁菁　付　勇　吕　华　华春珍　江克文
江佩芳　汤宏峰　阮文华　花　旺　苏吉梅　李　荣　李云玲　李月舟　李甫棒
李建华　李海峰　杨子浩　杨世隆　杨荣旺　杨茹莱　杨翠微　吴　芳　吴　苔
吴　蔚　吴西玲　吴秀静　吴妙莲　余钟声　邹朝春　汪　伟　汪天林　沈红强
沈辉君　宋　华　张　峰　张园园　张泽伟　张洪波　张晨美　陆　斌　陈　正
陈　安　陈　洁　陈小友　陈飞波　陈英虎　陈学军　陈朔晖　陈理华　邵　洁
林　茹　尚世强　竺智伟　周云连　周雪莲　郑　焜　郑季彦　赵水爱　赵国强
胡瑶琴　钭金法　俞　刚　俞建根　施丽萍　施珊珊　洪　芳　祝国红　袁天明
袁哲锋　夏永辉　夏哲智　钱云忠　倪韶青　徐卫群　徐亚萍　徐红贞　徐迎春
徐美春　徐晓军　高　峰　高志刚　唐兰芳　唐达星　诸纪华　谈林华　陶　然
黄　轲　黄寿奖　黄晓磊　黄新文　章毅英　董关萍　蒋优君　蒋国平　傅松龄
傅海东　童　凡　楼金吐　楼金圩　楼晓芳　赖　灿　鲍　毓　解春红　蔡志波
熊启星　缪　静　戴宇文　魏　健

附属妇产科医院

丁志明	万小云	上官雪军		王正平	王军梅	王建华	王新宇	戈万忠
毛愉燕	方　勤	龙景培	叶光勇	叶英辉	白晓霞	冯国芳	冯素文	邢兰凤
朱　江	朱宇宁	朱佳骏	庄亚玲	江秀秀	阮　菲	孙　革	杨小福	李秋芳
李娟清	吴明远	邱丽倩	何赛男	余晓燕	邹　煜	应伟雯	张　珂	张信美
张晓飞	张　慧	陈凤英	陈亚侠	陈丽莉	陈新忠	林仿芳	罗玉琴	罗　琼
季银芬	周庆利	周坚红	郑彩虹	郑　斐	赵小环	赵小峰	赵柏惠	赵梦丹
胡东晓	胡燕军	俞　颖	贺　晶	栗宝华	钱志大	钱洪浪	徐开红	徐向荣
徐丽丽	徐建云	徐凌燕	徐　键	徐鑫芬	翁炳焕	高惠娟	唐　秋	黄秀峰
黄夏娣	梁朝霞	董旻岳	韩秀君	程晓东	程　蓓	傅云峰	鲁　红	鲁惠顺
谢臻蔚	楼航英	缪敏芳	潘子旻					

附属口腔医院

王慧明	邓淑丽	朱赴东	刘　丽	刘　蔚	杨国利	李志勇	李晓军	何　虹
何福明	张　凯	陈学鹏	陈谦明	周艺群	胡　军	胡济安	俞梦飞	俞雪芬
施洁珺	章伟芳	程志鹏	傅柏平	谢志坚	樊立洁			

附属第四医院

王刚平	王晋荣	王　霞	方秋雁	尹　丽	叶寄星	吕晓莹	朱　斌	闫俊梁
许维娜	严秋亮	杨　军	杨　杰	杨泽山	李伟华	李德智	吴成军	吴建国
汪芳军	张韶君	陈王震	陈爱民	金　烈	周　浩	单　强	赵红花	胡庆丰
胡　建	祝海燕	徐定银	翁贤武	章辉庆	梁翠霞	葛久欣	傅俊伟	熊娇燕

浙江大学 2021 年新增兼职教授名录

姓名	聘请单位	聘用职务	工作单位
杨乃乔	传媒与国际文化学院	兼职教授	复旦大学
陈立波	传媒与国际文化学院	兼职教授	浙江卫视
李庆本	传媒与国际文化学院	兼职教授	杭州师范大学
焦兴涛	艺术与考古学院	兼职教授	四川美术学院
何桂彦	艺术与考古学院	兼职教授	四川美术学院
巴曙松	经济学院	兼职教授	中国银行业协会
李　林	光华法学院	兼职教授	中国社会科学院
李红霞	材料科学与工程学院	兼职教授	中国中钢集团公司

姓名	聘请单位	聘用职务	工作单位
陈长安	材料科学与工程学院	兼职研究员	中国工程物理研究院
童志远	能源工程学院	兼职研究员	浙江吉利控股集团有限公司
贺之渊	电气工程学院	兼职教授	先进输电技术国家重点实验室
饶 宏	电气工程学院	兼职教授	中国南方电网公司
黄 莹	电气工程学院	兼职教授	南方电网科学研究院有限责任公司
李海翔	电气工程学院	兼职研究员	浙江省电力有限公司
李兴钢	建筑工程学院	兼职教授	中国建筑设计研究院有限公司
沈 磊	建筑工程学院	兼职教授	中国生态城市研究院
徐长节	建筑工程学院	兼职教授	华东交通大学
冯 远	建筑工程学院	兼职教授	中国建筑西南设计研究院有限公司
周常河	光电科学与工程学院	兼职研究员	中国科学院上海光学精密机械研究所
陈育伟	信息与电子工程学院	兼职研究员	芬兰地理空间研究所
袁晓兵	信息与电子工程学院	兼职研究员	中国科学院上海微系统研究所
白 傑	信息与电子工程学院	兼职教授	浙大城市学院
李大为	信息与电子工程学院	兼职研究员	深圳技术大学
侯中喜	控制科学与工程学院	兼职教授	国防科技大学
肖龙旭	控制科学与工程学院	兼职教授	火箭军研究院
Daan van Eijk	计算机科学与技术学院	兼职教授	代尔夫特理工大学
陶大程	计算机科学与技术学院	兼职教授	悉尼大学
李 朝	计算机科学与技术学院	兼职教授	阿里巴巴集团
曾震宇	计算机科学与技术学院	兼职教授	阿里巴巴集团
汤晓鸥	计算机科学与技术学院	兼职教授	香港中文大学
李学龙	计算机科学与技术学院	兼职教授	西北工业大学
乔 宇	计算机科学与技术学院	兼职研究员	中国科学院深圳先进技术研究院
王延峰	计算机科学与技术学院	兼职研究员	上海交通大学
孙宗涛	生命科学学院	兼职研究员	宁波大学
赵玉沛	医学院	兼职教授	北京协和医院

浙江大学年鉴

姓名	聘请单位	聘用职务	工作单位
马伟杭	公共卫生学院	兼职教授	浙江省卫生厅（退休）
王 桢	公共卫生学院	兼职教授	浙江省疾控中心
何 凡	公共卫生学院	兼职教授	浙江省疾控中心
周黎旸	工程师学院	兼职教授	巨化集团有限公司
周光礼	中国科教战略研究院	兼职教授	中国人民大学
陈凯华	中国科教战略研究院	兼职研究员	中国科学院科技战略咨询研究院
苏 竣	中国科教战略研究院	兼职教授	清华大学
郑永和	中国科教战略研究院	兼职教授	北京师范大学
凌文辉	先进技术研究院	兼职教授	航天三院三十一所
刘 宁	人文高等研究院	兼职研究员	中国社会科学院
李 猛	人文高等研究院	兼职教授	北京大学
渠敬东	人文高等研究院	兼职教授	北京大学
孙向晨	人文高等研究院	兼职教授	复旦大学

大事记

一月

1月5日　浙江大学在求是大讲堂召开 2020 年国际合作与交流工作会议。

1月6—7日　在浙江大学中层干部学习贯彻党的十九届五中全会精神专题报告会上,校党委书记任少波、时任校长吴朝晖分别作了题为"贯彻落实党的十九届五中全会精神,加快建设中国特色世界一流大学"和"坚持创新核心地位　强化战略科技力量在贯彻落实党的十九届五中全会精神中加快建设创新型大学"的报告。

1月9日　首届亚洲文明交流与互鉴高端论坛暨浙江大学亚洲文明研究院成立仪式在求是大讲堂举行,开启以学科会聚引领文科发展的崭新篇章。

1月12日　校党委书记任少波率队到建德梅城考察,重走西迁办学路,缅怀求是先贤,感悟浙大精神,推动校地深化合作。

1月13日　浙江大学召开党委理论学习中心组学习会议,认真学习习近平新时代中国特色社会主义思想和习近平总书记关于教育的重要论述,深刻领悟总书记对浙江大学的重要指示精神,为高质量开好党员校领导民主生活会强化学习研讨,打牢思想基础。

1月14日　浙江大学召开教材工作会议,深入学习贯彻习近平总书记关于教材建设的重要指示批示精神,认真落实全国教材工作会议精神,全面推进教材建设工作。

1月18日　中共浙江大学第十四届委员会第九次全体(扩大)会议在紫金港校区召开。全会听取并审议了学校党委常委会工作报告、《浙江大学"十四五"发展规划(审议稿)》及学校纪委工作报告。

1月19日　浙江大学召开 2020 年度院级党组织书记抓基层党建和人才工作述职评议大会。

1月20日　浙江大学召开 2020 年度党员校领导民主生活会,党员校领导开展了批评与自我批评。

1月21日　学校召开 2021 年校园安全与稳定工作会议,研究部署 2021 年校园安全稳定工作。

二月

2月2日　时任浙江大学校长吴朝晖院士在紫金港校区与中国商用飞机有限责任公司董事长贺东风一行举行座谈,共同推动校企全面战略合作。

2月9日　时任浙江省省长郑栅洁来到紫金港校区,检查留校学生住宿、用餐和超市供应等保障情况。

2月25日　浙江大学召开领导班子 2021 年寒假战略研讨会。

三月

3月5日　浙江大学召开 2021 年全面从严治党工作会议。

3月5日　浙江大学召开 2021 年度工作会议。

3月6日　浙江大学医学院附属精神卫生中心签约揭牌仪式暨精神病学高峰学科建设大会在杭州市第七人民医院举行。

3月15日　浙江大学在紫金港校区求是大讲堂召开会议,传达全国"两会"精神,对全校学习贯彻工作做出部署。

3月15日　浙江大学召开党史学习教育动员大会,认真学习贯彻习近平总书记重要讲话精神和党中央决策部署,对学校开展党史学习教育进行动员。

3月21日　中央宣讲团成员、中国社科院党组成员、当代中国研究所所长姜辉一行来到浙江大学,开展党史学习教育宣讲,并与党员干部、师生代表开展座谈交流。

3月22日　浙江大学召开党委理论学习中心组党史学习教育专题学习会,深入学习习近平总书记在党史学习教育动员大会上的重要讲话和关于中国共产党历史的重要论述。

3月22日　浙江大学召开党委理论学习中心组学习(扩大)会议,深入学习《习近平在浙江》。本次学习也是中层干部党史学习教育培训的第一课。

3月24日　由浙江大学主办的全球大学校长线上论坛以视频连线方式举行,主题为"联合国 2030 议程中的大学担当",论坛发布了《全球大学校长关于 2030 年可持续发展议程的联合倡议》。

3月25日　浙江大学党委理论学习中心组举行学习会,专题学习《中国共产党统一战线工作条例》。

3月26日　浙江大学第八届教职工代表大会、第二十二届工会会员代表大会第四次会议在紫金港校区剧场开幕。

3月30日　浙江大学 2021 年春季研究生毕业典礼暨学位授予仪式分别在玉泉校区大操场和邵逸夫体育馆举行。

四月

4月2日　浙江大学医学院附属医院全面从严治党工作会议在紫金港校区召开。

4月2日　浙江大学党委书记任少波赴义乌调研,围绕市校合作开展座谈交流,进一步推动浙大四院、"一带一路"国际医学院和国际健康医学研究院"三院一体"建设，推动双方合作迈向新征程。

4月6日　浙江大学与绍兴市柯桥区合作签约仪式在柯桥举行。双方达成战略合作，并将共建浙江大学医学院附属第二医院柯桥院区，进一步推动校地合作向纵深发展。

4月12日　浙江大学召开党委理论学习中心组党史学习教育专题学习会，深入学习《习近平新时代中国特色社会主义思想学习问答》。

4月16日　浙江大学国内合作大会在紫金港校区求是大讲堂召开。校党委书记任少波、时任校长吴朝晖为浙江大学脱贫攻坚先进集体和先进个人颁奖并讲话。

4月20日　华为技术有限公司与浙江大学战略合作协议签约仪式在紫金港校区举行。

4月23日　浙江大学举行党史学习教育专题党课。校党委书记任少波，党史学习教育省委宣讲团成员、浙江省委党校党史党建教研部主任邱巍分别做报告。

4月27日　浙江大学召开党委理论学习中心组党史学习教育专题学习会，认真学习《中国共产党简史》。

4月29日　时任浙江省委书记袁家军在浙江大学出席"跟着总书记在浙江的足迹学党史"青春汇报会——浙江省青少年庆祝建党100周年主题团日活动。

五月

5月8日　中央第二巡视组巡视浙江大学党委工作动员会召开。

5月13日　浙江大学召开党委理论学习中心组学习会，深入学习习近平总书记关于师德师风的重要论述和教育部关于开展师德专题教育有关文件精神。

5月16日　在浙江大学124周年校庆前夕，来自全国9个省份的124对浙大新人回到紫金港校区参加"缘定浙大"2021校友集体婚礼。

5月28日　"2021中国共同富裕指数模型"发布。该指数模型由浙江大学社会治理研究院、公共管理学院、国家制度研究院和浙江工商大学重要窗口研究院联合发布，涵盖发展性、共享性和可持续性三个维度。

5月30日　浙江大学伊利诺伊大学厄巴纳-香槟校区联合学院（ZJUI）2021届学生伊利诺伊大学厄巴纳-香槟校区（UIUC）学位授予仪式在浙江大学国际联合学院（海宁国际校区）学术大讲堂举行。

六月

6月2日　浙江大学与中国石油化工集团有限公司战略合作协议签约仪式在京举行。

6月2日　浙江大学召开党史学习教育领导小组（扩大）会议暨党史学习教育推进会，交流我校党史学习教育开展情况，部署下一阶段重点工作。

6月4日　浙江大学首场"光荣在党50年"纪念章颁发仪式在紫金港校区校史馆举行。校党委书记任少波为光电科学与工程学院原高速摄影机研制团队的4位党员同志冯俊卿、赵田冬、包正康、郑增荣颁发纪念章。

6月16日　浙江大学2021年就业工作会议在紫金港校区求是大讲堂召开。

6月17日　浙江大学党政领导班子赴党的诞生地嘉兴南湖学习考察，并在海宁国际校区举行党委理论学习中心组党史学习教育专题学习会。

6月17日　教育部党组成员、副部长翁铁慧来到紫金港校区，调研"一站式"学生社区综合管理模式建设试点改革情况。

6月18日　浙江大学举办党史学习教育专题党课，时任校长吴朝晖院士做了题为"道路坚守与理论自信：改革开放以来的中国特色社会主义高等教育发展"的报告。

6月25日　浙江大学召开党委理论学习中心组学习会，深入学习新修正的《中华人民共和国教育法》及中央教育工作领导小组《关于深入学习宣传贯彻党的教育方针的通知》。

6月25日　浙江大学举行2021届毕业生党员教育大会，校党委书记任少波为即将踏出校园、迈上新征程的毕业生党员做专题报告。

6月29日　浙江大学2021年夏季研究生毕业典礼暨学位授予仪式在玉泉校区举行。

6月29日　"奋斗百年梦，唱响新时代"浙江大学庆祝中国共产党成立100周年合唱比赛在紫金港校区剧场举行。

6月30日　浙江大学2021届本科生毕业典礼暨学位授予仪式在玉泉校区举行。

七月

7月1日　庆祝中国共产党成立100周年大会在北京天安门广场隆重举行。浙江大学在紫金港校区设收看主会场，并第一时间组织座谈学习习近平总书记重要讲话精神。

7月2日　浙江大学召开党委理论学习中心组学习会，深入学习习近平总书记在庆祝中国共产党成立100周年大会上的重要讲话精神。

7月2日　浙江大学庆祝中国共产党成立100周年暨表彰先进大会在紫金港校区隆重召开。

7月8日　浙江大学与安徽省人民政府在合肥签署省校全面战略合作协议。

7月11—13日　校党委书记任少波率团访问澳门，拜访澳门特别行政区行政长官贺一诚和中央人民政府驻澳门特别行政区联络办公室主任傅自应，为浙江大学与澳门大学联合研究中心揭牌，并看望了长期关心和支持浙江大学发展的校友和相关人士。

7月31日　第20届中国大学生田径锦标赛开幕。本届比赛以"逐梦新时代，青春绽芳华"为口号，于7月31日至8月5日在浙江大学紫金港校区进行，是学校时隔28年第二次承办该项赛事。

八月

8月16日至19日　浙江大学、新疆生产建设兵团在新疆阿拉尔签署共建浙江大学南疆创新研究院战略合作框架协议。

8月25日　时任浙江省委书记袁家军来到西溪校区，考察调研"中国历代绘画大系"成果。

8月30—31日　浙江大学2021年暑期

工作会议在紫金港校区召开。校党委书记任少波、时任校长吴朝晖分别做了题为"胸怀使命愿景 践行忠诚担当 打造具有领导世界一流大学建设能力的高素质骨干队伍""开启'第二步'新征程 攻坚新一轮'双一流'扎根中国大地迈向世界一流大学前列"的报告。

九月

9月2日 时任上海市委书记李强来到浙江大学上海高等研究院,考察调研高研院新型研发机构有关建设情况。

9月4日 中央第二巡视组巡视浙江大学党委情况反馈会议召开。组长王新哲分别向浙江大学党委书记任少波和浙江大学党委领导班子反馈了巡视情况。

9月8日 浙江大学庆祝第37个教师节暨先进表彰会在求是大讲堂举行。

9月10日 时任浙江省委书记、省人大常委会主任袁家军来到紫金港校区看望慰问教师,主持召开高校党建工作座谈会。

9月10日 学校召开中层领导班子换届工作动员大会。

9月10日 浙江大学召开巡视整改工作动员部署会。

9月10日 浙江大学2021级本科生开学典礼在紫金港校区举行。

9月12日 浙江大学2021级研究生开学典礼在紫金港校区举行。

9月17日 浙江大学举行2021年本科生教育专题报告会,时任浙江大学校长吴朝晖院士为全体2020级、2021级本科生做了题为"探索未知未来争做新时代敢于创新

的有为青年"的报告。

9月22日 浙江大学与中国航天科工集团有限公司全面战略合作协议签约仪式在紫金港校区举行。

9月24日 浙江大学举行2021级本科新生形势与政策教育专题报告会。校党委书记任少波围绕"发扬传统勇担使命——在民族复兴征程中走在前列"主题,与全体新生进行交流。

十月

10月11—12日 浙江大学党委书记任少波一行赴云南省景东彝族自治县考察调研,研究落实帮扶工作,助推景东开启乡村振兴发展新征程。

10月13—14日 浙江大学党委书记任少波一行赴贵州省台江县考察调研,进一步深化帮扶对接,助力台江全面推进乡村振兴提质发展。

10月16—17日 浙江大学党委书记任少波一行赴敦煌研究院调研并举行合作座谈会,双方就文化遗产保护、人文科技融合、敦煌学科建设等方面进行了交流,共谋新时代合作新篇章。

10月27日 奥运会、全运会冠军走进浙江大学暨新青年论坛在紫金港校区举行。4位体育冠军与浙大学子面对面进行趣味体育互动,讲述奋斗故事、畅谈成长之路。

10月30日 浙江大学召开党委理论学习中心组学习会,深化对习近平总书记"七一"重要讲话精神的学习贯彻,聚焦学校"十四五"事业发展和新一轮"双一流"建设,深入研讨浙江大学在新发展阶段的使命愿景。

浙江大学年鉴

10月30日　中共浙江大学第十四届委员会第十次全体（扩大）会议在紫金港校区召开。全会传达学习了第二十七次全国高校党的建设工作会议精神和全省基层党建工作会议精神，听取了校长工作报告和《中共浙江大学委员会关于中央巡视反馈意见的整改落实方案》推进情况汇报，审议通过了《浙江大学"十四五"发展规划》。

十一月

11月2日　"盛世修典——'中国历代绘画大系'阶段性成果展（浙大站）"在浙江大学艺术与考古博物馆开展。

11月3日　中共中央、国务院在北京隆重举行国家科学技术奖励大会。此次奖励大会上，浙江大学作为第一完成单位荣获2020年度国家科学技术奖励11项。其中，国家科学技术进步奖一等奖1项，国家自然科学奖二等奖2项，国家技术发明奖二等奖3项，国家科学技术进步奖二等奖5项。

11月5日　浙江大学召开2021年警示教育大会。

11月12日　浙江大学召开领导班子巡视整改专题民主生活会。

11月15日　浙大二院浙大院区在紫金港校区举行健康管理中心揭牌仪式。

11月16日　教育部党组调研督导浙江大学巡视整改工作会以视频方式召开。教育部党组成员、副部长翁铁慧主持会议并讲话，浙江大学党委书记任少波做浙江大学巡视整改工作汇报，时任校长吴朝晖出席。

11月18日　中国科学院、中国工程院分别公布2021年新增院士名单。浙江大学数学高等研究院教授阮勇斌、建筑工程学院教授徐世烺当选中国科学院院士；能源工程学院教授郑津洋、高翔，农业与生物技术学院教授喻景权当选中国工程院院士。

11月18日　浙江大学召开会议传达学习中共十九届六中全会精神，并就学习贯彻落实全会精神进行部署。

11月25日　浙江大学党委对全体换届中层干部进行集体谈话。校党委书记任少波以"心怀'国之大者'，奋力'走在前列'"为主题做了讲话。

11月29日　面对突如其来的疫情，浙江大学立即启动应急预案，广大师生员工迅速响应，严格落实管控措施。校党委书记任少波、时任校长吴朝晖分别来到紫金港校区师生中，了解各条战线工作开展情况，广泛听取师生意见建议。他们强调，要进一步高标准、严要求做好各项疫情防控工作，坚决打赢这次疫情防控遭遇战。

十二月

12月13日　浙江大学党的十九届六中全会精神宣讲会在紫金港校区求是大讲堂举行。

12月15日　杭州市西湖区区级人大代表换届选举投票启动，位于紫金港校区的西湖区第129选区，来自近500个选民小组的12169名选民分赴27个投票点，依法行使民主权利，为选举我校新一届区人大代表投下郑重一票。校党委书记任少波、校长吴朝晖在第一投票点参加了投票。

12月16日　浙江大学召开党委理论学习中心组学习会，深入学习领会党的十九届六中全会精神。

12月28日　浙江大学新任院长、系主任座谈会在紫金港校区举行。

12月29日　浙江大学召开首批青年学术骨干实践锻炼计划("双专计划")总结会。

12月30日　第二届中国国家制度研究高峰论坛在京召开。时任浙江大学校长吴朝晖院士出席开幕式并致辞。浙江大学文科资深教授、浙江大学国家制度研究院院长张文显主持开幕式。

12月31日　辞旧迎新之际,"传承弘扬优良学风"座谈会在紫金港校区举行。校长吴朝晖出席活动并与学生交流。

12月31日　浙江大学举行2020—2021学年优秀学生表彰大会,嘉奖一年来在各方面表现突出的浙大学子。